KB063473

반역의 한국사

반역의 한국사

초판 1쇄 인쇄 · 2016년 3월 25일
초판 1쇄 발행 · 2016년 3월 31일

지은이 · 민병덕 ｜ 김현묵
펴낸이 · 이춘원
펴낸곳 · 책이있는마을
기　획 · 강영길
편　집 · 이경미
디자인 · 디자인오투
마케팅 · 강영길
관　리 · 정영석

주　　소 · 경기도 고양시 일산동구 장항2동 753 청원레이크빌 311호
전　　화 · (031) 911-8017
팩　　스 · (031) 911-8018
이메일 · bookvillagekr@hanmail.net
등록일 · 1997년 12월 26일
등록번호 · 제10-1532호

ISBN　978-89-5639-247-9 (03910)

이 도서의 국립중앙도서관 출판예정도서목록(CIP)은 서지정보유통지
원시스템 홈페이지(http://seoji.nl.go.kr)와 국가자료공동목록시스템
(http://www.nl.go.kr/kolisnet)에서 이용하실 수 있습니다.(CIP제어
번호: CIP2016006281)

반역의 한국사

김현묵
민병덕
지음

책이있는마을

역사 속의 대다수 시민들은 희망을 가지는 것이 불편하였습니다. 자신의 신분에서 벗어나기란 '하늘의 별 따기'만큼이나 어려운 일이었습니다. 신분에서 벗어나 새로운 세상을 만드는 데 거의 절망적인 생각을 가지게 되었습니다.

　그런 가운데서도 일부 선각자들은 절망을 떨쳐 버리고 스스로 직접 희망을 찾아 나서게 되었습니다. 바로 기존의 질서에 도전하는 '혁명'을 통해서입니다. '혁명'을 통해서 새로운 질서를 찾고, 자신들의 권리와 신분을 상승시키기 위한 게 목적이었습니다. 그래서 자신의 목소리를 소리 높여 부르짖고, 자신의 뜻을 반영하기 위해 노력한 것입니다.

　그러나 이들의 노력은 성공하면 '혁명'이요, 실패하면 '반역'으로 평가되고 있습니다. '반역'이 되면 삼족(친족, 외족, 처족)이 멸문滅門하는 화를 당하지만, 역사에서의 선각자들은 결코 포기하지 않고 계속 시도를 하였습니다. 역사 속의 시민만큼, 오늘날에도 신분 상승에 대한 기대는 크지만 실현하기란 어려운 일입니다. 오늘날 대한민국의 정치는 역사 속의 시민들에게 절망감을 심어 주는 지배층만큼 실망스럽습니다. 시민들에게 절망감을 심어 주는 데는 여당이든 야당이든, 또는 보수든 진보든 똑같습니다. 보수는 소위 가진 사람들과 자신들의 이익을 좇아 말과 행동을 하고 있으며, 계속되는 집권으로 무엇을 시민들에게 주어야 할지를 모릅니다. 진보는 어려운 사람들을 위한 정치보다는 오히려 자신들의 기득권만을 좇으며 '남불내로'라는 새로운 언어를 만들어 냈습니다. 바로 '남이 하면 불륜이요 내가 하면 로맨스'지요. 그리고 진보는 집권당을 비판하는 데 주력하면서도 정작 시민들을 위한 대안 정책은 내놓지 못하는 무능한 정치를 하고 있습니다. 급기야 실망한 시민들은 정치에 무관심을 보이게 되었습니다.

이제 정치권도 믿을 수가 없습니다.

그렇다면 대안은 무엇일까요? 바로 시민들이 '자신의 목소리'를 내는 것입니다. 시민들의 적극적인 참여는 역사 속의 시민들이 추구한 '혁명'과도 일맥상통一脈相通하는 것입니다. 인터넷이 활발한 오늘날 온·오프라인을 통한 시민운동으로 국가의 주요 정책을 결정하는 데 참여함으로써 시민들의 뜻을 반영해야 합니다. 만일 시민들의 뜻이 반영이 되지 않을 때에는 정치에 대한 무관심을 보이기보다는, 선거나 투표를 통해서 시민들의 본때를 보여 주어야 합니다. 이것이 바로 현대판 '혁명'인 것이며, 이 책을 출판하는 목적인 것입니다.

끝으로 이 책에 수록된 내용을 정리하는 데 여러 문헌들을 많이 참고했으며 많은 도움을 준 이재운 선생, 박남일 선생, 김현묵 선생과 이춘원 사장님께 감사를 드립니다.

2015. 여름날
민병덕

2부 조선 시대 전기

3부 조선 시대 후기

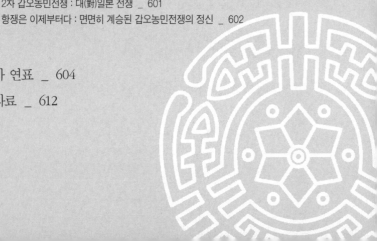

1부

신라 및 고려 시대

【1】
신라 말기의 반란 :
궁예의 반란 등 호족들의 신국가 건설 투쟁

신라 말의 정치 동향 : 고려 건국은 필연적인 것이었다

아내까지도 무참하게 살해한 애꾸눈의 폭군.

이 말은 궁예라는 역사적 인물을 대할 때에 제일 먼저 떠오르는 수식어다. 이합집산의 혼란한 후삼국 시대에 여러 호족들을 평정하고 스스로 왕위에 오른 궁예는 어쩌면 역사 속에서 흔히 볼 수 있는 일반적인 폭군에 불과했는지도 모른다. 그러나 그에 관한 평가를 단순히 이런 말로 결정 내리기에는 몇 가지 미비한 점이 있다.

어느 시대를 막론하고 한 인물에 대해 평가를 할 때 반드시 검토해야 할 사항이 있다. 즉 당대의 정치적 또는 사회·경제적 토대, 그리고 민중들의 의식 수준과 사회 사상(또는 종교 사상)이 어떠한 밑거름이 되었는가를 면밀히 살펴볼 필요성이 있다. 만일 궁예가 일반적인 선입견대로 단순한 폭군으로만 살았다면, 그가 어떻게 여러 호족들과 민중들의 호응을 받으며 국가를 세울 수 있었는가에 대한 해답이 나오지 않는다. 따라서 궁예에 대해 평가를 내릴 때 한 가지 잣대만을 사용한다면 온당한 역사적 실체를 파악할 수 없게 된다.

궁예를 객관적으로 이해하기 위해서는 먼저 신라 말기의 정치 현상부터 진단해 보아야 한다.

여러 사건이 있지만 그중에서도 신라 말 호족 세력인 김헌창과 동아시아 무역권을 장악했던 장보고 등을 먼저 살펴본다면, 궁예의 반란이 지닌 역사적 의미에 대해 좀 더 구조적인 시각에서 접근할 수 있을 것이다.

만주와 한반도에 나타난 고대 국가는 원래 여러 호족 세력들의 연합체였다. 그 연합체가 왕을 중심으로 하여 노예제 사회를 이루면서 대토지 소유 현상이 두드러졌다. 이러한 계급 분화 현상은 신라 말기에 와서 극대화되었다. 후삼국이 성립되는 시기인 9세기의 신라 귀족들은 수단과 방법을 가리지 않고 토지를 더 많이 차지하기에 혈안이 되어 있었다. 뒤에 후삼국을 통일한 왕건의 집안 역시 대토지를 소유한 가문이었다는 것은 이미 역사적으로 잘 알려진 사실이다.

경주를 중심으로 한 권세가들은 물론이고, 각 지역의 호족들은 자연 경제의 핵인 토지를 얼마나 많이 차지하느냐에 따라 정치적 지위가 결정되었던 것이다. 그들은 권력을 이용하여 중소 토지 소유자와 소농민들의 토지를 싼값에 사들이거나 강제로 빼앗아 자기 영역을 확대해 나갔다. 따라서 호족들이 사병私兵을 키우게 된 것은 너무나 당연한 일이 되었다. 이른바 대농장이 형성되어 대부분의 농민(당시 인구의 거의가 농민이었다)들이 소작농이나, 심할 경우 노비로 전락하는 일이 허다하게 벌어졌다. 자연히 생계의 터전을 잃은 농민들은 고향을 떠나 사방으로 흩어져 걸식 생활을 하거나, 유랑민들끼리 모여 도적이 되기도 하였다. 토지의 집중으로 정전제가 무너진 가운데 과다한 조세와 공납, 부역 등으로 농민들은 날이 갈수록 궁핍해졌다.

이러한 토지 집중화 현상은 약화된 신라 왕권 내의 정치적 암투와 밀접한 관련이 있다. 8세기를 전후로 신라 왕실에서는 서로 다른 핏줄을 타고난 왕자를 중심으로 호족들 사이에 권력 싸움이 자주 벌어졌다. 즉 최고 권력인 왕위 계승 싸움이 치열했다는 뜻이다. 8세기 중엽 이후인 혜공왕 때에는 '대공의 난'을 발단으로 하여 96 각간이 서로 혈투를 벌이는 극심한 혼란이 계속되었고, 이에 따라 귀족들의 세력 다툼도 치열해졌으나 선덕왕이 즉위함에 따라 어느 정도 안정을 찾았다.

흔히 선덕왕 때부터를 신라 하대下代라고 부른다. 선덕왕은 중앙 귀족들의 추대로 왕위에 올랐기 때문에, 신라 하대의 정권은 귀족 간의 연립 정부로 구성될 수밖에 없었다. 이후 진골 귀족 간에 왕권 다툼이 치열하여 150여 년간 20여 명의 왕이 바뀌는 혼란을 맞았다. 신라는 992년간 왕 56명이 교체되어 평균 재위 기간이 17.71년이었다. 하지만 혜공왕 이후 임금의 평균 재위 기간은 7.5년이었다. 그만큼 임금의 교체가 심했다는 이야기다. 임금의 교체가 심하자 왕권은 약화되었으며, 9세기에 들어 왕위 쟁탈전은 더욱 심화되어 싸움의 규모도 점점 커지게 되었다. 그 대표적인 경우가 바로 김헌창金憲昌의 반란(822)이다.

김헌창의 반란 : 지방 호족들의 봉기

김부식이 쓴 『삼국사기』에는 다음과 같은 내용이 실려 있다.

웅천주(공주)의 도독 김헌창은 자기 아버지인 김주원이 왕이
되지 못한 것을 이유 삼아 반란을 일으켰다. 그는 국호를 장안長
安이라고 하고, 연호를 경운慶雲이라고 하였다. 무진(광주)·완산
(전주)·사벌(상주)·청주(진주)의 4주 도독과 국원(충주)·서원(청주)
·금관(김해)의 사신仕臣들과 여러 군현의 수령들을 위협하여 자
기 부하로 삼았다. (중략) 17년, 헌창의 아들 범문이 고달산의
적 수신 등 100여 명과 함께 반역을 꾀하여, 평양에 수도를 정
하고 북한산주를 공격해 왔다. 도독 등이 군사를 거느리고 가
서 이를 잡아 처형하였다.

이 기록이 사실이라면 주목해야 할 점이 있다. 김헌창은 단순히
정치적 권력 싸움에 그친 것이 아니라 하나의 국가를 세웠다는 것
이다. 원성왕계 귀족들과 무열왕계 귀족 사이의 왕권 다툼이라는
평가가 내려져 있는 이 반란은 중앙에서 파견된 토벌군에 의해 주
요 거점인 웅진성이 함락되고 김헌창의 자살로 끝나고 말았지만,
신라 말기에 있었던 여러 반란 사건 가운데 당시의 정치 동향을 해
독할 수 있는 대표적인 사례라 할 수 있다. 일개 귀족이 국가를 세

울 정도로 신라 말기의 정치 분화 현상은 극대화되어 있었다. 김헌창의 반란 후 견훤의 후백제, 궁예의 후고구려 건국도 이러한 맥락에서 일어났다.

780년, 선덕왕이 신라의 제37대 임금으로 즉위하였다. 선덕왕은 자신과 함께 혜공왕을 시해하는 데 큰 공을 세운 김경신을 상대등으로 임명하였다. 김경신은 기쁜 마음에 집으로 돌아와 오랜만에 깊은 잠에 빠졌다.

김경신이 사모를 벗더니 갓을 썼다. 그리고 평소에 아끼던 12줄짜리 거문고를 안고 우물로 들어갔다.

김경신이 소리를 질렀다.
"무슨 일이신지요?"
숙정부인 김씨가 김경신을 흔들었다. 숙정부인의 말에 김경신은 잠에서 깨어났다.
"불길한 꿈이라도 꾸셨는지요?"
"아무래도 상대등에서 물러나야 할 것 같소."
"아니, 무슨 말씀이신지요?"
"좋지 않은 꿈이라서요."
"여삼이라는 자가 해몽을 잘한다고 들었습니다. 그자를 불러 보는 것이 어떻겠습니까?"
숙정부인의 말에 따라 여삼에게 꿈 해몽을 시켰다. 여삼은 김경신에게 말했다.
"사모를 벗고 갓을 쓰는 것은 왕관을 쓰는 것이며, 12줄의 거문고

는 12대손까지 임금이 된다는 것이고, 천관사 우물로 들어가는 것
은 궁궐로 들어가는 것입니다. 북천에 제사를 올리면 분명 좋은 일
이 있을 것이옵니다."

여삼의 말에 김경신은 고개를 설레설레 흔들었다.

"임금은 김주원이 될 것이다."

그러나 김경신은 여삼의 말에 솔깃해졌다. 그는 밤늦은 시각에
제사 준비를 하여 북천에 제사를 지냈다. 제사를 끝낸 후에 김경신
이 집에 도착하자 숙정부인이 기다리고 있었다.

"폐하께서 승하하셨답니다. 갑자기 비가 내리는 바람에 북천이
범람하여 김주원 대감이 오기 힘드니 어서 궁궐로 드시랍니다."

"부인, 어서 갑옷과 투구를 준비해 주시오."

"무슨 일이신지요?"

"기회를 잡아야 하오."

그제야 숙정부인은 김경신의 뜻을 알아차렸다. 김경신은 무장을
한 후에 자신을 따르는 군사들을 이끌고 궁궐로 들어가 임금이 되
었다. 이가 곧 신라 38대 임금인 원성왕이다.

김주원은 결국 왕위 계승 싸움에서 밀려나 명주(강릉)로 쫓겨나
고 말았다.

그러나 그의 아들 김헌창은 반대 계파가 왕위에 있을 때에도 중
앙 관직에서 계속 활동하였으며, 당시의 실력자인 상대등 김언승과
쌍벽을 이룰 정도의 세력을 거머쥐게 되었다. 그러나 김언승이 원
성왕 계열인 애장왕을 살해하고 신라 41대 임금인 헌덕왕이 되자,
813년 1월에 중심 세력에서 밀려나 웅천주 도독으로 좌천되는 수모
를 겪어야 했다.

주변으로 밀려난 김헌창은 자기 아버지인 김주원이 왕위에 오르지 못한 것과 자신이 좌천된 것에 대해 불만을 나타내기 시작하였다. 김경신의 정변으로 부당하게 왕권을 빼앗겼다고 본 김헌창은 지지 세력을 규합하여 반란을 일으키게 되었다. 헌덕왕 13년(822) 3월에 김헌창은 국호를 장안長安, 연호를 경운慶雲이라 정하고 무진주(광주)·사벌주(상주)·완산주(전주)·청주(진주)의 도독들을 위협하여 자신을 따르게 하였다. 그러나 완산주의 장사 최웅과 영충 등이 헌덕왕을 찾았다.

"폐하, 지금 김헌창이 반역을 도모하고 있사옵니다. 어서 이를 물리쳐 주십시오."

최웅과 영충의 보고를 받은 헌덕왕이 명을 내렸다.

"일길찬 장웅은 먼저 무진주로 가라. 잡찬 위공과 파진찬 제릉은 장웅을 돕도록 해라."

헌덕왕의 명령을 받은 세 사람은 무진주로 갔다. 장웅이 이끄는 중앙 군대는 잘 훈련된 군대였다. 하지만 김헌창의 반란군은 급조된 군대였으므로 중앙 군대의 적수가 되지 못했다. 삼년산성(보은)과 성산 등에서 패배한 김헌창은 웅천주 성문을 굳게 걸어 닫고 마지막 저항을 하였다. 그러나 기세등등한 장웅의 군사를 막을 수는 없었다. 결국 열흘 만에 웅천주는 함락되고, 김헌창은 자살하고 말았다. 김헌창의 부하는 헌창의 머리와 목을 베어 따로 무덤을 만들었다. 그러나 장웅은 김헌창의 시신을 찾아내어 시신을 다시 칼로 베는 주형誅刑을 가하면서, 그 친족과 남은 무리 239명을 모두 처형하였다. 이때 김헌창의 아들인 김범문은 목숨을 건져 고달산적(여주)으로 도망갔다. 그는 고달산적 등지에서 농민들을 규합하여 김헌창의 반란을 진압한 뒤 3년 만인 헌덕왕 17년(825), 반란을 일으켰다. 평양(양주)에 서울을 정하기로 한 김범문은 북한산성을 공격하다가 한산주 도독인 총명에게 패하면서 죽음을 맞고 말았다.

김헌창의 반란이 실패한 것은 백성들의 지지를 얻지 못했기 때문이다. 사실 김헌창이 반란을 일으킨 웅천주를 비롯한 지역은 옛 백제 땅이었다. 옛 백제 사람들은 신라에 대한 불만이 있었고, 더구나 817년 가을에는 흉년으로 굶어 죽는 사람들이 많았으며, 821년에는 가뭄이 심하여 굶주리는 사람들 중에 자식을 팔아 생계를 꾸리는 백성들도 있었다.

김헌창이 옛 백제의 정서와 중앙 정부에서 멀어진 백성들의 민심을 얻었다면 견훤에 못지않은 세력으로 성장했을 것이다. 그러나 김헌창은 백성들의 입장이 아닌, 임금이 되기 위한 자신만의 목표를 위하여 중앙 정부와 싸웠으므로 시간이 흐를수록 백성들과 유리될 수밖에 없었다. 그리하여 민심을 얻지 못한 김헌창은 중앙 정부군에게 패배했던 것이다. 그러나 김헌창의 반란 이후 지방 호족들은 중앙 정부에 대해 더욱 불만을 갖게 되어, 신라는 구심점을 점차 상실해 가기 시작하였다.

이 반란 사건을 볼 때, 신라 말의 왕실은 민중들의 삶은 도외시한 채 계열 간의 왕위 쟁탈전으로 혼미를 거듭하고 있었다는 것을 알 수 있다. 그리고 이에 따라 국가의 존립 자체도 큰 위기를 맞고 있었던 것이니, 당시 민중들 사이에서는 신라 정부의 정통성부터 의심하는 분위기가 고조되어 갔다. 이러한 가운데 오히려 지방 세력 중 중앙 왕권을 대신할 만큼 막강한 군사력과 권력을 지닌 인물들이 나올 정도였다. 그 대표적인 인물이 바로 장보고다.

장보고의 반란 : 해상 무역의 중심지, 청해진

장보고張保皐는 사실상 신라 중앙 정부를 능가하는 세력을 형성하고 있었다. 한 국가 안에서 어떻게 이런 일이 벌어질 수 있는지는, 그의 일생과 당시 정치 상황을 연관시켜 검토해 보면 쉽게 이해할 수 있다.

장보고가 태어난 연도는 불확실하다. 사망 연도는 846년(문성왕 8)이라는 게 정설이다. 그는 신라 말기의 호족이며 대상인이었다는 일반적인 평가와는 달리, 당시의 민중들에게는 영웅적인 존재였음이 분명하다. 부패한 왕실의 무능력함에 혐오감을 느낀 민중들은 장보고의, 민족적이고 대국적인 활동에 동조하여 스스로 민병이 되기도 하였다.

장보고는 신라에서 아버지 장백익張白翼의 아들로 태어났다. 그가 어떤 집안에서 태어났으며 사회적 출신 성분이 어떠했는지는 확실하지 않지만, 여러 자료를 검토해 볼 때 일반 평민 출신이거나 또는 천민일 수도 있다. 뒤에서 볼 수 있듯이, 직접 왕에게 청해진 설치를 건의하고 왕의 승인을 받아 청해진 책임자가 되는 것으로 봐서는 6두품 이하의 신분을 갖고 있었다고도 볼 수 있다. 그러나 이러한 것 모두가 추정일 뿐이다. 어쨌든 장보고라는 이름은 중국 당나라에 건너가 활동할 때에 만난 대성大姓 장씨張氏를 따서 쓴 것이라고 한다.

그는 어렸을 적부터 활을 잘 쏘고 창을 대단히 잘 써서 사람들이 칭찬을 아끼지 않았다.

"저 아이는 하늘이 낸 아이야!"

"그래, 맞아. 저 아이는 활과 창을 잘 쓰니, 이름을 궁복弓福이나 궁파弓巴라고 불러야 해."

그의 고향은 현재의 전라남도 완도로 추정되며, 아버지인 장백익은 해양 세력이었다. 장보고에게는 절친한 친구가 있었다. 그는 정년鄭年이었다. 두 사람은 어릴 때부터 절친하였으며, 함께 다니면서 학문과 무예를 닦았다. 땀을 식히며 나무 밑에 앉은 두 사람은 세상을 한탄하였다.

"세상이 왜 이리 어수선한지 모르겠어."

"글쎄 말이에요. 그런데 이럴 때 우리가 벼슬에 나아갈 수가 있을까요?"

"관리들의 부정부패가 극성이라고 하던데……."

"우리나라에 있다간 벼슬도 못하지 않을까요?"

두 사람의 표정은 심각하였다. 머리를 맞대고 생각한 끝에 두 사람은 결정을 내렸다.

"우리가 여기에서는 관리로 나아가기가 어려우니 차라리 당나라로 가세."

"맞아요. 당나라에서는 외국인에게도 벼슬을 준다고 들었어요."

"우리 함께 당나라로 가세."

"나도 형님과 같은 생각이에요."

그리하여 두 사람은 당나라로 가서 빈공과(당나라에서 외국인을 등용하기 위해 치르던 과거 시험)에 합격하였다.

장보고는 의리와 정의감이 깊고 도량이 한없이 넓어 존경하며 따르는 이들이 많았다. 빈공과에 합격한 장보고는 지금의 강소성 서주徐州 땅에서 당나라의 군관 벼슬인 무녕군소장이 되어, 말을 타고 창을 쓰는 데 상대할 사람이 없었다. 장보고가 있던 서주는 산동성과 인접한 지역으로서, 그 일대에 이정기가 이끄는 고구려 유랑민들이 많이 살았다.

그 당시 신라는 왕조 쇠퇴기의 말기적 현상에 시달리고 있었다.

즉 신라 본국은 진골 귀족간의 싸움으로 정작 왕권의 통제 질서가 문란하여, 신라 조정은 경주 일원의 경상도 지방에만 영향력을 행사할 뿐이었다. 그로 인하여 신라 근해에 해적이 성행하였고, 연해안 백성들은 자주 약탈당하고 있었다. 심지어 중국 일부 지방에서는 신라인을 납치해 와서 당나라 사람의 노예로 거래하는 안타까운 현상이 공공연히 벌어지고 있었다. 이 같은 잦은 해적의 출몰과 사람의 약탈 매매는 인도적으로 도저히 그냥 놔둘 수 없는 형편이었다. 그러나 당시 신라 조정의 힘만으로는 도저히 해적들의 노략질을 감당할 수가 없었다.

이에 분격한 장보고는 생각하였다.

'저렇게 끌려와서 노예로 사는 우리나라 백성들을 보니 가슴이 아프구나. 저들의 탈출을 도와주어야지.'

장보고는 신라방이 있는 등주로 가서 친구인 정년과 더불어 상인들에 의해 끌려온 신라 청년들을 구해 냈다. 그는 이들 청년들을 신라원이라는 절에 임시로 보호하였다가 기회를 보아 신라로 탈출시켰다.

이때 당나라에 진출한 신라인들의 수는 점차 증가하여, 해안 지역은 물론이고 도심에 거주하는 신라인들도 생겨나 자치 구역을 형성하게 되었다. 이 구역을 신라방新羅坊이라고 불렀다. 이것은 단순히 구역의 명칭이 아니라, 당나라 내에 거주하는 신라인들의 권리나 생활을 밑받침해 주는 정치적 구실도 하였다. 신라방의 구성을 보면 총책임자를 총관이라고 불렀고, 그 밑에 전지관釜知官이라는 직책이 있어 실무를 담당하였다. 이들은 대체로 중국어에 능통하여 신라인과 당인 간의 교섭에 나서기도 했다.

반면에 시골에 자리잡은 경우에는 촌락을 총괄하는 자치 행정 기관인 구당 신라소勾當新羅所를 세워, 일정 지역 내에 있는 신라인들을 다스렸다. 그렇다고 당나라 지방관의 통제를 전혀 받지 않은 것은 아니었다. 이런 가운데 마찰이 생기기도 하였지만, 신라인들의 자치 지역은 보통 신라인들의 손으로 꾸려 나갔다.

그러나 장보고와 정년의 구출 노력에도 불구하고 당나라로 팔려오는 신라의 청년들의 숫자는 늘어만 갔다. 이에 장보고는 정년을 찾았다. 벼슬은 장보고보다 낮았지만, 그가 하는 일에 대하여 항상 손발이 되어 도와주는 정년이었기에 흉금을 터놓고 말하는 사이가 되었다.

"이보게, 우리가 아무리 힘을 써도 당나라로 끌려오는 우리나라의 청년들이 줄지 않으니 어쩌면 좋겠는가?"

"형님, 저도 걱정이랍니다."

나이가 적은 정년이었기에 장보고를 형으로 불렀다. 두 사람은 심각한 표정을 지었다. 잠시 후에 장보고는 무언가 결심한 듯 정년에게 말하였다.

"우리 동포도 제대로 보호하지 못하는 군인이 무슨 소용이 있겠나. 차라리 고국으로 돌아가 동포를 보호하는 데 힘을 기울이는 편이 낫겠어."

그리하여 흥덕왕 3년(828)에 당나라 청년들이 그처럼 부러워하는 무녕군 소장 직을 그만두고 귀국하여 흥덕왕에게 남해와 동지나해상의 교통 요충지인 완도에 해군 기지, 즉 진鎭을 건설하여 서해 무역로를 감시해야 한다고 강력히 건의하였다. 그러나 중앙 정부는 장보고의 말을 듣고 실행할 만한 군사력을 지니지 못하고 있었다. 당시 진골 귀족 세력 간의 대립이 심화되어, 선덕왕 이후 귀족 연립 정권의 성격을 띠고 있던 중앙 정부로서는 완도까지 적극적인 통치를 할 수 있는 여력이 없었던 것이다. 장보고의 입장에서는 전혀 예측하지 못했던 일은 아니었다. 남은 방법은 단 한 가지였다. 장보고가 직접 군대를 조직하여 해상권을 장악하는 일뿐이었다.

"전하, 중국의 어디를 가 보나, 우리나라 사람들을 노비로 삼고 있었사옵니다. 중국과의 무역 중심지인 청해진을 본거지로 설치한 다음에 해적들이 사람들을 중국으로 잡아가지 못하게 하기 바라나이다."

청해淸海는 신라 해상 교통의 요지로 지금의 완도를 말한다. 흥덕왕은 크게 기뻐하였다.

"경이 나의 수고를 덜어 주는구려. 그럼 군사 만 명을 주고, 그대를 청해진 대사(大使 – 신라의 공식 직제상 해외 총독에 해당하며, 왕권을 대리하여 지방 행정과 해외 경영의 전권을 행사한 직책)로 임명하겠으니 수고를 해 주구려."

이리하여 장보고는 청해진 대사로 임명되어 본격적인 해적 소탕과 해양 개척에 발 벗고 나서게 되었다.

장보고 대사는 군졸 만 명에게 당부하였다.

"여러분은 중요한 임무를 띤 군인이다. 그 임무란 바로 중국에 팔려 가는 우리나라 사람들을 보호하면서, 우리나라 사람들이 중국과 무역을 하거나 고기잡이를 할 때에 보호해 주어야 하는 것이다."

병사들의 얼굴에는 굳은 의지가 엿보였다.

부임한 날부터 장보고 대사는 병사들과 더불어 청해진에 새로운 제도를 정하고 방어를 위한 성을 쌓기에 바빴다. 290리나 되는 섬 둘레를 직접 돌아보고 난 그는 지형에 따라 높은 자리에는 망루를 세우게 하는 한편, 군졸 2천 명으로 하여금 산에 올라 벌목을 하게 하여 배를 만드는 작업을 시작하였다. 장보고는 청해진을 설치한 후에 맨 먼저 명령하였다.

"황해와 서남해안 일대에 출몰하는 노예상과 해적들을 소탕해 라!"

그리고 각지에 난립해 있던 군소 해상 집단을 통합하는 데 성공 하였다. 장보고 대사의 꿈은 여기에 그치지 않았다.

'우리나라와 당나라 및 일본의 삼각 무역을 개척하면 많은 돈을 벌 수가 있다.'

이렇게 생각하여 삼각 무역에 심혈을 쏟았으며, 남쪽 중국과 북 쪽 중국, 나아가서 당시 당나라의 수도 장안長安을 잇는 내륙 무역 과 해상 교통권을 장악하기에 이르렀다.

8세기 중엽 이후 일본과 거래할 때에 신라 무역상들이 수출했던 물품 내용을 보면 구리거울 등 금속 제품과 모직물 등의 신라산 물 품은 물론이고, 향료·염료·안료 등을 비롯한 당 및 당을 중개지로 한 동남아시아와 서아시아 지역 특산품 등이 있다. 신라 상인은 그 대가로 풀솜과 비단 등을 가져갔다.

당나라와의 교역에서도 통일 이전에는 주로 특산품이 수출되었 으나, 통일 이후에 접어들어서는 고급 직물과 비단 및 금은 세공품 등 고가품이 수출되었다. 또한 당시 신라 귀족들이 애용하였던 향료 등 동남아시아 및 서남아시아산 물품들도 신라 상인의 중개 무역으로 수입된 것이었으니, 이를 통해 사무역私貿易이 얼마나 성행했는가를 알아볼 수 있다.

장보고 역시 해적을 평정한 뒤에는 직접 무역에 나선 것으로 보이는데, 그가 다룬 무역선도 대체로 이러한 물품들과 피혁 제품, 문방구류들을 취급하였던 것으로 추측된다. 장보고는 무역 활동을 통해 재력도 갖추게 되어 당시 신라 왕실에 버금가는 세력을 형성하게 되었다. 장보고가 외교 교섭까지 시도하였던 것은 이러한 물질적 기반이 형성되어 있었기 때문이다. 그리하여 신라방 내지 신라인 촌이 중국 내의 주요 교통 요충지에 크게 번져 나갔고, 일본 태재부太宰府와 당—신라—일본을 잇는 3각 교역을 강화하는 한편, 승려·유학생·관료들의 당나라 왕래와 해상 여행에 갖가지 편의를 제공하기도 하였다.

이리하여 장보고의 청해진은 산동 반도, 일본의 규슈 지방을 거점으로 삼아 동양 삼국을 그물망처럼 연결하는 거대한 해상 제국을 형성한 것이다.

청해진을 중심으로 세력을 안정시킨 장보고는 중국에 있는 신라인들에 대해 관심을 갖게 되었다. 그는 산동성 문등현 적산촌에 법화원法華院을 건립하고 모든 운영비를 지원하였다. 이 법화원은 상주하는 승려가 30여 명이 되었고, 연간 500석을 추수할 수 있는 장전莊田도 갖게 되었다. 법회 때에는 한꺼번에 250여 명이 참석하였던 경우도 있었다고 한다. 이처럼 장보고의 세력은 중국 동해안의 신라인 사회에도 큰 영향력을 미치게 되었다.

장보고의 영향력을 증대시킨 요인으로, 장보고는 청해진에 필요한 사람을 쓸 때에는 당시 관직의 절대 기준인 골품제 같은 기존의 신분제는 전혀 고려하지 않고 유능한 인재들을 발굴, 스스로 자기 능력을 적극 발휘할 수 있게 하였다.

장보고가 큰 세력으로 성장할 수 있었던 또 다른 배경에는, 당시 궁핍한 생활을 면치 못하고 있던 농민 등을 받아들인 데에도 원인이 있다. 자연재해 등으로 민중들은 기본적인 터전마저 잃어버리고 사방으로 떠돌기 일쑤였다. 가령 예를 들자면, 812년(헌덕왕 7) 흉년이 들자 170여 명의 유민들이 바다 건너 중국의 저강 지역까지 들어가 먹을 것을 구할 정도였으며, 이 무렵에 일본에 수백 명이 건너가기도 하였다.

이러한 인구의 대거 이동은 사회 구조에 급격한 변화가 일어나고 있다는 것을 말해 준다. 중앙 정부의 통제력은 극히 약화되어 흉년 등 자연재해가 닥쳐도 아무런 힘을 쓰지 못했다. 황폐한 고향을 떠난 빈민들은 새 터전을 찾아 외국이나 바다로 무작정 떠났다. 따라서 빈민들의 눈에는 장보고의 청해진이 적절한 피난처로 보였을 것이다.

장보고는 이렇게 찾아온 빈민들을 규합하고 새로운 활동 무대를 얻기 위해, 모여든 인재들을 포용하여 8세기 이래 왕성하였던 신라인의 해상 활동 능력을 적극 활용, 조직화함으로써 그의 세력은 급속도로 성장해 나갔다.

이때 신라의 중앙 정부는 진골 귀족 간의 싸움이 한창이었기 때문에 군사적으로, 또한 경제적으로 안정이 되어 있는 장보고의 힘이 필요하였다. 장보고 또한 자신의 힘을 과시하고 싶었다. 이리하여 홍덕왕이 죽은 837년 5월, 왕위에 오르는 데 실패한 시중 벼슬의 왕족 김우징金祐徵과 무주 도독이었던 김양金陽 등이 정적을 피해 청해진으로 몸을 의탁해 왔다. 838년에 김우징의 철천지원수라고 할 수 있는 김명金明이 희강왕僖康王을 사살하고 왕위를 무도하게 빼앗자, 김우징은 장보고에게 도움을 요청하였다.

"장 대사, 장 대사의 도움이 필요하오. 지금 서울에서는 김명이 선왕을 무도하게 죽이고 왕위에 올랐으니, 이를 어찌 가만둘 수 있단 말이오?"

"소인은 오직 청해진을 중심으로 신라 백성들을 보호하는 게 제일입니다."

장보고는 거절하였다. 그러나 김우징의 설득은 계속되었다.

"장 대사, 나라를 구하기 위한 결단을 내려야 하오. 지금 신라의 백성들은 중앙 정부의 수탈에 힘들어하고 있소."

김우징의 계속된 설득에 장보고의 마음이 움직였다.

"제가 어떻게 도와드리면 되겠습니까?"

"군사를 좀 주시오."

"부정과 불의는 반드시 응징해야 합니다."

쾌히 승낙한 장보고는 어릴 적부터 친구인 정년에게 군사 5천 명을 주어, 김우징과 더불어 서울로 가서 왕위에 오른 민애왕閔哀王 김명을 죽이고 김우징을 신무왕神武王으로 즉위하도록 하였다. 신라 조정은 감사의 표시로 신무왕의 즉위와 더불어 장보고를 예우해 주었다.

"장보고를 감의 군사感義軍使로 봉하고 2천 호의 봉토를 하사하노라."

"성은이 망극하옵니다."

신무왕이 6개월 만에 죽고, 그 아들 문성왕文聖王이 등극한 다음에도 다시 등급을 높여 예우해 주었다.

"장보고 장군을 진해 장군鎭海將軍으로 봉하노라."

장보고의 지지를 받고 있는 문성왕은 안정적인 정치를 이끌어 갔다. 그러나 주변 왕족과 귀족들의 정치적 공작도 만만치 않았다. 장보고는 군사력만으로는 정변을 근본적으로 막을 수 없다고 판단, 다른 방법을 모색하게 되었다. 그것은 다름 아닌, 자기 딸을 문성왕의 두 번째 왕비로 삼게 하려는 것이었다.

그러자 다른 왕족, 귀족들이 일제히 들고일어났다. 만일 장보고가 왕실의 외척이 된다면 자신들의 입지가 그만큼 약화된다는 것은 너무나 뻔한 일이었기 때문이다. 당시 반대 세력들은 다음과 같이 왕에게 강력하게 항의하였다.

"부부의 길은 매우 큰 윤리이옵니다. 예전을 돌아보아도 왕비를 잘못 택하여 나라까지 망한 일이 허다함을 알 수 있사옵니다. 나라의 존망이 여기에 달려 있다고 해도 과언이 아닌데 어찌 함부로 왕비를 택할 수 있겠사옵니까? 궁복은 원래 섬사람이옵니다. 이런 천한 신분의 딸이 어떻게 왕비가 될 수 있겠사옵니까."

시간이 갈수록 장보고와 귀족 사이의 알력은 극한 대립 상황으로 치닫게 되었다. 금방이라도 큰 정변이 일어날 것 같은 삼엄한 분위기가 정치권을 맴돌고 있었다. 반대 세력들은 시간이 지날수록 막강한 군대를 갖고 있는 장보고와 정치적 싸움을 벌이는 것은 불리하다고 판단하였다. 그렇다고 무력으로 장보고를 제거할 수는 없었다. 이때 장보고의 친구인 염장閻長이 왕을 은밀히 찾아왔다.

"폐하, 장보고가 장차 대왕께 반역을 꾀하려 하니 제가 이를 제거하겠나이다."

"뭣이라고! 고맙소. 그대가 충신이구려."

염장은 왕의 명령을 받들고 청해진으로 가서 장보고를 만났다.

"장군, 나도 임금에게 조그만 원망이 있소. 장군에게 의탁하여 몸과 목숨을 보전하려 하오."

이 말을 들은 장보고는 크게 노하였다.

"너희들이 왕에게 말하여 나의 딸을 왕비로 삼지 못하게 해 놓고 어찌 나를 보려고 하는가!"

염장은 변명하였다.

"장군, 그것은 나와는 상관없는, 다른 관리들이 임금에게 간한 것이오."

장보고는 이 말에 화를 풀고는 염장을 안으로 불러들여 다시 한 번 그에게 물었다.

"그대는 무슨 일로 이곳까지 왔소?"

"임금의 마음에 거슬린 일이 있어 장군께 의지하려고 왔소이다."

"잘 왔구려."

두 사람은 서로를 위로하며 술잔을 기울었다. 술기운이 한창 돌 무렵에 염장이 갑자기 칼을 들어 장보고를 살해하였다. 이리하여 장보고는 그의 옛 친구에 의하여 한 많은 인생을 마치게 되었다. 이 때가 문성왕 8년(846)이다. 염장은 장보고의 부하들을 설득하여 신라 조정에 항복하도록 하였다. 하지만 부장으로 있던 이창진 등이 반란을 일으켰으나, 무주의 별장인 염문과 귀족들의 사병에 의하여 패배하고 말았다. 그리하여 문성왕 13년(851)에는 마침내 청해진이 폐쇄되고, 그를 따르던 일부 부하 장병과 주민들은 중국 또는 일본으로 도주하였다. 남아 있던 대부분의 주민들도 내륙 평야인 김제 지방으로 강제 이주당하였다. 이로써 20년간 국제 항구 청해진에 본거지를 두고 신라와 중국 그리고 일본을 연결하는 삼국간의 중개 무역으로 융성하던 해상 왕국은 폐허가 되고, 황해와 동지나해, 대한해협은 한국의 실크로드 역할을 마감하는 아쉬움을 남기게 되었다.

장보고는 선각자였다. 바다를 지배하는 사람이 세계를 지배한다는 생각을 서양보다도 앞서서 실천한 사람이다. 장보고의 실천은 동아시아 최강국인 당나라를 밀어내고 해운 강국 신라를 만들었다. CEO로서 장보고는 성공하였다. 그러나 정치인 장보고는 실패하였다. 장보고는 정치에 개입하는 것을 꺼려하였다. 하지만 임금이 되려는 야욕이 있는 김우징의 꾐에 빠져 정치에 들어서게 되었다. 정치인 장보고의 눈에 기존의 정치는 부패한 정치였다. 이를 개혁해야만 했던 것이다. 백성들을 수탈하는 관리들을 제거하기 위해서는 정치력과 군사력을 함께 갖추어야만 했다. 그러나 장보고에게는 정치력이 부족하였던 것이다.

기존의 정치력을 지배하고 있는 세력은 진골 귀족인 보수 세력이었던 것이다. 장보고를 지지하는 세력은 단지 힘없는 백성일 뿐이었다. 결국 장보고는 수구 세력의 음모에 말려 그 뜻을 이루지 못하고 말았다. 그러나 그의 변혁은 단순히 개인의 정치적 욕망에서 나온 것이 아니었다. 그는 청해진으로 몰려오는 빈민과 유민들을 보면서 신라가 얼마나 썩어 있는가를 직접 체험하였다. 그리고 왕족이나 귀족들의 경제적 수탈 행위도 미처 손을 쓸 수 없을 정도로 극에 달해 있음을 잘 알고 있었다. 그의 두 번에 걸친 정치 변혁 시도는 이러한 당대의 모순을 타파하기 위해서였다. 장보고를 개인적 욕망을 채우는 정치적 야심가며 모반자로 묘사한 『삼국사기』의 시각은 시정되어야 한다.

비록 장보고의 반란은 실패로 끝났지만, 그는 신라 말기 각지에서 등장하는 호족 세력의 선구적 존재가 되었으며, 나아가 후삼국 시대를 열어 준 장본인기도 하다.

궁예의 반란

김헌창과 장보고가 중앙 정부에 대항하여 싸운 것에는 차이가 있다. 김헌창의 싸움이 자신의 권력을 찾기 위한 권력 싸움인 반면, 장보고는 도탄에 빠진 백성들을 구하고 부패한 관리들을 쫓아내고 자 한 선각자인 것이다. 이런 전대의 반란을 배경으로 후삼국 시대가 열린 것이며, 궁예 역시 신라 말기의 극심한 혼란 가운데 등장한 호족이었던 것이다.

후고구려의 건국자인 궁예가 태어난 해는 불분명하다. 그의 성은 김씨라고 알려져 있다. 아버지는 신라 제47대 헌안왕이고, 어머니는 이름이 알려져 있지 않은 궁녀였다. 일설에는 경문왕 응렴膺廉의 아들이라고도 한다. 지금은 헌안왕의 핏줄이라는 것이 정설로 굳어져 있지만, 어느 설을 따르더라도 그가 왕족 출신임은 분명하다. 그런데 문제는 그가 적자가 아닌 서자로 태어났다는 데에 있었다. 서자라는 차등적인 위치에 있었기에 그의 운명은 정권 다툼의 소용돌이에 말려 왕실에서 배제되는 수모를 겪어야 했다.

궁예의 탄생 설화는 다음과 같다.

5월 5일, 궁예가 외가에서 출생하였는데, 그때 지붕에 무지개와 같은 흰빛이 나타나 하늘과 이어졌다고 한다. 궁예의 탄생 소식에 헌안왕은 기뻐하였다. 헌안왕에게는 딸만 둘이 있었고, 자신의 뒤를 이을 아들이 없었기 때문이다. 그러나 궁예의 탄생 소식을 들은 일관日官이 말했다.

"이 아이가 오午자가 중복되는 날[重五]에 태어났고, 나면서부터 이가 나고 또한 이상한 빛까지 나타내므로 장차 국가에 막대한 해를 입힐 인물이옵니다. 마땅히 기르지 않음이 좋겠사옵니다."

일관의 말에 헌안왕은 고민을 한 끝에 궁예를 죽이기로 하였다. 헌안왕의 결심 소식은 순식간에 궁궐에 퍼졌다. 헌안왕이 내시를 동궁에 보내 궁예를 다락 아래로 던졌다. 궁예의 어머니는 몰래 유모를 다락 밑으로 내려보냈다. 궁예가 떨어지자 유모가 아이를 손으로 받았다. 그러나 불행히도 아이의 한쪽 눈을 찌르고 말았다. 아이가 애꾸가 되었던 것이다. 유모는 어려운 환경 속에서 남들 몰래 아이를 키웠다. 그러나 유모의 희망대로 궁예는 커 가질 못했다. 항상 불량스러운 아이와 어울렸으며 행동이 거칠었다. 하는 수 없이 유모가 궁예에게 말했다.

"궁예야, 너의 아버지는 선왕이시란다. 그러므로 너는 왕족이니 말과 행동에 항상 조심해야 하느니라."

어린 궁예는 충격이 컸다. 그는 세달사世達寺라는 절에 출가하여 선종善宗이라는 법명까지도 얻게 되었다. 공부도 하면서 서라벌로부터 멀리 떨어져 있으면서 신변을 보호받기 위함이었다. 궁예는 세달사에 머물면서도 경전보다는 활쏘기에 관심이 많았다. 하루는 궁예가 활쏘기를 연습하러 나가는데 날아가던 까마귀가 나뭇가지를 그의 머리에 떨어뜨리는 것이었다. 궁예가 말했다.

"에이, 재수 없어!"

그러나 궁예가 떨어진 나뭇가지를 자세히 보니 '왕王'이라는 글자가 보였다.

"이것은 하늘이 나에게 주시는 뜻일 거야. 도탄에 빠진 백성들을 구하라는 것이겠지."

궁예는 가슴속에 나뭇가지를 꼭 품었다.

여기서 잠시 세달사라는 절에 대해 알아보기로 하자.

『삼국사기』에 따르면, 세달사는 고려 중기에는 홍교사興敎寺라고 개칭되었다. 정확한 소재지는 강원도 영월군에 있는 대화산이다.

나중에 이성계가 조선을 세우면서 숭유억불 정책을 쓸 정도로 삼국 시대 이래로 불교는 정치와 경제에 막대한 영향력을 갖고 있었다. 궁예가 자칭 미륵불이라고 부른 것도 결코 우연은 아니었다. 일연이 쓴 『삼국유사』에 따르면, 이 세달사 역시 여러 지방 호족들과 정치적 관계를 유지하고 있었다. 이러한 분위기에서 성장기를 보낸, 추방된 왕자 궁예는 후에 세력을 확장할 때 이 일대 호족들의 적극적인 지지를 받을 수 있는 토대를 자연스럽게 다질 수 있었던 것이다. 중앙 권력에서 밀려난 호족들은 궁예가 한때 왕자의 신분이었음을 알고서는 쉽게 호응했던 것이다.

당시의 신라 왕실은 극도로 쇠약해져 지방에서는 호족들이 대두하였다. 거듭되는 흉년으로 인하여 국고가 탕진되어 889년(진성여왕 3)에 과도하게 세금을 독촉하기도 했는데, 이로 인해 농민들이 유랑민으로 전락하는 경우가 허다했다. 그들은 앞에서 본 바와 같이 도적 떼로 둔갑하고 말았다.

그들 가운데 두각을 나타낸 인물로 사벌(상주)의 아자개, 청주의 청길, 죽주(안성)의 기훤箕萱과 북원(원주)의 양길梁吉, 중원(충주)의 원회 등이 있었다. 궁예는 안성으로 가서 기훤을 찾았다. 애꾸눈인 궁예를 본 기훤은 오만하게 말했다.

"가장 밑바닥부터 시작하도록 해라."

궁예는 기훤의 밑에서 일하면서 기회를 엿보았다. 기훤에게는 유능한 능력과 재산을 가진 청길, 원회, 신훤이 있었다. 궁예는 이들에게 접근하였다.

"아무래도 기훤의 인물 됨됨이는 큰 그릇이 못 됩니다. 북원의 양길에게 가는 것이 어떻겠습니까?"

궁예의 제안에 셋은 머뭇거렸다.

"사람이 크려면 큰 물에서 놀아야 합니다. 기훤보다는 세력이 더 큰 양길에게 가야 하지요."

궁예의 설득에 세 사람은 궁예를 따라 양길의 진영으로 갔다. 진성왕 5년(891) 때였다.

양길은 궁예의 출신 성분을 알고는 그를 환대하였다. 그의 신분을 최대한 활용하기 위해서였다. 그 뒤 궁예는 양길의 군사를 나누어 받아 원주·치악산·석남사石南寺를 거쳐 동쪽으로 진출하여 주천(예천)·내성(영월)·울오(평창) 등 여러 현과 성을 정복하고, 894년에는 명주에 이르렀다. 처음 양길에게 왔을 때 기병 백여 명에 지나지 않았지만, 이때에는 그 무리가 3,500명이나 되었다고 여러 역사 기록들이 전하고 있다. 궁예의 무리가 이렇게 늘어난 것은 공평무사한 일처리로 많은 사람들이 진심으로 궁예를 존경하였기 때문이다.

궁예는 어느 정도 자기 세력이 확정되자 김대검·모흔·장귀평·장일 등 네 장수를 중심으로 14개 부대로 편성하여 자기 세력의 기반으로 삼았고, 추종자들은 그를 장군으로 추대하였다. 장군이라는 명칭은 단순히 군사적 지위를 뜻하는 것이 아니라, 고대 사회로 치자면 일정한 지역을 다스리는 최고 권력자라는 뜻도 내포되어 있다. 궁예는 양길의 도움을 발판으로 삼아 어느새 새로운 인물로 부상하고 있었던 것이다.

이를 기반으로 그가 저족(인제)·생주(화천)·철원 등을 점령하자, 군세가 매우 강성해져 인근 지역의 무리들 가운데에는 스스로 항복하여 궁예의 부하가 되려는 호족들도 생겨날 정도였다. 이에 궁예는 기반 세력이 다져지자 양길과 결별하고 독자적인 세력을 이루어 나갔다.

896년경에는 임진강 연안을 공격하여 개성에 있던 왕건王建 부자의 투항을 받고, 승령(지금의 장단 북쪽, 토산 남쪽)·임강(장단)과 지금의 개풍군 풍덕 주변 등 여러 현을 차례로 점령하였다. 이듬해에는 공암(양평)·금포(김포)·형구(강화) 등도 차지하게 되었다. 위협을 느낀 양길이 청길, 원회, 신훤과 함께 궁예를 공격하였으나 실패하여 오히려 패망하고 말았다.

이렇게 불과 몇 년 동안에 파죽지세로 궁예가 세력권을 형성할 수 있었던 원인은 어디에 있을까.

첫째는, 지방 호족들의 자발적인 참여 때문이라고 볼 수 있다. 그 대표적인 사례를 보면 다음과 같다.

앞에서 본 세달사가 위치한 영월에는 궁예의 외가가 있었던 것으로 추정된다. 그의 탄생 설화가 말 그대로 설화라면, 그는 노비 출신 유모의 품에서 자라났다기보다는 몰락한 진골 귀족인 그의 외갓집에서 성장하였다는 주장이 더 타당성이 있다. 외가는 왕권 계승 싸움이 계속되자 궁예의 목숨이 위태롭다는 것을 알고는, 열 살이 조금 넘은 궁예를 절에 출가시켰던 것이다. 그런데 이 절을 중심으로 김헌창의 아버지인 김주원계의 세력 근거지가 형성되었다는 것을, 『삼국사기』 등 여러 사료들을 검토해 볼 때 금방 알 수 있다. 또한 중앙 권력 싸움에서 밀려난 여러 호족들이 김헌창의 반란 실패 이후, 영월을 중심으로 세력을 형성하였다는 것도 사료에 나타나 있다. 즉 궁예가 군사를 일으키자 그동안 조정에 대해 쌓인 불만을 일시에 터뜨려, 왕족 출신인 궁예를 지지한 것은 어쩌면 자연스러운 일이었을 것이다.

이런 일은 명주에서도 마찬가지였다. 명주는 김주원이 권력 중심부에서 밀려난 후 좌천된 곳이기도 하다. 김주원계는 이곳을 중심으로 지방 호족들을 자기 세력으로 삼았고, 궁예의 등장으로 이들은 반정부 투쟁을 벌일 태세를 갖출 수 있었던 것이다.

그러나 이러한 상층부의 호응만으로는 후고구려 건국을 설명할 수 없다. 그렇다면 김헌창의 경우와 별로 다를 바가 없기 때문이다.

그는 누구보다도 민심을 빨리 알아차렸다. 토지의 독점으로 파탄에 빠진 일반 민중들에게 자신의 정통성을 심어 주기 위해서 궁예가 내세운 정치 이데올로기는, 자신이 차지했던 지역에 남아 있던 고구려 정서를 이용한 것이다. 그는 국호를 '후고구려'라고 하여 고구려를 계승한다는 의식을 심어 주었으며, 그 일환으로 옛 고구려의 영토를 되찾겠다고 하였다.

삼국 시대의 신라는 당나라라는 외세와 연합하여 삼국을 통일하려고 하였다. 그런데 애초부터 신라는 백제에 더 관심이 많았다. 게다가 당나라는 오래전부터 넘봐 온 고구려 땅을 정복하는 것이 목적이었다. 즉 신라는 당나라와 연합하여 백제를 차지하고, 대신 당나라에게 고구려의 대부분 지역을 넘겨주는 조건으로 연합할 수 있었다. 지금으로 말하자면 두 나라 사이에 일종의 밀약이 오갔던 것이다. 그것은 다름 아니라 종전 후에 신라는 평양을 중심으로 한 북쪽 고구려 땅은 당나라가, 대동강 이남은 신라가 차지한다는 조건을 내세웠다. 이것은 당 태종과 신라 문무왕 사이의 공식적인 언약이기도 했다.

이렇게 볼 때 신라는 단순히 백제와 고구려 일부를 흡수 통합한 것에 불과했다. 통합 당시 신라는 자국만의 힘이 아닌, 외세를 끌어들이는 역사적 과오를 범함으로써 두고두고 민중들의 지지를 받지 못했다.

궁예의 예상은 적중했다. 그가 고구려를 계승하여 옛 고구려의 영토를 회복하는 것이 목적이라고 내세웠을 때 민중들은 그를 지지하고 나섰다. 정통성을 상실한 국운을 다시 세우자며 민중들은 궁예를 왕으로 추대하였다. 한편으로 민중들은 썩어빠진 신라 왕실에 대한 실망이 궁예의 지지로 돌아선 것이다. 신라 말기의 상황은 중앙 정부와 지방 관리, 그리고 지방 세력가들의 수탈에서 자신들을 지켜 줄 우산이 필요했던 것이다. 그 우산이 바로 궁예였던 것으로, 궁예와 호족과 농민 사이에 신라 왕실에 대한 불신이 공감대를 형성한 셈이다.

899년(효공왕 3)에 송악군 일대를 점령한 궁예는 왕건을 보내어 양주·견주見州를 복속하고, 그 다음해에도 광주·춘주春州·당성(화성군 남양 일대)·청주靑州·괴양(괴산[槐山]) 등을 평정함으로써 소백산맥 이북의 한강 유역 전역을 지배하게 되었으며, 그 공으로 왕건에게 아찬이라는 벼슬을 주었다. 그리고 901년에 송악(개성)을 중심으로 나라를 세워 후고구려라고 국호를 정하였다. 또한 자신이 고구려의 계승자임을 누차 강조하였다. 그는 실제로 대동강을 넘어 평양까지 쳐올라가 정복하였으며, 공공연하게 북쪽 고구려의 옛 땅을 수복해야 한다고 강조하였다.

904년에는 국호를 마진摩震, 연호를 무태武泰라고 하였다. 그해 7월에 청주 인구 1천 호를 철원으로 옮겨 그곳을 서울로 정하고 상주 등 30여 현을 차지하게 되자, 공주 장군 홍기弘奇가 투항하여 왔다.

905년에 수도를 송악에서 철원으로 옮긴 궁예는 연호인 무태를 성책聖冊으로 고치면서 정치 제도도 대폭 개혁하여, 독자적인 체제를 마련하였다. 광평성을 비롯한 18개의 주요 부서를 설치하였고, 정광 이하 9품계의 관등을 마련하였다. 또 같은 해에 패서 지역에 13진을 설치하는 등 지방 제도까지 정비하였다.

이즈음에 평양 성주 금용이 투항하여 옴으로써 평양 일대의 지역도 차지하게 되었다. 평양을 차지하던 무렵 궁예에게는 다시 기회가 찾아왔다. 당나라가 907년에 멸망하자, 혼란한 사회를 벗어나 궁예에게 오는 신라의 유학생들이 있었던 것이다. 이들과 협력한 궁예는 안정된 정치 제도를 구축하였던 것이다.

그 뒤 궁예는 세력이 강성해졌음을 믿고서 신라를 병합하려는 뜻을 품고, 신라를 멸도滅都라 부르게 하였다. 911년에 연호를 다시 수덕만세水德萬歲라 고치고, 국호를 태봉泰封이라 하였다. 이때 왕건은 해로海路를 타고 내려가 금성(후에 나주라 불렀다)을 정복하였는데, 이후 서해의 해상권을 장악하는 계기가 되었다. 이것은 옛 백제 지역에서 일어난 견훤을 위협하기도 했다.

913년에는 연호를 다시 정개政開라 고쳤다. 이 무렵 궁예는 폭군이 되었고, 그를 반대하고 왕건을 지지하는 움직임이 나타나기 시작하였다고 현재 남아 있는 사료들은 전하고 있다. 정사正史의 기록에 따르면, 918년에 궁예의 폭정에 반대하여 홍유洪儒·배현경裵玄慶·신숭겸申崇謙·복지겸卜知謙 등이 일어나 그를 왕위에서 축출하였다. 왕위에서 쫓겨난 궁예는 변장을 하고 도망가다가 부양(평강)에서 피살됨으로써 생애를 마쳤다고 한다.

그렇다면 궁예는 단순히 후고구려를 세운 다음 정권 유지에 급급하여 폭군으로 변한 뒤, 왕건을 지지하는 세력에 의해 축출된 것일까. 그러나 그의 활동에 대한 평가는 그리 단순하지만은 않다. 또한 정사를 사실대로 받아들인다 해도, 그가 폭군으로 변했다는 결정적인 근거나 계기 그리고 그 과정에 대해서는 별다른 기록이 보이지 않는다. 궁예에 대한 평가가 어려운 이유가 바로 여기에 있다.

현실에 뿌리내리지 못한 통치자

후삼국이 성립할 수 있었던 것은 호족들의 대거 등장과 더불어 농민들의 항쟁이 만연되었기 때문이다. 김헌창의 반란 등이 단순히 왕위 쟁탈전에 불과하여 민중들의 호응을 별로 받지 못했던 반면, 구조적 모순이 극대화되면서 호족과 농민들은 신라 왕조를 부정하는 데까지 나아갔다는 것은 앞에서도 살펴본 바 있다.

이러한 배경에서 등장한 궁예는 891년에 양길의 휘하에서 자립하여 후고구려를 세운 뒤, 918년에 이르기까지 약 28년 동안 통치하다가 멸망하였다. 그러나 궁예의 통치에 대해 평가를 내리는 것은 그리 쉽지 않다. 『고려사』 등 종래의 사료들은 대체로 폭군적인 면을 부각시켜 부정적인 평가로 일관하고 있다. 즉 궁예는 원래 성격이 포악하고 의심이 많아, 915년에 올바른 정치를 건의하는 부인 강씨와 그 소생인 청광과 신광 두 아들을 죽여 버린 일도 있다고 한다. 그 뒤 궁예는 자기 자리에 불안감을 가져 의심이 더욱 많아지고 성급해져 남의 마음을 꿰뚫어 볼 수 있는 독심술을 터득하였다는 이유로 신하들을 위협, 살해하였다는 것이다. 왕건 역시 궁예로부터 두 마음을 품고 있다는 혐의를 받아 결국 궁예와 왕건 사이에 분쟁이 일어나자, 왕건 일파는 궁예를 제거할 기회를 노리면서 위기를 모면하기 위해 군대를 이끌고 원정하여 금성(나주) 등지를 정벌하였다고 한다.

고대나 중세 때에 정변이 일어날 경우, 사회적으로 나타나는 현상 가운데 하나가 왕조의 변화를 예고하는 도참 설화가 떠도는 것이다. 궁예의 경우도 마찬가지였다. 민심을 잃은 궁예에 대해 그의 멸망을 예언하는 도참 설화가 각처에 만연하게 되었다. 철원에 사는 상인 왕창근王昌瑾이라는 자가 한 백발노인을 통해 거울을 사서 걸어 놓았더니, 거울에 시구가 나타났다. 그 내용을 분석해 보니 궁예의 멸망과 왕건의 등장을 예언하고 있었다.

또한 궁예는 매우 미신적으로 불교를 신봉하였다고 묘사하고 있다. 궁예는 스스로 미륵불이라 칭하고, 머리에는 금책을 쓰고 방포方袍를 입고 다녔다. 궁예는 여기에서 그치지 않고 두 아들을 청광보살靑光菩薩, 신광보살神光菩薩이라 불러 마치 자기 가족은 모두 해탈한 부처처럼 자처했던 것이다.

밖에 행차할 때에는 항상 백마를 타고 비단으로 말 머리와 꼬리를 장식하였으며, 어린 소년과 소녀들이 깃발과 향과 꽃 등을 들고 앞에서 인도하였고, 비구승 2백여 명은 범패梵唄를 부르고 염불하면서 뒤를 따랐다고 한다. 가히 교주의 모습을 상상케 하는 대목이다.

또한 그는 스스로 불경 20여 권을 지었는데 그 말이 요망하여 모두 불도의 뜻에 어긋나는 것이었다고 한다. 그러나 궁예가 지었다는 불경은 현재 전해지지 않는다.

『고려사』에 의하면, 궁예는 어느 정도 세력 기반을 닦자 국내를 통합하기도 전에 갑자기 혹독한 폭정으로 민중을 다스렸고, 온갖 수단을 동원하여 민중을 수탈하여 그를 따르는 사람들 수가 점점 줄어들었다고 한다. 이렇게 하여 국토는 황폐해졌는데도 자신이 머무는 왕궁만은 매우 웅장하게 지었다. 또 법도나 제도는 지키지 않고 노역은 끊일 사이가 없어 점차 원망과 비난이 일어나게 되었다고 한다.

이러한 궁예에 대한 평가를 당시의 형편을 그대로 알려 주는 자료로 이해하려는 견해도 있다. 왜냐하면 도적의 무리로 편성된 궁예의 지배 세력은 그 성격을 바꿀 시간도 없이 패망하였다고 보기 때문이다. 그러나 당시 도적이 성행한 이유는, 신라 왕실의 부당한 세금 징수와 호족들의 토지 겸병兼倂으로 유랑하는 농민들이 많아졌기 때문이다. 따라서 궁예의 무리는 농민군적인 성격이 강했다.

또한 다른 지방 호족과 같이 자신의 세력 기반을 가지지 못하고 도적의 무리로서 출발한 궁예의 세력 기반에는 분명한 한계성이 있다는 지적도, 앞서 본 바와 같이 잘못된 시각임을 알 수 있다. 그는 초기 활동 당시부터 각 지역 호족들의 적극적인 지지를 받았으며, 특히 세달사나 영월을 중심으로 확고한 세력 기반을 갖출 수 있었다.

출생 과정부터 이미 신라 조정에 받아들여질 수 없었던 궁예는 신라에 대한 강한 반감을 지니고 있었으므로, 901년에 부석사浮石寺에 갔을 때 신라 왕의 초상화를 보고 이를 칼로 쳐서 없앴다고 한다. 이러한 반신라적 성향은 반정부적 무리들을 결집시킬 수 있는 이데올로기로 작용하였고, 토지를 빼앗겨 유랑하다가 도적으로 몰락한 무리들이 궁예의 세력 밑으로 모여든 것은 궁예와 마찬가지로 반신라적인 성향이 강했기에 가능한 현상이었다. 즉 궁예를 중심으로 민중 세력이 형성됨으로써 신라 고대 사회가 해체되는 속도가 한층 빨라지게 되었던 것이다. 결국 신라의 반민중성에 대항한 궁예의 등장으로 민중 세력의 결집이 이루어졌던 것이다.

그러나 궁예의 국가 통치 능력이 부족한 것은 사실이었다. 그에 대한 역사 기록 가운데 일부는 사실이라고 전제했을 때, 국가를 운영하거나 질서를 회복하는 방법에 대한 구체적인 대안이 없었으므로 토지 겸병 등 토지 제도나 수취 제도를 개선하지 못한 면도 있었다. 그가 국가의 제반 제도를 개혁하지 못한 것은 경륜의 부족과 함께 끊임없는 호족들의 견제도 들 수 있다. 호족들이 궁예가 하는 일에 일일이 간섭함으로써 그는 조금씩 포악한 왕으로 변했을 가능성도 전혀 배제할 수는 없다.

또 나라를 세운 뒤에도 연호와 국호를 자주 고쳤다고 하는 것은, 한 나라를 이끌어 갈 정치 이념이 뚜렷하지 않았다는 것을 뜻한다는 지적도 타당하다. 이러한 지적은 앞서 말한 현실 개혁을 단행하지 못한 궁예의 실정과 맞물려 있다. 따라서 점차 호족 세력을 결집해 내면서 뚜렷한 유교적 정치 이념과 선종 승려 및 6두품 지식인층까지 포섭하였던 왕건이 전면에 부상하게 된 결과를 가져왔다. 즉 지배층은 자신들의 이익을 담보해 주면서도 일면 현실 개혁을 추진하여 민중들의 불만을 무마할 수 있는 강력한 왕을 원했다고 볼 수 있다. 그렇다면 궁예에게는 통치 이념이 전혀 없었던 것일까.

『고려사』 등 사료에 나타난 궁예에 대한 평가는 우선 그가 포악한 왕이었다는 데 초점을 맞추고, 그가 내세운 미륵불 사상에 대해서는 별다른 의미를 부여하지 않고 있다. 미륵불 사상은 무엇인가. 대체로 관음보살을 중시하는 불교는 해탈 등 자기 구원에 초점을 맞추고 있어, 이것이 극대화되면 지배 계층에 대한 민중들의 저항 의식을 약화시킬 수 있는 구실을 하게 된다. 그러나 미륵불 사상은 도탄에 빠진 현실을 구하기 위해 미래불인 미륵이 이 땅에 온다는, 사회 개혁적인 요소가 매우 강하다. 따라서 최고 권력자가 이러한 개혁 사상을 주장했다는 것은 뭔가 앞뒤가 맞지 않는다. 그렇다면 이것은 무엇을 뜻하는가. 비록 궁예는 왕건처럼 견실한 정치적 이념을 갖고 있지는 않았지만, 나름대로는 현실을 개혁해야 한다는 강한 의지를 갖고 있었다고 볼 수 있다.

아직까지도 그가 왜 난폭한 짓을 자행하게 되었는지 그 동기에 대해서는 확실한 근거가 없다. 또한 왕건의 고려 건국이 합리화되기 위해서는 궁예가 완전한 폭군으로 조작되었을 가능성도 있음을 감안할 때, 궁예에 대한 평가는 재검토되어야 한다.

정리하자면, 궁예는 지나치게 종교를 강조하는 등 이상주의적 이념을 내세워 왕권 강화를 해 나가는 과정에서 호족들의 반발을 극복하지 못한 것이다. 호족들은 궁예가 하는 일에 일일이 간섭을 하였으며, 이에 궁예는 독재라는 칼을 뽑아 들 수밖에 없었던 것이다. 또한 그의 왕권 강화에 반발한 일부 호족들이 왕건을 추대하여 반란을 일으킴으로써 궁예는 축출당하고 말았다. 따라서 그가 원래부터 성격이 난폭하여 폭군이 되었다는 단순한 시각은 교정되어야 한다. 궁예는 고대 사회에서 가장 중요한 근거지인 한강 유역을 먼저 차지하거나 자기를 지지하는 호족들에게 관직을 주는 등 행정 체제를 정비해 나갔으며, 이러한 궁예의 뛰어난 통솔력에 끌린 호족들이 사방에서 그를 지지하고 나섰다는 것은 궁예의 긍정적인 면을 이해하는 데 중요한 요점이라 할 수 있다.

그리고 궁예에 대한 민중들의 지지도 컸다는 사실은 경기도 안성시 삼죽면에 남아 있는 궁예 미륵에서도 알 수가 있다.

결국 궁예는 이상주의적 이념에서 벗어나지 못하고 구체적인 현실 개혁을 단행하지 못한 미완성의 혁명만을 이룬 채 왕권 강화 과정에서 그의 이념을 반대하는, 왕건을 중심으로 한 지식인 그룹과 대립하다가 그들의 세력에 밀려 축출당하고 만 것이다. 즉 궁예는 자신에게 협력한 호족들의 이익을 저버린 채 중앙 집권 강화를 하였던 것에 비하여, 왕건은 호족들의 권리를 인정하는 개혁을 이룬 점이 후고구려와 고려의 차이점이라고 하겠다. 이러한 대립 과정에서 궁예는 권력을 잃지 않기 위해 폭정을 일삼았다고 이해한다면, 그의 난폭한 행동에 대해 좀 더 구조적인 시각으로 접근할 수 있을 것이다.

【 2 】
묘청의 서경 천도 운동 :
총체적 난국을 주도하기 위한 대전大戰

묘청의 서경 천도 운동 이전의 고려

후삼국을 통일하여 명실 공히 고려라는 국가를 세운 태조에게
제일 먼저 주어진 과제는 지방 호족들을 어떻게 견제할 것인가였
다. 궁예가 호족들과의 대립으로 물러난 것을 거울삼아 태조는 더
욱 호족들과 융화하려고 노력하는 한편으로, 그들에게 강경책을 취
하기도 하였다.

태조는 호족들을 자신의 세력으로 끌어들이기 위한 회유책으로
혼인 정책을 실시하였다. 즉 호족의 딸들을 자신의 후궁으로 취하
는 정책이었다. 그리하여 『고려사』에 정식으로 기록된 왕비만도 28
명에 달하고 있다. 한편으로 자신의 딸을 호족들과 결혼시켜 자신
의 세력으로 만들기도 하였다. 그러나 태조의 혼인 정책은 그가 죽

은 후에 왕권을 두고 외척 간에 치열한 다툼이 벌어지는 폐해가 있었다. 호족들에 대한 두 번째 회유책은 사심관 제도다. 호족들의 출신지로 파견하여 그 지역을 다스리는 권한을 부여한 것이다. 최초의 사심관은 신라의 마지막 왕인 경순왕이다. 호족에 대한 강경책 중 하나는 바로 기인 제도다. 기인 제도는 호족의 자녀들을 공부시킨다는 명분 아래 개경으로 오게 하는, 일종의 인질 제도다. 회유와 강경책을 적절하게 사용한 태조는 정치가 안정되면서 서서히 왕권을 세워 나갔다.

그동안 수탈에 시달린 농민들을 위해서는 수취의 양을 대폭 삭감하여 모든 세율을 10분의 1에 맞추었으며, 복지적인 성격을 지닌 흑창도 설치하였다. 이렇게 하여 태조는 호족과 농민들에게 쌓인 불만을 조금씩 해결해 나감과 동시에 기반이 무너진 왕권 강화에 심혈을 기울였다.

그러나 태조 이후 다시 왕권은 흔들리기 시작하여 혜종과 정종 때에는 왕위 찬탈을 위한 정변이 잇달아 일어났다. 이어서 제4대 광종이 즉위하자, 그는 비상한 노력으로 '왕권은 약하고, 신하의 권력이 강한' 현상을 타파하고자 하였다. 신라 말기 이래 많은 전쟁으로 생긴 포로와 굶주리는 백성들을 호족들은 노예로 삼아 그 수가 크게 늘어났는데, 광종은 재위 7년(956)에 '노비안검법'을 실시하여 노비들을 조사하고 본래 양민이었던 사람들은 해방시켰다. 이리하여 수많은 노비들이 해방되고 중신 호족들은 크게 재산상의 손실을 입었다. 이것은 과도하게 커진 중신들의 경제력을 삭감하는 조치였다.

『고려사절요』에 보면, '광종 7년(956)에 노비를 조사해서 옳고 그름을 밝히도록 명령하였다. 이 때문에 주인을 배반하는 노비들을 억누를 수 없었으므로 주인을 업신여기는 풍속이 크게 유행하였다.'고 되어 있다.

광종은 재위 9년(958)에 노비안검법에 이어서 과거 제도를 창시하였다. 이것은 중신 호족들을 누르고 신라 계통의 문신 및 지방 호족의 자제들을 정권에 참여시키려는 취지에서 마련된 것으로, 중대한 사회적·문화적 의의를 가진다. 과거 제도는 집권 체제 성립의 상징이며, 혈통 위주의 골품제보다 훨씬 넓은 범위의 인재를 수용하게 되었으니 이는 고려 사회가 신라 사회보다 진보한 사회라는 것을 보여 준다. 광종은 자주 독립성이 강한 왕으로 개경을 황도, 서경은 서도라 붙이고 광덕·중풍 등의 독자적 연호를 썼으며, 황제 폐하라고 칭하였고, 또 역대 공신들을 대거 숙청하는 등 크게 왕권 확립에 이바지하였다.

『고려사』에 보면, '광종이 쌍기의 의견을 받아들여 과거로 인재를 뽑게 하였다. 이때부터 문풍文風이 일어났고, 그 법은 대체로 중국 당의 제도를 따른 것이다. 광종은 이어서 왕실의 권위를 높이기 위해 스스로 황제라 부르고 개경을 황도皇都, 서경을 서도西都라고 개칭하였다. 그러나 광종은 왕궁 건설이나 잦은 불교 행사 등으로 백성들의 원성을 사기도 하였다.'고 되어 있다.

광종 이후의 고려 역사에서 주목할 점은, 과거 제도 실시로 개국 공신들은 서서히 무너져 가고 새롭게 등장한 문신 세력이 중앙 권력을 점차 차지해 나갔다는 것이다. 이러한 신구 세력은 다음 왕인 경종 때에도 갈등을 겪었지만, 성종 때에 이르러 3성 6부제와 지방 관 파견 등의 행정 조직 개혁을 통하여 신진 세력이 고위 관리직을 차지하여 완전한 중앙 집권 체제가 정비되었다. 그러나 이러한 중앙 조직에 임명된 관리들을 중심으로 대문벌 귀족들이 등장하게 되어, 지배 세력 내에 파벌과 반목하는 세력이 형성되었다. 이들은 대토지 소유 등 경제적 기반을 유지하고, 정치적 세력 확장을 위해 왕실과 외척 관계를 맺는 등 고려 중기가 지나면서 고려의 왕권은 약화되고 대신 문신들의 권력이 막강해지기 시작하였다.

　이러한 배경에서 벌어진 사건이 바로 이자겸의 반란이었던 것이다. 묘청의 반란을 이해하기 위해서는 고려 왕궁을 거의 불살라 버릴 정도로 극심했던 이자겸의 반란 배경과 경위를 사전 지식으로 알고 있어야 할 것이다. 이것은 또한 기울어져 가는 고려의 국운을 이해하는 통로가 될 것이다.

이자겸李資謙의 반란 : 개경 왕궁을 초토화시키다

　태조는 왕권의 안정과 호족 세력들의 포섭이라는 두 마리 토끼를 잡기 위해서 혼인 정책을 펼쳐 나갔다. 혼인 정책의 실시는 외척들의 세력 강화로 이어졌다. 더구나 호족 세력들을 억압하기 위해 실시한 과거 제도에 대해 반발하자, 5품 이상 관리의 자제들은 과거 시험을 치르지 않고 관리가 되는 음서 제도가 도입되어 그들의 권력을 그대로 유지할 수 있었다. 정치적인 권력을 얻은 지배층에는 경제적 지원이 따랐다. 바로 공음전이었다. 고려 시대에 관리들에게 품계에 따라 토지와 임야를 나누어 주는 전시과가 실시되었다. 그러나 전시과로 받은 토지와 임야는 본인이 세상을 떠났을 때

나라에 반납을 해야만 했다. 그런데 관리들의 공적을 따져 지급하는 공음전은 본인이 세상을 떠나도 반납할 필요가 없었다. 이들 문벌 귀족들의 대표적인 가문이 안산 김씨, 경원 이씨, 파평 윤씨, 경주 김씨, 해주 최씨 등이다.

12세기에 들어서서 고려는 안팎으로 위기를 겪게 되었다. 밖으로는 금나라의 위협으로 북쪽 변방에 늘 전운이 감돌았고, 안으로는 외척 등 문벌 귀족들의 극성으로 왕권이 극히 미약해져 구심점을 잃게 됨으로써 구조적 모순이 격화되기에 이르렀다. 문벌들은 외척을 중심으로 대토지 소유 등 경제적 기반을 강화해 나가는 등 기득권 유지에 급급하여, 국가의 기강 자체가 크게 흔들리게 되었다. 이렇게 하여 인종 때 외척 권세가인 이자겸이 왕권 약화를 기회로 삼아 왕위를 찬탈하려는 반란을 일으켰다. 이때가 1126년 2월이었다(이자겸의 반란이 척준경을 비롯한 군 세력과 연계되어 있었기 때문에 이척의 난이라고도 부른다).

고려 중기에 등장한 대표적인 외척 세력으로는 안산 김씨와 경원 이씨 등이 있다. 이들 문벌 귀족들은 고려 초기에 태조가 남긴 선례대로, 한 왕이 남매나 친족끼리 겹쳐서 혼인하던 관습을 이용하여 일족의 세력을 확대해 나갔다. 안산 김씨의 경우, 김은전의 세 딸이 전부 현종(1009~1031)의 비가 되어 4대에 걸쳐 40~50년 동안 정권을 좌지우지하였다. 그 뒤에 등장한 귀족이 경원 이씨였다. 문종 때 이자연의 딸 셋이 모두 왕비가 되어, 경원 이씨는 안산 김씨를 대신하여 정권을 장악하기에 이르렀다.

고려 초기 이래 외척 중에서도 경원 이씨의 세력만큼 강대한 것은 없었다는 역사적 평가를 받을 만큼 경원 이씨의 외척 세력은 강력한 권력을 휘두르게 되었다.

이들은 문종에서 시작하여 7대 80여 년 동안 왕실과 중복되는 혼인 관계를 맺어, 후비·귀빈을 거의 독점적으로 들여보내다시피 하였다. 이에 따라 왕자, 왕녀도 대부분 경원 이씨의 외손이 되고 말았다. 이러한 과정을 거쳐 경원 이씨 일족은 이자겸 때에 와서 절정기를 이루었다.

경원 이씨가 왕실과 혼인 관계를 맺기 시작한 것은 이허겸李許謙 때부터다. 그의 딸은 안산 김씨安山 金氏 은부殷傅의 아내가 되었으며, 낳은 두 딸이 모두 현종의 왕비가 되었다. 이때부터 경원 이씨 집안은 귀족 가문이 되었다.

후대로 내려와 이자연李子淵의 고모 안효국대부인安孝國大夫人의 손자들이 덕종·정종·문종이 되자 문벌 귀족으로서 자리를 잡게 되었으니, 잇달아 이자연의 세 딸이 문종의 왕비로 들어가게 된 배경도 이러한 선대의 외척 관계에서 비롯된 것이다. 그 뒤 인종 때까지의 왕은 모두 이자연의 딸인 인예왕후의 혈통이었으며, 숙종을 제외한 왕들의 비 또한 경원 이씨로 그 일문의 권세는 하늘 높은 줄 모르고 치솟았다.

1094년에 선종이 죽자 그의 아들 헌종이 왕위에 오르게 되었다. 그러나 그는 나이가 어린 데다가 몸도 매우 약하여 모후인 사숙태후가 섭정을 하게 되었다. 이때 이자연의 손자 자의資義는 중추원사中樞院使의 위치에 있었는데, 그의 누이 원신궁주元信宮主와 선종 사이에서 태어난 한산후 균을 왕위에 오르게 하려고 계략을 꾸몄다. 당시 왕실에서는 계림공 희(熙 – 뒤의 숙종) 등 이른바 헌종의 오숙五叔이 왕위를 넘겨다보고 있다는 것을 이자의는 잘 알고 있었기 때문이다. 일의 추진을 위해 이자의는 많은 재화를 비축하고 사병을 양성하는 등 한산후를 추대하기 위해 만반의 준비를 갖추고, 나중에는 공공연히 이를 알리고 다녔다. 이에 계림공은 먼저 선수를 쳐서 이자의 세력을 축출함으로써 미약해진 왕권을 다시 세워, 헌종으로부터 왕위를 물려받았다.

이렇게 봤을 때 숙종은 경원 이씨의 세력을 제거할 뜻을 지니고 있었던 것으로 보인다. 그렇기 때문에 숙종은 경원 이씨가 아닌 유씨 왕후를 맞이하는 등, 경원 이씨의 외척으로부터 벗어나 왕권을 강화하려고 부단히 노력하였던 것이다.

그러나 숙종의 노력도 결국 수포로 돌아가고 말았다. 1105년에 숙종의 아들인 예종이 즉위하자, 이자겸은 자기 딸을 왕비로 들여보냄으로써 다시 경원 이씨와 왕실은 혼인 관계를 맺게 되었다. 이자의와 종형제 사이인 이자겸의 딸과 숙종의 아들 예종이 혼인을 했다는 것은, 왕실과 경원 이씨의 관계가 얼마나 강력한 것인가를 단적으로 보여 주는 예다.

정리하자면, 예종의 비 문경왕후는 이자겸의 딸이며 인종의 모후인 셈이다. 이자겸은 그의 딸을 왕비로 들여보냄으로써 갑자기 세력의 중심에 서게 되었다. 이자겸이 전면에 등장하게 된 경위를 살펴보면 대략 다음과 같다.

『고려사』에 나오는 '이자겸전'에 따르면, 그의 여동생이 순종의 비로 들어갔는데 순종이 죽은 후에 궁에 있는 관노와 간통을 하게 되었다고 한다. 이 사건에 이자겸도 연루되어 관직을 박탈당하기도 하였다. 그런데 예종이 즉위하여 이자겸의 둘째 딸을 왕비로 삼자, 그의 지위는 갑자기 부상하였다. 그의 모친이나 아내 등에게 하루

세 차례나 칙봉이 내려져 집안 모두가 외척의 위치를 확고히 다지게 되었던 것이다.

1122년, 예종이 재위 17년 만에 죽자 그의 여러 아내들이 낳은 자손들 사이에 왕위 계승을 놓고 알력이 생겼는데, 이자겸은 여러 세력을 물리치고 자기 큰딸이 낳은 열다섯 살 난 외손자 해楷를 옹립하는 데 성공, 정권을 장악하게 되었다. 이 외손자가 바로 고려 17대 왕인 인종(1122~1146)이다.

외손자를 왕위에 앉힌 이자겸은 양절익명 공신이 되었으며, 동시에 중서령·소성후 등 주요 관직을 겸직하여 점차 정권을 함부로 휘두르게 됨으로써 마침내 왕권을 좌우할 만큼 그 세력이 비대해 갔다.

그의 친인척들이 중앙의 요직을 거의 차지했음은 물론이다. 그의 아들들은 앞을 다투어 개경 내에 화려한 저택을 지었고, 이자겸의 집에는 썩는 고기가 늘 수만 근이나 될 정도로 뇌물이 끊이지 않는 등 외척에 의한 기강 문란은 극에 달하였다. 이러한 가운데 이자겸은 무신 척준경과 손을 잡는 한편, 후대에까지 자기 가문의 부귀를 보장하기 위하여 셋째 딸과 넷째 딸을 강제로 인종의 비로 출가시켜, 왕권을 유명무실하게 만들어 왕위를 넘보는 지경에 이르렀다.

이자겸은 주로 서울 인근 지방과 개성 주위의 대토지를 소유하고 있었는데, 그는 이 일대의 사원과도 밀접한 관계를 맺었다. 그는 사찰 보수나 준공을 위해 일반 백성들을 강제로 징발하는가 하면 농민들을 착취하여 많은 원성을 샀다. 또한 노복들을 풀어 다른 사람의 수레와 말을 빼앗기도 하였고, 심지어 자신의 생일을 인수절仁

壽節이라 지정하여 큰 잔치를 벌이기도 하였다. 나중에 이자겸이 체포되었다는 소문이 퍼지자 농민 등 일반 백성들이 눈물을 흘리며 좋아할 정도로 그의 폭정은 타락의 끝으로 치달았던 것이다.

어린 왕을 세워 놓고 실권을 쥔 이자겸은 자기 세력에 가담하지 않는 이는 백방으로 중상하고 제거하는 한편, 그의 족속을 요직에 배치하고 벼슬을 팔아 세력을 확대하는 데 힘을 기울였다. 이러한 폭정이 가능했던 것은 그의 뒤에 군사력을 쥐고 있던 척준경이 있었기 때문이다.

원래 척준경은 가난한 집에서 태어나 학문과는 거리가 멀어 악소배들과 어울렸다. 그런데 숙종 9년(1104) 이래 동여진 정벌에 여러 번 참가하여 승리를 거두며 큰 공을 세워 벼슬이 높아지면서 이자겸과 교유하게 되었던 것이다. 척준경은 그가 추종하던 이자겸과 결별하기 직전까지도 판병부사의 위치에 있으면서, 이자겸의 아들 판추밀원사 지미之美와 함께 군대를 장악하고 있었다.

이자겸과 척준경은 사돈 관계에 있었기 때문에 두 사람 사이의 유대는 매우 긴밀하였다. 척준경은 이자겸의 아들 지원之元의 장인이었던 것이다. 그래서 이자겸은 척준경을 믿고 정권을 마음대로 휘둘러 반대파를 대거 숙청할 수 있었다. 따라서 반대파의 저항도 더욱 거세어졌던 것은 당연한 일이었다. 당시 고려에 와 있던 송나라 사신 서긍의 증언을 들어 보자.

이자겸의 행태를 못마땅해하는 사람들이 1122년 12월경에 대방공의 집으로 모였다. 대방공은 인종의 작은아버지였다. 대방공의 주위에는 한안인, 문공인, 이영, 정극영, 임존 등 10여 명이 함께 있었다.

"이자겸의 행위는 도저히 묵과할 수 없는 것이오."

"맞습니다. 그를 처벌해야만 종묘사직을 지킬 수가 있습니다."

대방공을 비롯한 관리들이 이자겸의 제거를 논의하고 있다는 것은 이자겸에게도 알려졌다. 이자겸은 대로하였다.

"어서 그들을 모두 잡아들여라!"

이자겸의 명령에 척준경과 이지미는 군대를 동원하여 모두 잡아들였다. 대방공을 비롯한 10여 명은 죽임을 당했으며, 연루자들 수백 명도 죽이거나 귀양을 보냈다.

이자겸은 나중에는 중국에까지 자기의 위치를 알리려고 모든 수단을 동원하였다. 『고려사』에 따르면, 이자겸은 송나라에 표表를 올리고 특산물을 보내면서, 스스로를 왕의 위치와 동등하다는 뜻을 지닌 '지군국사知軍國事'라고 불렀다. 이 소식을 들은 인종은 분개하였다.

"이제 짐의 자리까지 넘보는구나."

인종이 분개한다는 소리에 내시지후 김찬, 내시녹사 안보린, 동지추밀원사 지녹연 등은 1126년 2월 25일에 인종을 찾았다.

"폐하, 소인들이 힘을 합하여 폐하의 마음을 가볍게 해 드리겠나이다."

"그대들의 뜻은 고맙소. 하지만 이자겸에게는 척준경이 있으니 조심해야겠소."

"폐하의 뜻을 명심하겠사옵니다."

"그럼 내시지후 김찬은 평장사 이수(이자겸의 재종형), 전평장사 김인존과 함께 계획을 마련하도록 하시오."

"분부대로 거행하겠사옵니다."

대궐에서 물러난 김찬은 아무래도 불안하였다. 사실이 이자겸에게 알려지기라도 하면 자신들은 물론 가족까지도 목숨을 보전하기가 어려웠기 때문이다. 김찬은 곧바로 인종을 다시 찾았다.

"폐하, 당장 군사를 일으켜 이자겸을 물리쳐야겠사옵니다."

인종은 한참을 생각하다가 김찬의 뜻에 따르기로 하였다.

지녹연은 최탁, 오탁 등 장군들을 포섭하여 군사를 이끌고 궁궐에 쳐들어가, 병부상서를 맡고 있던 척준신(척준경의 아우)과 그의 아들인 내시 척순 등을 죽인 다음 시체를 궁성 밖으로 내던져 버렸다. 척준경의 아우와 조카가 살해당했다는 소식을 접한 이자겸 등은 격분하여 반대파 제거에 나섰다.

"내가 이들을 용서하지 않으리. 장차 이 나라의 주상도 내 차지가 될 것이니라."

이자겸은 군사를 일으켰다. 이렇게 하여 정권을 둘러싸고 왕실과 외척, 귀족 관료 사이에 대립과 항쟁이 격화되어 고려 귀족 사회의 지배 체제에 큰 위기를 맞게 되었던 것이다.

이자겸 축출에 동조한 인물들의 성분을 분석해 보면, 대체로 하급 관료들이거나 무장들로서 평소 반문벌 귀족적인 성향을 지니고 있었다. 이것은 후에 일어나는 무신들의 반란과 연관이 있다고 볼 수 있는데, 이때에도 무신들의 위치는 상대적으로 격하되어 있었던 것이다(정중부의 반란 때 동조한 무신들은 대체로 하위직에 종사하고 있던 자들이었다). 그러나 이때의 하급 무신들은 왕권 자체를 부인하지는 않았다는 것이 큰 차이점이다.

이자겸은 자기 세력에 속한 관료, 무신들을 집으로 불러 대책을 수립하였다. 이때 척준경이 나섰다.

"이렇게 앉아서 기다린다고 내 아우가 살아 돌아온답니까? 이미 상대는 군사를 일으켰습니다!"

척준경은 곧 수십만의 군사들을 혼자 이끌고 그날 밤으로 신봉문神鳳門 밖으로 쳐들어가 왕의 친위 세력과 대치하였다. 척준경의 기세등등한 군대에 기가 질린 지녹연, 최탁 등은 함부로 궁궐 밖으로 나오지 못하고 적의 동태만을 살폈다.

이튿날 새벽에 동생 척준신의 시체를 목격한 척준경은 왕당파와의 세력이 만만치 않음을 느꼈다. 그는 이자겸의 아들인 지보를 불렀다.

"아무래도 군사들을 더욱 강력하게 무장시켜야 할 것 같소."

"알겠습니다. 군기고에 들어가 갑옷과 창검으로 군사들을 무장시키겠습니다."

척준경과 이지보는 군사들을 갑옷과 창검으로 무장시킨 뒤 궁궐의 남문인 승평문昇平門을 포위하였다. 평소 군사력을 쥐고 있던 척준경의 공격에 궁궐 안에 있던 친위 세력은 밖으로 나오지 못하고 다만 활을 쏘며 대응할 뿐이었다.

인종은 당황하였다.

"이를 어찌하면 좋겠는가?"

"척준경의 군사력은 우리 힘만으로 물리치기 힘드옵니다. 그러므로 그를 우리 편으로 끌어들여야 하옵니다."

"지금 승평문이 포위되었으니 격구장을 지나 신봉문으로 나가서서 척준경을 우리 편으로 끌어들이셔야 하옵니다."

김찬의 듯에 따라 인종은 직접 신봉문에 나가, 신하인 이중과 호종단을 성 밖으로 내보내 척준경의 군사들에게 무기를 버리라고 회유하였다.

"저자들을 당장 쫓아내라!"

흥분한 척준경은 인종을 겨냥하여 화살까지 쏘아댔다. 이것은 왕위 찬탈을 뜻하는 행동이었다. 이자겸도 인종에게 최학란과 소억을 보냈다.

"지녹연, 김찬 등 반란의 주모자들을 내놓으시오."

이자겸은 오히려 왕의 친위 세력을 반역자로 몰았던 것이다. 이와 비슷한 시간에 척준경은 동화문東華門 행랑에 불을 질러 태워 버렸다. 이에 인종은 사태가 불리하게 돌아가고 있다고 판단, 근신인 임경청 등 10여 명과 함께 산호정山呼亭으로 피신하였다. 왕이 몸을 숨기면서 친위 세력도 패색이 짙어 갔다.

더 이상 저항할 여지가 없다고 느낀 인종이 말했다.

"짐이 주상의 자리에서 물러나겠소."

인종의 선언에 이자겸은 미소를 지었다. 하지만 다른 대신들의 눈치를 보느라 머뭇거렸다. 이때 재종형인 이수가 이자겸을 찾았다.

"아우, 과유불급過猶不及이라 했습니다. 지금보다 우리 집안이 더 좋을 때가 그 언제였습니까?"

이때 이수 등이 인종을 설득하여 일단 왕위를 지킬 수 있었다.

한편 기선을 잡은 척준경은 부하들을 시켜 왕을 따르던 오탁을 잡아 죽이게 하고, 최탁·권수·고석·안보린 및 대장군 윤성·장군 박영 등도 무참히 살해하였다. 이로써 친위 쿠데타는 비참한 죽음으로 막을 내리고 말았다.

세력을 다시 잡은 이자겸 일파는 지녹연, 김찬을 비롯하여 많은 사람들을 먼 곳으로 유배 보냈다. 그래도 안심이 안 된 이자겸은 대표적인 친위 세력인 지녹연을 유배 보내는 도중 살해하고 말았다. 이 밖에 잡혀 죽은 사람들이 헤아릴 수 없을 정도로 많았다고 하니, 이자겸 일파가 얼마나 잔인한 방법으로 친위 세력을 제거했는지 짐작할 만하다.

결국 이자겸과 그 일파를 제거하여 왕권을 지키려던 친위 쿠데타는 실패로 끝났다. 전쟁과 맞먹는 두 세력 간의 충돌로 말미암아 궁궐은 거의 소실되어 산호정, 상춘정, 상화정 등 세 정과 내제석원內帝釋院의 일부만이 겨우 남아 있을 정도였다. 개경은 말 그대로 초토화되어 인심이 흉흉해져 갔다.

내전에서 승리한 이자겸은 이해 3월에 자기 소유인 중흥택重興宅 서원에 인종을 연금해 놓고, 그 주위에는 자신의 일파를 옮겨 살게 하여 왕을 감시하게 만들었다. 인종은 마음대로 활동할 수 없었고, 식사까지도 간섭을 받는 등 완전히 무력한 군주로 전락하고 말았다. 이로써 이자겸과 척준경은 왕과 다름없는 세력을 거머쥐게 되었던 것이다.

이때 이들이 역성혁명을 일으켜 실제로 왕위에 올라도 될 법했지만, 당대의 시대적 제한과 중세 사회의 특수한 구조 때문에 그것은 쉬운 일이 아니었다. 실질적으로 왕위를 차지할 경우에 파생될 여파를 아무도 예상할 수 없었던 의식적 한계도 내재되어 있었다.

그야말로 무소불위의 정권을 잡은 이들의 횡포가 날로 심해지자 내의군기소감 최사전이 인종을 찾았다.

"폐하, 아뢰옵기 황공하오나 이자겸을 없애지 않으면 보위를 지켜

내시기가 어렵사옵니다."

"그 점은 나도 알고 있소."

"이자겸의 세도는 척준경의 군사력 때문이옵니다. 척준경의 군사력만 없다면 쉽게 제거할 수 있을 것이옵니다."

"어떻게 척준경을 제거하오?"

"척준경을 제거하는 것은 어려운 일이옵니다. 대신 이자겸과 척준경 사이를 이간질시키는 것이옵니다."

"이간질을?"

"척준경을 우리 편으로 끌어들이는 것이지요."

"그대가 이자겸과 척준경을 이간질시키는 일을 맡아 해 주시오."

인종의 명령에 따라 최사전은 두 사람 사이의 이간 공작에 나섰다. 그는 척준경의 성격이 단순하다는 것을 잘 알고 있었다. 그래서 척준경에게 은밀히 접근하였다.

"그대는 왕당파가 아니요. 어찌 이곳까지 왔소?"

"장군께 긴히 드릴 말씀이 있습니다."

"무엇이오?"

"이자겸은 언젠가 장군을 버릴 것입니다, 그는 전혀 믿을 사람이 못 됩니다. 지금이라도 왕에게 충성을 다하면 부귀 권세를 누릴 수 있습니다."

최사전은 척준경에게 확신을 주기 위해서 인종의 교서를 건넸다.

"과인이 지난 일은 다 잊어버릴 테니 마음을 다하여 더 이상 사태가 악화되지 않게 해 달라. 그 공은 짐이 크게 치하할 것이니라."

최사전의 설득과 인종의 교서에 척준경은 흔들리기 시작하였다. 이러한 가운데 이자겸과 척준경이 갈라서게 되는 결정적인 사건이 터졌다.

이자겸의 아들인 지언之彦이 거느리고 있던 한 노비가 척준경의 노비에게 말했다.

"척준경이 왕궁에 활을 쏘고 궁을 태운 죄는 죽어 마땅한 것이다."

척준경의 노비는 곧바로 이러한 사실을 척준경에게 알렸다. 이에 척준경은 심한 배신감을 느꼈다(어쩌면 이 일은 최사전 등이 꾸며 낸 일인지도 모른다). 척준경이 격분하자 불안감을 느낀 이자겸은 아들을 척준경에게 보내 화해를 요청했다.

"내가 잘못했소. 너그러이 마음을 풀기 바라오."

그러나 척준경은 이미 최사전과 인종의 말을 들은 뒤라 분노를 감추지 않았다.

"이럴 바에 차라리 고향에 내려가 여생을 보내겠다!"

척준경의 분함은 풀리지 않았다. 이렇게 하여 두 사람 사이가 벌어지기 시작하였다. 인종은 이 기회를 놓치지 않고 지추밀원사 김부일을 척준경에게 보냈다.

"이자겸이 나서기 전에 먼저 공격을 하시오."

곧이어 최사전도 척준경을 찾았다.

"이자겸의 공격에 대비하여 먼저 거사를 도모하십시오."

인종과 최사전의 요청에 척준경은 마침내 실행에 옮기게 되었다. 1126년 5월 1일에 인종은 이자겸의 감시망에서 벗어나 연경궁으로 옮겨 가게 되었다. 초조해진 이자겸이 결심을 하였다.

"지금 저잣거리에는 십팔자 도참설十八子圖讖設이 유행하고 있다. 이것은 곧 이씨가 왕이 된다는 소리가 아니겠느냐? 이씨라면 누구겠느냐?"

　이자겸은 자기가 반란을 도모하는 이유를 백성들에게 알리기 위하여 도참 사상에 의존하였을지도 모른다.

　그는 준비 작업으로 연경궁 남쪽으로 가서 담을 뚫어 궁 안으로 통하게 한 다음, 군기고의 갑옷과 무기를 훔쳐 집 안에 감추어 두었다. 또한 이자겸은 실제로 떡에 독약을 넣어 인종을 독살하려고 시도하였지만, 왕비가 이를 알려 수포로 돌아가기도 하였다. 사전 준비를 마친 이자겸은 드디어 무력으로 왕위를 찬탈할 결심을 하였다. 그러나 이자겸의 동태는 이미 감시당하고 있었다.

　같은 달 20일, 인종에게 급박한 보고가 있었다.

　"폐하, 지금 이자겸의 숭덕부군(崇德府軍 – 숭덕부는 이자겸이 세운 것이다)이 무장을 하고 연경궁 북쪽에 와서 침문寢門을 범하고 있사옵니다."

　곧바로 인종은 밀지를 써서 척준경에게 보냈다.

　"지금 이자겸의 군대가 침문을 향하고 있다니 어서 군사를 일으키시오."

　인종의 밀지를 받은 척준경은 김향 등 장교 7명과 심복 20여 명을 거느리고 급히 연경궁으로 향하였고, 순검도령 정유황은 100명을 이끌고서 군기감에 들어가 무장을 갖추고 궁으로 들어갔다. 사태가 급박하여 군대를 동원할 시간 여유가 없었던 것이다. 우선 왕을 보호해야겠다고 판단한 척준경은 궁궐로 가서 천복전天福殿 문에 나와 기다리고 있던 왕을 호위하고, 활을 쏘아대는 이자겸의 무리를 피해 군기감으로 왕을 피신시켰다.

　왕은 군기감에서 방비를 철통같이 하라고 명하였다. 이에 척준경은 승선 강후현을 시켜 기습 작전을 펼쳐 이자겸과 그의 처자들을 납치하여 팔관보八關寶에 가두어 놓은 다음, 이자겸의 측근인 장군 강호와 고진수 등을 베고 그 밖의 무리들도 체포하였다.

이렇게 하여 이자겸의 폭정 시대를 종결지었다. 사태가 수습되자 인종이 광화문에 나아가 백성들에게 선포하였다.

"대역무도의 화가 궁궐 안에서 일어났으나 충신, 의사의 의거로 그 해를 제거하였도다."

다음날 이자겸은 처와 아들 지윤과 함께 영광으로 귀양 가게 되었고, 아버지를 믿고 권세를 휘두르던 다른 아들들도 각기 유배되었다. 이 밖에 이자겸의 측근들도 모두 유배 조치를 당하였다. 또한 이자겸의 딸인 두 왕비도 폐위되고, 대신 중서령 임원애의 딸(공예왕후)과 병부상서 김예의 딸(선평왕후)이 왕비가 되었다. 이에 반해 척준경과 이수, 김향, 최사전은 각기 공신 칭호와 높은 관작을 받았다. 이자겸은 그해 12월에 영광의 유배지에서 비참한 최후를 맞았다.

이자겸을 물리치는 데 공을 세운 척준경이 함부로 권력을 휘두르자 이듬해인 1127년 3월에 정지상이 탄핵을 올렸다.

"척준경이 이자겸을 제거한 일은 한 번의 공에 지나지 않으며, 궁궐을 침범하고 불사른 것은 오래도록 이어질 죄이옵니다."

인종은 정지상의 의견을 받아들여 척준경을 암태도로 유배시켰다가, 이듬해에 다시 고향인 곡주谷州로 이배시켰다. 인종은 1144년에 척준경의 공로를 참작하여 검교호부상서檢校戶部尙書로 재임명하려 하였으나, 그는 오랜 유배지 생활에서 얻은 병인 등창으로 죽고 말았다. 이렇게 하여 이자겸을 중심으로 기세등등하게 권력을 휘두르던 경원 이씨 세력은 완전히 역사의 무대에서 사라지게 되었다.

한편 인종은 이자겸이 죽은 지 3년 만에 자신의 외할머니이자 장모인, 이자겸의 부인 최씨를 개경으로 불러들이면서 이자겸은 한양공으로, 최씨 부인은 변한국대부인으로 봉하였다. 김부식은 이러한 인종에게 어진 행동을 하였다고 하여 묘호를 '인종仁宗'이라고 지었다.

인종의 서경(평양) 천도론

고려가 건국되면서 태조는 호족들을 중심으로 한 지방 세력들을 통합할 필요가 있었다. 그리하여 혼인 정책을 통하여 왕권의 안정을 꾀하려 하였으나, 태조가 세상을 떠난 후에 이것이 오히려 왕권 다툼을 가져와 왕권이 약화되었다. 광종이 실시한 노비안검법과 과거제로 다시 왕권을 되찾는 듯하였으나, 외척을 중심으로 한 문벌 귀족들의 권한이 왕권을 넘어서는 결과를 가져왔다. 예컨대 이자겸의 난은 실질적인 왕권을 빼앗기면서, 나중에는 역성혁명이 일어날 정도로 왕권이 극도로 미약해졌다는 점이다. 이런 점은 당대의 인종도 뼈저리게 실감했을 것이다.

이자겸의 반란을 평정한 다음해에 인종은 서경을 돌아보면서 15조항의 유신정교維新政敎를 선포하였는데, 이것은 그동안 유명무실해진 왕권을 회복하려는 인종의 의지가 내포된 조치였다. 또한 인종의 서경 방문은, 개경의 궁궐이 완전히 초토화되어 잿더미로 변해 버린 지경에 새로운 곳으로 천도할 결심을 한 것이라고 해석할 수 있다. 이미 태조나 광종 등을 거치면서, 오랜 시간 동안 국가의 수도로 거론되어 왔던 서경을 인종이 염두에 둔 것은 필연적인 결과라고 볼 수 있다. 즉 인종은 천도에 대해 깊은 관심을 갖게 되었고, 게다가 당시 유행했던 풍수설은 인종의 마음을 끌기에 충분하였다. 묘청의 서경 천도 운동은 이러한 시대적, 역사적 필연성 속에서 일어난 사건이었다.

인종이 천도를 꿈꾸었던 이유는 단순히 이자겸의 반란을 겪었기 때문이 아니다. 당시 개경을 중심으로 한 문벌 귀족들은 변란이 진행되는 동안 하급 관료나 군장 세력과는 달리, 왕권을 적극적으로 보호해 줄 만한 역할을 하지 못했다. 대토지와 많은 노비 등 풍부한 경제적 기반을 누리고 있던 이들은 타성에 젖어 자신들의 기득권 보호에만 관심이 있었던 것이다.

더군다나 당시에 유교 정치 이념을 표방하여 평소 충의忠義 윤리를 강조하던 귀족 세력이 막상 사태가 급박해지자 소극적인 태도로 나왔을 때, 인종은 심한 배신감에 시달렸다. 인종이 서경을 방문하여 서경 세력의 대표 격인 묘청과 정지상 등과 가까워져, 그들의 도움으로 척준경을 제거하게 된 것도 이러한 정치적 변동 과정에서 비롯된 것이라고 볼 수 있다.

다시 말해서 서경 천도론의 대두는 단순히 인종의 심리적인 변화에서 비롯된 것이 아니라, 이미 자신들의 기득권과 계급적 입장만을 지키려는 개경 세력의 부패와 부조리에서 기인한 것이라고 볼 수 있다. 여기가다 서경 천도가 당시 유행하고 있던 풍수설에서 그 이론적인 근거를 찾고 있었기 때문에 정치적·사회적인 관심 대상으로 부각되어, 당시로서는 이자겸의 몰락과 함께 서경은 새로운 매력을 지닌 수도 후보지로 선정되었던 것이다.

결국 서경 천도론은 왕실과 개경 귀족 간의 대립과 갈등에서 비롯된 것인 만큼 새로운 정치 세력의 등장은 불가피한 것이었다.

북진 정책 대 사대 정책

1126년에 일어난 이자겸의 난은 일단 진압되었으나, 이 난으로 궁궐이 불타고 왕권은 땅에 떨어지게 되었다. 더구나 대외적으로 군신 관계君臣關係를 요구하는 여진족의 요구가 더욱 거세져 국내외적으로 불안한 정세가 형성되었다. 인종은 1127년에 척준경을 제거한 후에 나라를 새롭게 일신하면서 인재를 구하기 위한 향교 진흥책을 발표하였다. 그러나 민심이 바로잡히지 않았다.

나라가 어지러워지자 서경의 승려 묘청이 나섰다. 원래 묘청은 여진족에게 굴복하는 것을 반대하는 입장이었다. 이자겸이 반란을 일으키기 전 해인 1125년에 여진족이 세운 금나라는 요(거란족)를 멸망시킨 다음 고려를 넘보기 시작하였다. 이해 5월에 고려 사신이 금나라에 들어가게 되었는데 금은 고려의 국서 내용이 불경하다면서 거절하였다. 이는 고려를 복속시키려는 사전 계책이었다.

금나라는 점점 고려를 협박하여 속국의 위치를 지키라고 다그쳐왔고, 고려 조정에서는 이를 놓고 난상토론이 벌어졌다. 이때는 이자겸이 세력을 잡고 있었기에 일부 관료들이 금과 싸울 것을 주장하였지만, 이자겸은 그들의 의견을 묵살하고 금나라에 사대事大하자고 주장하였다. 물론 당시 고려의 군사력으로서는 금나라를 이길 가능성이 없었지만, 이보다 이자겸은 자기의 세력 기반이 약화될 것을 우려한 나머지 이러한 굴욕적인 정책으로 결정지었다. 이러한 사대적인 정책은 이자겸이 몰락한 이후에도 개경 세력들의 지지를 얻었던 것이다.

사대 정책에 반대하던 묘청이었기에, 이자겸이 물러난 뒤에도 계속하여 김부식을 비롯한 개경파들이 여진에 대한 사대 정책을 추진하자 이에 반발하였던 것이다. 승려가 반란을 일으킨 일은 우리나라에서 매우 드문 일이다. 일개 승려가 어떻게 난을 일으킬 수 있었는지 알아보기 전에 먼저 묘청 개인의 신상 파악부터 해 볼 필요가 있다.

묘청이 언제 태어났는지 역사 기록에는 나와 있지 않다. 사망 연도가 1135년, 인종 13년이라는 것이 확인될 뿐이다.

그는 고려 중기의 승려로서 서경(평양) 사람이라고 하는데 속성俗姓이나 본관은 알 수 없다. 뒤에 이름을 정심淨心이라고 고쳤다는 기록이 있지만 그 경위도 알 수 없다. 승려 신분이면서도 그는 도교에 매우 심취되어 있었으며, 그 방면에 박식한 지식을 갖추고 있었음을 그의 여러 행적을 통해 알 수 있다.

묘청은 개경에 세력 기반을 확보하기 위하여 일관日官인 백수한을 제자로 삼으며 말했다.

"나라가 불안한 것은 다 개경의 운이 다했기 때문이다."

"맞습니다. 나라의 기운을 뻗어 가게 하기 위해서는 서경으로 옮겨야 합니다."

"서경이라면 고구려의 웅장한 기상이 있지 않은가. 그런데 김부식을 비롯한 개경파들이 찬성할까?"

"먼저 서경 출신 벼슬아치들을 설득해야지요."

"서경 출신이라……?"

"서경 출신 중 폐하의 신임이 두터운 사람은 바로 좌사간 정지상입니다. 정지상을 중심으로 하여 내시 낭중 김안, 홍이서, 이중부, 문공인, 임경청 등을 끌어모으면 될 것입니다."

"그러면 네가 그 일을 맡아서 하도록 해라."

"선생님의 뜻에 따르겠습니다."

백수한은 곧 좌사간 정지상을 만났다. 정지상은 백수한의 말에 고개를 끄덕였다.

"나도 적극적으로 참여할 것입니다."

정지상은 이후 묘청, 백수한과 함께 음양비술陰陽秘術에 능하여 삼성三聖이라 불렸다.

정지상이 묘청과 뜻을 함께하기로 한 것은, 내심 서경으로 도읍을 옮기면 자신들이 정치의 중심으로 떠오를 것으로 생각했기 때문이다. 정지상은 백수한을 만나고 난 뒤 인종에게 상소를 올렸다.

묘청은 범인凡人을 넘어선 사람이며, 그의 제자인 백수한 또한 뛰어난 사람이옵니다. 그들에게 우리나라의 큰일들을 물어 본 후에 나랏일을 처리하신다면 좋은 성과를 이룰 것이옵니다.

정지상은 상소문을 쓴 후에 홍이서, 이중부, 문공인 등에게 보여 주고서 뜻을 함께할 것을 다짐하며 서명하였다. 상소문에 서명하지 않은 사람들은 김부식을 비롯한 개경파들뿐이었다.

상소문을 읽어 본 인종이 묘청을 찾았다.

"지금 나라가 너무나 힘드오. 이러한 나라의 어려움을 어떻게 하면 이겨 낼 수 있을지 그대의 의견을 듣고 싶소."

"폐하, 풍수지리설에 의하면, 우리나라가 이처럼 어려움을 겪게 된 것은 수도인 개경開京의 지덕地德이 쇠약하기 때문이옵니다."

"개경의 기운이 쇠퇴하였다고 했소?"

인종이 되물었다.

"그러하옵니다."

"그러면 어찌해야 좋겠소?"

"우리나라를 다시 일으키고 나라의 큰 운을 얻기 위해서는 지덕이 왕성한 서경으로 도읍를 옮겨야 하옵니다."

"서경으로 도읍을 옮겨야 한다고 했소?"

"서경의 임원역(평남 대동군 부산면 신궁동)에 궁궐을 짓고 폐하께서 자리를 잡으신다면 천하를 다스릴 것이옵니다. 금나라가 공물을 바치며 항복할 것이며, 주변의 26개 나라가 모두 상국으로 섬길 것이옵니다."

당시 고려 사회에는 신라 말기 이래 풍수지리설이 크게 성행하고 있어서 묘청 등의 주장은 큰 호소력을 갖게 되었다. 곧 인종의 총애와 함께 백수한, 정지상 등 많은 사람들의 지지를 받았다.

인종은 묘청의 말에 귀가 솔깃해져 1127년 이후 서경에 자주 방문하였다. 1128년 11월, 김안으로 하여금 공사를 감독하게 하면서 임원역에 대화궁을 짓게까지 하였다. 이듬해 2월에 대화궁이 완성되었다. 대화궁을 공사하는 동안에 개경에서도 궁궐 보수 공사를 하였다. 부역에 동원되는 백성들의 불만은 하늘을 찌를 듯하였다. 궁궐이 완성되자 인종은 서경으로 가서 낙성식을 가졌다. 이때 묘청이 인종에게 말했다.

"폐하, 이제 황제라고 칭하시고, 연호를 제정하시옵소서. 그리하여 대외적으로 고려의 위상을 높여야만 하옵니다. 그리고 송나라와 협력하여 금나라를 공격해야 하옵니다."

그러나 묘청의 제안에 김부식을 비롯한 개경파의 반대가 만만치 않았다. 인종은 개경파의 손을 들어 주면서 묘청의 뜻에 따르지 않았다.

인종이 서경에 머문 지 1년, 서경 중흥사 탑이 화재로 소실되었다. 구실을 찾고 있던 개경파들이 말했다.

"묘청의 말이 거짓이라는 것이 드러났사옵니다."

그러나 묘청은 오히려 서경을 강화해야 한다고 주장했다.

"대화궁 주변에 임원궁성을 쌓고, 문수보살을 비롯한 여덟 보살을 모신 팔성당을 지어야 하옵니다."

인종은 묘청의 뜻에 따라 건설 공사를 하였다. 성이 완공되자 개경에 머물던 인종이 서경을 찾았다. 그러나 갑자기 돌풍과 폭우가 쏟아져 인종은 진창에 빠지고, 시종들은 인종을 찾느라 헤매었다.

개경파들은 다시 묘청이 허위 사실을 퍼뜨리고 다닌다며 상소문을 올렸다. 인종은 오히려 묘청에게 삼중대통지 누각원사와 자색의 의복을 내려 주었다. 묘청은 인종이 자신을 믿어 주자 다시 한 번 상소문을 올렸다.

황제라 칭하시고 연호를 사용하시기 바라옵니다.

그러나 묘청의 제안은 김부식을 비롯한 개경파에 의하여 실현되지 못했다. 서경 천도 운동이 실패했다고 생각한 묘청 일파는 서경을 중심으로 반란을 일으켰다.

묘청은 1135년 정월에 서경의 조광·유참 등과 함께 반기를 들고, 중앙에서 파견된 관원들은 물론 그 밖에 서경에 와 있던 개경인들을 모조리 잡아 가두었다. 이와 함께 자비령 이북의 길을 차단하고 서북면 안에 있는 모든 고을의 군대를 서경에 집결하게 하였으며, 국호를 대위, 연호를 천개, 군대의 호칭을 천견충의天遣忠義라고 하였다.

이에 중앙 정부에서는 김부식을 평서원수平西元帥로 임명, 그에게 반란 진압의 책임을 맡겼다. 김부식은 출정하기 전에 묘청의 일파로서 개경에 있던 백수한·정지상·김안 등을 처형하여 후환을 없애고, 좌우중 3군을 거느리고 평산역平山驛·관산역管山驛 등을 거쳐 성천成川에 이르렀다. 거기서 반역자를 처단하자는 내용의 격문을 여러 성에 보낸 뒤, 다시 3군을 지휘하여 연주蓮州를 거쳐 안북대도호부(安北大都護府 – 안주[安州])에 다다랐다. 그 과정에서 많은 성들이 중앙 정부군에 호응, 협력하게 되어 정세는 정부군에 유리하게 돌아갔다.

김부식은 7~8차례에 걸쳐 서경에 사람을 보내어 항복하기를 권유하였다. 이에 반란군의 실권자인 조광은 형세가 불리함을 깨닫고 묘청, 유담, 유호(유담의 아들)의 목을 베어 바치는 조건으로 항복할 것을 결심하였다. 그는 실제로 이들의 목을 베어 윤첨 등에게 주어 개경으로 보냈으나, 개경 조정에서는 오히려 윤첨 등을 옥에 가두고 말았다.

이 사실을 안 조광 등은 항복하여도 살아남을 수 없다고 판단하여 끝까지 맞서 싸울 것을 결심하였다. 이에 서경 반란군은 개경 조정의 어떠한 회유나 교섭 제의도 단호하게 거절하였다.

조광은 인종이 보낸 김부金阜·내시 황문상을 죽였으며, 김부식이 보낸 녹사錄事 이덕경도 죽였다. 이로써 반란군의 굳은 결의를 엿볼 수 있다. 이와 함께 반란군은 정부군의 공격에 대비하여 선요문宣耀門에서 다경루多景樓까지 강을 따라 성을 쌓았다. 이 성은 1,730칸이었으며, 그 사이에 문을 여섯 개 만들어 놓았다.

정부군은 서경성 바로 밑에까지 진격하여 중좌우전후의 5군으로 나누어 성을 완전히 포위하였으나, 반란군의 결사적인 항전으로 크게 고전하였다. 이처럼 반란군은 조광이 저항을 다짐한 이래 1년 넘도록 완강하게 항전을 계속하였다. 그러나 시간이 지날수록 성 안의 식량이 부족하여 굶어 죽는 사람들이 속출하면서 사기가 크게 떨어졌다. 마침내 1136년 2월, 정부군은 총공격을 감행하여 서경성을 함락했다. 이에 패배를 자인한 조광을 비롯한 반란군 지도자들은 스스로 목숨을 끊었다. 이렇게 하여 묘청이 시작한 반란은 조광 때에 이르러 막을 내렸다.

서경 천도론은 북진 정책의 산물이었다

이상이 정사를 참조하여 간단히 추린 묘청의 반란 내역이다. 일반적으로 묘청 난이 갖고 있는 특징을 논할 때 첫째, 왕권에 도전하지 않은 점, 둘째, 국호·연호를 정하면서 왕을 새로 옹위하지 않은 점, 셋째, 그들 스스로 왕에게 거사 소식을 전달한 점 등을 들고 있다.

일찍이 묘청의 난에 대해 정밀한 분석을 해 놓은 사학자는 신채호다. 신채호는 이 묘청의 서경 천도 운동을 낭불 양가郎佛兩家 대한학파의 싸움이고, 독립당 대 사대당의 싸움이며, 진취 사상 대보수 사상의 싸움으로 규정하고, 이 사건이 실패로 돌아감으로써 유가의 사대주의가 득세하여 고구려적인 기상을 잃어버리게 되었다고 애석해하였다. 여기서는 신채호의 견해에 대한 논의는 다음으로 미루기로 한다.

묘청의 서경 천도 운동이 진압된 뒤 고려 사회는 표면상 평온을 되찾았으나, 이 사건이 고려 사회에 끼친 영향은 매우 컸다.

우선 권력 구조상 서경의 지위가 크게 격하되었다. 이와 함께 고려 권력 구조의 균형도 깨졌다. 즉 서경 세력은 개경의 문신 귀족 세력을 견제하는 역할을 담당하여 왔는데, 서경 세력의 쇠퇴로 개경 귀족 세력이 독주하게 되었던 것이다. 그리하여 문신 귀족 세력은 더욱 득세하게 되어 왕권마저 능멸하는 풍조가 널리 퍼졌다. 따라서 당시 문신 귀족 사회가 안고 있던 정치적, 사회경제적인 모순과 폐단은 뒤에 일어난 무신 정변의 결정적인 원인이 되었던 것이다.

얼핏 보면 묘청의 서경 천도 운동이 황당무계한 풍수지리설을 근거로 한 광신에서 비롯된 듯한 인상을 받기 쉽다. 그러나 그 이면을 파헤쳐 보면 이 반란이 엄청난 정치적, 사상적 대립에서 비롯되었음을 알 수 있다.

첫째, 묘청의 난은 우선 옛 고구려 강역 수복 운동(이하 수복 운동이라고 줄여 부르기로 한다)의 전통을 그 배경으로 삼고 있다는 점이다.

고구려 멸망 이후, 그리고 신라 말기로 이어지는 역사의 소용돌이 속에서 끊임없이 전개되어 온 수복 운동은 고려가 개국된 후에도 계속되었다. 겉으로 보기에는 고려가 중국을 염두에 두고 한반도에만 활동 영역을 국한시킨 것 같지만, 고려 초에 여러 왕들이 기회만 닿으면 옛 강역을 되찾기에 부심한 흔적들을 쉽게 찾아볼 수 있다.

고려를 흔히 신라를 이은 후계자로 보기도 하지만, 이것은 신라가 삼국을 통합한 것에 비유하여 고려가 후삼국을 통합하여 단일 왕조를 이루었기에 그런 역사적 평가를 내린 것이라고 할 수 있다.

그러나 신라와 고려 사이에는 건국이념 차원에서 커다란 차이점을 보이고 있다. 신라는 애초부터 한반도의 중북부 이남에 민족 활동 영역을 국한시킨 것은 둘째 치고, 민족적인 경륜이 없었다.

『삼국사기』에 따르면, 신라는 백제·고구려 두 강국의 침공을 당해 낼 수 없어서 자주 당나라에 구원을 요청했다. 이러한 것이 계기가 되어 문무왕 대까지는 당나라 군사와 연합하여 백제와 고구려 두 강국을 패망시켰다. 이에 백제·고구려의 유민들이 끊임없이 당나라에 대항하자, 신라는 뒤늦게나마 이러한 항쟁을 이용하여 대동강 이남 지역을 차지하게 되었다.

이런 결과는 신라와 당이 애초부터 맺은 공약이기도 하였지만, 어쨌든 신라는 대동강 이남의 백제 땅과 고구려의 남쪽 영토를 차지하는 것으로 만족하였고, 그 이상의 국토 확대라든가 평양 이북의 고구려 옛 땅을 수복하는 데에는 별다른 관심을 갖지 않았다. 더군다나 도읍의 위치도 한반도의 중심지가 아닌 경주에 그대로 두어, 강제 통합에 의한 민족적 갈등을 해소하려고도 하지 않았다.

만일 신라가 진정 민족적 화합을 원했다면, 과감하게 옛 백제 땅에 천도한다든가 하는 가시적 조치를 취했어야 할 것이다. 이렇게 경주에 연연했다는 것은 결국 신라는 기존의 기득권을 유지하면서 백제나 고구려를 단지 점령지로만 이해하였다는 점과, 별다른 개혁 의지도 없이 통치 기반을 지키기에 급급했다는 점을 뜻한다. 그러니 자연히 신라 왕조의 정치적 이념은 대동강을 넘을 수가 없었던 것이며, 실제로 신라가 멸망하기까지 역사 기록에서도 신라가 그러한 이념을 세우려고 노력했던 흔적을 별로 찾을 수 없다는 것이 일반적인 시각이다.

　　그러나 고려는 이런 점에서 신라와 상당히 다른 지점에서 출발하고 있다. 후삼국을 통일한 태조 왕건은 통일 전부터 고구려를 위해 신라에 복수를 하겠다고 공공연하게 주장한 바 있다. 이것은 궁예의 영향이 컸음을 뜻하는 것이지만, 그가 송악을 중심으로 한 지방 세력으로 있을 때부터 중앙 정부인 신라 왕실에 대해 불만을 갖고 있었다는 것도 아울러 나타내는 말이다. 그가 궁예와 쉽게 결합할 수 있었던 것도 이런 동질성이 있었기 때문이라고 추측할 수 있다.

　　또한 그것이 당대의 민심이었다는 것을 왕건은 잘 알고 있었을 것이다. 비록 그가 궁예를 몰아내고 세력을 거머쥐었지만, 궁예의 사상만은 인정하여 그의 측근 사람들을 과감히 기용한 것도 왕건이 단순히 임시방편으로 그러한 주장을 펼친 것이 아님을 알 수 있게 한다. 실제로 왕건이 새 나라의 국호를 궁예가 고구려의 후예라고 자처하면서 명명했던 고려로 정했다는 것은, 위의 추측을 뒷받침해 주는 결정적인 증거라고 할 수 있다.

새로운 국가의 태조가 된 왕건은 막강해진 국력을 바탕으로 자신의 정치적 야망을 이루려고 노력하였다.

고려 말의 문신인 익제 이제현의 말에 따르면, 왕건은 후삼국 통일 전부터 고구려의 수도였던 평양(서경)을 비롯해서 북쪽 국경 지대를 자주 돌아보았다고 한다. 이것은 단순히 정치적 계산에서 비롯된 것이 아니라, 왕건이 삼국 통합 과정에서 상실한 고구려의 고강古疆을 되찾으려는 신념에서 비롯된 것임을 알 수 있다. 다시 말해서 왕건은 건국 초기부터 한반도 통일에만 연연하지 않았다고 익제는 평가하고 있다.

익제의 평가가 왕건 개인에게만 국한되고 있지만 사실은 당시의 문무 대신들은 물론이고, 대부분의 백성들이 이런 여망을 지니고 있었다는 것을 간과해서는 안 된다. 만일 민중들의 여망이 없었다면 왕건도 그러한 뜻을 표방할 수 없었을 것이다. 그만큼 당시의 민중들은 신라의 삼국 통합이 얼마나 민족적으로, 역사적으로 잘못된 것이었는가를 너무나 잘 알고 있었던 것이다. 어느 시대를 막론하고 민심에 의해 역사가 움직인다는 것을 여실히 볼 수 있는 단적인 예인 것이다. 그래서 왕건이 신라의 영토를 넘어서서 대동강 이북, 즉 압록강 지역을 일단 수복의 일차 목표로 삼았던 것도 당대 백성들의 염원을 반영한 증거인 것이다.

태조는 고려를 건국한 지 얼마 지나지 않아 군신들에게 이렇게 말하였다.

"고구려의 옛 도읍인 평양은 이미 황폐한 지 오래고, 여진족들이 거기에 드나들어 변경의 백성들에게 막대한 피해를 입히고 있으니 그 방비를 철저히 해야겠노라."

또한 황해도를 중심으로 한 지역의 백성들을 평양에 이주시켜 부흥을 꾀하는 한편, 평양을 대도호부大都護府로 승격시키고 충신들을 보내어 군사력을 키우는 등 북방 정책에 전력을 다하였다. 이런 조치를 취한 것은 아직 후삼국이 통일되기도 훨씬 전이었다. 아직 후백제와 신라의 싸움이 끝나지도 않았는데 이처럼 과감한 정책을 폈다는 것은 무엇을 뜻하는 것일까. 바로 왕건이 백성들의 여망대로 고구려의 옛 땅을 수복하려는 계획을 갖고 있었다는 것이다.

뒤이어 왕건은 평양성을 쌓고 평양 도호부를 다시 서경西京으로 승격시킨 뒤, 몇 년 뒤에는 중앙 정부와 대등하게 서경의 관제를 설치하였다.

이러한 수복 운동은 고려 태조 이후의 역대 왕들에게 이어졌다. 『고려사』에 따르면, 왕건은 신하들에게 통일이 이루어지면 평양에 도읍하겠다는 계획까지도 밝혔다. 이러한 계획이 실현되지는 않았지만, 고려 3대 왕인 정종定宗은 태조의 뜻을 이어 947년에 서경성을 쌓은 뒤에 서경 천도 계획을 세워 궁궐 조성 등 사전 작업에 착수하기도 하였던 것이다. 그러나 정종은 왕위에 오른 지 4년 만에 죽어 그 뜻을 이루지 못했다.

그 뒤를 이은 광종光宗은 개경을 황도皇都, 서경을 서도西都로 개칭하여 평양을 대등한 위치로 격상시켰다.

이렇게 볼 때 서경을 중시한 역대 왕들의 노력은 민중들의 뜻을 반영함과 동시에 그 사기를 진작시키고, 나아가 북방 개척의 중심지를 서경으로 생각하였다는 것을 알 수 있다. 이런 수복 운동이 있었기에 성종 때에 있었던 그 유명한 서희의 담판이 가능했던 것이다.

서희는 거란족의 장수 소손녕에게 말했다.

"고려는 고구려의 후예며, 또한 역대 이래로 평양을 도읍지로 삼았기 때문에 이곳은 고려의 땅이다."

서희의 말에 소손녕은 아무 말도 하지 못하고 그의 요구를 들어주었던 것이다. 서희의 말은 단순히 논리적 비약이 아니라 계속된 수복 운동의 결과인 셈이다.

서희의 담판으로 차지하게 된 압록강 지역은 그 후 윤관이 9성을 개척함에 따라 고려의 땅으로 유지할 수 있었다. 그러나 정치적 혼란으로 9성은 반납되었고, 강경해진 여진족은 금金이라는 나라를 세워 고려를 위협하였던 것이다.

또 한 가지 간과할 수 없는 것은 만주 일대에서 융성했던 발해가 거란에 의해 패망했을 때, 고려 조정은 이들 유민을 동족으로 여겨 받아들이면서 거란과는 단호히 국교를 끊었다는 점이다. 이는 고려가 발해를 동일 민족 국가로 여겼다는 것을 뜻한다. 그뿐만 아니라 고려는 발해의 패망에 대한 분노를 감추지 않았다.

『자치통감資治通監』에 따르면, 고려 태조는 발해가 망한 뒤 친척의 나라인 발해가 거란에게 패망했으니 그 원수를 갚아야겠다고 하면서, 후진後晉의 왕에게 함께 거란을 공격하자는 뜻을 전해 달라고 중국 서성西城에서 온 한 승려에게 부탁했다고 한다.

이상에서 볼 때, 고려는 계속해서 수복 운동 차원에서 평양을 중시했다는 것을 알 수 있다. 따라서 묘청의 서경 천도론을 단순히 그가 표방한 풍수지리설에만 의거하여 일어났다고 본다면, 편견을 낳을 우려가 많다.

『고려사』에서 묘청을 요적妖賊이라고 부른 것도 계산된 정치적 편견에서 비롯된 것이라고 볼 수 있다.

둘째, 묘청의 난은 내부적으로 볼 때, 서경 세력과 개경 세력의 왕을 둘러싼 싸움에서 비롯된 것이다.

앞서 살펴보았듯이 권력과 부를 유지하려는 개경 세력의 부패와 부조리는 결국 왕권 자체마저 위협받을 정도로 극대화되어 새로운 세력의 등장을 요구하게 되었다. 태조 이래로 천도의 대상이 되었던 서경 세력은 부패한 개경 세력을 척결하고 개혁 정치를 펼치고자 하였다. 그러나 그 뜻을 이루지 못하고, 다시 개경을 중심으로 한 문벌 귀족들이 정권을 장악함으로써 고려의 국운은 쇠퇴하기 시작하였던 것이다. 이것이 바로 무신들의 반란이 일어날 수밖에 없었던 역사적 배경이 되는 셈이다.

그러나 묘청의 서경 천도 운동에 참여한 농민들의 투쟁을 여기에서 간과해서는 안 된다. 김부식의 군대가 서경을 포위하자 이에 적극적으로 반항한 이들은 바로 농민들이었다. 시일이 지남에 따라 묘청의 서경 천도 운동이 농민 항쟁으로 변화되었다는 것은, 당시 기득권 세력인 개경의 문벌 귀족들에 의해 자행된 구조적 모순이 얼마나 극심했던가를 반증하는 일이다.

묘청의 서경 천도 운동이 갖고 있는 한계점은 너무 지나치게 도참 사상과 풍수설에 이념의 근거를 두었다는 것이다. 물론 이것은 당대에는 큰 장점이기도 했지만, 한편으로는 반대 세력에 빌미를 제공하여 지지 기반을 크게 약화시켰다. 또한 민중적 지지를 확대해 나가지 못한 점도 아울러 지적되어야 할 것이다. 그러나 이러한 점은 일반 농민들이 아직 계급적 인식을 갖지 못한 시대적 한계이기도 하다.

결국 묘청의 서경 천도 운동이 실패한 후 고려는 다시 왕권이 미약해져 문벌 귀족들이 득세하게 되어, 새로운 개혁을 바라는 민중들의 요구를 수렴하지 못한 채 내리막길로 치달았던 것이다.

【3】
정중부鄭仲夫의 반란 :
실제로는 하급 장교들의 군사 쿠데타였다

무신 정권이 들어서기까지 : 타락의 극치를 이룬 문벌 귀족

이자겸과 묘청의 서경 천도 운동을 겪으면서 고려의 왕권은 돌이킬 수 없을 정도로 약화되었다. 특히 묘청의 서경 천도 운동 이후 세력을 거머쥔, 개경 중심의 문벌 귀족들은 왕실을 좌우하면서 지배 계급으로서 자리를 잡아 나갔다. 그럴수록 사회의 모순은 심화되어 갔다.

당시 정치적 상황은 마치 19세기 세도 정치 때 노론의 일당 독재가 횡행했던 것처럼, 서경 세력의 몰락으로 개경 세력이 일당 독재적인 방식으로 중앙 권력을 장악하고 있었다. 견제 세력이 없는 정치는 대부분 타락의 길로 접어들게 마련이다.

원래 태조 때부터 고려의 국왕들은 개경 세력을 견제하기 위하여 서경 세력을 양성하였다. 태조의 북진 정책이나 광종이 서경을 서도라고 부른 것도 바로 이러한 취지에서다. 또한 인종 이전까지도 서경 천도론을 계속 거론하여 개경 세력에 경각심을 심어 주기도 하였다. 이렇게 하여 대립적인 세력이 존재함으로써, 고려 건국 때부터 온갖 특혜를 누려 온 귀족들은 문치주의에 입각하여 문화 발전에 기여할 수 있었던 것이다. 그러나 묘청의 서경 천도 운동 이후 그 균형은 완전히 깨지고 말았다.

일반적으로 무신 정권이 들어서게 된 동기에 대해 첫째, 왕과 문신들의 타락, 둘째, 무신들의 지위 격하와 이에 따른 불만 등이라고 풀이하고 있다. 구체적으로 말하자면, 인종 다음으로 왕위에 오른 18대 왕 의종(1146~1170)이 방탕을 일삼아 문벌 귀족들의 타락 역시 극에 달했다는 지적이다.

그런데 여기서 의종이 처음부터 방탕한 왕이었는가에 대해 재검토해 볼 필요가 있다.

1146년, 인종이 죽고 나자 대관전에서 왕위에 오른 의종은 불과 나이 19세인 청년이었다(의종은 1127년생이다). 선왕을 통해 정치적 경륜을 배울 틈도 없이 바로 왕의 자리에 올랐기 때문에 개경 문벌 귀족들의 견제를 견뎌 낼 수 없었다. 오히려 왕권 자체가 위협받게 되었으니 의종으로서는 항상 신변의 위험마저 느껴야 했다. 물론 의종이 중앙 집권적인 정책을 펼쳐 왕권을 회복했다면 그러한 위치에 서지 않았을 것이다. 그러나 이미 묘청의 서경 천도 운동 이후 유일한 왕실의 세력 기반이었던 서경 세력의 몰락으로, 개경 세력의 정치적 독점을 당해 낼 재간이 없었다.

의종의 개인적 성품이 나약하고 섬세해서 왕권 회복이 어려웠던 점도 있지만, 역으로 말해서 왕이 스스로 위협을 느낄 정도로 이미 왕권은 극히 약화되어 있는 상태였다. 게다가 인종 때보다 더 강성해진 금나라와의 관계에서 고려는 열세에 놓여 있어, 안팎으로 시달림을 당해야만 했다.

『고려사』에 따르면, 의종은 신변의 위협을 느낀 나머지 신경쇠약 증세까지 보이고 있다. 그래서 의종은 궁궐 내에 있기가 싫어 자주 궁 밖으로 나갔다. 일종의 도피 행각이었다. 그러나 의종이 처음부터 이러한 도피 행각을 한 것은 아니었다.

의종은 몰락한 서경 세력의 회복을 바라는 여망에서 1154년(의종 8)에 서경에 중흥사重興寺라는 절을 창건하였고, 4년 후인 1158년에는 백주白州에 별궁을 지어 놓았다. 그런데 이때 별궁의 이름 역시 '중흥'이었다. 『고려사』에 보면, 이 절을 짓게 된 동기가 태사감후의 자리에 있던 유원도의 상소에 따른 것이라고 나와 있다.

백주 토산이 중흥의 땅이니 궁궐을 지으면 7년 안에 금나라도 무너뜨릴 수 있사옵니다.

유원도의 상소에 따라 의종은 그곳 풍수를 알아보게 하였고, 궁궐을 지을 만하다는 결과 보고가 나오자 즉시 별궁을 지었던 것이다. 또한 1470년에도 서경을 방문하여 거기서 왕권 강화와 개혁을 바라는 뜻에서 신령新令을 반포하였다. 그러나 개경 세력의 반발로 무산되고 말았다. 이 밖에 의종은 항상 민民은 나라의 근본이라고 역설하며, 문벌 귀족들의 착취 행각을 은근히 비판하면서 선정을 베풀려고 부단한 노력을 펼쳤다.

그런데 여기서 의종이 펼친 왕권 복원 사업을 자세히 보면, 불교나 풍수지리 등 유교와 상반되는 이념에 의존하고 있다는 것을 엿볼 수 있다. 그만큼 의종은 유교적 문치주의를 정권 장악에 이용한 개경의 문벌 귀족들에 대해 혐오감을 갖고 있었던 것이다.

무엇보다도 의종이 절의 이름이나 별궁의 이름을 '중흥'이라고 지었다는 데에서 그의 왕권 회복을 위한 힘겨운 노력을 읽을 수 있다. 의종의 목표는 왕권 회복과 함께 민중들에게 선정을 베풀려는 데 있었다. 의종은 항상 말해 왔다.

"백성은 나라의 근본이니라."

그러나 이러한 의종의 왕권 회복과 민심 안정을 위한 노력이 무위로 끝나고 말았으니, 의종으로서 할 일은 사찰을 찾아다니며 부처에게 빌거나 향락을 일삼는 일 외에는 없었다. 그의 성품이나 시대적 한계상 의종은 적극적인 정책을 펼칠 수 없었다.

의종이 말년에 가까울수록 방탕과 사치 향락에 빠졌던 것은 사실이다. 그렇다고 해서 의종을 무조건 폭군이나 악군으로 몰아붙인다면 올바른 이해가 아닐 것이다. 의종의 방종은 정치적 실의에서 비롯된 것인 만큼, 그 책임은 당시 문벌 귀족들에게 있다고 보아야 할 것이다.

그들은 의종의 모든 정책에 제동을 걸어 왕권을 완전히 실추시켰으며, 이에 따른 왕의 타락을 방조하면서 정권 유지에 이용했던 것이다. 의종의 주변에 측근이 전혀 없었던 것은 아니지만, 그 힘은 매우 허약해서 별로 큰 도움이 되지 못했다. 이렇게 봤을 때 정중부의 반란 대상이었던 왕과 문벌 귀족을 같은 범주에 묶어 버린다면, 의종은 완전히 타락한 왕으로 낙인찍히고 말 것이다. 이것은 또 하나의 역사 왜곡이 될 것이다.

이렇듯 왕권이 실추된 상태에서는 그 위치를 대신하려는 세력들이 득세하게 마련이다. 정권의 공동화 현상이 두드러지자 문벌 귀족 간에 권력을 장악하기 위한 대립과 갈등이 첨예화되어 정치는 구심점을 잃은 채 표류하게 되었고, 이에 따라 군사력을 지닌 무신들이 등장하게 되었던 것이다.

그런데 처음 무신들이 반란을 일으켰을 때 의종은 축출 대상이 아니었다. 무신들은 왕이 문벌 귀족들에 의해 희롱을 당하고, 심지어는 암살 위협까지도 받고 있었다는 것을 알고 있었다. 왕의 방탕은 무기력에서 비롯된 자위적인 행동이라는 것을 그들도 인식하고 있었던 것이다. 또한 의종 역시 무신들에 대해 호감을 갖고 있었다. 문벌들의 타락이 극에 달한 지경에 유일하게 희망을 걸 수 있는 집단은 무신들뿐이었다. 주관적인 판단일지는 모르지만, 의종은 내심 정중부 등 무신들이 쿠데타를 일으켜 준다면 하는 뜻을 갖고 있었는지도 모른다. 그만큼 의종은 막다른 길목에 갇혀 있었던 것이다.

반란의 배경 : 정치의 부재와 사회 모순의 극대화

이번에는 무신 난의 두 번째 원인이라고 알려져 있는, 무신들의 지위 격하와 이에 따른 불만에 대해 검토해 볼 차례다.

사실 고대로부터 중앙을 차지하고 있는 집단은 문文을 중시하게 마련이었다. 이것은 국가를 운영할 이념과 정책을 세우기 위한 필연적인 결과였다. 따라서 이에 따른 부작용도 없지 않았다. 대체로 무신들은 어느 시대를 막론하고 문신들에 비해 상대적으로 낮은 위치를 점할 수밖에 없었다.

고려를 건국한 태조 왕건은 문치주의文治主義를 선택하였다. 문관 위주의 정책은 과거 제도에서도 무과를 실시하지 않았으며, 무반들에 대한 차별이 매우 심하였다. 무반들에 대한 차별은 무신들의 불만을 가져왔다. 무반들이 오를 수 있는 최고위 관직은 정3품인 상장군이며, 군인들을 지휘하는 군사 지휘권은 문신에게 주어졌다. 또한 북진 정책의 포기와 묘청의 서경 천도 운동을 김부식이 진압한 후에 무신들에 대한 천대는 더욱 심해졌다.

인종 때에는 무신들의 교육 기관인 무학재마저 없어지는 일이 벌어졌다. 무신은 승진에 있어서 제한을 받는 경우가 많았고, 같은 등급의 벼슬에서도 문신에 비하여 천대를 받았다. 심지어 군사 행정을 담당하는 병부의 판사나 상서는 모두 문신이 차지하였으며, 외적外敵이 침입하여 이를 막고자 출전하는 군대의 우두머리인 원수元帥와 부원수副元帥까지도 문신이 맡았다. 그리고 북쪽의 오랑캐를 막겠다는 뜻에서 설치한 양계兩界의 장관인 병마사兵馬使도 문신이 차지하였으므로, 무신은 문신 정권을 지켜 주는 일개 호위병에 불과했던 것이다.

문벌 귀족의 세력이 너무 커지면서 의종 때에도 문존무비文尊武卑의 풍조는 조금도 개선되지 않아, 무신에 대한 문신들의 횡포는 일상적인 일로 되어 있었다. 문신들의 무신에 대한 개인적인 모욕은 물론 군사 작전시에 문신이 지휘관이 되고, 무신은 그 아래에서 지휘를 받는 일이 관례가 되어 군인들이 적과 싸워 공을 세워도 불력

佛力에 의한 것이라고 하는 등 문신들은 무신들의 존재를 무시하다 시피 하였다.

이러다 보니 하급 장교나 군사들은 더 심한 차별 대우를 받았다. 정중부의 반란 때 활동한 중심인물들이 하급 장교라는 점은 이러한 사실을 뒷받침해 준다.

여기까지 보면 무신들에 대한 차별 대우가 반란의 직접적인 원인이라고도 볼 수 있다. 무신들에 대한 차별은 어느 시대에나 있었다. 전통적인 관념에 따라 무신은 언제나 문신들의 손발 역할을 해야 했고, 지휘 체계에서도 하위 개념에 속해 있었다. 또한 다른 시대에도 의종 때보다 더 무신들에 대한 차별 대우가 극심한 적이 많았다. 따라서 무신들의 반란 원인을 단순히 신분적인 불만에서만 찾는다면 반란에 대한 총체적인 이해가 성립되지 않는다.

그렇다면 더 큰 원인은 무엇인가. 바로 왕권의 실추에 따른 올바른 정치 부재에 있다고 볼 수 있다. 인종 이래로 왕권이 극히 쇠약해짐에 따라 권력 장악을 놓고 문무 간 또는 왕과 문신 그리고 귀족들 간의 대립이 첨예화되어, 정치적 구심점이 없는 상태에서 반란이 일어났던 것이다. 그리고 반란이 쉽게 성공했다는 점을 고려해 볼 때, 무신들의 반란은 단순히 우발적이거나 개인적인 불만에서 비롯된 것이라기보다는 지배층의 모순이 낳은 정변이라고 할 수 있다.

그렇다고 무신이나 군사들이 고역과 빈궁에 시달렸던 점을 소홀히 하는 것은 아니다. 정치적 실의에 빠진 의종은 그 대가로 궁궐이나 사찰 창건에 주력하여, 농민이나 군사들을 부역에 동원하였다. 의종은 이 같은 일을 통해 그나마 왕권이 살아 있음을 보여 주려고 안간힘을 썼지만, 이로 인해 일반 군사들은 굶주림과 노역에 허덕이게 되었던 것이다.

무신들의 정변이 일어날 당시의 사회경제적인 사정도 절대적으로 고려해야 한다.

태조가 건국하여 농민 등 민중들의 복지 문제를 위해 여러 정책을 펼쳤지만, 후대에 내려오면서 귀족들의 토지 겸병이 심화되어 사회 모순이 점차 확대되고 있었다. 농업 생산력은 높아지고 개간 등을 통해 수확물이 증대되었지만, 결국 귀족들의 착취에 의해 민중들에게 돌아가는 몫은 점점 감소되었다.

12세기에 들어 농업 생산력이 크게 증대되자 귀족들은 자연히 토지 확장에 관심을 갖기 시작하였다. 그들은 농민들이 이루어 놓은 생산력을 차지하기 위하여 강제로 토지를 빼앗아 대토지를 소유하게 되었고, 반대로 농민들은 귀족들의 착취에 시달려야 했다. 이러한 문벌 귀족들이나 지방 관리들의 횡포와 수탈로 인해 농촌 경제는 큰 위기에 빠져 심지어는 토지를 잃어 유랑민으로 전락하는 농민들이 속출하였고, 이에 따라 농민들의 저항도 자주 일어났던 것이다.

이러한 현상은 이미 예종 때부터 나타나기 시작하였으며, 의종 때에는 매우 심각한 지경에 이르러 문신 귀족 정치의 모순이 극에 달하였다.

12세기의 생산력 발전에 따른 토지 수탈은 심지어 권력을 장악한 귀족들에 의해 양반 계층에 나타나기도 하였다. 따라서 지배 체제는 대립의 양상으로 치달아 갈등을 낳게 됨으로써 사회 전체가 동요하기 시작했다. 이러한 가운데 이자겸, 묘청 등의 반란이 일어나 사회 모순은 더욱 심화되었던 것이다.

반기를 든 정중부 : 실제로는 하급 장교들이 주역이었다

우선 정중부의 반란이 우발적인 것도, 그렇다고 치밀한 계획하에 이루어진 것도 아니라는 점을 염두에 두어야 한다. 그 이유에 대해서는 전개 과정을 살펴보면서 설명하려 한다.

문벌 귀족들이 권력을 장악한 상황에서 의종은 일부러 별궁을 짓거나 사찰을 창건하여, 자기가 아직 건재하다는 것을 과시하기도 하였다. 또한 의종은 신변의 위협을 느낀 나머지 문신들과 모여 자주 연회를 가졌고, 장소도 여기저기로 옮겨 다녔다. 그만큼 무신이나 군졸들은 과도한 근무에 시달림을 받아야 했다.

왕의 행차 때 신변 보호를 위해 무신이나 군졸들이 동원되는 것은 당시 법제로서는 당연한 일이었다. 그런데 연회 장소에서 무신들은 대부분 소외되어 왕과 문신들이 즐기는 동안에 무신이나 군졸들은 계속 보초를 서고, 제대로 끼니를 먹지 못하는 경우도 있었다. 가뜩이나 평소 차별에 시달려 왔던 무신들은 왕과 문신들의 방탕을 증오하면서 마음속 깊이 불만을 품었다. 그 가운데에는 반역의 뜻을 품은 자들도 나타나게 되었다.

그러던 중 1170년, 의종은 여느 때와 마찬가지로 문신들과 함께 화평재和平齋에서 술잔을 나누며 풍류를 즐기고 있었다. 그들은 놀이에 빠져 돌아갈 줄을 몰랐다. 『고려사』 '정중부전'에 따르면 이때 무신들은 심히 굶주려 있었다고 한다(대체로 이 부분에 대해 별로 의심을 하지 않는 편이다. 그런데 아무리 무신이나 군졸들이 문신들을 호위하고 다녔지만, 전시도 아닌데 난을 일으킬 정도로 굶주렸는지 의문을 갖지 않을 수 없다. 다른 곳에서도 지적을 하겠지만, 고려 역사의 주요 사료가 조선 시대 때 편찬한 『고려사』, 『고려사절요』라는 점에서 이를 확인할 길이 막연하다. 다만 여기서 행간의 의미를 읽자면, 굶주림에 시달렸다는 말이 나올 정도로 무신이나 군졸들이 호위 근무에 시달림을 받았다는 것을 알 수 있을 뿐이다).

그때 정중부가 소변을 보러 나가자 견룡행수 산원(종8품) 이의방과 이고가 뒤쫓아가 그에게 귓속말로 말하였다.

"문관들이 의기양양하여 취하도록 마시고 배부르도록 먹고 있는데 우리는 굶주려 피로해졌으니 어찌 참을 수가 있습니까?"

정중부는 천민 출신이다. 처음에는 군역의 의무를 다하기 위하여 주州의 군적에 올랐다가 체격이 우람하면서 용맹스럽게 싸움에 나서니, 인종 때 초급 장교라고 할 수 있는 견룡대정에 올랐다. 어느 날 인종 앞에서 오병수박희를 보일 때, 김부식의 아들인 내시 김돈중이 인종 앞에서 무예를 선보이고 있던 정중부의 수염을 촛불로 태워 버린 적이 있었다. 무신들이 얼마나 문신들에게 무시를 당했는가를 단적으로 보여 주는 예다. 정중부는 화가 나 그 자리에서 김돈중의 멱살을 잡고 혼을 내 주었다. 이 사실이 김부식의 귀에 들어가자 그는 인종에게 정중부를 매로 다스리겠다고 하였다. 인종은 이를 만류하였으나 김부식의 뜻이 너무 완강해 거절하지 못하였다. 그러나 인종은 이 사실을 미리 정중부에게 알려 화를 면하게 하였다.

젊었을 때 이런 수모를 당한 일이 있던 정중부는 계속된 문신들의 차별에 깊은 불만을 갖게 되었다. 그런 가운데 이의방 등이 역모를 권해 오자 그도 역시 동의하고 나섰다.

"지금이 거사할 때다. 그러나 왕이 만약 연복정에서 궁으로 돌아가게 되면 그만두기로 하고, 만일 또 보현원으로 옮겨 가거든 그때 거사를 하자."

그런데 다음날 의종은 마침 궁궐로 돌아가지 않고, 호종하는 문신들을 거느리고 장단 보현원普賢院으로 향하던 중 오문五門 앞에 이르렀다. 여기서도 왕과 문신들의 술잔치는 계속되었다.

어느 정도 술잔이 돌고 여흥이 감돌자 의종은 좌우 풍경을 살펴보더니 말했다.

"장하도다! 여기가 바로 군사를 훈련할 수 있는 곳이로구나. 오늘은 오병수박희(일종의 무술 시범 또는 그와 유사한 공연)을 구경하고 싶구나."

무신들은 왕의 갑작스러운 명령에 당황할 수밖에 없었다. 마치 자기들의 계획을 미리 알고 있는 듯이 보였다. 그러나 의종은 계속되는 연회 속에서 고생하는 무신들을 위로하고, 공연을 빌미로 상을 내리려고 했던 것이다. 문신들 때문에 연회장에 얼씬거리지도 못하는 무신들을 의종은 눈여겨보고 있었던 것이다. 이러한 왕의 의도를 눈치챈 문신이 있었다. 바로 한뢰였다.

마침내 박희가 시작되었다. 그런데 대장군 이소응은 얼굴이 수척하고 힘이 없어, 한 사람과 박희를 하다가 그만 견디지 못하고 뒤로 물러서게 되었다. 그러자 이를 기다리고 있었다는 듯이 기거직 한뢰가 나섰다.

"늙은 군인은 모두 쫓아내야 해. 일개 군졸을 당하지 못하나……."

한뢰는 이소응의 뺨을 후려쳤다. 이에 의종의 총애를 받고 있던 문신 이복기, 임종식이 이소응을 향하여 욕설을 퍼부었다.

"폐하의 성은으로 나라가 태평하다고 군인들이 모두 놀고먹으니 안 되겠구나!"

순식간에 연회장은 문신들의 욕설과 웃음소리로 가득 찼다. 박희를 하던 다른 무신들은 참혹한 심경으로 그 광경을 지켜보았다. 그때 정중부, 김광미, 양숙, 진준 등 무신들의 낯빛이 변하더니 서로 눈짓을 주고받았다. 드디어 반란의 조짐이 보이기 시작한 것이다. 정중부는 한뢰를 향하여 비난의 화살을 날렸다.

"이소응 장군은 무관이지만 벼슬이 3품이요. 5품인 한뢰가 어째서 이처럼 심한 모욕을 하는가!"

의종이 보니 무신들의 얼굴이 심상치 않았다. 의종은 사태가 매우 위험하다고 판단하여 정중부의 손을 잡으며 제지하였다. 이때 이고가 칼을 뽑으려고 정중부에게 눈짓을 하자 그는 이고를 말렸다. 이렇게 해서 일단 한 고비를 넘긴 셈이었다. 그러나 유혈 사태는 얼마 가지 않아 벌어지고 말았다.

해가 저물어 왕과 일행은 보현원에 이르게 되었다. 이의방과 이고는 왕의 명령이라고 하면서 순검 군사(왕의 호위 군대)를 조용히 한곳에 불러 모았다. 그리고 두 사람은 아까 낮에 이소응을 힐난하던 임종식과 이복기를 살해하였다. 이렇게 해서 무신들의 반란은 시작된 것이다.

한뢰는 사태가 급해지자 왕의 침실로 숨어들어 왕의 옷자락에 매달렸지만, 결국 이고의 손에 죽고 말았다. 이러한 살육으로 왕을 따라갔던 문신들 대부분이 살해당하였다. 한편 수도 성내에도 정예군을 급히 보내어 왕실이나 문신들이 반격할 기회를 갖지 못하도록 분쇄하였다. 그러나 무신들의 살육은 여기서 그치지 않았다.

처음 반란을 일으키면서 정중부 등이 서로 약속하였다.

"우리들은 오른 소매를 빼고 복두를 벗자. 그렇지 않은 자는 모조리 죽여라!"

무신들은 계속하여 학살을 자행하였다. 죽은 자들을 확인하니 김돈중이 없었다.

"김돈중이 태자를 임금으로 옹립하여 우리를 반역으로 몰지 모른다. 어서 궁궐로 돌아가자!"

정중부의 말에 따라 반란군은 그날 밤으로 왕을 데리고 개경으로 들어와서 중요 문신 50여 명을 또 학살하였다. 이때는 이미 일반 군졸들이 반란에 가세하여 개경 전체가 공포의 도가니가 된 상태였다. 정중부는 다시 명령하였다.

"문관文冠을 쓴 자는 서리라 할지라도 씨도 남기지 말라!"

그러나 실제로는 문신들을 모두 죽이지는 못하였다. 고려 문종 때 중앙 문관의 정원이 532인이고 그 이속의 정원은 1,165인이었다. 그런데 반란 세력에 의하여 학살된 문신의 수는 모두 합쳐야 100여 명 정도로 보인다. 씨도 남기지 말라고 외치며 개경 거리를 활보했다는 것은, 평소 문신들에 대해 깊은 원한을 갖고 있었다는 것을 반증해 주는 대목이다.

이때 의종이 정중부를 불렀다.

"정 장군, 이제 그만 하는 것이 좋겠소."

"예, 분부대로 하겠사옵니다."

그러나 정중부는 대답만 할 뿐이었다. 이미 사태는 정중부의 손에서도 떠나, 그동안 쌓인 무관들의 불만이 한꺼번에 터져 나왔던 것이다.

이때까지만 해도 정중부는 의종에게 해롭게 할 생각은 없었던 것 같다. 물론 정중부는 의종의 곽정동택藿井洞宅, 관북택館北宅, 천동택泉洞宅 등 사저와 거기에 축적한 많은 재물을 이의민, 이고 등과 나누어 가지기는 하였다. 그렇지만 의종을 제거할 계획은 없었다. 그러나 환관 왕광취 등이 반격을 하자 정중부는 왕을 수행하던 내시 등 20여 명을 죽이고 말았다. 이 일을 통하여 왕이 궁궐 내에 있으면 계속적인 반격이 있을 것이라는 판단을 했다. 이의방 등은 의종을 처음부터 죽이려 하였으나 정중부가 말린 적이 있었다. 또한 문신들을 진짜 모두 죽이자고 했을 때에도 정중부는 제지하였다. 비록 무신이지만 고위직에 있던 정중부는 문신 몇 사람에 대해서만 개인적인 불만을 갖고 있었던 것이다. 그러나 사태는 군졸들이 봉기했다고 할 정도로 수습할 수 없는 단계로 접어들고 있었다.

의종은 사태 수습을 위해 반란군의 중심인물들을 주요 요직에 임명하였지만 결국 3일이 지난 날 군기감에서 영은관으로, 그리고 다시 거제도로 쫓겨나야 했고, 태자는 진도로 가게 되어 무신들의 천하가 열리게 되었다. 무신들은 의종의 아우인 익양후 호晧를 허수아비 왕으로 삼았다. 그가 바로 명종(1170~1197)이다. 왕위에 오른 명종은 곧 정중부·이의방·이고 등을 벽상공신璧上功臣에 봉하고 대사령을 내리는 등 사태 수습에 나섰으나, 그는 유명무실한 존재에 불과할 뿐 정치적인 실권은 반란 세력이 장악하여 마침내 무신 정권 시대가 열렸다.

그런데 '정중부의 반란'이라고 부르는 이 무신들의 반란에서 주목해야 할 점이 있다. 그것은 반란 주도 세력 간의 입장 차이다.

사실 정중부는 주요 문신들을 모두 제거할 뜻은 없었던 것으로 보인다. 상장군이라는 무관 고위직에 있었던 그는 나름대로 계급적인 특혜를 누리고 있었다. 따라서 그가 문신들에게 불만을 품은 것은 김돈중 사건처럼 개인적인 원한이나, 문신에 비해 상대적으로 격하되어 있는 자신의 위치 때문이었다. 게다가 정중부는 당시 60이 넘은 노인이었다.

다시 말해서 정중부처럼 온건적인 입장에 선 인물들이 분명 있었다. 대장군 진준陳俊도 마찬가지였다.

"우리들이 미워하는 것은 문신 너덧 명인데 지금 무고한 사람들을 함부로 죽이는 것은 옳지 않다."

진준이 더 이상의 학살을 적극 만류했으나, 그의 말은 설득력이 없어 오히려 군졸들은 문신들의 집을 부숴 버릴 정도로 사태는 악화되었던 것이다. 시간이 갈수록 감정적인 요소가 작용했다고 볼 수 있다.

반란이 전개될수록 사태는 수습할 수 없을 정도로 급박하게 돌아가, 일반 군졸들까지도 반기를 들고 일어나 집단 살육이 벌어져 정중부로서도 어쩔 수 없이 반란을 주도해 나갔다. 그렇다면 사태를 이토록 확대한 인물들은 누구인가. 바로 정중부에게 반란을 꾀하자고 말한 이의방과 이고 등이다.

그들은 처음부터 정중부에게 접근한 것은 아니었다. 두 사람은 먼저 대장군 우학유를 찾아갔다. 우학유는 전통적인 무반 집안 출신이었기 때문에 무신들을 대표할 만한 상징적인 존재였다. 그러나 우학유는 현실에 안주하기 위하여 이의방 등의 요청을 거절했다. 우학유에 대한 포섭이 실패로 끝나자 정중부에게 접근했던 것이다. 그렇다면 이들은 결국 무신을 대표할 수 있는 인물이 필요할 만큼 아직 높은 지위에 올라 있지 않았다는 것을 역으로 추리할 수 있다.

실제로 이의방과 이고는 정8품에 해당되는 산원散員의 위치에 있었다. 지금으로 치자면 중급 또는 하급 장교에 불과했다. 그 밖에 반란에 참여한 조원정, 석린, 이영진 등도 사정은 마찬가지였다. 아버지는 수공업자였고 할머니나 어머니가 모두 기생 출신이었다는 조원정은 무신 난 이후 그 공로로 낭장郎將에 임명되었는데, 이 지위역시 하급에 속한다. 이영진은 나졸 출신으로 창고 곁에서 쌀을 주워 먹고 살 정도로 형편이 어려웠다. 그런데 반란이 일어나자 즉시 가세하여 출세하게 된 인물이다. 그는 원래 물고기를 팔아 생계를 유지했다고 한다. 이영진 역시 반란 후 낭장에 임명되었다. 낭장이라는 관직은 중앙군 조직에서 중랑장 바로 아래 직급으로 다섯 번째 계급에 해당된다. 품관으로는 정6품이다. 각 영領에 5인씩 배치하였는데 통솔 군졸 수는 약 200명이다. 공을 인정받아 낭장이 되었다면 그들은 모두 하급 장교 출신임이 분명하다.

그렇다면 실제로 하급 이하 장교나 일반 군졸들이 문신들의 횡포에 시달림을 받았다는 것을 여실히 알 수 있다. 그러나 반란이 있기 전부터 이의방 등은 왕마저 교체하고 정권을 장악할 심산이었다. 지배 체제의 동요와 정치적 구심점이 상실된 시점에 하급 장교들이 하극상을 할 정도로, 당시 고려 사회는 극심한 위기에 처해 있었던 것이다.

정변이 수습되자 이고는 이의방보다 대우를 못 받았다고 생각하였다.

"내가 이의방보다 못한 것이 무엇이냐? 이것은 모두 이의방 때문이야."

이고는 자신의 세력을 만들어 갔다. 악소배들을 규합하고, 법운사의 승려 수혜와 개국사의 승려 현소 등과 함께 이의방을 제거하여 정권을 잡기로 하였다. 태자의 관례식冠禮式에 거사하기로 하였다. 그러나 김대용이 이고의 심복인 아들로부터 이러한 사실을 전해 듣고 이의방과 가깝던 채원에게 알렸다.

이윽고 태자의 관례식이 열렸다. 이의방은 문에서 기다리다 이고를 칼로 내리쳤다. 이고는 그 자리에서 죽고 말았다. 이의방은 이어서 채원마저도 죽였다. 나이가 든 정중부는 젊은 장교들의 행태에 몸을 사리지 않을 수 없었다. 정중부는 이의방의 세력이 커지는 것을 보고 집에서 두문불출하였다. 이에 이의방과 그의 형인 이준의가 손에 술을 들고 정중부를 찾아와 제의를 하였다.

"상장군, 저를 아들로 삼아 주십시오."

정중부는 뜻밖의 제의에 어리둥절하였다.

'이놈이 언제 나를 죽일지도 모르니 아예 부자 관계를 맺는 것이 낫겠지.'

정중부는 생각을 마치자마자 이를 수락하였다.

이의방은 혼자서 정권을 장악하려고 자기의 딸을 명종의 태자(후일의 강종)비로 삼으려 하였다. 이때 태자비가 있었으나, 그녀를 쫓아 버리고 자기 딸을 새 태자비로 삼으려 했던 것이다. 이에 다른 무신들이 크게 반대하였으나, 이의방은 자신의 딸을 태자비로 삼았다. 이때 조위총이 반란을 일으켰다. 이의방은 정중부의 아들인 정균과 함께 갔다.

"형님, 드릴 말씀이 있습니다."

"무슨 일이냐?"

바로 그때 정균의 부하가 이의방을 한 칼로 베어 버렸다. 그의 형인 이준의마저 이의방의 행동을 못마땅히 여겨 죽이려 했을 정도로 그는 매우 포악하고 독단적인 인물이었다.

정권을 장악한 정중부 때에도 시국은 조용할 날이 없었다. 일대 개혁을 바라는 일반 군인들의 요구를 들어주지 못해, 정중부 정권은 하급 무관들과 심한 대립과 갈등을 겪어야 했다. 그는 일부 의견을 수렴하여 정치에 반영하긴 했지만 원천적인 갈등 요소는 없앨 수 없었다. 또한 의종을 복위시키려는 반란이 잇달아 일어나 정국은 다시 유혈의 소용돌이로 빨려 들어갔다. 세력을 잡은 정중부 역시 정권 유지에 급급해 정적을 제거하는 데 힘을 쏟았다.

1171년, 김보당 등이 무신 정권을 타도하고 의종을 복위시키려고 난을 일으켰다. 정중부는 이를 평정하고, 김보당의 잔당 장순석·유인준을 따라 경주까지 왔던 의종을 잡기 위해 이의민을 급파하였다. 이에 이의민은 의종을 잡아 묶은 다음 큰 가마솥에 넣어 연못으로 던져 버렸다. 그리고 의종이 세상을 떠나자 손으로 의종의 등뼈를 추려 연못 속에 던져 버렸다. 김보당이 신문을 당하면서 말했다.

"모든 문신들 중에 나와 뜻을 함께하지 않은 자는 없다."

김보당의 말에 정중부가 문신들을 죽이려 하였으나 이준의, 진준 등의 만류로 중지하였다. 이토록 정중부도 정권 유지에 불안을 느끼고 있었던 것이다.

정권에 맛을 들인 정중부는 조위총의 반란이 있던 1174년에 문하시중이 되어, 남의 토지를 빼앗아 광대한 농장農莊을 소유하였다.

이에 따라 그의 주위에는 아부하는 자들만 모여들기 시작하였으니 정중부 정권은 타락의 길로 접어들게 되었다.

이러한 정중부 일가의 행동을 불만스럽게 보는 사람이 있었다. 바로 경대승이었다. 경대승은 중서시랑평장사 진의 아들로 15세에 음서로 무관이 되었다가 장군이 되었다. 경대승은 아버지가 죽은 뒤에 불법으로 모은 재산을 모두 군대에 헌납할 정도로 청렴한 생활을 하였다. 그는 부하인 견룡대의 허승과 김광립에게 자신의 뜻을 밝혔다.

"정균과 송유인의 부정과 부패는 구역질이 나오. 이들을 처벌하여 어서 정중부 난 이전으로 돌아가야 하오."

"장군의 뜻을 받들겠습니다."

경대승은 명종 9년(1179) 9월 16일에 열리는 장경회의 잔칫날에 궁궐에서 잠들어 있는 정균을 죽였다. 그리고 부하들과 함께 정균의 부하인 이경백과 지유, 문공려를 죽인 다음에 명종에게 아뢰었다.

"역적 무리들을 모두 없애겠사오니 폐하께서는 아무 염려 마시옵소서."

명종은 기뻐하며 경대승을 격려하였다. 경대승은 명종의 명을 받들어 송유인과 정중부를 차례로 죽이는 등 정중부 일파를 모두 제거하였다. 그리고 자신과 함께 정중부를 제거한 허승과 김광립이 부정을 저지르자 이들마저 제거할 정도였으나, 30세의 나이에 숨을 거두고 말았다.

정중부의 반란은 무신들의 신분적 차별은 물론이고, 당대 지배 계급의 동요와 사회 모순의 심화에서 비롯되었다. 그러나 당시 사회 모순이 심화된 상태에서 이에 대한 아무런 대안을 제시하지 못하고, 정권 유지에만 급급하여 결국 파국으로 끝나고 말았다.

이 반란으로 인해 고려의 역사는 걷잡을 수 없는 소용돌이 속으로 빠져 들어갔다. 통치 능력이 없는 무인들이 정권을 장악함으로써 정치는 구심점을 잃고 혼미를 거듭하였던 것이며, 정통성이 결여된 정권의 등장으로 고려의 역사는 암울한 터널을 거쳐야만 했다.

사실 정중부의 반란은 시작에 불과했다. 이로써 무신들 간의 정권 다툼이 반복되면서 백 년 동안의 무신 정권 시대가 개막되기에 이르렀다. 이와 같은 상층부의 동요를 종식시키기 위하여 전국 각지에서 민란이 발생하였으니, 고려 민란의 시대는 무신 정권의 모순 자체 속에 이미 예고되어 있었다.

〖 4 〗
무신 정권 시대의 민란 :
군사 정권 타도와 신분 해방을 위하여

반란의 원인과 배경 : 민중의 고양된 사회의식

무신 난 후 농민과 천민들의 반란이 전국적으로 치열하게 일어났
는데, 이 같은 민란이 일어나게 된 이유로 우선 농촌 사회의 파탄에
따른 농민 생활의 궁핍화를 들 수 있다.

일반적으로 고려 사회는 무신 정권 이전 시기부터 국가 권력이
쇠약해짐에 따라 관리官吏들의 횡포와 권문세가의 토지 겸병 등으
로 농민의 생활은 점차 어려워졌으며, 더욱이 지배층에 의한 사원
의 난립은 농민의 부담을 가중시켰다. 특히 관리들의 가렴주구는
극에 달하여, 이를 견디지 못한 많은 농민들이 유랑민으로 전락하
는 경우가 허다했다. 이러한 현실에 대해 예종(1105~1122)은 다음과
같이 탄식한 적이 있다.

지금 각도 주군州郡을 다스리는 사목司牧 가운데 청렴하고 백성을 근심하는 자는 열에 한두 명도 없어 오직 이익을 얻고자 할 뿐이고, 명성을 얻고자 대체大體를 상하게 하고 있으며, 뇌물을 좋아하고 사욕을 도모하여 백성들을 심히 억압하므로 유망민流亡民이 서로 잇달아 생겨 열 집 중에 아홉이 빈집이라고 하니 집은 매우 가슴이 아프다.

이러한 유민들은 신라 말기처럼 결국 도적이나 걸인으로 전락하게 마련이다. 무신 정권이 들어서기 전부터 이미 민란이 일어날 수 있는 불씨는 내재되어 있었던 것이다. 무신 정권이 피폐한 민중들의 실상을 파악하고 단호한 개혁 정치를 펼쳤다면, 민란의 발생을 최소화할 수 있었을지도 모른다.

정권이 바뀔 당시에는 일반 민중들은 한 가닥 희망을 가지고 있었다. 호족 세력의 틈바구니에서 제대로 통치력을 발휘하지 못하는 왕실의 허약함을 알고 있던 민중들은, 중앙 집권적인 정부에 의한 과감한 개혁을 기대했다. 그러나 무신 정권은 말 그대로 자신들의 정권을 유지하는 데에만 급급해 있었던 것이다.

기대가 실망으로 바뀌면서 민중들은 오히려 각성할 수 있었고, 더 이상 상층부에 개혁을 맡긴다는 것은 허망한 일이며 결국 자신들의 현실은 스스로 바꾸어 나가야 한다는 의식을 갖게 되었다. 이러한 의식이 공감대를 형성하면서 각종 민란이 발생하였다.

더군다나 무신 정권의 전개 과정이 반복된 무신들 간의 세력 싸움과 분쟁으로 점철되어 있었기 때문에, 민중들에게 하극상의 가능성을 보여 준 역설적인 본보기가 되었다. 게다가 천민들의 경우,

무신 정권 이전부터 정치적·사회적 신분 상승을 하여 심지어는 중앙 관리로 나서는 자들도 더러 생겨났다. 그 대표적인 경우가 의종을 잔인하게 살해한 이의민李義旼이다. 이의민은 경주 출신의 천민이다. 아버지는 소금장수며, 어머니는 절의 노비였다. 경주에서 악소배로 있다가 김자양에게 붙잡혀 혹독한 고문을 이겨 내자, 김자양이 그를 개경으로 보냈다. 개경으로 올라온 이의민은 씨름 솜씨를 뽐내서 의종의 눈에 띄어 대정의 벼슬을 받았으며, 이어서 별장·장군이 되었다. 또 경주에서 의종을 죽인 공으로 대장군이 되었고, 조위총의 난을 진압한 공로로 상장군이 되었다. 이의민에게서 영향을 받은 농민이나 천민들 사이에서는, 혼란한 사회가 재정립되기 위해서는 새로운 정치 질서와 신분 질서가 형성되어야 한다는 의식이 널리 유포되어 있었다고 볼 수 있다. 가장 기본적인 생존권마저 박탈당한 상황에서 새로운 사회를 갈구하는 것은 너무나 당연한 일이었고, 이렇게 보편적인 요구를 무신 정권이 묵살하자 전국적인 민란이 발생하게 되었던 것이다.

무신 정권 당시의 각종 민란은 유사한 점도 있지만, 특이한 배경과 원인에서 비롯된 경우도 있다. 민란 발생 배경에 이와 같은 공통점이 있다면, 지금부터 개별적으로 살펴보는 민란들은 각기 나름대로 특성을 가지고 있다.

고려 민란의 시대 : 전체 개요

19세기가 조선 민란의 시대였다면, 무신 정권이 들어선 1170년부터 이후 40~50년 동안을 고려 민란의 시대라고 볼 수 있다.

　김보당의 반란을 시작으로 전국적으로 번져 나간 당시 민란들은 다양한 모습으로 전개되었으며, 참여 계층 또한 농민이나 천민만이 아니라 중앙에서 소외된 일부 지방 호족들도 동조의 움직임을 보였다.

　주요 민란만을 보아도 김보당의 반란 이후 창성·성천·철산의 민란(서북 지방-1172)·조위총의 반란(1174), 명학소민의 반란(1176)·예산(1176)·익산(1177)·여주(1177)·가야산(1177)·옥천(1182)·서산(1182)·남원(1200)·진주(1186)·안동(1186)·경주(1190) 등지의 지역적인 민란, 김사미·효심의 반란(1193), 강릉·경주(1199)·합천·김해(1200)·제주(1202) 등에서 일어난 민란, 만적의 반란(1198), 진주 공사노비의 반란(1200), 밀양 관노들의 반란(1202)이 일어났다. 이후 경주를 중심으로 하는 경상도 지역의 봉기에서 신라 부흥을 내세웠으며(1202), 고종 때 서경에서 최광수 등이 고구려 부흥을(1217), 담양에서 이연년 등이 백제 부흥을(1237) 각각 표방하였다. 이러한 움직임은 민중의 항쟁이 고려 왕조를 부정하는 단계로 진전되었음을 보여주는 것이다.

　위에 열거한 것은 대표적인 민란에 불과하다. 이 밖의 것을 포함시킨다면 명종, 신종 때만 해도 전국에 걸쳐 수십 차례의 민란이 발생하였다.

　이것은 무엇을 뜻하는 것일까. 우선 문벌 귀족이 무너진 다음 정권을 잡은 무신 정권은, 반복되는 유혈 경쟁으로 인해 안정된 집권 유지를 할 수 없었음을 의미한다. 따라서 지방 통제가 극히 약화되어 지방관들의 탐학이 날로 심화되었고, 중앙 권세가들의 토지 겸병이나 농민 수탈도 극에 달했다. 결국 무신 정권이 들어선 뒤부터 사실상 고려는 무정부 상태로 접어들게 되었고, 이 틈을 이용하여 민중들은 그동안 누적되어 온 사회적 모순을 척결하기 위하여 봉기했던 것이다.

이 당시 민란을 여기서 모두 거론할 수는 없다. 그 대신 성격이 뚜렷한 민란을 중심으로 무신 정권의 한 측면을 드러내고자 한다.

민란의 발생과 특성 : 주요 민란을 중심으로

◆ 조위총의 반란(1174년) : 민란 발생의 도화선

이전에도 무신 정권을 반대하는 김보당의 난이 있긴 하였지만, 명종과 신종 대에 집중적으로 일어난 민란과 직접적인 관련이 있는 반란은 서경에서 일어난 조위총의 봉기다.

조위총의 신상에 대한 사료는 그리 많지 않으나, 의종 말년에 병부상서 겸 서경 유수(유수라는 말은 임금이 주재하지 못하는 경우에 이곳을 지킨다는 뜻에서 유래하였다)로 임명되었다고 하니 문신임에는 틀림이 없다. 문신들을 대량 학살할 때에도 살아남은 것으로 봐서 어느 정도 무신들과 교류를 하였거나, 최소한 목숨을 부지하기 위하여 타협을 한 것으로 보인다. 오히려 서경 유수로 임명된 것으로 봐서 무신들의 신임도 상당히 두터웠던 것 같다. 또한 무신들 간에 문신 학살 범위를 놓고 이견을 보이는 틈을 타서 살아남았을지도 모른다.

묘청의 서경 천도 운동에서 볼 수 있듯이 서경 세력은 개경 세력을 견제하는 유일한 집단이었기 때문에, 무신들 역시 이를 무마할 수 있는 자를 서경으로 보냈을 것이다. 그렇다면 조위총은 훗날을 기약하기 위하여 무신 정권을 속여 충성을 하는 척하다가, 서경 유수가 되자 난을 일으켰다고 추측할 수 있다. 바꿔 말한다면, 문신 특유의 자존심을 숨기고 있다가 정권 장악을 목적으로 봉기하였던 것이다.

나름대로 봉기 계획을 마친 조위총은 1174년 9월에 황해도와 평안도 일부 지역에 격문을 돌려, 정중부를 치겠다고 선언하였다.

들건대 개경의 중방重房에서 의논하기를 우리 북경의 여러 성이 사납고 난폭해져서 마땅히 토벌해야 한다 하고, 이미 대군을 보내 토벌한다고 하니 어찌 가만히 앉아서 죽기를 기다리겠는가?

조위총의 거짓 격문에 재령(서흥-봉산 일대) 이북의 40여 성 대부분이 동조하여 반기를 들었다. 이들은 무신 정권에 대해 불만이 심화되어 있었던 것으로 보인다. 조위총의 격문은 단지 이를 집약시키는 구실을 했을 뿐이다.

이때 농민들이 조위총의 봉기에 대거 참여하였다. 농민들은 무신 정권 이후 지방에 대한 중앙의 통치가 매우 미약해져 지방 관리들의 농민 수탈이 한층 강화되었기 때문에, 무신 정권에 반대하는 조위총의 반란에 참여했던 것이다. 또한 농민들은 묘청의 서경 천도 운동 이후 개경 집권자들에 대해 깊은 원한을 갖고 있었다는 점에서, 지역감정적인 면도 무시하지 못할 것이다.

조위총이 봉기했다는 보고를 받은 무신 정권은 곧바로 평장사

윤인첨(이 사람도 역시 문신이다)을 원수로 삼아, 3군을 거느리고 반란군을 진압하게 하였다. 그러면서 내시 예부낭중 최균을 여러 성에 보내 반란에 참여하지 못하도록 회유책을 병행하였다.

토벌군과 반란군은 재령 근처의 절령에서 처음으로 맞닥뜨리게 되었다. 토벌군이 재령에 이르자 갑자기 세찬 바람이 일고 눈이 쏟아지기 시작하였다. 토벌군은 지리나 날씨에 익숙지 못한 탓에 앞을 제대로 볼 수가 없었다. 이런 틈을 타서 반란군은 고개 위에서 쳐내려가 삽시간에 토벌군을 물리쳤다. 윤인첨은 포위당하여 끝까지 싸우려 하였으나, 도지병마사이자 정중부의 아들인 정균이 권했다.

"아무래도 오늘은 어려울 것 같습니다. 다음 기회를 보아야 할 것 같습니다."

윤인첨은 간신히 포위망을 뚫고 탈출하였다. 첫 전투는 반란군의 완전한 승리였다. 한편 동계東界 방면에서는 조위총의 부하 장수인 김박승, 조관 등이 화주영和州營을 점령하고 있었다.

윤인첨의 군대를 물리친 반란군은 사기가 올라 개경을 향하여 말 머리를 돌렸다. 그러자 이의방은 화가 난 나머지 개경 안에 있는 서경 출신 양반들인 윤인미, 대장군 김덕신, 장군 김석재 등을 모조리 잡아 죽이고 거리에 효수한 뒤 군대를 모아 출정하였다.

이의방은 우선 기습 작전을 펴기로 하였다. 그는 최숙 등에게 정예 기병 수십 명을 보내어 반란군의 허를 찔렀다. 예상치도 못한 기습에 말린 반란군은 후퇴할 수밖에 없었다. 이에 승기를 잡았다고 판단한 이의방은 전진 명령을 내려 대동강 유역까지 이르게 되었다. 반란군은 서경 성문을 모두 걸어 잠그고 토벌군에 대항하였다. 그러나 북부 지방 날씨에 익숙지 못한 토벌군들은 추위를 견디지 못해, 반란군의 공세에 밀려 후퇴하고 말았다.

서경으로 돌아온 이의방 등은 다시 전열을 가다듬고 같은 해 11월에 5군을 편성한 뒤, 윤인첨을 원수로 임명하고 두경승을 후군 총관사로 삼아 서경을 집중 공략할 계획을 세웠다. 그러나 이 3차 토벌군에 갑자기 출정 보류 명령이 떨어졌다. 이의방이 정중부의 아들 정균의 손에 살해당했기 때문이다. 이때가 같은 해 12월이었다.

이의방이 살해당한 뒤 무신 정권 내부에는 잠시 혼란이 일어났다. 정중부 일파는 이를 무마하고 시간을 벌기 위하여 조위총에게, 이의방을 처단하였으니 이제는 화해하자는 협상안을 제시하였다. 조위총은 의방을 처단한 것을 축하한다는 상표上表를 사신을 통하여 개경에 보냈다. 그런데 정중부 일파는 사신을 옥에 가두고 말았다. 정중부 일파의 제의는 순전히 기만책에 불과하였던 것이다. 결국 양 세력 사이의 화해 교섭은 결렬되고 말았다.

3차 토벌군이 출발한 것은 대략 해가 바뀐 1175년 1월이나 그 이후인 것으로 보인다. 토벌군은 서경을 목적으로 진격하였지만, 연주(개천)에 조위총 지지 세력이 있어 그리 간단하지가 않았다. 그래서 두경승은 먼저 이곳을 쳐야만 서경 점령이 수월하다고 판단하여, 함남의 남쪽을 거쳐 서북 지방에 이르러 개천으로 진격하였다.

이 성은 매우 중요하다. 만일 개천을 소홀히 하면 토벌군은 앞뒤에서 공격을 받게 되어 패배할 가능성이 높았다. 반면에 개천을 차지하게 되면 서북 지역의 다른 성도 한층 점령하기 쉬워진다. 두경승은 이러한 점을 묘청의 서경 천도 운동 때 김부식이 써먹은 전술에서 배웠던 것이다.

연주 전투는 쉽사리 끝나지 않았다. 이곳의 전투만도 수개월이 걸렸다. 아마 늦겨울에 시작하여 봄까지 진행된 듯하다. 조위총이 이곳을 집중 지원했던 점으로 봐서, 그의 충실한 부하가 전투를 지휘하고 있었던 것으로 짐작된다. 또한 연주가 매우 중요한 거점이라는 것도 알고 있었을 것이다. 그러나 연주는 두경승의 집요한 공격에 함락되고 말았고, 이 전투로 수천 명의 반란군이 죽고 수백 명이 포로로 잡혔다. 이런 숫자만 봐도 이 전투가 얼마나 격렬했던가를 알 수 있다. 또한 전투가 오래 지속되었다는 것은 반란군에 참여한 농민들의 저항이 매우 완강했음을 뜻한다. 즉 이곳 지역의 농민이나 무신들은 개경의 무신 정권에 대해 깊은 증오심을 갖고 있었던 것이다.

연주성이 함락되자 그 이북 지역의 여러 성들은 토벌군에 투항하였다. 이로써 남은 것은 서경뿐이었다.

윤인첨은 다시 전열을 가다듬어 서경으로 향했다. 윤인첨의 군대는 성을 완전히 포위하고, 동북쪽에 토산土山을 쌓아 성 안을 공격하였다. 조위총은 주위 성과 통신이 거의 두절되어 고립된 상태에 빠지고 말았다. 그러자 조위총은 마지막 수단으로 금나라에 호소하는 길을 택하게 되었다. 그는 김존심과 조규를 금나라에 보냈다.

"이의방 등이 왕을 살해하였으니 이는 모반입니다. 이를 물리칠 군대를 보내 주십시오."

그런데 가는 도중에 김존심이 조규를 죽이고 토벌군에 투항하였다.

조위총은 다시 서언을 금나라에 보냈다. 그는 서언을 통해 이렇게 말했다.

"이번에 우리를 도와주면 재령 이북의 40여 성을 금나라에게 넘겨줄 테니 원병을 보내 도와주시오."

그러나 금나라는 이를 거절하고 오히려 서언을 잡아 고려 조정에 넘겨 버렸다. 결국 조위총의 사대적인 계략은 실패로 끝나고 말았다.

조위총은 서경 내의 군대만으로 버틸 수밖에 없었다. 양군 사이의 전투는 거의 1년이 지나도록 승패가 나지 않았다. 그러나 1176년 6월, 윤인첨이 서경의 통양문을 공격하고 두경승이 대동문을 공격하는 등 총공세를 펼쳐 반란군은 패하고 말았다. 조위총은 사로잡힌 뒤 처형당하였다.

이로써 1174년 9월부터 1176년 6월까지 거의 22개월 이상 벌였던 반무신 항쟁은 끝을 보게 되었다. 묘청의 서경 천도 운동 이후 다시 서경을 중심으로 일어난 반란이 무산된 셈이다.

그러나 반란이 평정된 후에도 잔류 세력들은 산으로 들어가 계속 투쟁을 벌였다. 즉 이에 참여한 농민들이 끝까지 무신 정권에 대항하였던 것이다.

조위총의 반란이 비록 실패로 끝났지만, 이 난이 진행되는 동안 전국에 걸쳐 민란이 일어나기 시작하였다. 비록 조위총 개인의 정권 탈취욕에서 시작되어 금나라에까지 손을 뻗쳐 의지한 반란이었지만, 시간이 갈수록 민중들의 참여가 확대되어 민란의 성격이 두드러지게 나타나기 시작하였고, 그 힘이 서경을 중심으로 오랜 시간 동안 버틸 수 있는 원동력이 되었던 것이다. 따라서 조위총의 반란이 농민 항쟁적인 성격으로 변하면서 전국적인 민중 봉기의 서막을 열었다고 볼 수 있다.

명학소민鳴鶴所民의 반란(1176년) : 신분 해방에서 정부 타도로

서북 지방에서 시작된 민란은 점점 남쪽으로 내려오기 시작했다. 더구나 무신들끼리의 정권 다툼으로 지방에 대한 통제력이 약화되어 농민과 천민들을 중심으로 민란이 발생하였다. 특히 조위총의 반란이 진행되는 동안에 이에 자극을 받은 중부 지방의 여러 곳에서 민중 봉기의 움직임이 일기 시작하여, 마침내 공주를 중심으로 농민과 천민들이 반란을 일으켰다. 그중 대표적인 것이 망이·망소이가 일으킨 반란이다(이 반란은 조위총의 반란이 한창 진행되고 있던 1176년 1월에 시작되었다).

그런데 이 반란이 당시 특수 행정 구역이었던 소所를 배경으로 해서 일어났다는 점이 매우 특이하다. 따라서 공주 명학소민의 반란을 규명하기 위해서는 고려 지방 제도의 하나인 소에 대해 먼저 이해해야 할 것이다.

소의 기원에 대해서는 의견이 대체로 두 가지다. 하나는 삼국 시대부터 존재했다는 설과, 다음은 고려 시대에 와서 만들어진 지방 제도라는 설이 그것이다. 그러나 여기서는 소의 기원에 대해서는 논외로 해도 될 듯하다. 중요한 것은 소의 기능이 지배 수단의 일환이었으며, 이것이 무신 정권의 폭압적 상황에서 붕괴의 조짐을 보였다는 점이다. 즉 소는 다른 지방 제도에 비해서 상대적으로 더 심하게 수탈 대상이 되었던 것이며, 그만큼 소에 속한 백성들의 반발심은 증폭될 수밖에 없었다.

소가 갖고 있었던 가장 큰 기능은 특수 공물貢物 담당이었다. 여기서 생산된 공물은 생산자와는 전혀 상관없이 상층부에 유입되었고, 그 공물의 양 역시 중앙 정부나 관리들이 요구하는 대로 조정되었다.

고려 지방 제도의 핵심은 현縣에 있다. 이는 주로 지방의 동족이 집단을 이루고 사는 풍습에 따라 신분과 계층을 고려하여 편성한 것이다. 결국 이에 편성되지 못한 지역은 지배 수단의 일환으로서, 소로 따로 분리되어 관리받게 되었다. 고려 사회의 지방 제도는 신분 질서를 그대로 반영한 것이라고 해도 과언이 아니다.

그런데 소는 향鄕이나 부곡部曲과는 달리 관리자의 면에서 큰 차이점이 있다. 조세를 거둘 때 향이나 부곡이 지방 관청의 관리를 받았다면, 소는 국가에서 직접 관리하였다. 이유는 간단하다. 소는 특수 공물을 담당하였는데, 특수 공물은 말 그대로 일정한 지역에서만 생산되는 것이었다. 자연 경제의 토대에서 소가 갖고 있는 기능은 이처럼 막중한 것이었기 때문에 국가의 직접 관리를 받아야 했던 것이다. 중앙의 통치 기반이 허약했던 고려 정치 구조를 그대로 나타내는 실례라고도 볼 수 있다.

또한 소가 수탈의 대상이 될 수밖에 없었던 이유는 일반 농민들과는 달리, 이곳 천민들은 특수 공물의 생산을 피할 수가 없었기 때문이다. 당시 고려 사회는 농경이 주된 산업이었기 때문에, 가급적 농민들은 특산물을 포布로 대신하는 것이 일반적인 관행처럼 되어 있었다. 『고려사』에 포와 특산물을 어떻게 비교하여 그 양을 상응시키느냐에 대해 기록되어 있는 것을 봐도 쉽게 알 수 있다. 결국 대체로 특산물은 소의 몫으로 돌아갔다.

또한 공물은 여진족 등 외국에 바치는 데 사용됐기 때문에, 대외 관계 유지를 위해서 정부는 소를 더욱 수탈하게 되었다.

이렇게 소는 대내외적인 구조 속에서 발전의 계기를 갖지 못하고, 오직 정권의 유지를 위한 수단으로 점점 전락해 가고 있었다. 명학소민의 반란은 이러한 구조적 모순을 극복하고 신분 해방을 위한 운동으로 시작되었다.

명학소민의 봉기는 크게 두 차례에 걸쳐 일어났다. 1차 봉기는 1176년 정월에, 2차 봉기는 다음해인 1177년 2월에 각각 있었다. 그렇다면 이 반란은 어째서 두 번에 걸쳐 나누어 일어났을까. 이에 대한 해답은 봉기 전개 과정을 통해 알아보고자 한다.

첫 번째 봉기는 1176년(명종 6)에 일어났다. 『고려사절요』에 따르면 망이·망소이 두 형제는 무리를 불러 모아 스스로 산행병마사山行兵馬使라고 일컫고, 공주를 공격하여 함락했다. 이에 조정에서는 채원부 등을 보내 회유하였으나 듣지 않았다.

이 반란은 규모가 매우 커져 나중에는 주위 일대를 거의 점령하였는데, 한때 덕산·여주·진천·청주·아산 등지를 차지하기에 이르렀다.

그런데 중요한 것은 이 봉기가 다른 민란들처럼 지방 관리의 수탈에 대한 직접적인 반발에서 비롯된 것이 아니라는 점이다.

앞에서 설명한 바와 같이 소는 국가가 직접 관장하는 곳이었다. 공주가 함락되자 중앙에서 사람을 파견한 것도 바로 이러한 배경 때문이었다.

따라서 이 반란은 우발적으로 진행된 것이 아니라 사전에 짜 놓은 치밀한 작전 계획에 따라 일어난 것임을 쉽게 알 수 있다. 그렇다면 어떻게 이 봉기가 사전 계획에 따라 확장되었는지 살펴보자.

명학소민들이 제일 먼저 점령한 곳은 공주였다. 그 당시 공주를 지키는 관군의 수는 천오백 명 정도였다. 그런데 명학소민들 가운데 봉기에 가담할 수 있는 남자의 수는 기껏해야 천 명을 웃도는 정도였다. 그러나 이들은 정규 훈련을 받은 주둔군을 패퇴시켰다. 명학소민들은 군사 훈련이나 무기도 제대로 갖추지 않은 상태였다. 그런데도 정규군을 물리쳤다. 이에 추리해 보면 첫째, 기습전을 펼친 것은 물론이고, 둘째, 사전에 조직을 이루어 놓았기에 가능했다고 볼 수 있다. 이것은 후에 삼천 명이 넘는 중앙군을 물리친 것을 봐도 알 수 있다. 또한 그 숫자에도 문제가 있다. 남자 천 명 가운데 실제적으로 봉기에 가담할 수 있는 숫자는 더 적어, 수백 명에 불과하다는 것을 알 수 있다. 따라서 이 반란은 사전에 세워 놓은 철저한 계획에 따라, 주위 농민들의 적극적인 호응을 얻어 성공하였다는 것을 쉽게 추론할 수 있다.

또한 망이 등이 자칭한 산행山行병마사에서 '산행'이 갖고 있는 뜻을 한 번 생각해 볼 필요가 있다. 앞에서 밝혔듯이 12세기를 전후하여 권세가들이 대토지를 소유하는 등 농민들에 대한 수탈이 한층 강화되자 떠도는 농민들이 많아져, 이들 가운데 대부분이 산으로 들어가 도적이 되었다. 망이 등이 난을 일으킨 공주 지역 역시 비옥한 땅이므로 이에 대한 지방관들이나 권세가들의 수탈이 매우 심했을 것이다. 즉 생산력이 높은 만큼 수탈도 강화되어 유랑민들이 급증했다는 말이다. 이들이 산행이라는 말을 붙인 것도 어찌 보면 이런 일과 관련이 있는 것이 아닌가 싶다.

당시 중앙 정부는 조위총의 반란을 진압하는 데 애를 먹고 있었다. 이런 상황에서 망이·망소이의 난이 터지자 정부는 어쩔 수 없이 회유책을 쓸 수밖에 없었다. 정부는 지후 채원부와 낭장 박강수를 보내 설득 작업에 들어갔다. 그러나 반란군이 이들의 말을 들을 리 만무였다. 그러자 정부는 대장군 정황재와 장군 장박인에게 장사(壯士 - 고려 무신 시대 때 자주 등장하게 되는데, 여러 의미가 있지만 지금으로 치자면 용병과 같은 성격이 강하다) 3,000명을 주어 공격하게 하였다. 그러나 이들은 1개월도 견디지 못하고 반란군에 패하고 말았다. 이에 반란군은 자신감을 갖고 공주를 거점으로 세력을 확장해 나갔다.

　중앙 정부는 남북으로 반란에 시달리게 되자 명학소민들의 반란을 무마하기 위하여 명학소를 충순현忠順縣으로 승격시키고, 현령과 현위를 파견하였다. 이것은 당시로서는 파격적일 뿐만 아니라 기존의 정책에 크게 위배되는 조치였다. 일반적으로 향·부곡·소가 현으로 승격되는 지역은 유공자의 출신지거나 권세가들의 고향일 경우였다. 이러한 관례를 깨고 천민들의 반란을 무마하기 위해 소를 현으로 승격시켰다는 것은 그만큼 정부가 위기의식을 느낀 탓이었다. 이와 더불어 반란군들은 무력으로 부당한 제도 개선을 요구하면 국가도 양보한다는 인식을 갖게 되었다. 이러한 의식 고양은 다른 지역에도 영향을 미쳐 여러 민란의 원동력이 되었다. 천민들조차 사회 제도를 자신들의 힘으로도 얼마든지 개혁해 나갈 수 있다는 자신감을 갖게 되었던 것이다. 명학소가 충순현으로 승격되자 오히려 공주 지역 일대의 농민들이 명학소민들의 반란에 대거 동조하였다.

　망이 등은 정부의 조처가 기만책인지 아니면 실질적으로 천민의 신분에서 벗어나게 해 주겠다는 개혁 조치인지 믿을 수가 없었다. 또한 반란군에 농민들이 대거 참여하게 되면서, 그동안 쌓였던 지방관들에 대한 불만이 한꺼번에 터져 봉기를 중지할 수도 없게 되었다. 이에 반란군은 예산현을 공격하여 무너뜨리고 감무監務를 잡아 살해하였다. 승기를 잡은 반란군은 충주까지 밀고 들어가 점령하였다. 충주는 곡창 지대였기 때문에 반란군의 식량 문제를 해결하는 데 큰 도움이 되었다.

회유책이 오히려 사태를 악화시켰다고 판단한 중앙 정부는 즉시 대장군 정세유와 이부李夫를 남적처치병마사(당시에 개경 아래 지방에서 일어난 반란군을 남적, 북부 지역의 반란군을 북적이라고 불렀다)에 임명하여 대대적인 토벌 작전에 들어갔다.

대규모의 토벌군이 남하하고 있다는 소식에 접한 망이 등은 더 이상의 싸움은 무의미하다고 판단, 1177년 1월에 조정에 대해 화해를 요청하였다. 망이 등은 귀향과 식량 보장 등을 내세워 정부 측과 강화를 맺었다. 정부도 이를 받아들여 곡식을 주어 반란군들이 고향으로 돌아갈 수 있게 하였다. 이때가 겨울이었기 때문에 곡식이 매우 귀해서 이러한 조치를 취했던 것으로 보인다. 이렇게 해서 명학소민의 1차 봉기는 막을 내렸다.

그렇다면 농민들이 이 반란에 대거 참여하게 된 직접적인 원인은 어디에 있을까. 앞서 반란이 일어난 다음에 감무를 잡아 죽였다고 했다. 즉 봉기의 원인이 이 감무와 관련이 있다고 볼 수 있다.

중앙 정부는 오랫동안 여진족과 전쟁을 벌이면서 막대한 인력과 군비를 소모하게 되었다. 이를 보완하기 위해 후방 지역에 감무라는 직책을 가진 자를 파견하여, 전쟁에 필요한 물자 공급에 쓸 조세 수납과 민호 징발을 직접 관장하였다. 이곳을 군수 물자 보급지로 삼은 것은 나름대로 이유가 있었다. 이중환의 『택리지』에서는 이 지역에 대해 다음과 같이 말한 바 있다.

가야산의 앞뒤에 있는 열 고을을 함께 내포라 한다. 지세가 한 모퉁이에 멀리 떨어져 있고, 또 큰 길목이 아니므로 임진년과 병자년 두 차례의 난리에도 여기에는 적군이 들어오지 않았다. 땅이 기름지고 평평하다. 또 생선과 소금이 매우 흔하므로 부자가 많고, 여러 대를 이어 사는 사대부 집이 많다.

가야산 일대는 예로부터 물자가 풍족한 지역이었음을 알 수 있는 대목이다. 따라서 감무는 특별 임무를 띠고 중앙에서 내려온 관리라고 볼 수 있다. 그런데 이 감무는 특별 임무를 빙자하여 가렴주구를 일삼았고, 심지어는 지방 호족들과도 마찰을 빚게 되었다. 이렇게 중첩된 착취를 당하던 농민들은 망이 등의 반란에 대거 참여하였고, 호족들 가운데 반무신 정권적인 성향을 지닌 자들도 이에 동조하였던 것이다. 그 대표적인 인물이 손청이었다.

명학소민의 반란이 일어나자 주위 농민들이 합세한 것은 물론, 전라도와 경상도 지역에서도 규모는 작지만 민란이 일어났다. 『고려사』에서 중부 이남 지역, 즉 삼남 지방에서 봉기한 반란군을 대체로 남적南賊이라고 부른 이유도 여기에 있다. 그 가운데 명학소민의 반란군과 관련이 깊은 또 하나의 반란군이 있었다. 그것은 손청이 이끄는 군대였다.

손청은 망이 등이 조정과 화약을 맺기 한 달 전인 1176년 12월에 스스로 병마사라고 하면서 반란을 주도하였다. 그런데 손청이 망이의 반란군과 어떤 관계를 맺고 있었는지 확실한 증거는 없지만, 적어도 자연스럽게 역할 분담은 했을 것으로 보인다. 그는 예산현을 근거지로 삼아 활동하였다고 했는데, 조정의 입장에서 볼 때에는 마치 연합 작전을 펴는 것처럼 보였을 것이다. 서산과 공주는 모두 충청도의 요충지고 곡창 지대이기 때문에, 조정에서는 반란군이 두 패로 나누어 난을 일으킨 것으로 파악했을지도 모른다. 정세유와 이부를 각각 병마사에 임명하여 2군으로 나눈 것도 이러한 점을 고려한 조치였을 것이다.

그리고 명학소민의 반란이 일자 일부 하급 문신들 사이에서도 동요가 일었다. 이들은 고위 관직을 사칭하여 망이 등에게 서신을 보내 반란군을 자신들의 정권욕에 이용하려 하였다. 이를 눈치챈 망이 등은 서신을 갖고 온 사자使者를 잡아 조정에 넘겨 버렸다. 이것은 망이 등이 더 이상 정부군과 소모전을 벌이고 싶지 않다는 의사 표명이었다.

그러나 이것은 큰 착오였다. 조정에서는 망이가 귀향하는 시간 동안에 명학소에 있는 처와 모를 인질로 잡아 두었다. 이뿐 아니라 명학소에 토벌군을 보냈다. 이렇게 해서 명학소민의 2차 봉기가 일어나게 되었다.

망이 등이 고향에 돌아와 보니 자신들이 속았다는 것을 알게 되었다. 중앙 조정에서는 이들이 귀향하는 시간을 벌어, 다시 토벌군을 보내어 그들의 가족을 인질로 삼는 등 공격해 왔던 것이다. 이에 망이 등은 격분하여 2차 봉기를 일으켰다. 이때가 1177년 2월이었다.

망이 등은 우선 인근에 있는 가야사라는 절을 공격하였다. 사찰이 공격 대상이 된 것은, 당시 불교가 권세가들과 밀착하여 온갖 특혜를 누리면서 노비를 거느리고 토지 겸병을 일삼는 등 타락의 극치에 달해 있었기 때문이다. 짐작건대 망이 등이 다시 반란을 일으키자 손청 등도 비슷한 시기에 다시 봉기했을 것이다. 손청은 이 때 주로 충청남도 북부 지역을 공략해 나갔다.

반란군은 조정에 속았다는 데 분노한 나머지 1차 때보다 더 격렬하게 정부군과 싸움을 벌였다. 그 탓인지 1차 때는 충주까지 점령하는 데 몇 달이 걸리던 것이, 2차 때에는 불과 열흘도 안 되어 충청북도 진천鎭川까지 점령하였다. 그렇다면 반란군은 계속 북상하여 개경에 이르려 했던 것은 아니었을까. 이것은 사실이었다.

같은 해 3월에 홍경원이라는 사찰을 점령, 불을 지르고 승려 10여 명을 죽인 다음 주지승을 살려주는 대신 협박하여 서울 조정에 편지를 전하라고 다그쳤다. 그 편지 내용은 이렇다.

이미 우리 고향을 현으로 승격시키고 또 수령을 두어 무마하고서는 곧 그 길로 군대를 보내어 토벌하고 우리의 모친과 처를 잡아 가두니, 그 뜻이 어디 있느뇨. 싸우다가 죽을지언정 결단코 항복하여 포로가 되지는 않을 것이요, 반드시 서울에 가서 분풀이를 하고야 말 것이다.

실로 비장한 각오가 담긴 편지 내용이다. 망이 등은 사실상 중앙 정부에 대해 선전포고를 하고 있는 것이다. 가족들의 목숨이 위태로운 상황에서 반란군들은 더 이상 정부를 믿을 수 없게 되었으며, 나아가 정부를 타도의 대상으로 삼았다. 즉 반란군의 봉기는 이제 신분 해방에서 정부 타도로 그 성격이 바뀌게 된 것이다. 이것이 2차 봉기의 궁극적인 목적이었다.

승승장구를 달리던 반란군은 급기야 북부 일부를 뺀 충청남북도 전 지역과 경기도 일부까지도 점령하게 되었다. 『고려사』에서는 이에 대해 다음과 같이 설명하고 있다.

남적이 아주(아산)를 함락했다. 이때에 청주목淸州牧 내의 군현들은 모두 적에게 함락되었고, 오직 청주만이 점령당하지 않았을 뿐이다.

선전포고를 한 반란군은 기세를 몰아 서울을 점령할 교두보를 확보하게 된 것이다. 1018년에 조정에서는 전국을 4개의 도호와 8개의 목牧으로 나누었다. 청주는 이 8개 목 가운데 하나였다. 이 일대가 모두 반란군에 의해 장악되었다면, 그 차지한 고을 수는 무려 60개에 가깝다는 뜻이다. 이제 조정과 반란군은 피할 수 없는 일전을 벌여야만 했다.

반란군의 기세에 위기감을 느낀 조정에서는 강경책만이 반란군을 평정할 수 있다고 판단, 이해 5월에 충순현을 다시 명학소로 돌려놓았다. 이것은 반란군에 대한 최후통첩이었다.

토벌군은 먼저 손청, 이광(미륵산을 중심으로 반란을 일으켰다가 망이 등과 함께 북진을 도모하였던 것으로 보인다. 조정에서 군대를 3군으로 나누어 파견했다는 것은 이들과 망이의 반란군을 효과적으로 진압하기 위한 방편이었다고 본다) 등이 이끄는 반란군을 먼저 공격하여 이들을 잡아 죽였다.

갑자기 지원 부대를 상실한 망이 등의 반란군은 삼면에서 쳐들어오는 토벌군을 당하지 못해, 2개월도 견디지 못한 채 결국 항복하고 말았다. 망이와 망소이는 생포되어 청주 감옥에 갇혔다. 이로써 1년 6개월 동안이나 지속된 명학소민의 반란은 막을 내렸다.

명학소민의 반란은 농민과 천민이 연합하여 일으켰다는 점이 가장 두드러진 특징이다. 그만큼 당시 지배 계층의 수탈과 횡포를 막으면서 신분 해방을 주장하고, 정부의 정통성 결여를 비판하면서 정부 타도를 외쳤던 것이다. 이 반란은 비록 실패하였지만 뒤에 일어나는 전국적인 민란에 막대한 영향을 끼쳤으며, 후대에 와 천민 집단인 소가 소멸되는 중요한 원인이 되기도 하였다.

김사미·효심의 반란(1193년) : 신라 부흥 운동을 표방한 반란

명종과 신종 대의 30년간 지속된 민란은 다양한 성격을 갖고 진행되었다. 천민이나 농민들이 사회 모순과 중앙 정부 타도를 외치며 봉기를 하는가 하면, 다분히 이념적인 구호를 내세우며 봉기를 한 적도 있다. 그 대표적인 경우가 김사미·효심의 반란이다.

이 반란 역시 무신 정권에 반대하여 민중들이 압제와 수탈에서 벗어나기 위해서 일어났다. 그러나 이 반란은 다른 민란과는 달리 복잡 미묘한 내막을 갖고 있다.

당시에는 경주를 동경東京이라고 불렀다. 충청도와 전라도에서 성행한 민란 봉기는 이제 신라의 옛 수도인 경주에서도 불이 붙기 시작하였다. 김사미·효심의 반란은 처음부터 이곳의 민란을 주도한 것은 아니었다. 이들이 반란을 꾀한 1193년에서 위로 거슬러 올라가, 3년 전인 1190년 전후에 경주 시내에서 이미 민란이 일어났다. 이때의 민란은 그 저항이 매우 완강해서 걷잡을 수 없이 인근 지역으로 퍼져 나가, 나중에는 조직적인 행동을 하게 되었던 것이다.

김사미의 출신 성분에 대해서는 사료가 없어 알 길이 없다. 그가 농민이거나 아니면 몰락한 가문의 자손이라는 지적도 추측에 의한 것일 뿐이다. 김사미는 지금의 경상도 청도에 있는 운문산을 근거지로 삼고 군소 집단으로 흩어져 있는 반란 세력을 규합, 봉기하였다. 효심은 초전(울산)을 중심으로 반란을 일으켰다. 운문산과 초전은 지리상 인접한 지역이었기 때문에 두 사람은 쉽게 연합할 수 있었다.

이들이 봉기하자 중앙 정부는 대장군 전존걸을 책임자로 임명하고 장군으로는 이지순, 이공정, 김척후, 김경부, 노식 등을 보내어 반란군 진압에 나섰다. 이 중 이지순은 당시 집권자였던 이의민의 아들이었다.

8월에 양군 사이에 전투가 벌어졌다. 결과는 전존걸이 이끄는 토벌군의 대패였다. 이뿐 아니라 모든 전투나 전황이 대체로 토벌군에게 불리하게만 돌아갔다. 이에 대해 『고려사』는 다음과 같이 말하고 있다.

이의민은 일찍이 꿈을 꾸었는데 두 겨드랑이 사이에서 붉은 무지개가 뻗어 나왔다. 그는 이에 자부심을 갖게 되었다. 또 옛날 참언에 '용손(왕손을 말한다)이 12대로 끝나면 다시 십팔자十八子가 잇겠다'라는 말을 듣고, 십팔자가 바로 이李자이므로 이를 근거로 인군이 되어 보려는 생각을 품었다. 욕심을 덜 부리고 비루한 것도 덜하면서 명사들을 등용하여 헛된 명예를 노렸다. 스스로 경주 출신이라고 하면서 은밀히 신라를 부흥할 뜻을 갖게 되었다. 그는 적 사미, 효심 등과 내통하였고 적들도 또한 많은 재물을 그에게 보내었다. 지순도 또한 욕심이 한없는 자였

으므로, 적이 재물을 많이 가지고 있다는 것을 듣고 이를 얻어 내어 보려고 몰래 적과 교통하였다. (중략)

이로 말미암아 군중의 동정은 번번이 누설되어 여러 번 패하 기까지 하였다. 존걸은 일찍이 지혜와 용맹으로 이름난 사람이 었다. 이에 이르러 분노하여 만일 법으로 지순을 다스린다면 그 아비(이의민)가 나를 해할 것이요, 그렇게 하지 못하면 적은 더 욱 기세가 오를 터이니 그 책임이 누구에게 돌아갈 것인가라고 하였다. 기양현에 이르러 그는 독약을 먹고 죽었다.

한마디로 말해서 왕권을 장악하기 위하여 이의민 부자는 김사 미·효심과 내통하였다는 뜻이다. 내통은 주로 장군으로 내려간 이 지순에 의해 이루어졌다. 그는 경주 지역 출신이기 때문에 이들과 쉽게 줄이 닿을 수 있었다고 본다. 내통에 따라 군사 정보가 사전 에 새어 나가 토벌군은 패할 수밖에 없었다는 것이다. 이의민은 자 기 연고지에서 반란이 일어나자 신라 부흥을 표방하면서 실질적으 로 왕위에 오르려 했다는 것이 『고려사』의 시각이다.

이의민은 아버지가 소금장수고 어머니가 절의 노비였던 천민 출 신이었다. 그러한 그가 경주 이씨라는 본관에 연연하여 신라 부흥 을 외쳤다고 보기에는 무리가 많다. 그러나 그의 성격이나 일생을 살펴보면 충분히 왕권을 넘볼 수는 있었을 것이다. 따라서 그의 신 라 부흥 운운은 지역 세력을 규합하기 위한 수단에 불과했다. 그가 실제로 옛 신라의 영광을 복원하기 위하여 김사미 등과 손을 잡았 던 것은 아니었다.

김사미나 효심도 이의민에 대해서는 익히 알고 있었다. 그런데도 불구하고 그와 또는 그의 아들과 내통하였다. 이것은 무엇을 뜻하는가. 김사미는 일단 전세를 유리하게 가져가기 위하여 최대한 두 사람을 이용하려 했다는 뜻이다. 집권 세력이 내통을 원할 만큼 당시 반란군의 형세가 막강했다는 뜻도 되지만, 이보다는 당시 민중들의 의식이 집권층을 역이용할 수 있을 정도로 고양되어 있었다는 점이 더 부각되어야 할 것이다.

어쨌든 토벌군은 패배를 거듭하였고, 게다가 전존걸이 자살하자 일단 서울로 철수할 수밖에 없었다. 왕실에서는 이의민과 이지순 등이 적과 내통했다고 짐작은 하고 있었지만, 이들을 처벌할 수 있는 여건이 아니었다. 또한 전존걸의 자살로 이지순 등과 반란군 사이의 관계는 상당히 약화된 것으로 추측된다.

이해 11월에 중앙 정부는 2차 토벌군을 구성하였다. 이 군대는 1차 때보다 한층 강화되었다. 최고 책임자에 대하여 대장군보다 지위가 높은 상장군 최인을 남로착적병마사로 삼았고, 장군 고용지를 도지병마사에 임명하는 등 흐트러진 전열을 수습하였다. 정부가 본격적인 대토벌 작전에 나선 것이다.

정부의 작전은 유효하여 연말을 고비로 승세를 잡기 시작하였고, 마침내 1194년 2월에 김사미가 자수했다. 그러나 김사미는 즉시 처형당하고 말았다.

이제 남은 대장은 효심뿐이었다. 효심은 사기가 떨어진 반란군을 수습하여 토벌군에 대항하였다. 이 과정에서 대전투가 벌어지게 되었으니 이것이 바로 밀양 저전촌 전투다. 기록에 따르면 이때 죽은 반란군의 수만 7,000여 명이 넘었다고 하니 그 규모가 어떠했는지 짐작할 만하다. 반란군의 수가 원래 수만 명이 넘었다고 하였으니,

이 전투에서 반란군은 상당한 군사력을 잃게 되었다고 볼 수 있다. 이때가 1194년 4월이었다.

이 전투를 고비로 여름에는 거의 전투가 없다가 8월을 고비로 다시 반란군이 움직이기 시작하였다. 그러나 반란군의 가족들이 혹독한 처분을 받는 등 전세가 점점 불리해지자 반란군들은 동요하기 시작하였다. 이에 조정에서는 순응하는 자에게는 상을 내려 회유책을 쓰는 한편, 9월에 이르러 경주 일대에 계엄령을 내리는 등 강경책을 병행하였다.

결국 같은 해 12월에 효심마저 고용지에게 체포되어 토벌군이 서울로 회군함으로써 경주를 중심으로 시작한 민란은 4년, 김사미·효심의 반란은 2년 만에 평정되고 말았다.

김사미·효심의 반란군이 지녔던 특징은 그 규모가 정규군과 맞먹을 정도였다는 점이다. 숫자만도 수만 명이었고, 이들이 사용했던 무기들이 거의 관군에 버금갈 만큼 대등한 것이었다고 한다. 그만큼 반란군의 군사력이 상승했다는 뜻이며, 전략과 전술 면에서도 정규군에 뒤지지 않았다는 것 또한 알 수 있다.

만적의 반란(1198년) : 최초로 일어난 순수 천민 반란

최충헌의 집권 시기를 전후하여 천민들이 주도하여 반란을 일으킨 경우는 허다했다. 명학소민의 반란 역시 망이·망소이라는 천민이 주도하여 일어난 예지만, 이때는 농민들이 대거 참여함으로써 농민-천민의 연합적인 의미가 더 강하다. 어떻게 보면 농민들의 반란이라고도 볼 수 있다. 그러나 만적의 반란은 순전히 노비들이 중심이 되어 터졌다는 의미에서 순수한 천민들의 반란이라고 할 수 있다.

만적의 난에 대해서는 『고려사』 '최충헌전'에 그 진행 과정이 자세히 나와 있다. 우선 그 내막을 알아보자.

신종 원년(1198)에 최충헌의 사노비인 만적을 비롯하여 미조이, 연복, 성복, 소삼, 효삼 등이 개경 북산(송악산으로 추정됨)으로 나무하러 갔다가 공사 노예들을 모아 놓고 모의하였다.

"우리나라에서는 경인년 이래 고관대작이 천민·노예에서 많이 일어났다. 대장이나 정승이 본래 종자가 있겠는가! 시기만 만나면 될 수 있는 것이다. 우리도 어찌 채찍 아래에서 뼈 빠지게 천역만 하겠느냐!"

이런 울분을 토해 놓은 사람은 아마 만적이었을 것이다. 모여 있던 노비들은 만적의 선동에 찬성하게 되었고, 구체적으로 어떻게 반란을 일으킬 것인가 논의한 끝에 일단 개경 내에 있는 모든 노비들을 결집시키자고 결정하였다. 『고려사』에 누런 종이 수천 매를 오려 정丁자를 새겨서 표식으로 삼았다고 나와 있는데, 이 앞에는 세력 결집을 위해 동분서주한 주동 인물들의 활동 상황이 생략되어 있는 셈이다.

『고려사』를 쓴 주체가 지배층인 관계로 자세한 내막에 대해 적기를 꺼려했을 것이다.

만적을 비롯한 주동 인물들은 세밀한 봉기 계획을 설정하였다.

"우선 서울 안에 있는 노비들을 모두 모읍시다. 노비뿐만 아니라 궁궐에 있는 환관과 궁노들과도 손을 잡읍시다. 우리가 흥국사 보랑步廊에서 구정毬庭에 이르는 사이에 일시에 집결하여 북치며

고함치면, 궁내의 환관들이 반드시 이에 응할 것이오. 궁노들은 안에서 숙청할 자들을 숙청할 것인즉, 우리는 성 안에서 봉기하여 먼저 최충헌 등을 죽이고 이어 각자는 자기 주인놈을 때려죽일 것이고, 이어 노비 문서를 불태워 버립시다! 이렇게 되면 어떤 공경公卿, 장상將相이라도 우리가 할 수 있을 것이오. 거사일은 5월 17일로 잡읍시다."

서울의 노비와 궁궐의 환관과 궁노까지 연결한 반란으로, 만적 등에 의하여 세밀하게 계획된 일이었다.

드디어 거사일이 되어서 노비들은 약속된 장소로 모여들기 시작하였다. 그런데 무슨 까닭인지 불과 수백 명만이 모이게 되었다. 만적이 물었다.

"지금 할 것인지 아니면 더 많은 사람들을 모아 다음 기회에 할 것인지, 의견은 어떻소?"

그러자 대부분의 노비들이 대답했다.

"많은 사람들이 참여하는 것이 좋을 것이오."

만적은 노비들의 의견을 따랐다. 그러면서 다른 노비들에게 신신당부를 하였다.

"5월 21일에 보재사에 모여 거사를 하도록 합시다. 다음에는 절대 연기하는 일이 없도록 모든 사람들을 모으도록 합시다. 만일 이 일이 탄로 나면 우리의 목숨은 부지하기 어렵소. 절대 말하지 마시오!"

그러나 거사일을 연기한 것이 결정적인 실수가 될 줄은 누구도 상상하지 못했다.

율학박사 한충유의 노비 중에 순정順貞이라는 자가 있었다. 순정은 고민에 빠졌다. 자기의 주인인 한충유를 죽이자니 마음에 걸렸다. 평소에 한충유는 아랫사람에게도 인자한 사람이었기 때문이다.

"차라리 우리 나리에게 사실대로 말하면 나는 노비에서 해방되고, 많은 돈을 받을 수가 있겠지……."

집으로 돌아온 순정이 한충유에게 말했다.

"지금 만적을 비롯한 노비들 수백 명이 반역을 도모하고 있습니다."

한충유는 순정의 말을 최충헌에게 알렸다. 최충헌이 군대를 동원하여 만적을 비롯하여 백여 명의 주동 인물들이 대거 체포당하게 되었다.

노비들의 반란이라는 점에 격분한 최충헌은 주동 인물 백여 명을 모두 강물에 생매장시켜 버렸다. 이와는 대조적으로 봉기 계획을 누설한 순정에게는 백금(은) 80냥을 상으로 주고, 노비 신분에서 벗어나 양인이 되게 하였다. 그는 백여 명의 목숨과 자신의 출세를 맞바꾼 셈이었다. 한충유에게는 합문지후라는 벼슬을 상급으로 내려 주었다.

미수에 그친 만적의 난은 이것으로 평정되었고, 최충헌은 봉기에 참여할 예정이었던 노비들이 너무 많다는 것을 알고는 주동 인물 백여 명만 처형하는 선에서 사건을 마무리지었다.

만적의 반란은 분명 손 한 번 제대로 써 보지 못한 채 완전히 계획 단계에서 끝나 버린 미수 사건이었다. 그런데도 미수에 그친 이 봉기를 왜 주요한 사건으로 치는 것일까.

봉건적 성격이 강한 고려 사회는 귀족 중심으로 운영되었다. 그런데 귀족들이 경제적 기반을 유지하기 위해서는 천민들을 무상으로 이용해야만 했다. 바꾸어 말해서 지배 계급이 유지되기 위해서는 수탈 대상이 있어야만 하는 것이고, 무신 정권 전까지는 계급간에 분명한 구분이 있음으로써 사회 질서가 유지될 수 있었던 것이다.

왕권이 약화되고 문벌 귀족들이 득세하면서 사노비들은 권문세가들의 사병 역할을 하게 되었다. 이자겸의 반란에서 볼 수 있듯이, 이자겸은 사노비들을 시켜 농민들을 착취하거나 반대 세력을 견제하였다. 또한 무신들이 반란을 일으킬 때에는 이의민 같은 천민 출신들이 무신들에게 동조, 출세의 길을 닦기도 하였다. 만적의 반란 초기 단계에서 경인년 이래 고관대작이 천민·노예에서 많이 일어났다는 말이 나온 것은, 천민들 사이에서 어느 정도 신분 상승 의식과 사회의식이 고조되어 있었다는 뜻이다.

물론 노비들은 권세가들의 도구에 불과했지만, 그들 스스로 자각하여 신분 상승을 꾀하고 심지어는 관리로 임명되는 경우도 허다했다. 이런 사회적 변화에 따라 노비를 비롯한 천민들은 신분 질서가 절대적인 권위를 갖고 있지 않다는 것을 인식하게 되었고, 급기야는 자신들의 힘으로 억압의 신분에서 해방되기를 갈구하는 단계로 나아갔던 것이다.

이러한 여망이 표출된 여러 반란 가운데 대표적인 경우를 만적의 반란에서 찾을 수 있다. 이 반란의 경우, 최충헌 정권을 타도할 것을 계획하였지만 이들 노비들이 수권 능력이 있어서 정권을 노렸다고는 보기 힘들다. 단지 신분 해방을 위해서는 지배층을 와해시켜야만 한다는, 고양된 정치 의식에서 비롯된 것일 뿐이다.

비록 만적의 반란은 실패로 끝났지만 이후 천민들의 봉기에 막대한 영향을 끼쳤다. 1200년에는 진주에서 공사 노예들이 모여 반란

을 일으켜 고을 아전들의 집 50여 채를 불태우고 관리들을 죽인 일
이 벌어졌으며, 1203년에는 개경의 노비들이 나무하러 산으로 올라
가 전투 연습을 하다가 발각되어 50여 명이 처형되는 사건도 일어
났다. 이 밖에도 노비들이 반란을 일으킨 경우는 부지기수였다.

　무신 정권 이후 붕괴된 신분 질서에 상응하여 노비의 신분에서
벗어나려 했던 만적의 반란은 신분 해방 운동이라는 점에서 역사
적 의의가 매우 높다. 다시 말해서 이후 일어난 천민들의 반란과 더
불어 만적의 반란은 고려 사회의 신분 질서에 정면으로 도전한 천
민들의 반란이었다.

❚ 5 ❚
삼별초의 항쟁 :
몽골에 대항하여 유일하게 고려의 주권을 지키다

최씨 정권의 성립과 몽골의 침입

여기서 100년간(1170~1270) 지속된 무신 정권의 흐름을 잠시 정리해 보자. 왜냐하면 무신 정권의 등장과 몰락이 대몽 관계를 규명하는 데 중요한 변수이기 때문이다.

1170년, 무신들의 반란 후 바로 정권을 장악한 사람은 이의방이었지만 그는 정중부 일파에게 살해되었다. 그러나 정중부는 젊은 장교 경대승에게 제거되었고, 경대승이 4년 만에 죽자 고향으로 쫓겨 가 있던 천민 출신 이의민이 정권을 장악하였다. 이의민 역시 살해당하고 마는데 그 주체가 바로 최충헌이었다. 이로써 최씨 정권이 들어서게 된 것이다(1196년).

최충헌 정권의 등장은 고려 역사에 있어서 큰 전환점이 된다. 그는 반복된 유혈 투쟁을 종식시키기 위하여 강력한 독재 체제를 구축하고, 정권을 자손에게 세습토록 조치하였다. 최충헌의 뒤를 이은 최우(후에 최이라고 이름을 바꾸었다)는 독재 체제를 더욱 강화하였고, 최우가 죽은 후 다시 최항·최의 등으로 이어져 60여 년간 최씨 정권이 유지되었다.

최씨 정권 초기에는 어느 정도 국내 상황도 진정 국면으로 접어들어섰지만, 그때까지도 사회적 모순이 해결된 것은 아니었다. 다시 민란이 발생할 소지는 얼마든지 있었다. 이러한 국내 정세 속에서 발생한 몽골의 침입으로 고려는 다시 위기로 치닫게 되었다. 몽골과 처음으로 맞대결을 벌인 때가 최씨 정권의 2대인 최우가 집권한 지 10여 년이 지난 뒤였다.

1206년, 칭기즈 칸이 몽골 제국을 건설하면서 대륙은 대변동에 휩쓸리게 되었다. 몽골은 서로는 동유럽, 동으로는 금나라 등을 정복하면서 대륙에 대제국을 건설하였다.

고려와 몽골은 처음부터 관계를 맺은 것은 아니었다. 두 나라 사이에 접촉이 시작된 것은 거란족의 침입 때문이었다. 거란족은 당시 금나라에 예속되어 있었지만, 금나라가 약화된 틈을 타서 잠시 독립을 하였으나 이내 몽골에 쫓겨 남하하게 되었다. 몽골군에게 몰린 나머지 거란족이 압록강을 건너오자, 고려는 대항군을 보내어 평양 동쪽 강동성에서 거란족을 물리쳤다. 이때 북에서는 몽골군이 거란족을 협공하였으니 자연스럽게 여몽의 연합적인 작전이 벌어졌던 것이다(1219년). 이 작전을 계기로 고려와 몽골은 형제 맹약을 맺었다.

그런데 몽골은 이를 빌미로 고려에 무리한 조공을 요구하였다.

몽골의 입장에서는 남송을 정벌하기 위해서 남송과 우호적인 관계를 맺고 있던 고려를 견제할 필요성을 갖고 있었다. 이러한 국제 정세에 따라 몽골은 사신 저고여를 보내어 금품 등 공물을 요구하는 방식으로 고려를 억압하려 하였다(1221년).

곧 몽골의 무력 침입이 있을 거라고 예상한 최우 정권은 몽골에 대한 방비를 논하고, 1222년에 의주·화주·철관 등 북방 지역에 성을 쌓았다. 이때 남쪽에서는 왜구가 침탈하여, 고려는 남과 북 양쪽을 모두 방비해야 하는 긴박한 상황에 놓이게 되었다. 이에 최우는 나성을 쌓아 전쟁에 대비하였다.

그런데 뜻하지 않은 사건이 터지고 말았다. 고려는 가급적이면 몽골과 전쟁을 피하려 했지만, 공물을 가지고 돌아가는 몽골 사신 저고여가 압록강 연안에서 살해당하는 일이 벌어졌다(1225년). 몽골은 당연히 고려를 의심하고는 국교를 단절하였다.

몽골은 바로 고려를 침범하지는 못했다. 아직 대륙에서 금나라와 남송 등과 싸움을 진행하고 있었고, 또한 중앙아시아(서역) 정벌도 완성된 상태가 아니었다. 게다가 1227년에 칭기즈 칸이 죽고 오고타이가 왕위에 오른 상황이어서 고려에 대한 본격적인 침입은 어려운 상태였다. 그러나 대륙에서 벌인 전쟁이 다소 몽골에 유리하게 돌아가고 남송과 마지막 일전을 벌여야 할 상황이 임박하자, 고종 18년(1231)에 몽골은 마침내 살리타이를 원수로 내세워 고려를 침범하였다.

몽골의 침입에 고려군도 완강하게 저항하였다. 특히 지금의 구성龜城과 자산, 광주廣州, 충주 등에서는 적군을 물리치는 전과를 올리기도 하였다.

이 가운데 충주성 전투는 매우 유명하다. 몽골군이 쳐들어오자 지배층인 양반이나 귀족들은 거의 도망을 쳤지만, 하층민인 농민·노비들은 성을 지키면서 몽골군과 대접전을 벌인 끝에 승리하였던 것이다. 그 후 충주성의 농민 등은 1253년에도 몽골군을 물리쳤다.

또한 관악산과 파주 지역 등지에서 활동하던 초적들이 대거 항몽전에 참가하여 전과를 올렸다. 그러나 군사적 열세로 개경이 포위당하는 지경에 이르렀다. 몽골의 입장에서도 고려의 저항이 완강하자 침입 4개월 만에 고려와 강화를 맺고 철수하게 되었다. 그러나 몽골은 계속해서 고려에 무리한 조공을 요구하고 나섰다.

고려는 사태가 점점 전쟁으로 치닫고 있다는 것을 인식하고 강화도로 천도하였다(1232년 6월). 또한 백성들은 산성이나 해도로 피난 가게 하였다. 이것은 해전에 약한 몽골군의 약점을 이용하여 장기전에 돌입하겠다는 뜻이며, 따라서 항몽을 선언하고 나선 것과 다를 바 없었다. 그러나 이것은 겉으로 드러낸 명분에 지나지 않았다. 최씨 정권은 전쟁으로 인해 실각할 것을 우려한 나머지 집권 연장을 위해 항몽을 선언했던 것이다.

산성이나 섬으로 들어간 백성들의 식량 문제 등이 해결되지 않아 오히려 민심을 자극하는 계기가 되었다. 최씨 정권은 쿠데타로 세력을 잡았기 때문에 정통성에 자신감을 갖지 못해, 몽골군에 대항하여 싸운 민중들을 조직적으로 이끌 이념도 뜻도 갖지 못했다. 강화도 천도는 오직 정권 유지 차원에서 나온 조치며, 소극적인 항몽 자세의 결과일 따름이다.

이러한 고려의 조치는 몽골을 더 자극하게 되었다. 1232년 12

월, 몽골군이 2차 침입을 하여 온 나라는 전쟁의 소용돌이에 휘말리게 되었다. 최씨 무신 정권이 정권 유지에 급급하여 적극적인 항전을 벌이지 못한 반면, 백성들은 스스로 봉기하여 몽골군과 맞서 싸웠다. 그중에서도 천민들인 처인(용인) 부곡민들의 승리는 커다란 성과였다. 김윤후가 이끄는 부곡민들은 살리타이의 주력 부대와 일전을 벌인 끝에, 살리타이를 죽이고 적을 크게 물리쳤다. 이것은 당시 백성들의 항몽 자세가 어떠하였는지를 단적으로 보여주는 전투였다.

이와 더불어 몽골군의 침탈로 피해를 입는 백성들이 속출하였으며, 경주의 황룡사 9층탑, 초조대장경과 속장경 등 귀한 문화재가 불에 소각되는 등 고려 측이 입은 손실도 대단하였다. 몽골군은 유목 민족적인 특성을 지니고 있어, 한번 침입을 하면 전국 구석구석을 도륙하며 살상과 약탈을 일삼았다. 금나라의 경우에는 멸망(1234)되기 전 화북 지역이 가장 심한 피해를 입었다. 전쟁 전 택주라는 곳에 5만 9,416 호의 가구가 있었는데 전쟁이 종식된 후 남은 것은 973호에 불과하였다고 하니, 몽골군이 지나간 자리에는 남는 것이 하나도 없을 정도라고 해도 과언은 아니었다. 실제로 몽골군이 지나간 자리에는 민가가 한 채도 남지 않는 경우도 있었다.

고려에 들어온 몽골군도 이와 마찬가지였다. 특히 1254년에 시작되어 6년에 걸쳐 지속된 6차 침입 때 피해는 극에 달하였다. 『고려사』에는 당시 상황을 이렇게 적고 있다.

이해에 몽골군에게 포로가 된 자는 남녀 합하여 20만 6,800여 명이며, 살육을 당한 자는 이루 헤아릴 수 없다. 그들이 지나간 주군州郡은 모두 잿더미가 되었다. 몽골군의 난이 있은 이래 이때처럼 혹심한 피해는 없었다.

한마디로 말해서 당시 고려는 몽골군의 말발굽에 짓눌려 초토화되었던 것이다. 이런 와중에서도 무신 정권은 정권 유지를 위해 강화도에 머문 채 강경책을 주장하는 등 대의명분에만 매달리고 있었다. 물론 최씨 정권이 대몽 항전을 주장함으로써 민족 자존에 어느 정도 기여한 바도 있다. 그러나 최씨 정권 자체가 독단적이고 위압적이어서 정책 차원의 지지를 받지 못한 것 역시 사실이었다. 이러한 상황에서 최씨 정권은 막을 내리게 된다.

이즈음에 몽골군의 무력 침입도 일단 소강 상태로 들어가게 되는데, 이때가 고종 46년(1259)이었다.

1231년에서 1259년에 이르는 28년 동안 몽골군과 싸운 조직은 군대가 아니라 의병들이었다. 의병은 주로 농민과 천민으로 구성되어 있었고, 심지어는 도둑의 무리라고 손가락질 받던 초적들도 대몽 항전에 참가하였다. 그렇다면 군대는 다 어디로 간 것일까.

정권을 장악한 최씨 정권은 자신들의 세력 유지를 위해 사병 양성에 몰두하였다. 군인전軍人田이 사실상 붕괴되고 사병 양성에 따라 중앙군의 조직은 붕괴되어, 당시 주요 군대는 최씨 정권의 사병이 주력이었다. 몽골의 침입이 있자 중앙군의 후원을 받지 못한 지방군이 별다른 저항을 할 수 없었다는 것은 곧 군사 통제력마저 상실했다는 뜻이다. 더군다나 강화도 천도 이후 신변 보호를 위해 사병들로 하여금 모두 강화도를 지키게 하여, 정권 유지의 첨병으로 전락시켜 버렸다. 이때 국가 경찰로 운영된 집단이 삼별초였다.

따라서 몽골군과 주로 싸운 것은 일반 백성들이며, 구체적으로 농민이 중심이 되어 의병을 일으켰던 것이다. 그만큼 중앙 정부는 정권 유지에도 힘겨워했던 것이니 이로 인해 유혈 투쟁이 반복될 수밖에 없었다.

최씨 정권이 약화된 것은 최충헌, 최우 이후에 집권한 최항 때였다. 최우가 30여 년간 독재 정권을 유지하다가 1249년에 사망하자 세력 다툼이 벌어졌다. 원래 최항은 서자의 위치에 있었기 때문에 대물림의 대상은 아니었다. 최우에게는 정실 소생으로 딸만 있어서 사위인 김약선에게 자리를 물려주기 위하여, 서자인 만종과 만전을 입산시켜 승려 생활을 하게 하였다.

그런데 최우는 사위 세력을 제거한 뒤 만전을 환속시켜 후계자로 결정하였다. 이 만전이 바로 최항이다. 아마 사위와 알력이 생겨 이러한 번복을 한 것인지도 모른다.

정권을 잡은 최항은 새 집정으로서 상당한 결함을 지니고 있었다. 특히 김약선과 이어지는 세력들의 반대에 부딪혀 최씨 정권은 큰 위기를 맞게 되었다. 그러자 최항은 반대파를 대거 숙청하게 되었고, 이로 인해 정치적 기반이 더욱 흔들렸다. 승려 생활을 하는 동안 현실에 대한 감각을 배우지 못한 탓에 최항은 당시 대몽 정책에 대해 아무런 변화를 주지 못하였으며, 8년간 기존 세력에 의지하여 집정하다가 병사하였다.

그의 뒤를 이은 아들 최의는 나이가 어린 데다가 주위 사람들의 인망을 얻지 못해 정권 유지에 어려움이 많았다. 이 틈을 이용하여 1258년에 별장 김준과 유사성 유경 등이 최의를 암살하고 최씨 정권을 타도하였다. 이로써 4대에 걸쳐 60년간 지속되었던 최씨 무신 정권은 종지부를 찍게 되었다. 육지에서 백성들이 항몽전을 벌이고 있을 때 이처럼 강화도에서는 어처구니없는 정권 다툼이 진행되고 있었던 것이니, 이것이 당시 고려의 현실이었다.

강경책과 화친책의 갈등

최씨 정권이 무너졌다고 무신 정권이 완전히 끝난 것은 아니었다. 김준 등은 1268년에 임연에게 살해당하였고, 임연이 병사한 후 아들인 임유무가 교정별감이 되어 집권을 유지하려 하였지만, 당시 임금이었던 원종의 밀명을 받은 홍문계의 손에 죽고 말았다(1270년). 이로써 100년간 지속된 무신 정권은 종식되었다.

그러나 여전히 몽골과의 관계는 청산되지 않은 상태였다. 여섯 번에 걸쳐 몽골의 침략을 받는 동안, 조정 내에서는 몽골과 계속 항전을 벌이자는 강경파와 속국으로서 예를 갖추자는 화친파로 나누어지게 되었다.

강경책은 주로 무신들을 중심으로 전개되었고, 화친책은 문신들이 내세운 주장이었다. 어떻게 보면 무신들의 주장이 자주적인 것으로 보이지만, 이것은 어디까지나 정권 유지 차원에서 몽골과 항전을 벌이자는 뜻이었다. 문신들은 대국인 몽골과 항전을 벌이는 것은 무모한 일이라고 하면서, 개경으로 환도하여 몽골과 화친을 맺어 피해를 최소화해야 한다는 논리를 폈다. 이러한 주장의 이면에는 왕권 복위의 의도가 짙게 깔려 있었다.

고려와 몽골은 전쟁을 벌이면서도 수차례에 걸쳐 외교 교섭을 가졌다. 몽골은 즉시 개경으로 환도할 것을 촉구하였고, 고려는 군사적 침략을 중단한다면 환도를 고려하겠다고 대응하였다. 이러한 줄다리기 가운데 고려에 들어와 있던 몽골군이 철수하기도 했던 것이며, 이에 대한 결정을 내릴 때 집권 세력인 무신 정권은 개경 환도를 반대했던 것이다. 이에 따라 6차까지 가는 몽골군의 침략을 받았던 것이며, 점차 화친책을 주장하는 세력들이 늘어났다.

화친책이 사대적으로 보이지만, 실제로 중앙 정부에서 몽골군에 대해 적극적인 저항을 하지 못해 육지에서 피해를 보는 것은 백성들뿐이었다. 가끔 삼별초가 육지로 나와 몽골군과 항전을 벌였지만 거기엔 한계가 있었다. 애당초 무신 정권 유지를 위해 만든 군대였기 때문에, 무신 정권의 지휘하에 있던 삼별초는 지속적인 대몽 항전을 벌일 수 없는 입장이었다. 이에 화친책을 주장하는 이들은 백성 가운데 생존자는 열 명 가운데 두세 명이고 농토는 황폐화되어 가니, 강화도 하나만을 지킨들 무슨 소용이 있겠냐고 하면서 무신 정권의 무모한 강경책을 비판하였다. 강경책의 허점이 바로 여기에 있었다.

만일 진정 무신 정권이 몽골과 대적하여 정면으로 승부를 걸었다면, 군대를 양성하고 의병을 조직화하여 몽골과 싸워야 했다. 따라서 강화도에 머물면서 강경책을 주장한다는 것은 아무런 설득력이 없는 것이다.

그러나 무신 정권이 막을 내리면서 화친책이 대몽 관계의 정책으로 굳어지게 되었다. 물론 최씨 정권 말기에 태자가 몽골에 입조入朝하는 등 다소 온건적인 태도를 보이기도 하였다. 그러나 이를 통해 몽골은 더욱 고려를 예속시키려는 공작에 몰두하였고, 결국 고려는 자주성을 상실하게 되었다.

이렇게 봤을 때 강경책이나 화친책 모두 문제가 있었다. 국가의 존립을 염두에 두고 본다면 강경책을 쓰되 실질적으로 이를 뒷받침할 수 있는 군대가 존재해야 하는 것이며, 화친책을 쓰되 그것을 전술적인 차원에서 역이용해야 했다. 그러나 이미 정치적 구심점이 상실된 고려 말기의 조정에서는 뚜렷한 대몽 정책 방향이나 이념을 제시하지 못해, 결국 몽골의 속국으로 전락하는 길을 택하고 만 것이다.

원종의 사대 정책과 삼별초의 항쟁 : 김방경과 배중손

이제 삼별초의 항쟁이 어떠한 배경에서 이루어진 것인지 살펴볼 차례다.

삼별초의 반란이 일어난 직접적인 원인은 당시 임금이었던 원종이 몽골 조정에 입조한 데서부터 시작된다. 보통 강대국이 국왕을 직접 입조하라고 하는 경우는 많지 않고, 앞에서 본 바와 같이 태자들이 볼모 형식으로 입조하게 마련이다. 그런데 원종이 직접 입조하였다는 것은 고려가 완전히 몽골의 예속국이 됨을 공식적으로 밝혔다는 것을 뜻한다.

위에서 김준 등을 제거한 임연은 원래 원종과 제휴한 인물이었다. 그러나 일단 집권하자 몽골에 대해 항전을 계속 주장하였다. 임연이 이렇게 강경책을 주장할 수 있었던 것은 삼별초 등의 군대와 무신들의 지지를 받고 있었기 때문이다. 임연은 자신의 세력을 더욱 확장하기 위해 원종을 폐위하고 왕의 동생 안경공을 즉위시켰다. 원종이 스스로 물러나 상왕의 자리에 앉는 것처럼 꾸몄던 것이다.

이에 몽골은 내정 간섭의 기회라 여기고 즉시 원종과 임연 모두 입조하라고 명령하였다. 몽골의 입장에서는 원종이 친몽적이라는 것을 잘 알고 있었다. 몽골에서 돌아오던 태자는 다시 발걸음을 돌려 몽골의 세조에게 조치를 취해 달라고 호소하였다. 몽골군이 다시 침략할 기미를 보이자, 임연은 이에 굴복하고 원종을 복위시킨 뒤 입조토록 하였다. 물론 임연은 가지 않았다.

원종 11년(1270)에 원종은 몽골의 세조를 만나 사대할 것을 약속하고 만다. 원종은 귀국하기에 앞서 먼저 전령을 강화도로 보내 개경으로 환도할 것을 명하였다. 이즈음에 강경책을 주장하던 임연이 등창으로 사망하고, 뒤를 이은 아들 임유무가 자객 홍문계의 손에 죽는 등 만반의 준비를 갖추어 나갔다. 원종은 신변 안전을 위해 몽골군의 호위를 받으며 귀국하였다.

원종이 입조의 길을 떠날 때 이미 강경파들은 고려가 몽골에 예속된다는 점을 인식하고 있었다. 임연은 죽기 전에 삼별초를 중심으로 입보(入保 - 비상사태시 일단 안전 지역으로 후퇴하여 후일을 도모하는 것을 말한다)하라고 명령해 놓았다. 임유무 역시 개경 환도의 명령이 떨어지자 당황하면서 삼별초에 입보하라고 다그쳤다.

그런데 원종에게 가장 두려운 존재는 역시 삼별초였다. 원종은 삼별초의 명부를 몽골에게 바치려고 압수하는 한편, 삼별초 해산을 명령하였다. 이에 삼별초는 반발하여 난을 일으켰던 것이다. 만일 명부가 몽골의 손에 들어가면 삼별초는 그 기반부터 무너져 버릴 위험에 처하게 된다는 것을 잘 알고 있었다. 이때 상황은 뒤에서 다시 다루기로 한다.

겉으로 봤을 때 삼별초의 반란은 해체 명령에 대한 반발에서 비롯된 것으로 보이기 십상이다. 또한 그동안 무신 정권의 사병 역할을 했다는 점에서, 삼별초의 난은 다시 무신들이 정권을 장악하려는 제2의 무신 반란으로 보일 수도 있다. 그러나 삼별초의 항쟁은 그리 단순한 문제가 아니었다.

우선 삼별초의 창설 동기와 연원에 대해 알아보도록 하자. 삼별초는 좌별초, 우별초, 신의군의 3개 별초군을 총칭한 것이다. 그러나 삼별초가 처음부터 3군으로 편성된 것은 아니었다.

최씨 정권의 2대 집정자인 최우는 "나라 안에 도둑이 들끓는다."라고 하면서, 지금의 경찰 조직과 비슷한 별초라는 군사 조직을 만들었다. 주로 밤에 활동한다고 해서 이를 야별초라고 불렀는데, 이후 그 수가 불어나자 2군으로 나누어 좌별초와 우별초라는 명칭을 붙였다. 야별초의 경우, 경찰 기능을 담당하였기 때문에 전국적인 조직망을 갖추게 되었다.

또한 몽골의 침입 이후 몽골군에 포로로 잡혀갔다가 도망쳐 온 자들을 모아 신의군을 편성, 삼별초의 완성을 보게 되었다. 따라서 삼별초가 구성된 것은 최씨 정권이 몰락하기 직전이라고 볼 수 있다.

그런데 삼별초는 국가 차원의 정예 군대라는 면보다는 무신 정권을 유지하기 위한, 친위적인 군대의 성격이 더 강했다. 삼별초는 대몽 항전에 나서기도 했는데 지속적인 전투는 행하지 못하였다. 그러나 몽골과 접전을 벌이면서 삼별초의 군인들은 몽골에 대해 깊은 적의를 품게 되어, 무신 정권의 하수인 위치임에도 불구하고 애국적인 차원에서 몽골의 침입에 대항해야 한다는 의식을 갖게 되었다. 결국 삼별초 군인들은 본부를 제주도로 옮기면서까지 4년 동안 항쟁했던 것이다.

그 조직을 보면, 친위대, 특공대, 경찰대, 수도 경비대 등 임무에 따라 군을 편성하였다. 이들은 왕의 호위를 맡기도 하였으며, 수배된 죄인을 잡아들이는 일도 하였다. 무엇보다도 삼별초의 활동이 두드러지게 된 경위는 대몽 항전을 펼치면서다.

삼별초는 정예 군대가 와해되자 이를 대신하여 적극적으로 전투에 임하였다.

1253년 전후로 몽골군의 침략이 강경해지면서 정규군의 활동이 둔화되고 대신 삼별초가 몽골군과 치열한 전투를 벌였다. 삼별초는 정규전보다는 주로 기습전과 게릴라전에 능하여 몽골군을 수시로 괴롭혔으며, 때로는 정면에서 몽골군을 함정에 빠뜨려 대적한 일도 있었다. 그러나 삼별초는 어디까지나 정규군이 아니었기 때문에 이 군대만으로 몽골군을 물리친다는 것은 역부족이었다.

이렇게 실전을 쌓은 삼별초는 강화도 내의 정치 변동에 따라 민감한 반응을 보이게 되었다. 그렇다고 삼별초가 주체가 되어 정치를 변화시킨 경우는 없었다. 대체로 세력을 잡은 무신들에 의해 삼별초는 움직여 나갔다. 삼별초가 나라의 재정으로 운영되고 녹봉을 받는다는 점에서 분명 사병은 아니었지만, 최씨 정권을 거치고 이후에 등장한 무신들의 집권에 따라 사병의 성격을 강하게 지니게 되었던 것이다.

그렇다면 삼별초의 반란은 사병으로서의 역할이 끝나는 것에 대한 반발이었을까. 삼별초의 반란이 갖고 있는 복잡성은 여기서부터 시작된다.

조선 시대 때 편찬된 『고려사』에 보면 삼별초의 초기 지도자 배중손은 반역 열전에 포함되어 있다. 즉 조선 시대 지배층은 삼별초의 저항이 반역이었다고 규정한 것이다. 삼별초가 무신 정권의 첨병 역할을 했다는 점에서는 이러한 주장도 타당하다고 볼 수 있다. 그러나 삼별초를 이렇게 단순하게 규정지을 수만은 없다.

삼별초는 분명히 군사 조직이다. 그것도 정규군이 아닌 특수 부대였다. 또한 무신 정권이나 권신들의 세력이 이 삼별초에 의존하여 유지된 것도 사실이다. 그런데 문제는 몽골에 대한 원종의 태도와 정책에 내재되어 있었다.

원종의 입조는 왕권 회복을 뜻함과 동시에 화친책이 정세를 주도하게 되었다는 것을 뜻한다. 1270년 5월, 몽골에서 돌아온 원종은 고려군이 아닌 몽골군의 호위 아래, 강화에 있던 군민軍民들에게 위압적인 자세를 보이며 개경으로 환도하였다. 원종은 마치 몽골군이 파견한 식민지 담당 총독처럼 행세했던 것이다. 원종은 왕권 강화를 위해 몽골의 요구대로 개경으로 환도하되 매우 사대적인 태도를 보였다. 이와 더불어 삼별초의 명부 압수와 해산을 명령했던 것이다. 이렇게 하여 고려의 국왕은 몽골에 의존하여 왕권을 회복하겠다는 의지를 표명했던 셈이다.

무엇보다도 원종이 개경 환도를 서두르자, 그동안 대몽 항전을 벌여 온 일반 백성들은 원종의 투항주의적인 자세에 반발을 하였다. 백성들은 30년 가까이 대몽 항전을 벌이면서 몽골에 대해 깊은 적개심을 갖고 있었으며, 이런 분위기에서 국왕이 항복과 다름없는 조치를 취하니 조정에 대해 등을 돌리고 만 것이다.

삼별초는 이러한 민심을 알아차렸을 뿐만 아니라 이들 역시 오랜 전쟁 기간 동안에 갖게 된, 몽골에 대한 적의에 다시 불이 붙기 시작하였다. 게다가 삼별초의 해체라는 것은 정규군이 와해된 처지에 사실상 국가를 수호할 군대 조직을 포기하는 것과 다를 바 없으며, 이는 곧 적에 대해 무조건 항복하라는 명령으로밖에는 들리지 않았던 것이다.

결국 삼별초의 항쟁은 민중들의 반발을 토대로 하여 일어났다. 실제로 삼별초의 대몽 항쟁이 벌어지는 동안 육지에서는 농민이 주축이 된 의병의 항쟁이 병행되었다.

마침내 1270년 6월 1일, 배중손과 야별초의 노영희 등은 삼별초를 이끌고 강화도에서 난을 일으켰다. 이들은 왕손인 승화후 온溫을 새 임금으로 추대하고 행정 기구를 개편한 뒤에 관리도 새로 임명하였다. 이것은 원종 왕실을 인정하지 않겠다는 뜻이다.

배중손이 이끄는 삼별초는 1,000여 척의 배에 재물과 사람들을 싣고 진도로 이동하였다. 두 달 보름 뒤인 8월 19일에 길고 긴 항해 끝에 진도에 도착하였다. 그러고는 용장성에 터를 잡은 후에 성을 쌓고 용장사를 궁궐로 삼았다. 온왕은 스스로 황제라고 하면서 오랑五狼이라는 연호를 사용하였으며, 일본에 글을 보내어 자신들이 고려를 대표하는 세력임을 알렸다.

배중손은 주위가 산으로 둘러싸인 천연의 요새지기에 진도를 싸움의 중심지로 삼았다. 이는 해전에 약한 몽골군을 상대하기가 좋았고, 더구나 바닷물이 빨라 섬에 접근하기 어려웠기 때문에 진도를 택했던 것이다. 또한 진도와 화원반도 사이의 바닷길은 경상도와 전라도에서 서울로 가는 세금의 교통로기에 군량미 확보에도 큰 어려움이 없었기 때문이다. 다른 섬과 달리 진도는 평야가 넓게 펼쳐져 있어 군량미 확보에 어려움이 없었다는 점이다. 배중손의 생각은 맞아떨어져, 고려에서는 경상도와 전라도의 세금이 들어오지 않아 큰 곤란을 겪고 있다는 글을 몽골에 보낸 적도 있었다. 삼별초는 자신들의 세력을 남해의 거제, 제주 일대 여러 섬으로 넓혀 나갔다. 삼별초의 세력이 점차 커지자 고려 조정에서는 삼별초 토벌 회의를 열었다.

"어서 삼별초를 토벌할 좋은 방법들을 말하시오."

왕의 말에 모두들 머리만 숙이고 말이 없었다. 원래 삼별초가 용맹한 군사들이었기에 감히 싸울 의욕이 나지 않았던 것이다.

"삼별초와 정면에서 싸우면 우리가 어렵사옵니다. 몽골과 연합하여 기습을 한다면 우리가 승리할 것이옵니다."

김방경이 의견을 말했다. 왕을 비롯한 모든 관리들은 김방경의 의견에 찬성하였다.

김방경의 의견에 따라, 진도에 있는 삼별초를 몰래 공격하기 위하여 100여 척의 배에 1만여 명의 군사를 싣고 진도로 갔다.

"자, 공격하라!"

김방경의 명령에 따라, 고려군과 몽골군은 화포와 화창 등 신무기를 사용하여 삼별초를 공격하였다. 이 무렵에 삼별초는 여러 번에 걸친 싸움에서 승리하자 방비를 게을리하였고, 몽골이 회유책을 쓰자 한편으로는 마음을 놓고 있었다. 그러다가 허가 찔린 것이다. 고려군과 몽골군의 공격을 받은 삼별초는 당황하여 우왕좌왕하였다. 배중손이 큰 소리로 군사들을 격려하였다.

"절대로 당황하지 말고 힘껏 싸워라!"

배중손의 격려에도 불구하고 싸움은 고려군과 몽골군에 유리하게 전개되었다. 배중손도 몽골군의 화살에 죽임을 당하였고, 임금이었던 승화후 온은 홍다구의 손에 살해당하였다. 총사령관을 잃은 삼별초는 김통정의 지휘 아래 제주도로 자리를 옮겼다.

그런데 삼별초가 진도를 중심으로 한 남해안 해상권을 장악하여 대몽골전을 펼칠 즈음, 내륙에서는 민중들의 항쟁이 진행되고 있었다.

삼별초는 진도에 임시 정부를 설치하면서 각 지방에 격문을 보내어 항몽전에 참여할 것을 촉구한 적이 있다. 이것이 직접적인 계기가 되어 육지의 민중들이 호응한 면도 있지만, 이보다는 30년 가까이 몽골의 침탈을 견뎌 오며 다져진 전의를 바탕으로 마지막 일전을 벌일 결의를 했다는 해석이 옳을 것이다.

내륙에서 일어난 항전의 대표적인 경우가 1271년 1월에 밀성군(경남 밀양)에서 있었던 봉기였다. 『고려사』에는 이에 대해 다음과 같이 적고 있다.

밀성군 사람 방보, 계년, 박평, 박공, 박경순, 경기 등은 군민들을 불러 모아 장차 진도에 호응하려고 하였다. 이에 따라 부사 이이를 죽이고 드디어 공국(攻國―일설에는 '호국'이었을 것이라는 지적도 있다) 병마사라고 칭하면서, 군현에 공문을 보내고 그 패거리를 파견하여 청도 감무 임종을 죽였다.

병마사라는 명칭은 여러 반란에서 흔히 볼 수 있는 것이다. 즉

병마사라고 자칭할 수 있다는 것은 군사 조직을 갖추었다는 뜻이다. 이와 더불어 항전의 대표적인 사례로 관노들의 폭동을 들 수 있다.

관노인 승겸과 공덕 등은 그 도당을 모아 다로하치와 궁중에서 벼슬하는 자들을 죽이고 진도로 가서 투항하려고 하였다. (중략) 탈타아는 홍다구 등과 더불어 재상과 중신들을 모아 승겸 등 십여 명을 체포하였다. 취조를 하니 모두 자백하였다.

그러나 내륙에서 벌인 항전은 이에 그치지 않았다. 유존혁이 이끄는 항쟁군은 진도가 점령당하는 시점까지도 남해 일대에서 활동하였으며, 삼별초가 해상권을 장악하고 남부 지역을 통괄함으로써 각 지방의 민중들이 이에 호응하여 봉기에 나섰다. 따라서 항몽전은 삼별초를 중심으로 하여 내륙의 민중들이 항전을 벌임으로써 확대되어 나갔다.

이러한 항쟁에도 불구하고 패배하고 만 삼별초는 제주도로 근거지를 옮기고 마지막 항쟁에 돌입한 것이다.

삼별초의 최후 : 몽골에 대항하여 고려의 주권을 지키다

김통정의 격려에 힘입어 군사들은 안팎으로 성을 쌓고, 해안에도 긴 성을 쌓아 방비를 튼튼히 하였다. 김통정이 항파두리성을 본거지로 삼은 이유는 삼면이 하천으로 둘러싸여 있으며, 바다가 한눈에 내려다보여 감시가 쉬웠기 때문이다. 항파두리성이 완성되자 삼별초는 다시 배를 타고 나가 남해안 지방과 내륙 지방을 공격하여, 전라도와 경상도의 요충지에 큰 피해를 입혔다. 그러나 삼별초의 항전이 다시 본격화된 것은 해가 바뀐 1272년부터라고 할 수 있다.

삼별초는 추자도·거제도·흑산도 등 주요 섬들을 공략하여 전진 기지를 건설하고 이를 바탕으로 3월에는 장흥 일대를 공격하였으며, 5월에는 전라남도 대포·탐진 등을 쳐서 승리를 거두었다. 이때 삼별초는 조운선漕運船을 탈취하여 군량미로 충당하였고, 전함을 노획하여 불살라 적의 기동력을 마비시키기도 하였다. 당시 몽골은 일본 정벌을 위해 고려에 전함을 만들게 하였는데, 이러한 전함 건조 공장도 삼별초의 공격 대상이 되어 몽골의 전략에 큰 손실을 입혔다. 이뿐 아니라 몽골군이나 고려 관리들을 납치하거나 살해하였다. 이것은 반몽골적이고 반정부적인 민심을 더욱 고무시키기 위해서였을 것이다. 그러자 몽골의 세조는 1272년 8월에 고려에 사신을 보내어 탐라(제주도) 공격에 주력하라고 촉구하였다. 세조는 일본 정벌을 눈앞에 두고 있었기 때문에 더 이상 지체할 수 없다고 판단한 것이다. 그러나 삼별초의 저항은 끊이지 않았다.

이해 11월, 심지어 삼별초는 안남도호부(경기도 부천)를 공격하여 부사와 그의 처를 납치해 간 적도 있었다. 개경 조정으로서는 속수무책이었다. 몽골은 삼별초의 거센 저항에 부딪혀 세조의 명을 받은 홍다구 등이 김통정에게 공작을 벌이거나 제주 초유사를 두 번이나 파견하는 등 다시 회유책을 썼지만, 삼별초는 이에 응하지 않았다. 진도에서 이미 몽골의 회유책이 기만술에 불과하다는 것을 파악했기 때문이다. 오히려 그럴수록 삼별초의 항쟁 의식은 고취되었다.

몽골은 결국 제주도를 무력으로 정벌할 수밖에 없다는 결론을 내렸다. 진도 때와 똑같은 수순이었다.

원종 14년(1273) 4월에 1만여 명의 고려군과 몽골군은 160여 척의 배를 나눠 타고 제주도에 상륙하여, 진도에서와 같이 기습 공격을 하였다. 진도에서 삼별초와 싸운 경험이 있는 김방경을 총사령관으로 하였기에 삼별초와의 싸움에는 익숙해져 있었다.

순식간에 제주도는 핏빛이 되었다. 삼별초는 고려군과 몽골군에 맞서서 끝까지 싸웠으나 수적으로나 장비 면에서 뒤떨어져 후퇴할 수밖에 없었다. 김통정은 70여 명을 이끌고 한라산으로 후퇴하였으나, 이미 전세가 기울었음을 알고 자신을 따르는 부하들에게 말했다.

"여러분에게 미안하오. 내가 더 이상 여러분을 도와주지 못하겠으니 각자 살길을 찾길 바라오."

부하들에게 이 말을 남긴 김통정은 목을 매어 자살하였다.

이렇게 하여 삼별초는 1270년 6월에 몽골에 대항하는 싸움을 선언한 이후, 만 4년 동안 치열한 싸움을 벌이다가 1273년 4월에 최후를 맞게 되었던 것이다.

고려 조정은 삼국 통일 당시 당나라 군대를 끌어들인 이후, 처음으로 외세까지 끌어들여 토벌을 하였다는 점에서 삼별초의 항쟁은 분명 동족상잔의 비극이었다. 그러나 이보다는 이 반란이 지닌 의미를 되새기는 것이 더 중요하다고 본다. 비록 삼별초는 무너지고 말았지만 그 역사적 의의는 매우 크다.

삼별초의 저항에 부딪혀 일본 정벌과 남송 침략에 큰 차질을 입은 몽골 조정은, 고려 민중들의 끈질긴 저항 의식에 밀려 고려의 주권을 넘보지 못하였다. 물론 고려가 이후에 몽골의 내정 간섭을 받는 등 속국으로 전락하기도 했지만, 주권 자체가 상실된 것은 아니었다. 당시에 몽골의 침입을 받은 아시아, 유럽의 여러 나라를 통틀어서 고려만이 주권을 상실하지 않았다는 것은, 고려의 민중들이 얼마나 치열하게 항몽전을 펼쳤던가를 반증하는 셈이다. 즉 삼별초의 항쟁을 계기로 몽골은 고려를 함부로 다룰 수 없는 국가로 인정할 수밖에 없었던 것이다.

따라서 삼별초의 항쟁은 외세에 대항하여 국가의 자주성을 지키기 위해 일어난 최초의 군인 반란이었으며, 민중들의 지지를 받았다는 점에서 반역 행위가 아니라 국가의 자존을 위해 벌인 전쟁이었다고 할 수 있다.

삼별초의 항쟁이 끝남으로써 무신 정권 전후로 시작된 전국적인 민란의 시대도 막을 내리게 되어, 이후 고려는 원의 내정 간섭 시대로 접어들게 되었다.

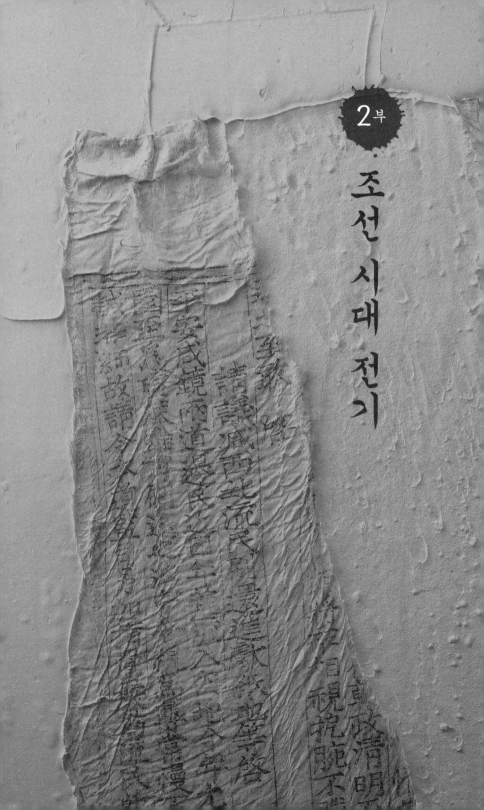

2부

조선시대 전기

❚ 6 ❚
이성계의 위화도 회군 :
천자天子의 죄를 얻을까 두려워 말 머리를 돌린다

천자에게 죄를 범해서는 안 된다. 지금 말 머리를 돌리지 않는 다면 국가와 백성들을 도탄에서 구하기 힘들다.

이것은 1388년(우왕 14), 명나라에 대항하여 요동을 정벌하기 위해 출정하였던 이성계 등이 위화도에서 회군하여 우왕을 폐위하고 정권을 장악할 때 내건 명분이다.

역사상 대부분의 쿠데타나 혁명은 모두 나름대로 일정한 명분을 내세우게 마련이다. 위화도 회군 역시 이러한 명분 아래 자행된 것이며, 이후 조선이 성립되어 오백 년이라는 긴 세월 동안 왕권을 유지하게 된다. 한 번의 혁명에 의해 왕권이 이렇게 계속 유지된 탓에 이에 대한 역사적 평가를 내리기는 간단하지 않다.

우선 가장 힘든 것은 사료史料 선택에 문제가 있다는 점이다. 대체로 학계에서 회군의 전후사정에 대해 말할 때 인용하는 사료는 『고려사』다. 그러나 이 사료는 태조인 이성계가 죽고 난 뒤 왕권과 밀접한 관련이 있는 학자들에 의해 씌었고, 또한 후대 왕의 지휘 아래 편찬되었기 때문에 어디까지가 진실인지 그 여부를 가리기가 여간 어려운 것이 아니다. 이뿐 아니라 태조 이래로 조선이 기울어질 때까지 모든 왕들이 그의 후손들이기 때문에, 이성계의 조선 건국과 관련된 기타 사료들 역시 건국에 대한 정통성 확립과 관련되어 있다는 것도 큰 난점이다.

또한 조선의 역사는 근대와 현대로 바로 이어지기 때문에 섣부른 판단을 했다가는 역사적 왜곡이라는 비난을 면키 어렵다.

그러나 회군 자체에 대한 사건 나열식 접근이 아니라 사회경제적 기반을 살펴보고 대내외의 정세를 판단하여 사료 가운데 진실에 가까운 것을 선별한다면, 어느 정도는 위화도 회군에 대한 역사적 평가를 내릴 수 있다고 본다.

먼저 의문이 가는 것은, 당시에 최영 등 막강한 군부 집단이 있었음에도 불구하고 어떻게 그가 회군에 성공했는가 하는 점이다. 물론 회군 자체가 이성계가 강력한 추진 세력을 소유하고 있었다는 점을 반증해 주는 셈이지만, 그가 뛰어난 군 지휘자로 성장하기까지에는 매우 혼란했던 당시의 동북아 정세가 반영되어 있다. 이성계가 위화도에 주둔한 이유가 원래 명나라에 대항하기 위한 요동 정벌이라는 점을 상기해 볼 때, 국제 관계의 변화에 대한 이해가 필수적이라고 볼 수 있다.

명나라의 성립과 원나라의 몰락

위화도 회군이 일어난 해인 1388년 전후의 정세, 넓게 잡자면 14세기 중엽의 동북아 정세에 일대 개편이 이뤄지고 있었다. 특히 멀리 동유럽까지 차지하고 있던 원元나라의 몰락은 동북아의 국제 관계에 막대한 영향을 미치게 되었다(이런 관계로 명과 원 교체기에 고려 내부에서는 친원파와 친명파 간의 정치 분쟁이 일어나기도 했다).

원나라는 전성기였던 13세기 중엽 이후 1세기 동안 끊임없이 일어난 폭동과 반란에 시달렸다. 원나라는 워낙 방대한 지역을 점령한 대제국으로 자리잡은 탓에 모든 곳을 중앙에서 일일이 통치할 수는 없었다. 그래서 식민 정책의 일환으로 중국 본토와 몽골 일대를 총괄하는 지역을 본국으로 설정하고, 나머지는 변방으로 구분하여 '한'이라는 봉건 영주에게 일임하여 분할 통치하였다. 바로 이러한 분할 통치가 원이 무너지는 화근이 되었다.

원나라는 노예 사회에서 신분을 등급으로 표시하듯이, 통치 지역에 속한 여러 종족들에 대해 심한 인종 차별 정책을 썼다. 모든 종족을 4등급으로 나누어 몽골족은 1등급에 두고 나머지를 셋으로 나누어 지배, 착취하였던 것이다. 특히 원나라는 양자강 이남에 속하는 남중국의 중국족을 4등급으로 규정하여 가장 심한 차별과 착취를 하였다. 이렇게 인종 차별 정책을 쓰자 착취당하는 종족들은 중앙 정부에 대해 계속된 항거를 해 왔던 것이다. 이에 원나라는 반란과 폭동을 진압하여 정권을 유지하려고 모든 수단과 방법을 동원하였으나, 여기에는 한계가 있었다.

원나라 조정은 수도를 중심으로 하여 군사 이동과 공물 수납 등을 원활히 하기 위해 사방팔방으로 대도로망을 구축해 놓았지만, 통치 지역이 워낙 방대하여 이러한 조치만으로는 저항 세력을 견제하는 것이 불가능하였다.

원나라의 통치 기능이 무너지기 시작한 것은 14세기 중엽인 순종 때부터였다. 그는 라마교의 광신도여서 자기만족을 위해 엄청난 비용을 들여 사찰을 짓고 공양을 드리는 등 국고를 탕진하였다. 또한 방탕한 생활을 일삼아, 이를 위해 온갖 명목을 내세워 각 지역에 대해 가혹한 수탈을 자행하였다. 이렇게 되자 사방에서 대규모의 반란이 일어나게 되었는데, 그중에서 가장 대표적인 것이 남중국에서 일어난 주원장의 세력이다.

종족들 가운데 4등급으로 분류되어 가장 심한 억압과 착취를 당한 남중국의 농민들은 주원장의 휘하에 모여들기 시작했다. 반란 초기에 주원장은 농민군의 대장이었지만 차츰 세력권이 커지자, 1368년에 이르러서는 스스로 황제라 칭하고 나라를 세워 국호를 '명'이라고 하였다. 이렇게 해서 명나라가 성립된 것이다.

주원장은 원나라가 점차 쇠퇴하고 있다고 판단하여 내친김에 중국 전역을 통일한다는 전략에 따라 북으로 진격했는데, 승승장구 끝에 마침내 수도인 북경을 점령하고 원나라 조정을 북쪽 몽골 지역으로 내몰았다. 이렇게 축출된 원나라를 당시 고려에서는 북원北元이라고 불렀다.

주원장은 여기에서 그치지 않고 만주 지방을 중심으로 한 동북아 지역을 넘보았다. 그런데 바로 이곳과 인접한 곳에 고려가 있었으니 명나라와 고려의 충돌은 불가피한 것이었다.

물론 고려가 명나라에 단순히 사대 정책을 써서 압록강 이북 지역에 대해 포기를 했다면, 두 나라 사이에는 아무런 분쟁이 일어나지도 않았을 것이다. 그러나 당시 고려는 원나라가 몰락해 가자 고구려의 옛 영토에 대한 수복 운동을 펼쳐 가고 있었다.

이성계의 등장, 그의 혁혁한 전공

원나라의 몰락은 고려의 정계 개편에도 막대한 영향을 미쳤다. 삼별초의 항쟁이 실패한 이후로 원나라의 내정 간섭에 시달리던 고려는 다시 국권을 회복할 기회만 기다리고 있었다.

원명元明 교체기에 고려를 통치한 왕은 공민왕(1351~1374)이었다. 그는 순종 즉위 후 원나라의 통치 기반이 문란해지고 주원장의 등장으로 중국 전역이 일대 혼란에 빠지자, 이를 국권 회복의 호기로 여기고 친위 쿠데타를 일으켰다.

그는 먼저 친원파의 거두인 기씨 일족에 대한 숙청 작업에 착수하였는데, 당시 기씨 일족의 대표는 기철이었다. 그의 누이가 원나라 왕실의 제2 황후가 되었고 그 소생이 책봉되어 소종昭宗이 되었기 때문에 자신은 평장정사가 되는 등 고위 관직을 차지하고, 또한 자기의 딸을 원의 왕실에 바쳐 고려 왕권을 위협하는 위치에 있었다. 그러나 원나라의 몰락으로 기씨 일족의 친원 행각은 공민왕과 최영을 중심으로 한 반대파에 몰려, 마침내 기철이 처형당함으로써 막을 내리게 되었다.

이와 동시에 공민왕은 원나라가 초기 고려를 속국으로 삼을 때, 일본 정벌을 구실로 내세워 개경에 설치한 내정 간섭 기관인 정동

행성을 철폐했다. 또한 원나라의 연호 사용 금지령을 내리고, 백성들에게는 원나라식 변발을 금하는 등 일대 개혁을 단행하였다.

무엇보다도 공민왕의 국권 회복 운동 가운데 두드러진 것은 북진 정책이다. 앞서 보았듯이 고려는 개국 이래 여러 차례에 걸쳐 고구려의 옛 영토 수복 운동을 펼쳐 왔다. 그러나 국제 관계의 다변성과 내부 혼란으로 그 운동의 맥이 끊어진 상태였다. 공민왕의 북진 정책은 이러한 역사적 의미가 있는 것이기도 하지만, 직접적으로는 북쪽에 주둔하고 있는 원나라의 잔류 세력을 처단하지 않으면 언제 남침을 감행할지 모르기 때문에 원의 세력이 약화되었을 때 이를 방비하려는 이유도 포함되어 있었다. 이렇게 봤을 때 공민왕의 북진 정책은 국권 회복이라는 정치적 목적과, 삼국 통일 이래로 끊어진 국운 회복이라는 민족적 사명 의식이 동시에 작용한 것이라고 볼 수 있다.

1356년, 공민왕은 우선 원정군을 조직하여 압록강 너머에 있는 원나라의 주요 거점을 공격하였다. 또한 화령부(영흥)에 설치되어 있던 쌍성총관부를 쳐서 그 일대를 수복하였다. 그런데 이 지역이 바로 이성계의 출생지였다. 이미 그 당시 함경도 일대에서 자체 세력을 키우고 있던 그의 아버지 이자춘과 이성계는 군대를 일으켜 고려 원정군과 합세하였다. 두 사람은 원나라에 소속되어 있었다.

이성계의 선조인 이안사李安社는 원나라가 지배하던 여진족의 터전인 남경(간도 지방)에 정착하여 원나라의 지방관이 되었다. 이안사는 차츰 이 지역에서 기반을 잡게 되어, 그의 아들 행리行里와 손자 춘椿 등은 대를 이어 두만강 일대와 덕원 지방의 천호千戶로서 원나라의 관리가 되었다. 이자춘 역시 원나라의 총관부가 설치된 쌍성의 천호로 자리잡고 있었던 것이다.

이렇게 이성계의 가문은 오랜 시간을 두고 쌍성 일대에서 세력을 잡고 있었기 때문에 원정군이 총관부를 칠 때 큰 공을 세울 수 있었다. 고려 조정은 이성계 부자의 공을 인정하여 나중에 벼슬을 내리게 되는데, 이렇게 하여 이성계는 역사의 무대에 서서히 모습을 드러내었다. 1361년, 이성계는 삭방도만호 겸 병마사라는 관직을 얻어 함경도 일대에서 실력자로 부상하였다. 이후 이성계는 정식으로 고려 조정에 등용되어 여러 전투에서 혁혁한 공을 세우게 된다.

한편 쌍성총관부를 빼앗긴 북원 조정은 요양성으로 도망하여 그곳을 차지하고 있던 나하추(납합출)에게 고려를 칠 것을 요청하였다. 나하추는 원래 원나라의 유신이었는데, 고려 말에 심양을 중심으로 한 일대를 장악하여 주로 여진족들을 다스리고 있었다.

나하추는 주변의 요청에도 불구하고 고려 침범을 다소 늦추었다. 중국 유랑민으로 이루어진 홍건적이 강성해져 고려 북방 지역을 침범하고 있었기 때문에, 나하추는 남침을 감행하지 못했다. 어쩌면 나하추는 홍건적과 고려의 싸움을 주시하며, 고려의 힘이 약화되는 때를 기다리고 있었던 것일지도 모른다. 어쨌든 나하추 군대와 고려의 전투가 벌어진 때는 1362년에 와서였다.

이해 2월, 나하추의 군대는 지금의 함경남도에 속한 삼살(북청)과 홀면(홍원) 일대를 침범하였다. 이에 대항하여 동북면 도지휘사 정휘가 나가 여러 번 전투를 벌였으나 패하고 말았다. 그러자 고려 조정은 이성계를 동북면 병마사로 임명하여 나하추 군대를 격퇴하라고 명령하였다.

같은 해 7월, 나하추의 주력 부대는 홍원 달단동에 주둔하고 있었다. 그의 군대는 수만 명에 달했다. 나하추는 승리감에 도취되어 휘하 지휘관에게 선봉 부대 천여 명을 주어 이성계의 군대와 맞서게 하였다. 이성계는 부하 장수들에게 물었다.

"우리가 패배한 이유가 무엇이라고 생각하오?"

이성계의 물음에 모든 장수들이 말했다.

"용맹한 한 장수가 우리 군사들을 휘젓고 다니기 때문에 사기가 떨어졌습니다."

이성계는 장수들의 말에 따라, 덕산동 원평에서 전투가 벌어지자 장수와 병사들이 모두 두려워하는 원나라 장수를 유인하여 죽였다. 고려의 군사들은 사기가 올랐고, 원나라 군사들은 사기가 떨어져 이성계의 군대가 첫 승리를 얻게 되었다. 이성계의 군대는 도망가는 나하추의 선봉 부대를 뒤쫓아가 거의 섬멸시켰다. 이에 격분한 나하추는 덕산동으로 옮겨 전열을 수습하고 전의를 다졌다. 그러나 이성계가 먼저 야음을 틈타 나하추의 주력 부대를 기습 공격하였다. 나하추는 다시 달단동으로 후퇴하고 말았다. 이성계는 집요하게 이를 추적하여 달단동에서 나하추를 격퇴하고 다시 함흥벌방 지대에서 잔병들을 섬멸하니, 나하추는 간신히 목숨을 건져 자기 본거지로 도망갔다.

이후에도 동북 지방에는 여러 차례에 걸쳐 여진족들의 반란이 있었으나, 이때마다 이성계는 반란을 진압하여 큰 공을 세웠다. 나하추 격퇴와 여진족 반란을 수습한 이성계는 고려 조정의 신임을 얻어 점차 높은 벼슬자리에 오르게 되었다.

고려 조정이 이성계를 나하추 정벌에 나서게 했던 것은 그전에 이미 다른 전과가 있었기 때문이다. 나하추의 침범이 있기 전해인

1361년에 홍건적의 2차 대규모 침략이 있었다. 이해 11월, 고려 조정은 서울인 개경을 내주고 지금의 안동까지 후퇴하게 되었다. 이에 고려군은 이듬해인 1362년 1월에 총동원령을 내려 개경을 포위하고 수복 작전을 펼쳤는데, 이성계는 2천여 명의 군사를 이끌고 홍건적을 쳐서 고려군이 승리하는 데 결정적인 역할을 하였던 것이다. 또한 1361년에 있었던 독로강 만호 박의朴儀의 반란을 진압한 공로가 있는 상태였다. 이런 연유로 고려 조정은 이성계가 군인으로서 뛰어난 자질을 지니고 있다는 것을 인식하고 있었기 때문에, 나하추 격퇴에 그를 기용했던 것이다.

그런데 나하추의 몰락은 뒷날 명나라가 요동 일대에 대한 공략을 구체화시키는 계기가 되었다. 나하추는 고려 군대와 싸워 진 뒤에 세력이 약화되어 결국 명나라에 투항하였고, 명나라 입장에서는 동북 지방 진출에 커다란 장애가 되었던 걸림돌을 제거하게 되어 적극적으로 요동 공략에 나섰다.

이렇게 하여 고려 조정은 어느 정도 압록강 일대 수복에 성공하였으나 외침은 여기에서 끊이지 않았다. 이에 따라 이성계의 활동도 더욱 분주해졌다.

앞에서 보았듯이 기철의 누이동생은 원나라 순종의 황후가 되어 있었다. 기황후는 고려에서 자기 일족이 처형당했다는 소식을 듣고는 공민왕에게 복수할 기회를 엿보고 있었다. 원나라에는 고려 출신으로 관직을 얻어 살고 있는 자들이 있었는데, 그 가운데 최유崔濡라는 자가 있었다. 그는 고려 내부에서 친원파가 몰락해 가고 있다는 말에 초조해하다가, 기황후가 공민왕에게 원한을 품고 있다는 것을 알아내고는 묘한 술책을 썼다. 그는 기황후를 찾아가 아직 고려에는 내응 세력(대표로는 김용이라는 자가 있었다)이 있고, 게다가 원나라에 충선왕의 아들인 덕흥군(그는 일찍이 중이 되어 원나라에 도망쳐 와 있었다)이 살아 있으니 순종의 명에 따라 그를 고려의 새 왕으로 삼아 공민왕을 처단하자고 설득하였다. 기황후는 이를 흔쾌히 승낙하여 순종의 허락을 받아 내게 되었다.

1364년(공민왕 13)에 순종은 공민왕을 폐한다고 공포하면서 덕흥군을 새 왕으로 지명하였다. 또한 최유를 정승, 김용을 판삼사사에 임명하는 등 기황후의 청원대로 고려 조정에 대한 내정 간섭을 자행하였다. 순종은 덕흥군 일파에게 요양에 있는 군사를 내주어 고려로 향하게 하였다.

공민왕은 이에 감정적으로 대하지 않고 일단 사신을 보내어 순종을 설득하려 하였으나, 중간에서 최유가 서신과 예물을 가로채 무위로 끝나고 말았다. 설사 그 서신이 순종에게 도착하였다고 하여도 기황후의 모략으로 성사되지 않았을 것이 뻔하다.

이렇게 되자 무력 충돌은 불가피하게 되었다. 공민왕은 덕흥군의 부대가 남하한다는 정보를 입수하고는 안우경, 이구수, 이수, 이인임, 정찬 등을 시켜 방비에 나섰다. 양군은 점차적으로 압록강을 사이에 두고 대치하게 되었다.

제일 먼저 전투가 벌어진 곳은 의주였다. 이 성을 지키고 있던 자는 안우경이었다. 압록강을 건넌 최유의 부대 1만여 명은 처음엔 열세에 놓여 패색이 짙었지만, 지원군이 없다는 것을 안 최유는 다시 공략하여 안우경의 군대를 물리쳤다. 이에 안우경은 안주로 도망갔다.

의주가 함락됐다는 보고를 접한 고려 조정은 최영을 급파하여 도망가는 군사들의 목을 베어 죽이는 등 안주를 중심으로 전열을 가다듬었다. 또한 이성계에게 정예 군사 1천여 명을 주어 합동 작전을 펴게 하였다.

최영과 이성계를 중심으로 한 고려군은 정주에 주둔하여 덕흥군의 부대 동정을 살폈다. 이미 적군은 달천까지 남하한 상태였다.

다음날 덕흥군의 부대는 셋으로 나뉘어 남쪽으로 내려왔다. 이에 고려군도 셋으로 나뉘어 중앙은 이성계가 맡도록 했다. 이성계는 적장 몇 명을 활로 쏘아 말에서 떨어뜨리는 등 중앙 돌파에 성공하여, 덕흥군의 군대를 물리치는 데 중요한 역할을 하였다. 덕흥군의 부대는 고려군의 전술에 말려 거의 섬멸당하고 덕흥군은 간신히 원나라로 돌아갈 수 있었다. 이후 공민왕은 다시 왕권을 잡게 되었고, 이성계는 또 한 번 큰 공을 세운 결과가 되었다.

위화도 회군이 있기 전까지 이성계의 활동은 끊이지 않았다. 마치 그는 전쟁을 위해 태어난 사람처럼 가는 곳마다 승리를 얻어냈다.

명나라의 성립으로 북으로 쫓겨 간 기회를 이용하여 만주 지역을 점령할 계획을 세운 공민왕의 명에 따라, 이성계는 1369년에서 1370년에 걸쳐 동녕부를 공격하였다.

또한 공민왕의 뒤를 이어 왕이 된 우왕 때에는 이성계는 활동 영역을 남부 지방까지 넓혀 나갔다. 그는 왜구와의 싸움에도 나섰던 것이다.

일본은 원나라의 침범을 받던 14세기를 전후로 하여 정치적 혼란에 빠지게 되었다. 일본을 지배하고 있던 호조 정권이 무너지자 정권을 잡기 위한 내란이 벌어졌는데, 아시카가라는 사무라이가 등장하여 막부를 세워 호조 정권의 빈자리를 차지하였다. 그러나 내분을 수습하기에는 역부족이었다.

치부의 수단으로 일본 봉건 영주들은 인접 국가에 대한 침탈을 일삼기 시작했다. 여기에 오사카, 사카이 등을 중심으로 상업을 통해 부를 축적한 상인 집단들이 군대를 만들어 가세하였다. 당시 고려는 이러한 일본 영주들이나 상인 집단의 좋은 표적이 되었다.

1376년에는 충청도 공주가 함락될 정도로, 왜구의 침범은 약탈에서 벗어나 중앙 정부를 위협할 정도였다. 고려는 지방군을 새로 개편하여 왜구에 대처하게 하였다. 이때 이성계도 남하하여 왜구 토벌에 앞장섰다.

이성계는 1377년(우왕 3)을 전후하여 국내에서 창궐하고 있던 왜구를 경상도 일대와 지리산에서 크게 물리쳤고, 1380년에는 아기 바투가 이끄는 왜구를 운봉에서 섬멸하였다. 이때의 전투를 흔히 황산대첩이라고 부른다(이렇게 왜구가 기승을 부릴 때 등장한 것이 최무선이 발명한 화약과 화통이었다. 바다에서 기선을 잡는 것이 중요하다고 느낀 고려는 수군을 창설한 뒤, 최무선이 발명한 화약과 화통을 응용하여 포를 쏘아 왜구의 선박을 물리칠 수 있었다).

1382년에 여진인 호바투가 동북면 일대에서 노략질을 일삼자 이성계는 다시 북으로 올라가 이를 격퇴하였고, 1385년엔 함주로 쳐들어온 왜구를 섬멸하는 공을 세웠다.

이렇게 하여 1356년의 쌍성총관부 수복 때부터 위화도 회군이 있던 1388년에 이르기까지 30여 년을 전쟁터에서 살다시피 한 이성계는, 드디어 수문하시중守門下侍中이라는 고위 관직을 얻어 최영에 버금가는 위치에 오르게 되었다(그의 전기에 관련된 기록이 대체로 『고려사』와 『동국병감』에 기록되어 있는데, 후세 관료 지식인들이 이씨 왕권의 정통성을 강조하기 위해 과장하였을 가능성도 있지만, 역사적 상황에 비추어 볼 때 그가 고려 말 여러 전투에서 큰 공을 세운 것은 사실이라고 본다).

그렇다면 여기서 한 가지 의문점이 생기게 마련이다. 이렇게 북진 정책이나 왜구 섬멸에 누구보다도 앞장섰던 그가 왜 위화도에서 회군을 하고 말았을까. 어떠한 어려운 상황에서도 전투를 승리로 이끈 그의 전적으로 봐서는 도저히 납득하기가 어려운 대목이다. 이제 이 의문을 풀기 위해서는 회군 직전 명과 고려의 관계와, 고려 말의 정치경제적 상황을 상호 관련시켜 종합적인 판단을 내려야 할 것 같다.

위화도 회군 직전의 국내외 정세

사실 이성계가 활동하던 14세기 중엽의 국내 정치, 경제 상황은 매우 복잡한 변화를 겪고 있었다. 한반도에 위치하여 정책 수립에 반드시 인접 국가나 종족을 고려하지 않을 수 없었던 관계로, 국제 관계의 변화에 따라 관료 정치인들의 행각도 여러 편차를 보였다. 지금 흔히 사용하는 동북아 정세라는 말도 따지고 보면, 이미 고조선 이래로 복잡성을 띤 주변 정세를 집약한 용어라고 볼 수 있다.

한국 역사상 각 시대의 정치 변동은 늘 주변 정세와 불가분의 관계를 맺어 왔다. 고려 말도 예외일 수는 없었다. 무신 정권이 들어서고 원나라의 속국으로 전락하기 전에도 화친책과 강경책으로 나누어졌듯이, 원명 교체기였던 14세기 중엽 이후에는 친원파와 친명

파로 파벌이 형성되었다. 또한 같은 울타리 안에 있으면서도 온건과 강경으로 다시 세분화되는 것은 어느 나라 역사에서나 흔히 볼 수 있는 현상이라서 그런지 몰라도, 이때의 국내 정치 관료들 사이의 내분은 매우 다양한 모습으로 나타났다.

근대화 이후의 정치가 자본과 맞물려 있다면 근대 이전의 정치는, 특히 중세 시대에는 토지 문제와 떼려야 뗄 수 없는 불가분의 관계를 지니고 있다. 고려 시대의 민란이나 조선 시대에 있었던 대부분의 민란은 바로 이 토지 문제 때문에 일어났다고 해도 과언이 아니다. 게다가 대토지 확대로 빚어진 모순을 해결하기 위해 역대 왕들은 여러 형태의 토지 개혁을 단행하였지만, 그것은 어디까지나 왕족과 귀족(또는 양반)들의 기득권을 유지하는 한도 내에서 단행된 것이기 때문에 생산의 주체인 농민들에게 실질적인 소유나 권한이 돌아간 것은 아니었다. 부분적으로 자영농이 존재하기는 했으나 이들은 다른 부문에서 수탈을 당하기 일쑤였다. 고려 말기는 이러한 경제적, 계급적 모순이 극대화된 때였다.

918년에 건국된 고려는 11세기를 기점으로 전성기를 이루다가, 12세기 중엽에 이르러 중앙 집권적 통치 체제가 붕괴되기 시작하여 정중부의 난으로 비롯된 무신 정권을 거치고, 원나라의 속국이 되면서 중앙 통제 기능을 크게 상실하게 되었다. 가장 큰 문제는 역시 토지의 겸병이었다.

토지 겸병은 주로 귀족과 기성 관료, 그리고 사원과 지방 토호들에 의해 횡행하였다. 이로 인해 농민 계층은 급격히 분해되어 대지주들의 수탈에 시달려야만 했다. 피해를 보는 것은 조정에서도 마찬가지였다. 사전私田의 확대로 상대적으로 공전公田이 점차 감소되어, 나중에는 신진 관료들에게 줄 토지와 녹봉마저 모자랄 형편이었다. 이러한 대토지 확대 현상(당시 권세가들은 농장식으로 경영하였다)은 특히 무신 정권과 원나라 내정 간섭 시기에 보편화되어, 전면적인 개혁 없이는 해결될 기미가 보이지 않을 지경이었다. 비교해 볼 때, 조선 후기인 19세기에 삼정의 문란으로 매년 민란이 일어날 정도로 국가와 농촌 경제가 파탄지경에 이르렀다면, 고려 말에는 대농장의 횡포로 국가의 존립 자체가 위협당했다고 볼 수 있다.

이러한 개혁에 대한 의지를 갖고 있던 계층은 역시 신진 관료들이었다. 고려 말, 성리학에 사상적 기반을 둔 신진 세력들은 기존 관료 계층처럼 특권이나 음서 제도를 통해 등용하지 않고 정식으로 과거 시험을 통해 나왔을 뿐만 아니라, 대체로 경제적 기반이 미약한 지방 소외 계층들이었다. 이들은 농민과 마찬가지로 권세가들의 토지 겸병과 침탈에 피해를 입었다.

물론 공민왕은 이러한 경제적 문란을 바로잡기 위해 승려 신돈을 기용하여 일대 개혁을 시도한 적이 있었다. 공민왕은 1366년, 신돈의 제의에 따라 전민변정도감이라는 기관을 설치하여, 세신대족世臣大族 등 대지주가 차지한 토지와 노비들을 본래의 주인에게 반환해 주는 정책을 단행하였다. 또한 대지주들에 의해 양민 신분에서 노비로 전락한 사람들에게도 본래의 신분을 찾도록 해 주었다.

공민왕의 개혁 정책에 반기를 든 것은 당연히 대지주 등 기득권 세력들이었다. 이때 친원파의 핵심인 기씨 일족이 소탕된 뒤였으나 그것으로 매국적 행각을 벌인 모든 계층들이 와해된 것은 아니었다. 여전히 그 뿌리는 존재하고 있었다. 그래서 이들은 신돈이 반역 음모를 꾸민다고 중상하여 1371년에 그를 처형하였다. 이렇게 하여 전민변정 정책은 무위로 끝나고 말았다. 이때 정도전 등 일부 신흥 사대부들이 개혁에 참여하였지만, 힘이 미미하여 정치 세력으로 자리잡지는 못하였다.

신돈이 제거된 후 다시 보수 세력들이 머리를 들기 시작했다. 그 대표적인 인물이 이인임·염흥방·임견미 등이었는데, 이들은 모두 친원파에 속해 있었다. 이 세 사람을 중심으로 한 친원파들은 날이 갈수록 더욱 토지 겸병에 박차를 가하고 세력 확장에만 힘쓰는 등 도탄에 빠진 백성들을 착취하였다.

이인임 등이 친원적인 주장을 펼친 것은 명나라를 반대하여 국운을 바로세우고 자주권을 회복하기 위한 정책적 이념에서 비롯된 것이 아니라, 순전히 자신들의 개인적인 야욕을 채우기 위한 것이었다.

그러나 점차 북원이 몰락해 가고 명나라의 세력이 한반도 북방 지역까지 미칠 조짐이 보이자, 이인임 등의 입지는 크게 약화되기 시작했다.

명나라와 처음으로 외교 문제로 부딪친 것은 역시 영토 문제였다. 명나라는 제주도가 원나라의 점령지기 때문에 자기들의 땅이라고 억지를 부렸다. 명나라는 원나라의 점령지였던 곳을 다시 차지하여 중국을 통일한다는 내용의 구호를 앞세워, 영토 확장의 명목으로 삼고 있었다. 위화도 회군의 불씨가 된 요동 침범도 이와 같은 맥락에서 이해하면 될 것이다.

어쨌든 명나라는 1374년에 고려에 제주도를 내놓으라고 위협하였다. 삼별초의 항쟁으로 유명한 이 섬은 당시 원나라의 침공 이후에 그들의 말 목장이 되어, 몽골 목부들이 아직 남아 있었다. 이들은 본국이 몰락해 가자 제주도에서 반란을 일으켰다. 이에 최영이 이끄는 수만 명의 토벌군이 나서 반란을 평정하였다. 그러자 명나라는 고려에 말 5만 필을 바치라고 협박하였다. 고려는 강대해진 명나라와 아직은 섣불리 접전을 벌일 수 없다고 판단, 제주도에서 얻은 말 가운데 일부를 명나라에 주기로 하였다. 명나라 사신은 이미 개경에 와 있었다. 사신은 거만한 태도로 일의 진척이 늦어진다고 다그치는 등 고압적인 태도를 보였다. 그러자 이에 격분한 고려의 호송관이 압록강을 건너서 명나라 사신을 죽이고 북원으로 도망쳤다. 이 사건을 빌미로 명나라는 더욱 고려에 대해 강경한 태도를 견지하였고, 두 나라 사이에 전운이 감돌게 되었다.

한편 고려 정계에서는 이인임 등의 친원파에 대한 일대 숙청 작업이 벌어지고 있었다. 사건의 발단은 조반이라는 지주의 땅을 염흥방의 가신인 이광이 강제로 빼앗았는데, 이에 격분한 조반이 이광을 죽이고 그의 집에 불을 지른 데서 시작되었다. 염흥방은 조반을 반역자로 몰아 옥에 가두었다. 이즈음은 명나라가 고려에 말을 공물로 바치라는 협박을 할 때였다. 처음에는 친원파의 세력에 밀려 미약한 왕권만을 유지하고 있던 우왕(1374~1388)은 최영에게 국내외 문제를 논의하였고, 최영은 왕명에 따라 이인임 일파를 제거하였다. 이때가 1388년이었다.

이후 수탈 체제를 반대해 온 최영·이성계·정도전·정몽주 등이 세력을 잡게 되었고, 최영은 수상격인 문하시중이 되었으며, 이성계는 그 밑인 수문하시중 자리에 올랐던 것이다.

그런데 이들이 같은 이념을 갖고 친원 세력을 제거한 것은 아니었다. 최영이나 정몽주 등은 고려를 부흥시키고 국토 수복을 하는 등 기존 체제 내에서 개혁을 주장하였고, 이성계나 정도전은 혁명을 통해 구조적 모순을 해결해야 한다는 명분을 지니고 있었다.

최영과 이성계 두 사람은 이인임 등 대농장 소유자들에 대해서는 똑같은 입장을 취했으나, 토지 개혁 문제에 있어서 최영은 다소 온건적이었고 이성계는 급진적이라는 차이점이 있었다. 그것은 연령의 차이에서 비롯된 면도 있지만, 최영은 고려 자체를 유지하면서 개혁을 단행하려 했던 것이라고 보아야 할 것이다.

위화도 회군 이전을 볼 때, 역사 기록에 두 파벌 간에 정치적 분쟁이 될 만한 사건이 보이지 않는 점으로 봐서 이미 두 계열은 동상이몽의 관계를 맺고 있었다는 것을 짐작할 수 있다. 따라서 위화도 회군은 순간적인 판단에 따라 일어난 쿠데타가 아니라는 것을 먼저 말해 둘 수 있다. 조선 건국의 공신인 정도전은 9년간의 유랑 생활 끝에 1383년, 동북면 지휘사로 있던 이성계를 직접 찾아간 일이 있다. 이 두 사람은 과연 만나서 무슨 대화를 나누었을까. 확언할 수는 없지만 최소한 급진적인 변혁에 대해서 논의했을 가능성이 높다. 또한 이성계가 회군 당시에 내세운 주장을 분석해 보면 그 윤곽을 알 수 있을 것이다.

역사의 분기점, 위화도 회군

명나라는 영토 확장을 위해 만주 지방을 중심으로 한 동북아 지역을 넘보기 시작하였다. 1388년 2월, 명나라는 중원을 어느 정도 정비한 다음 철령 이북의 땅을 차지하겠다고 고려를 위협하였다. 제주도를 자기들의 땅이라고 우길 때와 같은 명분을 내세워, 이 땅이 원나라 당시에 쌍성총관부와 동녕부에 속해 있었으므로 원이 몰락한 후에는 당연히 명나라가 소유해야 한다는 논리를 주장하였다.

이미 고려와 명의 관계는 명나라가 무리한 공물을 요구하는 등으로 매우 긴장된 상태였는데, 명나라가 철령위鐵嶺衛를 설치하여 철령 이북의 땅을 요동도사遼東都司의 관할 아래 두겠다고 통고한 뒤 같은 해 3월에 관리들을 강계에 들여보내자, 고려 조정은 이에 크게 반발하였다. 결국 명나라의 전초 기지인 요동을 정벌하자는 주장이 최영을 중심으로 쏟아져 나왔으며, 곧 실행에 옮기게 되었다. 명나라의 철령위 설치는 바로 고려를 예속시키겠다는 선언과 다름없는 것이었다.

그런데 여기서 문제가 되는 것은, 당시 고려는 왜구의 잦은 침입에 시달리고 있었다는 점이다. 교통이 발달하지 못한 중세 사회에서, 그리고 전국에 흩어져 있는 군대를 일괄적으로 통솔한다는 것은 매우 어려운 일이었다. 그래서 고려 조정은 후방의 소홀함을 견제하기 위해 최영을 팔도의 도통사로 임명하여, 그에게 모든 군대를 통솔하는 권한을 주었다. 이때가 같은 해 4월이었다. 이에 따라 상대방이 명나라라는 강국인 만큼 상당한 군사력을 갖출 필요가 있었기 때문에 각도에서 군사를 징집, 6만 명에 이르는 원정군을 모으게 되었다. 또한 후방 대비를 위해 세자와 여러 비妃들을 한양 산성으로 옮기고 찬성사 우현보를 시켜 개경을 지키게 한 뒤, 우왕과 최영은 서해도西海道로 가 요동 정벌 태세를 갖추었다.

최영을 팔도도통사로 임명한 우왕은 창성부원군 조민수를 좌군

도통사로 삼아 서경도원수 심덕부·서경부원수 이무·양광도도원수 왕안덕 등을 그 휘하에 배속시키고, 이성계를 우군도통사로 삼아 좌우군을 편성하였다. 최영을 중심으로 군대를 둘로 나누어 편성한 셈이다. 그중의 한 부대를 이성계가 총지휘했으니 이성계의 정치적·군사적 지위가 얼마나 상승되어 있었는가를 엿볼 수 있고, 이성계와 최영이 군사력을 나누어 가지고 있었다는 것을 또한 알 수 있다.

1388년 5월, 이성계와 조민수가 이끄는 좌우군은 10만 대군을 내세우면서 평양을 출발하여 위화도에 주둔하게 되었다. 위화도는 의주의 압록강 하류에 있는 섬이다.

그런데 이성계의 부대는 장마로 압록강 물이 엄청나게 불어난 것을 알고 도강渡江이 불가능하다고 판단하였다. 여기서 이성계는 그 유명한 사불가론四不可論을 우왕에게 상소하여, 요동 정벌의 부당성을 주장하게 된다. 그 요점은 이러하다(『고려사』에는 출정 전부터 이성계가 이에 대해 주장한 것으로 나와 있다. 또한 계속하여 이성계는 요동 정벌의 불가능성을 상소하였다).

첫째, 작은 나라가 큰 나라를 거스르는 일은 옳지 않다.

둘째, 여름철에 군사를 동원하는 것이 부적당하다.

셋째, 요동을 공격하는 틈을 타서 남쪽에서 왜구가 침범할 것이다.

넷째, 무덥고 비가 많이 오는 시기이므로 활의 아교가 녹아 풀어져 무기로 쓸 수 없으며, 병사들이 전염병에 걸릴 염려가 있다.

그러나 평양에 머무르면서 독전하고 있던 우왕과 문하시중 최영의 강력한 반대에 부딪혀 요동 정벌을 실행에 옮겨야만 했다. 이성계에게 강을 건너라는 어명이 떨어진 것이다. 이성계는 강을 건너든지 아니면 말 머리를 남쪽으로 돌리든지 양단간에 결정을 내려야 할 시점에 도달한 것이다.

결국 이성계는 조민수와 상의한 뒤 회군을 단행하였다. 그리하여 개경으로 진격한 이성계 등은 최영의 군대와 접전을 벌인 끝에 승리하여 최영을 사로잡은 뒤에 그를 고봉현高峰縣으로 유배 보내고, 우왕을 폐위하여 강화도로 보내고서 창왕을 왕위에 앉혔다.

이상이 위화도 회군의 과정을 간단히 추린 내용이다. 그런데 가장 문제가 되는 것은, 과연 그가 내세운 사불가론이 정당한 것이었느냐 하는 점이다. 이 점은 이성계의 쿠데타를 어떻게 평가할 것인가라는, 가장 핵심적인 문제와 연관되어 있기 때문에 대목마다 분석해 볼 필요가 있다.

사불가론 : 정당한 주장인가, 쿠데타의 구실인가

먼저 이성계가 첫 번째로 내세운 이소역대以小逆大, 다시 말해서 조선은 명나라를 칠 수 없다는 다분히 사대적인 명분을 살펴보자.

앞에서 본 바와 같이, 이성계는 북방 지역은 물론 남부 지역에서도 놀라운 전과를 세웠다. 그의 전공만을 살펴본다면 이성계는 당연히 압록강을 건너 요동 정벌에 호응해야 했다. 그런데 돌연히 명나라를 대국이라 칭하며, 천자天子의 죄를 얻을 수는 없다고 하면서 말 머리를 남으로 돌렸다. 게다가 이성계가 회군 전에 명나라 조정과 개인적인 친분 관계를 갖고 있었던 것도 아니다. 더욱 납득이 안 가는 이유는, 수대에 걸친 왕조를 거치면서 원나라의 내정 간섭에 시달려 오던 고려가 그 고리를 끊고 간신히 자주권을 회복하고 구강舊疆을 수복할 절호의 기회임에도 불구하고 친명 사대주의를 내세운 것이다. 여기서 이성계의 회군이 이미 사전에 준비된 것이 아닌가 하는 의혹을 불러일으키게 된다.

이성계가 여러 전과를 올리며 중앙 관직에 진출하면서 가깝게 지낸 인물들은 앞에서 잠시 언급한 신진 관료들이다. 뒷날 조선 건국 사업에 중요한 역할을 한 정도전을 비롯하여 조준·윤소종 등의 인물들과 이성계 사이에, 급진 개혁이나 혁명에 대한 논의가 심도 있게 진행되고 있었다는 점을 쉽게 추측할 수 있다. 이 신진 관료들은 엘리트 계층이지만 세신대족에 비하면 지방 소지주에 불과하여, 기득권 내에서 멀리 떨어져 있었다. 성리학을 사상적 기반으로 닦아 온 신진 세력들은 고려 말기의 사회를 보는 시각이 매우 비판적이었는데, 이들은 유학적 이상 국가 실현을 꿈꾸고 있었다. 그런데 이 이상 국가는 안으로는 민본 사상과 왕도 정치 구현에 있지만, 밖으로는 중국을 유교의 종주국으로 여겨 처음부터 필연적으로 사대주의 사상을 내포하고 있었던 것이다. 이것은 성리학의 기본 이념인 질서의 개념이 구체화된 것이다. 성리학에서는 신분에 의한 질서, 중국과 주변국 사이의 질서를 매우 중요하게 여기고 있다.

이들의 영향을 받은 이성계도 역시 성리학에 심취하게 되면서 명나라에 대한 인식이 점차 바뀌어 갔을 것이며, 따라서 요동 정벌은 그에겐 별다른 의미가 없었던 것이다. 그에게는 국운 회복 운동보다 유교 국가를 건설하는 것이 더욱 중요한 목적이었다. 나중에 조선을 건국하면서 숭유억불 정책을 내세운 것을 봐도 쉽게 판단할 수 있다.

이렇게 봤을 때 이성계가 첫 번째 내세운 이소역대의 명분은 단순히 쿠데타의 구실이라기보다는 사상적 결실이며, 이성계의 입장에서는 정당한 주장이었다. 그에게는 내부 혁명이 더 중요했다. 조선 왕조의 사대주의는 이렇게 해서 국책國策으로 지속되었던 것이다.

두 번째로 내세운 불가론은, 여름철에 군사를 동원하는 것은 부당한 것이라는 주장이다.

출병 당시 시점이 5월이므로 분명히 농촌 일손이 한창 바쁠 때임은 틀림없다. 군사를 일반 농민 가운데서 징집하여 채웠던 실정으로 봤을 때 일면 그의 주장은 타당성이 있다. 그러나 이미 전에 농번기에도 군대는 여러 차례 동원되었다. 국가의 존립이 촌각에 달렸을 때 중세 사회에서 군대를 징집하는 것은 흔히 있는 일이었다. 만일 이런 병폐를 없애려면 지금처럼 일정한 규정하에 전문적인 군대를 키워야 했다. 그런데 조선 왕조에서도 이런 점은 전혀 시정되지 않아, 일반 농민들은 여전히 부역에 시달려야만 했다. 그것은 봉건 질서를 유지하는 전근대적인 국가가 갖는 시대적인 한계점이기도 했다.

또한 이성계의 군사들은 그의 오랜 전적으로 비추어 볼 때 사병私兵의 성격을 지니고 있었다. 그가 가는 곳마다 승리를 얻었다는 것이 사실이라면, 그런 전공이 가능했던 원인은 이성계가 지휘관으로서 뛰어난 점은 물론이고 군사들의 적극적인 호응이 뒤따랐기 때문이다. 『고려사』에 따르면, 위화도에 머무는 동안 도망가는 군사나 병들어 쓰러지는 군사들이 속출하였다고 한다. 그러나 이로 인해 전체 전력 면에서 얼마나 타격을 입었는지는 알 수 없다. 또한 이성계는 가을에는 군량미 공급이 수월하니 좀 더 기다리자고 건의하였다고 한다. 그렇다면 이성계는 요동 정벌 자체를 반대한 것이 아니라 정벌 시기에 대해 반론을 제시한 셈이다. 이렇게 봤을 때 이성계의 진짜 의중을 알기가 쉽지 않다.

결국 위화도 회군 전후의 정세를 판단해 볼 때 이성계는 전부터 급진적인 변혁을 꿈꾸고 있었다는 결론이 나온다. 그는 외세와 싸우는 일보다는 우선 국내 개혁이 시급하다고 판단하였고, 이에 요동 정벌론이 대두되었을 때 사불가론을 내세워 반대했던 것이다. 이성계가 일단 출정 명령에 복종하여 위화도에 머문 것은 변혁의 주도권을 잡을 시간을 벌기 위한 것이 아닌가 싶다.

세 번째로 이성계가 내세운, 왜구 침입에 대한 우려는 당시에 이미 고려 수군이 창설된 뒤기 때문에 그리 큰 문제는 아니었다. 또한 지방군 전체가 이 원정군에 동원된 것이 아니기 때문에 어느 정도 왜구에 대처할 수 있었다고 보인다. 오랜 전쟁 경험을 갖고 있는 최영 등이 이러한 상황을 소홀히 여겼을 리는 만무하다. 만일 요동 정벌을 빠른 시일 안에 마친다면, 다시 원정군을 개편하여 왜구 토벌에 나서면 해결되는 문제였다. 이 점은 당시 다른 부대의 진격 상황과 무관하지 않다.

위화도 회군이 있기 전에 니성泥城에서 중앙 정부에 올린 보고에 따르면, 이성계와 좌도 도통사 조민수의 군대가 출정했다는 소식에 접한 요동 주둔군은 이미 명나라 군대 정벌에 나섰으니, 만일 원정군이 도착하여 도강을 한다면 분명히 승리할 것이라고 하였다. 또한 환성歡城 원수 홍인규·강계江界 원수 이의 등이 먼저 요동에 진격하여 일전을 벌이고 있었고, 요동민들은 고려군 환영 준비까지 마쳤다고 하였다. 이렇게 봤을 때 요동 정벌은 그리 오랜 시간이 걸리지 않았을 가능성이 높다. 게다가 막강한 홍건적 등을 물리친 이성계가 만일 압록강을 건너 요동을 쳤다면, 그의 전적으로 보아 명나라는 퇴패했을 가능성이 높다. 이렇게 봤을 때 세 번째 불가론 역시 회군의 변명에 지나지 않다.

네 번째 불가론인 습기에 활을 사용할 수 없고 병사들이 전염병에 걸릴 우려가 많다는 주장 역시 하나의 구실에 지나지 않는다. 뛰어난 용병술을 지닌 이성계에게 이런 문제는 사실 큰 장애 요소가 아니었다. 오랜 전투 경험을 가진 그는 우기가 아니라 혹독한 추위가 내습하는 한겨울에도 군사를 지휘한 사람이다. 물론 원정 도중에 도망치는 군사가 생기고 실제로 병에 걸리기도 하였지만, 당시로서는 언제나 일어날 수 있는 흔한 일이었다. 오히려 군사들의 사기를 높여 탈영을 방지하고, 위생에 주의를 주어 환자 발생률을 줄여 나가는 등 적극적인 조치를 취했다면 원정에 성공할 수 있는 길은 얼마든지 있었다고 볼 때, 이 네 번째 불가론 역시 회군의 구실인 셈이다. 더욱이 이성계는 이런 내용을 상소함으로써 자기 군사들로부터 더욱 굳은 신임을 얻을 수 있었을 것이다. 언제 죽을지 모르는 전쟁터로 나가기 꺼려하는 것이 모든 군인들의 생리라고 봤을 때, 그는 이를 회군을 성공리에 마치기 위한 세력 규합에 이용한 것이라는 판단도 가능하다.

결국 네 가지 불가론 가운데 이성계가 실질적인 명분으로 내세운 것은 첫 번째 것에 불과하다고 본다. 이것 역시 사대주의적 발상이라는 점에서 비난을 면키 어렵다. 그러나 이성계는 나름대로 계

산이 서 있었다. 그는 우선 세력 장악이 급선무였다. 그러기 위해
서는 외세를 견제할 만한 이념을 내세울 필요가 있었고, 사실 조선
왕조가 성립된 뒤에 이성계는 명나라와 우호 관계를 유지하면서 안
정적인 국가 기반을 닦을 수 있었다.

　이성계의 사대주의는 분명 하나의 정책 차원에서 나온 이념이다.
그러나 이 사대주의가 16세기를 지나면서 껍질만 남은 대의명분으
로 이어지면서 기득권을 유지하는 이데올로기로 작용했다는 역사
적 사실을 상기해 볼 때, 위화도 회군이 갖는 역사적 의미는 그만
큼 과소평가될 수도 있다.

　그런데 여기서 간과해서는 안 될 것이 있다. 사실 고려 말기에는
개인 소유의 대농장 확대로 농촌 경제는 파탄 지경에 있었다. 봉건
국가에서 토지 자체의 국가적 운영이 불가능해지면 그러한 모순은
모든 계층에 확산되어 국가 기강이 흔들리고, 결국은 파국으로 치
닫게 된다. 이러한 사회적 모순이 심화될수록 민중들이 당하는 고
통도 한층 깊어져, 사회 전반에 동요 세력이 등장하게 마련이다. 고
려 말기에는 민중들의 적극적인 저항이 일어나지는 않았지만, 그러
한 의지가 신흥 사대부나 이성계를 비롯한 신흥 무장들에게 반영
되었던 것이다. 이러한 사회적 배경을 안고 위화도 회군이 일어난
것이지, 우발적으로 발생한 행위는 아니었다.

　이후 과전법을 실시하는 등 사회 전반에 걸쳐 개혁을 단행하지
만 지금의 복지 정책과 같은 농민 위주의 정책을 편 것은 아니었다.
그것은 봉건적 사회가 갖는 시대적 한계점이지만, 또한 이것이 붕괴
되면서 근대화의 길이 열린다는 점에서, 즉 한국 역사의 발전 과정
에서 볼 때 조선 건국은 나름대로 봉건 질서가 한층 발전되는 전환

적인 의미가 있다 하겠다.

결국 위화도 회군은 외세와의 전쟁이나 영토 확장보다는 국가 혁명을 더욱 중시한 신진 세력들의 의지가 반영되어 일어났던 사건이었으며, 이로써 한국 역사는 큰 전환점에 서게 되었던 것이다.

【 7 】
수양대군의 쿠데타 :
조선 중기 역사에 막대한 영향을 미친 사건

계유정난(1453년)

그는 조카는 물론이고 동생 둘을 죽였다.

언뜻 들으면 일간지 사회면에서 볼 수 있는 머리기사처럼 보인다. 그런데 이것은 수백 년 전 조선 왕조 역사 가운데 벌어진 왕위 찬탈의 결과였다.

수양대군(세조)은 조선 5대 왕인 문종의 동생이다. 실록에 따르면, 그는 학문은 물론이고 무예에도 뛰어나 문무를 겸비한 사람이었다고 한다. 그는 원래 진양대군으로 책봉되었다가 1445년(세종 27)에 수양대군으로 고쳐 봉해졌다. 그는 세종의 명에 따라 김수온 등과 함께 불서佛書 번역을 감독하였고, 향악 악보 정리도 관장하였다. 수양대군이 왕이 된 후에 불교 중흥에 힘쓴 것을 봐도 그가 불교에 얼마나 심취해 있었는가를 알 수 있다. 물론 세조의 불교 정책은 유교 세력을 견제하기 위한 방편이었다는 역사적 평가도 잊어서는 안 될 것이다.

32년간의 재위 기간 동안 정치, 문화 등 모든 방면에서 부흥 시대를 이룩한 세종이 죽고 문종이 왕위에 올랐다. 수양대군은 1452년에 이르러서는 관습도감도제조慣習都監都提調라는 직책에 임명되어 실무를 맡아 보기도 했다. 그런데 이해에 원래 몸이 약했던 문종이 왕위에 오른 지 2년 2개월 만에 숨을 거두고 말았는데, 정작 왕위를 이을 세자는 열두 살밖에 안 되었다. 그가 바로 단종(1452~1455)이다.

이런 점을 예견이라도 한 듯이 세종은 말년에 김종서, 황보인 등 충신들에게 문종을 잘 보필하라고 신신당부하였다. 그런데 문종은 죽었다.

당시 일반적인 관례에 따르면, 나이 어린 임금이 즉위하게 되면 가장 서열이 높은 왕비가 수렴청정(문자 그대로 해석한다면 발을 친 뒤에서 국사를 지시한다는 뜻으로, 어린 임금을 대신하여 국가를 이끌어 가는 대리 정치를 뜻한다)을 하게 되어 있다. 그런데 단종이 즉위했을 때에는 사정상 대왕대비도 없었을뿐더러, 단종의 친모는 해산한 지 얼마 지나지 않아 산욕열로 죽은 뒤였다. 세종의 후궁이었던 혜빈 양씨가 있었으나 별다른 권한을 지니고 있지 못한 형편이었다.

왕의 나이는 어리고 그렇다고 수렴청정을 할 수 있는 처지도 되지 못한 탓에, 단종을 보필하는 신하들의 권한이 상대적으로 확장될 수밖에 없었다. 그 대표적인 인물이 김종서와 황보인이며, 그 밑으로 집현전을 중심으로 한 신진 세대들인 성삼문 등이 단종의 주위에서 머물고 있었다. 그러나 문제는 간단하지 않았다. 세종에게는 친아들만 해도 여러 명이 있었는데, 그중에 안평대군과 수양대군이 가장 출중한 인물들이었다.

수양대군이 형이긴 하지만 겨우 한 살 차이여서 그런지, 두 사람은 젊어서부터 서로 경쟁 의식을 갖고 살아왔다. 문종이 죽고 단종이 즉위할 즈음에 두 사람의 경쟁심은 겉으로 드러나기 시작했다.

안평대군은 당대 제일의 서예가로 알려질 만큼 학문은 물론이고 그림과 시문, 서예 등 다방면에서 뛰어난 예술적 재능을 갖고 있었다. 즉 예술가적 기질이 농후했다고 볼 수 있는데, 그는 실제로 문인이나 학자들과 모여 시회詩會를 갖는 것을 즐겼다고 한다. 이러한 모임을 통해 안평대군은 김종서나 황보인, 그리고 집현전 학자들과도 밀접한 관계를 유지하였던 것이다. 또한 무예에도 뛰어나 1438년에 6진六鎭이 신설되자 여진족 토벌에 앞장선 일도 있었다. 따라서 수양대군처럼 문무를 겸비했지만 낭만주의적인 요소가 많은 인물이었다.

그래서인지 현실주의자에 가까운 수양대군을 누구보다도 잘 알고 있었다. 그는 단종이 즉위하자 수양대군을 경계하면서, 고명대신인 김종서·황보인 등과 전보다 더 가깝게 지냈다.

일반적으로 수양대군이 역모를 꿈꾸기 시작한 것은 단종 즉위 원년 초기부터라고 한다. 어려서부터 같이 자라 온 그에 대해 가장 잘 아는 사람은 안평대군이었다. 게다가 수양대군의 주변에 권남, 한명회 등 모사꾼들이 모여든다는 소문을 들었을 것이다. 그래서 그는 조카의 왕위 보존을 위해 주위에서 보필할 생각을 갖고 인사 행정 기관의 하나인 황표정사黃票政事를 장악하였다. 그러나 이미 수양대군은 심복 세력을 키워 가면서 거사 기회만 엿보고 있었다.

그는 단종 즉위 원년인 1452년에 사은사로 명나라에 다녀오자 우선 안평대군의 세력권인 황표정사를 폐지하였다. 그는 안평대군이 자신을 견제하고 있다는 것을 알고 있었다. 수양대군은 명나라로 떠나기 전에 권남 등에게 자신의 야망을 털어놓은 상태였다. 그리고 신진 세대의 한 사람인 신숙주를 끌어들이고 홍달손, 양정 등의 무사들도 몰래 양성하였다. 어느 정도 역모 세력이 형성되자 수양대군은 이를 실천에 옮기게 된다.

1453년 10월 10일, 수양대군 일파는 반대 세력의 핵심인 김종서를 제일 먼저 해치우자고 결정짓고 심야에 급한 서류가 있어 왔다고 속이면서 김종서의 집을 급습, 그를 단숨에 철퇴로 내리쳐 살해하였다. 그리고 황보인, 이양 등 주요 대신들을 급한 왕명이 있다고 속여 궁문으로 오게 하여 역시 살해하였다.

주요 반대 세력을 제거한 수양대군은 자기의 동생인 안평대군을 강화도로 귀양 보내고, 후에 교동으로 옮겼다가 사약을 내려 죽였다. 이 과정에서 삼정승은 물론이고, 평소에 자기의 세력과 반대된 입장을 갖고 있다고 판단되는 인물들은 모조리 죽이고 말았다. 그리고 이들에게 모반죄를 뒤집어씌웠다. 이렇게 해도 안심이 안 되었는지 멀리 변방에 있는, 김종서의 심복인 이징옥을 파면하고 박호문이라는 자를 대신 임명하였다. 그는 당시 함길도 절도사로 복무하고 있었다(이것이 이징옥의 반란이 일어나게 된 배경이기도 하다).

유혈 쿠데타에 성공한 수양대군은 영의정·내외병마절도사 등 여러 중직을 독점하는 한편, 쿠데타에 공을 세운 정인지·권남·한명회 등을 정난공신으로 책봉하여 난을 수습하여 나갔다. 그러나 피비린내 나는 살상은 여기서 끝나지 않았다.

여기서 한 가지 짚고 넘어갈 것이 있다. 왜 세조는 이 당시 성삼문 등 신진 세력을 같이 제거하지 않았을까. 물론 수양대군이 세력을 잡는 과정이나 그 후에도 신진 관료들 중에는 그를 추종하게 된 자들도 있어서, 수양대군으로서는 그들을 회유의 대상으로 여겼는지도 모른다. 그런데 더 중요한 이유는, 성삼문 등이 김종서 등 고위 관리들의 대리 정치에도 비판적이었다는 데 있다. 그런 점을 수양대군은 잘 알고 있었기 때문에 이들이 단종 복위 운동을 펼칠 것이라고는 여기지 않았다. 그들은 장차 수양대군이 정식으로 왕이 되었을 때 귀히 쓸 인재들이었던 것이다.

김종서 등은 단종을 보필하기 위해 주로 의정부를 중심으로 하여 합의 형식으로 정사를 이끌어 가고 있었다. 그런데 의정부의 기능이 너무 확대되는 바람에 상대적으로 왕의 권한은 미약해져, 왕의 존재조차 느끼기 힘들 때가 많았다고 한다. 신진 관료들은 이에 대해 비판적인 태도를 보였던 것이며, 그 가운데에는 수양대군을 지지하는 쪽으로 선회한 인물들도 나왔던 것이다. 성삼문 등도 역시 의정부의 월권 행위에 대해서는 불만을 갖고 있었다. 그렇다고 해서 김종서 등이 왕위를 전복할 생각을 품고 있었던 것은 아니었다. 김종서 등은 세종의 유언에 따라, 여타의 쿠데타 세력으로부터 단종을 보호할 생각을 하다 보니 과도한 행동을 했던 것으로 여겨진다. 이러한 점을 잘 알고 있던 신진 관료들이었지만, 단종을 따르는 이들로서는 김종서 등에 대해 비판적인 태도를 견지하였다. 그러던 중 수양대군이 난을 일으키자 아무런 대책을 세우지 못하고 좌시할 수밖에 없었던 것이다.

어쨌든 이러저러한 이유로 간신히 목숨을 건진 일부 신진 관료들은 수양대군의 난이 정당하지 못하다는 데에 합의하고 단종을 복위할 방안을 모색하게 되었으니, 이로 인해 사육신이 생겨나게 된다. 다시 수양대군이 쿠데타를 일으킨 직후로 돌아가 보기로 한다.

충신 대부분을 잃은 단종은 허수아비와 다를 바 없었다. 임금의 자리에 오르는 것 빼고는 모든 관직과 권한을 차지한 수양대군은 단종에게 역모하려던 세력을 제거했다고 알리고, 지금부터는 자신이 보필하겠다고 말하였다. 그리고 대신 실권을 차지하고 내각을 정리하면서 반란의 정당성을 알리는 홍보 정책에 주력하였다. 이것은 적법한 절차를 거쳐 왕위에 오르기 위한 사전 작업이었다. 그는 조카를 내몰고 강제로 왕위에 오르기는 몹시 꺼려졌던 것이다. 이러한 수양대군에 대해 무력적인 반기를 든 이가 바로 이징옥이었다.

이징옥의 반란

수양대군이 이징옥을 파면 조치한 점만 봐도 이징옥이 당시에 어떠한 위치에 있었는가를 가히 짐작할 수 있다. 수양대군은 이징옥이 김종서와 절친한 관계였다는 점에서 그를 첫 번째 제거 대상으로 꼽았다.

이징옥은 어려서부터 무예에 뛰어나고 담력이 컸다고 전해진다. 어머니를 위해 멧돼지를 산 채로 잡아오는가 하면 호랑이를 호령할 정도였다고 하니, 비록 이를 일화라 친다 해도 그가 타고난 장사였다는 것을 쉽게 알 수 있다.

　1416년 8월에 무과 별시에 응하여 장원으로 급제해 관직에 첫발을 내디딘 그는, 세종 5년인 1423년에는 황상의 추천으로 경원첨절제사에 임명되어 아산阿山에 침범한 여진족을 격퇴하는 공을 세우기도 했다. 이것이 계기가 되어 1430년까지 여진족 토벌에 앞장서게 되었다. 경원첨 절제사에 임명될 당시의 이징옥에 대해 「세종실록」에는 다음과 같은 기록이 적혀 있다.

　처음 징옥이 사복시司僕寺라는 벼슬자리에 있을 때에는 사람들이 그의 재주를 모르더니, 황상이 그를 천거하여 북방의 장將이 되자, 이에 그의 출중한 재주를 알게 되었다.

　1436년에 회령 절제사가 되었다가 같은 해에 판경흥도호부사로 전직하면서, 당시 함길도 절세사였던 김종서를 만나 4군 6진 개척 사업에 동참하여 2년 만에 완성하였다. 이런 과정을 통해 이징옥은 여진족에는 가장 두려운 인물로 떠오르게 되었다. 그의 공적에 대해 「세종실록」은 다음과 같이 기록하고 있다.

　근래 10여 년간 여진족이 우리 국경을 넘보지 못한 것은 전시귀, 이징옥, 하경복 등이 잘 싸워 이긴 때문이다.

　그렇지만 「문종실록」에 따르면, 그는 함부로 여진족을 죽이거나 약탈하지 않았으며, 해당 지역의 백성들에게도 선정을 베풀어 높은 지지를 받았다. 이렇게 무장으로서 뛰어난 지략가면서 선정을 베푸니 여진족들이 그를 두려워한 것은 당연한 일이었다. 여진족들이 이징옥을 자기들 편으로 끌어들이려고 여자나 재물을 갖고 찾아와도, 그는 추상같은 호령으로 그들의 유혹을 물리쳤다고 한다. 이렇게 봤을 때 이징옥은 청렴결백한 무장이었다는 점이 분명하다. 따라서 김종서를 스승 이상의 존재로 받든 것은 그의 인품에서 자연스럽게 나온 행동이었다. 이러한 이징옥에 대한, 김종서의 평가를 들어 보면 더욱 확실해진다.

징석(그의 형)과 징옥은 다 명장이다. 그러나 징석은 욕심을 내어 재물을 모으기에 부지런하고, 징옥은 청렴으로 자신을 다스렸다. 일찍이 징옥에게 일러 말하기를 청백은 무복인無福人의 별호니라 하였다.

1435년을 전후하여 동북 개척이 안정을 이루어 나가자, 중앙 정부에서는 여진족에 대해 회유와 동화 정책을 폈다. 이에 한시름을 놓은 이징옥은 모친상을 당해 1438년에 함길도를 떠났다가, 세 달 후에 경상도와 평안도 절제사를 두루 거치게 되었다.

세종이 죽기 한 해 전인 1449년, 그는 20여 년 동안 세운 북방 개척의 공을 인정받아 지중추원사로 승진하였다. 그러다가 문종이 즉위한 1450년에 다시 그에게 북방 책임이 주어져, 전에 김종서가 맡은 적이 있었던 함길도 도절제사에 임명되었던 것이다. 이것은 김종서의 적극적인 추천으로 이루어졌다. 이후에도 이징옥은 몸을 아끼지 않고 맡은 임무를 충실히 이행하였다. 결국 이징옥은 생애의 대부분을 북방 개척에 바쳐, 조선이 안정적인 국방 체계를 갖추

는 데 막대한 공을 세웠던 것이다. 「문종실록」은 이러한 이징옥의
헌신적인 자세에 대해 다음과 같이 언급하고 있다.

본도 절제사 이징옥은 가산을 돌보지 않고 오래 변방에 임사
任事하여 생계가 본래 어려웠다. 또 그의 처가 죽은 지 이미 오래
니 누가 그의 옷을 줄 것인가. 왕이 이 말을 듣고 명하여 옷 세
벌을 하사하였다.

이렇게 봤을 때 청렴결백한 무장 이징옥은 김종서의 총애와 후
원을 받고 있었다는 것을 알 수 있으며, 비록 멀리 떨어져 있지만
같이 북방 개척에 공을 세운 사이고, 둘 다 무장이었던 점 등 공통
점이 많아 스승과 제자같이 매우 친밀한 관계였음을 엿볼 수 있다.
이런 관계를 잘 알고 있던 수양대군은 쿠데타 뒤처리를 위해 변방
의 이징옥에게도 손을 뻗쳤던 것이다.

수양대군은 이징옥을 파면하고 대신 박호문을 은밀히 보내어 쿠
데타를 틈타 일어날 수 있는 외침에 대비하는 한편, 이징옥이 군대
를 일으켜 남하하는 것을 방비할 계획이었다. 그러나 중앙의 정변
소식에 접한 이징옥은 먼저 선수를 쳤다.

그는 수양대군이 임명한 박호문을 죽이는 것을 시작으로 '수양대
군의 난'을 규탄하는 반란을 일으켰다. 그는 병력을 이끌고 북쪽으
로 올라가 종성에 주둔하면서 단종을 복위시킬 만반의 준비를 하
였다. 「단종실록」에는 이때 그가 '대금大金 황제'라고 자칭하고 도읍
까지 설정했다고 하는데, 이를 사실대로 믿기에는 석연치 않다.

우선 「단종실록」은 단종이 죽은 후 어용 사관들에 의해 기록되

었다는 점에서 신빙성에 의심이 간다. 만일 이징옥이 위와 같이 자칭 황제라 하였다면, 그도 역시 수양대군과 별로 다를 바 없는 쿠데타 주모자에 불과할 것이다. 그러나 그의 북방 개척에서 나타난, 무장으로서의 태도나 김종서와의 관계를 고려해 볼 때 조작되었을 가능성이 높다. 물론 사태가 불리해지면 두만강을 건너 여진족과 함께 장기전에 돌입할 준비를 했다는 점에서는, 스스로 황제라고 칭할 수도 있었을 것이다. 그렇다고 해도 스승과 다를 바 없는 김종서가 죽은 직후에 이런 자기만족적인 구호를 외쳤다고 보기는 역시 힘들다. 만일 그것이 사실이라고 해도 단지 수양대군이 세력을 잡자, 그의 반란이 정당성이 없다는 것을 알리기 위해 자신을 황제라 하고 도읍지까지 정한 것이라고 볼 수는 있어도, 수양대군의 반란을 계기로 자기도 권력을 잡으려 했다는 「단종실록」 기록 당시의 해석은 무리가 많다.

어쨌든 이징옥은 반란을 일으켰지만 적은 내부에 있었다. 그는 아들들과 함께 종성판관 정종, 호군 이행검 등의 기습에 말려 살해당하고 말았다.

이징옥의 반란이 있고 난 후부터 조정에서는 이 지역에 대해 차별 대우를 하여, 뒷날 일어난 이시애의 반란의 뿌리가 되었다.

사전 모의로 끝난 수양대군 암살 미수 사건 : 사육신의 항거

이징옥의 난이 실패로 끝난 후 수양대군은 더욱 세력 확장에 힘을 기울여, 마침내 계유정난이 있은 지 약 2년 뒤인 1455년 6월에 정식으로 왕위에 오르게 된다.

수양대군은 측근들의 모의에 따라 단종이 스스로 왕권을 내놓도록 설득, 또는 협박하였다. 단종은 비록 나이가 어리지만 이미 2년 전에 충신들이 죽고 나자 자신은 아무런 권한이 없다는 것을 잘 알고 있었다. 더 이상 버틴다는 것이 무의미하다는 것을 어린 단종은 깨닫고서, 삼촌인 수양대군이 시키는 대로 하기로 결정하였다.

6월 2일의 일이었다. 단종은 안팎으로 반란의 기미가 끊이지 않으니 어린 왕으로서 더 이상 통치할 수 없다고 하면서 옥새를 가져오라고 명하였다. 이에 일부 대신들은 반대하였지만 이미 각본이 짜인 대로 진행되었다.

단종이 옥새를 가져오라고 하자 대신들은 선뜻 나서지 않았다. 그러자 단종은 동부승지 성삼문을 시켜, 상서원에서 옥새를 내와 환관 전균에게 주어서 경회루 아래로 나오게 하라고 다시 명하였다. 성삼문은 당혹감을 감추지 못했지만 어명인지라 할 수 없이 옥새를 가져와 전균에게 건네주었다. 전균은 그것을 가지고 경회루로 가 왕위 계승식을 치를 준비를 하였다.

잠시 후 단종은 경회루로 가서 예정대로 수양대군을 불렀다. 그는 아무것도 모른다는 표정으로 단종 앞으로 나아갔다. 단종은 수양대군에게 옥새를 받으라고 말하였다. 그러나 수양대군은 엎드려 울면서 몇 번이나 사양하였다. 그는 이미 단종에게 측근들을 통해 왕위를 내놓으라고 협박해 놓고서는, 마치 자기는 왕이 되기 싫은데 여건상 부득이하게 왕위를 계승하는 것이라고 세상에 선전하기 위하여 거짓 눈물을 흘렸던 것이다.

수양대군은 옥새를 받고서도 단종의 앞을 떠날 줄을 몰랐다. 겉으로 보면 정말 비탄에 젖은 모습이었다. 그러자 단종은 수양대군을 부축하여 나가라고 명하였다.

밖에는 이미 문무백관들이 즉위식에 대비하여 늘어서 있었다. 수양대군은 익선관을 쓰고 곤룡포를 입은 뒤 즉위식에 임하였다. 그는 사정전思政殿에 들어가 단종을 알현한 뒤에 근정전에서 즉위식을 마쳤다. 왕위에 오른 수양대군은 단종을 상왕上王으로 삼고 창덕궁으로 거처를 옮기게 하였다. 이로써 수양대군의 완벽한 쇼는 일단락되었다.

이날 성삼문은 옥새를 가져오다가 이를 부둥켜안고 참았던 울음을 터뜨렸다. 세손인 단종을 안고 후사를 부탁한다고 했던 세종의 당부가 새삼 머리에 떠오른 탓이었을 것이다. 그리고 수양대군에게 불만을 갖고 있던 다른 대신들은 아연실색하여 아무 말도 하지 못했다. 즉위식이 끝나고 성삼문이 허탈한 마음을 달래며 경회루 근처를 배회하고 있는데, 누군가가 연못에 빠져 죽으려 하는 것을 목격하였다. 바로 박팽년이었다. 성삼문은 황급히 달려가 팔을 잡으며 말렸다.

"비록 지금은 임금이 바뀌었으나, 주상이 여전히 상왕으로 계시니 우리가 살아 있는 한 아직 가능하오. 일을 도모하다가 그때 죽는다 해도 늦지 않소이다."

성삼문의 설득에 박팽년은 마음을 고쳐먹고 수양대군을 제거하는 일에 합세하기로 굳은 결의를 다졌다. 그날 밤 단종의 처소 근처에는 그의 하야를 슬퍼하는 신하들의 울음이 그치지 않았다. 그런 반면에 세조가 된 수양대군은 다음과 같은 취임 소감을 밝혔다.

우리의 태조께서 하늘의 명을 받들어 동방을 차지하시고, 여러 성왕이 대를 이어 밝음과 화합을 거듭하였다. 주상 전하께서 왕위를 계승하신 후에 불행히도 나라에 어려움이 많았는데, 내가 선왕(문종)의 형제고 또한 작은 공이 있어서, 장성한 임금이 아니고서는 근심과 위기를 극복할 수 없다고 하시면서 마침내 대위大位를 나에게 맡기시니 끝까지 사양해도 안 되고, 종친·대신들도 모두 종사의 대계를 사양하지 않는 것이 의무라 하기에 부득불 여러 사람에 따르게 된 것이다.

그리고 매월 2일·12일·22일에는 단종의 거처에 나아가 문안 인사를 올릴 것이고, 만일 유고시에는 다음날 행할 것이라고 전교하였다. 참으로 수양대군의 철두철미한 성격을 엿볼 수 있는 조치라 하겠다.

이렇게 수양대군은 왕위 찬탈이 자신의 뜻과는 아무 상관없이 시대적 요청에 의해 이루어졌다는 것을 누누이 강조하였다. 그러나 신진 관료들을 중심으로 한 일부 대신들은 그의 쿠데타를 반역으로 여기고, 수양대군을 살해할 모의를 시작하였다.

수양대군 암살 계획에 가담한 주요 인물로는, 성삼문을 중심으로 그의 아버지인 성승을 비롯하여 성삼문과 평소 가깝게 지내 온 이개·하위지·유성원·김질 등의 문인들과, 무인 유응부를 비롯하여 단종의 외숙인 권자신 등이 있다. 이들은 단종 복위를 위한 사전 모의를 비밀리 진행시켰다.

그러던 차에 마침내 복위를 꾀할 수 있는 좋은 기회를 맞게 되었다. 수양대군이 즉위한 직후에 명나라 사신이 조선에 들어왔다. 이에 수양대군은 사신을 위해 태평관에서 연회를 베풀기로 하였다. 그는 이 자리에 단종을 참석시켜 자신의 왕위 찬탈이 아무 문제가 없다는 것을 사신에게 보여 줄 계산이었던 것으로 보인다.

이 연회에 성승과 유응부가 운검(雲劍 – 대검의 하나로 행사에 나갈 때 무인들이 차던 칼을 말한다)으로 선발되었다. 임금 곁에서 운검을 할 수 있다는 것은 세조의 목숨이 그들 손에 달렸다는 것이었다.

그러나 이들의 계획을 한명회가 알고 있듯이 세조에게 말했다.

"요즈음 날씨가 덥고 장소가 비좁으니 세자 저하도 입시하지 못하게 하고, 운검도 들여놓지 마시옵소서."

한명회의 말에 세조는 고개를 끄덕였다.

이런 일이 벌어진 줄도 모르고 성삼문의 아버지인 성승과 유응부는 운검을 차고 연회장으로 들어가려 하였다. 그러자 한명회가 나섰다.

"운검을 들이지 말라는 어명이오."

이 말에 성승은 일단 그 자리에서 물러났다.

"아무래도 한명회를 먼저 죽여야겠다."

성삼문은 아버지를 말렸다.

"세자가 오지 않는다고 하니 비록 한명회를 죽인다고 해도 아무 이익이 없을 것입니다."

그러자 옆에 있던 유응부가 칼자루를 굳게 손으로 잡았다.

"지금이 다시는 오지 않을 절호의 기회니 치고 들어갑시다."

그러자 박팽년과 성삼문이 유응부의 손을 잡으면서 말렸다.

"지금 세자가 본궁에 있고 또 운검을 들여가지 못하게 하니, 만일 지금 거사하였다가 경복궁에 있는 세자가 군사를 몰고 온다면 일의 승산을 예측할 수 없소이다. 다른 날 주상이 세자와 같이 있을 때 거사하는 것이 훨씬 나을 것이오."

그러나 유응부는 자기의 뜻을 굽히지 않았다.

"일은 신속히 처리하는 것이 좋은 법이오. 만일 다른 날로 늦춘다면 거사가 들통 날 염려가 있소. 세자가 비록 본궁에 있다고 하나 측근들이 지금 연회장에 모두 모여 있으니, 오늘 한꺼번에 제거하여 상왕이 복위한 뒤 군사들을 풀어 먼저 경복궁을 친다면 세자가 감히 어디로 도망을 갈 것이오? 세자가 아무리 영특하다고 치더라도 지금 같은 기회가 다시는 없을 것이니 난 놓칠 수가 없소이다."

그러면서 유응부는 혼자서라도 거사를 행할 기세를 보였다. 박팽년이 다시 그를 저지하였다.

"지금은 완벽하게 일을 처리할 수 없소이다."

결국 유응부는 성삼문 등의 의견에 따르기로 하였다. 그러나 이것이 단종 복위의 결정적인 실수였음이 뒤에 드러났다.

성삼문의 모의에 가담한 자들 가운데 김질이라는 자가 있었다. 성삼문은 모의 도중 그에게, 만일 거사가 성공한다면 김질의 장인인 정창손은 정승이 될 것이라고 언질을 준 적이 있다. 그런데 계획과는 달리 거사가 연기되자 김질은 생각하였다.

'이것은 하늘이 수양을 임금으로 인정하라는 것이다……'

김질은 궁을 빠져나와 정창손에게 달려갔다.

"일이 잘못될 것 같으니 우리가 선수를 쳐서 수양에게 알리는 것이 좋을 듯합니다."

정창손도 고개를 끄덕이며 세조에게 사실을 알렸다.

수양대군은 성삼문이 모의를 꾸미고 있다는 두 사람의 말을 들

고는 즉시 성삼문에 대한 체포령을 내렸다. 마침내 성삼문은 수양대군 앞으로 끌려나왔다. 수양대군이 물었다.

"역모의 뜻이 있었느냐?"

성삼문은 아무 말 없이 듣고 있다가 말했다.

"김질을 만나고 싶소."

수양대군은 김질을 불러 자기에게 했던 말을 다시 하라고 하였다. 김질은 성삼문의 눈초리를 살피며 말했다.

"성삼문이 역모의 뜻을 품고 있사옵니다."

그러자 성삼문은 갑자기 크게 웃으며 이렇게 말했다.

"모두가 사실이오. 상왕께서 춘추가 한창 젊으신데 물러나셨으니 다시 복위의 뜻을 갖는 것은 신하 된 자로서의 도리인데, 더 이상 무엇을 물으시오?"

그러면서 김질을 향해 고개를 돌렸다.

"네가 고한 것이 오히려 말을 돌린 감이 있구나. 우리의 뜻은 바로 상왕이 다시 복위하는 데 있다."

성삼문의 여유 있는 대답에 격분한 수양대군은 그를 고문하여 동조자들을 대라고 하였다. 성삼문은 같이 일을 꾸민 자들의 이름을 하나하나 대었다. 결국 박팽년, 이개 등 모의 가담자들이 모두 붙잡히고 말았다.

수양대군은 가담자들을 향해 소리쳤다.

"너희들이 어찌하여 나를 배신하는가!"

성삼문은 고개를 들어 수양대군을 똑바로 쳐다보았다.

"원래의 임금을 복위시키려고 하는 것뿐이오. 천하에 누가 자기 임금을 섬기지 않는 자가 있겠소. 그런데 어찌 이것을 모반이라고 하시오. 나의 마음은 세상 사람들이 다 알 것이오. 나리가 남의 나라를 도둑질하여 빼앗으니, 내가 남의 신하가 되어서 임금이 폐위되는 것을 차마 보고만 있을 수 없어 그리 한 것이오. 나리가 평소 곧잘 주공(周公 - 중국 주나라 사람으로서 무왕의 아우다. 그는 어린 조카 성왕을 보필하여 주나라의 기초를 다졌다)을 내세웠는데, 주공이 이런 일을 했단 말이오? 내가 이 일을 하는 것은 하늘에 태양은 하나뿐이고, 백성에게는 두 임금이 있을 수 없기 때문이오!"

수양대군은 성삼문이 자기를 나리라고 부르는데도 흥분을 억제하면서 다시 물었다.

"그렇다면 너는 내가 왕위에 오를 때에는 아무 말도 하지 못하고 나에게 붙어 있다가, 어찌 이제 와서 나를 배반한단 말이냐?"

성삼문은 다시 대답하였다.

"단지 때가 아니었을 뿐이오. 그때 죽을 각오를 하고 저지할 생각도 있었지만, 헛된 죽음을 당하기 싫어 참고 기다리면서 후일을 도모했던 것이오."

"네가 나를 나리라고 부르면서 나의 신하가 아니라고 하는데, 넌 내가 주는 녹을 먹지 않았더냐. 녹을 먹고도 이렇게 했으니 너는 배반한 것이다. 겉으로는 상왕 복위가 목적이라고 하면서 실제로는 네가 스스로 왕이 되려고 했던 것이 아니냐."

수양대군은 성삼문이 분명히 녹봉을 받아 썼을 것이라 판단하고 결정적인 신문을 한 것이다. 그러나 성삼문의 대답은 의외였다.

"상왕이 계시는데 내가 어떻게 나리의 신하란 말이오. 난 나리의 녹을 먹은 적이 없소. 만일 의심스럽거든 후에 우리 집을 적몰(籍沒 - 죄인의 재산을 기록하여 몰수하는 것을 말한다)하여 계산해 보시오.

나리의 말은 하나도 맞는 것이 없을 것이오."

이 말은 사실이었다. 뒤에 성삼문이 죽은 뒤 그의 집을 적몰해 보니 녹봉은 따로 모아 어느 달에 받은 녹봉이라고 써 놓은 채 건드리지도 않았으며, 집에는 뭐 남은 것 없이 안방에는 오직 짚자리가 있을 뿐이었다고 한다.

수양대군은 더 이상 성삼문의 말을 이길 수가 없었다. 그는 격분한 나머지 성삼문에게 혹독한 고문을 가하였다. 쇠를 달구어 성삼문의 다리를 뚫어 버렸다. 그리고 팔은 아예 달군 쇠로 지져 잘라질 정도였다. 그런데도 성삼문은 담담한 표정으로 말했다.

"쇠를 더 달구어 오너라."

이 모습을 지켜보던 주위 사람들은 더욱 놀라워하였다.

그 자리에 신숙주도 나와 있었다. 성삼문과는 매우 절친한 친구였다. 성삼문은 모진 고문을 당하면서도 신숙주를 향해 일갈을 내뿜었다.

"옛날 나와 함께 집현전에서 숙직할 때 영릉(세종의 능호. 세종을 뜻한다)께서 원손(단종)을 안으시고 뜰을 거니시다가 말씀하시기를, 나의 천추 만세 뒤에 너희는 이 아이를 잘 보필하라고 하셨다. 지금도 그 말씀이 귀에 생생한데 네가 그것을 잊었단 말이냐. 네가 이토록 악한 자인 것을 나는 생각지도 못했다."

신숙주는 성삼문의 말에 고개를 돌렸다.

"도승지 신숙주는 승정원으로 물러나 있어라."

수양대군은 두 사람의 관계를 잘 알고 있었기에 어명을 내린 것이었다. 신숙주는 도망가듯이 그 자리에서 물러났다.

수양대군은 평소에 박팽년을 마음속으로 매우 아끼고 있었다.

그는 모의가 진행될 즈음에 박팽년을 충청 감사로 임명하여 외직에 보낸 적이 있다. 그는 박팽년도 가담했다는 말에 놀라 그가 잡혀오자 몰래 사람을 보냈다.

"짐에게 항복을 하고, 성삼문과 함께 모의했다는 것을 부인하면 살려 주겠노라."

이에 박팽년이 말했다.

"나리, 저를 어찌 보고 그런 말을 하오?"

그러나 수양대군은 쉽게 포기하지 않았다.

"네가 이미 나의 신하가 되어 녹을 받아먹었으니 아무리 부인한다고 해도 소용이 없는 일이 아니냐?"

박팽년은 수양대군의 말을 매우 재미있는 예를 들어 통렬하게 반박하였다.

"나는 상왕의 신하로서 충청 감사가 된 것이오. 나리에게 올린 계목啓目에는 한 번도 신臣이라고 표현한 적이 없으며, 또한 녹은 손을 대지도 않았소."

수양대군은 이상하다는 느낌이 들었다. 기억하기로는 분명히 신臣자가 들어 있었던 것이 분명했다. 그는 즉시 박팽년이 올린 계목을 살펴보았다. 그런데 정말 신臣이라는 한자는 없었다. 대신 그 자리에 거巨자가 있을 뿐이었다. 두 글자가 너무 흡사하여 얼핏 보면 거자가 신자로 보였던 것이다. 그리고 뒤에 박팽년의 집을 뒤지니 성삼문과 똑같이 녹을 창고에 두고 봉해 놓았다. 수양대군은 박팽년의 치밀한 성격에 혀를 내두르고 말았다.

다음은 유응부를 국문하였다.

"너는 대체 어찌하려 했느냐?"

무술로 단련된 체격을 가진 유응부는 가슴을 펴며 말했다.

"연회날을 맞이하여 한 자루 칼을 가지고 족하(足下 - 세조를 말한다)를 폐위하고 옛 임금을 복위시키고자 하였으나, 불행히도 간신이 고발하는 바람에 실패하였으니 다시 무엇을 하겠소. 족하는 어서 나를 죽이시오!"

이에 수양대군은 화를 내며 소리쳤다.

"너 역시 상왕을 복위시킨다는 핑계로 사직을 넘보았구나!"

그러고는 살을 도려내는 고문을 가하였다. 유응부는 말 그대로 살이 잘려 나가는 고문을 받으면서도 옆에 있던 성삼문 등을 돌아보며 탄식했다.

"사람들이 서생書生들과는 같이 일을 도모할 수 없다고 하더니 과연 그 말이 맞구나. 지난 연회 때 내가 칼을 쓰고자 하니 너희가 굳이 말리며 만전의 계획이 아니라고 해서 이런 화를 자초하게 되었구나. 너희는 사람이면서도 생각할 줄 모르니 짐승과 무엇이 다르더란 말이냐."

유응부는 연회 때 거사를 하지 못한 것을 천추의 한으로 여겼다. 그는 다시 수양대군을 노려보며 말했다.

"일에 대해 더 알고 싶으면 저 더벅머리 선비들에게나 물으시오."

말이 끝난 유응부는 입을 굳게 다물고 수양대군의 질문에 대답하지 않았다. 수양대군은 유응부가 너무 건방져 보였다. 그는 벌겋게 쇠를 달구어 유응부의 다리 사이에 집어넣게 하였다. 기름불이 지글지글 타오르고 살가죽과 속살이 불에 타들어 갔다. 그런데도 유응부는 얼굴빛 하나 변하지 않고 쇠가 식기를 기다렸다가 말했다.

"쇠가 식었구나. 다시 달구어 오너라."

이개에게는 단근질의 고문이 가해졌다. 그러자 이개가 말했다.

"이것도 고문이라고 하는 것이오?"

이에 수양대군은 질린 나머지 대답을 하지 못했다. 그리고 하위지를 비롯한 나머지 사람들도 혹독한 고문에 시달렸지만, 결코 수양대군에게 굴복하지 않았다.

고문이 끝나고 가담자들은 모두 형장으로 끌려가게 되었다. 수레를 타고 가던 성삼문은 다음과 같은 시를 남겼다.

북소리는 사람의 목숨을 재촉하는데

고개를 돌려 보니 서쪽 해는 점점 저물고 있네.

황천길에는 주막 하나 없을 텐데

오늘 밤엔 누구 집에서 자고 갈꼬.

성삼문이 수양대군에게 잡혀갔을 즈음 유성원은 성균관에 머물러 있었는데, 모의가 발각됐다는 소식을 듣고는 집으로 돌아와 아내와 함께 술을 마셨다. 그리고 사당에 올라간다고 하더니 한참이 지나도 내려오지 않았다. 이상하게 생각한 아내는 급히 사당으로 올라가 보았다. 안을 둘러보던 아내는 유성원의 싸늘한 시신을 발견하였다. 그는 관대冠帶를 입은 채 반듯이 누워, 차고 있던 칼을 빼어 자기 목에 대고 나무 조각으로 칼자루 밑동을 쳐서 자살한 모습이었다. 아내가 영문을 모른 채 남편의 죽음을 슬퍼하고 있는데, 잠시 후 관청 포졸들이 들이닥쳐 시체를 강제로 빼앗아 갔다. 그의 시체는 갈기갈기 찢기고 말았다.

이렇게 해서 역사에서 말하는 사육신(성삼문, 박팽년, 이개, 하위지, 유응부, 유성원)이 생기게 된 것이다. 수양대군은 이 일로 집현전을 폐지하고 거기에 있던 모든 서적을 예문관으로 옮겼다.

수양대군은 사육신의 일을 처리한 후, 단종이 궁궐에 머물고 있으면 역모가 계속될 것이라고 판단하여 그를 하루아침에 상왕에서 노산군魯山君으로 강봉시켜 강원도 영월로 유배 보내고 말았다. 그런데 이즈음에 유배지를 옮기게 된 인물이 있었다. 그는 수양대군의 동생 중 한 사람인 금성대군이었다. 그는 이미 1455년에 수양대군에게 당해 삭녕에서 유배 생활을 하고 있었다. 수양대군은 성삼문 사건을 당한 후, 그를 한양에서 멀리 떨어진 경상도 순흥으로 다시 유배 보낸 것이었다.

금성대군의 단종 복위 실패 사건

금성대군은 세종의 아들로 어머니는 소헌왕후 심씨였다. 1452년, 어린 조카인 단종이 즉위한 후에 그는 수양대군 등과 함께 단종 앞에 나아가 물품을 하사받으면서 보필할 것을 약속하였다.

금성대군 역시 안평대군과 마찬가지로 수양대군과는 평소 사이가 좋은 편이 아니었다. 아홉 살이나 위인 수양대군의 성격을 잘 알고 있던 금성대군은 형식적인 말로 단종을 보필하겠다고 한 것이 아니었다.

1453년, 염려한 대로 수양대군이 김종서 등을 죽이고서 반란을 일으키자 더욱 단종을 보호해야겠다는 결심을 굳혔다. 그러나 수양대군은 이러한 금성대군의 심정을 읽고 있었다. 그는 안평대군에 이어 금성대군마저 죄를 뒤집어씌워 삭녕으로 유배 보내고 말았다. 이때가 수양대군이 단종에게 독촉하여 정식으로 왕위에 오른 1455 년이었다.

1456년에 사육신 사건이 터지고 단종이 노산군으로 강등되어 강원도 영월로 유배될 때 금성대군은 경상도 순흥으로 유배지를 옮기게 되었고, 그는 여기서 본격적인 모의를 하기 시작하였다.

금성대군은 부사 이보흠을 중심으로 유배지의 군사와 향리를 결집시키고, 경상도 안에 있는 지방 양반들에게 격문을 돌려서 뜻을 모아 의병을 일으킬 만반의 준비를 하였다. 그러나 거사가 있기 직전, 관노官奴의 고발로 계획이 사전에 누설되는 바람에 금성대군 등은 체포되어 처형당하고 말았다.

그의 거사 목적은 오직 단종 복위에 있었다. 맏형인 문종이 살아 있을 때 금성대군은 조카의 신병 안전에 대해 부탁받은 적이 있었다. 그는 이러한 맏형의 유언을 받들어 거사를 계획했던 것이다. 아무런 뜻을 품지 않고 있었다면 왕이 된 수양대군의 혜택을 받아 권세를 누릴 수 있었음에도 불구하고 수양대군의 쿠데타를 반역이라고 판단, 단종 복위를 꾀하였으나 운이 따라 주지 않아 거사를 하기도 전에 실패로 끝나고 말았던 것이다.

금성대군은 정조 때에 와서야 육종영六宗英의 한 사람으로 선정되어, 정식으로 그 명예를 회복할 수 있었다.

이렇게 단종 복위 운동은 끊임없이 이어졌지만, 결국 단종은 유배지에서 죽임을 당하게 되었다. 수양대군은 반란의 불씨를 제거할 필요성을 절실하게 느꼈던 것이다.

수양대군이나 그 측근들은 왕의 나이가 어려 정국 혼란이 야기

될 수 있다는 변명을 내세웠지만 조선의 문물제도를 정비한, 9대 왕인 성종도 열세 살이라는 어린 나이에 즉위하였다. 성종이 스무 살이 되는 7년 동안 정희대비가 수렴청정을 하였어도 별로 큰 문제는 없었다.

그렇다면 수양대군의 쿠데타는 정통성을 인정받기 힘들다고 보아야 할 것이다. 이것은 단순히 조카를 죽이고 왕위에 올랐다는 감정적인 차원에서 나온 견해가 아니라, 세조의 왕위 찬탈이 뒤에 이어진 여러 역사적 사건과 깊이 관련되어 있다는 점에서 그렇다. 즉 수양대군이 뿌린 씨는 이후에도 조선 역사의 흐름에 악영향을 끼쳐, 그만큼 역사 발전을 더디게 하였다는 말이다. 이것은 뒤에 이어지는 여러 반란이나 사화를 보면 알게 될 것이다.

물론 세조 이전에도 정도전과 이방원(후에 태종) 사이의 권력 다툼 등 두 번에 걸친 '왕자의 난'이 있었다. 이러한 선례가 있었기 때문에 세조는 왕위 찬탈의 가능성을 쉽게 생각했던 것인지도 모른다. 그러나 왕자의 난은 조선이 건국된 후 아직 왕권이 중앙 집권적인 권력을 획득하지 못한 시대적 상황에서, 개국 공신과 왕실 사이의 암투로 벌어진 것인 만큼 정치적 경쟁이라는 성격이 강하다. 이와는 달리, 세조의 쿠데타는 당시 내외 정세로 봤을 때 그렇게 뚜렷한 명분을 찾아보기는 힘들다.

어쨌든 수양대군에 대한 정통성 시비는 이것으로 끝나지 않았다. 왕위에 오른 뒤에도 그에게는 반란이 기다리고 있었다. 바로 이시애의 반란이다.

【 8 】
이시애의 반란 :
세조의 집권 정책에 정면으로 도전하다

한 가지 의문점 : 토호와 농민들의 연합 투쟁

이시애는 세조 13년인 1467년에 반란을 일으켰다. 따라서 이때
는 어느 정도 세조가 중앙 집권적 체제를 정비하고 여러 가지 정책
을 펼쳐, 안정된 기반 위에서 통치를 할 때였다. 대체로 세조의 통
치가 안정세로 접어든 때를 1466년 전후로 잡는다. 그리고 세조가
죽은 때는 반란이 일어난 다음해인 1468년 가을이었다.

일반적으로 이시애의 난이 일어나게 된 원인에 대해서는 크게 두
가지로 나누고 있다.

첫째는, 세조의 중앙 집권 강화 정책의 일환으로 함길도 수령을
중앙에서 임명하여 기존 토호들의 반발을 샀다.

둘째, 중앙에서 임명된 수령들은 대체로 무인 출신이라 행정적

차원의 통치보다는 무력을 동원한 독재적인 방법으로 그 지방을 다스렸다. 따라서 백성들에 대한 가렴주구가 극성을 이루어 깊은 원성을 사고 있었다.

그런데 여기서 한 가지 의문점이 생기게 된다. 이시애가 반란을 일으킨 세조 13년은, 세조가 이미 중앙 집권적 정책을 성공리에 펼치는 상태였으며, 게다가 군사력을 증강하여 막강한 군대를 조직해놓은 뒤였다. 보통 반란은 대체로 정치적으로 혼돈하거나 중앙 정부의 군사력이 미약할 때, 또는 외침外侵이 자주 일어날 때 등 국가적으로 위기에 처했을 때 일어나게 마련이다. 그러나 이시애는 국가 기강이 안정되어 있고 중앙 정부의 군사력이 극대화되어 있는 현실 속에서 반란을 일으켰다. 이것이 바로 의문점이다. 그는 왜 그런 위험한 모험을 자초했을까.

이 의문점을 풀기 위해서는 함길도가 갖고 있는 지방적, 역사적 특성을 먼저 살펴보아야 할 것이다. 이것은 또한 이시애의 난이 일어난 원인과 밀접한 관련이 있음은 물론이다.

함길도는 본래 숙신국肅愼國의 땅이었다. 이곳을 관북 지방이라고 부르기도 하는데, 다른 명칭으로는 읍루·말갈·물길·여진 등이 있다.

고구려가 이곳에 있던 동옥저를 멸해 통합하였고, 신라의 영토는 한때 영흥평야에까지 다다른 적이 있었다. 7세기에 들어서서 발해는 영흥을 중심으로 신라와 경계를 이루었고, 신라 말기에 중앙 정부의 권력이 미약해짐을 틈타 이 지역을 여진족이 차지하게 되었다.

다시 이곳이 복구된 것은 잘 알려진 바대로 고려 예종 때 9성을 개척하면서다. 그러나 2년 후에 금나라를 세운 여진족과 화친을 맺

기 위해 다시 9성을 내어줌으로써 함길도는 여진족의 전초 기지가
되었다.

원나라가 강대해져 금나라를 멸망시키고 난 뒤에 이곳은 원나라
의 통치권에 들게 되었다. 그러다가 14세기 중엽, 원나라가 명나라
에 밀려나는 틈을 타서 공민왕의 북진 정책에 따라 쌍성총관부를
공략하는 등 원나라의 지배권에 들어 있던 8개 주를 수복하여, 함
경산맥 동쪽 해안의 칠보산 남쪽이 고려의 영토로 흡수되었다.

원나라가 멸망한 뒤에는 다시 여진족이 이 지방을 넘보게 되었
고, 태조인 이성계는 계속된 정벌에 나서 국경을 두만강 하류까지
넓히게 되었다. 태종 때에는 여진족을 회유하기 위해 무역소를 설
치했으나 침공이 빈번해지자 다시 강경책으로 돌아, 여진족과 일대
접전을 벌이기도 했다.

함길도가 안정세를 보이기 시작한 것은 세종 대에 와서다. 세종
은 북방을 정비하고 안정된 정권 유지를 위해 김종서, 이징옥을 중
심으로 4군 6진을 개척하게 하였다. 특히 6진은 여진족의 침범이
잦은 두만강 중류에서 하류에 이르는 지역에 설치한 여섯 개의 전
진 기지를 뜻하는데, 6진 개척으로 함길도는 백성들의 안정된 생활
터전으로 자리잡혀 나갔다. 또한 4군 6진의 개척으로 말미암아 한
반도 전체가 조선의 영토로 굳어지게 되었다.

이렇게 함길도는 역사적으로 이민족의 침범이 잦고 이주가 많아
서 일반 백성들이 거주하기 꺼려한 곳이었다. 그러나 이곳을 영토
로 유지하기 위해서는 거주민이 생존해야만 했다. 그래서 고려 때
에도 남부 지역의 백성들을 자발적으로 또는 강제적으로 이주시켜
야 했다. 이때 이성계의 선조도 전주에서 이주하여 토호로 자리잡

게 되었던 것이다. 남부 사람들의 이주는 조선에 들어와서도 계속되어, 함길도는 여러 지방에서 모인 백성들로 구성된 특수한 지방으로 자리잡게 되었다.

이러한 이주 정책으로 말미암아 부작용이 생긴 것은 당연한 일이었다. 당시 통상적인 관념상 고향을 따로 두고 타지에 와서 자리잡고 산다는 것은 쉬운 일이 아니었다. 이시애의 난이 일어난 배경에는 이렇게 특수한 역사적 배경이 깔려 있었던 것이다.

일반 백성들, 특히 농민들은 함길도를 개척하여 생활 터전으로 만들어 갔다. 그런데 세조 때에 와서 중앙에서 파견된 수령들의 가렴주구가 극심하여, 가뜩이나 이주 자체에 대해 누적된 불만이 있는 상태에서 깊은 원한을 갖게 된 것은 어찌 보면 자연스러운 일이었다. 수령들의 가렴주구는 다른 지방에서도 마찬가지였지만, 함길도가 갖고 있는 특수성 때문에 그 정도가 다른 지방보다 상대적으로 매우 심한 편이었다. 이에 대해서는 먼저 세조 정권의 특성을 살펴본 뒤에 원인 분석을 할 때 다시 살피기로 한다.

대체로 쿠데타에 의해 정권을 장악한 통치자들은 자신도 똑같은 일을 당할지도 모른다는 불안감에 휩싸이게 마련이다. 언제 다시 반대 세력이 형성되어 자신에게 반기를 들지 모른다는 부담감이 상존하게 되는 것이다. 그래서 쿠데타 또는 혁명에 성공하여 정권을 장악한 통치자들에게 공통적으로 나타나는 정책은 중앙 집권 강화다. 특히 세조의 경우에는 조카와 형제들을 죽이면서까지 잡은 왕권이기 때문에, 어쩌면 그 불안감은 쉽게 가시지 않았을 것이다. 따라서 조선 왕조 5백 년을 통틀어 가장 강력한 중앙 통치를 행한 임금이 있다면 단연 세조를 꼽을 수 있을 것이다.

조선사를 통사적으로 볼 때 왕권이 안정되고 조선이라는 국가의 기반이 잡히게 된 시기도 세조 대였다. 선왕인 태종이 왕위 계승 싸움에서 승리한 후 왕권의 기초를 어느 정도 닦아 놓았기 때문에, 4대 왕인 세종은 문화 정치를 마음껏 펼칠 수 있었다. 따라서 병약한 문종과 단명한 단종을 지나 세조에 이르러서는 선대가 세워 놓은 정치·사회 제도를 기반으로 하여, 왕권 강화의 차원에서 강력한 정책을 펼칠 수 있었던 것이다.

그런데 문제는 세조의 중앙 집권적 통치로 생긴 부작용이었다. 세조는 부국강병을 최우선 목적으로 삼고 국방 강화 정책을 폈으며, 이를 위해 군역을 재정비하는 한편 단종을 살해함으로써 반대 세력을 완전히 제거한 지 2년 뒤인 1458년부터 호적을 개정하고, 1459년 2월부터 호패법을 실시하여 누락되는 부역 대상이 없게 하였다. 세조는 군제를 개편하여 오위 체제五衛體制를 세웠고, 연해 지방에만 설치하였던 영營과 진鎭을 전국에 걸쳐 내륙 지방으로 확대하여 거진巨鎭 중심의 방위 체제를 구축하였다. 이 방위 체제의 특징은 어느 지역에서 전쟁이 일어난다 해도 다른 지역과 연계하여 적을 막을 수 있다는 데 있다. 이렇게 막강한 군사력이 형성된 상태에서 이시애의 반란이 일어났던 것이다.

이시애의 반란은 왜 일어났는가

첫째, 함길도만이 갖고 있는 지리적, 역사적 특성이 반란의 배경이 되었다.

함길도의 특성을 한마디로 말한다면 여진족의 침범을 막는 교두보라고 할 수 있다. 여진족의 침범은 세조 때에 와서도 여러 차례 발생하였다. 1460년, 여진족은 두만강 중류에 위치한 회령을 침범하였으나 곧 격퇴되었다. 전투에 진 여진족은 강을 건너 도주하였다. 그러고도 얼마 지나지 않아 여진족은 종성, 부령, 경성 등으로 침입해 들어왔다. 이즈음에 신숙주 등이 나서서 두만강 건너의 여진족을 정벌하기도 했다.

그러나 조선 건국 이래로 취한, 여진에 대한 강경책은 정책의 전부일 수는 없었다. 또한 여진족과의 전투가 시간이 지날수록 소모전이 될 가능성도 높아져, 회유책으로 전환하지 않을 수 없었다. 그래서 경원 등지에 무역소를 설치하여 농기구나 양식 등을 공급하거나 귀화나 조공을 종용하여 이에 응하는 자들에게는 관직과 살 집을 마련해 주어, 다른 여진인들에게 자극이 되도록 하였다. 원래 반농, 반수렵을 하는 여진족이었기 때문에 이러한 조선의 회유 정책은 어느 정도 효과가 있었다. 그러나 이에 응하지 않고 무력 침공을할 때에는 가차없이 정벌로 대처하였다.

그러나 여진족의 침공 위험은 언제나 도사리고 있었다. 따라서 일반 백성들은 침범에 대비하여 성을 축조하는 등의 부역에 시달리고, 게다가 항상 생명의 위협을 느껴야만 했다. 함길도에는 늘 이런 불안감이 감돌고 있었다.

이런 와중에 귀화해 오는 여진인이 입경하기 위해 함길도에 머무르는 동안에 드는 경비도 부담해야만 했다. 세조는 중앙 집권을 강화하고 변방의 안정을 도모하기 위하여, 세종 때에 귀화인의 수를 제한하던 것을 철폐하고 무제한으로 귀화인을 받아들였다. 이러한 점에 함길도 백성들이 불만을 갖지 않을 수 없었다.

둘째, 중앙에서 파견한 수령들의 가렴주구가 매우 극심하였다.

세조 전에는 원래 국방 강화를 위해 함길도 출신에서 뽑아 수령을 삼았다. 그런데 세조는 이징옥의 반란을 겪은 후, 함길도에 대한 통치를 강화하기 위해 중앙에서 사람을 보내어 함길도를 관리하였다.

그런데 이들 관리들은 지방 토호들의 의견이나 함길도가 갖고 있는 특성을 무시한 채, 치부를 하고 폭력을 휘두르는 등 가렴주구를 일삼았다. 세조가 중앙 사람을 임명했다는 것은 결국 이 지방 출신의 등용을 억제했다는 뜻이다. 쿠데타로 세력을 잡은 세조로서는 이곳이 여진족과 접경하고 있어 반역을 일으킬 가능성이 높다고 보고, 이곳의 인재들을 중앙에 진출시킨다는 것은 있을 수 없는 일이라고 판단한 것이다. 물론 이전에도 지방 차별은 있어 왔다. 가령 묘청의 반란이 있고 난 후부터 평안도와 함길도 출신의 등용을 꺼려 온 것은 사실이지만, 세조의 경우에는 특히 이 점에 대하여 민감하였다.

지역적 특성 때문에 고려 시대에 이미 막을 내린 지방 호족이 함길도에는 잔존하고 있었다. 이시애의 선조들은 길주에 자리잡아 호족으로 성장하였으니 그는 지방 호족 출신인 셈이다. 그러므로 수령을 직접 중앙에서 파견하는 등의 차별 대우에 대해, 이시애를 비롯하여 그 지역 실력자들이 반발심을 갖게 된 것은 당연한 일이었다.

결국 일반 백성들은 중앙에서 파견된 관리의 가렴주구에 대해 극도로 원성을 갖고 있었던 것이며, 지방 실력자들은 세조의 지역 차별 정책에 심한 불만을 지니게 되었던 것이다. 지방 호족들의 불만은 여기에서 그치지 않았다.

세조가 직전법을 시행한 때는 1466년이었다. 직전법은 한마디로 말해서 현직 관리에게만 토지를 지급하는 제도를 말한다. 원래 과전법 아래에서는 퇴직자들이나 유공자 가족 등에게도 토지가 지급되었다. 그러나 과전법으로 말미암아 지급해야 할 토지가 증대하여 한 계점에 도달하게 되었다. 세조는 이런 병폐를 없애기 위해 재직 기간에 한에서만 토지를 지급하였던 것이다. 그런 한편 계유정난 때를 비롯하여 세조가 세력을 잡는 데 공을 세운 훈신들에게는 공신전 등을 지급하여 경제적 특권을 줌으로써, 정책에 형평성이 없다는 비난을 면키 어렵게 되었다. 게다가 호패법의 실시로 지방 실력자들이 거느리고 있던 인력이 군대로 편입되는 바람에, 상대적으로 세력이 약화될 수밖에 없었다. 이런 세조의 통치에 지방 토호들은 불만을 갖게 되었으며, 함길도의 경우도 마찬가지였던 것이다.

이렇게 봤을 때 위에서 가진 의문점은 자연스럽게 풀리게 된다. 결국 왕권이 안정되어 있는 시점에서 일어난 이시애의 반란은, 세조의 중앙 집권 정책으로 인해 상대적인 손실을 입은 지방 토호의 불만과 가렴주구를 일삼는 중앙 출신 수령에 대한 일반 농민들의 원성이 공통분모를 찾음으로써 가능했던 것이다. 따라서 군사력이 극대화된 상황 속에서 일어난 이시애의 반란은, 다른 반란과는 그 발생 배경이나 성격이 판이하게 다르다고 볼 수 있다(소외된 상층부와 농민이 연합하여 반란을 일으킨 경우를 홍경래의 반란에서도 찾아볼 수 있다).

반란의 전개 과정 : 북청 전투와 만령 전투

반란이 진압된 후 체포된 이시애의 공초(문초 내용)를 보면 이미 3년 전부터 봉기를 생각하고 있었다는 것을 알 수 있다. 물론 구체적인 계획을 짠 것은 1467년 초에 모친상을 당해 기거하는 동안, 아우인 이시합과 매부 이명효와 긴밀한 모의를 시작할 무렵이었을 것이다. 1467년에서 3년 전이면 세조의 정권이 전성기를 이룬 때며, 상대적으로 지방 토호나 농민들의 반발이 심화되기 시작한 시점이라고 볼 수 있다. 이시애는 함길도 전반에 걸쳐 토호나 농민들의 불만이 고조되어 가고 있다는 것을 손쉽게 읽을 수 있었으므로 봉기의 뜻을 품게 되었다. 이성계와 함께 동녕부 정벌에 나섰던 이원경의 손자인 이시애 자신도 막강한 토호라는 점에서, 이권 상실과 중앙 출신 관료들에 대한 불만을 갖고 있었던 것이다.

또한 이시애가 반란을 꿈꿀 수 있었던 이유는 자신이 함길도의 지리적 특성을 잘 알고 있었기 때문에, 실제로 관군과 전투를 벌인다 해도 유리할 것이라는 판단을 했기 때문이다. 함길도는 산세가 매우 험해 외부로부터 침입하기가 곤란한 데다가, 6진을 중심으로 한 주둔군은 수차례에 걸친 전투 경험을 토대로 막강한 군사력을 지니고 있었다. 이시애는 이런 점을 십분 활용한다는 전제에서 반란을 일으켰던 것이다.

나름대로 봉기의 성공 가능성을 점친 이시애는 그 목적을, 북도를 점령한 후에 수년 뒤에 군사를 배양하여 한양을 친다는 것으로 세웠다. 따라서 이시애는 정권 탈취를 봉기의 궁극적인 도달점으로 잡았다는 것을 알 수 있다.

이시애가 이렇게 뜻을 품을 수 있었던 근본적인 원인은 바로 세조가 쿠데타로 정권을 잡았기 때문이다. 이시애는 세조 정권의 취약성을 정면으로 공략하려 했던 것이다. 만일 이시애의 반란이 성공하여 함길도와 평안도 지방을 장악했다고 가정해 볼 때, 그는 분명히 세조의 찬탈 행위를 비난하는 격문을 써서 전국에 배포했을지도 모른다.

반란의 성공을 위해 이시애가 제일 중요하게 여긴 것은 역시 농민들의 호응을 얻는 것이었다. 농민들은 수령들의 가렴주구와 신세포라는 명목하에 징수를 당해 온 터라 이미 그들의 마음은 동요하고 있었다. 신세포는 원래 미신 타파를 위해 무당들에게 부과하던 것인데, 함길도와 강원도 등지에서는 일반인들에게도 이를 적용하였던 것이다. 이런 불법이 만행되었기에 민심은 폭발 직전에 이르렀다.

이시애는 반란을 일으키기 전에 다음과 같은 유언비어를 사방에 퍼뜨렸다.

> 하삼도(下三道-충청, 전라, 경상) 군사들이 수륙 양면에 걸쳐 함길도로 진격해 오고 있다. 충청도 군병은 배를 타고 경상도와 전라도에 와서 정박하고 있다. 조정에서 평안도와 황해도 병사를 보내어, 설한령을 통해 북도로 들어와 장차 본도 사람들을 모두 죽이려 한다.

이시애는 당시 오랫동안 지속되어 온 지역감정을 최대한 부각시켰다. 만일 위와 같이 남부 사람들의 침입이 사실이라면, 그동안 소외감에 시달려 온 함길도 백성들로서는 도저히 참을 수 없는 일이었다. 소문은 꼬리를 물고 퍼져 나가 민심이 동요하기 시작했다. 시간이 지나면서 도민들 가운데에는 이시애가 퍼뜨린 말을 사실로 받아들이는 이들이 늘어 갔다. 이시애의 예상은 적중했다.

이런 가운데 드디어 반란을 일으킬 수 있는 좋은 기회를 잡게 되었다. 1467년 5월 10일, 함길도 절도사 강효문은 각 진鎭을 순찰하기 위해 이시애의 고향인 길주에 와 있었다. 그는 가렴주구를 일삼는 중앙 출신의 대표 격으로서 이미 악명을 떨치고 있었다. 이시애의 입장에서는 다시는 오지 않을 절호의 기회였다. 이시애 등은 한밤중에 강효문의 숙소를 기습하여 그를 살해하였다. 그리고 길주 목사 설정신, 부령 부사 김익수, 판관 박순달, 군관 성이건, 김수동 등 중앙 출신 관리들을 차례로 칼로 베어 죽였다.

5월 10일에 있었던 암살 사건은 이시애의 철저한 계산에서 비롯된 것이다. 중앙 출신 관리들은 토호나 농민들 모두에게 공통적인 적이었다. 토호들은 중앙 진출을 막고 있는 관리들을 적대시하고 있었고, 농민들 역시 수탈과 억압을 일삼는 관리들을 증오하고 있었다. 이시애는 양 계층 모두의 호응을 유도하기 위해 직접적인 불만 대상인 중앙 출신 관리들을 처단했던 것이다. 이것은 반란 직후 함길도 대부분의 토호나 농민들이 반란에 동조 또는 직접 참여했다는 점을 봐도 쉽게 알 수 있다.

이시애는 이 암살 사건을 묘한 술책에 이용하였다. 그는 담대하게도 이극기라는 측근 한 사람을 한양으로 보내어 강효문이 한명회·신숙주 등과 함께 모반을 결행하려 했기 때문에 강효문 등을 죽였으니, 이는 반란이 아니라 의거라는 뜻을 전달하였다. 그러면서 도민들에게는 세조의 뜻을 받들어 역모를 계획하고 있던 강효문 등을 죽였다고 하면서 지지를 호소하였다. 이시애는 이후에도 두 번 더 거짓 보고문을 올려 중앙 정부가 혼란에 빠지도록 유도하였다.

이시애의 이러한 술책은 중앙의 권력을 분산해 약화시키는 것을 노린 고도의 심리전이었다. 실제로 세조는 자기의 오른팔이나 다름없는 신숙주 등을 의심하여 궁궐 내에 구금시켰다. 또한 도민들로서는 이유는 상관없이 중앙 출신 관리들이 처단됐다는 말에 매우 고무적인 반응을 보였다.

강효문 등을 살해하는 일에 성공한 이시애는 함길도 절도사라고 자처하고 지방 세력가들의 근거지인 각 유향소에 전달하기를, 중앙에서 온 관리들은 누구를 막론하고 모두 죽이라고 명령하였다. 이런 전달이 가능했던 것은 이시애가 이미 다른 지역의 토호들과 연계 조직을 정비해 놓았기 때문이다. 그는 모친상을 당하기 전에 봉기에 대비하여 다른 토호들과 접촉을 가져 왔던 것이다.

이시애의 명령이 떨어지자 함길도는 순식간에 살육의 장으로 변하고 말았다. 강효문의 죽음에 사기가 오른 토호나 도민들은 중앙 출신 관리들을 무조건 그 자리에서 살해하였다. 어느 곳에서는 그 정도가 심하여 한양 출신이라고 하면 신분에 관계없이 죽였다고 한다. 이것은 곧 함길도가 그동안 얼마나 지역적 차별과 수탈을 당해 왔는가를 반증해 주는 실례라고 볼 수 있다.

이때 살해된 자들 중에 세조에게 반란군의 동향을 알리며, 먼저 마운령 등을 점령할 것을 건의한 신면이 있었다. 이시애는 신면을 죽이고 나서 태연하게 중앙에 보고서를 보냈다.

신면은 난신 신숙주의 아들로 역모하여 남도의 군사를 이끌고 도내의 백성들을 살육한 후, 다시 대군을 이끌고 상경하여 반역하려고 해서 그를 죽이고, 또 그에게 동조한 체찰사 윤자운도 잡아 가두었나이다.

그러면서 이시애는 본도 출신의 인재들을 뽑아 관리로 임명한다면 민생이 안정될 것이라는 말을 덧붙이는 것을 잊지 않았다. 이렇게 반복된 보고가 올라오자 세조는 신숙주 등을 옥에 가두었던 것이다. 실제로 누가 반역자인지 객관적으로 판별할 수 없었기 때문이다.

그러나 이미 함길도 전체는 반란의 피바람으로 가득 차올랐다. 이제 문제는 이런 격렬한 분위기를 어떻게 조직해 내는가에 그 관건이 달려 있었다. 반란에 가담한 농민들은 부역으로 군 생활을 하고 있는 이들이 대부분이었기 때문에, 군사 훈련 같은 기초 작업은 필요하지 않았다. 오랜 전투 경험을 지니고 있는 함길도 농민들에게 필요한 것은 빠른 시일 안에 일정한 조직력을 지니는 것뿐이었다.

세조는 신숙주 등을 옥에 가두면서도 이시애가 반란을 일으키고 그것을 조작해 낸 것이라고 결론지었다(세조는 얼마 가지 않아 이들을 다시 풀어주었다). 세조는 조카인 구성군 이준을 함길도·평안도·황해도·강원도 등 4도의 병마도총사로 임명하고, 호조판서 조석문을 부총사로 삼았다. 또한 강순, 어유소, 남이 등을 대장으로 삼아 6도 군사 3만 명을 절도사의 근거지인 함흥으로 급파하였다. 이때가 5월 18일경이었다.

이미 이시애는 길주에서 단천·북청·홍원으로 남하하면서 중앙에서 파견된 그곳 관장을 모두 죽이고 스스로 왕명을 받은 절도사라고 칭하며, 중앙 출신 관리들을 죽이거나 사로잡고 있었다. 이와 같이 반란군의 기세가 너무 강해지자, 구성군 이준이 이끄는 관군은 철원까지 나아갔으나 더 이상 진격을 하지 못하였다.

사태는 급박하게 돌아갔다. 예상보다 반란군의 기세가 만만치 않다고 판단한 세조는 각도에서 군사를 징발하여 다년간 함길도에서 근무한 경험을 갖고 있는 도총관 강순을 진북대장鎭北大將으로 임명한 뒤, 평안도 병사 3,000명을 주어 평안도 경계에 위치한 영흥 쪽으로 진격하게 하고, 병조참판 박중선을 평로장군平虜將軍으로 삼아 황해도 병사 500명을 주고서 문천으로 들어가게 하였으며, 장군 어유소에게는 경군京軍 1,000명을 주어 구성군 이준을 돕게 하였다.

또한 중앙에서 지휘를 맡고 있던 세조는 각종 효유문을 내려보내는 동시에, 반란군 일당을 체포할 경우에 후한 상금을 주겠다고 선언하였다. 그러는 한편 북방 지역의 유향소와 6진 등에 밀사를 보내어, 이시애의 반란에 동요하지 말고 반역자를 체포하라는 말을 퍼뜨렸다. 그러나 이러한 밀사 파견은 그리 큰 효과를 보지 못하였다.

한편 이준이 이끌고 한양을 떠난 관군은 함길도 경계 지역에 도달해 있었다. 그러나 신면을 죽이는 등 함길도 일대는 반란군의 기세가 올라 있어 함부로 진격을 하지 못했다. 이준은 전면 공격을 보류하고 허종을 선봉장으로 삼아 앞으로 나아가게 하였다.

한양을 떠난 지 이틀 뒤인 5월 20일, 허종은 선봉 부대를 이끌고 안변에 도착하였다. 원래 허종은 덕원까지 밀고 들어가려 했으나, 이시애가 자칭 절도사라고 사칭하면서 이미 민심을 동요시킨 뒤기 때문에 신변 안전에 위협을 느낀 나머지 안변에 머물게 된 것이다.

허종은 안변에 머물면서 무엇보다도 민심을 돌이키는 것이 중요하다고 판단하였다. 이에 허종은 포섭 작전에 나섰다. 그는 주로 함길도 출신 사람 몇 명을 보내어 고을 장로들을 설득, 이시애의 반란에 동조하지 말라고 회유하는 한편 조정의 뜻을 이시애에게 전달케 하였다. 또한 6진에도 사람을 보내어 이시애가 반역을 일으켰다며 조정의 뜻에 따르게끔 공작을 폈다. 이러한 선무 공작이 효과를 보아, 반란군에 억지로 참여한 차운혁 등을 골라 집중적으로 설득한 끝에 이시애의 동생 이시합이 이끄는 부대를 공격케 하였다. 그러나 결국 이들은 반란군에 잡혀 죽고 말았다. 이시합은 홍원의 파탄동으로 나아갈 때 기습에 말려 한때 갑사 출신인 차운혁에게 사로잡히기도 했으나, 속임수를 써서 빠져나온 뒤 역습으로 차운혁을 처치했던 것이다. 이렇게 관군과 반란군은 전투를 앞두고 민심을 자기편으로 돌리기 위해 치열한 심리전을 벌였던 것이다.

앞에서 이시애가 중앙에 보낸 보고서에 보면 윤자운을 사로잡았다고 했다. 그런데 『연려실기술』 등에 따르면 그는 당시 상당히 신망받는 인물이었다고 한다. 그가 어떤 연유로 반란군에 잡혔는지 분명한 이유는 알 수 없지만, 추측건대 한양 출신이라는 점 때문에 생포된 것이라고 본다. 그런데 반란군 중에 조여규라는 자가 그를 죽이는 것을 끝까지 반대하여, 윤자운은 이시애의 손에서 풀려나게 되었다. 이때가 6월 1일이었다.

체찰사 윤자운이 이시애 진영에서 탈출해 나온 후인 6월 4일, 구성군은 철령을 넘어 안변으로 들어가는 한편, 허종은 영홍으로 밀고 들어가 반란군에 대한 포위망을 압축해 나갔다. 이미 이준이 이끄는 진영 내에 지원군이 계속 도착하고 있었고, 군량미나 무기 등 전투를 위한 만반의 준비가 갖추어져 있었다. 영홍을 거친 허종은 마침내 함홍으로 들어가 민심을 수습하고 치안을 회복하였다.

당시 반란군은 함홍, 관군은 영홍에서 서로 대치하고 있었다. 세조는 효유문으로 반란을 평정하려 했던 온건책을 취소하고, 옥에 갇혀 있던 신숙주 등 중신들을 풀어주면서 직접 토벌에 나서겠다는 의사를 밝혔다. 이시애는 이 같은 세조의 강경책에 당황한 나머지 후퇴하여 북청을 거쳐 이성利城에 근거를 두었다가, 다시 북청으로 나와 교두보를 확보한다는 계획을 세웠다. 다시 말해서 작전상 후퇴였다.

어쨌든 이시애가 후퇴하자 구성군 이준은 관군을 이끌고 6월 19일에 함홍을 점령한 뒤, 홍원으로 나아가 서쪽인 함관령 아래 신원을 근거지로 하여 전군을 지휘하였다. 구성군은 강순을 북청 공략의 선봉으로 삼고 종개, 산개에 진지를 구축하였다. 강순은 이에 따라 어유소, 허종, 박중선 등을 대장으로 삼은 뒤 북청 앞의 평포에 진을 쳤다. 그리고 이시애의 본거지인 길주를 향하여 진격한다는 작전을 세웠다. 이 북청에서 양군 간의 첫 전투가 벌어진 것이다. 그런데 관군은 이시애의 군대가 이미 북청을 빠져나갔다는 사실을 모르고 있었다.

관군이 함홍을 점령한 날인 6월 19일에 이시애는 벌써 북청에서 벗어나 후퇴한 상태였다. 그는 6진의 군대를 중심으로 군사력을 증강한 뒤 길주에서 남으로 내려오고, 이시합과 매부 이명효 등은 나머지 군대를 이끌고 합세하여 북청으로 향하였다. 반란군도 2만여 명이 넘는 대군이었다.

이시합은 군졸을 이끌고 북청 근처인 여주을현에 주둔하는 한편, 이시애는 단천 이북의 여러 진군鎭軍과 여진족 500여 명을 합쳐 이성 고사리포에서 북청 어소於所로 나아갔다. 양군 사이의 전투가 임박한 것이다.

6월 24일, 이시애가 이끄는 반란군은 야음을 틈타 관군을 공격하였다. 관군은 반란군이 북청을 떠난 사실을 모른 채 북청으로 진격해 들어갔다가 도리어 포위당한 상태였다. 반란군은 진중을 향하여 화전火箭을 쏘아댔다. 반란군의 북소리와 함성 소리가 사방을 뒤흔들었다. 이에 반해 관군은 말에 재갈을 물리고 다리를 묶어 움직이지 못하게 하는 동시에, 성문을 굳게 닫고는 반란군의 공격에 대응하지 않았다. 일체 소리를 내지 않으니 마치 진중에 사람이 없는 것처럼 보였다. 관군을 이끄는 강순은 포위당한 것을 알고 북청을 사수할 결심으로 김교라는 자의 건의에 따라 목책을 두르고 또 밖에는 녹각(사슴뿔 모양으로 대나무로 짜서 만든, 적을 막는 물건)을 늘어놓는 한편, 성 밖에는 갱감坑坎을 파서 적의 공격에 대비해 놓는 등 반란군의 공격에 대비해 만반의 준비를 마친 상태였다.

진중에서 아무 반응이 없자 이상히 여긴 반란군은 일단 후퇴하였다가 새벽이 되자 재차 공격해 들어갔다. 관군도 이때는 즉시 응전을 하였다. 양군 사이에 싸움은 10여 회나 벌어졌으나 우열을 가리지 못했다. 관군들은 쳐들어오는 반란군과 맞서 필사적으로 싸웠다. 특히 남이 장군은 빗발치는 화살 속을 뚫고 앞으로 나아가 독전하면서 반란군들의 목을 다수 베었다. 그는 몸에 화살이 꽂히는 것도 잊고 전투에 응했다고 한다. 이 전투는 정오까지 계속되었으나, 결국 반란군은 관군의 북청 수비진을 뚫지 못하고 퇴각하였다.

북청에서 물러난 반란군은 다시 전열을 가다듬고 군세를 정비하였다. 7월 14일, 이시애의 매부인 이명효는 홍원·북청·갑산·삼수의 백성들을 모은 뒤 탐구령을 넘어 홍원 서쪽인 신익평에 주둔하여 관군의 함흥과 북청 통로를 차단하고, 이시합은 이성 이북의 백성들을 이끌고 마어령을 넘어 2진을 형성하였다. 또 이시애는 회령 이북의 백성들을 이끌고 대문령을 넘어 열여문평에 진을 쳐서 장기전을 준비하는 등, 반란군은 다시 관군과 전투를 벌일 준비를 완료하였다.

이러는 동안에 관군도 다시 전투에 임할 태세를 갖추고 있었다. 강순은 북청에 있던 군사 일부를 홍원으로 이끌고 갔으며, 이준의 총도사 본진은 함흥으로 내려와 주둔하였다. 이것은 단순한 후퇴가 아니라 반란군의 기세가 만만치 않다고 판단, 군사력을 더 보강하여 북진을 감행하기 위한 것이었다. 마침내 관군은 1·2·3진으로 나뉘어 장기전에 대비하였다. 1진은 강순과 남이·박중선 등이 이끌고, 2진은 함길도 절도사 허종과 어유소 등이 담당하였다. 그리고 3진은 병마총도사 구성군 이준을 비롯하여 대장 오장경 등이 맡았다.

그런데 이때 현장에 있던 관군 지휘부는 반란군이 어떠한 작전을 펼칠 것인지 전혀 모르고 있었다. 반란군의 작전을 알게 된 것은 정찰 나온 반란군 첩자를 통해서였다.

북청과 함흥 경계 지역에 석장현이라는 매우 험준한 곳이 있었다. 북청 전투 이후 여기서 관군과 반란군이 다시 접전을 벌이게 되었는데, 7월 22일에 반란군 소속인 김말손이 군졸 200여 명을 이끌고 먼저 이곳을 점령한 상태였다. 관군은 단지 김말손의 남하를 막기 위하여, 총도사영 소속 최유림이 석장현으로 나아가 고개 밑에 목책을 쌓고 대치 상태에 들어갔다. 이렇게 반란군이 서둘러 석장현을 점령하고 있던 것은 나름대로 작전을 세워 놨기 때문이다.

반란군은 석장현을 넘어 함흥에 도착한 뒤에 밤을 이용하여 성을 공격하면, 성 안에 있는 하급 관리나 노비들이 내응할 것이라는 계획을 갖고 있었다. 이것은 매우 중요한 내용이다. 만일 이것이 성공한다면 관군은 남과 북에서 동시에 공격을 받게 되어, 그때에는 승산이 없게 된다(이러한 작전을 세운 것으로 봐서 반란군 측은 함흥 내에 내응 세력을 갖추어 놓았던 것으로 보인다).

이러한 작전을 모르고 있던 관군은 정찰 나온 반란군 첩자를 생포하는 행운을 안게 되었다. 관군은 첩자를 다그쳐 작전 일체에 대해 자백을 받아내었다.

사태가 이렇게 되자 반란군은 쉽게 움직이지 못했다. 세워 놓은 작전이 모두 수포로 돌아갈 지경이었다. 이때 총도사 본군이 석장현에 이르자 김말손이 이끄는 반란군은 후퇴하고 말았다.

김말손이 전방을 지키는 사이에 다른 반란군은 북청을 점령하고 있었다. 석장현을 넘은 관군은 7월 25일, 야밤을 이용하여 반란군이 눈치채지 못하게 행동을 개시하여 진북장군 강순이 인솔하는 1진은 홍원을 떠나 산개령을 넘고, 2진에 속해 있는 대장 어유소는 군사를 이끌고 종개령을 넘어 북청으로 진격한다는 작전을 세웠다. 이에 남이가 이끄는 부대는 중간 요충지인 종개령의 적을 격파하고, 같은 요충지인 산개령은 선봉장 이숙기의 부대가 점령하였다.

이렇게 중간 장애물을 없앤 관군은 북청으로 밀고 들어가 반란군을 격퇴시키니 당시 관군의 수는 약 5만 명이었다. 당시 북청에 있던 반란군은 이명효 등이 이끄는 부대였다. 이들은 관군의 움직임을 전혀 간파하지 못하고 연회를 열고 있다가 기습을 당하여 속수무책으로 당하고 말았다. 이날 전투는 관군의 일방적인 승리로 끝났다.

이시애는 북청 패퇴 소식을 듣고, 1만여 명의 군사를 이끌고 북청에서 동쪽으로 68리쯤 떨어져 있는 만령蔓嶺에 15리에 걸친 진을 쳤다. 이 만령은 남으로는 바다에 인접하여 있고, 북으로는 태산을 등지고 있어서 요충지로서는 적격이었다. 그러나 이렇게 유리한 위치가 오히려 관군에 역이용당하고 만다. 때는 벌써 8월을 넘기고 있었다.

관군은 다시 만령 공격에 나섰다. 강순의 1진이 먼저 만령 밑에 도착하여 어유소의 2진을 기다렸다가 일제히 공격을 개시하였다. 이때 관군은 1,800여 명으로 구성된 총포 부대를 앞세워 공격했기 때문에, 지형이 낮아도 매우 유리한 작전을 펼칠 수 있었다. 그리고 구성군 이준과 강순·박중선 등이 이끄는 군사들은 큰길로 진격하고, 허종 등은 큰길 남쪽 중봉을 공격 대상으로 삼았다. 무엇보다도 관군의 작전 중 유효했던 것은 바다를 이용한 후면 공격이었다. 어유소는 배에 군사를 나누어 싣고 만령 뒤로 돌아가 후위에서 대대적인 공격을 펼쳤다. 즉 관군이 앞뒤·좌우 등 사면에서 포위, 진격하였으니 반란군으로서는 진퇴양난의 위험에 처하게 되었던 것이다.

이시애가 이끄는 반란군은 관군의 빈틈없는 공격에 대하여, 중봉을 거점으로 2,000여 기의 팽배대彭排隊를 3중으로 진을 치고 결사적으로 버텼다. 어느새 날이 저물어 땅거미가 깔리고 있었다. 반란군이 완강히 버티자, 만령 동봉에 있던 어유소는 중봉으로 나아가 이시애 군대의 좌측 허를 찔러 방어선 일부를 허물어뜨렸다. 이에 양군 사이에 육탄전이 벌어졌다. 그러나 수적으로 열세인 반란군은 퇴각하지 않을 수 없었다. 전투가 벌어지는 동안에 날은 완전히 저물어, 이시애는 야음을 틈타 이성 쪽으로 도망쳤다. 이날은 8월 4일이었다.

이튿날인 8월 5일, 관군은 이시애 군대를 추격하여 이성을 점령하였다. 그러자 패잔병들은 객사, 창고 등을 불사르고 다시 북으로 패주하였다. 8월 8일에 이성을 출발한 관군은 험준하기로 유명한 마운령을 아무런 저항도 받지 않고 넘어, 영제원에서 일단 주둔하였다가 다시 반란군을 뒤쫓았다. 북으로 도망간 잔류 반란군과 이시애가 단천에 진을 치고는 남대천을 사이에 두고 저항해 보았으나, 이미 반란군의 사기는 땅에 떨어져 역부족이었다. 반란군은 길주로 달아날 수밖에 없었다. 이렇게 해서 길주에서 시작한 반란군의 행로는 다시 원점으로 돌아오고 만 것이다.

길주에 도착한 이시애는 자기 집 창고에 있던 곡식을 인근 농민들에게 나누어 주고, 의복 등은 이명효를 시켜 경성鏡城으로 옮기게 하였다. 그리고 지방관들을 죽이고 획득한 의복 등 노획물을 여진족에 주고 환심을 사서 그들의 도움을 청하라고 명령하였다.

이시애는 6진의 군사들을 모으고 여진족을 규합하여 다시 군대를 일으키려고 경성으로 향하는 도중, 부하로 위장하고 들어와 있던 허유례에게 붙잡히고 말았다. 이시애는 허종 휘하에 있던 허유례의 계교에 빠져 이시합과 함께 체포된 것이다. 이미 관군은 8월

12일에 이시애 군대를 계속 추격하여 단천을 탈환하고, 마천령을 넘어 영동역에 이른 상태였다.

허유례는 본래 길주 출신이다. 그는 한양에서 낮은 관직 생활을 하고 있다가 이시애가 반란을 일으켰다는 소식을 듣고 자원하여 공을 세우겠다고 나섰다. 그는 자기 아버지가 이시애의 수하에 있음을 알고 거짓으로 항복하는 척하며 경성 운위원雲委院으로 들어가, 아버지와 이시애의 부하들인 이주·이운로·황생 등에게 이시애와 이시합 등을 체포하자고 설득하였다. 이들은 허유례의 말에 동의하고 체포조를 구성하였다. 이운로는 군사들에게 만일 이시애를 체포하면 조정에서 큰 상을 내릴 것이라는 말로 독려한 뒤, 8월 12일에 이시애 등이 천막에서 술을 마시고 있는 틈을 타서 줄을 끊고 천막을 덮어씌워 생포하였다. 허유례 등은 이시애와 이시합을 영동역에 주둔하고 있던 도총사인 구성군 이준 앞으로 끌고 갔다. 그는 두 형제를 문초한 뒤 목을 베어 죽이고 머리는 한양으로 보냈다. 세조는 이 소식을 듣고 3일 동안 효시하라고 명하였다. 이렇게 하여 약 4개월간 지속된 이시애의 반란은 완전히 막을 내리고 말았다.

이시애의 반란은 사회 변화에 적지 않은 영향을 끼쳤다. 우선 난이 진정됨에 따라 세조는 더 강력한 중앙 집권 정책을 썼다. 세조는 자기에게 호응했던 북도 유향소를 폐지한 뒤 함길도를 좌우도로 나누어 통치를 강화하고, 이시애의 근거지였던 길주를 길성현으로 강등시켰다.

그런 한편, 반란의 원인이 지방관의 수탈에 있다고 판단한 세조는 부당한 대납은 엄단한다는 조치를 내렸고, 둔전제의 폐단을 막기 위하여 경작자에게 유리하게 법을 개정하였다. 무엇보다도 세조는 이시애의 반란을 진압하는 데 성공함으로써 오히려 북방 지역에 대한 통치력을 강화할 수 있게 되었다.

이시애의 반란으로 말미암아 이후 함길도 등 북부 지방에 대한 지역 차별이 한층 심화된 것은 사실이며, 이러한 사실은 결국 홍경래의 반란이 일어나게 된 근본 원인이 되었다.

이시애의 반란을 평가할 때 세조 정권의 특성을 염두에 두지 않을 수 없다. 세조 정권을 한마디로 표현한다면 무단 정치적 성격이 강하다고 말할 수 있다. 세조는 중앙 집권적 통치에 집착한 나머지 강압적인 통치 방식을 쓰지 않을 수 없었으며, 이로 인해 첫째, 정국 국면이 경색되어 권위주의가 더욱 팽배해짐으로써 계급적 착취가 심화되었고, 둘째, 상명하달식 통치를 함으로써 민의民意가 제대로 수렴되지 못했다. 또한 승정원을 중심으로 한명회·신숙주·구치관 등 세 명만을 휘동하여 주요 정책을 결정함으로써, 많은 관료들을 소외시켜 독재적 성격을 지닌 통치를 하였다.

세조는 피를 뿌리며 정권을 잡은 탓에 죽는 순간에도 왕위에 대한 불안감을 지울 수가 없었다. 그는 죽음이 임박하자 모든 신하들을 물리고 직접 세자에게 왕위를 물려주고는 이튿날 세상을 떠났다. 혹여 누군가가 자기 아들을 죽이고 왕위를 잡을까 봐, 그는 죽는 마지막 순간까지도 두려워했던 것이다.

이렇게 세조의 전반적인 생애를 검토해 볼 때, 이시애의 반란은 바로 그의 지나친 권위주의와 무단 통치에서 비롯된 것이라고 볼 수 있다. 이시애나 당시 반란군에 참여한 농민들은 이러한 세조의 독단적인 정치에 반기를 든 것이다. 따라서 이시애의 반란을 농민들의 항쟁이라고 보아도 크게 무리는 아닐 것이다. 당시의 역사 기록은 대체로 사건에 참여한 양반 계층 중심으로 서술되었기 때문에, 그 이면에 숨겨져 있는 농민들의 투쟁과 죽음은 간과되게 마련이다.

  그렇다고 해서 농민들 스스로 조직력을 갖고 움직인 것은 아니었다. 이 반란은 토호와 농민들이 공동의 적을 발견함으로써 가능했던 것이다. 이시애의 반란이 갖고 있는 특수성이 바로 여기에 있다 하겠다.

【 9 】
중종반정中宗反正 :
훈구파의 집권과 사림파의 재등장

얼핏 보면 중종반정은 연산군의 폭정에서 비롯된 것으로 보이지만, 그 뿌리는 세조 때까지로 거슬러 올라간다.

연산군 때 일어난 대표적인 2대 사화인 '무오사화'와 '갑자사화' 가운데 무오사화의 주동 인물은 유자광인데, 그는 세조의 친애를 받던 인물이다. 그는 이시애의 반란이 일어났을 때 현장으로 달려가, 당시 반란군의 동태와 현황에 대해 비교적 정확한 정보를 세조에게 보고함으로써 그의 눈에 들기 시작하였다. 그 후 세조가 살아 있는 동안에 어느 정도 중앙에 자기 위치를 확보하게 되었다. 무엇보다도 그는 세조의 뒤를 이은 예종 때에는 남이, 강순을 모함하여 죽음에 이르게 함으로써 공신이 된 인물이라는 점에서 주목할 만하다.

따라서 조선 중기 정치사의 뿌리는 단종을 제거하고 왕위에 오른 세조가 뿌려 놓은 씨앗에서 배태된다. 무오사화는 김종직의 '조의제문弔義帝文'이 발단이 되어 일어난 참사인데, 이 사초史草의 내용이 의제를 죽인 중국의 황우를 단종과 세조에 빗대어 쓴 것이므로 세조의 유혈 쿠데타가 조선 중기에 어떠한 영향을 미쳤는가를 단적으로 엿볼 수 있다. 따라서 중종반정의 실체를 파악하기 위해서는 남이의 죽음이 있었던 8대 임금 예종 때로 거슬러 올라가야 할 것이다. 그리고 성종 대에 형성된 훈구파와 사림파 간의 갈등 경과도 중종반정의 정치사적 배경임을 간과해서는 안 된다.

남이 장군의 죽음 : 구세력과 신세력의 충돌

이시애의 반란을 진압하기 위해 출정했던 장군들의 이름 중에 남이가 들어 있는 것을 앞에서 보았다. 남이는 세조의 신뢰를 받던 무신이었다. 그는 일찍이 포천과 영평 등에 들끓던 도적떼를 토벌한 공을 인정받았으며, 이시애의 군대를 치기 위해 조직된 원정군에 대장으로 임명되어 구성군 이준과 함께 활동하였다. 그는 무신으로서 갖추어야 할 용맹과 지략을 겸비하여 이시애의 반란을 진압하는 데 큰 몫을 한 명장이었다. 반란이 평정된 후 그 공으로 적개공신敵愾功臣 1등에 올랐고, 의산군宜山君으로 책봉되었다. 그 뒤에도 남이는 여진족 토벌에도 앞장섰으며, 이러한 여러 공로로 호조판서에 이르기도 하였다.

1468년에는 병조판서에 올랐으나 세조가 죽고 예종이 즉위한 직후, 강희맹·한계희 등 훈구 세력들이 예종을 부추겨 그가 병조판서

를 맡을 자질이 안 된다고 주장, 결국 남이는 해직되고 겸사복장兼
司僕將으로 강등되고 말았다. 겸사복은 궁중 친위대의 하나로 왕을
호위하고 궁내의 경비를 담당하였는데, 잡일이 많고 고된 훈련에
시달렸다고 한다. 이 친위대를 담당하는 대장은 한 명이 아니라 세
명이었다고 하니, 남이의 지위가 얼마나 격하되었는지 알 수 있다.

남이의 해직은 단순한 모함이 아니었다. 이시애의 반란을 평정하
면서 등장한 신세력인 구성군이나 강순 등을 구세력이 축출하면서
남이 역시 제거 대상이 되었던 것이므로, 정치적 알력의 희생물이
된 셈이다. 세조의 쿠데타를 도와 왕권에 버금가는 권력을 거머쥐
고 있던 훈구 세력은, 새롭게 등장한 신세력을 약화시키기 위해 그
들을 고위 관직에서 추방했던 것이다.

세조도 그러했지만, 그를 도와 유혈 쿠데타로 권력을 장악한 훈
구 세력들도 자신들의 기득권을 지키기 위해 늘 신경을 곤두세우
고 있었다. 특히 무신들에 대한 경계가 심했다. 훈구 세력은 세조
의 총애를 받고 있던 남이가 점점 고위 관직에 오르자 이를 경계하
기에 이르렀고, 세조가 죽자 기다렸다는 듯이 그를 중앙에서 제거
하였던 것이다.

그러나 그들은 남이가 살아 있는 한 불안감을 감출 수 없었다.
무력으로 잡은 권력을 언제 다시 무력으로 빼앗길지 모른다는 경계
심에 사로잡혀 남이의 일거수일투족을 감시하였다. 그러던 중 남이
등 신세력을 제거할 수 있는 결정적인 단서를 잡게 되었다.

병조판서에서 해임된 후 남이는 숙직을 서면서 허탈한 심정을 달
래며 밤하늘을 바라보고 있었다. 그런데 갑자기 하늘에 혜성이 나
타났다. 고대로부터 혜성이 나타나면 나라에 큰 이변이 일어난다고

사람들은 믿고 있었다. 남이도 마찬가지였다. 남이는 무심코 혜성을 본 소감을 말하였다.

"혜성이 나타난 걸 보니 묵은 것을 몰아내고 새로운 것을 받아들일 징조로구나……."

그런데 이 말을 엿듣고 있는 자가 있었다. 바로 유자광이었다. 그는 곧바로 예종에게 달려가 남이가 무심코 내뱉은 말을 역모를 꾸미고 있다는 뜻으로 모함하였다.

예종은 평소 남이를 못마땅하게 여기고 있었다. 유자광의 말을 곧이들은 예종은 기다렸다는 듯이 그를 역모 혐의로 잡아들였다. 예종 앞으로 잡혀온 남이를 두고 여러 증인들의 진술이 시작되었다.

제일 먼저 유자광이 나섰다. 그는 남이가 혜성의 출현은 신왕조가 열릴 징조라고 말했다고 하면서, 거사하여 역모하려 했다고 증언하였다. 남이에 대한 불리한 증언은 계속되었다. 그의 측근인 순장巡將 민서는 남이가 여진족에 대한 방비 대책을 논하는 자리에서 혜성의 출현은 간신들이 득세하여 변이 일어날 징조라고 하면서, 자신이 당할 일이 두렵다고 말했다고 증언하였다. 그리고 그 간신의 대표로 한명회를 지목하였다고 부언하였다.

결정적인 증언을 한 사람은 남이와 같은 겸사복 소속인 문효량이었다. 그는 여진족 출신이었다. 문효량은 남이와 강순이 임금과 한명회 등을 제거하고 구성군 등도 몰아내어 왕권을 잡으려 했다고 진술하였다. 더 이상 남이로서는 빠져나갈 길이 없었다.

이 사건으로 남이와 강순을 비롯하여 수십 명이 죽임을 당하거나 강등 조치되었다. 흔히 '남이의 옥사'라고 부르는 이 사건에 대한 시각은 크게 두 가지다. 하나는 실제로 남이가 역모를 계획했다는 입장이고, 다른 하나는 순전히 유자광의 모함에서 비롯된 것이라는 주장이다. 후자는 주로 『연려실기술』을 비롯한 야사를 통해 전해 오고 있다. 전자에 따르면, 그는 병조판서에서 강등된 후 이에 불만을 품고 역모를 꿈꾸었다고 한다.

그런데 여기서 남이의 역모 실제성 여부는 그리 중요하지 않다고 본다. 그보다는 이 사건의 발단이 신구 세력 간의 알력에서 비롯되었다는 점에 주목해야 한다. 유자광의 고발이 모함이건 아니건 간에 이 사건 이면에는 기득권을 유지하려는 훈구 세력과 세조 때부터 성장한 무신 중심의 신세력 사이에 계속되어 온, 보이지 않는 대립이 자리잡고 있었다. 그것이 위와 같은 상황으로 구체화된 것일 뿐이다.

뒤에 유자광이 무오사화의 주동 인물이 된 것으로 보아 그는 구세력에 붙기 위해 남이를 희생물로 삼았다고도 볼 수 있는데, 어쨌든 남이의 옥사 는 한명회 등 세조의 친위 세력들의 위기의식에서 발생한 것이라고 평가된다. 그러나 왕권을 좌지우지할 만큼 성장한 훈구 세력들은 점차 보수적 성향이 짙어져, 성종 대에 가서는 신세력인 사림파의 강력한 견제를 받게 된다.

김종직의 조의제문 : 무오사화

조선의 문물제도를 확립한 왕은 성종이었다. 그는 학문을 좋아하고 숭상하여 세종 이래 두 번째로 문화 정책에 심혈을 기울였다. 성종은 『경국대전』을 수차례에 걸쳐 개정하여 완성하였고, 『재전속록』을 완성하여 법제를 마련하는 등 개국 이래 산재해 있는 여러 제도를 정비하였다.

무엇보다도 성종은 신진 세력을 중앙에 대거 진출시켜 개혁 정치를 추진하였다는 점에서 그의 정치 철학을 읽을 수 있다. 당시 중앙을 장악하고 있던 세력을 흔히 훈구파라고 부르는데, 대표적인 인물들로 한명회·신숙주·정인지·양성지·서거정·이극돈·강희맹 등을 들 수 있다. 특히 세조가 왕위를 찬탈할 때 주역으로 떠오른 공신功臣들은 대토지를 소유하여 경제적 기반을 독점하다시피 했으며, 주요 권력을 대부분 차지하고 있었다. 따라서 나이 탓도 있겠지만 이들은 보수성을 띨 수밖에 없었다. 한명회의 경우만 봐도 세조·예종을 거쳐 성종 대 중기(그는 성종 18년인 1487년에 사망하였다)까지 생존하면서, 자기의 딸을 성종과 결혼시키는 등 왕실과 인척 관계를 맺어 기득권을 계속 유지하고 있었다. 결국 그는 왕의 외척으로서 성종의 개혁 정치에 큰 걸림돌이 되었으며, 이에 성종은 새로운 인물들을 물색하였던 것이다. 이러한 필연적인 정치 현실에 따라 역사 전면에 부상하기 시작한 신진 세력을 사림파라고 부른다.

훈구파가 주로 한양과 경기도를 중심으로 성장하였다면, 사림파는 영남 지방을 주요 무대로 삼아 활동하였다. 사림파의 거두는 김종직이었다. 그는 고려 말의 문신 길재의 사상을 이어받아, 의리와 수신 치인修身治人을 중시하는 성리학을 제자들에게 가르치는 등 도학道學의 발전에 중추적인 역할을 하였다. 그의 제자들로는 김굉필·김일손·유호인·조위 등이 있으며, 김굉필의 제자 가운데에는 중종 때 활동한 조광조가 있다.

성종은 김종직을 포함해서 그의 제자들을 등용하여 당시 거대한 세력으로 자리잡은 훈구파들을 견제하였다. 앞서 말했듯이 사림파들은 의리와 명분을 중요하게 여겨, 왕위를 찬탈한 세조 덕분에 권력을 장악한 훈구파들의 부정과 비리를 신랄하게 비판하였다. 사림파는 훈구파를, 세조가 저지른 불의에 가담하여 권세를 잡고 사리사욕을 채우는 일에만 급급하다고 비난하였던 것이다. 이에 대해 훈구파는 사림파를 제거할 뜻을 품었으나 성종의 중도적인 정치 노선으로 별다른 사건을 일으킬 수 없었다.

양파 사이의 정쟁이 본격화된 것은 연산군 때에 와서였다. 성종이 죽고 난 뒤, 다음해인 1495년부터 영의정 노사신의 건의에 따라「성종실록」을 편찬하기 시작하였다. 편찬 도중인 1498년, 김종직의 제자 김일손은 사관史官으로서 여러 사초史草를 점검하던 중 김종직이 쓴 조의제문을 발견하게 되었다. 평소 세조의 찬탈을 반역이라고 인식하고 있었던 김일손은, 단종과 세조의 관계를 의제를 죽인 중국의 황우에 빗대어 제문을 쓴 김종직의 글을 실록에 편입시키기 위해 실록청에 제출하였다. 이러한 김일손의 행동은 세조의 즉위와, 이로 인해 배출된 공신들의 존재 자체를 부정한다는 뜻이었다. 다시 말해서 훈구파에 대한 간접적인 비난이라고 볼 수 있다.

또한 김일손은 훈구파인 이극돈이 성종의 국상 때, 전라 감사로 있으면서 향을 바치며 근신하기는커녕 기생과 놀아났다는 사초도 제출하였다. 이것은 훈구파에 대한 정면 도전이었다.

당시 이극돈은 당상관으로서 「성종실록」 편찬에 참여하고 있었다. 그는 김일손의 자료를 검토하던 중 위의 두 가지 사초를 발견하게 되었다. 이극돈은 즉시 총재관 어세겸에게 사실을 고하였으나 별 반응이 없자, 유자광에게 달려갔다. 두 사람 모두는 사림파에 대해 원한을 품고 있었던 터라 금방 의기투합하게 되었다.

무오사화의 주동 인물 중 한 사람인 유자광은 김종직이 살아 있을 적에 그의 문하에 들기도 했다. 그러나 김종직은 유자광이 남이 등을 모함하여 그 공으로 출세했다고 믿고 매우 못마땅해 했다. 의리를 중요하게 여기던 김종직의 눈에 유자광은 협잡꾼으로밖에 보이지 않았던 것이다. 이런 판단을 갖고 있던 김종직이 함양 군수로 부임하게 되었는데, 그곳에 유자광의 시가 현판에 걸려 있는 것을 보고 분개한 나머지 떼어 내어 소각하고 말았다. 이러한 사실을 알게 된 유자광은 김종직에 대해 앙심을 품게 되었고, 그것을 숨기기 위해 김종직이 죽자 글을 지어 이를 슬퍼하기도 하였다.

유자광의 원한은 극히 개인적인 것이지만 이로 인해 사림파 전체를 증오하게 되었고, 이런 가운데 이극돈의 정보는 불에 석유를 붓는 꼴이 되고 말았다.

그들은 다른 훈구파인 노사신, 윤필상 등에게도 이 사실을 알리고는 바로 연산군을 찾아갔다. 그들은 연산군에게 김종직의 글을 설명하면서, 세조를 비난하는 것은 바로 임금을 부정하는 대역무도의 죄에 해당된다며 관련자들을 모두 엄히 다스릴 것을 요청하였다. 관련자는 결국 사림파의 인물들을 말하는 것이다.

성종의 정실 소생인 중종이 태어나기 전에 연산군은 세자로 책봉되었기 때문에, 왕으로서 자질이 없음에도 불구하고 성종이 죽자 바로 왕위에 올랐다. 연산군은 정치는 뒤로한 채 방탕한 생활로 소일하고 있었다. 이러한 것을 사림파들이 보고만 있을 리가 없었다. 사림파들은 연산군에게 행동을 자제해 줄 것을 연일 촉구하였고, 이로 인해 연산군은 자신이 자유의 즐거움을 얻지 못하는 것은 모두 학사배들 때문이라고 하면서 그들을 멀리하였다. 이러던 차에 유자광의 보고를 듣고는 그들을 제거할 수 있는 절호의 기회라고 연산군은 내심 좋아하였다.

드디어 피비린내 나는 일대 숙청이 벌어졌다. 우선 연산군은 사림파의 죄를 조종한 것은 김종직이라고 하여, 그의 무덤을 파서 목을 베게 하였다(일명 부관참시[剖棺斬屍]라고 한다). 그리고 사림파의 핵심 인물들인 김일손, 권오복, 이목 등을 잡아들여 죽이거나 귀양을 보내었다. 이 밖에 사림파 소속 관료들을 대거 체포하였고, 이 과정에서 중앙 관직에 있지도 않은 사림파 인물들 수백 명까지도 화를 입게 되었다. 한편 연산군은 이극돈, 노사신 등 훈구파 사람들에 대해서도 문제의 사초를 보고도 빨리 보고하지 않았다고 하여 파직하였다. 연산군의 성격이 얼마나 포악한가를 여실히 볼 수 있는 사건이다.

이 사화로 말미암아 중앙에 진출한 주요 사림파 인물들이 거의 제거당하게 되었고, 반면에 훈구파는 더욱 기승을 부렸다. 유자광은 이 일로 지위가 더욱 확고해져 강력한 실력자로 부상하였다.

유흥비 마련 과정에서 일어나다 : 갑자사화

연산군의 방탕은 끝이 없어 국고를 거의 자기의 열락[悅樂]에 쓸 정도였다. 연산군은 자신의 즐거움을 더욱 채우기 위해 백성들에게 부과하는 공물의 양을 늘리는 한편, 훈구파들의 토지와 노비를 빼앗을 계획까지 세웠다. 이렇게 연산군의 개인적 쾌락을 만족시키기 위한 과정에서 비롯된 것이 갑자사화다. 이때가 1504년, 연산군 집권 10년째 되는 해였다.

물론 직접적인 원인은 연산군의 어머니 윤씨가 폐비가 된 다음 사약을 받고 죽었다는 내용인, 임사홍의 밀고에서 비롯되었다. 그러나 그 이면에는 연산군이 토지 등을 몰수하려 하자 이에 대한 대응 방식에 따라 궁중파와 부중파府中派로 나뉜, 훈구파 신하들 사이의 갈등이 내재되어 있다.

부중파 신하들은 연산군에게 절약할 것을 건의하는 등 자신들이 피해를 보지 않기 위하여 안간힘을 썼다. 그런 반면에 궁중파 사람들은 오히려 연산군의 방탕을 조장하였다. 이렇게 하여 훈구파 내의 조신들은 둘로 나뉘어 반목, 대립하였던 것이다.

이때 궁중파에 속하는 임사홍은 계책을 세우는 데 고심하다가 폐비 윤씨 사건을 머리에 떠올렸다. 포악한 성격을 가진 연산군에게 친모의 죽음을 알리면 그는 걷잡을 수 없이 대숙청을 벌일 것이라고 장담하였다. 임사홍은 연산군 비인 신씨의 오빠 신수근과 손을 잡고 옥사를 결행하였다.

임사홍의 말을 들은 연산군은 격분하여 당시에 관련된 자들이면 누구든지 가리지 않고 처형하였다. 이때 해당자 가족이나 친족에 이르기까지 모두 연좌하여 처형하였다. 이미 사망한 한명회, 어세겸 등에 대해서는 무덤을 파헤쳐 부관참시를 하였다. 연산군의 망동妄動은 여기에서 그치지 않고, 임사홍의 말에 따라 남아 있던 사림파들 대부분을 제거하였다. 이로써 김종직 이후 중앙에 진출한 사림파는 거의 몰살하기에 이르렀고, 연산군의 폭정은 극에 달했다. 이러한 전사前史를 배경으로 중종반정이 일어났던 것이다.

여기서 잠시 사화에 대한 시각을 검토해 볼 필요가 있다. 비록 사화가 직접적으로는 개인적 원한이나 임금의 욕망에서 비롯된 경우가 허다하지만, 그 이면에는 보수 세력과 진보 세력 간의 이념적 갈등이 내재되어 있다는 사실을 놓쳐서는 안 된다. 왜냐하면 모든 당쟁이나 파벌 싸움을 개인적인 감정의 발로로 못 박는다면, 이것은 곧 식민주의 사관과 별다를 게 없기 때문이다. 일본은 정한론을 세우면서, 조선이 자주성이 없는 민족이므로 조선을 병합하여 올바른 국가를 성립시켜 주겠다는 논리를 펼쳤다. 정한론의 기본 논리는 이러한 역사관을 토대로 만들어진 것이다. 일본 관학자들은 조선의 정치사를 단지 개인적 원한에서 비롯된 싸움으로 일관되어 있다고 보고, 이 때문에 무정부 상태에 이른 것이라는 시각을 정립해 놓았다. 이러한 논리를 그대로 따라가면 조선 역사를 왜곡시킬 우려가 있기 때문에, 사화에 대한 판단은 더욱 조심스럽게 해야 할 것이다.

폭군 폐위를 위하여 : 중종반정(1506년)

한마디로 말해서 중종반정은 조선 10대 왕 연산군을 몰아내고 진성대군을 왕으로 추대한 사건을 말한다. 그리고 중종반정의 가장 큰 원인은 연산군의 학정에 있다는 것이 일반적인 인식이다. 그렇다면 우선 앞의 내용을 정리하면서, 반정의 직접적인 원인과 전개 과정에 대해 간략히 살펴보기로 한다.

앞에서 본 바와 같이 연산군은 1498년, 훈구파의 부추김을 받아 평소 걸림돌이 되었던 사림파를 무오사화로 한 차례 제거함으로써 외척과 훈구 세력들을 견제할 수 있는, 유일한 정치 세력을 약화시켰다.

이 사화로 정치적 우세를 더욱 확고히 굳힌 훈구파는 연산군을 이용하여 정치적, 경제적 기반을 닦아 나가는 등 권귀화權貴化의 경향을 현저하게 보였다. 그런데 연산군은 외척 중심의 궁중 세력을 새로이 등장시켜, 이번에는 훈구파의 경제 기반을 탈취하기 위하여 1504년에 갑자사화를 일으켰다. 이때 사림파도 피해를 보게 되었다. 연산군이 훈구파의 경제적 기반을 위협했던 것은 왕권에 대한 불안을 느껴서인지도 모른다. 물론 갑자사화가 크게 확대된 것은, 연산군이 자기 생모가 폐비가 되고 사약을 받았다는 데에 감정적으로 격화되었기 때문이기도 하지만, 그 이면에는 왕실을 위협해 오는 훈구파와 새롭게 부상하는 신진 세력인 사림파를 동시에 제거하자는 의도도 내포되어 있음을 알 수 있다.

이와 같이 두 차례의 사화가 거듭되는 동안에 연산군의 학정은 걷잡을 수 없이 심화되었다. 「연산군일기」 등에 나오는 그의 폭정에 대한 예를 몇 가지 들면 다음과 같다.

연안군은 우선 자신의 실정失政에 대해 간언하는 것을 싫어하여 비위가 상하면 죽여 버리거나 관직 박탈, 또는 유배를 보냈다. 뒤에서 보게 되겠지만, 중종반정을 일으킨 대부분의 핵심 인물들이 연산군에게 건의를 하다가 미움을 받아 피해를 입은 자들이었다.

또한 그는 경연經筵과 대제학 제도를 폐지하였을 뿐만 아니라 창덕궁과 담을 사이에 두고 있는 성균관을 자신의 놀이터로 만들어 버렸고, 장악원을 개칭한 연방원聯芳院을 원각사에 두어 거기를 기생들의 모임 장소로 지정하였다. 이뿐 아니라 전국에 채청채홍사採靑採紅使를 보내어 미녀를 선발(이를 운평運平이라 하였다), 그중에서 뽑힌 기녀를 흥청興淸이라 하여 300명을 궁중에 기거시키면서 쾌락의 대상으로 삼았다.

또한 연산군은 매우 사냥을 즐겨했던 것으로 나타나 있다. 그는 사냥을 즐기기 위하여 도성 밖 30리에 걸쳐 민가를 철거하는 폭정을 휘둘러 점차 민심을 잃어 갔다. 이러한 연산군의 병적인 행동을 비방하는 한글 투서 등이 사방에서 날아들었다. 그러자 연산군은 언문 때문에 왕을 욕하게 된 것이라고 격분하면서, 언문구결諺文口訣 등 한글 관계 서적을 불태우고 한글 사용을 금지하였다. 연산군의 사치와 방탕은 극에 달하여, 심지어는 내연內宴에 나온 사대부의 부녀자를 농락하는 추태까지 부렸다. 이러한 지경이라면 올바른 정치를 바란다는 것 자체가 잘못된 일이었다. 정치는 거의 왕의 손을 떠나 내시 김자원金子猿에게 맡겨진 상태라고 할 정도로 심각한 사태에 이르렀다.

이러한 연산군의 학정은 혼자서 가능한 일이 아니었다. 왕이 아무리 폭정이나 학정을 일삼아도 그 배후에는 이를 방관하거나 조종하는 무리가 있게 마련이다. 그들이 바로 신수근을 중심으로 한 외척들이었다. 여기서 당시 왕실을 둘러싸고 궁중파, 훈구파, 사림파 등 세 파로 갈라져 있었음을 알 수 있다. 물론 사림파의 경우에는 중앙에서 거의 밀려나 있는 상태라 그 힘은 미약하였지만, 언제든지 다시 중앙에 진출하여 왕도 정치를 구현할 태세를 갖추고 있었다. 그래서 사림파는 연산군을 폐위시킬 계획을 갖고 있었으나, 정치적·군사적 기반이 미약하여 이를 실행에 옮기지는 못하였다. 따라서 이를 실행에 옮길 수 있는 세력은 훈구파뿐이었다.

중종반정을 일으킨 핵심 인물들과 상황을 살펴보면 대략 다음과 같다.

부사용副司勇 성희안과 지중추부사 박원종 등은 당시 인망이 높던 이조판서 유순정의 호응을 얻고 연산군의 신임을 받고 있던 신윤무·박문영·장정 등의 지지를 받아, 1506년 9월에 연산군이 장단의 석벽石璧으로 유람하는 기회를 노려 반정을 일으키려 하였다. 그런데 돌연 연산군이 행차를 취소하는 바람에 거사도 중지될 위기에 처하였다. 이때 전라도에서 귀양살이를 하고 있던 유빈·이과 등이 거사를 일으킨다는 격문이 한양에 전해지자, 서둘러 예정대로 무사들을 훈련원에 모으고 먼저 진성대군에게 거사를 알리는 한편, 신수근·신수영 형제와 임사홍 등을 죽임으로써 반정을 시도하였다.

여기까지만 보면 이들이 순전히 연산군을 폐위하고 국가 기강을 바로잡으려는, 순수한 의미에서 반정을 일으킨 것으로 보인다. 그러나 반정을 주도한 인물들 대부분이 연산군에게서 피해를 보았다는 점에서, 권력에서 소외된 자들이 다시 중앙 진출을 노린 쿠데타가 아니었는가 하는 의구심이 생긴다. 이를 확인하기 위해서는 반정에 참여한 주요 인물들이 당시에 처해 있던 상황을 살펴보아야 할 것이다.

우선 반정을 맨 앞에서 이끈 성희안에 대해서 알아보자. 성희안은 연산군의 아버지인 성종이 많은 자문을 구할 정도로 학문에 조예가 깊었다. 그는 종사관과 형조참판의 자리를 거쳐 1504년에 이

조참판에 올랐다. 그런데 연산군이 망원정이라는 곳에서 연회를 즐기고 있을 때, 평소 연산군의 방탕한 생활에 불만을 갖고 있던 성희안은 분을 못 이겨 풍자적이고 훈계적인 시를 지어 올렸다. 이에 연산군의 미움을 사서 무관의 말단직인 부사용副司勇이라는 관직으로 좌천되었다. 부사용은 종9품에 해당되는 무직武職이었다. 사실 이때를 전후하여 연산군의 폭정과 타락은 날로 더해 가, 민심이 흉흉해지는 등 정치적인 불안이 감돌고 있었다. 이에 그는 박원종과 모의하고 당시 명망가로 알려져 있던 유순종을 끌어들이는 한편, 신윤무·박영문·홍경주 등에게 군대를 동원시켜 진성대군을 옹립, 반정을 일으켰던 것이다.

성희안이 제일 먼저 모의를 나눈 대상은 박원종이었다. 박원종은 원래 연산군이 신임하던 인물이었다. 그는 연산군의 특명으로 동부승지, 좌승지 등을 거치면서 주로 재정 문제에 대해 왕에게 간언하였다. 그러나 결국 옳은 말을 하다가 연산군의 미움을 받아, 1500년에 평안도 병마절도사로 좌천되기도 했다. 그 후 다시 여러 관직을 거치다가 1506년에 경기도 관찰사가 되었는데, 이때 다시 연산군의 미움을 사 파직당하고 말았다. 이렇게 해서 성희안과 쉽게 뜻을 같이할 수 있었다.

거사를 앞두고 박원종 등은 신수근을 찾아간 적이 있다. 신수근은 앞에서 본 바와 같이 연산군 비 신씨의 오빠로서, 임사홍과 결탁하여 갑자사화를 일으킨 장본인이었다. 그는 외척이라는 특혜를 입어 좌의정의 자리에 올라 있었다. 박원종 등이 그를 찾아간 것은 순전히 마음을 떠보기 위해서였다. 그들이 옹립하려는 진성대군은 바로 신수근의 사위였던 것이다. 그들은 신수근에게 누이와 딸 중

누구를 더 중히 여기느냐고, 눈치채지 못하게 돌려서 물었다. 그러자 신수근은 화를 벌컥 내며 비록 지금 임금이 포악하지만 세자가 총명하니, 그를 믿고 살면 된다고 대답하였다. 이에 박원종 등은 그의 마음을 움직일 수 없다고 판단하여 반정을 일으킨 후, 만일을 위해 신윤무 등을 시켜 제일 먼저 수각교에서 신수근을 살해하였다. 또한 그의 아우인 신수겸·신수영도 제거되었으며, 임사홍은 아버지와 함께 살해당하였다.

당시 인망이 높은 인물이라고 평가받고 있던 유순정은 조의제문을 쓴 김종직의 문하에서 학문을 닦은 인물이었다. 그는 활을 잘 쏘아서 무인 중에서도 그를 따를 자가 별로 없었다고 한다. 이렇게 문무를 겸비한 탓에 그는 전라도 지방에 침투한 왜구 토벌 작전에도 참여하였으며, 이시애의 반란 때 공을 세운 허종의 막료가 되어 평안도 평사를 지낸 적도 있다. 연산군이 즉위한 해에 사헌부 헌납이라는 자리에 오르게 되었는데, 그는 이때 임사홍의 잔악한 행동을 비난하기도 했다. 그는 여진족 정벌에 참가하였으며, 명나라 사신으로 다녀온 후 평안도 관찰사에 임명되었다. 그런데 어느 날 연산군이 평안도 지역에 밤 사냥을 간다고 하였다. 그러자 유순정은 밤 사냥은 위험하다는 말을 하며 이를 반대하였다. 그러자 임사홍이 이를 빌미로 그를 곤란한 지경에 빠뜨리기도 하였다. 앞서 그가 임사홍을 비난한 것에 대한 보복이었다. 이 일로 유순정은 연산군에 대해 불만을 갖게 되었고, 성희안과 박원종의 뜻을 받아들여 급기야는 중종반정에 참여하게 된 것이다. 언제 자신도 궁중 세력에 당할지 모른다는 불안감도 작용했을 것이다.

중종반정에 참여한 무신들 가운데 선두에 서서 활동한 인물은 신윤무였다. 그는 연산군 때 여러 관직을 두루 거치고 군자시부정 軍資寺副正에 오를 정도로 연산군의 총애를 받았던 인물이다. 그러나 그는 연산군의 폭정에 점차 불만을 갖게 되어 궁중 사정 등 내외 동향을 성희안·박원종 등에게 자세히 알려 주어, 중종반정이 일어날 수 있는 기본 여건을 만들어 주었다. 반정이 있던 날 신윤무는 임사홍, 신수근, 신수영 등을 죽이는 등 거사에 앞장섰다.

장정 역시 무신이었다. 그는 대마도 치위관, 하동 군수 등 여러 내외직을 거친 후 1504년에 창성 부사가 되었다. 그런데 여기서 그는 연산군의 총애를 받던 장녹수가 부당한 방법으로 농민들의 토지를 빼앗은 사실을 알고, 다시 농토를 원래의 주인들에게 나누어 주었다. 그러나 이 일로 파직당하고 말았다. 장정은 연산군의 학정이 극에 달하자 반정에 가담하여 군대를 동원하는 책임을 맡았다. 거사 중에는 진성대군의 사저를 호위하였다.

전라도의 유배지에서 거사 격문을 보낸 인물은 이과와 유빈이었다. 우선 이과는 1503년, 홍문관 부제학으로 있을 때 연산군이 후원에서 활을 쏘며 노는 것을 논한 것이 화근이 되어 갑자사화 때 전라도로 귀양 갔다. 1506년에 유배지에서 유빈·김준손 등과 같이 군사를 일으켜 진성대군을 추대하려고 모의하였으나, 한양에서 중종반정이 일어나자 이를 중지하였다고 한다. 유빈은 함경도 절제사를 지내고 형조참판까지 올랐으나 갑자사화 때 모함에 걸려 전라도로 유배당한 인물이었다.

이렇게 봤을 때 반정에 직접 참여했거나 거사를 계획한 인물들은 연산군과 그를 비호하는 궁중파로 인해 정도의 차이만 있지, 모두 피해를 입은 자들이었다. 물론 내건 명분은 연산군의 학정을 바로잡는 데 있었지만, 이들은 정치를 개혁하거나 왕권을 강화하기 위해 반정을 일으킨 것은 아니었다. 이에 대해서는 뒤에 조광조가 등장한 이후 다시 재개된, 훈구파와 사림파 사이의 정쟁을 살펴보면 이해가 될 것이다.

정변에 성공한 성희안 등은 성종의 계비繼妃이며 진성대군의 친어머니인 대비를 경복궁으로 찾아가 만나, 연산군을 폐하고 강화교동에 안치시켜도 된다는 허락을 받아내었다. 그리고 이튿날인 9월 2일에 경복궁 근정전에서 진성대군을 왕위에 오르게 하였다. 이가 바로 조선 11대 왕인 중종이다. 진성대군이 왕위에 오름으로써 반정은 일단락되었지만, 앞서 본 바와 같이 거사 주동 인물들이 연산군 때 일정한 관직과 기득권을 유지하고 있던 훈구 세력들이기 때문에 다시 정권은 훈구파에게 넘어간 결과가 되고 말았다. 이것은 사림파와의 갈등을 예고하는 일이기도 했다.

중종반정의 의미와 「연산군일기」

중종반정으로 크게 달라진 것은, 연산군이 폐위되고 정상적인 왕권이 어느 정도 회복되었다는 것뿐이다. 훈구파의 재집권으로 말미암아 이전부터 문제되어 온, 정치 체제의 모순에 대한 근본적인 해결은 기대하기 어려워졌으며, 이에 따라 사림파가 재등장하는 계기가 되었다.

결국 중종반정은 기득권 상실의 위기에 처한 훈구파들이 정권을 다시 장악하기 위해 일으킨 쿠데타였다고 볼 수 있다.

객관적으로 봐서 중종반정 자체는 커다란 역사적 변혁을 가져온 혁명은 아니었다. 중종반정의 역사적 자리매김은 반정 이후의 상황을 검토해 본 후에야 가능하다.

여기서 연산군이 폭군이었다는 것은 그리 중요한 의미를 갖지 않음을 알아야 할 것이다. 그것은 어디까지나 반정의 구실이었다. 흔히 쿠데타 세력은 자신들의 거사를 합리화시키기 위해 앞선 왕을 격하시키게 마련이다. 따라서 연산군도 어느 정도로 폭군이었는지 그 실체는 사실상 알 수 없다. 다만 당시에 살았던 여러 인물들의 행적을 추적해 볼 때 연산군이 문제가 많은 왕이었음은 사실이라고 보지만, 「연산군일기」에 나타나 있는 모든 내용을 사실로 받아들이는 데는 다소 무리가 있다고 봐야 할 것이다.

연산군의 학정과 폭정을 말할 때, 가장 핵심이 되는 자료로 거론되는 것은 역시 「연산군일기」일 것이다. 그런데 이 일기가 완성되기까지 상황을 보면 중종반정에 대해 다른 각도에서 접근해야 한다는 시각을 갖게 된다.

「연산군일기」 편찬은 중종이 즉위한 직후인 1506년 11월에 시작하여 1509년 9월에 완성되었다. 이 일기가 완성되기까지에는 여러 우여곡절이 있었다.

우선 편찬관 임명을 둘러싸고, 처음에 임명된 자들이 연산군의 총애를 받던 인물들이라고 해서 곧 교체되어 편찬 책임자에는 중종반정을 주도했던 성희안이 임명되었다. 그리고 나머지 편찬자들도 대폭 개편되었다. 그러나 「연산군일기」 편찬의 어려움이 해소된 것은 아니었다. 연산군 때에는 사관史官이 왕과 대신들의 회의나 경연經筵에 참석하지 못하는 예가 허다했다. 따라서 사관의 기록에 대해 사실 여부를 확인할 수 있는 방법이 없었다. 또한 김종직이 쓴 조의제문이라는 사초史草가 발단이 되어 일어난 무오사화 때문에 사관들이 해를 입을까 봐 사초를 제출하기를 두려워했으며, 편찬자들도 후환이 두려워 그 직을 회피하는 사례가 늘게 되었다. 이러한 상황에서 완성된 것이 「연산군일기」였다.

따라서 「연산군일기」 편찬에 참조할 자료들이 매우 희귀했다는 뜻이다. 사론史論 역시 다른 실록에 비해 매우 적어, 25개 정도만이 실려 있다는 점만 봐도 이 일기가 얼마나 부실하게 만들어졌는가를 알 수 있다. 구체적으로 그 내용을 보면, 연산군 4년 이전에는 주로 대간들의 상소가 그 주류를 이루고 있고, 갑자사화 이후 10년까지는 대간의 상소와 왕의 전교가 각각 반을 차지하고 있다. 그리고 말년까지는 주로 두 사화에 관련된 내용과 연산군의 학정이 대부분을 차지하고 있다. 물론 연산군의 시문과 이에 화답하는 신하들의 시도 실려 있기는 하지만, 명나라나 여진족 등 대외 관계에 대해서는 그 기록이 부실한 편이다.

「연산군일기」의 편찬 과정과 그 내용을 살피는 것은, 그가 후세에 의해 조작된 폭군이라고 주장하기 위해서가 아니다. 단지 그를 평가할 수 있는 역사적 자료가 매우 제한되어 있으며, 따라서 중종반정 자체에 대한 판단도 그만큼 힘들다는 것을 확인하기 위해서다. 즉 중종반정에 대한 평가를 내릴 때 중요한 것은, 연산군이 폭군이기 때문에 그를 폐위하기 위해 반정이 일어났다고 평면적으로 이해하기보다는, 그 이면에 어떠한 정치적 흐름이 있었는가를 정확히 읽어 내야 한다는 점이다.

연산군에 대한 객관적 자료가 부실한 상황에서 연산군 당시의 정치 동향을 정확히 읽는 것이 힘들다면 그 초점을 중종반정 이후로 돌려야 한다는 뜻이며, 그렇기 때문에 중종반정이 폭군인 연산군을 몰아냈다는 점만 가지고 그 역사적 의미를 함부로 평가절상해서는 안 된다는 말이다.

반정 이후, 조광조의 등장과 몰락 : 기묘사화 전후 상황

왕위에 오른 중종(1506~1544)이 추구한 정책을 한마디로 말한다면 왕도 정치라고 볼 수 있다. 그는 연산군 재위 기간 동안 왕권이 약화됨에 따라, 그 주위에서 외척과 훈구파를 중심으로 한 문벌세가들이 왕실을 좌지우지하여 국가 기강이 문란해졌다는 것을 익히 알고 있었다. 그가 훈구파를 이용하여 왕위에 오른 것은 시대적인 상황 때문이었다. 당시 개혁파라 할 수 있는 사림파는 중앙에서 완전히 배제된 상태였기 때문에, 그들에게 의탁하여 반정을 일으키는 것은 거의 불가능한 일이었다. 즉 중종은 일단 훈구파 세력을 이용하여 정권을 장악하는 것이 급선무라고 판단했던 것이다.

중종은 일단 왕위에 오르자, 유교적 왕도 정치 실현을 위해 당시 사림파의 거두인 조광조를 과감하게 중앙 관직에 등용시켰다. 중종은 성종이 보수 세력을 견제하기 위하여 당시 사림들을 대거 기용한 것을 본받아, 반정을 주도하여 막강한 권력을 쥐게 된 훈구파를 약화시키기 위해 사림파 인물들을 중용했던 것이다.

당시 조광조는 천재라는 소리를 들었던 인물이다. 그는 벌써 20대 초반에 사림파를 대표하는 인물로 부상하였다. 그 때문에 조광조는 갑자사화 때 이배移配되는 피해를 입기도 하였다.

그는 정권이 바뀐 뒤인 1510년, 29세의 나이로 진사 회시에 장원으로 합격하여 정계에 진출한 뒤 뛰어난 학문과 인격으로 중종의 마음을 사로잡았다. 1515년, 조광조는 성균관 유생 200인의 추천으로 관직에 올랐다. 이를 계기로 중종의 총애를 한 몸에 받게 된 조광조는, 마침내 주요 요직을 두루 거치면서 막강한 실력 행사를 할 수 있는 위치에 서게 되었다.

조광조는 중종에게 언로言路의 활성화, 향촌의 상호부조 장려로 서민들의 복리 증진, 미신 타파 등을 건의하면서 특히 현량과賢良科를 설치하여 새로운 인재들을 과감히 기용해야 한다고 강조하였다. 여기서 말하는 새로운 인물은 당연히 사림파의 청년들이었다. 이에 따라 훈구파를 외직으로 몰아내려 한 것은 필연적인 결과였으며, 여기서 훈구파와 사림파가 다시 대립 관계에 놓이게 되었다.

특히 현량과라는 제도를 신설함으로써 사림파 인물들이 중앙에 대거 진출할 수 있는 발판이 마련된 셈이다. 현량과는 한마디로 말해서 학문과 덕행이 뛰어난 인물을 특채 형식으로 판단하여 뽑는 제도다. 즉 기존에 사장詞章 중심으로 뽑아 부조리가 많던 과거 제도를 과감히 개혁하여, 인재를 임금이 필요한 인물 중심으로 뽑았던 것이다. 물론 여기에는 조광조의 천거가 크게 작용했다.

현량과로 등용된 인물들은 대체로 30대 소장들이거나 20대 청년들이었다. 이들이 왕도 정치를 주장하며 현량과를 통하여 중앙 관직에 계속 오르자, 훈구파는 상대적으로 위기감을 느끼지 않을 수 없었다. 특히 현량과 폐지 문제를 둘러싸고 보수와 진보 세력 간의 대립과 반목이 생기기 시작하였으며, 사림파의 혁신 정치에 반감을 가진 훈구파들이 이들을 제거할 음모를 꾸미게 되었던 것이다. 이렇게 하여 일어난 것이 기묘사화다.

여기서 잠시 짚고 넘어갈 것은, 양대 세력의 싸움은 단순한 정파 다툼이 아니었다는 점이다. 고려 이래로 장려된 사장詞章을 중시하는 것이 훈구파(그래서 사장파라고도 부른다)고, 청렴결백과 원리원칙에 입각한 도학을 추구하는 것이 사림파라는 점에서 사상적인 대립이라고도 볼 수 있다. 즉 이때 벌어진 양 세력의 알력은 이념적 차이를 바탕으로 하여, 정권 장악을 놓고 일대 격돌이 벌어진 면도 있다는 것을 간과해서는 안 된다.

조광조 일파의 세력이 커짐에 따라 반정에 참여했던 중신들조차 탄핵을 받지 않은 자가 없을 정도였다. 이러한 훈구파들의 불만이 폭발하게 된 것은 이른바 반정공신 위훈 삭제 사건 때문이었다.

1519년(중종 14), 조광조 등은 반정공신에 올라 있는 신하들 가운데 자격이 없는 자도 포함되어 있으니 공신 자격을 박탈해야 한다고 건의하였다. 이에 중종은 한번 정한 것이니 다시 수정할 수 없다고 하였지만, 조광조가 강청하는 바람에 중종도 이를 받아들이지 않을 수 없었다. 이로써 전 공신의 4분의 3에 해당하는 76인이나 공신 자격을 박탈당하게 되었다. 이것은 공신들이 소유하고 있는 과분한 토지나 노비를 몰수하여 사대부의 기풍을 바로잡는다는 취지 아래 내려진 조치였다. 그 이면에는 구세력에 대한 신진 세력의 정면 도전이라는 의미도 내포되어 있다. 이러한 급진적인 정책이 훈구파를 크게 자극한 것은 당연한 일이었다.

이로 인해 조광조 일파를 모략할 준비가 진행되기 시작하였다. 이 일에는 사림파에게 소인배로 지목된 남곤과, 공신 자격을 박탈당한 심정 등이 중심이 되었다. 두 사람은 한때 조광조 등의 탄핵을 받은 바 있는 희빈 홍씨의 아버지인 홍경주와 뜻을 같이하여, 수시로 중종을 찾아가 온 나라의 인심이 모두 조광조에게 돌아갔다고 말함으로써 조광조가 왕권을 넘보고 있다는 의심을 갖게 하였다. 또한 이들은 중종의 마음을 움직이려고 교묘한 수단을 동원하였다.

아무도 몰래 궁중에 있는 나뭇잎에 꿀로 '주초위왕(走肖爲王 - 주초는 조[趙]의 파자)'이라고 써서 벌레가 갉아 먹게 한 뒤, 그 문자의 흔적을 중종에게 갖다 바쳤다. 도참 사상을 역이용한 사례라고 볼 수 있다.

이를 본 중종은 놀라움을 감추지 못하고 조광조에 대해 진짜 의심을 품게 되었다. 이와 동시에 홍경주는 상소하기를, 조광조 등이 붕당을 만들어 중요한 자리를 독차지하고 있다고 하면서, 임금을 속이고 국정을 어지럽혔으니 이를 엄히 다스려 달라고 하였다. 이처럼 계속된 조작에 따라 조광조 등은 옥에 갇히게 되었고, 성균관 유생 1천여 명이 광화문에 모여 조광조의 무죄를 호소하였지만 결국 조광조에게 사약이 내려졌다.

이렇게 해서 사림파의 기세는 다시 꺾였다. 이후 사림들은 중앙 진출보다는 지방에서 학문 탐구와 후진 양성에 더 힘쓰게 되었으며, 이로써 서원書院 전성시대가 열렸던 것이다.

한편 기묘사화에 성공한 훈구파는 다시 서로 세력을 장악하기 위해 유혈 투쟁을 벌였으며, 이러한 것이 뿌리가 되어 명종 때까지도 정치권은 일대 혼란에 빠지게 되었다.

이렇게 중종반정 이후의 상황을 살펴볼 때, 중종반정은 새로운 개혁을 모색하기 위해 훈구파의 힘을 일시적으로 빌린 친위 쿠데타였음을 알 수 있다. 즉 중종을 추대한 훈구파는 학정을 일삼던 연산군을 몰아내고 정권을 장악하려 했지만, 이것을 역이용한 중종은 사림들을 대거 기용하여 개혁 정치를 구현하려 했던 것이다. 그러나 조광조의 급진주의 정책이 두터운 문벌세가들의 벽을 뚫기에는 시기상조였는지 실패로 끝나고 말았다. 그러나 조광조의 왕도정치는 후일 조선 정치사에 막대한 영향을 끼쳤으며, 그의 사상에는 실학적인 개념도 상당히 포함되어 있어 위민 사상적인 토대를 마련해 주었다는 데 큰 의의가 있다.

【 10 】
임꺽정의 반란 :
부패한 봉건 체제에 정면으로 도전한 농민 반란

누군가는 반란을 일으키지 않을 수 없었다

임꺽정의 반란이 일어난 역사적·사회적 배경 가운데 가장 중요한 것은, 어떠한 구조적 모순으로 많은 농민들이 토지를 상실하여 빈농이나 빈민·유랑민 또는 도적으로 몰락해 갔는가 하는 것이다. 가장 큰 원인은 역시 당시에 정치를 맡고 있던 관료와 외척들에게 있다는 시각에 일단 분석의 초점을 맞춰 놓고, 배경에 대해 살펴보기로 하자.

기묘사화가 사림들에게 끼친 악영향은 너무 커서, 보수 세력이 진을 치고 있는 중앙에 진출할 수 있는 여건이 전혀 조성되지 못하였다. 그러나 이들은 향리에 뿌리를 내려, 서원과 향약을 중심으로 꾸준히 후진을 양성하여 지방에서는 사림들이 계속 증가하였다.

반면에 중앙에서는 기묘사화 이후 권신들 사이에 격렬한 정치 싸움이 벌어졌다. 기묘사화로 정권을 장악한 남곤, 심정 등이 몰락한 후 김안로가 득세하였다. 그러나 그는 중종의 제2 계비인 문정왕후를 폐출시키려다 오히려 실각하고 말았다. 이때가 1537년(중종 32)이었다.

김안로가 실각한 이후 왕실에서는 왕위 계승을 놓고 외척 간에 싸움이 벌어졌다. 중종은 제1 계비 장경왕후 윤씨를 통해 인종을 낳고, 문정왕후 윤씨의 몸에서는 명종을 낳았다. 장경왕후가 원자를元子를 낳고 바로 죽었기 때문에 다시 왕비를 들인 것이다. 장경왕후의 동생은 윤임이고, 문정왕후의 동생은 윤원형, 윤원로였다. 그런데 김안로가 숙청되자 그에게 당해 정계에서 쫓겨났던 윤원형 등이 다시 임용되었다. 이에 따라 두 윤씨 사이에 왕위 계승을 두고 엄청난 싸움이 전개되었다. 이때 윤임 일파를 대윤大尹, 윤원형 일파를 소윤小尹이라고 불렀다.

1544년, 중종이 죽고 순리대로 왕위는 인종에게 계승되었다. 그런데 인종은 성격이 조용하고 욕심이 없는 편이었으며, 효심도 매우 깊고 검약한 생활을 했다고 한다. 그는 중종이 병상에 있을 때 지나치게 간호에 신경을 쓰다가 자신도 병을 얻어 언제 사망할지 모르는 판국이었다. 그런 와중에서도 인종은 기묘사화로 폐지된 현량과를 복구하고, 조광조 등의 신원을 회복해 주었다. 이러한 인종의 조치는 자신이 학문을 좋아하여, 건강이 허락되는 범위 내에서 다시 왕도 정치를 추진하겠다는 강한 의지를 갖고 있었음을 단적으로 보여 주는 예다. 그는 이러한 정치를 구현하기 위해 사림들을 대거 기용하기도 하였다. 물론 중종 말년에도 주리론의 선구자인 이언적을 비롯하여 이황 등이 등용되기 시작하였지만, 그 수는 제한되어 있었다. 어쨌든 그는 자신의 포부를 펼쳐 보지도 못한 채 즉위한 지 1년이 지난 1545년, 경원대군에게 왕위를 물려주고 숨을 거두었다. 이가 바로 명종(1545~1567)이다.

그런데 문제는 왕의 나이가 너무 어린 데에 있었다. 명종이 즉위할 때의 나이가 불과 열두 살이었다. 따라서 그의 모후인 문정왕후가 수렴청정을 하게 되었고, 이에 따라 윤원형, 윤원로 등 외척들이 득세하기 시작하였다.

당시에는 아직도 대윤인 윤임 일파가 건재했기 때문에 소윤 일파는 이들을 완전히 제거해야만 안정적인 정권을 장악할 수 있다고 판단, 이들을 반역죄로 몰아 윤임 등에게 사약을 내려 죽게 하였다. 그리고 윤임 등을 따랐던 사람들도 대거 숙청하였다. 이로써 윤원형 등은 반대파 세력을 완전히 제거하게 되었으니 이것이 바로 을사사화다(1545년). 그리고 윤원형은 자기의 형인 윤원로마저 제거함으로써 왕권을 위협하는 존재로 부상하였다.

이렇게 하여 을사사화 이후 윤원형 일파의 외척 전횡 시대가 전개되기 시작하였다. 1553년(명종 8), 문정왕후가 수렴청정을 거두자 명종은 이를 기회로 외척을 제거해야 한다는 당위성을 갖고 이량 등을 기용하였으나, 이량은 오히려 이를 이용하여 정권을 장악하기 위한 파벌을 조성하고 사림들을 외직으로 추방하였다. 이뿐만 아니라 그는 사화를 일으키려고까지 하였다. 그러나 심의겸 등의 밀고로 좌절되어 숙청당하였다.

문정왕후가 수렴청정을 거두었지만 실제로는 윤원형과 결탁하여 왕권을 침해하고 있었다. 그러나 1565년(명종 20), 문정왕후가 승하함으로써 윤원형의 횡행 시대도 막을 내리게 되었다. 왕후의 죽음으로 크게 위축된 윤원형은 박순 등의 탄핵을 받아 관직을 박탈당하고 숙청되었던 것이다. 이후 사림들이 다시 중앙에 대거 진출하게 되었으니 비로소 사림파의 시대가 시작된 셈이다.

이상 간략하게나마 왕권을 둘러싼 당시 왕실의 동향을 살펴보았다. 이렇게 중앙 동향을 살펴본 이유는, 이로 인해 왕권이 크게 약화되어 지방에 대한 통치가 소홀해짐으로써 관리들의 가렴주구가 극성을 부렸다는 점을 말하기 위함이다. 즉 당시 임꺽정의 반란이 일어난 정치적, 사회적 배경은 극심한 왕권 약화 사태에서 비롯되었다는 뜻이다.

중앙의 정치가 구심점을 잃으면 지방 관리들은 불법을 휘두르게 마련이다. 또한 정치의 부재로 인해 국가 기강이 문란해져 통제 기능이 크게 축소되므로, 가장 큰 피해를 보는 것은 일반 백성들이었다. 임꺽정이 반란을 일으킨 배경은 이외에 제도적인 취약점에서도 찾을 수 있다.

세조 때 실시한 직전법이 명종 때에 폐지되었는데, 이로 인해 관리들은 녹봉에만 의지하게 되었다. 이에 관료들은 사리사욕의 충족을 위해 토지의 개간, 매입, 약탈 등 모든 방법을 동원하여 토지를 넓혀 나갔다.

16세기는 토지에 대한 사유권이 확립되어 가는 시기였는데, 이들은 이를 이용하여 일반 농민들의 사유지를 부당한 방법으로 겸병하기 시작하였다. 토지를 잃은 농민들은 소작농으로 전락하거나, 심한 경우에는 무전無田 농민이 되어 도적이 되거나 유랑민으로 떠돌기도 했다. 게다가 놀고 있는 토지에도 세를 부과하는 진전세에 시달려 일방적으로 수탈당해야만 했다.

　토지 겸병의 예를 하나 들어 보면, 16세기 중엽에는 한양을 중심으로 한 수도권 지역 대부분이 권력자들의 소유지가 되어 나뭇값이 터무니없이 오르게 되었는데, 나무 한 바리에 쌀 한 말을 주어야 할 정도였다. 이러한 현상은 윤원형의 폭정이 있기에 가능한 것이었다.

　토지 겸병과 더불어 16세기 농민들을 괴롭힌 것은 공납(또는 대납)이었다. 왕실과 관료들의 사치가 날로 더해 가, 부과되는 공물의 양은 끝도 없이 늘어만 갔다. 그런데 수납 과정에서 폐단이 생겨 그전에는 현물로 바치던 것을 상인이나 지방 관리들을 통해 대납하게 하였는데, 그들은 그 대가로 착취를 일삼아 중간 이익을 챙기게 되었다.

　또한 농민들은 각종 부역에 시달려야 했다. 심지어는 사족들의 개간에 강제로 동원되어 노동 착취를 당하기 일쑤였고, 군역에 시달리던 장정들은 고향을 버리고 도망치는 사례가 속출하였다.

　가난한 농민들을 구제하기 위해 설치되었던 의창제도 그 기능을 잃어 상평창이 이를 맡게 되었는데, 이 역시 제구실을 하지 못해 빌려 간 식량의 1할을 내던 이자가 점점 고리대로 변하여 빈농들은 쌓인 이자에 시달려야 했다.

　이렇게 16세기 중엽의 조선은 사회 전반에 걸쳐 붕괴의 조짐이 보이기 시작했으며, 제도의 부패로 가장 많은 피해를 입은 농민들의 불만은 높아만 갔다. 임꺽정의 반란이 있기 전부터 이미 도적떼들이 성행하였는데, 이것은 위와 같은 사회적 모순이 낳은 결과였다. 임꺽정이 아니더라도 누군가가 반란을 일으키지 않을 수 없을 정도로 16세기 중엽의 조선은 부패해 있었다. 임꺽정이 반란을 일으킨 1559년은 윤원형의 외척 세력이 전성기를 맞고 있을 때였다.

농민 봉기의 집약체, 임꺽정의 반란

임꺽정의 반란은 1559년(명종 14)에서 시작되어 1562년 1월(명종 17)까지 무려 3년 동안이나 지속되었다. 다른 민란에 비해 볼 때 한 인물이 이끈 난이 이렇게 오래 지속된 경우는 매우 드물다(임꺽정의 활동 상황에 대해서는 일반에 잘 알려져 있으므로, 여기서는 주로 이 반란의 역사적 의미와 후대에 끼친 영향에 초점을 맞추려 한다).

위에서 본 사회적 모순이 빚어 낸 농민들의 몰락으로 임꺽정이 전면에 등장하기 전에 이미 도적들은 들끓고 있었다. 연산군의 집권 시기인 15세기 말을 전후하여 산발적인 저항이 지속되었는데, 농민들은 손에 쟁기를 드는 대신 죽창과 칼을 들고 봉건 체제에 도전하였다. 명종 대에 이르러서는 민란의 시대라고 일컬을 만큼, 도적으로 전락한 농민들의 봉기가 끊임없이 사방에서 진행되었다.

유민들의 봉기는 경기·전라·강원·황해 등 중남부를 중심으로 산발적으로 진행되었는데, 이러한 지역적 봉기가 연합을 이루게 된 것이 임꺽정의 반란이다.

농촌 경제가 파탄지경에 이르자 임꺽정은 황해도를 중심으로 기존의 유랑민들과 도적들을 규합하여 반란군을 조직하였다. 그런데 임꺽정의 반란은 특이하여, 관군과 전면전을 벌이기보다는 무장 게릴라 활동을 통해 평소 농민들의 지탄의 대상이 되어 온 권문세가

나 관리들의 재산을 털어, 이것을 양민들에게 나누어 주는 의적 행위를 펼쳤다. 이러한 점이 임꺽정의 봉기가 오래 지속된 원인일 수도 있다.

그는 구월산을 본거지로 삼고 주변 고을의 관리나 양반 집을 강탈하였다. 경기도와 황해도 일대에서는 관아를 습격하고 창고를 털어 백성들에게 나누어 줄 뿐만 아니라, 억울하게 옥에 갇혀 있는 죄수들을 풀어주었다. 이렇게 임꺽정 등이 의적의 행각을 벌이자, 이 일대의 아전과 백성들이 임꺽정을 지지하여 내응 세력으로 등장하였다. 관에서 잡으려 하면 이들을 통해 미리 정보를 얻고 달아나기 일쑤였다.

중앙 정부에서는 임꺽정의 반란군이 극성을 부리자 개성 등 황해도 일대의 관리를 거의 무관으로 교체하는 등 수습책을 마련하였지만, 그들의 활동은 더욱 활발해질 뿐이었다.

한편으로 중앙 정부에서 선전관을 보내어 신출귀몰하는 임꺽정의 무리를 정탐하게 하였지만, 그들이 미투리를 눈 위에서 거꾸로 신고 다니는 바람에 행방을 찾을 수가 없었다. 우연히 구월산에 소굴이 있다는 말을 듣고, 선전관이 구월산에 들어가 그들의 행방을 찾다가 오히려 반란군들에게 잡혀 목숨을 잃었다.

임꺽정은 관리를 사칭하여 군현에 자유롭게 출입하는 등 대낮에도 당당하게 활동하였다고 한다. 당시 한 관료는 이와 관련하여 명종에게 다음과 같이 말하고 있다.

지금 들리는 바에 의하면, 도적의 세력이 날로 강성해지다 못해 심지어는 관호를 사칭하고 여러 마을에 출입하기를 거리낌없이 하여, 수령 중에는 알지 못한 채 대접한 자도 있다고 하니 참으로 놀라운 일이옵니다.

임꺽정 등은 개성뿐만 아니라 심지어 한양과 평양 내부에도 자유로이 왕래하고 다녔다고 하니, 이들의 활동 범위가 얼마나 넓었는지 알 수 있다. 또한 임꺽정 등은 대낮에도 공물 등을 싣고 가는 수레를 털어대니 관군들은 속수무책이었다.

1559년(명종 14), 개성 근방에서 임꺽정이 출몰하자 개성부 포도관 이억근이 군사 20여 명을 데리고 임꺽정의 소굴을 습격하였다가 오히려 역습을 당하여 거의 몰살당하고 말았다. 이에 중앙 정부에서는 개성부 유수에게 도둑의 두목을 반드시 잡으라는 엄한 명령을 내렸다. 그러나 한 달이 지나도 잡지 못하자, 명종은 수령들이 도둑 잡기를 게을리하면 엄벌을 내리라는 전교를 내렸다. 그러나 작은 도둑 무리만 잡았을 뿐 별다른 성과를 올리지 못하였다.

한양에까지 임꺽정 등이 출몰하기 시작한 것은 1560년 8월 무렵이었다. 한양에 출몰했다는 정보를 입수한 장통방長通坊에서 그들을 잡으려 하자, 달아나며 활을 쏘아 부장部將을 맞혔다. 그런데 이때 임꺽정의 아내와 졸개 몇 사람이 잡히고 말았다. 조정에서는 임꺽정의 아내를 형조 소속의 종으로 삼게 하였다. 이해 10월에 들어서는 중앙 정부에서 금교역金郊驛을 통하여 한양으로 들어오는 길을 봉쇄하고, 연도를 삼엄하게 경비하게 하였다. 그러나 이들은 봉산에 소굴을 두고 활동 영역을 더욱 넓혀 평안도의 성천, 양덕, 맹산과 강원도의 이천 등지에 출몰하며 조정을 괴롭혔다.

이들은 황해도에서 빼앗은 재물을 개성에 가서 팔아 활동 자금을 확보하여, 한양에 근거지를 마련하고 자주 출입을 하였다. 이들은 이때도 앞에서 본 바와 같은 수법으로 관리나 문벌세가의 이름을 사칭하거나 감사의 친척으로 가장하여 관가를 출입, 정보를 알아낼 정도였으니 임꺽정의 반란군이 얼마나 조직적으로 활동했는가를 엿볼 수 있는 예다. 조정에서는 오가작통법(다섯 가구를 한 통으로 묶어 그 책임자가 감시하는 제도를 말한다)을 통하여 이들을 검색하려 했으나 쉽게 잡히지 않았다.

그런데 이해 12월에 엄가이라는 두목이 숭례문 밖에서 잡혔다. 이 사람이 바로 임꺽정의 참모인 서림徐林이었다. 서림의 입을 통하여 임꺽정 일당이 장수원에 모여 있으면서, 전옥서典獄署를 파괴하고 임꺽정의 아내를 구출할 계획을 세웠다는 사실이 탄로 나게 되었다. 또 이들은 평산 남면에 모여, 그들의 도당을 여러 차례 잡아 그 공으로 영전한 봉산 군수 이흠례를 죽일 계획을 세웠다는 사실도 서림의 입을 통해 알아내었다.

그리하여 조정에서는 평산부와 봉산군의 군사 500여 명을 모은 뒤, 무관을 중앙에서 직접 파견하여 평산 마산리로 진격하였다. 그때 반란군은 산을 따라 내려오면서 관군에 대항하여, 부장 연천령을 죽이고 많은 말까지 빼앗아 달아나는 전과를 거두었다. 이에 명종은 황해도, 평안도, 함경도, 강원도, 경기도 등 각 도에 대장 한 명씩을 정하여 책임지고 도둑을 잡게 하였다. 또한 평산 북면 어수동에서 벌어진 전투에서도 임꺽정의 한 부대를 포위, 공격하였으나 결과는 관군의 참패로 끝나고 말았다.

이 무렵 서흥 부사 신상보가 도둑 무리의 처자 몇 명을 잡아 서흥 감옥에 가두어 두었는데, 백주에 임꺽정 휘하의 무장 집단이 들이닥쳐 옥사를 깨고 그들의 처자를 구출한 사건도 있었다.

이해 12월에 황해도에 순경사로 파견된 이사증이 임꺽정을 잡았다는 보고가 올라왔다. 그러나 의금부에서 신문을 해 보니 임꺽정의 형인 가도치였다. 그리하여 그 책임을 물어 순경사 이사증은 파직, 추관推官 강려는 하옥시키는 조처를 내렸다.

이와 같이 5도의 군졸들이 도둑을 잡으려 내왕하는 동안 민심은 흉흉하였고, 또 관군의 물자를 대느라 백성들의 원성이 들끓었으며, 무고한 사람들이 잡혀가 죽임을 당하는 경우도 생겨났다.

1561년 9월에 평안도 관찰사 이량은 의주 목사 이수철이 임꺽정 한온韓溫을 잡았다고 조정에 보고하였다. 이들을 의금부에 데려와 조사를 하니 해주 출신의 군사인 윤희정과 윤세공이었다. 이들은 의주 목사의 꾐에 빠져 거짓 자복하였는데, 서림이 이들을 보고 가짜라는 사실을 지적한 것이다. 이에 이수철에게 그 책임을 물어 파직하였다.

이렇듯 관군의 눈을 피해 신출귀몰하던 임꺽정은, 조정에서 그의 이름을 알고 대대적인 수색을 벌인 지 약 3년 만에 결국 사로잡혔다. 그리고 체포된 지 약 보름 후에 처형당함으로써 임꺽정의 반란은 막을 내렸다. 「명종실록」 편찬에 참여한 한 사관은 임꺽정의 반란에 대해 다음과 같이 평가하였다.

나라에 선정이 없으면 교화가 밝지 못하다. 재상이 멋대로 욕심을 채우고, 수령이 백성을 학대하며 살을 깎고 뼈를 바르면 고혈이 다 말라 버린다. 수족을 둘 데가 없어도 하소연할 곳이 없다. 기한饑寒이 절박해도 아침저녁 거리가 없어서 잠시라도 목숨을 잇고자 해서 도둑이 되었다. 그들이 도둑이 된 것은 왕정의 잘못이지 그들의 죄가 아니다.

임꺽정의 반란은 현실 변혁을 요구하는 민중들의 의지를 반영하여 일어난 대사건이었다. 민중들이 임꺽정의 무장 집단에 대거 참여하였다는 것은 중세 봉건적 질서에 반기를 들었다는 것을 뜻한다.

무엇보다도 임꺽정의 반란은 윤원형을 중심으로 한 외척 세력이 축출되는 계기가 되었다는 데 큰 의미가 있다. 이 반란을 진압하는 과정에서 명종은 왕권 회복의 기회를 잡을 수 있었고, 백성들이 도탄에 빠진 이유가 바로 외척들의 불법적인 횡행에 있다는 인식을 갖게 되었다. 이후 사림파가 대거 중앙에 진출하였다고 하지만, 사회적 모순은 해결되지 않고 오히려 다른 형태로 심화되는 결과를 초래하고 말았다. 이런 배경에서 일어난 것이 다음에 볼 '정여립의 반란'이다. 바꿔 말해서 정여립의 반란은 임꺽정의 반란을 토대로 일어난 지식인의 저항이었다.

임꺽정의 반란 이후 정세

16세기 조선 사회의 특징은 사림파의 득세라고 볼 수 있다.

연산군 때의 무오·갑자사화, 그 뒤의 을사·기묘사화 등을 거치면서도 사림파는 꾸준히 중앙에 진출하였다. 특히 사림들은 지방에서 서원과 향약을 설립하여 세력 기반을 확장해 나갔다.

원래 향약과 서원은 중앙 중심의 교육과 통치 형태를 지양하고, 주자학의 이념에 따라 교육·제사·풍습 등을 시행한 지방 자치 기구라고 할 수 있다. 국가에서도 이를 권장하여 토지와 노비를 주게 되었다. 그런데 사림파의 세력이 확장되고 훈구파와 거의 대등한 권력을 잡게 될수록, 나중에는 이 향약과 서원이 양반 중심의 통치 기구로 전락하여 새로운 사회 문제로 부각되기 시작하였다.

특히 명종 통치 기간인 16세기 중엽에는 사족士族들이 토지 겸병을 하여 대지주들이 등장하게 되었고, 농민들의 피해는 날이 갈수록 심화되었다. 향촌에서는 서원을 중심으로 대토지 소유자가 늘어만 갔다.

무엇보다도 사림파가 중앙을 완전히 장악한 이후, 이들 사이에 이념적 대립이 생겨 파벌이 형성되었다는 데에 주목해야 할 것이다. 원래 의리와 명분을 중요시하고 소인과 대인을 구분하는 이분법적 사고방식을 갖고 있던 성리학자들은, 서로를 소인이라고 하면서 분당을 하게 되었다. 이것이 바로 동서 분당이다. 이로 인해 19세기 초 세도 정치가 들어설 때까지 조선 특유의 붕당 정치가 약 250년간 지속된다.

❰ 11 ❱
정여립의 불발 혁명 :
군주 체제를 부정한 반체제 지식인

    임꺽정의 반란이 진압된 지 3년 후인 1565년에 윤원형의 외척 세력이 숙청당함에 따라 중앙은 사림들이 차지하게 되었다. 바꾸어 말하면 임꺽정의 반란은 비록 실패로 끝났지만, 윤원형의 외척 세력과 훈구파가 몰락할 정도로 정치권 변동에 막대한 영향을 끼쳤던 것이다.

    그러나 사림파가 정권을 장악했다고 해서 사회적 모순이 해결된 것은 아니었다. 사림들은 서원과 향약을 이용하여 토지와 노비를 더 많이 차지하기 위해 농민들을 수탈하였다. 결국 지배 계급의 핵심 세력만이 교체된 것이기 때문에 사회 개혁은 별로 일어나지 않았다. 정여립의 미완성 혁명은 이러한 당대 정치 동향과 함수 관계를 갖고 일어난 사건이었다.

    정여립의 모의가 사전에 발각되어 동인東人에 속한 인물을 중심으로 천여 명이 피해를 보았다. 즉 흔히 '기축옥사'라고 부르는 정여립 사건으로 이렇게 많은 사람들이 숙청 대상이 된 것은, 동인과 서인으로 갈라진 당시의 정치 현실 때문이었다. 따라서 정여립 사건을 이해하기 위해서는 어떻게 동서 분당이 일어났는지 먼저 알아보아야 할 것이다.

동서 분당 : 붕당 정치의 시작

동서 분당에 대해서는 이중환의 『택리지』에 상세히 나와 있다. 조금 길더라도 우선 이중환의 말을 들어 보자.

선조 때에 김효원이 훌륭한 명망이 있어서 전랑에 추천되었다. 그때에 왕실의 외척이었던 이조참의 심의겸이 거부하여, 효원이 전랑 되는 것을 허가하지 않았다. 효원은 명망 있는 집 자제로서 학행과 문장이 있고, 또 어진 사람을 추대하고, 유능한 사람에게 양보하기를 즐겨하여 소년 선비들의 환심을 크게 얻고 있었다.

이에 선비들이 시끄럽게 일어나 의겸을 가리켜, 어진 사람을 거부하여 권세를 농간한다고 공박하였다. 의겸은 비록 왕실의 외척이나, 일찍이 권력을 잡은 간사한 자를 물리치고 선비를 보호한 공이 있었다. 이리하여 나이 많고 벼슬이 높은 사람이 의겸을 옹호하였다. 이에 선배와 후배 사이에는 논의가 갈라졌는데, 처음에는 하찮은 일에서 점차 커지게 되었다.

그리하여 계미, 갑신년 사이에 동東과 서西라는 명호名號가 비로소 나누어졌다. 효원의 집이 동쪽에 있었으므로 동인이라 하고, 의겸의 집은 서쪽에 있었기 때문에 서인이라 하였다. 동인은 김효원·유성룡·김우옹·이산해·정지연·정유길·허봉·이발 등을 추대하였고, 서인은 심의겸·박순·정철·윤두수·윤근수·구사맹 등을 추대하였는데, 이것이 붕당朋黨의 시초였다.

어떻게 보면 매우 사소한 일로 인해 파가 나누어졌다고 볼 수 있다. 그러나 여기에는 의리와 명분을 중시하는 성리학을 숭상했던 당시 사람들의 이념이 반영되어 있다. 이중환의 말에 따르면, 동서 분당은 결국 원로 대신과 소장 관료 사이의 분쟁으로 야기된 것이라고 볼 수 있다. 그렇다면 과연 어떠한 명분을 내세웠으며 무엇을 중시한 의리였는지 알아보자.

위에서 본 것처럼 동서 분당은 전랑직 임명을 둘러싸고 일어났다. 당시 김효원은 장원 급제로 정계에 진출, 명망이 높아져 가며 주로 젊은 계층의 지지를 받았다. 그런데 심의겸이 시비 대상으로 삼은 것은 김효원이 아니라 그를 추천한 김계휘였다. 심의겸은 김계휘가 윤원형에게 아부하는 등 식객 노릇을 한 자라고 비난하면서, 그의 추천을 반대하였던 것이다. 그런데 문제는 김효원이 전랑직을 사퇴하자 그 자리에 심의겸의 아우인 충겸이 임명된 데 있었다. 그러자 이번에는 김효원이, 왕의 외척(심의겸은 명종 비 인순왕후의 동생이었다)에게 전랑의 직책을 맡길 수 없다며 반대하고 나섰다. 이중환의 말에 따르면, 전랑은 이조의 정랑과 좌랑의 총칭인데, 그 권한이 매우 커서 관직에 사람을 임명할 때 이를 추천하는 기능을 갖고 있었다고 한다. 이러한 면에서 볼 때, 인사권을 쥐고 있는 전랑을 외척에게 맡길 수 없다는 김효원의 논리는 타당성이 있다.

바꿔 말하면, 전랑은 판서보다는 낮은 직위였지만 상당한 실세를 갖고 있었다는 말이다. 따라서 관료들은 전랑직에 누가 앉는가에 대해 관심이 높을 수밖에 없었으며, 전랑이 관원을 추천하는 막강한 권한을 가진 만큼 자신들의 세력 판도에 큰 영향을 끼친다는 것을 잘 알고 있었던 것이다.

어쨌든 주요 요직을 둘러싸고 심의겸과 김효원 사이에 심한 알력이 생겨났으며, 이에 따라 관료들은 두 사람을 중심으로 논쟁을 벌였다. 그래서 도성 동쪽 낙산 건천동에 집이 있던 김효원 일파를 동인이라고 부르고, 도성 서쪽 정동에 살고 있던 심의겸 일파를 서인이라고 부르게 되었다.

그렇다면 두 파로 갈라진 다른 관료나 사림들은 어떤 명분으로 뜻을 달리했을까. 여기에는 주로 학연이 크게 작용하였다. 동인의 경우, 몇몇을 빼고는 대부분 이황·조식의 문하 출신이었으며, 사상적으로는 주리主理 철학적 도학을 존중한 영남학파에 속한 인물들이었다. 이와 반대로 서인들은 주로 이이·성혼을 중심으로 한, 주기主氣 철학적 학풍을 중시하는 기호학파 사람들이 주류를 이루었다(이이는 후에 당파 싸움의 병폐를 지적하면서 왜란에 대비할 것을 주장하였지만, 그도 역시 초기에는 김효원 일파와 대립 관계에 있었다).

이렇게 봤을 때 동서 분당은 정치적, 사상적 대립으로 빚어진 것이라고 보아야 할 것이다. 물로 그 이면에는 세력 판도를 유리하게 이끌어 가려는 의도도 내포되어 있지만, 그것은 어디까지나 분당이 일어난 직접적인 원인의 하나일 뿐이다.

동서 분당은 후에 북인과 남인, 소론과 노론으로 갈라지는 뿌리가 되었으며, 조선 특유의 붕당 정치를 개막하는 사건이었다. 이로써 조선 건국 이래 정치는 훈신, 척신을 중심으로 한 훈구파와 혁신 세력인 사림파 사이의 대립에서 같은 사림들 사이의 사상적, 이념적 대립으로 그 양상이 바뀌게 된 것이다.

그러나 동서 분당은 엄청난 부작용을 낳게 되었다. 그 첫 번째가 바로 정여립 사건이다.

사전에 발각된 혁명(기축옥사)

정여립의 모반 사건은 정여립 개인을 중심으로 발생한 것이기 때문에, 우선 그의 신상부터 알아보면서 사건 전모를 파악해 볼 필요가 있다.

정여립(1546~1589)의 본관은 동래東萊며 자는 인백仁伯으로 전주출신이다. 그의 선조들은 대를 이어 전주 남문 근처에 살았다. 그는 15세 때 익산 군수였던 아버지를 따라가서, 아버지를 대신하여 일을 처리할 정도로 머리가 비상한 인물이었다. 그때 아전들은 군수보다도 정여립을 더 어려워했다고 한다. 이미 10대에 온갖 경사經史와 제자백가에 통달하여 주위 사람들을 놀라게 하였다.

그는 1567년(명종 22)에 진사가 되었는데 이때 그의 나이 24세였다. 정여립은 1570년(선조 2)에 식년 문과 을과에 두 번째로 급제한 뒤 이이李珥와 성혼成渾의 각별한 후원과 촉망을 받았을 뿐만 아니라, 동년배 청년들에게는 선망의 대상이 되었다. 그는 성혼의 문하생으로 들어가 있었다. 또한 대신인 박순도 그의 재능을 인정하여 늘 이해하고 돌보아 주었다고 한다. 그는 1583년에 예조좌랑이 되었고, 낙향하였다가 2년 뒤엔 다시 수찬의 자리에 올랐다.

정여립은 언관 낭관에 있을 때에는 임금인 선조에게 곧은 말을 자주 하였고, 공정한 인사를 펴 주위 사람들의 두터운 신망을 얻었다. 그러나 선조에게는 공손한 태도를 보이지 않았다. 그는 선조를 무시하였는지 건의할 때에는 눈을 똑바로 뜨고 왕을 바라보았다. 당시로서는 법도에 크게 어긋나는 행동이었다. 그리고 선조가 건의를 거절하면 문을 나서며 눈을 부라리듯이 뜨고 뒤돌아보기 일쑤였다고 하니, 선조가 이러한 정여립의 불손한 태도를 못마땅하게 여긴 것은 당연한 일이었다.

그는 본래 서인 사람이었으나 수찬이 된 뒤 당시 집권 세력인 동인들과 가까워지면서, 이이에게 자기 편만 지나치게 옹호한다는 등 불만을 토로하여 결국 이이와 멀어지게 되었다. 이러한 행동에 대해 이이의 제자들이 신랄하게 비난하였다. 또한 그는 박순朴淳과 스승인 성혼도 비판의 대상으로 삼았는데, 나중에 선조가 이를 불쾌히 여겨 제지하고 나서자 벼슬을 버리고 고향으로 돌아갔다. 이러한 정여립의 독불장군 같은 행위는 서인들의 미움을 사, 역모 사건이 터졌을 때 서인들이 앞을 다투어 그를 탄핵했던 것이다.

정여립이 서인들과 멀어진 이유는 분명하지 않지만, 추측하건대 이이와 심각한 의견 충돌이 있었던 것으로 보인다. 그러나 여기서 중요한 것은 그가 어느 붕당에도 연연하지 않고 자기의 소신대로 행동했다는 데 있다. 당시 붕당을 무시하고 독자적으로 움직인다는 것은 매우 힘든 일이었다. 이렇게 되니 많은 사람들이 그를 미

위하게 되었고, 선조 역시 그를 못마땅하게 여겨 동인의 적극적인 추천에도 불구하고 더 이상 관직 생활을 할 수 없어 결국 고향으로 돌아가고 만 것이다.

낙향한 정여립은 만나는 사람에게마다 선조의 정책을 신랄하게 비난하였다. 선조를 바보로 취급할 정도였다고 하니 당대의 정치에 대해 얼마나 깊은 불신감을 갖고 있었는지 알 수 있다. 그는 두 임금을 섬기지 못한다는 말은 옳지 못하다, 누구를 임금으로 섬기든 그것이 뭐 그리 중요한 일인가라고 말할 정도였다. 이 말은 임금 한 분만을 하늘처럼 여겨야 한다는 당시의 성리학적 이념에 크게 배치되는 것으로, 군주 체제 자체를 부정한다는 의미도 내포되어 있다.

정여립은 비록 고향으로 돌아왔지만, 여전히 동인 사이에서는 영향력을 발휘하였다. 그래서 전주 감사나 수령이 다투어 그를 찾아와 인사하였고, 특히 전라도 일대에서 그는 점점 유명 인사로 부상하게 되었다. 무엇보다도 그가 낙향하여 한 일 중에 주목해야 할 것은 진안 죽도竹島에 서실을 지어 놓고, 대동계大同契를 조직하여 매달 사회射會를 여는 등 자기 세력을 확장해 나갔다는 점이다.

그는 전주·태인·금구(훗날 전봉준 등 갑오농민전쟁의 주역들이 활동했던 곳이기도 하다) 등의 무사들을 결집시키는 한편, 천민·승려·반정부적 선비들과 사귀면서 모임을 만들었다. 이것이 바로 대동계다. 그들은 매달 15일에 모여 활쏘기 등 무예를 익히고 술과 고기로 잔치를 베풀어, 동지적인 연대감을 다졌다. 특히 노비를 훈련시켜 군졸로 양성하는 등 군사적 결합체를 만들어 나갔다. 1587년에 왜구들이 전라도 손죽도에 침범하였을 때 당시 전주 부윤 남언경이 정여립에게 왜구 토벌을 부탁하자, 대동계 군사들을 동원하여 토벌할 정도로 막강한 조직력을 갖추고 있었던 것이다. 그 뒤 대동계의 조직은 황해도 안악의 변숭복, 박연령, 해주의 천민 지함두, 운봉의 승려 의연 등과 연계해 나가는 전국적인 조직으로 성장하였다. 이때 만난 주요 인물들을 보면 화적 두목인 길삼봉, 절친한 친구가 된 정개청 등이 있다.

길삼봉은 원래 천안에서 종살이를 하던 인물이었다. 그는 후에 화적의 두목이 되었는데 신출귀몰하여 관가에서 잡지 못할 정도였다. 정개청은 박순의 천거로 관직에 올랐지만, 이전에는 『주역』과 풍수지리를 공부하면서 처사處士로 지내던 인물이었다. 그는 정여립의 집터를 골라 주는 등 정여립과 매우 절친한 관계가 되었다.

이 밖에 주목해야 할 인물은 승려인 의연이다. 그는 스스로 요동에서 온 중이라고 하면서 요동에서 보니 동쪽 나라에 왕기王氣가 있어, 와서 보자 전라도 땅 전주 남문 밖에서 뻗어 나왔다는 말을 퍼뜨리고 다녔다. 이렇게 봤을 때 정여립은 황해도의 반체제적 인물들과 연계하여 모반을 꾀했다고 볼 수 있다. 그렇다면 황해도와 관련을 맺었다는 것은 무엇을 뜻하는 것일까.

정여립은 1559년에 시작하여 1562년까지 지속된 임꺽정의 반란을 익히 알고 있었다. 임꺽정의 본산지였던 황해도, 특히 구월산을 중심으로(승려 의연은 구월산에서 활동하던 인물이었다) 연계 조직을 만들어 나갔다는 것은 임꺽정의 반란을 계승하겠다는 뜻으로 해석된다. 실제로 그는 지함두와 만났을 때 '해서海西의 풍속이 좋지 않아 일찍이 임꺽정의 난이 있었다……. 몰래 서로 결합하자'고 말했다. 여기서 지함두의 신분이 천민이었다는 점을 다시 상기하자. 즉 정여립이 천민에게 결합하자고 한 것은 민중을 기반으로 반란을 일으키겠다는 뜻이다. 비록 자신은 토지도 갖고 있는 양반 신분이지만, 민중의 요구를 수렴하여 반란을 일으키려 했다는 것이다. 이러한 점이 바로 정여립의 반체제적 성향을 뒷받침해 주는 중요한 증거다. 정여립은 임꺽정의 반란을 조선 사회가 내포하고 있는 모순을 변혁시키려 했던 상징적인 사건이라고 파악하고 있었던 것이다.

이렇게 철저하게 혁명을 준비하였지만, 예상하지 못했던 일이 벌어져 거사하기도 전에 모든 것이 수포로 돌아가고 말았다.

정여립의 수하 인물 가운데 조구라는 자가 있었다. 그는 정여립이 엄청난 모반을 꿈꾸고 있다는 것을 알고 겁을 먹고는 1589년 10월, 황해도 감사 한준을 찾아가 모든 사실을 밀고하였다. 조구의 말을 듣고 놀란 한준은 즉시 비밀 장계(이것은 임금만이 볼 수 있게 꾸며 올리는 보고서다)를 작성하여 선조에게 올렸다. 내용인즉, 정여립 등이 한강의 결빙기를 이용하여 황해도와 호남에서 동시에 한양으로 쳐들어가 대장 신립申砬과 병조판서를 살해한 뒤 병권을 장악하기로 했다는 것이다. 이 장계에는 한준을 비롯하여 안악 군수 이축, 재령 군수 이충간, 신천 군수 한응인 등의 연명이 들어 있었다. 정여립이 전라도와 황해도를 중심으로 반란을 일으킬 준비를 하고 있다는 것이었다. 선조 역시 크게 놀라 한밤중에 주요 대신들에게 입궐을 명하고 대책을 강구하였다.

평소 그를 미워하고 있던 선조는 사실 여부를 확인하지도 않은 채 즉시 의금부에 명하여 관련자를 모두 잡아들이라고 하였다. 그러나 의금부 군졸들이 정여립의 집에 도착하였을 때는 이미 정여립이 도망간 뒤였다. 조구의 행동에 의심을 갖고 있던 정여립의 심복 변숭복이 고변 사실을 먼저 그에게 알려 주었던 것이다. 그는 머물고 있던 금구의 별장을 떠나, 아들 옥남과 동조자인 박연령의 아들 춘룡 그리고 변숭복과 함께 진안 죽도로 피신하였다.

갑작스러운 피신이라 아무런 준비도 못한 상태여서 정여립 등은 식량 문제조차 해결하기가 어려웠다. 이들은 산속에 은거지를 마련해 놓고 마을로 내려가 동냥으로 밥을 빌어먹었다. 그러자 이를 수상히 여긴 주민들이 관가에 신고하여 진안 현감 민인백이 군졸을 이끌고 출동, 산을 포위하였다. 민인백은 왕명에 따라 그를 사로잡으려 했지만, 정여립은 모든 것이 끝났다고 체념하고선 자기 아들 등 일행을 칼로 베어 죽이고 자신도 자살하고 말았다. 이로써 정여립은 모반을 행동으로 옮기지도 못하고 비참한 최후를 맞이했다.

그러나 사건은 정여립의 자살로 끝나지 않았다. 정여립이 모반을 꾀했다는 소식을 들은, 서인에 속한 정철이 고향에 있다가 급히 상경하였다. 그는 선조에게 사태의 위급함을 상기시키고 모든 관련자를 처벌해야 한다고 주장하면서, 한양에 계엄령을 선포해야 한다고 건의하였다(당시 정계는 대체로 동인들이 장악하고 있었기 때문에, 서인이었던 정철은 정여립 사건을 빌미로 동인들을 대대적으로 숙청할 뜻을 가졌던 것으로 보인다). 선조는 정철의 건의를 받아들여 그를 위관委官으로 임명, 사후 처리를 맡겼다. 이때부터 정여립과 관련된 자들이 속속 잡혀 들어갔다. 당시 우의정 정언신은 정여립이 그런 일을 꾸밀 리 없다고 선조에게 말했다가, 오히려 이것이 화근이 되어 관직을 박탈당하고 문초를 당하였다.

이런 식으로 피해를 본 사람은 한둘이 아니었다. 그 수가 무려 천여 명을 넘었다고 하니, 한국 역사상 모반과 관련되어 처벌된 양반들의 수가 이렇게 많은 것은 전무후무한 일이었다. 여기에는 원인이 있었다. 우선 선조는 관련자를 알리는 자에게는 후한 상을 주겠다고 하였으며, 사태가 파악되면서 동인들이 연루되어 있다고 심증을 굳힌 정철 등 서인들이 이 기회에 동인들을 모두 제거하겠다는 강한 의지를 갖고 있었기 때문이다. 국청(죄인을 심문하는 기관)에는 연일 잡혀와 고문을 당하는 사람들의 비명과 신음 소리가 가득 찼다. 한마디로 피비린내 나는 엄청난 숙청이 벌어졌던 것이다.

역사적 의의

정여립 사건이 조작되어 일어났다는 시각도 있다. 그러나 첫째, 정여립이 낙향하여 활동한 내용을 보거나, 둘째, 조작이었을 경우에 천여 명이 넘는 사람들이 피해를 본다는 것은 불가능하다는 점 등을 볼 때 조작설은 별로 신빙성이 없어 보인다. 물론 피해자 가운데 대다수 사람들이 모함에 걸린 것은 분명한 사실이다.

어쨌든 정여립 사건 이후 정계는 다시 일대 혼란에 빠지게 되었고, 이 사건이 민중의 의견을 수렴하는 과정에서 일어난 것이라고 파악한, 이이 같은 올바른 지식인들은 현실 개혁만이 국가 기강을 바로잡고 민란을 예방하는 방법이라고 주장하면서 위로부터의 변혁을 꾀했다. 하지만 이들의 노력은 무위로 끝나고, 정여립 사건이 있은 지 3년 뒤인 1592년에 이르러 민족 대환란인 임진왜란을 맞게 되었던 것이다.

임꺽정의 반란, 정여립의 불발 혁명 등이 잇달아 일어나면서 일반 백성들은 현 조정이나 체제가 얼마나 모순투성이인가를 구체적으로 알게 되었고, 나아가 임진왜란 때 의병으로 활동하면서 봉건적 질서의 병폐를 객관적으로 인식하게 되었다. 그래서 양난 이후, 17세기에 봉건적 질서 해체의 조짐이 보이게 된 것은 이러한 내재적 발전에 따른 결과였던 것이다. 이렇게 봤을 때 임꺽정과 정여립의 반란은 조선 지배 체제의 모순성을 적나라하게 드러내는 계기를 마련해 주었다고 볼 수 있으며, 이러한 사회 현상에 대해 위기의식을 가진 지배 계층은 백성들의 불만을 해소하기 위하여 대동법을 만들기에 이르렀던 것이다.

이 사건으로 말미암아 전라도는 반역향反逆鄕으로 낙인찍히고 말았다. 이후로 호남 인사들의 등용이 매우 어려워져 지역감정을 야기했고, 중앙에서 파견된 지방관들의 탐학이 다른 지방에 비해 심해져 뒷날 갑오농민전쟁이 일어나는 뿌리가 되었던 것이다.

결국 정여립 사건은 군주 체제를 부정한 혁명적인 성격을 강하게 지니고 있었다. 비록 사전에 발각되어 미수로 끝났지만, 지배 계급의 위기성을 반영함과 동시에 현실 개혁의 필연성을 상기시켜 준 원동력이 되었다는 점에서 큰 의의를 찾을 수 있겠다.

❰ 12 ❱
광해군과 인조반정仁祖反正 :
광해군은 폭군이었는가

17세기 초 사회 변화와 정치 동향

16세기 말, 임진왜란과 정유재란을 겪으면서 조선 사회는 대변동을 겪게 되었다. 현재 양난에 대한 재평가가 활발하게 벌어지고 있어 아직은 전체적인 조망을 기대하기는 어렵지만, 우선 확인된 것은 전쟁에서 승리한 국가는 조선이라는 사실이다. 그러나 이 승리는 엄청난 희생을 치르고 얻어 낸 것이었다. 전쟁에서 아무리 승리한다 해도 인적으로나 물적으로 피해를 보는 것은 마찬가지다. 전쟁이 끝난 후 흉년과 질병으로 농촌 경제는 붕괴의 위기에 직면해야 했고, 귀중한 문화재는 물론이고 한양의 궁궐이 거의 불타 버려, 국왕은 개인의 사저를 집무실로 써야 할 형편이었다.

무엇보다도 백성들이 지배 계급의 허구성을 여실히 체험하게 된 계기가 되었다. 사방에서 의병이 일어났다는 것은 무엇을 뜻하는가. 이미 전쟁 전에 이이 등이 '십만 양병설'을 주장하여 왜적의 침입에 대비할 것을 역설하였지만, 지배 계급의 역량은 거기에도 미치지 못했다. 다시 말해서 막상 전쟁이 터졌을 때 이에 대응할 만한 정규 군대는 매우 허술했다. 왜적을 막은 것은 농민이나 천민이 주축이 된 의병들이었고, 도망가기 바쁜 계층은 양반들이었다. 물론 중앙 관직을 갖고 있던 관료들 중에는 자진하여 의병을 조직하여 왜적과 싸우다 장렬한 최후를 맞이한 이들도 있었다. 특히 지방 사족들 중에서 왜적과 맞서 싸우기 위해 의병을 일으킨 자들이 전국 각지에서 속출하였다. 반대로 말하면 아무 준비도 없는 상태에서 겪은 전쟁이었기 때문에 초기에는 엄청난 피해를 입었던 것이고, 선조가 평양으로 피신할 정도로 왜병들은 파죽지세로 북상하였다.

전쟁이 끝난 후 선조는 공을 세운 신하들에게 각종 공신을 내리고 전후 복구 사업에 착수하려 했으나, 전화로 인한 피해가 깊은 데다가 흉년까지 들어 별로 진척이 없었다. 선조는 말년에 몸이 쇠약해져 국정을 쇄신할 역량이 점차 감소하였다. 결국 선조는 전후 복구 사업을 별로 이루지도 못한 채 1608년에 급사하고 말았다.

선조가 사망하고 광해군이 즉위할 즈음 붕당 간의 파쟁 조짐이 다시 보이기 시작하였다. 그 불씨는 선조가 죽기 전부터 자라나고 있었다.

원래 선조는 전쟁이 끝난 뒤까지도 정비 소생의 적자를 얻지 못하고, 후궁 출신인 공빈 김씨의 몸에서 임해군과 광해군을 얻었다(적자는 대군이라고 불렸지만 서자는 그냥 군이라고 불렀다. 그러나 둘 다 품계는 없었다). 임진왜란이 터지고 왜병이 빠른 속도로 북상한다는 보고를 듣자, 조정은 평양으로 자리를 옮겨야 한다는 판단을 하고서 피난길에 나섰다. 이 과정에서 선조는 국가의 위급이 초를 다투고 있으니 세자를 책봉해야 한다고 판단하여, 둘째 서자인 광해군을 세자로 정하였다. 첫째인 임해군은 성격이 난폭하고 학문적인 소양도 없으므로 왕이 될 재목이 안 된다는 여론에 따른 조치였다. 사실 임해군은 성격이 포악하여 늘 선조의 근심거리가 되어 왔다.

세자로 책봉된 광해군은 어깨가 무거워졌음을 인식하고, 일단 눈앞에 닥친 전쟁을 승리로 이끌기 위하여 동분서주하였다. 우선 광해군은 평양을 떠나 다시 의주로 피난을 가는 길에 영변에서, 만일의 사태에 대비하여 분조(分朝 - 세자의 자격으로 임시로 임금의 일을 대행케 한 제도)를 위한 국사 권섭權攝의 권한을 위임받았다.

이때부터 광해군의 발길은 바빠졌다. 전쟁에 휘말린 국가를 구하기 위하여 그는 약 7개월 동안 함경도와 강원도 일대를 돌며 의병 모집을 하는 등 분조 활동을 하다가, 선조가 있는 행재소에 다시 복귀하였다. 이런 과정을 통하여 광해군은 세자로서, 신하들은 물론이고 백성들의 두터운 신망을 받게 되었다.

한양이 수복된 후 광해군은 방위 체계를 위해 만들어진 군무사를 관장하였고, 1597년에 다시 왜적이 쳐들어오자(정유재란) 전라도로 내려가 의병을 모으고 군량을 조달하는 등 눈부신 활동을 하였다. 당시 왜적에 대비하여 부산에 수군 함대를 집결시켜 놓았는데, 선조는 이를 보고 만일 호남으로 적이 들어오면 막을 길이 없으니 소홀히 해서는 안 된다고 판단하였다. 아마 광해군은 이러한 선조의 명을 받아 전라도 방어에 주력했던 것으로 보인다.

이렇게 광해군은 전쟁의 와중에서 몸을 아끼지 않고 현군으로서 지녀야 할 자질을 갖추어 나갔던 것이다. 또한 전쟁 중에 세운 공로로 말미암아 그는 왕위를 계승할 수 있는 안정된 토대를 마련했다고 볼 수 있다. 물론 1594년에 명나라에 세자 책봉을 보고하였을 때 장자가 아니라는 이유로 거절당하였지만, 왕위 계승에는 그리 큰 문제가 아니었다. 그러나 광해군을 반대하는 무리에게는 이러한 관례적인 문제도 꼬투리가 될 수 있었다.

끊임없이 이어지는 왕권에 대한 도전 : 왕권 약화에 따른 붕당의 득세

그런데 광해군이 왕위에 오르기 전에 커다란 문제가 발생하였다. 선조의 적자, 즉 영창대군이 탄생한 것이다. 선조는 1602년에 18세의 어린 인목왕후를 왕비로 맞아들였고, 죽기 2년 전인 1606년에 영창대군을 품에 안았던 것이다. 인생 말년에 얻은 아들이다 보니 극진한 정을 갖게 된 면도 있지만, 우선 서얼이 아닌 적자라는 점에서도 더 정이 갔다. 선조는 광해군을 의식하지 않을 수 없었다. 선왕들 시대에 형제나 가까운 친척끼리 유혈 싸움을 벌인 일이 허다했다는 것을 선조가 모를 리 없었다. 추측하건대 선조가 만일 조금 더 오래 살았다면 광해군을 세자에서 폐하고 영창대군을 세자로 책봉했을지도 모른다. 그러나 그는 어린 아들의 재롱을 다 보지도 못하고 숨을 거두었다. 선조는 죽기 전 자신의 병이 위독해짐을 알고, 신하들의 주장에 따라 광해군에게 왕위를 물린다는 전교를 내렸다. 또한 유영경 등 충신 일곱 사람(유교 칠신이라고 부른다)을 따로 불러 영창대군을 부탁한다는 유언을 남기고 눈을 감았다. 이 한마디의 유언이 광해군 즉위 초부터 국정이 당쟁에 휘말리는 불씨가 되었던 것이다.

광해군이 즉위하기 전에 붕당은 다시 세포 분열을 일으켜, 동인이 남인南人과 북인北人으로 분파되어 있었다. 흔히 역사에서 표현하기를 전쟁의 와중에서도 당파 싸움은 그칠 날이 없었다고 하지만, 실제로는 전쟁을 치르고 명나라 군대와 사신들을 대하느라 중앙의 관료들은 눈코 뜰 새 없이 바빴다고 이중환은 『택리지』에서 당시 정황을 말하고 있다. 그런데 다시 당쟁을 유발하는 사건이 벌어졌다. 그 경위를 『택리지』에서 들어 보자.

그 무렵에 영남 사람 정경세가 전랑으로 있었는데, 이경전이 천거되는 것을 막고자 하여, 경전이 유생 때부터 남의 나무람이 많았으니 전조銓曹에 끌어들임은 옳지 못하다는 말을 퍼뜨렸다. 그리하여 산해와 산해에게 아부하던 자들이 크게 노하였다. 그때에 이덕형이 정승이었는데 사람을 시켜 이준을 청하여서, "자네가 경임에게 말하게. 만약 이경전이 전조에 천거되는 것을 막으면 반드시 큰 풍파가 생길 것이네. 이것은 조정을 편케 하는 도리가 아니야. 내가 사정私情을 위해서 말하는 것이 아니네."라고 하였다. 준은 경세와 같은 고을 사람이고, 경전은 덕형의 아내의 아우인 까닭에 말하였던 것이다. 그러나 경세는 그 말을 듣지 않았다.

얼마 후에 남이공이 대간이 되어 수상 유성룡을 참혹하게 탄핵하였다. 대개 경세는 본디 유 정승의 제자였으므로, 산해는 경세가 유 정승의 지시를 받지 않았나 의심한 것이었다. 그리하여 이공을 시켜 말한 것이나 성룡의 허물은 아니었다. 이에 성룡을 편드는 이원익·이덕형·이수광·윤승훈·한준겸을 모두 남인이라고 불렀는데 성룡이 영남 사람인 관계이며, 산해를 편드는 유영경·기자헌·박승종·유몽인·박홍구·홍여순·임국노·이이첨은 모두 북인이라고 불렀는데 산해의 집이 한양에 있기 때문이었다. 동인이 비록 남인과 북인으로 갈라졌으나 남인은 아주 적었다.

이것은 겉으로 드러난 대립 양상에 불과하다. 당시 분당이 일어난 근본적인 원인은, 정철의 탄핵을 둘러싸고 서인에 대해 강경 대응을 주장하는 일파와 온건 대응을 주장하는 일파가 생겨 갈라졌던 것이다.

정여립의 모반 사건을 처리하며 공을 세운 정철은 사태 수습 후 좌의정의 자리에 올랐다. 그리고 1591년에는 적자, 즉 왕위를 계승할 원자元子가 없음을 지적하고 우의정 유성룡, 부제학 이성중 등과 같이 상의한 뒤 당시 영의정이었던 이산해에게도 세자 책봉 문제를 논의하여, 건저 주청(쉽게 말해서 세자 책봉에 대한 논의와 허락을 말한다)에 대해 최종 결정을 내리기 위하여 자리를 함께하기로 약속하였으나 이산해 등은 두 번이나 약속을 어겼다.

그런데 동인이었던 이산해는 선조의 총애를 받고 있던 후궁 인빈 김씨의 오빠인 김곤량과 결탁하여 음모를 꾸몄다. 선조가 김씨의 소생 신성군을 아끼고 있음을 알고 있던 이산해는, 인빈 김씨에게 정철이 장차 건저를 주청한 뒤 모자를 죽이려 한다고 모함하였다. 이에 김씨가 선조에게 달려가 울면서 호소하자 선조는 격분하였다.

이러한 사실을 전혀 모르고 있던 정철이 경연에 나가 건저 문제를 거론하니 선조는 크게 화를 내었다. 영문을 모르고 있던 정철이 이산해, 유성룡의 눈치를 살폈지만 이들은 아무 말도 하지 않았다. 정철은 결국 관직을 박탈당하고 유배의 길을 떠나야만 했다. 또한 같은 서인인 이성중, 이해수 등은 외직으로 밀려나고 말았다.

이렇게 봤을 때 이산해의 계략은 2년 전인 1589년에 있었던 기축옥사(정여립 모반 사건) 때 동인들이 정철의 손에 엄청나게 숙청당하자, 복수할 기회를 노리고 있다가 건저 문제를 빌미로 그를 중앙에서 밀어냈던 것이다. 이때 세자 문제로 거론된 왕자는 신성군과 광해군이었는데, 이때까지만 해도 선조는 신성군을 더 총애하였다고 한다. 단지 광해군이 둘째고 신성군이 넷째라는 서열상의 문제 때문에 왕조차도 자신의 뜻을 쉽게 거론할 수 없었다. 신성군은 임진왜란이 터진 이듬해인 1592년, 전쟁에 참여했다가 11월에 병으로 죽었다.

한마디로 말해서 동인과 서인의 분당에서, 다시 동인이 남인과 북인으로 나뉘어 당쟁이 심화될 수 있는 여건이 마련된 것이다. 그런데 북인은 다시 분열되어 소북小北과 대북大北으로 나누어졌다. 1599년의 일이었다.

홍여순이 대사헌으로 천거되자 당시 정랑의 위치에 있었던 남이공이 이를 반대하였다. 이때 홍여순·기자헌·이이첨·정인홍·허균 등은 대북이 되었고, 남이공을 중심으로 유영경·이효원·이유효 등은 소북이 되었던 것이다. 이러한 붕당의 분화 현상은 집권층 내부에서 흔히 일어날 수 있는 정치적 현상이라고 보아야 할 것이다. 이후 대북은 소북을 몰아내고 광해군 즉위 후 세력을 잡게 되었지만 다시 세 파로 나누어지는데, 당시 영의정 이산해와 병조판서 홍여순 사이에 알력이 생겨 이산해를 중심으로 한 골북骨北과 홍여순·이이첨의 육북肉北 그리고 영창대군·인목대비의 폐위를 반대하는 중북中北이 생겨났다. 뒤에서 보게 되겠지만, 대북은 여러 사건 때마다 강경과 온건으로 나누어졌던 것이며, 이것 역시 사건 처리를 놓고 벌어질 수 있는 정치적 입장 차이에서 비롯된 것이지 뚜렷한 이념에서 야기된 분열은 아니었다.

어쨌든 거시적으로 봤을 때 선조 말년부터 국정은 주로 북인들이 주도하였다. 이에 따라 서인이나 남인들은 중앙에서 점차 멀어졌다(이것은 당쟁의 전체적인 분위기를 말하는 것이지 나머지 세력들이 완전히 배제된 것은 아니었다. 광해군은 즉위 후 파벌을 초월하여 인재를 등용하는 데 힘을 기울였는데, 심지어 서얼 출신도 과감하게 기용하였다).

다시 광해군이 즉위할 당시로 돌아가 보자. 선조가 광해군에게 왕위를 물려준 것은 죽기 전이었다. 당시 영의정이었던 유영경은 선조가 영창대군을 부탁한다는 말을 광해군의 왕위 계승을 막으라는 뜻으로 해석하고는, 선조의 교서를 숨기고 내놓지 않았다. 선조의 죽음이 임박하자 광해군 즉위 문제를 둘러싸고 당파 간에 보이지 않는 싸움이 벌어지기 시작한 것이다. 그러나 오랫동안 광해군을 보필해 온 정인홍, 이이첨 등에 의해 유영경의 음모는 탄로 나고 말았다. 이때의 인물들을 역사에서 분류하기를 유영경은 소북, 정인홍은 대북이라고 부른다. 소북은 영창대군을 후사로 삼을 것을 주장하였던 것이다. 정인홍 등은 유영경을 엄히 다스릴 것을 선조에게 요청하였지만, 이를 처리하는 과정에서 선조는 죽었다.

이런 음모를 극복하고 광해군은 왕위에 올랐다. 처음에 광해군은 자기의 뜻에 따라 왕실을 좌지우지하려는 유영경을 죽일 생각은 없었다. 그래서 일단 그를 교동도에 유배 보냈다. 그런데 계속 유영경을 죽여야 한다는 상소가 올라오고 영창대군을 추종하는 세력이 다시 커지자, 부득불 그에게 사약을 내려야 했다.

또한 더 큰 문제는 임해군과의 관계였다. 우선 여기서 그가 장자임에도 불구하고 왜 세자로 책봉되지 않았는지 잠시 알아보자.

성격이 난폭하다는 것은 앞에서도 지적한 바 있지만, 이것만으로는 임해군에 대해 정당한 평가를 내리기는 어렵다. 그는 임진왜란이 일어났을 때 왕명에 따라 김귀영·윤탁연 등과 함께 근왕병을 모집하기 위하여 함경도로 떠났다가, 1592년 9월에 반적叛賊 국경인鞠景仁에게 체포되어 왜장 가토에게 넘겨진 후 부산으로 이송되었다. 아무리 세자 책봉이 안 됐다고 하더라도 일국의 장자임에는 틀림이 없어, 양국 간에 여러 차례 교섭을 한 끝에 석방되어 한양으로 돌아올 수 있었다. 그런데 이때 포로 생활을 하면서 상당히 피해 의식에 시달렸던 것으로 보인다. 임해군은 자기의 분을 못 이겨 거리를 나돌아다니기 일쑤였고, 성격이 더 포악해져 아무 민가에나 들어가 약탈을 하거나 폭력을 휘둘러 더욱 선조의 미움을 사게 되었다. 이뿐 아니라 임해군은 포로 당시에 가토의 회유에 넘어가 그에게 조선의 내정을 알리는 서신을 몇 차례 보내기도 하였다. 이것은 아마 자신이 세자가 되지 못한 것에 대한 반발심에서 비롯된 것이 아닌가 싶다.

이러한 임해군임에도 불구하고 장자라는 위치 때문에 명나라에서는 광해군의 세자 책봉을 계속 문제 삼았다. 1608년에 선조가 죽은 후 명나라는 마침내 조선에 사신을 보내 사실 여부를 확인하고자 하였다. 이 역시 임해군을 이용하여 정권을 장악하려는 세력들의 조작이었다. 이런 사실을 알고 있던 임해군은 더 기세가 등등해졌고, 그를 이용하여 왕위 찬탈을 꾀하려는 움직임도 보였다. 『연려실기술』에 따르면, 그의 집에 무기가 반입되는 것을 목격했다는 상소도 보이지만 결국 이것은 확인되지 않았다. 그러나 임해군이 계속해서 광해군에게 시비를 건 것은 사실이었으며, 그를 이용하려는 무리들이 생겨났던 것도 당시 상황이었다. 특히 임해군 자신은 광해군을 헐뜯고 다니면서 자기를 추종하는 세력을 결집시키고 있었던 것이다.

임해군 문제를 놓고 당파 간에 혈전이 오갔다. 그런데 정인홍은 왕권이 안정되어야 올바른 정치를 펼 수 있다고 하면서, 형제라도 반역 행위는 용서받을 수 없는 것이라고 광해군에게 단호하게 요청하였다. 광해군은 친형을 처벌하는 문제를 놓고 고민하다가 왕권 강화를 위해서는 어쩔 수 없다고 판단, 임해군을 유배 보내기로 결정하였다. 그런데 이듬해인 1609년, 이이첨 등이 임해군의 처형을 강력히 주장하였다. 그러나 이원익, 이항복 등 중신들은 반대하였다. 임해군은 진도에 있다가 교동도로 이배되어 있었는데 당시 현감이 이현영이었다. 그는 이이첨과 인척 관계였는데, 이이첨이 임해군을 죽이라는 암시를 주자 이를 거절하였다. 이이첨은 자기 말을 듣지 않았다고 앙심을 품어 이현영이 죄인을 지키는 일을 게을리하였다고 탄핵한 뒤, 그 후임으로 이직을 앉혔다. 결국 임해군은 이직의 손에 비참한 최후를 맞았던 것이다.

이러한 일련의 과정으로 볼 때 임해군의 죽음은 광해군 때문이라기보다는, 광해군을 이용하여 정권을 유지하려는 일부 북인 과격파들이 꾸민 일이라고 보는 것이 타당하다. 같은 북인이라고 하더라도 정인홍의 경우에는 광해군의 왕권 강화와 국가 기강에 초점을 맞추어, 관직을 내려도 중앙에 나아가지 않았다. 그는 남명 조식의 제자로서, 스승이 산림에 처해 있었던 것을 본받아 일이 생길 때마다 광해군의 자문 역할을 했던 것이다. 즉 그는 정권이나 자기의 영욕에는 전혀 관심이 없는 선비였다. 그래서 그를 산림 정승이라고 불렀다. 유영경 사건이 터졌을 때에도 처사로 있으면서, 과감하게 유영경을 처벌할 것을 선조에게 상소하였다가 오히려 모함을 당하여 노구를 이끌고 유배의 길을 떠나야 했다. 그런데 도중에 선조가 죽는 바람에 풀려났다. 반면에 이이첨 등은 광해군을 부추겨 여러 실정失政을 저지르게 하였다. 이렇게 같은 파벌에서도 처세술이나 입장이 다르다는 것은 당시의 정치가 상당한 분화 상태에 있었다는 것을 뜻한다.

지금까지의 내용만 살펴봐도, 광해군의 세자 책봉 문제부터 시작하여 왕위에 오르는 과정이 매우 복잡하고 험난했다는 것을 쉽게 알 수 있다. 그러나 그의 시련은 여기서 그치지 않았다.

계축옥사癸丑獄事와 인목대비 폐모 사건 : 인조반정의 원인

선조 즉위 전후로 시작된 대북과 소북 사이의 알력은 결국 1613년(광해군 5)에 일대 숙청으로 표면화되었다. 이른바 계축옥사가 그것이다.

『연려실기술』을 상세히 살펴보면, 이 옥사에 대해 무려 세 가지 시각이 전개되고 있다.

첫째는, 실제로 강변칠우江邊七友들이 강도짓을 일삼다가 체포되어 이이첨의 협박과 회유로 거짓으로 반역을 꾀했다고 보는 것이고.

둘째는, 강변칠우들이 서얼 출신이므로 중앙 진출을 할 수 없자 오랜 시간을 두고 스스로 모반을 꾀하다가, 이들을 정탐하러 뒤쫓아 온 상인을 죽였다고 하는 것이다. 또는 자금 마련을 위해 강도짓을 했다고도 한다.

셋째는, 강도짓을 한 박응서가 체포되었을 때 다른 동지들이 중앙에 뇌물을 주어 풀려고 하였지만, 박응서가 미리 겁을 먹고 모반을 꾀했다고 자백했다는 시각이다. 이와 관련하여 서양갑도 체포되었는데 그의 어머니까지 잡혀와 모진 고문을 당하자, 조정의 타락을 욕하면서 제(광해군)가 나의 어머니를 죽이니 나도 제 어머니(인목대비)를 죽여야겠다면서, 자기들의 모반을 인목대비와 그의 아버지 김제남이 사주했다고 거짓말을 했다는 것이다.

이렇게 봤을 때 첫째, 박응서의 행위가 단순 강도였는데 이이첨의 계략으로 거짓 자백한 것인가. 둘째, 아니면 강변칠우들이 실제로 모반을 계획하던 중 자금 조달을 위해 상인을 해치다가 걸려들어, 이들의 모반을 알게 된 이이첨이 고문하여 인목대비와 영창대군·김제남을 괴수로 끌어들였느냐 하는 두 가지로 압축된다. 즉 이이첨 등 북인 과격파가 단순 강도를 모반으로 조작한 것이냐, 아니면 실제로 강변칠우들이 반란을 계획했는가라는 갈림길에 서게 된다. 이에 대한 판단은 유보하고, 일단 양쪽 의견의 공통점을 찾아가며 사건 전모를 밝혀 보기로 한다(일반적으로 이이첨이 조작했다는 설이 유력하므로 이에 초점을 맞추기로 한다).

강변칠우란 박응서(그는 박순의 서자다), 서양갑, 심우영, 이경준, 박치인, 박치의, 김평손 등 서얼 출신 일곱 명을 뜻한다. 이들은 서자라는 신분적 제약 때문에 관직에 나아가지 못하는 데 불만을 느낀 나머지, 서로 의기투합하여 모임을 만들었던 것이다. 이 강변칠우는 중국의 죽림칠현竹林七賢을 모방한 것이라고 하니 이들의 도피적인 태도를 엿볼 수 있다. 이들은 생과 사를 같이하기로 결의하고, 여주 북한강 변에 무륜無倫이라는 정자를 짓고는 여기에서 시를 짓고 술을 마시면서 즐겼다고 한다. 이런 가운데 서양갑·심우영 등이 연명으로 상소하여 서자도 등용해 줄 것을 호소하였으나 거절당하자, 이에 앙심을 품고 강도 행각을 일삼는 한편 모반을 꿈꾸었던 것이라고 전하고 있다.

그러던 중 박응서 등이 문경새재에서 한양 상인(또는 동래 상인이라고도 한다)을 죽이고 수백 냥을 약탈하는 사건이 터졌다. 이로 인해 관련자들이 포도청에 잡히게 되었다. 그런데 이이첨은 포도대장을 찾아가 그와 협작하여, 이들을 이용하여 반대파 축출은 물론 영창대군과 그의 외할아버지인 김제남을 제거할 계획을 세웠다. 이이첨은 직접 박응서 등을 국문하면서, 네가 이러이러하기만 한다면 죽음을 면할 뿐 아니라 큰 공을 이룰 수 있으니 모름지기 깊이 생각해서 다시 진술하라고 종용하였다. 시키는 대로 하라는 뜻이었다. 박응서 등은 이이첨의 계략에 넘어가 자신들은 모반을 계획하고 있었으며, 그 목적은 영창대군을 추대하는 것이라고 하면서 김제남과 인목대비가 사주하였다고 진술하였다. 또한 상인을 죽인 것은 모반을 위한 자금 마련 때문이라고 자백하였다. 영락없이 어린 영창대군은 모반의 괴수로 둔갑하고 만 것이다.

　이러한 절차를 밟은 후 영창대군의 외할아버지인 김제남을 죽이고 영창대군을 강화도에 유폐하였으며, 선조의 유교칠신遺敎七臣 가운데 현직에 몸을 담고 있던 신흠·박동량·서성·한준겸 등을 중심으로 서인과 남인 수십 명을 삭탈관직하거나 유배 보내었다. 또한 영창대군을 처형하라는 주장이 대북파 사이에서 거세게 일자, 이이첨은 강화 부사 정항에게 지시하여 8세의 어린 영창대군을 암살하고 말았다. 당쟁의 회오리바람에 어린 왕자는 뜻도 모르고 죽임을 당했던 것이다. 이때에도 정인홍은 아무리 왕법에 어긋난 짓을 했다고 하더라도 어린 대군을 죽이는 것은 옳지 못하다고 극구 만류하였다. 그러나 중앙은 이미 대북 과격파가 장악한 뒤라서 그의 의견은 전혀 통하지 않았다. 과격파들은 아예 반대 세력의 뿌리를 뽑기 위해 정원군(인조의 아버지로 뒤에 원종으로 추존)의 아들 능창군을 교동도에 가두었다가 나중에 살해하였다. 물론 영창대군을 따르는 서인이나 남인들이 인목대비와 김제남을 중심으로 대북인들과 대립 관계에 있었던 것은 사실이었다. 대북 과격파는 이러한 정세 불안 요인을 원천적으로 없애기 위하여 위와 같은 옥사를 벌인 것으로 보인다. 또한 집권층이 갖고 있는 기본적인 생리일 수도 있다.

　결국 계축옥사 사건의 진위는 그리 중요하지 않다. 강변칠우들이 정말 어떠한 뜻을 갖고 강도짓을 했는지(이 내용조차 조작된 것인지도 모른다), 이이첨이 조작한 것인지에 상관없이 이 사건을 빌미로 대북 과격파는 정권을 다지는 기회로 삼았던 것이며, 광해군은 폭군으로 몰릴 지경에 처하게 되었다. 그렇다면 왜 임금은 사건의 진상을 정확히 파악하지 못했을까. 바로 여기서 왕권과 신권臣權 사이의 대립과 갈등을 읽을 수 있으며, 세조 이후 약화된 왕권은 그때까지도 완전히 회복되지 못했을 뿐만 아니라 조선 군주 체제가 갖는 특수성에서 비롯되는 일들이라고 이해할 수 있다.

계축옥사 이후, 정확히 5년 뒤에 드디어 인조반정을 야기시킨 사건이 터지고 말았다. 바로 인목대비 폐위 사건이다.

계축옥사가 있고 난 뒤에도 아버지와 아들을 잃은 인목대비 김씨에 대한 압박이 계속되다가, 1617년에 이르러 이이첨 등을 중심으로 폐모론이 대두하게 되었다. 사실 광해군은 인목대비에 대해 신하들이 끊임없이 시비를 걸어 와도 응하지 않았다. 같은 대북인이었던 정인홍은 역시 이때에도 전은론全恩論을 펼치면서, 국모에게 벌을 내린다는 것은 있을 수 없는 패륜이라고 하면서 반대하였다. 임해군의 처형을 반대하다가 병을 핑계로 낙향하였던 이원익도, 가족들의 만류도 뿌리치고 극렬한 어투로 상소문을 여러 차례 올려 대비 폐위론에 반대하였다. 그러나 광해군은 오히려 자신은 그런 적이 없는데도 자꾸 민심을 흩뜨려 놓는다고 하면서, 그를 홍천으로 유배 보내었다가 여주로 이배시켰다. 이원익은 임진왜란 때에도 맹활약을 했을 뿐만 아니라 당쟁의 병폐에 반대하면서 정도正道를 주장한 강직한 선비였다.

그렇지만 이미 대세는 과격파들의 손에 넘어가 있었다. 이들은 광해군을 끝내 설득하여 인목대비를 폐위시키기 위한 계획을 강행하였다. 그리고 이에 반대하던 영중추부사 이항복, 영의정 기자헌 및 정홍익, 김덕함 등을 멀리 귀양 보냈다. 그 뒤 우의정 한효순의 발론發論을 기회로 삼아 인목대비 김씨의 존호尊號를 폐하고 서궁西宮이라 칭한 뒤, 공봉供奉을 감하고 조알朝謁을 중지시켰다.

그런 뒤에도 실권을 행사하던 이이첨은 1622년 12월, 강원 감사 백대형을 시켜 이위경 등과 함께 인목대비가 굿을 벌인다는 것을 핑계 삼아 경운궁慶運宮에 들어가 대비를 시해하게 하려 했으나, 영의정 박승종 등이 말려 실패한 일도 있었다.

인목대비 폐위 사건이 아무리 왕권을 강화하는 과정에서 일어난 일이라고 하지만, 이 일로 인해 광해군은 돌이킬 수 없는 폭군으로 낙인찍히고 말았다. 그것은 가장 큰 실수였다.

민심은 점차 그를 떠나게 되었고, 반대파에서는 본격적으로 광해군을 폐위하자는 모의가 진행되었다.

인조반정 : 서인 일파의 집권

인목대비 폐위 사건은 지금까지 대북파에 눌려 지내던 서인 일파들이 극렬한 투쟁을 벌일 수 있는 중요한 구실이 되었다.

마침내 서인의 이귀, 김자점, 김류, 이괄 등은 광해군을 왕위에서 몰아내기 위하여 무력 정변을 기도하게 되었다. 함흥 판관에 재직 중이던 이귀는 북우후北虞候 신경진과 모의를 논의하고 유생 심기원·김자점과 뜻을 같이한 뒤, 인망이 높던 전 부사 김류를 대장으로 삼아 대북 정권을 타도하고 광해군을 폐위한 뒤 능양군을 옹립한다는 계획을 세웠다. 그러나 이들의 계획은 단시일에 진행된 것은 아니었다. 반정이 있던 전해부터 무력 정변의 조짐은 있었다.

1622년에 이귀는 평산 부사, 신경진은 효성령 별장曉星嶺別將으로 있는데 평산 지방에 호환虎患이 심했다. 그래서 이귀는 범 사냥을 하는 군사들이 도 경계에 구애받지 않고 활동할 수 있는 보장을 얻어내어 이것을 기회로 한양까지 밀고 내려와 거사하려 했으나, 이 모의가 사전에 누설되어 실패하였다. 그런데 다음해에 들어서서 그가 정변을 일으킬 것이라는 소문이 사방에 퍼지자, 이귀 등은 서둘러 계획을 실천에 옮기려 했던 것이다.

거사일을 1623년 3월 13일로 잡고, 전날 밤인 3월 12일에 홍제원에 모여서 대오를 가다듬고 일제히 군사 행동을 벌일 것을 최종적으로 약속하였다. 그런데 계획에 차질이 생기고 말았다. 홍제원에 먼저 도착한 일행들이 모두 오기를 기다리고 있는데, 장유라는 자가 숨이 넘어갈 지경이 되어 달려왔다. 이미 조정에서 모반 계획을 알고 일제 검거령을 내린 동시에, 훈련도감 이확이 이끄는 정부군들이 창의문에 군사를 결집시키고 있다는 것이다. 사태는 일대 혼란에 빠지고 말았다.

아직 반란군의 반도 차지 않은 데다가 주력 부대인 장단 부사 이서李曙의 부대가 도착할 기미가 전혀 없었던 것이다. 게다가 반란군 대장을 맡기로 했던 김류는 약속 시간이 지나도록 나타나지 않았다. 모인 반란군 수는 불과 600~700명, 그나마 정부군과 접전을 벌일 만한 전투력도 갖추지 못했다. 그러나 여기서 멈춘다면 거사는 실패로 돌아가고, 붙잡힌다면 모두 처형될 것은 뻔한 이치였다. 진퇴양난, 절체절명의 순간이었다. 모인 군사들조차 우왕좌왕하며 사기가 바닥에 떨어져 있었다.

이때 이귀가 이괄의 손을 잡으며, 김류가 아직 도착하지 않았으니 대신 대장을 맡으라고 권고하였다. 조금이라도 시간을 늦추면 군사들이 모두 도망갈지도 모르는 지경이었다. 이괄은 잠시 생각하다가 이귀의 요청을 받아들였다. 이괄은 군사들에게 의義자를 쓴 표지 수백 개를 나누어 주고, 각자 군복 뒤에 붙이게 하여 어둠 속에서도 정부군과 구별할 수 있게 조치하였다. 그러고는 군관들 밑으로 군사를 나누어 전열을 수습하였다. 이제 남은 일은 궁궐을 향하여 진격하는 것뿐이었다.

그때 김류가 보낸 전령이 이괄의 부대를 찾아왔다. 김류가 군대를 일으켜 합세하겠다는 내용이었다. 이괄은 처음엔 그를 배신자라고 욕하면서 뜻을 합치지 않으려 하였지만, 이귀 등이 말리자 결국 김류의 부대와 연합하게 되었다. 김류는 반정의 모의가 조정에 알려졌다는 소식을 듣고 가담치 않으려고 집에 있다가, 그의 측근들이 설득하자 다시 마음을 고쳐먹고 출정을 서둘렀던 것이다. 이렇게 해서 이괄은 김류에게 총지휘권을 양보하였다. 이럴 즈음 이서의 주력 부대 등이 도착하여 만반의 준비를 갖추게 되었다.

반란군은 일시에 창의문으로 돌격해 들어갔다. 정부군은 반란군의 공격에 대비하여 이미 창의문을 굳게 걸어 잠그고 있었다. 그러나 반란군 소속 선봉 부대는 문을 부수고 안으로 들어섰다. 뒤를 따라 주력 부대가 북을 치며 들어가 창덕궁에 도달하였다. 이때 창의문 근처에 주둔하고 있던 이확의 부대는 반란군에 싸움을 걸어오지 않았다. 이확은 이미 사태 파악을 하고 광해군에게 반기를 든 것이었다. 대궐 밖에 진을 치고 있던 이홍립은 이미 반란군과 내응하기로 결정을 봤기 때문에, 아예 반란군이 진입할 수 있도록 도와줄 정도였다. 궁궐의 주력 부대가 모두 반란군 세력에 포섭된 상태였다. 반란군은 인정전仁政殿을 지나 창덕궁 금호문까지 이르렀다. 이때에도 사전 약속이 되어 있던 수문장 박효립이 문을 열고 반란군을 맞아들였다. 반란군의 횃불에 창덕궁의 여러 전殿이 불에 타올랐다.

반란군의 진격은 계속되었다. 반란군 군사들은 돈화문에 이르러 쌓아 둔 나무에 불을 질렀다. 한밤중의 궁궐이 대낮처럼 환해졌다. 광해군은 반란군이 궁궐 내에 침입했다는 소식을 듣고 내시 몇 명을 거느리고 북문으로 도망쳤다. 이렇게 해서 반란군의 거사는 별다른 전투도 벌이지 않고 성공리에 끝났다. 남은 일은 왕을 교체하는 것뿐이었다.

이튿날 반란군 지휘부는 능양군을 왕으로 추대하였다. 그가 바로 인조仁祖다. 능양군이 보새寶璽를 거두어 경운궁에 유폐되어 있던 인목대비 김씨에게 바치자, 인목대비는 기뻐하며 광해군을 폐하고 능양군을 즉위시켰다. 인목대비는 광해군을 폐위시키는 이유로 첫째, 선왕(선조)을 독살하였을 뿐만 아니라 형(임해군)과 아우(영창대군)를 죽이고 자신을 유폐시켰으며, 둘째, 토목 공사를 크게 벌여 민생을 도탄에 빠뜨려 정치를 혼탁하게 함으로써 종사를 위태롭게 하였고, 셋째, 두 마음을 품어 오랑캐에게 투항하였다는 죄목을 들었다. 이렇게 해서 인조반정은 모두 일단락되었다.

전날 북문으로 빠져나와 의관醫官 안국신의 집에 숨어 있던 광해군은 곧 잡히고 말았다. 대비 김씨는 광해군의 죄를 들어 처형하려 하였으나 인조의 간청으로 사형을 면하게 하여, 서인庶人으로 격하시켜 강화도로 귀양 보내었다. 사실 광해군이 죽음을 면할 수 있었던 것은 이원익의 간곡한 청원 때문이었다. 당시 이원익은 여주에서 유배 생활을 하고 있었는데, 반정 이후 인조가 그의 인품을 익히 알고서 제일 먼저 조정에 불러 영의정에 임명하려 하였다. 이원익은 광해군을 죽여야 한다는 여론이 비등하자 인조에게, 자신은 광해군 밑에서 영의정을 했기 때문에 광해군을 죽인다면 자기도 조정에 나갈 수 없다고 하였다. 이에 감복한 인조는 광해군을 유배 보내는 것으로 조치를 마감하였던 것이다. 그러나 이때부터 다시 조정에는 일대 피바람이 불었다. 서인들은 그동안 당한 것을 보복하기 위하여 대북파의 이이첨·정인홍·이위경 등 수십 명을 참형에 처하고, 200명을 낙도 등으로 귀양 보내 버렸다.

반면에 인조는 반정에 큰 공을 세운 서인의 이귀·김류 등 33명을 세 등급으로 나누어 정사공신靖社功臣의 훈호勳號를 내리고, 각기 등위에 따라 관직을 명하였다. 또한 남인에 속한 이원익이 다시 조정에 들어와 영의정이 됨으로써 남인이 제2 세력을 형성, 서인과 남인의 양대 세력이 서로 견제하는 시대가 열리게 되었다.

광해군은 과연 폭군이었는가 : 대동법 실시와 자주 외교 정책

여기까지 보면 광해군은 연산군과 별로 다를 바 없는 폭군으로 밖에 볼 수 없다. 그러나 과연 그는 폭군이었을까.

우선 광해군을 폭군으로 보는 근거를 자세히 살펴보자. 우선 그는 친형인 임해군과 여덟 살 난 영창대군을 죽였다. 또한 국모의 아버지를 죽이고 인목대비를 폐위시켰으며, 이러한 과정에서 서인들을 참형에 처하거나 유배를 보냈다. 그러나 조선 국왕 가운데 가까운 친인척을 죽인 임금이 어찌 광해군 하나뿐인가. 물론 결과론적인 지적이지만, 광해군은 왕권에 도전하는 친인척을 모두 살해한 셈이다. 그러나 그가 왕위에 오를 때 선조의 아들이, 즉 언제든지 세력만 있으면 왕위에 오를 수 있는 왕자들이 영창대군 외에도 열세 명이나 더 있었다. 만일 광해군이 왕위에 불안을 느꼈다면 이들 모두를 살해했어야 한다. 그러나 광해군은 왕권에 도전하는 세력만을 상대했다. 태종은 동생들을 죽이고 왕위에 올랐으며(왕자의 1, 2차 난), 앞에서 본 바와 같이 세조는 조카와 두 아우를 죽였다. 그리고 광해군의 뒤를 이은 인조 역시 아들과 며느리, 그리고 숙부까지도 죽음에 이르게 하였다. 그러나 이 가운데 폐위되어 폭군이 된 이는 광해군뿐이다. 이것은 결국 무엇을 뜻하는가. 한마디로 말해서 권력 투쟁에서 진 임금은 당시 세력을 잡은 권력자에 의해 폭군이 되어 버린다는 것이다. 만일 이시애의 반란이 성공하여 세조를 축출했다면 그 역시 역사에 수양대군으로만 남았을 것이다.

그렇다고 광해군의 실정失政을 두둔하자는 것은 아니다. 인목대비의 아버지마저 죽이고 대비를 폐위시킨 것은 당시 성리학적 이념에서 볼 때 패륜에 속한다. 이것은 광해군이 저지른 돌이킬 수 없는 오점이었다. 하지만 광해군은 이것을 자의로 행하지 않았다. 연산군이 사화를 일으킬 때 주위 대신들이 이를 조작한 면도 있지만, 막상 일이 벌어졌을 때에는 그도 역시 광분하여 일을 처리하였다. 분명 광해군은 연산군과 다르다.

따라서 연산군에 대한 평가조차 애매한 부분이 많다는 점을 상기해 볼 때 광해군이 처한 당시의 정치적, 나아가 외세와의 관계를 살펴보면서 그의 공적을 드러낸다면, 그가 자의적으로 실수를 범한 것이 아니라는 것을 알게 될 것이다.

무엇보다도 그의 공적 가운데 두드러진 것은 대동법 시행이다.

광해군이 즉위할 때까지도 대납代納에 따른 부조리가 끊이지 않았다. 이에 김육 등이 건의하여 모든 공물을 쌀로 대치하자고 하였다. 광해군은 전쟁 직후, 피폐화된 국토를 재건설하고 국가 기강을 바로잡기 위해서는 농민들을 위무해야 한다는 것을 인식하고는 즉시 대동법을 시행하였다. 당시는 경기도에만 한정했지만 이후 후대 왕들이 광해군의 취지를 살려 전국적으로 시행하여, 대동법은 1894년까지도 존속하였다.

광해군의 전후 복구 사업은 여기서 그치지 않았다. 앞에서 인목대비가 광해군을 폐위시키는 근거로 제시한 것 가운데 하나가, 토목 공사로 인해 민생이 도탄에 빠졌다는 점이다. 그러나 중세 봉건 질서의 안정은 왕권 강화에 있다. 이것이 독단에 빠져 폭정으로 이어진다면 문제겠지만, 왕권이 약화되어 국가 기강이 문란해지면 그것은 더 큰 문제로 확산되게 마련이다. 고려의 역사를 보면, 왕권이 약화됨에 따라 문벌 귀족들이 득세하여 그로 인해 민생이 도탄에 빠지게 되었다.

중세에는 안정된 왕권을 바탕으로 하여 대신이나 관료들이 이를 보필하면서 국정을 이끌고 민생을 돌볼 때, 가장 이상적인 국가 형태를 이룰 수 있었다. 결국 광해군이 막대한 비용을 들여 소각된 궁궐을 재건한 것은 이러한 취지에서 추진된 사업이었다. 게다가 광해군은 한양의 궁궐이 초토화된 것을 보고 천도를 계획하였다. 전쟁 이후 민심이 흉흉해져 다시 '정씨 왕조설' 등 각종 도참설이 나돌자, 광해군은 민심을 수습하기 위하여 파주로 천도할 생각을 가지고, 그곳에 궁궐을 지을 기초 공사를 하라고 지시했던 것이다. 그러나 이것은 대신들의 반대로 중지되었다. 또한 백성들에게 부과되는 세금이 막대하고, 이때 명나라가 후금과의 싸움을 승리로 이끌기 위해 청병을 해 왔기 때문이기도 하다. 만일 그가 자기의 독재적인 정권을 유지하는 폭군이었다면, 백성들의 원성을 받아들이지 않고 강압적인 수단을 동원하여 천도했을 것이다.

광해군의 정국 운영 가운데 특히 돋보이는 것은 자주 외교 정책이다.

대국大國이라고 자처하는 명나라가 조선이라는 작은 나라에게 구원을 요청했다는 것은 무엇을 뜻하는가. 바로 명나라의 국운이 기울고 있었다는 것을 반증하는 셈이다.

명나라는 이미 임진왜란에 참가한 시기를 전후하여 말기에 처해 있었다. 또한 이 전쟁에 참가함으로써 그만큼 국력 소모가 극심했다. 내부적으로 볼 때 농민들은 토지를 수탈당하여 문벌 귀족들의 대토지 소유가 심화되었으며, 이 밖에도 농민들은 각종 부세에 시달려 농촌 경제는 파탄지경에 이르렀다. 결국 사회적 모순은 치유될 수 없을 만큼 깊어져 17세기 초 전후에 전국적인 농민 반란이 끊임없이 이어졌으며, 그 민란은 하나의 도당을 만들 정도로 강대해져, 명나라 조정은 이에 대처하는 데만 해도 힘겨워하는 상황에 처해 있었다. 게다가 당쟁이 격화되어 조정 내부는 일대 정치적 혼란에 빠져 있었다.

한편 만주를 중심으로 부족 국가를 이루며 살던 여진족은 누르하치에 의해 강성한 국가로 변모해 가고 있었다. 원래 여진족은 11세기 때 금나라를 세워 전성기를 맞은 적이 있지만, 이후 원나라에게 패하여 다시 여러 부족으로 흩어져야 했다. 그중 대표적인 것이 해서海西, 건주建州, 야인(野人 - 고려나 조선 때 여진족을 야인이라고 부른 이유가 이 때문이다) 등 3부다. 이 여진 3부는 각기 사회적 발달 속도가 달라서, 야인부의 경우 물을 따라 살며 활 사냥을 해야 할 정도로 후진적인 수준에 머물러 있었다. 이들이 주로 한반도 북방을 침략한 부족이었다. 반면에 해서부와 건주부는 비록 수렵 생활을 하긴 했지만 목축과 농경이 발달하여, 야인부보다는 먼저 계급 분화가 이루어져 있었다. 그러나 명나라나 조선은 이들을 모두 싸잡아 야만인 또는 오랑캐라고 불렀다.

이러한 오랑캐가 다시 국가를 세운 것은 1616년의 일이다. 누르하치가 허투알라에 도읍을 정하고 후금 정권을 세웠던 것이다. 그는 관제와 법제를 세워 국가 조직을 갖추면서 여러 부족을 통합해 나갔다. 흩어져 있던 여진족들이 그의 수하로 모여들기 시작하였다.

누르하치는 어려서부터 북방을 수비하던 명나라 장군 이성량 밑에서 성장하면서 중국의 문화를 섭렵하였다. 그는 이때 병법과 각종 전술을 익혔으며, 학문에 대해서도 깊은 안목을 키웠다. 이전에 명나라는 원나라와의 전쟁에서 승리한 후, 요동 이북 지역에 180여 개의 위소(衛所 - 정복지 관리 기관)를 설치해 놓았다. 그러나 중앙 정권이 약화되자 여진족에 대한 통치도 소홀해진 상태였다. 이런 가운데 누르하치를 건주위 좌도독에 임명하는 등 관직을 준 것이 명나라로서는 호랑이 새끼를 키운 셈이 되었다.

누르하치는 일찍이 배운 학식과 병법을 토대로 강성한 국가를 세워 나갔다. 그리고 명나라의 내정이 날이 갈수록 부패해져, 농민 반란 등으로 인해 군사력이 크게 약화되어 있음을 간파하게 되었다. 그는 마침내 명나라를 치기로 결정하였다.

1618년(바로 광해군이 군사 요청을 받아들인 해다), 누르하치는 칠대한(七大 恨 - 한마디로 말해서 중국 민족에 착취당한 것에 대한 원한이다)을 내세우며 명을 침입하여 무순성을 불태우고, 사람은 물론이고 가축과 재물을 약탈해 갔다. 이로써 명나라와 후금 사이에 본격적인 전쟁이 도발된 것이다.

명나라 조정은 조선에 군사 요청을 하는 한편, 요동을 정벌하기 위하여 군사를 출정시켰다. 그러나 명나라는 후금에 크게 패하고 말았다. 이때 조선에서 출정한 강홍립의 부대는 누르하치에게 투항한 상태였다. 요동 전투에서 진 명나라는 사실상 요동에 대한 통치권을 상실하게 된 셈이며, 반면에 누르하치의 후금은 더욱 강성한 국가로 발전하게 되었다. 한마디로 말해서 명나라는 기울고 후금이 일어서고 있었던 것이다.

이러한 국제 정세를 광해군은 정확히 읽고 있었다. 이미 그는 임진왜란 때 전투에 직접 참가하면서, 명나라 군사들의 내부를 속속들이 들여다볼 수 있었다. 또한 명나라 군사들이 구원병이라고 자처하면서 조선 백성들의 재물을 약탈하고 폭력을 휘둘렀다는 것도 잊지 못할 사실이었다. 유성룡도 왜군은 얼레빗이고 명군은 참빗이라고 토로할 정도로, 명나라 군사들의 행패는 왜군 못지않게 극심했던 것이다. 또한 전쟁 직후 정인홍이 자주 국방론을 주장하면서 명나라 군대는 믿을 것이 못 되며 왜적이 쳐들어온 것은 벼슬아치들의 썩은 통치 때문이라며, 민생고를 해결하여 민심을 바로 세워야 국가 기강이 서고 외침을 막을 수 있다고 주장한 적이 있다. 광해군은 이러한 정인홍의 상소를 똑똑히 기억하고 있었다.

광해군은 국제 정세가 혼돈에 빠지자 명나라로 가는 사신들에게 명하여 정확한 정세 보고를 하도록 하고, 의주 지방의 관리를 시켜 여진족의 동태를 파악하도록 하였다. 불과 몇 년 전에 전쟁을 겪어 국력이 약화된 사이에 여진족이 남하한다면, 다시 피비린내 나는 전쟁을 겪을 뿐만 아니라 전쟁에 패하여 속국으로 전락할지도 모른다고 광해군은 판단하고 있었다. 광해군은 명나라는 쇠약해지고 후금은 강성해지고 있다는 국제 정세를 정확하게 파악하고 있었던 것이다.

명나라가 조선에 군사 요청을 한 것은 1617년도부터다. 누르하치가 나라를 세워 국경 지대를 위협하고 있었기 때문에, 명나라는 협공으로 후금을 치자고 했던 것이다. 그러나 광해군은 이에 응하지 않았다. 그는 여러 가지 핑계를 대어 명나라의 요구를 거절하였다. 그러나 1618년에 후금이 명나라를 공격하자, 명나라 조정은 임진왜란 때 도와주었으니 군사를 보내 주는 것이 당연하다는 이유를 내세워 강력하게 파병을 요구하였다. 또한 임진왜란 이후 명나라에 대해 더 짙은 사대 의식을 갖게 된 사대파들이 들고일어나 즉시 군사를 보낼 것을 연일 주장하였다. 광해군은 이러지도 저러지도 못할 처지에 이르렀다. 그때 광해군은 묘안을 떠올렸다.

당시 강홍립이라는 신하가 있었다. 그는 광해군이 즉위하기 3년 전인 1605년에 서장관이 되어 명나라를 다녀왔으며, 이듬해에도 이덕형을 따라 명나라에 한 차례 더 갔다 왔다. 광해군 즉위 이후에는 남병사(南兵使 - 함경도 북청에서 근무하는 무관직. 국경 지대의 방비 책임을 맡았다)에 임명되었다. 그 이전 광해군이 즉위하던 해에 강홍립은 세자시강원世子侍講院에서 일하는 보덕輔德을 맡은 적이 있어, 광해군과는 얼굴을 익힌 사이였다. 즉 광해군은 그가 문무를 겸비한 인재며 백성들 사이에서도 신망이 높고, 국제 정세에도 밝다는 것을 알고는 중용할 뜻을 가졌다. 마침내 광해군은 그를 한성부 부윤에 임명, 한양에 있게 하면서 자주 국제 정세에 대해 논의하였다.

광해군은 무신으로서 신임할 사람이 강홍립밖에는 없다고 생각하여 비밀리에 명을 내렸다. 절대 후금과 싸우지 말며, 적당한 시기에 조선의 출정은 명나라의 강압에 의해 행한 것이라고 누르하치에게 알리라는 것이 주된 내용이었다.

광해군의 밀명을 받은 강홍립은 1618년 8월에 군대를 이끌고 한양을 떠나, 7개월이 지나서야 압록강을 건넜다. 광해군의 명령에 따라 명나라와 후금의 동태를 살피며 일부러 행군을 지체했던 것이다. 강홍립은 명나라 군대에 흡수된 뒤에도 무기가 모자란다는 둥 양식이 떨어졌다는 둥 여러 구실을 만들어 후금 군대와 충돌하지 않았다.

4군으로 편성하여 진군하던 명나라 군대는 후금에 패하여 후퇴하게 되었다. 이러한 상황에서 강홍립은 어쩔 수 없이 후금과 전투를 벌여야만 했다. 그러나 그는 적당히 싸우는 척하다가 군대를 이끌고 투항하였다. 이때가 1619년 3월 초였다. 그는 후금의 누르하치를 만나서 광해군의 뜻에 따라, 조선은 후금과 조금도 싸울 생각이 없다고 전달하였다. 이후 강홍립은 후금 진영에서 8년 동안이나 억류 생활을 해야만 했다.

한편 이러한 내막을 알리 없는 조정 내의 사대파 대신들은 강홍립을 역적으로 몰며, 연일 상소를 올려 그의 가족을 처벌하라고 다그쳤다. 그러나 광해군은 강홍립의 가족을 한양에 데리고 와 거처를 마련해 주고 신변 보호를 해 주었다. 강홍립이 자기의 뜻대로 했으니 이에 당연히 보답해야 한다는 의미에서다. 이런 광해군의 조치에 대신들은 어리둥절할 뿐이었다. 시간이 지나면서 강홍립에 대한 탄핵 상소는 다소 수그러들었다.

한마디로 말해서 광해군은 국내 정세의 불안을 감안하고 또한 명나라와 조선의 관계가 갖고 있는 허구성을 정확히 파악, 후금이 남하하여 이 땅이 다시 전쟁의 소용돌이에 휘말리는 비극을 막기 위해 강홍립에게 밀명을 내렸던 것이다. 겉으로는 명나라에 복종하면서 한편으로는 후금의 침략 가능성을 무마시켜 국가의 안전을 도모했던 것이다. 이러한 광해군의 대외 정책은 현대 국제 정치에서도 보기 힘든 절묘한 것이라고 볼 수 있다.

이 밖에도 광해군은 당파에 구애받지 않고 골고루 인재를 등용하였으며, 제한적이지만 심지어 당시에 금기시되어 있던 서얼 등용을 실행에 옮기기도 하였다. 그가 인재 등용에 당파를 가리지 않았다는 증거로는, 조정 내에서 계속하여 광해군을 음해하려는 음모가 진행된 점을 들 수 있다. 그가 당파성을 강조하여 소북이나 서인·남인들을 등용하지 않았다면 아무런 옥사도 일어나지 않았을 것이며, 대북인들에 의한 독재 정치가 이어졌을 것이다.

또한 선조 때부터 집필에 들어간 허준의『동의보감』이 완성된 것도 광해군의 보살핌이 있었기 때문이다. 관례적으로 왕이 죽으면 그 주치의가 탄핵을 받게 마련이다. 그러나 광해군은 허준을 아끼어 처벌을 내리지 않고, 저술 활동을 할 수 있게 조치해 주었다. 허균의『홍길동전』이 완성된 것도 물론 광해군 때다.

이제 광해군에 대해 결론을 내릴 때가 된 것 같다. 그의 업적과 당시 국내외 정세를 살펴볼 때, 광해군에게 가장 시급한 것은 강력한 정부를 갖추어 전쟁으로 무너진 국가 기강을 바로잡고 민생을 돌보는 것이었다. 이러한 과정에서 그는 당쟁에 휘말려 어쩔 수 없이 형을 죽이거나 동생을 죽이게 되었지만, 이것 역시 이이첨을 중심으로 한 대북 과격파의 주동으로 이루어진 것이라고 보아야 할 것이다. 즉 왕권을 이용하여 자파의 정권을 유지하려는 당파 싸움에 광해군이 휘말려 희생양이 된 것이다(조선 군주 체제에서 왕권과 신권 사이의 관계는 따로 규명해야 할 것이다).

결론적으로 말해서 광해군은 폭군이 아니었다. 그것은 후대에 세력을 잡은 이들이 조작해 낸 것에 불과하다. 오히려 광해군은 후금과의 전쟁을 피해 나라를 위기에서 구한 임금이다. 처음 후금이 쳐들어왔을 때 강홍립도 같이 남하하여 그의 중재로 형제 동맹을 맺었지만, 그 후에도 사대파들이 명분만을 내세워 후금을 계속 자극한 결과, 삼전도에서 인조가 후금과 군신 관계를 맺었던 것이다. 이것은 일제 합방을 빼고 한국 역사상 가장 치욕적인 굴욕이었다.

결국 사대파들이 대의명분만을 내세워 정확한 국제 정세를 정책에 반영하지 못한 결과다. 이렇게 봤을 때 인조반정은 자주파와 사대파, 진보파와 보수파의 투쟁에서 자주파가 몰락한 결과를 가져왔다고 볼 수 있다. 사족을 달자면, 묘청의 난을 자주파와 사대파의 대립으로 파악했던 신채호가 자주 국방론을 주장했던 정인홍의 평전을 쓰지 못한 것을 한탄하며 죽었다는 일화는 시사하는 점이 많다.

인조반정이 있고 난 후에도 모든 것이 정리된 것은 아니었다. 쿠데타로 들어선 정권은 언제나 내부에 모순점을 지니게 마련이다. 그리하여 터진 것이 바로 1년 뒤에 일어난 이괄의 반란이다.

❰ 13 ❱
이괄李适의 반란 :
쿠데타는 다시 쿠데타를 부른다

중앙 관료들에 대한 불만

이괄이 반란을 일으킨 이유에 관한 통설은, 인조반정 때 김류가 망설이고 있을 때 대장이 되어 혼돈에 빠진 반란군을 수습하는 등 공이 컸음에도 불구하고 반정 이후 2등 공신밖에 되지 못했기 때문이다. 게다가 중앙에서 밀려나 평안 병사 겸 부원수로 임명되어 변방인 국경 지대로 쫓겨나자, 이에 앙심을 품고 사전에 치밀한 계획을 세워 반란을 일으켰다는 것이다. 그러나 이러한 시각은 이괄을 단순히 반역자로 몬 후대 사람들이 조작해 낸 것에 불과하다. 반란을 일으킨 동기나 당시 상황을 볼 때 일정한 계획하에 거사한 것은 분명 아니었다.

정변이 성공한 후 조정에서는 주동 인물들의 공과를 가려 공신에 임명하였다. 그런데 이괄에 대해서는 정변에 나중에 참여했다는 명목을 내세워 판윤이라는 관직을 내렸다. 그리고 2등 공신이 되었다. 반면에 도감대장 이수일은 내응한 공이 크다 하여 공조판서 직에 임명하였다. 누가 보아도 불공평한 인사 발령이었다.

이전에 반정 공신을 정하는 자리에서 이귀는 이괄의 공을 알고 인조에게, "어제의 반정은 이괄이 크게 활약하여 이루어진 것이니, 당연히 그에게 병조판서를 제수해야 할 줄 아옵니다."라고 건의하였다. 그러나 이괄은 이 제안을 단호히 거절하였다. 이괄이 말하기를, "신에게 무슨 공이 있겠사옵니까. 다만 일을 당하여 회피하지 않았을 따름이옵니다. 어제 대장인 김류가 약속 시간에 오지 않아서 이귀가 신에게 그를 대신케 하였는데, 김류가 늦게 왔으므로 그를 베고자 하였으나 이귀가 극력 말려서 시행하지 못하였사옵니다."라고 하였다.

그 자리에 김류도 같이 있었는데 이괄은 개의치 않고 자기의 속마음을 인조에게 솔직히 털어놓았다. 이괄은 관직은 둘째 치고 김류의 기회주의적인 자세에 더 불만이 많았던 것이다. 갑자기 분위기가 험악해졌다. 보이지 않는 심리전이 두 사람 사이에서 벌어졌다. 김류도 가만히 있지 않고 반격하였다.

"이경二更으로 시간을 정하였으니 병법으로 논한다면 미리 온 자는 참형을 당하여야 하옵니다."

자기가 늦게 현장에 나타난 것을 변명하려는 말이었다. 그러자 한교라는 자가 나섰다.

"병법에 그런 말이 어디 있습니까?"

김류는 조금도 양보하지 않고 다시 대답하였다.

"오자(吳子 – 전국 시대의 명장 오기가 지은 병서)에 나와 있소이다."

이에 참다못한 이귀가 김류에게 조심스럽게 말했다.

"오자에는 병졸이 장수의 명령을 기다리지 않고 미리 돌진하여 명령을 어기면 참斬한다는 말은 있으나, 미리 온 자를 참한다는 것은 들어 보지 못했소이다."

이로써 김류의 말이 변명이었다는 것이 증명된 셈이었다. 이에 인조는 더 이상 논쟁이 벌어지는 것을 막기 위해 쇠고기와 술을 잔뜩 준비하여 모화관에서 위로 잔치를 벌였다. 여기서도 김류와 이괄 사이의 눈싸움은 그치지 않았다. 이괄은 김류보다 낮은 자리에 앉아 술잔을 기울여야 했다. 이때 이귀가 나서서 화해하라고 종용하였다. 두 사람은 일단 서로 시선을 거두었지만, 마음은 여전히 서로 으르렁거리고 있었다.

이처럼 이괄의 성격은 급하고 단순한 면이 있었다. 그는 자기가 제대로 대접을 받지 못한 사후 처리에 대한 감정보다는, 비겁한 행동 끝에 반정에 참여한 김류가 1등 공신으로 책정된 데에 격분하고 있었던 것이다. 이렇게 하여 일단 사후 처리는 일단락된 것처럼 보였다. 그러나 이괄은 이때의 체험을 잊지 못해 두고두고 중앙 관료들에 대한 불만을 키워 나가게 되었다.

변방으로 떠나는 이괄

인조가 세력을 잡은 뒤에도 국내외 정세는 어수선하였다. 안으로는 아직 반정에 따른 민심 수습과 정치권 개편이 이루어지지 않은 상태였고, 밖으로는 후금이 날로 강성해져 언제 침략을 받을지 모를 정도여서 북방 국경 지대에는 늘 전운이 감돌고 있었다. 따라서 북방 경비는 가장 중대한 국가적 과제가 아닐 수 없었다. 게다가 누르하치와 우호 관계를 유지하고 있던 광해군 정권이 몰락한 뒤에는 더욱 긴장감이 감돌고 있었다.

조정에서는 우선 전투 경험이 많고 유능한 지휘관을 변방 책임자로 보내야 한다는 판단을 내렸다. 이에 장만張晚을 도원수에 임명하였다. 도원수는 원래 전시 중에 내려지는 임시직이다. 전쟁이 발발하였을 때에는 왕명을 대신하여 군대를 통솔하는 총지휘권을 가질 수 있는 직책이었다. 이러한 중책에 장만을 임명한 데에는 그만한 이유가 있었다.

그는 정유재란 때 봉산 군수로 있으면서, 수령과 백성들에게 행패를 부리는 명나라 군사들을 잘 달래어 민생의 안전을 도모한 적이 있었다. 이러한 일을 알게 된 조정에서는 그에게 포상을 내리고 동부승지로 승진시켰다. 전쟁 이후에는 대사간 등 여러 관직을 역임한 후 함경도 관찰사에 임명되기도 하였다. 이때 그는 후금이 강성해져 언제 남하할지 모른다고 조정에 보고하며 방어책을 세울 것을 강력히 요청하였다. 그리고 1610년(광해군 2)에 동지중추부사로 있으면서 후금이 차지하고 있는 지역의 산천 지도를 그려 조정에 바친 일도 있었다.

이듬해인 1611년에는 이항복의 건의에 따라 평안도 병마절도사가 되어 관서민關西民들의 형편에 맞게 군제를 개혁하는 한편, 여연 등 버려진 지역이 조선의 국토임을 여진족에게 알리고 그들을 철수시켰다. 또한 명나라가 요동 지역에서 패한 이후, 1619년에 장만은

이시발과 함께 광해군 앞에 나아가 후금에 대한 정책을 숙의한 적
도 있었다.

한마디로 말해서 장만은 명나라와 후금 등 인접한 국가에 대한
소식통이었으며, 국제 정세에 밝은 사람이었고, 이러한 장만(그는 당
시 57세의 노장이었다)을 변경에 보낼 정도로 양국 사이는 초긴장 상
태였다는 것을 알 수 있다.

그러므로 도원수를 보필할 부원수 자리에도 역시 유능한 지휘
관을 골라 임명해야 했다. 더구나 부원수 직은 주력 부대를 이끌고
전방에 진을 쳐서, 직접 적과 맞대고 경계를 해야 하는 임무를 지
니고 있었다. 이에 장만은 이괄과 이서 두 사람 가운데 한 사람을
임명하여 줄 것을 인조에게 요청하였다. 인조가 판단해 볼 때, 두
사람 모두 유능한 장수들이기 때문에 누구를 보내도 상관이 없다
고 보고 임명권을 장만에게 일임하였다. 그러자 장만은 이괄을 지
목하였던 것이다.

마침내 이괄은 평안 병사 겸 부원수의 자리에 올라, 장만과 함께
중대한 임무를 띠고 변방으로 떠나게 되었다. 장만이 먼저 평양으
로 출발하였는데, 이때가 1623년 5월이었다. 인조는 직접 모화관까
지 나와 북으로 떠나는 장만의 군사 행렬을 전송하였다. 왕이 친히
나와 전송할 정도로 북방 경비는 국가의 존립과 관계된 중요한 임
무였던 것이다. 이렇게 봤을 때, 이괄이 변방으로 쫓겨난 것에 대해
불만을 가져 반란을 일으켰다는 주장은 옳지 않다. 같은 해 8월 17
일, 인조와 작별을 하는 자리에서 두 사람은 다음과 같은 대화를
나누었다.

"도원수와 경이 가니 이제야 서북 지방의 근심을 잊게 되었소."

인조가 안심이 된다는 표정으로 이괄에게 말했다. 그러자 이괄
은 머리를 조아리며 인조에게 아뢰었다.

"전하께서 소신의 재주 없음을 아시면서도 이렇게 분에 넘치는
중차대한 임무를 맡기시니, 성은이 망극할 따름이옵니다. 다만 두
려운 것은 1만5천의 군사로 적을 감당하기 어려울까 하는 것뿐이옵
니다."

그리고 이괄은 인조에게 앞으로의 계획에 대해서도 소상히 아뢰
었다.

"군사의 모집은 마땅히 사세를 관망한 뒤 이에 따라 적절히 행할
것이옵니다. 신이 가서 주둔할 곳은 원수(장만을 말한다)와 상의해
서 차후 보고할 예정이옵니다. 현재 구성龜城과 태천泰川에는 아직
성채가 없으니, 영변이 주둔지로서는 가장 적당한 줄 아옵니다. 그
리하여 그 지방 소속 각관各官으로는 소관 지역을 지키게 하고, 신
은 저의 병사들을 이끌고 적의 움직임에 따라 이동하며 사태에 대
처하는 것이 좋을 줄 아옵니다."

불만을 갖고 떠나는 사람이 이러한 말을 할 수 있을까. 임금 앞
이라 겉치레로 말을 늘어놓을 수도 있지만, 그의 계획은 너무나 구
체적이다. 또한 그는 실제로 새 임무의 중요성을 알고 평안도 영변
에 주둔한 뒤에 군사 조련, 성책 보수, 진鎭의 경비 강화 등 부원수
로서의 직책을 충실히 이행하였다. 물론 이런 말은 할 수 있다. 그
는 떠나기 전부터 반란을 계획했기 때문에 이것을 숨기기 위해 연
막술을 쓴 것이라고. 그러나 반란이 일어나게 된 경위를 살펴보면,
이 반란이 얼마나 어이없이 터졌는지 알 수 있게 될 것이다.

외아들을 구하기 위하여 시작한 반란

정변이 한번 일어나고 나면 민심의 동요가 뒤따르는 것은 당연한 일이다. 또한 정변을 주도한 인물들은 다시 반대파의 반격이 일어날 것을 두려워하게 마련이다. 게다가 광해군은 아직 죽지 않고 유배 생활을 하고 있었기 때문에, 누군가가 광해군 복위를 꾀하며 역모를 꾸밀지 모른다는 불안감을 떨쳐 버릴 수 없는 상태였다.

이리하여 공신들은 구 정권의 전철을 밟지 않아야겠다는 강박 관념을 갖게 되었고, 민심의 동요를 잠재우기 위하여 휘하의 군관들을 동원하여 민심의 동태에 신경을 곤두세우고, 불순한 행동을 계획하는 자들을 색출하기 위해 혈안이 되어 있었다. 권력을 잡은 자들 주변에는 아부하는 자들이 모여들게 마련이며, 이를 통해 출세하려는 자들이 속출하는 것이 어느 역사에서나 볼 수 있는 세태다. 이때도 마찬가지였다. 권력을 잡은 자들에게 붙기 위하여 사람들은 앞을 다투어 밀고를 일삼았다. 실제로 이 밀고가 차고 넘쳐, 개중에는 무고한 사람들이 억울하게 걸려들어 고문을 당하거나 죽게 되는 일이 종종 벌어졌다. 인조반정 후 반정을 주도하여 정권을 장악한 공신들은 반대 세력에 대한 경계가 심해져서, 반역 음모 혐의로 잡히는 자들이 적지 않게 발생하였던 것이다. 이러한 분위기에서 반란을 꾀하고 있다는 고변告變이 일어났다. 이괄도 피해자 중 한 사람이었다.

1624년 1월에 문회, 허통, 이우 등은 이괄과 그의 아들 이전, 한명련, 정충신, 기자헌, 현집, 이시언 등이 반란을 계획하고 있다고 고변하였다. 사실 이들의 고변은 전혀 근거 없는 것으로, 추측하건대 출세를 위한 것이 아니었는가 싶다. 문회의 경우, 향교 등에서 유생들을 가르치는 종6품의 교수教授를 맡고 있었다.

문회 등의 고변으로 조정은 발칵 뒤집혔다. 국청에서는 연일 관련자들을 잡아다가 엄혹히 문책하였다. 그러나 아무런 단서도 잡지 못하였다. 처음부터 근거 없는 고변이었기에 뚜렷한 물증을 잡는다는 것은 애당초 불가능한 일이었다. 이때 무고당한 인물들을 살펴보면 조정에서 민감한 반응을 보일 만한 공통점이 있다.

기자헌은 영의정 등 고위 관직을 두루 거친 명사였다. 그는 동인이 북인과 남인으로 갈라질 때 북인이 되었고, 북인이 다시 대소로 나누어질 때 대북의 편에 들었다. 그러나 그는 당파에 관계없이 의리와 명분을 내세운 지조 있는 학자이기도 했다. 그는 정여립 모반사건 때 억울하게 죽은 최영경을 신원하게 하고, 당시 옥사를 일으킨 서인들을 탄핵하여 실각시켰다. 그는 광해군을 세자로 인정하였으며, 영창대군을 세자로 삼으려는 선조의 뜻에 반기를 들기도 했다. 그래서 유영경 등이 교서를 숨기며 영창대군을 옹립하려 할 때, 이에 반대하여 광해군이 왕위에 오르는 데 공헌하였다. 그렇지만 이이첨 등이 내세운 폐모론에는 반대하여 길주로 유배를 가야 했으며, 후에 강릉에 처사로 머물게 되었다. 그는 광해군이 다시 관직에 오르라고 하였지만 끝내 거절하였고, 인조반정의 주동 인물들이 거사에 참여할 것을 종용하였을 때에도 왕을 폐할 수는 없다고 하면서 가담하지 않았다. 또한 인조가 그의 인품을 높이 사 관직에 임명하려 했지만 이것 역시 거절하였다. 한마디로 말해서 기자헌은 이원익처럼 당파에 얽매이지 않고 중도를 지키며, 신하로서 해야 할 소임을 완벽하게 수행하였던 것이다. 아마 문회 등이 모함할 때, 그가 광해군의 총애를 받았을 뿐만 아니라 인조의 명을 어긴 사람이니 분명 역모를 꾸미고 있을 것이라고 판단하였던 것 같다.

나중에 이괄과 끝까지 정부군에 대항한 한명련은 의병장 권율 휘하에서 큰 전적을 올린 무신이었다. 그는 명나라의 제독이 오위장에 임명할 정도로 종횡무진 전투에 참가하여 많은 공을 세웠다. 전쟁 이후 그는 방어사를 거쳐 1623년, 인조가 즉위한 직후에 구성순변사龜城巡邊使에 임명되어 전방에서 근무하게 되었다. 후금의 침략에 대비하여 전투 경험이 많은 역전의 노장인 그를 국경 지대로 보냈던 것이다. 그는 늙고 병들었다는 이유를 들어 사직하려 했지만 인조는 허락하지 않았다. 한명련이 무고에 휘말리게 된 것은 전쟁에서 거둔 공적이 커서, 이괄과 공모하여 막강한 군대를 세울 수 있다는 점을 들추어냈기 때문이다.

이시언의 경우, 그 역시 왜란 때 많은 전적을 세운 무신이었다. 광해군 때에는 전투 경험을 인정받아 평안 병사, 훈련대장 등을 역임하였다. 특히 그는 광해군을 도와 후금에 대한 정책을 세우는 데 큰 밑받침이 되었다. 인조가 즉위한 후에는 순변부원수에 임명되어 국방 의무를 충실히 이행하고 있었다. 이러한 이시언 역시 문회 등의 표적이 되었다.

이괄의 반란과 관련되어 처벌된 사람들이 수십 명에 달하지만, 일단 대표적인 인물인 위의 세 사람만 살펴봐도 그들이 갖고 있는 공통점을 찾아내는 일은 어렵지 않다. 한마디로 말해서 어떠한 형태로든 광해군과 가까운 사이였다는 점이다. 즉 스스로 세운 공로에 따라 광해군의 총애를 받았던 문·무신들이었다는 뜻이다. 이렇게 봤을 때 문회 등은 사전에 치밀한 계획을 세워, 고변을 하여도 쉽게 걸려들 만한 대상을 눈여겨봐 두었던 것이다. 또한 쿠데타로 세력을 잡은 인조나 반정 공신들은 광해군과 가까이 지낸 인물들의 동향에 대해 항상 신경을 곤두세우고 있었던 것도 역시 사실이다. 그래서 국청의 신문 결과 무고로 밝혀졌음에도 불구하고 집권층은 이괄에 대한 의심을 풀지 않았던 것이니, 이로 인해 반란이 일어났던 것이다.

어쨌든 엄중한 조사 끝에 무고임이 밝혀지자 조사 담당관들은 고변자들을 사형시키려고까지 하였다. 그러나 당시 반정 공신 등 집권층은 인조에게 이괄을 붙잡아 와서 그 진상을 신문한 뒤, 부원수 직에서 해임시키자는 건의를 하였다. 이들은 문회 등의 고변 내용 가운데 이괄이 명단에 들어 있다는 점에 매우 놀라고 있었다. 또한 그가 떠나기 전 중앙 관리들에게 보여 준 태도를 상기시키며, 다른 사람은 몰라도 그는 충분히 반란을 일으킬 가능성이 있다고 주목하였다. 게다가 그는 정예 군대를 거느리고 있었으니 그들이 민감한 반응을 보인 것도 무리는 아니었다.

처음에 인조는 이괄에 대한 논의를 묵살하였다. 자기의 판단으로는 전혀 그럴 사람으로 보이지 않았기 때문이다. 그는 이괄이 떠나던 날 자기에게 한 말을 똑똑히 기억하고 있었다. 그의 얼굴에는 분명 나라를 위기에서 구하려는 무장으로서의 굳은 결의가 나타나 있었다. 그러나 여러 대신들의 건의가 근거 없는 말들이지만 이괄과 그의 아들에 대한 변고가 계속 이어지자, 인조로서도 일단 확인하여 실상을 파악하는 길밖에는 없다고 결론을 내렸다. 인조 역시 정변으로 정권을 잡았기 때문에, 언제 어디서 광해군을 추종하는 세력들이 반역을 꾀할지 모른다는 염려를 하고 있었던 것이다.

인조는 마침내 이괄의 군중軍中에 머무르고 있던 그의 외아들 전을 모반 사실 여부를 조사한다는 명목을 내세워 한양으로 압송하라고 명하고는, 금부도사 고덕상·심대림과 선전관 심지수 등을 영변으로 보냈다.

이들의 갑작스러운 방문에 이괄은 당황하였다. 더군다나 찾아온 목적이 자기 외아들을 모반을 꾀했다는 혐의로 압송하기 위함이라는 것을 알고, 이괄은 솟아오르는 분노를 참을 길이 없었다. 관례적으로 볼 때 역모 혐의로 일단 잡히게 되면, 혐의가 풀릴 가능성보다는 반역자로 몰려 죽을 확률이 더 높았다. 이것을 이괄이 모를 리 없었다. 이괄은 자기 손으로 아들을 인계해 주어야 할 처지에 놓였다. 아들의 목숨이 경각에 달린 것이다. 또한 이괄은 아들이 모반죄로 죽게 되면 자기나 가족 모두가 온전할 수 없다고 판단하였다.

잠시 흥분을 가라앉힌 이괄은 조정에서 온 사자使者들을 안심시켜 놓고 부하 장수인 이수백, 기익헌 등과 대책을 논의하였다. 몇 차례 의견이 오갔지만 쉽사리 결론이 나지 않았다. 그러자 이괄은 다음과 같이 결심하였다.

"나에게 자식이라고는 외아들 하나뿐이오. 그런데 무참하게 죽게 되었소. 아들이 잡혀가는 이 마당에 어찌 그 아비인들 온전할 리 있겠소? 사태는 매우 급하게 되었소. 남아가 어찌 가만히 목을 늘여 죽기만을 기다릴 수 있겠소?"

그러자 부하 장수들도 그의 뜻을 알고 먼저 사자들을 죽이자고 결정하였다. 마침내 그들은 중앙에서 온 사자들을 목 베고 말았다. 이리하여 이괄의 반란은 시작된 것이다. 여기에는 전혀 사전 계획이 없었고, 반란을 일으킬 명분도 없었다. 이괄의 반란은 이렇게 외아들의 목숨을 구하기 위하여 무작정 터진 것이다.

본격화된 이괄의 반란

한편 구성 순변사 한명련은 이미 모반 혐의로 한양으로 압송되어 가고 있었다. 이 보고를 들은 이괄은 지체 없이 날랜 항왜병降倭兵을 길목에 잠복시켜 기습 공격한 뒤, 그를 구해 내어 반란에 가담시켰다. 위에서 본 바와 같이 한명련은 전투 경험이 많아 작전에 능한 인물이었다. 이왕 반란을 결심한 이괄로서는 한명련 같은 명장이 필요했던 것이다. 이후부터 두 사람은 서로 긴밀한 관계를 맺고 반란군을 지휘하게 되었다.

1624년 1월 22일, 마침내 이괄은 항왜병 100여 명을 선봉으로 삼고 휘하의 전 병력 1만여 명을 이끌고 영변을 출발, 한양으로 향하였다. 이괄은 도원수 장만이 주둔하고 있는 평양을 피하고 샛길로 곧장 한양을 향하여 진군하였다. 그의 최종 목표는 한양 점령이기 때문에 중간에 쓸데없이 전투력을 소모하는 것을 막기 위해서였다.

당시 장만은 이괄에게 잡혔다가 풀려난 군관 남두방을 통해서 반란 정보를 입수하였으나, 그의 지휘하에 있는 군사는 수천 명에 불과해 이괄의 정예군과 정면으로 맞서 싸울 형편이 아니었다. 그는 일단 각 지역에 흩어져 있는 휘하 군졸들을 평양으로 결집시켜 성문을 굳게 닫은 뒤, 만일의 사태에 대비하고 있었다. 그리고 즉시 반란 소식을 중앙에 알렸다.

이와 비슷한 시기에 이괄이 이끄는 반란군은 개천, 자산 등지를 거쳐 1월 26일에는 강동의 신창에 주둔하였다. 이틀 후인 28일에는 삼등三登을 지나 상원으로 진로를 바꾸었다. 그리고 달이 바뀐 2월 1일에는 수안으로 향하였다. 수안에 이른 반란군은 정부군이 새원에 주둔하고 있음을 알고 기린으로 향하는 길을 택했다. 그만큼 반란군은 한양 당도가 최우선이었다. 황해 감사 임서의 군대와 경기 방어사의 군대도 모조리 피하며 남하하였던 것이다. 반란군의 행군 속도가 빨라 조정에서는 이들의 남하 경로를 제대로 파악하지 못하고 있었다. 이것은 아마 한명련이 지리에 밝고 용병술에 뛰어났기 때문이 아닌가 싶다. 그러나 완전히 지방 정부군을 피해 갈 수는 없었다.

이괄이 이끄는 반란군과 정부군이 최초로 접전하게 된 곳은 황주 신교薪橋였다. 이곳을 지키고 있던 정부군 지휘자는 정충신과 남이흥 등이었다. 그런데 이 중 정충신은 이괄과 매우 절친한 친구 사이였다. 정충신은 왜란 당시 권율의 휘하에 있을 때, 장계를 행재소에 전할 사람이 없음을 알고 17세의 어린 나이에 단신으로 적진을 뚫고 장계를 전달할 정도로 강단이 센 무신이었다. 그 역시 광해군 때에는 국경 지대에서 근무한 적이 있었다. 이럴 즈음에 이괄과 친한 관계가 되었던 것으로 보인다. 그는 문회의 무고로 잡혀갔다가 혐의가 풀린 뒤 명을 받들어 이괄의 군과 대치, 친구 사이에 서로 칼부림을 벌이게 된 것이다.

이괄은 정충신의 부대를 피해 갈 수 없다고 판단, 잠시 전략을 생각하다가 묘안을 떠올렸다. 그는 정충신이 자기의 친구라는 것을 감안하여 가급적이면 정면 돌파를 삼가야겠다 싶어, 부하 장수인

허전 등에게 거짓 항복케 하였다. 그러자 정부군은 반란군의 의중을 파악하기 위해 고심하였다. 그만큼 방비도 허술해졌다. 이 틈을 이용하여 이괄의 반란군은 정부군을 공격해 들어갔다. 결과는 반란군의 승리였다. 이괄은 이곳에서 관군을 대파하고, 정부군의 선봉장인 박영서 등을 사로잡아 죽였다. 그러나 이즈음 한양에서는 이괄의 아내와 동생 이돈 등이 체포되어 능지처참당하여 죽고 말았다.

이러한 비보를 아는지 모르는지, 이괄은 한양을 향하여 쉬지 않고 진격해 들어갔다. 이괄은 평산에 이시발·임서 등이 이끄는 정부군의 방비가 만만치 않음을 파악하고, 봉산 고읍古邑에서 전탄을 건너 샛길을 이용하여 마탄(예성강 상류)에 이르렀는데 여기서 다시 정부군과 맞닥뜨리게 되었다. 당시 정부군은 방어사 이중로, 평산부사 이확 등이 여울을 경계로 삼고 반란군을 기다리고 있었다. 이것을 탐지한 이괄의 반란군은 낮은 여울을 건너 급습하였다. 정부군은 반란군의 전술에 말려 제대로 싸워 보지도 못하고 패하고 말았다. 이괄은 장수들의 목을 베어 말에 매달아 정충신의 부대로 보냈다. 이를 본 정부군의 사기가 크게 저하되었다. 이때 이확은 시체더미에 숨어 목숨을 건졌다고 한다. 정충신이 포 소리를 따라 남하했지만 이미 때는 늦었다. 이즈음 한양에서는 내응 세력을 없앤다는 명목으로 기자헌 등 수십 명을 잡아 처형하였다. 이괄의 거침없는 남하에 집권층은 불안을 느낀 것이다. 이때 이귀 등이 인조를 극구 만류하였으나 여론은 이미 기울어진 상태였다.

두 번째 전투에서도 일방적인 승리를 거둔 반란군은 사기가 더욱 올라, 빠른 행보로 개성을 지나 임진에 이르렀다. 이곳에서도 정부군이 반란군을 기다리고 있었다. 이괄과 한명련은 강의 형세를 살핀 뒤, 정부군이 볼 수 없는 샛길을 따라 강을 건너 정부군을 기습 공격하였다. 반란군의 기습에 임진을 지키고 있던 정부군은 별로 싸워 보지도 못하고 무너지고 말았다.

반란군이 임진강을 건너 벽제에 이르렀다는 보고에 조정은 코앞에 적이 와 있음을 실감하고 2월 8일, 해가 질 무렵에 인조와 대신들은 한겨울의 살을 에는 추위에도 아랑곳없이 서둘러 궁을 빠져나와 남대문을 지나 한강에 도달하였다. 그러나 건너갈 배가 보이지 않았다. 사공들이 난리 소식을 듣고 모두 몸을 숨긴 뒤였다. 가까스로 배를 강제로 구한 일행은 강을 건너 한양을 빠져나가 수원을 거쳐 공주로 피난하였다. 그럴 즈음 반란군은 별다른 저항을 받지 않고 한양 근교에 이르게 되었다.

먼저 한양에 도착한 것은 기병 30여 명이었다. 이미 한양 주민들은 임금이 궁을 빠져나갔고 반란군이 곧 들어온다는 것을 소문으로 알고 있었다. 그래서 일단 민심을 수습하는 것이 먼저 할 일이었다. 이들은 말을 몰고 다니면서, "도성 안의 사람들은 놀라 동요하지 마시오! 새 임금이 즉위할 것이오!" 하고 외쳐 반란군이 승리했음을 사방에 알렸다.

2월 10일, 이괄과 한명련이 선두로 반란군 주력 부대가 마침내 한양에 입성하였다. 이때 한양 주민들 중에는 거리로 나와 이들을 환영하는 자들도 있었으며, 각 관청의 서리 등 관리들도 의관을 갖추고 나와 예를 갖추었다. 반란군은 행군을 멈추고는 경복궁 옛터에 주둔하였다. 한국 역사상 지방에서 반란을 일으켜 한양을 점령한 것은 전무후무한 일이었다(역으로 말해서 이렇게 허술한 정부군을 가지고 후금과 싸운다면 어떻게 되었을까. 물론 의병이 일어나겠지만, 정규군 전력만 보더라도 당시 사대파들의 주장이 얼마나 허구였는가를 이 사건을 통해서도 여실히 알 수 있다. 왕의 피난 행렬이 수원에 이르렀을 때, 부산에 와 있는 왜인들에게 구원을 요청하자는 의견이 나왔다. 어떤 경로로 이런 말이 나왔는지 확인할 수 없지만, 이것 역시 당시 정부군의 허술함을 엿볼 수 있는 단적인 증거라 하겠다).

한양을 점령한 이괄은 곧 선조의 아들 흥안군을 왕으로 추대하고, 한편으로는 각처에 방을 붙여 백성들에게 각자 생업에 충실하도록 하였다. 흥안군은 원래 인조를 따라 한강을 건넜다가 중간에 몰래 도망쳐 한양으로 온 것이었다. 그래서 처음엔 이괄의 부하들이 반대하였지만, 마땅히 임금으로 삼을 왕자도 없어 사태 수습을 위해서라도 일단 그를 왕위에 앉힌 것이다. 이를 보고 한양 주민들이 식(흥안군의 이름)이 추대되었으니 오래 못 가겠구나 하면서 혀를 찼다고 한다. 어쨌든 임금을 세운 반란 정부는 여러 기관에 관원을 배치하는 등 새로운 행정 체제를 갖추어 나갔다. 또한 승리에 도취한 반란군은 흥안군이 내린 술과 고기로 잔치를 벌이기도 하였다.

이렇게 반란군이 승리에 도취되어 있을 때, 이괄의 직속상관인 도원수 장만은 이괄이 남하하는 동안에 뒤를 쫓아오면서, 계속해서 각지의 지방군을 끌어 모아 연합군을 형성하였다. 사실 장만이 부대를 지휘할 경우, 이괄이나 한명련으로서는 상대하기가 버거워진다. 이괄이 평양을 우회해서 내려온 것도 이러한 이유 때문이었는지도 모른다.

강행군 끝에 장만이 이끄는 연합 정부군은 한양 근교인 파주에 이르렀다. 그는 왕이 피난길에 올랐다는 보고를 듣고 즉시 종사관을 보내어 문안을 올렸다. 그러고는 혜음령에 이르러 전열을 가다듬었다. 이괄의 부대가 정예 부대라는 점을 감안하여 장만도 함부로 이들을 공격할 수 없었다. 장만과 그의 부하 장수들은 길에다 풀을 깔고 앉아 머리를 맞대고 작전 계획을 짰다.

장만은 도성을 포위하여 사방에서 공격하자고 제의하였지만, 정충신이 조심스럽게 이에 반대하며 다른 의견을 내놓았다.

"이미 죽을힘을 다하여 싸워 보았으나 적을 격파하지 못하여 성상께서 파천하셨으니, 우리의 죄는 만 번 죽어도 다 씻지 못할 지경인데 어찌 이렇게 적을 보고만 있을 수 있습니까. 제가 보건대 북산北山을 먼저 점령해야 승리할 수 있을 것 같습니다. 길마재에 진을 친 뒤 위에서 내려다보며 싸움을 걸면 저들이 반드시 응전할 것이고, 싸움을 시작하면 적군은 우리를 올려다보며 공격해 올 것이 분명합니다. 이렇게 되면 아군은 위에서 내려다보며 싸우게 되는 것이니 우리에게 유리할 것이며, 이에 적을 반드시 무찌를 수 있을 것입니다."

정충신의 작전 설명에 사람들은 고개를 끄덕였다. 남이홍도 이 계책을 적극 지지하였다. 마침내 정충신의 작전대로 지형상 유리한 길마재에 진을 쳤다. 이러한 정충신의 작전은 적중했다.

이튿날에야 반란군 진영은 정부군이 길마재에 진을 치고 있다는 사실을 알게 되었다. 한 장수가 이괄에게 뒤에 위치한 장만을 사로잡으면 적은 오합지졸이 되어 흩어질 것이라고 하면서, 배후를 칠 것을 건의하였다. 그러나 이괄은 정부군의 주력 부대가 별로 많지 않아 쉽게 쳐부술 수 있다고 판단, 이 제안을 받아들이지 않았다. 이것이 돌이킬 수 없는 오판이었음을 당시에는 아무도 몰랐다.

이괄은 적을 쳐부수고 밥을 먹자고 호언장담하면서 군대를 둘로 나누어 정부군 진영을 압박해 들어갔다. 이때 반란군의 선봉장은 한명련이었다. 이괄은 중군中軍을 이끌고 공격해 들어갔다. 그때 마침 동풍이 세차게 불어와 반란군은 바람을 등에 업고 유리한 싸움을 벌였다. 정부군은 불리한 자연 조건 속에서도 사력을 다하여 저항하였다. 그러나 반란군에 밀려 수십 보 뒤로 물러나기도 하였다. 그런데 하늘은 정부군의 편을 들었던 것인가, 갑자기 바람의 방향이 바뀌면서 서북풍이 불기 시작하였다. 입장은 완전히 뒤바뀌게 되었다. 산 위에서 불어오는 바람은 눈을 뜰 수 없을 정도로 먼지를 동반하며, 반란군을 향하여 사정없이 들이닥쳤다. 반란군은 눈을 뜰 수 없을 지경이 되었다. 그러나 반란군의 저항도 만만치 않았다. 전투는 오래도록 계속되었다. 그러나 바람은 여전히 서북풍이었다. 결국 한명련은 화살을 맞고 뒤로 물러섰다. 이괄이 전투 진영을 바꾸기 위해 몸을 뒤로 움직이자 대장기도 따라 움직였다. 그때 이를 본 남이홍이 이괄이 패하였다고 외치자, 먼지바람 속에서 격전을 벌이던 반란군들은 이 말이 진짜인 줄 알고 앞 다투어 도망가기 시작하였다. 이괄 등이 독려하였지만 이미 승패는 결정된 뒤였다. 정부군은 일제히 고개에서 내려와 반란군을 사정없이 칼로 내리쳤다. 반란군은 순식간에 오합지졸이 되어 사방으로 흩어졌다. 정부군을 포위 공격하려 했던 작전은 이렇게 해서 대패로 끝나고 말았다.

이날 밤 이괄과 부상을 당한 한명련 등은 수백 명의 패잔병을 이끌고 수구문(광희문)으로 빠져나가, 삼전도를 거쳐 경기도 광주로 달아나면서 목사 임회를 죽이고 이북利北 고개를 넘어갔다. 그러나 정부군의 추격은 집요하게 계속되었다.

　2월 15일 밤, 이괄 등은 지친 몸을 이끌고 이천의 묵방리에 이르렀다. 그런데 여기서 예기치 않은 일이 벌어지고 말았다. 부하 장수인 기익헌과 이수백 등은 더 이상 도망해 봐야 소용없다고 판단하고, 이괄과 한명련의 목을 베어 조정에 바치자고 은밀히 결정하였던 것이다. 이들은 두 사람이 방심한 틈을 이용하여 그들의 목을 베어 조정에 바쳤다. 너무나도 허망한 최후였다. 이로써 이괄의 반란은 한 달도 안 되어 평정되었다. 인조는 2월 22일에 다시 한양으로 돌아왔다.

반란 이후와 특성

　인조는 환도한 뒤에 이괄의 반란 평정에 지대한 공을 세운 장만, 정충신, 남이흥 등 32명을 진무 공신으로 포상하는 등 사태 수습을 하였다. 그러나 이 반란은 국내외 정세에 막대한 영향을 끼쳤다.

　우선 국내의 반란으로 인해 처음으로 국왕이 한양을 떠났다는 사실에 모두 큰 충격을 받았다. 이에 따라 민심은 다시 동요하기 시작하였고, 집권층은 다른 반란이 일어나지 않도록 각계각층에 대한 사찰을 한층 강화하였다. 이처럼 긴장된 분위기는 한동안 계속되었다.

　한명련의 아들 중에 한윤이 있었는데, 반란이 실패로 돌아가자 그는 아버지의 근무지였던 구성에 숨어 있다가 후금으로 도망하여 강홍립의 휘하에 들게 되었다. 그는 조선 내의 불안한 정세를 알리며 남침을 종용하였다고 하는데, 이러한 일이 계기가 되어 1627년에 정묘호란이 발생하였다. 물론 한윤의 배반 행위가 호란의 근본 원인은 아니지만, 광해군 몰락 이후 조선 조정의 후금에 대한 정책을 알게 됨으로써 후금 조정이 조선을 치겠다는 결정에 영향을 준 것은 사실이었다. 그래서 당시 사람들은 그를 한적韓賊이라고 불렀다.

한마디로 말해서 이괄이 반란을 일으킨 것은 매우 우발적이었다. 어떻게 보면 정부의 강경한 통치 방식이 이괄의 반란을 야기한 것이라고 볼 수 있다.

다른 반란들이 대체로 뚜렷한 명분과 상황의 불가피성을 내세워 일어난 것이라면, 이괄은 단순히 자신의 외아들과 가족의 신변 보호를 위해 난을 일으켰다. 그러나 한편으로는 기득권 유지에만 급급해하는 집권층에 대한 불만도 작용하였다는 것을 놓쳐서는 안 될 것이다.

어쨌든 이 반란 이후 후금과 조선의 관계는 더욱 악화되었고, 백성들은 정부에 대해 깊은 불신감을 갖게 되었다.

결국 쿠데타로 세력을 잡은 정권은 구 정권의 전철을 밟지 않기 위하여 사찰을 강화하게 되며, 이처럼 강압적 분위기에서 다른 반란이 일어나게 된 것은 자업자득이었다. 출세를 위해 무고한 것이 이렇게 엄청난 파문을 몰고 올지는 아무도 예견할 수 없었지만, 이로 인해 무고한 대신이나 무장들이 처형을 당하여 다시 한 번 조선 정부는 내부 혼란을 겪어야만 했던 것이다.

【 14 】
이인좌의 반란 :
봉건 질서가 해체될 조짐이 보이다

이인좌의 반란은 흔히 노론에 의해 정계에서 밀려난 소론을 중심으로 하여 일어난 정변에 불과하다는 평가가 일반적이다. 그러나 이인좌의 반란이 전개되면서 이에 참여한 계층을 자세히 분석해 보면, 상당히 복잡한 양상을 띠고 있음을 엿볼 수 있다. 이것은 무엇을 말하는가.

이인좌의 반란은 조선 중기를 넘어서면서 심화된 사회적 모순을 반영하고 있다는 뜻이다. 이런 의미에서 볼 때, 범위를 한정하여 정계의 동향만을 반란의 배경으로 삼는 것은 매우 편협한 시각에 머물 위험이 있다. 이인좌의 반란은 당시 봉건 질서 해체의 조짐을 보인 18세기 사회 변동과 그 궤를 같이하고 있다.

늘어나는 유랑민들 : 17·18세기 사회 변동

17세기 초 이후 정묘, 병자 양 호란을 겪으면서도 농업 생산력이 증가하고 수공업이 발전하는 등 조선 사회는 일정 수준 발전된 모습을 갖추어 나갔다. 그런 반면에 중앙 정치권에서는 광해군의 몰락으로 친명 사대주의가 팽배해져, 후금이 청나라가 되어 중국 전역을 정복한 뒤에도 명나라의 원수를 갚자며 북벌론을 주장하는 여론이 드세었다. 그러나 이것은 전혀 실현성이 없는 공론空論에 불과했다. 이를 흔히 모화사상慕華思想이라고 부른다. 이성계의 사대주의 정책이 조선 후기에 들어서면서 극단적인 명분론으로 변질된 셈이다. 그러나 모화사상의 뿌리가 사대주의임에는 틀림없다. 물론 효종 때에는 실제로 군사력을 강화하면서 북진 정책을 수립하는 등 어느 정도 실천력을 보이기는 하였지만, 전성기를 맞이하여 강대국으로 변신한 청을 상대로 전쟁을 벌인다는 것은 당시 조선의 군사력이나 사회 상황을 보더라도 볏단을 지고 불에 뛰어드는 것과 다를 바 없는 무모한 짓이었다.

그렇다면 이를 주장한 이들은 이러한 정세를 전혀 모르고 있었을까. 그렇지는 않다. 그들은 오직 모화사상과 사대 정신에 입각하여, 오랑캐인 청을 배척하고 종주국인 명나라를 섬겨야 한다는 의리와 명분을 주장한 것에 불과하다. 그러나 이것은 표면적인 주장에 불과하다. 후에 연암 박지원 등 실학자들도 북벌론의 허구성을 지적하고 있지만, 간단히 말해서 북벌론은 일종의 지배 이데올로기다. 비교하자면 1970년대 박정희 정권이 내세웠던 반공 정책처럼 획일적인 이데올로기에 모든 계층의 이해와 의식을 편입시킴으로써 중앙 집권을 강화해 나가고, 정통성을 유지하기 위한 수단이었던 것이다.

군신 관계를 맺음으로써 여진족에 완전히 굴복한 조선 정부는 백성들에게 내세울 명분이 없었다. 언제나 그랬듯이 당시 위정자들은 민심을 수습하기 위한 대책에 부심하였다. 결국 민심을 다시 국왕을 중심으로 결집하고 굴욕적인 항복으로 무너진 국가의 체면을 세우기 위해서, 그리고 백성들이 갖고 있는 반청 의식을 더욱 고취시켜 정부의 일사불란한 통치 기능을 강화하기 위해서 북벌론을 주장하게 되었던 것이다. 물론 여기에는 성리학적 이념이 반영되어 있지만 결과를 놓고 볼 때, 북벌론은 봉건 질서 유지를 위한 수단으로 전락되어 갔던 것이다. 바꾸어 말하면, 호란을 겪고도 일정한 수준 만큼 사회의 안정이 유지되었던 것도 이러한 지배 계급의 이념 때문이었다.

그러나 17세기 중엽을 지나면서 조선 사회에는 조심스럽게 봉건 질서를 해체시키는 요소들이 자라나기 시작하였다.

우선 농업 생산력이 전보다 훨씬 빠른 속도로 발전하였다는 점을 들 수 있다. 농업 생산력 발전은 당연히 농업 기술을 바탕으로 이루어졌다. 직접 논에 볍씨를 뿌리던 원시적 방법에서 벗어나, 모판에서 모를 가꾸어 논에 옮겨 심는 이앙법이 널리 보급되어 단위 면적당 수확량이 크게 증가하게 되었고, 벼와 보리를 돌려 수확하는 이모작 기술도 점차 발전해 갔다. 이뿐 아니라 거름을 만드는 기술도 발달하여 생산량을 높이는 데 기여하였고, 수리 시설도 증가하여 모내기를 수월하게 할 수 있게 되었다. 또한 토지 이용 방식도 발달하여, 한 밭에서 돌려 가며 곡식을 추수할 수 있는 근경법根耕

法이 유행하였다.

농업 생산력의 증가로 생산물이 풍부해지자, 이것이 상품화되어 바로 시장에서 거래되는 사례가 늘기 시작하였다. 이에 따라 농민들 중에는 아예 농산물을 상품으로 내다 파는 것을 목적으로 농업을 경영하는 이가 늘기 시작하였다. 이른바 상품 화폐 경제의 단계로 돌입하게 되었던 것이다. 이에 따라 상인들의 활동이 활발해지면서 전국에 큰 장시場市가 열리게 되어 그 수는 날마다 늘어났다.

또한 농업 생산력이 증가함에 따라 토지의 중요성이 대두되었고, 결국 토지는 점차 상품화되어 본격적인 거래가 이루어지기 시작하였다. 토지를 파는 이들은 주로 영세 농민들이었고, 이것을 사는 쪽은 지주나 대상인 또는 부농들이었다. 이러한 토지 매매 행위가 성행함에 따라 지주제는 더욱 발달하게 되었고, 이에 따라 계급 분화 현상이 촉진되어 빈익빈부익부貧益貧富益富 현상을 초래하였다.

여기서 주목할 것은 부(대토지)와 계급이 불일치하기 시작했다는 점이다. 특히 18세기에 들어서서 이러한 사회 변동은 두드러지게 나타났는데, 중앙 집권 강화에 따라 양반들은 강력한 통제에 억눌리게 되었고, 상인이나 부농들의 신분 상승에 밀려 신분적·사회적으로 몰락하는 수가 점차 늘어났다. 반면에 부농이나 상인들은 돈으로 족보나 신분을 사서 양반이 되거나, 고향을 떠나 신분을 숨기고 양반 행세를 하는 등 사실상 신분 계급이 무너져 가고 있었다. 이것은 상승된 민중 의식의 반영이며, 사회 계급의 절대성이 상실되었다는 것을 뜻하기도 한다.

이 밖에 상품 화폐 경제가 발달하게 된 원동력으로는 수공업과 광업의 생산력 발전을 들 수 있다. 수공업의 경우, 가내 수공업이 전업화專業化되어 시장 판매를 위해 지역 특성에 따라 상품을 개발하였다.

이렇게 시장을 중심으로 한 상품 경제가 발달함에 따라 조정에서도 이를 지원하는 차원에서 상평통보를 주조하여, 화폐 유통이 원활하게 이루어졌다. 물론 화폐 경제가 완전히 정착되지 않아 이에 대한 의견이 분분하였으나, 이것은 자본주의의 맹아가 생성되어 가는 과정에서 필연적으로 겪게 되는 과도기적 현상일 뿐이었다.

또한 정부에서 금지 명령을 내렸음에도 불구하고 광업은 날로 성행하여, 금이나 은이 생산됨으로써 농촌을 떠난 유랑 농민들이 임노동자가 되어 대거 광산으로 유입되기도 하였다. 뒤에 보게 될 홍경래의 반란에 광부들이 참여하고 있는 것은 이러한 사회 변동을 입증해 주는 실례다.

이렇게 농업, 수공업, 광업 등이 사회 전반에 걸쳐 발전을 보게 되었다는 것은 민중들의 사회의식이 그만큼 상승되었다는 것을 뜻한다. 다시 말해서 봉건적 질서에 순응하던 시대에서 벗어나, 스스로 직업을 선택하고 신분을 상승시키는 등 점차 사회 세력으로 등장하게 되었다는 의미다. 17·18세기는 19세기에 일어난 민중 봉기의 준비기였다.

그러나 부세 제도 등 영세 농민들에게 영향을 미치는 사회 제도가 고쳐진 상태는 아니었다. 숙종 때에 이르러 임진왜란 이후 혼란에 빠진 사회 제도를 재정비하여 민생의 안정을 도모하였지만, 그것은 분명한 한계점을 갖고 있었다. 특히 영조 대에 이르러 왕권 강화의 일환으로 수령의 통치 권한을 넓혀, 향촌에 대한 지배권을 다져 나갔다. 이후 강화된 권한을 역이용하여 탐학을 일삼는 관리들이 등장하게 되었고, 이것은 바로 민중들의 저항을 야기하는 결과를 초래하였다.

결국 지주제의 발달, 수령들의 탐학 등 구조적 모순이 다시 심화되어 갔고, 이에 따라 유랑 농민들의 수가 점차 증가하였다. 이들 중에는 노비나 임노동자·화전민이 되거나 또는 도시로 흘러 들어가 수공업자가 되는 이들도 있었지만, 도적으로 전락하는 경우도 허다했다. 이인좌의 반란에 참여한 명화적은 이러한 사회적 배경에서 발생한 무장 집단이었다. 또한 그 유명한 장길산이 활동한 것도 숙종 때부터였다. 조정에서는 그를 잡으려고 온갖 수단을 동원하였지만 수포로 돌아가, 장길산 사건은 미증유로 남게 되었다.

도적떼는 명화적이나 장길산뿐이 아니었다. 도적이 사방에서 들끓어 사회적 동요의 한 원인이 되었다. 이러한 제반 현상에 대해 성호 이익은 『성호사설』에서 다음과 같이 말한 적이 있다.

서민이 부역을 도피하고 부세를 면하기 위해서 숨어드는데 관에서 감히 묻지 못하고, 조정에서도 걱정만 할 뿐 능히 금단하지 못한다.

또한 그는 많은 노비를 거느리는 지주들에 대해서도 비판을 가하였다.

우리나라 노비의 해는 다 말할 수도 없다. 나라가 쇠약해지는 것이 여기에서 연유하고, 백성의 가난함이 여기에서 연유한다. 이들이 비록 여러 대로 이어지는 종이라도 오히려 인원수를 정

해서 외람되게 거느리지 못하게 함이 마땅한데, 하물며 평민을
억압해서 종으로 부리는 것이 되겠는가.

요약하자면, 17·18세기 조선 사회에서는 기존의 봉건적 질서가
조금씩 무너지고 새롭게 계층 분화가 일어나고 있었다. 이러한 사
회 현상에 대해 정치권에서도 민감한 반응을 보여, 심지어는 도적
에게 대처하기 위한 방안을 놓고 논쟁을 벌이기도 하였다.

그러나 무엇보다도 정치권의 중요한 변화는, 국왕들이 왕권 강화
는 물론이고 민생 안정에 최우선으로 역점을 두었다는 것이다. 물
론 그 이면에는 모화사상이 깔려 있다. 숙종 전후에 벌어진 극심한
당쟁은 이러한 왕권 강화 과정에서 필연적으로 벌어진 현상이었다
는 것을 전제하면서, 그 내용을 간략히 살펴보기로 하자.

환국換局의 반복 : 무너져 가는 붕당 정치

환국換局이란 지금으로 치자면 정당의 정권 교체를 의미한다. 그
러나 근대적인 정당 정치와는 다른 양상을 보인 붕당 정치는 정권
장악 형식이나 내용 면에서 시대적인 특성을 지니고 있다.

인조반정 이후 중앙 정치권은 서인과 남인의 양대 세력으로 재편
되었다. 인조 이후 효종을 거쳐 현종 때까지만 해도 양대 세력은 별
다른 충돌을 일으키지 않았다. 현종 때 예론禮論을 둘러싸고 논쟁
이 벌어졌지만 유혈 충돌이 있었던 것은 아니다. 이들은 서로 학문
적인 교류도 나누고 감정적인 대립이 적어, 궐내에서 건설적인 논쟁

을 통해 정국 운영을 같이 논의하기도 했다.

그런데 숙종 대에 이르러 붕당 정치는 말기 증세를 보이기 시작하였다. 현종 말기부터 주도권을 남인들이 갖고 있었지만, 숙종 즉위 이후인 1680년에 허견의 역모와 연루되어 남인이 실각하고 서인이 집권하게 되었다. 그런데 1589년에 장희빈이 낳은 세자의 책봉이 문제가 되어 다시 남인 정권이 들어섰다가(기사환국), 1694년에 폐출되었던 민비가 다시 복위됨으로써 남인이 완전히 정계에서 축출되어 노론과 소론으로 분열된 서인 집권 시대가 열렸다(갑술환국). 이후 노론과 소론은 긴장 관계를 유지하다가, 1716년을 고비로 노론 일색의 정권이 들어서면서 소론에 대한 정치적 박해가 나타나기 시작하였다.

이러한 환국 과정에서 각 붕당은 사분오열 갈라져 나갔다. 남인의 경우에는 청남淸南·탁남濁南으로 나누어졌으며, 서인에서 둘로 갈라진 노론과 소론 가운데 노론은 다시 화당花黨·낙당駱黨·파당坡黨으로 분립되었다. 말 그대로 정치권은 이합집산으로 일대 혼란을 빚고 있었다. 이러한 과정에서 송시열, 윤휴, 김수항 등 당대 명신들이 죽임을 당하는 결과를 초래하기도 했다.

그런데 이렇게 붕당이 갈가리 분열된 데에는 보다 근본적인 원인이 있다. 그것은 위에서 전제로 말한, 국왕들의 왕권 강화 과정에서 각 당파 간의 경쟁심이 극대화되었기 때문이다. 즉 국왕은 임진왜란 이후 극도로 약화된 왕권을 다시 회복하기 위하여 권한을 확충해 나가면서 한 붕당의 세력이 커지면 환국을 통하여 상대 세력으로 교체하고, 다시 그 세력이 왕권을 넘보면 이를 대신할 세력으로 바꿔 버렸던 것이다. 영조의 탕평책은 바로 이러한, 숙종 때 반복된 환국을 발전시킨 것이라고 볼 수 있다. 영조는 고루 인재를 등용한다고 하면서 되도록이면 온건한 인물들을 골라 조정에 들였다. 그러다 보니 신하들은 국왕을 중심으로 움직이게 되었고, 상대적으로 왕실이나 외척들의 권한이 커질 수 있는 빌미를 제공하였던 것이다.

국왕의 권한이 전보다 강화됨에 따라 후계자를 중심으로 파벌이 형성되어 간 것은 필연적인 결과였다. 조신들은 왕권이 강화되어 가는 것을 지켜보면서, 이를 역이용하여 자파의 세력을 키워 나간다는 구도를 세우게 된 것이다. 대표적인 경우로, 숙종이 죽기 전후하여 후계자 선정 문제를 놓고 경종과 연잉군(영조)을 각기 지지하는 파벌이 형성된 것을 들 수 있다.

숙종은 죽기 전에 대신들의 반대에도 불구하고 세자 책봉을 서둘렀다. 그 세자가 바로 경종이었다. 그러나 자라면서 몸이 허약해졌고, 특히 그의 생모인 장희빈이 사약을 먹고 죽은 뒤에는 병까지 생겨 숙종을 불안하게 만들었다. 1717년, 숙종은 고민 끝에 노론 4대신 가운데 한 사람인 이이명을 불러 세자의 이복동생인 연잉군을 후사로 정할 것을 부탁하였다(이를 정유 독대라고 한다).

숙종은 이어서 세자 대리청정을 명하였다. 그러자 소론 사람들은 꼬투리를 잡아 세자를 바꾸려 한다고 하면서 반대하였다. 이에 따라 연잉군을 지지하는 노론도 반격하고 나서 양 계파 간에 당쟁이 격화되었다. 이때부터 임금 자리를 놓고 치열한 공방이 벌어지게 되는데, 이를 기화로 옥사가 벌어지게 되었다. 이를 역사에서는 신임사화라고 부른다(신축년인 1721년과 임인년인 1722년에 걸쳐 일어났으므로 신임사화라고 부른다).

1720년에 숙종이 죽자 노론과 소론 사이의 당쟁은 한층 격화되었다. 숙종의 뒤를 이은 경종은 성격이 온유하여 조신들과 직접적으로 큰 마찰을 빚지는 않았지만, 서른이 넘도록 자식이 없는 데다 병이 점점 악화되어 정무 수행에 차질이 생기자, 권신들 사이에 경종에 대한 시비가 날로 늘어났다. 특히 연잉군을 추종하는 노론들은 하루속히 왕위 계승자를 정할 것을 주장하였다. 물론 그 계승자는 연잉군을 지칭하는 것이었다. 노론에 속해 있는 정언 이정소의 상소를 시작으로 노론 4대신인 영의정 김창집, 좌의정 이건명, 영중추부사 이이명, 판중추부사 조태채 등이 계속 후계자 문제를 들고 나왔다.

주요 대신들의 강력한 청원에 경종은 할 수 없이 그들의 의견을 받아들여, 1721년 8월에 연잉군을 왕세제王世弟로 책봉하였다. 그러자 이번에는 소론 사람들이 들고일어났다. 소론의 유봉휘 등은 세제 책봉의 시기 상조론을 주장하면서 책봉의 부당함을 상소하였고, 우의정 조태구도 이를 지지하면서 책봉에 문제가 있다고 동조하였다. 그러나 노론의 완강한 거부로 뜻을 이루지 못했다.

노론 측에서는 왕세제를 정한 지 두 달 뒤인 10월에, 집의 조성복의 상소를 통하여 아예 세제 청정을 요구하였다. 경종은 연일 올라오는 노론 사람들의 상소에 스스로 지쳐 세제의 대리청정을 명하였다. 그러나 소론들이 반대를 하자 다시 환수하였다. 이러기를 몇 번 반복하였다. 경종은 병에 걸려 국정을 제대로 이끌어 가지 못해 당쟁의 소용돌이에 휘말렸던 것이다.

노론과 소론 사이의 논쟁은 이미 절정에 달해 양파 간의 대립은 첨예화되었다. 이때 소론 중에서도 과격파에 속하는 김일경 등 일곱 명은 경종을 보호한다는 명분을 내걸고, 노론 측에 대해 본격적인 반격을 가하였다. 이들은 상소를 통하여 경종이 병을 앓고 있지 않으며 또한 손수 국정을 운영할 수 있는데도 노론 4대신들이 세제에게 대리청정하게 한 일은 나라를 망칠 죄라고 하면서, 4대신들의 죄는 왕권 교체를 기도한 역모에 해당된다고 공격하였다. 한마디로 말해서 노론 측이 협잡하여 역모를 꾸몄다는 내용이었다.

이 상소로 노론 4대신은 관직을 삭탈당하여 김창집은 거제도에, 이이명은 남해에, 조태채는 진도군에, 이건명은 나로도에 각각 유배되었다. 이 밖에 다른 노론 측 사람들도 관직을 잃거나 문회 출송 또는 정배되었다. 이렇게 해서 노론의 권력 기반은 무너지고 대신 소론 정권으로 교체되는 환국이 단행되었다. 소론에 속해 있던 최석항이 영의정에 임명됨으로써 소론 정권의 기반을 굳혀 나갔던 것이다. 이 과정에서 소론은 양분되고 말았다. 일부 소론 사람들이 김일경의 과격함을 경계하여 노론 숙청에 온건한 입장을 취하였다. 이에 따라 조태구·최석항 일파를 완소緩少, 강경론자인 김일경 일파를 준소峻少라고 불렀다.

노론 측의 시련은 여기에서 그치지 않았다. 해가 바뀐 1722년 3월에 소론 과격파는 이른바 삼급수설三急手設을 주장하면서, 노론들이 역모를 진행시키고 있다고 고변하였다. 삼급수란 대급수(칼로 살해), 소급수(약으로 살해), 평지수(모함하여 왕을 폐출함) 등을 일컫는 말이다. 이 무고로 노론 4대신 등이 사약을 받아 죽었고, 114명이 유배를 갔으며, 이에 연좌된 자만도 173명이나 되었다. 즉 신임사화를 통하여 노론의 중심인물들이 대부분 중앙에서 제거되어 소론 세력이 정권을 장악하게 되었다. 그러나 경종이 즉위 4년 만에

죽고 연잉군(영조)이 왕위에 오르자, 노론들이 반격에 나서서 신임
사화의 책임을 물어 김일경 등 소론의 핵심 인물들을 모두 처단하
고 다시 집권하였다.

영조는 즉위 전부터 당쟁의 병폐가 극심하다는 것을 절실히 느
끼고, 송인명 등의 의견을 받아들여 탕평책을 펴 나가기로 결심하
였다. 영조는 노론 측이 신임사화의 책임을 물어 소론 측에 대한
보복을 주장할 때에도 무고함을 밝히고 원통한 것을 풀어 주면 그
만이지 보복은 안 된다고 하면서, 노론 강경론자들을 파면하기도
하였다. 김일경이 죽은 것은 영조가 친히 신문을 할 때 불복하였기
때문이다. 그는 처음부터 김일경을 제거할 뜻을 갖고 있지는 않았
다. 즉 영조는 당파성이 강한 인물들을 배제하면서 노론과 소론의
인물들을 모두 등용하여 정계 개편을 하였던 것이다(정미환국).

그러나 영조의 탕평책은 완전한 조치가 아니었다. 일부에서는 탕
평책이 공정하게 이루어지지 않고 있다고 비난하였다. 또한 노론
내의 과격파인 준론자峻論者들은 계속 소론을 공격하였다. 이렇게
노론과 소론의 대립이 해소되지 않은 상태였기 때문에 이인좌의 반
란이 가능했던 것이다.

반란의 전개 과정과 특성

간단히 말해서 이인좌의 반란은 정권에서 배제된, 소론의 일부
세력과 남인들이 연합하여 일으킨 정변이라고 할 수 있다.

경종이 죽자 자신들의 정치적 지위를 위협받게 된 박필헌·이유

익·심유현 등 소론 과격파들은 갑술환국 이후 정권에서 배제된 남인들을 포섭하여, 영조와 노론에 대해 반기를 들고 반란을 일으키기로 결정하였다. 이들은 사전에 인근 지역의 소론 세력이나 남인들은 물론이고, 향반과 일반 농민들까지도 동원하는 계획을 세웠다. 또한 당시에 무장을 하고 활동하고 있던 명화적도 포섭하여 반란에 가담케 하였다.

다른 반란도 그렇지만, 이 정변 역시 일정한 명분을 내걸고 있다. 즉 경종의 죽음에 의문을 제기하는 한편, 영조는 숙종의 친아들이 아니라는 것을 앞세워 영조를 폐하고 소현세자의 증손인 밀풍군을 왕으로 추대한다는 것이 이들의 명분이며 목적이었다. 또한 무력 기반을 갖추기 위하여 지방군과 유랑민들을 반란군에 편입시키는 등, 당대의 사회적 모순으로 분화된 농민층의 지지를 호소하였다. 주도 세력은 여러 가지 사회 개혁안을 내세워 하층민들을 규합해 냈던 것이다. 실제로 이러한 강령들이 효과를 발휘하여, 지방군인이나 향임층鄕任層 그리고 유랑민 등이 대거 이 반란에 참여하였다. 여기에다 사노비들도 참여하여 반란군에는 다양한 계층이 뒤섞이게 되었다.

주도 세력은 영조가 즉위한 다음해인 1725년부터 당론을 토대로 세력 확장을 위해 한양은 물론이고, 전국에 걸친 조직망을 확충해 나갔다. 이 과정에서 청주에 살고 있던 이인좌도 주요 인물로 부상하게 되었던 것이다. 또한 경종의 비였던 심씨의 동생으로 경종의 임종을 지켜보았다는 심유현이 그의 죽음에 대해 강한 의혹을 제기하자, 이를 토대로 사방에 흉언凶言을 퍼뜨려 전국 곳곳에서는 흉서와 괘서掛書 사건들이 꼬리를 물고 일어났다. 이렇게 반란이 일어날 수 있는 조직과 사회적 분위기를 조성해 놓은 상태에서 이인좌의 반란은 터지고 말았다.

봉기는 1728년 3월 15일, 소론 과격파였던 이인좌가 청주성을 점령함으로써 시작되었다. 원래는 거사일을 3월 10일로 정하였으나, 지방 간의 연락이 두절되는 바람에 기다리다가 독단으로 먼저 봉기를 서두른 것이다.

이인좌는 무기를 실은 상여를 장례 행렬로 꾸며 청주성 앞 숲 속에 숨겨 두었다가 밤이 되어 성의 경비가 소홀한 틈을 이용, 청주성 안으로 진입해 들어갔다. 반란군은 병영을 급습하여 충청 병사 이봉상, 군관 홍림 등을 처단하고 청주성을 점령하는 데 성공하였다. 반란의 거점을 마련한 이인좌는 권서봉을 목사에, 신천영을 병사에 임명한 뒤 인근 주요 지역에 격문을 돌려 경종을 위한 의거라고 강조하여 백성들의 지지를 호소하였다. 그러면서 병마를 모집하는 한편, 인심을 얻기 위하여 관곡을 풀어 주민들에게 골고루 나누어 주었다. 그러고는 경종을 위한 복수의 깃발을 세우고, 경종의 위패를 설치하여 아침저녁으로 절하며 곡을 하는 것을 잊지 않았다.

대원수라고 자처한 이인좌는 반란군을 이끌고 청주에서 목천, 청안, 진천을 거쳐 안성, 죽산으로 향하였다. 이때 권서봉은 안성으로 진출하였으며, 신천영은 청주성에 그대로 남아 있었다.

한양을 향하여 북상하던 반군은 안성과 죽산에서 벌인 전투에서 도순무사 오명항이 이끄는 관군에 패하고 말았다. 이인좌는 산사山寺에 숨어 있다가 인근 주민들의 신고로 잡혀 한양으로 압송되었고, 그 후 3월 26일에 대역죄로 능지처참되어 생을 마감하였다. 원래는 경기도에서도 호응을 하기로 했지만, 밀고 등으로 사정이 여의치 못해 이인좌의 반란군만이 관군과 싸워야 했다. 한편 청주성에 있던 신천영은 한양에서 내려온 관군과 청주성에 사는 창의사 박민웅 등이 이끄는 토벌군의 공격을 받아 저항하다가, 청주성을 빠져나와 상당성에서 마지막으로 전투를 벌였지만 패하고 말았다.

이렇게 해서 이인좌의 반란은 평정되었지만, 이후 영남 지방과 호남 지방에서도 호응하여 반란은 꼬리를 물고 일어났다.

영남 지방에서 반란을 주도한 인물은 정온의 4대 손인 정희량과 이웅보(이인좌의 동생인 이웅좌가 이름을 바꾼 것이다)였다. 이들은 원래 이인좌와 합의하여 같이 반란을 일으키려 하였지만, 계획에 차질이 생겨 이인좌가 먼저 난을 일으켰던 것이다.

정희량은 조묘의 이장을 구실로 군사를 모집하고 이웅보가 이끄는 반란군과 연합하여 3월 20일에 안음의 고현창에 주둔한 뒤, 안음 현감과 거창 현감을 투서로 위협하여 쉽게 두 지역을 장악하였다. 투서에 놀란 현감은 병영으로 도주하였다.

두 사람이 봉기했다는 소식이 전해지자, 합천에 있던 정희량의 인척인 조성좌 등이 나서서 반란군이 합천·함양 등 4개 군현을 점령하는 데 일조하였다. 반란군의 기세가 등등하여 그 세력이 영남 지방 전체에 퍼질 기미를 보였다.

이에 경상 감사 황준은 반란군의 동태를 파악한 후 성주 목사 이보혁을 우방장으로, 초계 군수 정양빙을 좌방장으로 삼아 의령·함안·단성 등의 관군을 통솔하게 하여 토벌에 나섰다. 그러고는 정산과 진주의 관군들과 연합하여 반란군의 퇴로를 차단하였다. 그러면서 황준은 반란군의 동태를 중앙 정부에 보고하였다.

이와 같이 관군이 사방에서 포위망을 좁혀 오자 위기감을 느낀 반란군은 거창에서 함양을 거쳐 전라도 경계를 넘어 충청도의 반군과 합류하려 하였으나, 운봉장영 손명대 등이 입구를 차단하는 등 주변 관군들이 반란군을 사방에서 조여 오자 다시 거창으로 돌아올 수밖에 없었다. 결국 관군의 포위 작전에 말린 반란군은 사방으로 흩어지고, 정희량·이웅보 등 21명은 체포되어 처형당하고 말았다. 이렇게 해서 2차 반란 역시 실패로 끝났던 것이다.

원래 호남 지방에서도 군대를 일으켜 봉기할 계획이었다. 이 지역에서는 소론 과격파의 대표 주자인 김일경과 친분이 두터웠던 태인 현감 박필현이 군대를 모아 반란을 일으키려 하였다. 그러나 그의 계획은 모두 실패로 돌아가고 말았다.

박필현은 생원시에 1등으로 합격하여 1725년에 금부도사에 임명되었으나, 사헌부 등이 그를 역적의 자식이라고 탄핵하는 바람에 낙향하였다. 이후 그는 노론에 앙심을 품게 되었으며, 실제로 김창집을 공격하고 김일경을 추종하였다. 또한 1726년에 상주에서 이인좌와 생사를 같이하는 교우 관계를 맺으면서 반란을 꿈꾸었다.

마침내 1728년 3월 15일에 이인좌가 반란을 일으키자, 4일 후인 3월 19일에 근왕병을 모집한다는 구실을 내세워 관할 지역 군사들을 모아 정비한 다음 태인을 거쳐 전주로 향하였다. 전주성에서 반란에 참여하겠다는 사전 약속이 있었기 때문이다. 그러나 반란군의 형세가 불리하게 돌아가자 전라 감사 정시효는 성문을 굳게 닫고 열어 주지 않았다. 그러자 근왕병 모집이 아니라 반란을 위해 모병했다는 것을 알아차린 부하나 군사들이 모두 흩어져 도주하고 말았다. 결국 혼자가 된 박필현은 가솔 몇 명만 거느리고 상주에 숨어 있다가 체포되어 참수당하였다.

박필현은 원래 박필몽을 기다리고 있었다. 그는 박필몽을 대장으로 삼으려 했던 것이다.

박필몽은 신임사화의 주역으로 노론의 견제를 받고 있던 중, 실록청에 사사로이 드나든다는 탄핵을 받아 갑산에 유배되어 있었다. 전주로 가는 도중 박필현의 군사가 흩어졌다는 소식을 듣고 죽도에 숨어 잔류 세력과 함께 재기하려 했지만, 상주의 촌리에서 체포되어 한양으로 압송된 후 능지처참당하였다. 이로써 청주에서 시작하여 영남, 호남 지역으로 번져 나갔던 이인좌의 반란은 완전히 평정되고 말았다. 관군은 거창에서 회군하여 4월 19일에 개선하였고, 영조는 친히 숭례문 문루에 나와 이들을 영접하였다고 한다. 이후 중앙은 완전히 노론 세력이 장악하게 되었고, 영조는 왕권 강화를 위해 탕평책을 펼쳐 이들 세력을 견제하였다. 잘 알려져 있는 사도세자의 죽음은 이러한 정치권의 흐름 속에서, 왕권과 노론의 신권 사이에 벌어진 알력에서 비롯된 것이다.

결국 이인좌의 반란은 16세기 이후 누적된 당쟁이 폭발하여 발생한 사건이다. 그러나 이 반란에 참여한 계층이 매우 다양하다는 것을 눈여겨보아야 할 것이다.

이 반란에는 지방 군인, 향임층, 유랑민, 심지어는 명화적까지 참여하고 있다. 이러한 일이 가능했던 것은 첫째, 영조의 정통성을 의심케 하는 여론을 확산시켰고, 둘째, 현실 개혁적 강령을 채택하였기 때문이다. 다시 말해서 이 반란이 비록 누적된 당쟁의 산물이라고는 하지만, 사회적 모순 타파를 원하는 민중들의 의지도 반영되어 있다는 점이 이 반란의 가장 큰 특징이라 하겠다. 그러나 반란 주도층은 이들을 정치 세력으로 결집시킬 수 있는 이념을 갖추지는 못했다. 그럼에도 불구하고 이 반란에는 18세기 사회 변동으로 분화된 농민층의 개혁 의지가 어느 정도 반영되어 있으며, 나아가 지식인층과 일반 민중 사이에 연대감을 조성할 수 있는 가능성을 보여 주었다는 점에서 반란의 새 시대를 여는 교량 역할을 하였다고 볼 수 있다.

이러한 유형이 확대되어 나타난 경우가 바로 홍경래의 반란이다. 즉 이인좌의 반란은 19세기에 시작된 민중 항쟁의 한 전범典範이 된 셈이다.

❰ 15 ❱
홍경래의 반란(평안도 농민 전쟁) :
민란 시대를 연 농민 항쟁

반란의 발생 배경

홍경래의 반란은 조선 후기 1811년(순조 11)에 홍경래, 우군칙禹君
則 등이 중심이 되어 일으킨 대규모 농민 항쟁을 말한다. 이 반란은
1811년 12월부터 이듬해 4월까지 약 5개월 동안에 걸쳐 일어났다
(이 난을 농민 전쟁이라고 명명하기도 하지만, 여기서는 19세기에 있었던
여러 농민 항쟁과 구별하기 위해 기존처럼 홍경래의 반란이라고 부르기로
한다).

홍경래의 난을 이해하기 위해서는 우선 당대의 정치·사회적 배
경을 정리하고 넘어가야 할 것이다. 특히 1801년에 있었던 신유교
난을 전후로 전개된, 보수 진영과 개혁 진영의 치열한 정치적 경쟁
에서부터 그 뿌리를 찾아봐야 한다.

18세기의 조선은 한마디로 말해서 봉건 체제의 와해 조짐이 엿보이던 시대였다. 잘 알려져 있는 실학實學이 이 시기에 형성되어 정치와 경제 등 모든 부문에 걸쳐 개혁과 변혁을 주장하였지만, 노론 벽파의 집요한 정치적 탄압 음모에 의해 현실에 별로 반영되지 못한 채 좌절로 끝나고 말았다. 그 대표적인 사건이 바로 신유교난이다.

이 신유교난은 이미 경인 지역과 충청도, 전라도 일대에 퍼져 있는 천주교인들을 노론 벽파들이 무부무군無父無君하는 사교邪敎 집단이요 반역자들이라고 몰아붙이면서, 모두 몰살시키겠다는 의도를 가지고 만들어 낸 종교적 탄압이었다. 겉으로 보기에는 분명 그러했다. 그러나 그 이면에는 엄청난 정치적 음모가 도사리고 있었다.

천주교는 주로 17세기 이후로 거의 100년 동안 정치권에서 소외되어 있던 남인南人들을 중심으로 지식층에 먼저 전파되었다. 이미 16세기에도 천주교(당시에는 주로 천주학이라고 불렀다)에 대한 지식인들의 연구는 있었지만, 종교적 형식을 통해 정식으로 신자가 된 것은 18세기에 들어서서였다. 그 대표적인 사람이 이승훈이었다. 또한 다산 정약용 형제들과 이가환, 권철신 등 재야 남인 세력 사이에 천주교는 조심스럽게 퍼져 나갔던 것이다.

문제는 정조의 정치적 입장에 있었다. 그는 선왕의 뜻을 이어 탕평책을 펼쳐, 정약용을 중심으로 한 남인들을 대대적으로 조정에 기용하였다. 거기에 천주교인들은 아니지만, 역시 소외 세력이었던 연암 박지원의 제자들인 유득공·박제가·이덕무 등을 규장각 검서관에 임용하는 등, 정조의 반대 세력인 노론 벽파의 세력 확장을 견제하기 위해 신진 세력을 중앙에 집결시켜 나갔던 것이다. 게다가 연암의 제자들이 대부분 서자 출신이라는 점에서 정조의 조치는 파격적인 것이었다.

이에 심환지 등을 중심으로 한 노론 벽파는 기회가 생기는 대로 상소와 항의를 통해 남인 세력을 탄압하였다. 그리고 그들에게 좋은 빌미를 제공해 준 것이 천주교였던 것이다.

보수적인 성리학에 바탕을 두고 기득권을 유지하려던 노론 세력은, 남인들을 임금과 조상을 부정하는 천주쟁이들이라고 하면서 정치적 모략을 계속하였다. 실제로 천주교가 일반 백성들 사이에 전파된 이후, 각 지역에서 관할 군수들의 손에 백성들이 죽임을 당하는 일이 속출하였다.

그러나 정조는 남인의 거두인 채제공을 중심으로 천주교에 대해 회유책과 교화 정책을 펼쳤다. 노론 세력의 눈에 이러한 정조의 태도가 남인을 비호한 것으로 보인 것은 당연한 일이었다.

1800년에 개혁 의지가 분명했던 정조가 죽고 난 뒤, 그의 어린 아들이 열한 살의 나이로 왕위에 올랐다. 그가 바로 순조純祖다.

이에 대왕대비 김씨가 수렴청정을 하게 되어 어린 임금은 사실상 아무런 실권을 가지지 못했다. 결국 정조가 급사하자, 노론 세력은 기회를 놓치지 않고 신유교난을 일으켜 남인 세력을 대다수 제거하는 데 성공하였다.

그 후 1802년에 대왕대비 김씨가 수렴청정을 거둔 후, 노론 세력의 전략가로 알려진 김조순이 자기의 딸을 순조의 비妃로 밀어 넣고 이른바 안동 김씨의 세도 정치를 시작하였던 것이다. 이 세도 정치로 말미암아 노론의 일당 독재가 거의 60년 이상 지속되었다.

일당 독재 체제하에서 올바른 정치를 기대한다는 것은 무리다.

그들은 이권과 권력을 독점하고 매관매직을 하는 등 정치는 물론이고, 경제 면에서도 온갖 부조리를 일삼았다. 이른바 삼정의 문란으로 농민들은 끊임없이 수탈을 당해야만 했다.

뒤에서 볼 수 있듯이, 홍경래의 난을 이끈 주도 세력을 이해하기 위해서는 먼저 당대의 경제 구조와 신분의 변동 등을 살펴봐야 한다. 이것은 세도 정치에 의해 야기된 제반 부조리와도 밀접한 관련이 있다(여기서는 홍경래의 난의 직접적인 배경이 되는 부분만 거론하기로 하고, 19세기 전반에 일어난 사회 변화에 대해서는 임술민란에서 자세히 다루기로 한다).

먼저 농업의 형태 변화를 보자.

18세기와 19세기 초에 들어서서 사회 전반에 걸쳐 급격한 변화가 일어나기 시작하였다. 이 변화는 17·18세기에 시작된 사회 구조 변화의 연속이었다.

특히 중앙 정부의 비호 아래 불법적인 토지 겸병이 전국적으로 확대되어 광범하게 진전되었으며, 지주 전호제地主佃戶制가 양적으로 팽창되어 갔다. 또한 종래의 벼농사를 개량한 이앙법·이모작 등으로 대표되는 농업 생산 기술의 급격한 발전이 이루어졌는데, 이러한 변화에 따라 단위 면적당 노동력이 대폭 감소되어 이른바 노동 집약적인 생산에 박차를 가하게 되었다.

이러한 농업 생산의 발달과 토지 겸병으로 인해 불필요한 노동력이 불가피하게 농촌에서 축출되어 토지를 갖지 못한 농민들이 형성되기 시작하였다. 즉 농민층의 분화 현상이 심화되어 갔던 것이다.

농촌에서 소외된 농민들은 도시나 광산으로 흘러 들어가 상업이나 광업, 또는 심할 경우엔 품팔이로 전락하거나 도시 빈민이 되어 막노동에 종사하였다. 이러한 일도 찾지 못할 경우엔 도적이 되거나 걸식 행각으로 생계를 꾸려 가는 무리들의 숫자도 꾸준히 늘어만 갔다.

『조선왕조실록』에 따르면, 이 당시 유민流民의 숫자가 점차 증가하여 각 도별로 수만 명 또는 십만 명이 넘기도 했다. 정조 때 이미 전국적으로 산적 무리가 극성을 부리게 된 것도 이러한 사회 변동의 산물인 셈이다. 이들이 어떠한 이유에 의해 방치됐든 간에 중앙 정부는 통치력에 따라 이들 유민들을 다스리려 했을 뿐, 아무런 제도적 장치도 마련하려 하지 않았다. 이것은 세도 정치에 대한 일반 민중들의 원성이 높아 가게 된 이유 중 하나이기도 했다.

이와는 반대로 농업 경영을 하는 농민의 수도 늘어났다. 이들은 선진 농업 기술에 대한 지식과 현장 경험을 겸비하여 봉건 지주의 농지를 빌려 소작을 하되 앞에서 본 유민들을 고용하여, 합리적인 경영을 통해 생산량을 극대화함으로써 일정한 분배량을 차지하였다. 그것으로 자기의 토지를 구한 뒤 재투자하는 등, 당시로서는 상당히 혁신적인 경영 방식으로 운영할 줄 아는 부류가 생겨났던 것이다. 이들은 일반 생활에 필수적으로 쓰이는 특용 작물이나 시장성이 좋은 곡물을 재배하여 부를 축적하기도 했다. 부의 축적으로 이들은 그 지역의 실력자로 부상하게 되었으니, 홍경래의 난에 참여한 지도층 가운데 이러한 과정을 거쳐 부농이 된 사람들도 포함되어 있었다.

시장성을 안다는 것은 유통 구조에 대한 지식을 갖고 있다는 말도 된다. 18세기 전후에 이미 상업은 전국적으로 발달하여 시장이 서는 곳이 점차 늘어 갔으며, 완전한 화폐 경제는 아니지만 대체로 화폐에 의존하여 상품이 교환되고 있었다. 이러한 유통 구조는 수요량과 공급량 모두 증가시키면서 상품 교환 장소인 향시鄕市가 거의 모든 농촌 지역에 설치될 정도였다. 다산 정약용의 『여유당전서』나 『증보문헌비고』 등에 따르면, 시장의 수가 전국에 걸쳐 천여 개가 넘어서서 활발한 유통망 구실을 해 주었다는 것이다. 이것은 기존의 시전市廛 체제를 위협하는 중요한 경제 구조의 변화라고 볼 수 있는데, 홍경래의 난에 참여한 상인들 가운데 이러한 구조를 통해 대상인이 된 부류들도 포함되어 있다. 이들이 축적된 부를 이용하여 난에 참여하게 된 것도 시전 체제를 비호하는 중앙 정부에 대해 반발심을 갖고 있었기 때문이다.

실제로 지금의 정경 유착과 비견되는 금난전권(禁亂廛權 – 일종의 독점 보호 조치)이 시행되어 일반 상인들의 활동에 큰 제약을 주었던 것이다. 상권을 둘러싸고 중앙 정치인들의 후광을 업고 있던 특권 상인(시전 상인)들과 자립으로 커 온 사상인私商人들 간에 보이지 않는 싸움이 치열했다는 것도 이 금난전권이 반증해 주고 있는 셈이다.

유민의 노동력이 집중된 업종 중 하나가 광업이다. 홍경래 지도부가 광산을 연다는 소문을 내어 군사를 모은 것도 이러한 사회 변화를 엿볼 수 있는 한 단면이다.

당시 광업은 대체로 비합법적인 방법으로 운영되었다. 아직 광업의 중요성을 인식하지 못했던 봉건적 정치인들은 오직 광업 때문에 농토를 버리고 산으로 들어가 농업이 황폐해지고 있으며, 또한 이권 다툼 과정에서 범법 행위가 만연하고 있다는 점만을 우려하고 있었다. 그렇지만 홍경래의 난이 일어났던 서북 지역에서는 이미 공공연하게 금광 등 광업이 성행하고 있었다. 유민들은 생계 유지를 위해서는 닥치는 대로 품을 팔아야만 했던 것이다.

지금까지의 내용을 요약하자면, 상품 경제의 발달로 농민층의 분화 현상이 촉진되었는데 이에 따라 조선 중기까지의 봉건 지주와는 다른, 서민 지주라는 새로운 형태의 지주가 등장하게 되었다. 또한 선진적인 농업 생산 기술과 시장의 전국적인 확대라는 유통 구조의 발달에 따라 차경지借耕地를 합리적인 경영 방식으로 운영, 확대를 통하여 상업적 농업을 하는 경영형 부농층이 형성되었다. 그런 한편에서는 다수의 소농민들이 유민으로 몰락하여 영세 빈농, 무토지 농민이 되거나 빈민으로 전락하여 토지에서 소외된 농민들이 급격하게 증가하여, 지금의 도시 확장에 따른 현상과 비슷하게 임금 노동자층이 확산되어 갔던 것이다.

결국 이 당시의 농민층 분해 현상으로 말미암아 다수의 농민들이 유민이나 빈민으로 전락하여 토지를 둘러싼 계층 변화가 심화되어 갔으며, 반면에 일부 농민들은 선진 농업 기술과 상권에 대한 지식을 이용하여 부농·서민 지주가 되는 등 농민들 사이에 신분적 양극화 현상이 두드러지게 나타났던 것이다. 물론 수적으로 유민으로 전락한 농민들이 압도적이었지만, 부농들이 지역 유지로 활동함으로써 사회 변동의 변수로 등장하게 된 셈이다.

상공업 분야에서는 상품 경제의 전업화專業化가 이루어져, 중앙 정치인들의 비호를 받는 봉건적 특권 상인들에게 도전하는 사상인私商人들의 활동이 두각을 나타내게 되었다. 특히 개성 상인이나 의주 상인들은 대청對淸 무역을 통하여 부를 축적하는 등 상권 쟁탈전을 벌이기도 하였는데, 이른바 자본가의 기반이 어느 정도 형성되는 시점이기도 했다.

여기서 신분 구조의 변화에 대해 잠시 짚고 넘어갈 필요가 있다. 홍경래의 난이 일어났을 때 여러 고을에 등장한 격문의 내용 중 신분 차별과 지역감정에 대한 부분이 있는데, 이것을 단순히 서북인들을 선동하는 내용으로만 치부하기에는 석연치 않은 점이 있기 때문이다.

봉건적인 신분 질서의 구조에도 부를 통한 신분 상승의 확대에 의하여 양반의 증가와 평민·천민의 감소, 몰락 양반의 증가라는 새로운 변화가 일어났으며, 이에 따라 양반 신분의 절대적인 권위도 무너져 갔다.

이러한 사회·경제적 변화는 19세기가 되면서 더욱 심화되어 봉건 사회의 해체를 촉진시켰다. 특히 정치적으로 치열하였던 17·18세기의 당쟁이 끝나고 안동 김씨 척족에 의한 일당 독재가 성립됨으로써 삼정의 문란은 농민층 분해를 더욱 촉진시켰고, 특권 상인과 지방 상인 간의 대립도 심화되었다. 더욱이 평안도 지방에서는 정부의 규제에도 불구하고 대청 무역이 더욱 활발해져서, 송상松商·만상灣商 가운데에는 대상인으로 성장한 사람들이 많았다.

또 18세기를 전후한 시기부터 견직물업·유기 등 수공업 생산과 담배 등 상품 작물의 재배, 금은의 수요 급증으로 인한 광산 개발이 활발해졌다. 그에 따라 양반 지주·상인층에 의한 고리대업의 성행으로 소농민의 몰락이 심화되었고, 일부 농민층은 부를 축적하여 향촌의 향무층鄕武層으로 진출하였으며, 빈농·유민들이 잠채 광업潛採鑛業에 몰려들고 있었다.

이와 같은 사회·경제적 상황에서 이 난은 홍경래·우군칙·김사용·김창시 등으로 대표되는 몰락 양반, 『정감록』 등을 바탕으로 현실 변혁을 주장하는 유랑 지식인들과, 농민층 분해 과정에서 새로이 성장한 향무 중의 부호 부민 등 부농·서민 지주층과 사상인층의 물력物力 및 조직력이 결합되어 10여 년간 준비하여 발생한 것이다.

이들은 역노驛奴 출신으로 대청 무역을 통하여 부를 축적한 가산의 부호 이희저李禧著의 집이 있는 다복동多福洞을 거점으로 삼고, 각지의 부호 및 대상인들과 연계를 맺는 한편, 운산 촛대봉 밑에 광산을 열고 광산 노동자·빈농·유민 등을 임금제로 고용하여 봉기군의 주력 부대로 삼았다.

반란의 준비, 전개 과정

홍경래의 난 이전에도 민란은 계속 있어 왔으나, 이처럼 오랜 시간을 두고 완벽에 가까운 사전 모의를 했던 봉기도 없을 것이다. 역설적으로 말해서 홍경래의 난이 일어나게 된 정치·사회적 배경이 그만큼 여물어 있었다고 볼 수 있다.

남양 홍씨인 홍경래(1780~1812)는 용강에서 태어났다. 아버지가 진사인 것으로 봐서 그의 가문은 양반에 속한 것으로 보인다. 그는 어려서부터 외숙인 유학권에게서 글을 배웠다. 홍경래 역시 다른 선비들과 마찬가지로 사회에 눈을 뜨기 전에는 과거를 통한 입신양명에 뜻을 두고 있었던 것이다. 그러나 당시 조선 조정은 서북인들에 대해 차별을 두고 있었다. 이런 차별 정책 때문에 홍경래는 번번이 과거에서 떨어지고 말았다. 이미 18세기 실학자 박제가가 『북학의』에서 지적했듯이, 과거 제도는 타락할 대로 타락하여 형식적인 절차에 불과했던 것이다. 박제가가 살았던 정조 시대에도 그러했으니, 정조 이후의 세도 정치 때에는 그 비리가 더 심화된 상태여서 매관매직은 공공연한 비밀이었다.

'관서제인 정정부서關西諸人 呈政府書'라는 글에는 서북인들에 대한 차별이 얼마나 심각했던가를 보여 주는 구절이 있어 주목을 끈다.

글은 나라의 경계를 지키고 무예는 고을을 지키는 것입니다. 비록 하늘에 통하는 학문과 사람을 울리는 재주가 있는 사람이라 하더라도 다시 벼슬에 나아갈 희망이 없습니다. 그리하여 말을 배울 만한 나이에 이른 아이들은 이미 서북인들을 모욕하는 것부터 배워, 이들을 천하다고 하며 항상 능멸하는 마음을 가지고 있습니다. 평상시 때에도 자주 거만하게 서인, 서인 하면서 서인이라는 말을 그치지 아니하며 때로는 말하기를 서북놈, 서북놈 합니다.

과거 시험에서 몇 번의 고배를 마시고 난 뒤에야 홍경래는 당대의 제도적 모순에 눈뜨기 시작하여 나중에는 아예 과거를 포기하였다. 그러고는 전국을 떠돌며 유랑 생활에 나서게 되었다. 이때 홍경래가 가까이한 것은 주로 풍수였다. 그는 유랑을 하면서 지사地師로 자처하면서 생계를 유지하였던 것이다. 이 당시 풍수는 홍경래처럼 소외된 지식층 사이에서는 생활의 한 방편으로 유행하고 있었다. 부도 권력도 갖지 못한 양반층이 굶어 죽지 않기 위해서는 유학에서 천시하고 있던 풍수라도 해야 했던 것이다.

이렇게 객지 생활을 하던 홍경래는 평안도 가산군에 있는 청룡사라는 절에서 서자 출신인 우군칙을 만나게 된다. 그는 홍경래보다는 다섯 살 아래였으나 놀라운 학식을 지니고 있었다. 두 사람의 만남은 장차 엄청난 봉기를 준비하는 뿌리가 되었다. 둘은 가까워지면서 서로 뜻이 맞아 현실의 모순과 미래에 대하여 깊은 토론을 하였다.

서로의 관계가 깊어지면서 현실에 대한 불만 토로는 변혁 의지로 바뀌게 되었고, 이에 따라 구체적인 사전 모의 착수에 들어갔다. 두 사람은 봉기를 위해서는 자금과 군사력이 모두 필요하다는 합의점에 도달하게 되었다.

이들은 먼저 평안도 내의 향무층鄕武層에서도 경영형 부농층에 접근하기 시작했다. 지역 실력자들과 제휴하는 것이야말로 봉기의 승패를 가름하는 중요한 열쇠가 된다는 것을 두 사람은 잘 알고 있었다. 또한 군사력 면에서는 장사壯士들을 포섭해 나갔으며, 특히 자금 마련을 위해서 상인들을 포섭해 나갔다. 사상인들은 중앙 정부에 대해 평소 불만이 많은 계층이었다. 그 가운데에서도 개성 상인들과 자주 접촉하면서 봉기 준비를 착실히 해 나갔다.

두 사람의 활동은 처음부터 매우 조직적이었다. 과거 공부를 해 본 경력이 있는 홍경래는 주로 지식층을 담당하였으며, 일찍이 상인들을 잘 알고 지내던 우군칙이 자금 담당으로 활동하였던 것이다.

이러한 두 사람의 포섭 대상이 된 인물 중에 대표적인 사람이 이희저였다. 그는 가산군에 살고 있던 이속吏屬이었는데 도내에서 알아주는 거부였다고 한다.

두 사람은 이희저를 끌어들이기 위해 몇 가지 술책을 썼다. 우선 우군칙의 아내를 이희저의 처에게 접근케 하여 손금을 봐 주면서, 얼마 안 있으면 크게 대길할 운수를 지녔다고 운을 떼게 하였다. 그런 뒤에 우군칙이 지관을 자처하며 이희저에게 나타나 그의 부친 묏자리를 봐주며, 대지大地라고 칭찬하면서 조상 덕을 입어 곧 크게 될 것이라고 귀띔을 해 주었다. 그다음엔 홍경래가 도사복을 입고 야밤에 몰래 이희저를 찾아가 자기의 계획을 토로하여 동지로 삼는 데 성공하였다. 결국 이희저는 봉기의 재정 기반을 마련해 준 핵심 인물이 되었다.

두 사람이 특별히 공을 들여 이희저를 끌어들인 데에는 그가 거부라는 점도 있지만, 풍수에 밝은 그들이 이희저가 살고 있던 가산 박천의 다복동을 근거지로 삼기 위함도 그 이유 중의 하나가 아닌가 싶다.

다복동은 대정강大定江의 하류에 위치한 분지다. 이곳은 청천강 이북 지역으로 들어갈 수 있는 입구면서 동시에 평양과 의주로 통하는 길목이었다. 게다가 산으로 둘러싸여 있어 쉽게 발각되지 않으며, 다복동 앞에 있는 삼각주의 나루인 진두津頭를 통해 다복동으로 들어오면 마치 수호지에 나오는 양산박과 같은 비밀 아지트가 되었다.

어쨌든 두 사람은 이와 같이 지역 실력자들을 하나하나 포섭해 나갔다. 홍경래는 그 일환으로 서울에 있는 김재찬에게도 접근하였다. 그는 평안도 관찰사를 지낸 적이 있으며, 1805년에 우의정 임명을 거절하였다가 황해도에서 유배 생활도 한 인물이었다. 좌의정을 지낸 고위 관직 출신이었지만 당시의 세도 정치에 대한 불만이 깊었다.

홍경래가 김재찬을 찾아간 것은 거사의 기본 자금을 마련하기 위해서였다. 그는 김재찬에게 부탁하여 평안 감영에서 공납금 이천 냥을 빌리는 데 성공, 유용하게 거사 준비금으로 썼다.

두 사람은 이에 그치지 않고 정주의 부호 김약하, 의주의 인삼 상인 임상옥, 그리고 여러 개성 상인들을 차례로 거사에 끌어들였다.

우군칙은 운산 촛대봉에 광산을 연다는 소문을 퍼뜨려 모군 작업에 착수하였다. 우군칙은 일정 크기의 구덩이를 파 놓은 다음 장정들에게 뛰어 건너게 하여 그 힘을 시험하고, 새끼줄을 높게 달아 놓고 뛰어넘게 하여 순발력을 점검하였다. 시험에 합격한 사람들에게는 돈과 옷감을 나누어 주고 이들을 열 명 한 조로 만들어 각각 마을에 잠입케 한 뒤, 봉기가 있을 때 내응하도록 사전 지시를 내렸다.

이렇게 하여 홍경래와 우군칙, 그리고 우군칙의 제자 김사용을 중심으로 평안도 일대의 지역 실력자와 지방 관속들, 그리고 지식인과 유민 계층에 걸친 광범위한 봉기 세력을 주도면밀하게 조직해 나갔던 것이다.

봉기가 있기 두 달 전인 1811년 10월부터 각지의 인물들이 비밀 아지트인 다복동으로 속속 모여들었다. 홍경래와 우군칙은 사회 신분과 능력에 따라 모군과 군량 등 봉기에 필요한 것을 세분하여 책임을 부여하였다. 거병일은 같은 해 12월 20일로 잡았다. 홍경래는 평서대원수라고 자칭하였다.

그러나 봉기군의 대거 이동은 쉽사리 사람들의 눈에 띄게 마련이다. 이들의 움직임이 심상치 않다는 것을 선천 부사 김익순(김삿

갓의 할아버지)이 눈치채고 조사해 본 결과, 봉기를 준비하고 있다는 정보를 입수하게 되었다. 이에 반란군 측도 거사일을 이틀 앞당겨 12월 18일로 수정하였다.

봉기군은 크게 2군으로 나누어져 있었다. 북진군과 남진군이 그 것이다. 이렇게 봉기군을 양분한 이유는 반란군의 최종 목적이 서울 탈환에 있었기 때문이다. 이를 남진군이 담당하고 후위를 북진군이 맡음으로써 완벽하게 중앙 정부를 점령하려 했던 것이다.

북진군은 우군칙의 제자인 김사용을 대장으로 하고 선봉장에 이제초, 모사 담당에 김창시 등을 비롯하여 김희연, 이성항 등이 참모 역할을 하였다. 남진군은 홍경래를 중심으로 홍총각이 선봉장을 맡고 모사에 우군칙, 후군장에 윤후검 등이 임명되었다. 반란군들은 출병에 앞서 김창시가 쓴 격문을 숙연한 자세로 듣고 있었다.

평서대원수는 급히 격문을 띄우노니, 우리 관서의 부로父老 자제와 공사 천민들은 모두 이 격문을 들으라.

무릇 관서는 기자의 옛 성이 있고 단군의 옛 터전이어서, 특출한 인재가 많이 배출되어 문물文物이 빛난 곳이었다. 임진왜란 때에는 나라를 다시 세웠으며, 또한 정묘호란 때에는 양무공이 충성을 다하여 적군을 물리쳤다. 이와 더불어 돈암 선우협(조선시대의 성리학자로 평양 출신이며, 관서공자라고 불렸다)의 학식과 월포 홍경우의 재주도 이 서쪽 땅에서 났는데도 조정에서는 서토를 똥 무더기로 여기고 있다.

심지어 권문의 노비들도 서토의 인사들을 보면 반드시 평안도 놈이라 부르고 있다. 이러하니 서토에 살고 있는 자들로서 어찌 원통하고 억울하지 않겠는가. 막상 난을 당했을 때에는 서토 사람들의 힘에 의존하고 또 과거를 볼 적에도 서토의 글을 빌렸으니, 400년 역사 속에서 서쪽 사람들이 조정을 저버린 적이 있는가?

지금 나이 어린 왕이 위에 있어서 권세 있는 간신배들이 극성을 부려, 김 모(김조순) 박 모(박종경)의 무리들이 나라의 권력을 쥐고 흔들어서 어진 하늘이 재앙을 내려 겨울에도 번개가 일고 지진이 나서 살별과 우박과 태풍이 없는 해가 없으며, 이로 인해 큰 흉년이 들어 굶어 부황 든 무리가 길에 널려 늙은이와 어린이의 시체가 산골짜기를 메우고 있다.

그러나 다행히 세상을 다스릴 성인(『정감록』의 정씨를 딴 정제민을 뜻한다)이 청북 홍의도에서 탄생하셨으니 나면서부터 신령스러워 다섯 살 때에 이미 신령한 스님을 따라 중국에 들어가 공부를 하고, 장성해서는 강계 사군여연江界 四郡閭延에 머무른 뒤 5년이 지나 황명皇明의 세신유족世臣遺族을 거느리게 되었으니, 마침내 철기鐵騎 10만으로 부정부패를 척결할 뜻을 세우셨다.

그러나 이곳 관서 땅은 성인께서 나신 고향이어서 차마 다치게 할 수 없어서 먼저 관서의 호걸들에게 기병할 것을 명하여 백성들을 구하도록 하였으니, 의로운 뜻이 일어난 곳이 바로 참임금을 기다린 명소가 아니겠는가. 이에 격문을 띄워 먼저 각 지역에 알리노니, 절대로 요동하지 말고 성문을 활짝 열어 우리 군대를 맞으라.

만약 어리석게도 반항하는 자가 있으면 철기 5천으로 밟아 씨도 남기지 않을 것이니 마땅히 협조하여 거사에 동조함이 옳을 것이다.

격문 낭독이 끝나고 홍경래의 결속을 다지는 연설도 마친 후에, 마침내 봉기군은 횃불을 높이 쳐들고 선천으로 진격하였다. 남진군은 가산 삼교에 도착하였다. 그런 와중에서 홍총각에게 잡힌 이곳 군수 정시는 봉기군 앞에 끌려나와 맞아 죽었다. 결국 남진군은 무혈 입성하여 관아의 병기를 수습하는 여유를 보이기도 하였다.

한편 김익순은 18일 아침, 농민들이 떼를 지어 도주하는 것을 보고 난동의 기미가 보인다고 파악하여 농민 가운데 몇을 잡아들여 문초하였다. 그런 가운데 봉기군의 핵심으로 보이는 인물들을 파악하였으나 체포에는 실패하였다. 이미 봉기군은 정예 부대를 구성하고 각처로 진군할 때였다.

북진군의 핵심인 김사용은 군사를 이끌고 곽산으로 향하였다. 이곳 군수는 벽장 속에 숨어 있다가 잡혀 옥에 갇히는 꼴을 당하였고, 그의 아우는 반항하다가 봉기군의 칼에 맞아 죽고 말았다.

김사용은 이어 능한산성을 점령하고 임해진을 공략한 뒤에 요충지인 정주성으로 향하였다. 정주성은 쉽게 공략할 수 없는 성이었다. 그러나 내응 세력이 있었기에 입성은 수월하게 이루어졌다.

18일 아침, 상아현에서 집사 이침은 이미 목사의 명령이라고 하면서, 난리에 대비해야 한다는 명분을 내세워 군과 민을 모으고 있었다. 그러나 성내의 주민들은 난리를 피해 대부분 피난을 간 상태였다. 그는 사전에 조직해 놓은 내응 세력을 모으기 위해 그런 술책을 썼던 것이다. 이침만이 아니라 이런 내응 세력을 결집한 관리는 좌수 김이천, 칙고도감 홍하진 등이었다. 이들의 움직임이 봉기군과 연결되어 있다는 것을 눈치챈 목사 이근주는 향교로 도망을 쳤다. 그러나 이침 등이 향교로 쳐들어가 목사를 끌어낸 뒤 인부印符를 빼앗고 쫓아 버렸다.

이렇게 되니 김사용의 군대는 아무런 저항을 받지 않고 정주성에 입성하게 되었던 것이다. 이때가 19일 정오 무렵이었다.

김사용은 입성 즉시 정주성 내의 지식층들을 모두 봉기군에 편입시키는 작업을 하였다. 이들 계층을 분석해 보면 좌수, 풍헌, 별감 등 향임鄕任과 별장, 천총 등 군임軍任 등 중간층 이상의 실력자들이 대거 봉기군에 동조했음을 알 수 있다. 이들은 대체로 경영형 부농이거나 중소 부농층에 해당되는 인물들이었다. 이렇게 함으로써 북진군은 확고한 교두보를 마련하게 된 셈이다.

이렇게 정주성이 정비되어 갈 때인 20일 동이 틀 무렵, 남진군은 가산을 지나 이미 박천읍에 도달해 있었다. 남진군은 도원수 홍경래가 총지휘를 하고 선봉장 홍총각이 전위를 맡은 상태에서 읍내로 돌진하였다. 여기에서도 전과 마찬가지로 별다른 저항을 받지 않고 점령할 수 있었다. 군수는 이미 어디론가 모습을 감춘 상태였다. 봉기군은 군수를 찾아내기 위하여 군수의 노모를 일부러 감금하였다. 그러자 군수는 서운사라는 절에 숨어 있다가 스스로 항복하였다.

그런데 여기서 뜻하지 않은 사고가 나고 말았다. 이 사고는 앞으로 전개될 점령 작전에 막대한 차질을 일으키게 될 불운한 사고였다.

박천을 점령한 남진군은 영변을 친 뒤에 이어서 안주安州를 공략할 계획이었다. 그런데 이에 대한 의견이 엇갈려 분쟁이 일어났다.

안주 병영의 집사 김대린과 이인배 등은 영변보다는 안주를 먼저 치는 것이 유리하다고 주장하며 나섰다. 이들은 홍경래를 설득하기 위해 수차례 건의하였다. 망설이던 홍경래는 이들의 뜻에 못 이겨 작전 변경을 하려 했으나, 이번에는 우군칙이 그들의 의견에 반대하며 나섰다. 이렇게 격렬한 논쟁을 벌이다가 결국은 우군칙의 주장대로 작전을 펼치자고 홍경래는 최종 결정을 내렸다.

이렇게 되자 김대린, 이인배 등은 자기들의 주장대로 하지 않으면 봉기가 실패로 끝날 것이라고 판단하였다. 그러나 이들은 여기에 그치지 않고 봉기에 동참한 것 자체를 후회하기 시작하였다. 그들은 모의 끝에 실패로 끝나 목숨을 부지하지 못할 바에 지금 당장 홍경래의 목을 베고 자수하자는 결정을 내렸다. 김대린 등은 밤에 몰래 홍경래의 숙소로 찾아들었다. 김대린이 홍경래에게 칼을 휘둘렀으나 홍경래는 민첩하게 칼날을 피했다. 칼은 전립을 치고 이마를 스치는 정도였다. 그러나 어느새 홍경래의 이마에는 피가 흐르고 있었다. 당황한 홍경래는 소리를 질러 부하들을 불렀다. 홍경래의 급박한 소리에 우군칙과 보초를 서고 있던 봉기군들이 달려왔다. 우군칙은 김대린에게 칼을 휘둘렀다. 그러자 김대린은 암살이 실패했다는 것을 직감하고는 그 자리에서 자기의 목을 찔러 자결하고 말았다. 이인배는 봉기군들의 칼을 맞고 죽었다.

이 암살 미수 사건으로 홍경래는 전열을 수습하고 상처를 치료하기 위하여 어쩔 수 없이 모든 작전을 취소하고, 21일에 일단 거점인 다복동으로 회군하지 않을 수 없었다.

그러나 이 사건은 봉기군의 진격 일정에 결정적인 차질을 주고 말았다. 속전속결로 진격을 하여 관군이 재정비할 틈을 주지 말아야 하는데, 남진군의 후퇴로 이에 속도를 맞추기 위하여 북진군마저 정주에서 나흘 동안이나 더 머물러야만 했다. 그만큼 북진군은 다음 공략지인 의주성 점령 시기를 놓치는 결과를 낳고 말았다.

다복동으로 돌아와 다시 전열을 가다듬은 남진군은 24일 밤이 되어서야 홍총각의 선봉 부대가 박천 송림리에 도착할 수 있었다. 뒤를 따라 홍경래와 우군칙의 부대가 26일에 송림리에 도달하게 되었다. 이에 따라 북진군도 24일에 비로소 정주를 떠나 선천을 향할 수 있었다. 그러나 홍경래 암살 미수 사건으로 빚어진 나흘간의 공백이 봉기 실패의 결정적 원인이 될 줄은 아무도 몰랐다.

한편 안주성에서는 19일 아침에 봉기가 일어났다는 소문이 퍼지자 군대 기강이 흐트러지기 시작했다. 이에 목사 조종영은 명령에 따르지 않는 군졸 세 명의 목을 쳐 효수하고 성문을 굳게 닫았다. 또한 봉기군이 후퇴하여 내분을 수습하는 동안에 안주성의 관군 역시 전열을 가다듬어, 내응 세력이 봉기군을 도울 수 있는 기회를 놓치고 말았다. 약속된 시간에 봉기군이 도착하지 않자, 안에서 봉기군을 돕기로 약속한 진사 김명의도 자기의 신분 노출을 꺼려 약속을 저버렸다. 그래서 안주성은 앞으로 벌어질 봉기군과의 싸움에서 관군의 가장 중요한 요충지가 되었던 것이다. 봉기군에 전세가 불리하게 전개된 것은 이뿐이 아니었다.

영변에서 부사 오연상은 소문으로만 반란 소식을 듣고 있었다. 그런데 12월 20일, 전열을 수습한 안주 병영에서 급히 전해 온 비밀 문서를 통하여 박천에 봉기군이 집결해 있다는 구체적인 정보를 입수하였다. 그는 크게 놀라 군대를 요처에 배치하고 군졸을 더 증강하여 무기를 나누어 주고서 성문을 지키게 하는 등, 봉기군의 공격에 만반의 준비를 갖추었다. 그러고는 탐문에 뛰어난 군졸 한 명을 성 밖으로 내보내 정보를 입수케 한 결과, 피난민 가운데 봉기군과 내통하는 자들이 있다는 것을 알게 되었다. 게다가 12월 22일, 운산 군수 한상묵과 개천군 염백관이 군사를 이끌고 영변으로 와서는 첩자가 있다는 정보를 다시 전해 주었다. 부사 오연상은 정보가 분명하다고 판단, 가산과 박천에서 온 피난민들을 전부 성 밖으로 쫓아내었다.

그런 가운데 내응자 색출 작업에 착수하였다. 이 은밀한 수사로 무려 19명의 내응자가 체포되어 사형당하거나 옥에 갇히게 되었다.

수적으로나 군 장비 모두에서 열세인 봉기군의 작전은 언제나 내응자가 안에서 성문을 열어 주어, 안과 밖에서 동시에 관군을 공략하는 것이다. 그런데 이렇게 내응자가 거의 잡히는 바람에 영변 공략에 실패하고 말았다. 암살 미수 사건이 터져 후퇴하는, 그 나흘이라는 시간 동안 봉기군에게 불리한 일들만 벌어졌던 것이다. 반대로 관군은 군 기강을 바로잡고 공격에 대비할 제반 여건을 갖출 수 있는 귀중한 시간을 얻게 되었다.

영변의 내응 세력이 거의 색출되어 중요한 후방 기지로 점쳐 놓았던 영변 탈환에 실패한 남진군은, 관군을 등에 지고 안주성 공략에 나서지 않을 수 없었다.

남진군은 일단 박천에 주둔하면서 안주성 공략 작전을 면밀히 세우는 한편 태천을 공격하기로 결정하였다. 태천은 이미 담당 현감이 성을 버리고 도망갔기 때문에 점령은 시간문제였기 때문이다.

남진군의 일부 병력은 태천 남창에 별다른 저항 없이 도착하여 곡식을 백성들에게 골고루 나누어 주고, 25일 밤에는 읍 안으로 들어갔다. 내응자인 좌수 김윤해와 변대익이라는 자가 봉기군을 맞이하였다.

한편 김사용이 이끄는 북진군은 남진군과 보조를 맞추어 24일에 선천으로 진격하고 있었다. 곽산을 출발한 북진군은 해가 서산으로 기울어진 뒤에야 선천에 도착할 수 있었다. 선천 부사 김익순은 봉기 소식에 접한 후, 측근과 군졸 몇 명만 데리고 이미 검산산성으로 모습을 감춘 뒤였다. 여기서도 역시 최봉관, 유문제 등 내응자들이 봉기군의 입성을 맞이하였다.

김익순이 검산산성에 숨었다는 것을 안 김사용은 아장亞將을 그 성으로 보내 격서檄書를 김익순에게 전달하여 회유, 협박하였다. 이에 김익순은 아장 편을 통해 항복 문서를 보내왔다. 다음날인 25일에 김익순은 새끼로 목을 매고 항복하였다. 그는 곧 옥에 갇혔다. 이렇듯이 봉기군은 어디를 가나 그 성의 최고 책임자를 끝까지 추격하여 항복을 받거나 처형시키는 등 철저하게 점령군으로서 행세하려 하였다. 이것은 자신들이 단순한 반란군이 아니라 성을 정복한 새로운 통치자라는 인상을 백성들에게 심어 주기 위한 조치였다. 이를 뒷받침할 만한 일이 그다음 단계에 있었다.

김사용은 김익순이 순순히 항복을 하자 옥에서 풀어주고 식량 등을 보내어 회유한 뒤, 전립과 군복을 입혀 마음대로 성을 출입케 하였다. 이에 백성들은 봉기군을 더욱 신뢰하게 되었다.

이와 비슷한 시기에 남진군은 태천과 박천을 완전히 점령지로 삼은 뒤에 당초 목표였던 안주성 공략에 부심하고 있었다. 지도부도 개편하여 선봉장은 그대로 홍총각이 맡고, 후군장이나 좌우익장 등은 일부를 새로 임명하였다. 성을 타고 넘을 운제雲梯를 만드는 등 공략에 필요한 만반의 준비를 마친 남진군은 28일에 출발하여 송림에 진을 쳤다.

이에 북진군은 같은 날 부대를 둘로 나누어 하나는 구성龜城으로, 그리고 나머지 부대는 철산으로 진격해 들어갔다. 구성으로 향한 부대는 황주 출신의 신덕관이 맡았고, 철산으로 쳐들어간 부대는 김사용이 직접 지휘를 맡았다.

철산에서는 이미 좌수 정대성 등 내응자들이 성을 점령하고 부사 이장겸의 항복 문서를 받아내고 있었다. 그는 울면서 문서를 쓰고는 인부를 내주었다. 이 항서와 인부를 정대성은 홍경래에게 바쳤다. 결국 북진군은 이곳에서도 무혈 입성할 수 있었다.

이렇게 남진군, 북진군으로 나뉜 봉기군은 거병한 지 약 열흘 만에 관군의 별다른 저항도 받지 않고 가산, 곽산, 정주, 선천, 철산 등 서해안 일대 청천강 이북 10여 개 지역을 점령하게 되었던 것이다. 이것은 봉기군의 작전이 맞아떨어졌기 때문이다. 특히 각지의 내응 세력들의 적극적인 가담이 주요 역할을 하게 되었는데, 내응 세력은 주로 좌수·별감·풍헌風憲 등 향임鄕任과 별장別將·천총·파총·별무사別武士 등 무임武任 중의 부호들이었다. 이들은 부농이나 사상인들로서 평소 정부에 대한 불만이 많았던 사람들이었다. 만일 홍경래 암살 미수 사건이 없었다면 더 많은 내응 세력이 가담하여, 짧은 시일 안에 평안도 일대를 거의 장악하게 되었을지도 모른다.

이같이 봉기군이 승리에 승리를 거듭하는 동안에 중앙 정부는 뭘 하고 있었을까.

중앙 정부는 봉기가 일어난 날에 떠도는 소문으로만 봉기에 대해 듣고 있었다. 그리고 이틀이 지난 12월 20일에야 평안 병사 이해우의 급한 밀서를 받고 구체적인 사실을 알게 되었다. 이렇게 봤을 때, 중앙 정부는 난이 있고 난 이틀 후에야 비로소 객관적인 정보에 접할 수 있었다고 봐야 할 것이다. 그리고 같은 날, 홍경래 암살 미수 사건으로 공략이 늦춰진 안주성은 아직 건재하다는 보고를 받고 일단 안심하였다. 그러나 순식간에 가산, 박천, 정주 등 여러 지역이 이미 점령당했다는 보고에는 아연실색하지 않을 수 없었다.

중앙 정부는 서북 지역의 명령 계통에 일대 혼란이 일어나고 있다는 것을 파악하고는 사태 수습에 나섰다. 우선 신홍주를 정주 목사로 임명하는 등 지휘 계통을 정비하고 군대 파견을 논의하였다. 그런데 이 과정에서 중앙 정부는 정경행이라는 인물을 곽산 군수로 발령하였는데, 정경행은 봉기군의 내응자였다. 이때까지만 해도 중앙 정부는 정확한 정보가 없어 작전에 애를 먹고 있었던 것이다. 게다가 겨우 하루 지나 신홍주를 다시 영변 부사로 임명하는 등 수습을 하는 과정에서 여러모로 혼란을 빚었다는 것을 알 수 있다. 그러나 중앙 정부도 차츰 전열을 가다듬어 나갔다.

24일에 긴급 회의를 연 결과, 금위영에 봉기군과 대적할 순무영 巡撫營을 설치하여 원정군을 조직하였다. 이에 양서순무사에 이요헌을 임명하고 순조는 그에게 전시 중 왕명을 대행할 수 있다는 상방검尙方劍을 하사하였다. 그런데 이러한 조직 정비 과정에서도 중앙 정부는 중간 참모들의 임명을 번복하는 등 대비책에 경황이 없었다. 그만큼 봉기군의 거병은 기습적인 것이었으며, 치밀한 계획에 의해 발생한 것임을 짐작할 수 있다.

또한 중앙 정부는 아직까지도 사태의 심각성을 인식하지 못하고, 임금의 친위 세력인 순무영의 군사를 출전시키기에 앞서 체면을 생각하여 일기군을 먼저 출정시켰다. 그런데 일기군의 간부인 좌별장 김처한이 죽기를 무릅쓰고 출정을 거부하는 일이 발생하였다. 이것은 어명을 어기는 것과 다를 바 없었다. 결국 김처한은 군문 효수되었고, 그 자리를 중군 박기풍으로 메꿨다. 이때가 이미 봉기군이 가산, 정주 등 주요 7개 지역을 점령한 27일 전후였다. 이에 여러 대신들은 순조에게 상소문을 올려 사태의 심각성을 일깨워 주었다.

27일을 전후하여 봉기군의 소식은 이미 서울 등 경기도나 황해도 일대에 쫙 퍼져 있었다. 봉기군이 곧 남하하여 서울을 점령할 것이라는 소문도 나돌았다. 그러자 난을 피하기 위해 양반들은 물론이고 일반 백성들 가운데 남쪽으로 피난하는 사람이 차츰 늘어만 갔다. 또한 중앙 정부의 통치가 소홀한 틈을 타서 도적들이 부잣집을 터는 등 인심이 흉흉해졌다. 중앙 정부의 우유부단한 조치에 안타까움을 느낀 일부 대신들은 이러한 내용을 담아 순조에게 상소하였던 것이다.

이와 비슷한 시기인 28일에 평안 감사의 보고가 들어왔다. 평양을 중심으로 원 모양의 방어진을 구축했다는 내용을 골자로 한 보고서였다. 이에 박기풍이 이끄는 순무영의 중앙군을 급파하여 29일에는 개성에 도착하였다. 이렇게 함으로써 봉기군과 관군 사이에 피할 수 없는 대접전이 벌어지게 되었던 것이다. 평안 감사의 보고서가 도착한 28일은 말 그대로 폭풍 전야였던 셈이다.

관군과 봉기군의 본격적인 접전은 29일에 일어난 송림 전투로 그 불꽃을 당기게 되었다. 물론 안주 병영을 중심으로 한 관군과 봉기군 사이의 전투는 예상대로 중앙군이 도착하기 전에 벌어졌다.

송림, 곽산 전투

관군은 첩자를 보내어 28일부터 송림에 머물고 있던 남진군의 병력과 동향을 살펴보았다. 그 결과, 관군의 병력 수와 비슷하다는 것을 알게 되었다. 문제는 누가 선제공격을 하느냐였다.

관군 지도부는 봉기군의 성격상 곧 공격해 올 것으로 판단하고 군대를 셋으로 편성하여, 29일 아침에 송림을 향하여 세 갈래 방향에서 진격하였다.

이에 관군의 동태를 파악한 남진군도 역시 3군으로 나누어 관군과 접전을 벌였다. 전투 초기에는 남진군이 월등하여 관군이 밀리는 형세였다. 평안 병사 이해우는 백상루에 서서 중앙 주력 부대가 밀리는 것을 보고 즉시 곽산 전 군수에게 병사 천여 명을 주어 남진군의 후위를 치게 했다. 이른바 양동 작전이었다.

이해우의 작전은 적중했다. 남진군은 후퇴하기 시작했다. 그러나 홍총각은 말 머리를 돌려 후방 지원에 나섰다. 관군이 다시 밀리기 시작했다. 그러자 관군의 좌영장 윤옥열은 도망치는 군사들을 향하여 칼을 휘두르면서 전진하게 만들었다. 죽음 아니면 승리뿐이라는 뜻이었다. 이에 관군은 다시 북을 치고 함성을 지르면서 남진군을 공격하였다. 화살과 총알이 난무하고 관군의 북소리가 사방을 뒤흔들었다.

남진군의 기병 몇이 말에서 떨어지자 일반 병사들은 차츰 뒷걸

음쳤다. 남진군의 1차 방어선이 무너져 갔다. 곧 남진군은 무기를 버리고 사방으로 도망쳤다. 승기를 잡은 관군은 도망가는 남진군을 쫓아가 닥치는 대로 칼을 휘둘렀다. 관군은 그 길로 봉기군의 주둔 지인 송림까지 쳐들어갔다. 관군은 보이는 막사마다 불을 지르는 등 남진군을 끝까지 추격하였다. 관군의 칼에 죽은 남진군의 시체가 수백 명에 달하였고, 생포된 자는 그리 많지 않아 수십 명에 불과했다. 생포보다는 살육에 더 주안점을 둔 셈이었다.

관군은 여기서 멈추지 않고 본부에 해당하는 가산 다복동까지 진격하여 근거지를 불태워 버렸다. 관군들은 봉기군의 본부만이 아니라 민가에도 쳐들어가 불을 지르고, 남녀노소를 가리지 않고 살상을 일삼았다. 추측건대 관군 지휘부는 승기를 잡을 경우, 남김없이 살육하라는 명령을 내린 듯하다. 일개 군졸들이 함부로 민간인을 죽인다는 것은 그리 흔한 일이 아니었기 때문이다. 결국 관군은 초토화 전술로 봉기군을 밀어붙였던 것이다.

그런데 이러한 초토화 전술은 홍경래의 난에 막대한 영향을 끼치게 된다. 관군들은 이후에도 계속 민가에까지 들어가 일반 백성들을 살육하게 되는데, 이런 대량 학살을 피해 농민들이 봉기군의 마지막 거점이 된 정주성으로 들어가게 된다. 이 송림 전투에서 패한 남진군이 정주성으로 들어갈 때에도 일반 농민들은 식솔을 거느리고 성 안으로 도피해 갔던 것이다.

송림 전투의 패배는 봉기군으로서는 치명적인 일이었다. 이 전투의 패배 요인을 살펴보면 다음과 같다.

첫째, 남진군은 관군의 정확한 병력을 파악하지 못한 채 평야 지대에서 전투를 벌인 것이 결정적인 패인이었다. 비등한 수로 관군과 접전을 벌인 것도 물론이지만, 한겨울에 활과 조총으로 무장한 관군과 은폐할 곳이 없는 평지에서 전투를 벌였다는 것은 화약을 지고 불 속으로 뛰어든 꼴이 된 셈이다. 처음에 홍총각의 진두지휘로 승기를 잡을 뻔하였지만 이해우의 양동 작전으로 남진군은 걸어다니는 표적이 된 것이다.

둘째, 홍총각은 무리하게 정면 돌파만을 생각하였다. 남진군의 3군 대부분이 중앙 돌파에 동원되어 관군의 우익군과 접전을 벌여, 결국은 좌익군을 소홀히 여기게 되어 허를 찔린 것이다.

관군은 정규 훈련을 받은 정예군이다. 정예군은 언제든지 전술을 바꿀 수 있는 군사 지식을 갖추고 있다. 일정한 방향에서만 공격해 오는 남진군을 함정에 빠뜨리는 것은 관군으로서는 수월한 일이었다.

마지막으로, 남진군의 지도부는 평지에 있었기 때문에 전체를 조망할 수 있는 시야를 가질 수 없었다. 이른바 국지전에 불과했던 것이다. 홍총각은 나름대로는 전면 승부를 걸었던 것이지만, 이와 반대로 이해우는 백상루에서 관군과 남진군 모두의 동태를 거시적으로 바라볼 수 있었던 것이다. 나무만을 보는 자와 숲 전체를 조망하는 자 사이의 차이점이기도 했다.

남진군이 송림 전투에서 참패했다는 소식에 접한 북진군 지도부는 마지막으로 정주 이북 지역을 지켜야만 승산이 있다고 판단하였다. 이에 북진군의 김사용은 해가 바뀐 1812년 1월 1일 이후에 작전을 개시하였다.

그는 먼저 용천을 1차 공격 대상으로 삼았다. 그런데 이곳을 점령하기 위해서는 용골산성을 먼저 공격해야만 했다.

용골산성은 예로부터 험준하고 쉽게 외침을 받지 않는 곳이어서 요충지로 유명하였다. 김사용은 이런 현실을 감안하여 산성 맞은 편 산에 올라가 군사들에게 소리를 지르게 하고, 허수아비를 만들어 군대의 수가 엄청난 것처럼 보이게 하는 등 위장 전술을 썼다. 그리고 성 안에 있는 군졸들의 부모 등 가족들을 동원하여 울면서 군졸들의 이름을 크게 부르게 하였다. 갑자기 용골산성 주변이 마치 집단 초상이라도 난 것처럼 울음소리로 가득했다. 그러자 성을 지키던 군졸들 대부분이 도망가고, 이에 부사 권수도 사태가 불리하다고 판단하여 의주로 야반도주하였다. 김사용의 사면초가 전법이 먹힌 셈이다. 결국 북진군은 칼 한 번 휘두르지 않고 용천읍에 입성하게 되었다.

입성한 김사용은 남진군의 패배를 감안하여 더 많은 군사를 모을 필요성을 느꼈다. 이제부터 관군과 전면전을 하려면 막강한 군사력이 없이는 봉기를 성공적으로 이끌 수 없다는 판단을 내린 것이다.

김사용은 우선 진사급에 해당하는 향반층들에게 군관첩을 주고 종사관으로 임명, 봉기군에 적극적으로 동조하도록 포섭하였다. 이유는 간단하다. 이들은 지역 중간 실력자들이기 때문에 그 밑에 있는 이임里任이나 면임面任들을 동원하여 군사를 모을 수 있기 때문이었다.

이렇게 봉기군 지도부는 하층 농민들의 자발적인 호응을 얻지는 못했다. 물론 일반 농민들의 의식이 아직 그런 수준까지 이르지 못한 이유도 있지만, 향반층을 통하지 않고서는 군대를 키울 수 없을 만큼 봉기군을 구성하고 있는 계층 간에 보이지 않는 갈등이 내재해 있었던 것이다. 그러나 나중에 관군의 무자비한 학살에 반발하여 정주성으로 들어간 농민들이나 그 주변 농민들은 적극적으로 항거에 참여하게 된다. 이에 대해서는 정주성 전투에서 자세히 다루겠다.

향반층들 역시 봉기군이 유리할 때에는 농민들을 이끌고 봉기에 참여하지만, 일단 불리한 정세가 되면 농민들을 이끌고 관군에 투항하는 자들도 생겨나게 되었다. 그래서 이들의 생리를 잘 알고 있던 김사용은 향반층들에게 각별히 신경을 썼던 것이다. 이런 이율배반적인 문제점이 봉기군에게는 치명적인 약점이기도 했다.

1812년 1월 8일, 관군은 북진군이 정주의 남진군과 합류하는 것을 방지하기 위하여 후원장 이영식과 우영장 오치수에게 2천여 명의 군사를 주어 곽산을 치게 하였다.

곽산에 주둔하고 있던 북진군 군수 박성신은 군사들에게 먹을 것을 주며 위로하고 있었다. 그 가운데에는 술을 먹고 노래를 부르는 등 긴장을 풀고 있는 자들도 있었다. 관군으로서는 놓칠 수 없는 절호의 기회였다. 관군은 사방에서 함성을 지르며 기습 공격을 하였다. 북진군의 패배는 불을 보듯이 뻔한 것이었다. 곽산의 북진군은 제대로 싸워 보지도 못하고 사방으로 흩어졌다. 관군은 도망치는 북진 군사들을 쫓아가 닥치는 대로 목을 베었다. 수백 명의 시체가 순식간에 산과 들에 즐비했다. 생포된 자는 겨우 몇 명에 불과했다.

박성신은 혼비백산하여 선천으로 도망쳐 관군의 공격을 지도부에 알렸다. 이에 지도부는 북진군의 이제초에게 기병과 일반 군사 1천여 명을 주어 곽산으로 급히 보냈다.

이번에는 사태가 거꾸로 되었다. 곽산에 주둔하던 봉기군을 꺾고 승리에 도취해 있던 이영식 등 관군은 이제초의 기습 작전에 걸려 패주하고 말았다. 윤욱열의 관군이 곽산에 도착했을 때에는 이미 이제초의 부대가 점령한 뒤였다.

숨 돌릴 틈도 없는 전투가 반복되었다. 이번에는 다시 윤욱열의 부대가 봉기군이 전열을 수습하기 전에 사송야四松野에서 선제공격을 펼쳤다. 북진군은 얼마 싸워 보지도 못하고 윤욱열의 과감한 공격에 밀려 도망을 쳤다. 다시 산과 들에는 봉기군의 시체가 수백 구 뒹굴었다. 결국 엎치락뒤치락하던 곽산 전투는 관군의 완전한 승리로 끝나고 말았다. 송림 전투에 이은 봉기군의 두 번째 대패였다.

이 전투에서 봉기군은 북진군의 주력 부대 대부분을 잃은 셈이다. 게다가 이제초마저 사로잡힌 뒤 처형당하여 봉기군의 사기는 땅에 떨어졌다. 도저히 회복할 길이 없었다. 잔류병들은 간신히 관군들의 감시를 뚫고 정주성으로 하나둘 모여들었다.

곽산 전투 이후 봉기군은 패배를 거듭하였다. 용골산성은 물론이고 서림성 등도 곧 관군의 손에 넘어가고 말았다. 사태는 봉기군에게 불리하게만 돌아가고 있었다.

서림성이 함락됐다는 보고를 받은 김사용은 동림성에 머물고 있었다. 김사용은 머지않아 봉기군이 패배할 것이라는 걸 직감하고 있었다. 마지막 남은 것은 정주성뿐이었다. 김사용은 중대 결단을 내렸다. 그는 군사들을 모두 불러 모아, 모든 창고를 열어 갖고 갈 수 있는 양을 챙겨 가라고 하면서 해산 명령을 내렸다. 김사용은 군사들에게 정주성으로 가는 것에 대해서는 자유에 맡기겠다고 하였다. 그리고 그는 야밤을 틈타 정주성으로 탈출하였다. 이로써 북진군도 거의 붕괴된 셈이다.

마지막 항전지, 정주성

정주성은 봉기군의 마지막 보루였다. 홍경래의 난은 이 정주성에서 막을 내리게 된다.

곽산 전투가 있기 며칠 전부터 각지의 봉기군은 정주성으로 모여들었다. 이러한 움직임을 파악한 관군 지휘부는 각 군에 명령을 내려 정주성을 중심으로 진을 치도록 하였다. 관군이 정주성 주변에 모여들자 봉기군은 성 밖 인가의 곡식을 모아들이는 한편, 민가에 불을 질러 관군이 거점으로 삼지 못하게 하였다. 이에 농민들 대부분은 성 안으로 들어갔다. 봉기군은 청야 전술淸野戰術을 펼친 것이다.

1월 5일 아침, 곽산 군수 이영식은 2초(약 240명)의 군사를 이끌고 정주성 서문 밖에 진을 치는 한편, 4초(약 480명)를 2군으로 나누어 북문 밖에 매복시켰다. 그뿐만 아니라 동문과 남문 밖에도 다른 지휘관이 이끄는 군사들이 진을 쳤다. 정주성은 말 그대로 완전히 포위된 것이다.

성을 점령하기 위한 가장 손쉬운 방법은 성문을 돌파하는 것이다. 그것을 폭파시키거나 태워 버린다면 성을 점령하는 것은 시간 문제다. 관건은 성문을 어떻게 통과하느냐에 있었다.

그래서 관군은 먼저 동문을 집중 공격하였다. 방패를 머리 위로 한 군사들이 성문을 태우려고 접근전을 펼쳤다. 성 위에서는 관군이 다가오기를 기다렸다가 일제히 시환矢丸을 쏘아댔다. 관군은 더 이상 접근하지 못하고 후퇴하지 않을 수 없었다. 관군은 무기와 갑옷을 버리고 도망쳤다. 비록 큰 전투는 아니었지만 정주성에서 가진 첫 전투는 봉기군의 승리였다. 이후에도 몇 차례 성문을 공격하였지만 역시 실패하였다.

그런데 이즈음 관군 내에는 적잖은 문제가 생기기 시작하였다. 추위가 심한 서북 지역에서 봉기군과 싸우느라 일반 군사들 사이에서는 불만이 쌓여 갔다. 장교들은 그래도 온돌방을 차지하고 잠을 잤지만, 일개 병졸들은 얼어붙은 땅 위에 막사를 치고 칼잠을 자야만 했다. 계급 차별이 심해 군사들은 전의를 상실할 정도였다. 게다가 전투 대상이 외세도 아닌 같은 민족이다 보니 전투를 할수록 명분에 대한 자신감도 상실했을 것이다.

이들은 이러한 불만을 일반 민가에 들어가 횡포를 부리며 풀었다. 군사들은 봉기군을 잡는다는 명목을 내세워 아무 집에나 들어가 약탈을 일삼고, 심지어 반항하는 자들은 그 자리에서 살상하였다. 심한 경우에는 이를 말리는 상급자에게 칼을 휘두르는 자도 생겨났다. 추위와 오랜 전투에 관군들은 난폭한 도적으로 변해 가고 있었던 것이다.

이에 정주성 전투가 진행되는 동안에 성 주변 주민들이 성 안의 봉기군에게 적극 협조하게 된 것이다. 또한 농민들이 성 안으로 들어간 이유가 관군들의 무자비한 살육을 피하기 위함이었기 때문에, 관군에 대한 적개심은 대단했다. 봉기군은 이러한 농민들로 인해 다시 군사력을 증강할 수 있었다. 정주성의 봉기군은 완전히 농민들의 자발적인 참여로 인해 농민군이 되어 있었다. 홍경래의 난을 농민 전쟁으로 부를 수 있는 결정적인 단서가 바로 이것이다. 이 난의 성격에 대해서는 뒤에서 다시 다루기로 한다.

정주성 전투는 1월 초에 시작하여 봉기군이 완전히 섬멸당하는 4월 19일까지, 거의 세 달 보름 동안 진행되었다. 하나의 성이, 그것도 정규군도 아닌 민간인으로 구성된 농민군이 이처럼 오래도록 버틴 것은 역사상 그리 흔한 일은 아닐 것이다.

여기서 정주성 전투의 과정을 모두 정리할 필요는 없다. 일진일퇴하는 전투의 연속이었기에 그 주요 고비만 소개해 보기로 한다.

봉기군이 기울기 시작한 것은 3월 22일 전후였다. 이날 전투에서 봉기군은 포수까지 동원된 관군에 밀려 수십 명이 사망하고, 90명에 가까운 인원이 관군에게 포로로 잡혔다. 기록에 따르면, 이날 전투 후에 성 안에는 유가족들의 울음소리가 가득했다고 한다.

게다가 성 안의 식량이 점차 바닥을 보이게 되었다. 우물이 여러 개 있어서 물 걱정은 하지 않았지만 워낙 많은 수가 성에 머물고 있었기 때문에, 사방이 포위된 상태에서 식량을 보급하여 연명하기에는 한계가 있었다. 군사들에게 하루에 절미 한 되씩 주던 것을 절반으로 줄일 수밖에 없었고, 소나 돼지 등 가축뿐만이 아니라 전투에 쓰는 말까지도 거의 잡아먹어 10여 필도 안 남는 지경에 이르게 되었다. 성 주변을 대낮같이 밝게 하여 군사들의 사기를 충전시키던 횃불에 쓸 장작조차 모자라 집을 부수기도 하였다. 일반 백성들은 궁여지책으로 술을 만들어 팔거나 죽을 쑤어 군사들에게 파는 형편이었다.

엎친 데 덮친 격으로 다시 홍경래 암살 미수 사건이 일어났다. 바로 이침의 배신이었다. 이침은 앞에서 본 바와 같이 정주성에 봉기군이 입성할 때 내응자 역할을 하던, 이 성에 사는 집사였다. 그런데 전세가 봉기군에 불리하게 돌아가자 이침은 목숨이 위태롭다고 판단하여, 관군에 투항하기 위하여 서문 안에서 홍경래에게 총을 겨누었다. 그러나 암살은 실패로 끝났다. 이 사건으로 이침과 연루된 자들은 모두 체포되어 처형당하였다.

사태를 수습한 홍경래는 성 안의 인구를 줄여 식량 문제를 해결하기 위하여 수백 명의 노인과 아녀자들을 성 밖으로 내보냈다. 이러한 조치는 암살 미수 사건으로 뒤숭숭해진 군사들의 사기를 진작시키기 위한 수단이기도 했다.

이러한 성 안의 움직임을 감지한 관군은 봉기군이 매우 취약해져 있다고 판단하고, 4월이 되면서 본격적인 대공세를 펼치기 시작하였다. 그러자 봉기군도 다시 관군에 대항하기 위하여 더 많은 횃불을 밝히고 죽을힘을 다해 저항하였다.

예상과는 달리 봉기군의 저항이 거세자 관군은 일단 후퇴한 뒤, 성 주변에서 지대가 높은 곳을 골라 그 위에 흙을 쌓아 성 높이와 비슷하게 만들려고 하였다. 이것은 관군의 양동 작전이었다. 흙을 쌓기로 한 곳은 동북각이라는 곳이었는데, 이것이 여의치 않으면 반대편인 북장대 쪽 성 밑을 파고 들어갈 작정이었다. 이에 관군은 시간을 벌기 위하여 사방에서 공격해 들어갔다. 봉기군은 이러한 관군의 공격도 물리쳤다. 그러나 이것은 연막 전술이었다. 관군은 이미 4월 3일경부터 성 밑을 파헤치고 있었던 것이다.

관군의 마지막 공략 작전은 무엇이었을까. 그것은 다름 아닌 성벽 폭파 작전이었다. 성벽만 없다면 얼마 남지 않은 성 안의 봉기군을 처부순다는 것은 손쉬운 일이었다.

보름 이상 땅을 판 관군은 드디어 18일 밤에 엄청난 양의 화약을 땅에 묻었다. 이때 동원된 인부들이 광산 노동자들이었다고 하니, 봉기군의 초기 구성원이 광산 노동자라는 것을 상기할 때 상반된 역사의 한 단면을 보는 것 같다.

날이 밝았다. 4월 19일 새벽, 관군은 묻어 둔 화약에 불을 댕겼다. 순간 엄청난 폭발음과 함께 북장대 쪽 성벽이 일시에 무너져 앉았다. 성루에 있던 봉기군들은 비명을 지르며 돌무더기 속으로 떨어져 압사하고 말았다. 성 한쪽이 완전히 뚫린 셈이었다. 그다음 과정은 뻔했다.

홍경래는 전투 중에 죽고, 성 안에 있던 장정들은 대부분 붙잡혀 4일 후인 23일에 처형당하였다. 그 수가 무려 1,917명이라고 한다 (그러나 이것은 당시 조정의 공식적인 통계에 불과하고 실제로는 더 많은 봉기군들이 살육되었다고 한다). 남진군의 선봉장으로 활약하던 홍총각도 붙잡힌 뒤 처형됐으며, 우군칙·이희저 등은 도주하여 잡히지 않았다고 한다.

이렇게 해서 1811년 12월 18일에 시작된 홍경래의 난은 4개월 만에 대량 처형으로 종말을 고하고 말았다.

홍경래 난의 특성과 역사적 의의

한마디로 말해서 홍경래 난은 저항 지식인, 장사壯士, 부농, 상인층, 향임층, 농민, 천민 등 각 계층이 모두 참여한 전쟁이었다. 상품 화폐 경제의 발전으로 중간 계층이 형성되고, 이들은 안동 김씨의 세도 정치에 반발하여 농민들을 봉기군으로 결집시켜 반란을 일으켰던 것이다.

분명 반란을 주도한 것은 소외된 양반들이나 상인, 향임 등이었다. 그러나 이들의 거사 계획이 가능했던 것은 계급 대립이 첨예화되고 봉건 체제의 부패성과 모순이 폭발 직전에 있었기 때문이다. 이시애의 반란이나 미수로 끝난 정여립의 반란에서도 보았듯이, 저항 지식인들과 민중 사이에 사회적 모순에 대한 합의점을 찾게 될 경우 그것은 쉽게 봉기로 이어질 수 있다. 지식인 등 주도층은 민중의 호응을 얻음으로써 반란의 정통성을 확보하고, 아직 자생적인 조직력을 갖기에 미흡한 농민들은 지식인층의 진보적 이념에 따라 자신들의 요구를 표출할 수 있었던 것이다. 홍경래 난이 급속도로 청천강 이북 지역을 점령할 수 있었던 것은 이러한 상호 보완성이 내재된 상태에서, 사전에 짜 놓은 치밀한 계획에 의해 움직였기 때문이다.

무엇보다도 홍경래 난이 지니고 있는 특성 가운데 하나는 중간 계층의 참여다. 상인 자본이 발달되어 있던 평안도 지방에는 대상인들이 점차 늘어나고 있었다. 이들 가운데에는 많은 부를 축적하면서, 일면으로는 사회적 모순을 객관적으로 바라보는 시각을 갖게 되는 부류들이 생겨났다. 이들이 바로 서구에서 말하는 중산층 형성의 시초라고는 볼 수 없지만, 봉건 체제가 와해되어 가는 과정에서 나타난 신세력들임은 틀림없다.

따라서 홍경래 난은 모든 계층이 참여했다는 데서 더 큰 특성을 찾아야 할 것이다. 여기에는 지역 차별에 대한 감정이 일면 작용하고 있지만, 이것은 시간이 갈수록 많은 농민·천민들이 대거 참여하면서 반정부적인 요소로 변화하였다. 이러한 질적 토대는 자본주의의 맹아가 형성됨으로써 고양된 사회의식을 갖게 된 지식인층, 중간층의 이해와 맞아떨어져 모든 계층이 봉기에 참여하는 원동력이 되었던 것이다.

그러나 홍경래 난은 분명 한계가 있었다. 앞에서 본 바와 같이 봉기 지휘부는 농민들을 모을 때 향임 등 그 지방 관속들에게 의존하였다. 역으로 말하면, 아직 지도부가 봉건적인 의식을 벗어나지 못해 농민들을 직접 결집시킬 수 있는 이념을 제시하지 못했다는 뜻이다. 즉 당시 삼정의 문란으로 피폐화된 농촌 경제를 살리기 위한 토지 개혁이나 제도 개혁 등과 같은 반봉건적이고 선진적인 구호를 내걸지 못해, 굶주린 백성들의 전폭적인 지지를 받는 체제 변혁을 목표로 거사를 추진하지는 못했던 것이다. 그러나 이것은 시대적·계층적인 한계에서 비롯된 것이며, 아직은 조직적인 반체제 운동으로 나아갈 수 있는 여건이 마련되어 있지 않은 상태였다. 이러한 변혁 운동은 갑신정변과 갑오농민전쟁에 와서야 비로소 가능했던 것이다.

그러나 홍경래 난은 이후에 일어난 민란에 막대한 영향을 끼쳤다. 1813년에 제주도에서 민란이 발생하였으며, 1815년에 경기도 용인에서 반란을 일으킨 이응길은 홍경래 난을 본받아, 그 고을을 점령하고 교두보로 삼은 다음 서울을 공략한다는 전략을 세웠다. 1816년에 평안도 성천에서는 학상이라는 자가 거사하여 홍경래의 남은 부대라고 자칭하면서 반란을 일으켰다. 또한 1826년에는 청주에서 김치규가 홍경래가 살아 있다는 풍문을 퍼뜨리면서 반란을 주도하였다.

이렇게 봤을 때 홍경래 난은 민란의 시대를 열었다는 점에서 가장 큰 의의를 지니고 있다. 지식인층의 선동으로 참여했던 민중들은 이제 스스로 주체가 되어 반란을 일으키게 되는데, 대표적인 것이 바로 임술년(1862년)에 일어난 전국적인 농민 반란이다. 이제 민중은 본격적으로 역사를 이끌어 가는 주체로 전면에 부상하기 시작한 것이다.

❚ 16 ❚
임술민란壬戌民亂 :
전국으로 번진 반봉건 투쟁의 불길

19세기, 격동하는 조선 사회 : 세도 정치와 삼정의 문란

1862년(철종 13) 2월 4일, 경상도 단성민란에서 시작하여 연말의 전라도 남해민란을 전후로 막을 내렸던 전국적인 농민 봉기를 흔히 임술민란이라고 부른다(1862년 농민 항쟁이라고 부르기도 한다).

사실 19세기 조선 사회는 민란의 시대라고 불러도 좋을 만큼 거의 매해마다 끊임없이 민란의 소용돌이에 휘말리곤 하였다. 임술 민란과 갑오농민전쟁 사이에도 갖가지 민란이 끊이지 않았다. 특히 1894년의 갑오농민전쟁이 농민 봉기의 절정이라고 한다면, 1862년에 일어난 농민 항쟁은 이를 위한 전초전이었다고 볼 수 있다. 19세기 농민들은 이제 스스로 주체가 되어 기울어져 가는 국운을 바로 세우기 위해 역사의 전면에 부상하게 되었다. 이렇게 된 사회 변동에 대하여 우선 알아보기로 하자.

18세기부터 지속되어 온 향촌 지배 강화 정책은 조선 후기에 들어 납속제納粟制 실시에 따른 신분제의 붕괴, 경제 생활의 변화로 인한 농민의 계층 분화와 양반의 몰락, 그리고 이에 따른 상공업의 발달 등 사회 전반에 걸쳐 기존의 질서가 와해되기 시작하였다. 또한 순조 즉위 이후 계속된 안동 김씨 등의 세도 정치로 말미암아 전통 사회의 기존 질서가 크게 변질되었다.

16세기 중반부터 시작된 당쟁은 처음엔 이념을 달리하는 당파적인 성격을 띠었지만, 후기로 올수록 정권 탈취를 위한 유혈 투쟁으로 격하되고 말았다. 그러나 아무리 당쟁이 유혈로 끝을 맺곤 하였지만, 그것은 당쟁이 극대화된 하나의 형태였을 뿐이지 당쟁 그 자체가 잘못은 아니었다.

어차피 정치에는 다른 이념과 견해를 가진 집단들이 공존하게 마련이다. 오히려 이질적인 당파가 국가의 발전을 위해 정반합적인 논의와 경쟁을 한다면, 정치 행태는 그만큼 달라졌을 것이다. 지금처럼 일정한 약속과 규칙에 따라 운영되는 정부가 아니라 자파의 실익을 중심으로 대의명분에 따라 흩어지고 모였으니, 결국 힘의 우위에 있는 쪽이 상대방을 죽음으로까지 몰아갈 수 있었던 것이다. 이러한 병폐를 막기 위해 영조와 정조는 탕평책을 써서 각파의 인물들을 고루 등용시키려 했던 것이다. 그러나 이를 거부한 세력이 있으니 바로 노론 벽파였다.

앞의 홍경래 난에서 잠시 살펴보았지만, 어린 순조가 왕위에 오르고 대왕대비 김씨의 수렴청정이 끝난 뒤에 김조순 등은 왕실의 외척으로 등장하여 자기 종친과 가문의 욕구 충족에 최우선을 두게 되었다. 그 결과 정치는 없고 사리사욕에 물든 무리들이 왕실에서 득세하게 되었으니, 이를 역사에서는 세도 정치라고 부르는 것이다.

그런데 여기서 세도 정치 자체에 대해 면밀히 분석해 볼 필요성을 느낀다. 물론 임술민란과 관련해서는, 그러한 파행적인 통치 체제로 말미암아 수많은 민란이 일어났다는 점에서도 그렇지만, 19세기 중엽까지의 세도 정치는 바로 조선의 운명, 한국 역사의 향로를 크게 바꾸어 놓은 본질적인 요인이 되기 때문이다.

경쟁 상대가 사라진 상태에서 일당 독재는 온갖 부조리와 구조적 모순을 야기할 수밖에 없었다. 안으로는 새로운 질서와 체제를 원하는 민중들의 요구를 들어줄 수가 없었고, 밖으로는 이미 번성한 제국주의의 동태 파악 등 국제 정세에 능동적으로 대처할 수 없는 무능력한 정부로 전락하게 되었던 것이다. 그러나 역사의 진보성은 반동적 체제에 반기를 들게 마련이며, 이러한 흐름 가운데 임술민란이 있었던 것이다. 따라서 19세기 중엽까지의 세도 정치에 대한 이해는 역사 발전의 논리 차원에서 필수적이다.

세도 정치는 어느 날 갑자기 나타난 통치 형태는 아니다. 세도 정치 역시 나름대로 역사적 기원과 배경을 갖고 있다. 멀리는 숙종 때까지 그 연원을 찾아볼 수 있지만, 이해의 편의를 위해서 영조와 정조 때를 중심으로 살펴보기로 한다(내용이 중복되지만, 세도 정치를 이해하기 위해서 18세기까지의 정치사를 다시 정리해 볼 필요가 있다).

영조 하면 제일 먼저 떠오르는 사건은 사도세자의 죽음이다. 이것은 일반적으로 알려진 것처럼 단순히 영조와 사도세자 간의 불화에서 비롯된 것이 아니었다. 이미 붕당 정치의 틀이 굳어진 조선 중기에는 이른바 사색당파라는 것이 생겨 실리에 따라 이합집산을 거듭하고 있었다. 숙종이 죽고 나자 경종과 연잉군(영조)을 둘러싸고 왕통을 누구를 통해 이을 것인가를 놓고 격렬한 정쟁이 벌어졌는데, 경종을 지지하는 소론이 연잉군을 따르는 노론파를 대대적으로 숙청하여 정권의 안정을 바랐다(신임사화). 그러나 경종이 즉위 4년 만에 죽고 난 뒤에 연잉군이 왕위에 올라 영조가 되었다.

영조는 세자 시절에 신하들 간의 당쟁이 왕권을 좌우한다는 것을 절감하고 탕평책을 구체화시켰다. 그렇다고 붕당 간의 정쟁이 멈추지는 않았다. 정치 관료들은 계속해서 당파의 이익에 따라 움직였다. 영조의 즉위로 세력을 잡은 노론은 영조의 탕평책을 반대하였고, 이에 따라 소외되어 온 남인이나 소론 사람들의 등용이 그만큼 힘들어졌다. 이런 일련의 과정 속에서 소론과 노론의 재대결이 불가피해졌고, 그래서 일어난 것이 이인좌의 반란이었다.

노론은 왕을 중심으로 자기들의 세력권을 확장하기 위해 계속적인 암투를 벌였다. 특히 사도세자와의 갈등은 점점 대립으로 나타났으며, 비대해진 일부 노론 세력에 의해 영조와 사도세자의 관계까지 격화되기 시작하였다. 결국 영조는 세자를 죽음으로 몰아가기 시작하였고, 이를 놓고 파벌 논쟁이 벌어졌다. 여기서 세자를 따르는 이들이 시파며, 그 반대파가 벽파였다. 그러나 결론은 사도세자가 뒤주 속에서 죽는 것으로 나고 말았다.

이때 사도세자의 죽음을 지켜보고 있던 어린 세손이 있었으니 그가 바로 정조였다. 정조는 벽파들의 끊임없는 탄압과 암살 위협에 시달리다가, 왕위에 오르자 홍국영을 통해 벽파의 핵심 인물들을 처단하게 되었다. 그리고 정조는 개혁 정치의 일환으로 영조의 탕평책을 확대하여, 그때까지 거의 정계에서 소외되어 온 남인 사람 등 신진 세력들을 대거 등용하였다. 이에 노론 벽파는 정조와 남인 세력 등 반대파를 향해 계속 논쟁을 걸어 왔다. 이들의 주요 무기는 천주교에 대한 탄압이었다. 당시 남인들 중에는 천주교를 믿는 자들이 점차 늘어나고 있었다. 노론 벽파에는 더할 수 없는 기회였다. 노론 벽파들은 천주교를 이단이라고 몰아붙이면서 반대파 제거에 안간힘을 썼다. 그러나 정조는 천주교인들을 대상으로 교화 정책을 썼으며, 어떤 경우에는 직접 천주교인을 풀어 준 적도 있었다. 정조는 왕권 강화와 민생 복지를 위해서 천주교를 통해 선진 문물을 받아들일 용의가 있었던 것이다.

그러나 정조는 갑자기 등창이라는 병을 얻어 급사하고 말았다(정조의 죽음에 대해서는 정사와 야사에서 바라보는 시각이 다르다. 이에 대해서는 논외로 하기로 한다).

최고의 정적이었던 정조가 죽자 얼마 지나지 않아 중앙 정계는 노론 일색이 되었다. 이미 신유교난의 과정을 밟아 반대파를 제거한 노론은 일당 독재 체제의 기반을 다진 것이다.

19세기 세도 정치는 김조순으로부터 시작된다. 1802년에 그의 딸이 순조의 왕비가 되어 외척으로서 실질적인 권력을 쥐게 된 것이다. 이상이 세도 정치의 등장 배경에 대해 간추린 내용이다.

그런데 세도 정치가 단순히 권력 싸움에서 승리하여 나타난 것만은 아니었다. 조선 왕실은 후기로 오면서 당쟁에 휩쓸려 왕권을 강화할 필요성을 절실히 느꼈다. 따라서 임금은 군사 지휘권을 가장 믿을 수 있다고 본 외척에게 맡겼고, 호위대장 같은 중책도 역시 외척의 몫이었다. 이것은 왕명에 따른 것으로 공식적인 관례로 굳어졌다. 이렇게 세도 정치의 뿌리인 외척 세력은 임금의 후원과 뜻에 따라 중앙 정계를 장악하게 되었으니, 어찌 보면 세도 정치의 출현은 필연적인 것이었는지도 모른다. 가령 김조순의 등장이 가문의 세력이 확장된 탓도 있지만, 왕권에 불안을 느낀 순조가 김조순을 신임함으로써 더욱 세도 정치의 토대가 굳어진 것이라고 보아야 할 것이다.

그렇다고 세도 정치가 정당성을 얻는 것은 아니다. 임금의 뜻을 받들어 세도가가 민생을 돌보고 국가의 발전에 기여하기 위한 노력을 했다면, 일당 독재라고 해도 그리 큰 비난을 받지는 않았을 것이다. 그러나 권력의 주변에 모여드는 인물들은 부와 출세에만 관심이 있어 외척은 타락할 수밖에 없었고, 나아가 매관매직 등의 부조리가 만연되어 지방 관리까지도 부패해 버리는 결과를 낳고 말았던 것이다. 이러한 왕실의 부패로 인해 국가 기강이 해이해져, 군주 체제마저 위협을 받게 됨으로써 통치권의 부재 현상까지 나타났다. 결국 흔히 말하는 19세기의 삼정 문란, 즉 임술민란의 직접적인 원인이 되었던 지방 관리들의 탐학은 가히 무정부적인 상태에서 빚어진 부패 현상이었던 것이다.

삼정의 문란은 그 폐해가 극에 달하여 지배 체제 자체가 붕괴될 조짐을 보였다. 모든 부세를 지방의 수령, 이서, 향임 등에게 일임한 탓에 농민들에 대한 수탈을 마음대로 할 수 있었다. 특히 돈으로 관직을 산 관리들은 그 대가를 민중들에게 바라고 탐학을 일삼았다. 그래서 삼정을 통한 수탈의 극대화는 수령과 농민 사이에 적대 관계를 초래하였을 뿐만 아니라, 지주와도 계급적인 대립을 하게 되었다.

역대 이래로 농민 수탈의 목적은 탐관오리들의 사리사욕을 채우는 데 있을 뿐만 아니라, 국가의 재정을 안정시키는 데 있다. 그러나 근대적인 제도가 마련되어 있지 않은 상태에서 부과되는 세금은 곧바로 착취와 억압으로 나타날 수밖에 없다. 거기에 자연재해까지 겹치면 농촌이 그야말로 초토화의 길로 치닫게 되는 것은 당연한 결과였다.

무엇보다도 철종 대(임술민란이 일어난 1862년 다음해에 철종은 죽었다)에는 오랜 세도 정치 탓에 왕권이 극히 약화되어 지방 행정에 대한 중앙의 간섭이 너무나 미약하였다. 국가는 국가대로 재민 진휼災民賑恤 등을 위한 재정 지출이 증가하여 매년 적자를 면하지 못하였다. 따라서 농촌 피폐화의 가장 큰 원인은 지방 관리들의 수탈과 지주들의 착취 등에 있다고 볼 수 있다. 더 이상 생계를 지탱할 수 없는 농민은 유랑민으로 떠돌거나 빈민으로 전락하여, 이에 항의하기 위해 무력 항쟁을 하게 되었던 것이다.

그래서 임술민란을 삼정의 문란에서 비롯되었다고 하여 흔히 삼정란三政亂이라고도 부른다. 그중에서도 특히 농민을 위한 복지 정책이라고 볼 수 있는 환곡의 문란과 관리의 토색질 등이 가장 농민들을 괴롭히는 부조리였다.

원래 환곡(환정)은 고려 때에 시행된 흑창黑倉이나 의창義倉과 비슷한 기능을 가진 제도였다. 즉 환정은 보릿고개라고도 부르는 춘궁기에 농민들에게 식량과 종자를 대여해 주었다가 추수 후에 이를 회수하여 기본적인 식량 문제와 농업 재생산성을 높이는 한편, 묵은 곡식인 군자곡軍資穀을 새 것으로 바꿀 수 있는 일석이조의 구빈 제도였다.

그러나 근세에 가까이 올수록 환곡은 재정 강화의 수단으로 바뀌어 갔다. 임진왜란과 병자호란 등을 겪고 난 뒤 환곡을 요구하는 농민의 수는 급격히 증가하였다. 중앙 정부는 이것을 궁핍해진 재정을 채우기 위한 수단으로 삼아 갚아야 할 곡식의 양을 세 배 이상으로 늘려 나갔다. 이렇게 되자 지방 관리들의 횡포가 날로 심해지기 시작하여, 18세기 말엽에는 여러 형태의 환곡 제도가 자리잡게 되었다. 관리들은 자신들의 치부를 위해 강제로 원곡을 떠맡기는 경우까지 생겼다(이를 억배라고 부른다).

예를 들자면, 임술민란이 있기 직전 지방 관리들은 원곡조차 갚기 힘들 만한 양을 강제로 빌려주고 이를 이용하여 농민들을 착취하였다. 심지어는 원곡에 모래나 쭉정이, 겨를 섞는 경우까지도 있었다. 일부 지역에서는 외지에서 헐값으로 미곡을 사들여 이를 농민들에게 강제로 빌려주고, 엄청난 이자를 부여해 고가로 징수함으로써 수확의 대부분이 관리의 손에 들어가고 남는 것이 거의 없었다. 더 심한 경우에는 원곡의 양을 속이거나 전량을 전부 억배하여 여기서 생기는 이익을 챙겼다. 원래 환곡은 저장되어 있는 전체 원곡의 절반만 할 수 있었다.

전정田政은 토지로부터 받는 각종 세금을 말한다. 원래 전정은 1결마다 전세田稅가 4두, 대동미가 12두, 균역법 실시 이후에 받게 된 결작結作의 양이 2두, 여기에 훈련도감 소속 삼수병三手兵의 급료 지급을 위한 삼수미 1두 2승 등 모두 합쳐 봐야 20두 정도였다. 이 양은 일반적으로 수확량의 10분의 1이 되지 않는 적은 것이었다. 그런데 수령과 향리들은 여기에다가 인정미, 선가미, 민군미 등 40

여 가지가 넘는 갖가지 명목의 부가세를 징수하여 1결당 징수하는 양이 적게는 50두에서 많게는 100두가 넘어갔다. 관리들의 착취는 여기에서 그치지 않고 심지어는 놀고 있는 땅에 세를 부과하거나, 도결(都結 - 지방 관리가 공전이나 군포를 사취하고 이를 보완하기 위하여 결세를 정액 이상 받아내는 것)을 통하여 부당한 세금을 거두어 들이기도 하였다. 이렇게 갖가지 방법으로 세를 거두어 가니 농민들은 부채의 악순환에서 벗어날 수 없었고, 초근목피로 간신히 목숨을 연명해 가거나 고향을 버리게 되었다.

군정軍政이라는 것은 16세에서 60세에 해당하는 남자들에게 군포 1필을 징수하는 제도를 말한다. 18세기 말에 시행된 균역법 이전에는 2필이었다. 군포 1필은 쌀 6두에 해당된다. 그러나 실제로 따지고 보면 군역이 면제된 양반의 몫까지 나머지 농민들이 부담해야만 했다. 국가는 재정 강화의 일환으로 지역마다 일정한 군포액을 할당해 주어 관아에서는 이를 채우기 위해 죽은 사람에게도 군포를 부여하고(백골징포), 젖먹이 아이에게도 책임량을 할당하였으며(황구첨정), 심지어는 나이까지 바꾸어 60세 이상의 남자들은 나이를 줄이는 강년채降年債를 부과하는 부정을 저질렀다. 이런 탐학에 시달려 견디다 못해 도망을 치면 그 해당량을 친척(족징)이나 이웃(인징)에 부과하였다. 이런 연유로 자산을 모은 일부 농민들은 돈을 주고 양반을 사서 군정의 폐해를 피하기도 하였다. 이것은 19세기에 양반의 수가 급증한 이유 중 하나다. 결국 소작농 등 빈농들만 관리들의 집중적인 착취 대상이 되었던 것이다.

농민들을 착취한 것은 관리들만이 아니었다. 이른바 토호들은 향촌민들을 무단으로 토색하거나, 심지어는 관청과 합작하여 부세

운영에 관여하면서 농민들을 사적으로 수탈하였다. 1862년에 각지에서 일어난 농민 항쟁의 원인은 수령, 이서의 탐학뿐만 아니라 토호들의 사적 착취에도 있었다. 물론 토호들 중에는 민란을 주동한 자들도 있었다. 이들은 주로 수령과 개인적으로 마찰을 일으켜 농민들을 강제로 모아 저항을 하기도 했다. 그러나 주로 민란은 농민들이 주축이 되어 일어났다. 토호들은 대체로 과거를 등진 명문거족의 후예들이기도 했지만, 이 중에는 평민이나 이서층이 경제적 성장을 토대로 호족으로서 세력을 장악하는 과정에서 토호가 된 경우도 허다했다. 따라서 토호들은 당연히 대표적인 기득권층이 되었고, 이들은 불법적인 방법으로 향촌민들을 착취함으로써 수령이나 향리와 버금가는 권세를 휘두르게 되었던 것이다.

결국 세도 정치로 말미암아 국가 기강이 문란해져 수령 등 지방관들의 탐학과 이서 등 중간 관리들의 농간, 그리고 토호의 토색질이 횡행하여 이 틈바구니에서 농민과 일부 요호부민들은 착취 대상으로 전락해 갔던 것이다.

민중적 자치 기구, 향회鄕會 : 임술민란의 조직 기반

앞에서 언급한 바와 같이 임술민란의 도화선은 삼정의 문란, 즉 지방 관리들의 탐학과 토호들의 토색질에 있다. 특히 지방관과 이서층의 탐학과 농간이 매우 심하였다. 따라서 단성에서 시작하여 남해민란까지의 반란 동기가 거의 비슷한 양상을 띠고 있다. 그런데 여기서 한 가지 짚고 넘어가야 할 것이 있다.

임술민란의 원인을 지속적인 관리들의 탐학에서 찾는다고 봤을 때, 언뜻 보면 갑작스럽게 일어난 반란이 아닌가 하는 판단을 하기 쉽다. 고려 시대 이래로 계속된 농민 반란의 양태 가운데 우발적으로 일어난 경우도 없지는 않다. 그러나 임술민란이 일어나기 전후의 농민들의 생활상을 들여다보면, 이것이 단순히 감정에 의존해서 일어난 것이 아니라 사전에 이미 공감대가 형성되어 있었고, 조직적인 행동을 할 수 있을 정도로 상당한 수준의 자치적인 구조가 내재되어 있었다는 것을 알 수 있다. 이것이 바로 향회鄕會다. 결론부터 말하자면 향회의 활동이 있었기 때문에 1862년 1년 내내 전국적인 봉기가 이루어졌던 것이다.

향회는 원래 조선 시대 양반들의 지방 지배 기구로 설치되었다. 즉 향회는 관청의 보조 기구로서 지방 사회의 교화에 앞장서면서, 수령과 이서들의 통제를 견제하기 위한 것이었다. 그 이면에는 유교에 입각한 신분 질서를 안정시켜 자신들의 기득권을 유지하려는 통치적 성격이 강하게 작용하고 있다. 16세기와 17세기에는 주로 향안鄕案이라는, 양반이나 재지사족在地士族들의 명단에 이름이 수록되어 있는 구성원들에 의해 운영되었다. 이들을 향원鄕員이라고 불렀다.

설치 당시에도 지역에 따라 그 특성이 조금씩 달랐지만 대체로 향회에서는 향임 선출과 사족 간의 단결, 이서층의 임면 등 지배권을 강화하기 위한 논의가 진행되었다. 지방 양반들은 향회를 통해서 사족의 공동 이익을 도모하기 위해 수령을 견제하면서 이서층을 통제하였다. 다시 말해서 향약은 지방 사족들의 군郡 통제 기관이었다. 긍정적인 면으로는 중앙의 통제가 부정적일 경우, 향회를 통해 자신들의 의견을 수렴하여 지방 발전에 기여한 점도 있다. 그러나 향회는 어디까지나 신분을 전제로 한 기득권층의 주도 모임이었기 때문에 일반 민중들의 의견은 그리 크게 반영되지 않았다.

그런데 18세기에 들어서서 사민四民 체제의 와해 현상이 두드러지면서 양반 계층에 분화가 일어나, 일반 민중들의 몫이 커지게 되었다. 이에 따라 향회는 사족 중심에서 이향층吏鄕層으로 옮겨 가게되어 이서의 임면도 이서층 자신들이 결정하게 되었고, 향임은 수령이 임면하였다. 그런데 여기서 주목해야 할 것은 이향층의 정체가 무엇이냐다.

18세기 중엽을 전후로 농업 생산력이 발달하여 자영농으로서 부농층이 되는 자들이 생겨났으며, 또한 상업을 통해 부를 축적하는 양인들도 늘어나게 되었다. 이들은 축적된 부를 이용하여 양반 신분을 돈으로 사거나 신분이 상승되어, 사족을 대신하여 지방의 실력자로 등장하게 되었다. 이들의 출신이 일반 양인이나 천민이었기때문에 중앙에 진출하지는 못하였지만, 그만큼 민중들과 가까워질수 있었다. 이들을 당시 요호부민층饒戶富民層이라고 불렀다.

19세기에 들어 수령들의 탐학이 본격화되면서 향회는 수령을 견제하고 통제하는 기구로 성장하게 된다. 이전의 향회는 대체로 수령들의 들러리 구실밖에 하지 못했다.

삼정의 문란은 단순히 일반 농민 계층에만 해당된 것이 아니고일부 요호들에게도 막대한 피해를 주었다(요호의 성격에 대해서는 뒤에서 다시 다루기로 한다). 임술민란에는 일부 요호들이 참여하고 있는데, 이는 수령들이 재력 있는 자가 있으면 향임鄕任을 강제로 떠맡기고 그에 대한 대가로 거액을 요구하는 등 토색을 일삼았기 때문이다. 또한 구휼을 명목으로 막대한 양의 곡식을 착취해 가 요호들은 중앙의 통치 체제에 깊은 불만을 갖게 되었다.

수령들은 원만한 부세 수취를 위해 향회의 모임을 인정하지 않을 수 없었고, 이에 따라 일반 평민들의 참여도 점차 증가하게 되었다. 이를테면 향회는 수령들이 제시하는 수취에 관한 안건을 의논, 결정하여 그 부당성을 지적하고 수정 사항을 제시하는 등 적극적인 의미에서 민중 중심의 지방 자치 기구로 자리잡아 나갔다.

삼정이 문란해지면서 지방민들은 중앙 정부는 물론이고 이들이 파견한 수령들에 대해 심한 불신을 갖게 되었다. 따라서 지방민들은 스스로 자신들의 신변과 재산을 보호해야 한다는 각성을 하였고, 향회는 이러한 민중의 의견을 수렴하는 지방 의회의 성격을 띠게 되었다. 더 이상 민중은 수탈 대상이 아니라는 자각하에, 무너져 가는 봉건적 지배 질서에 대항하여 새로운 질서를 요구하는 뜻에서 향회의 모임은 계속되었던 것이다.

이렇게 지방별로 향회의 활동이 활발해진 이유는 대대로 내려오는 계나 두레, 품앗이 등 공동체 사상이 농촌 사회에 깊이 뿌리박혀 있기 때문이었다. 즉 그들은 향회를 중심으로 대동단결의 필요성을 절감한 나머지 수동적이고 체제 순응적인 자세에서 벗어나, 수령들의 실정을 비판하고 착취의 부당성을 관청에 항의하는 등 대등한 입장에서 향회를 운영하게 되었다. 당시 수령들은 이러한 향회의 능동적인 대처에 불만을 가졌다. 악질적인 관리들은 이마저 부정하고 계속 탐학을 일삼았던 것이다.

그래서 향회는 부당한 안건이 생기면 통문을 돌리고 회의를 소집하여 이를 토의하여 의견을 결집한 다음 수령에게 訴를 내고,

그래도 안 되면 감사에게 청원서를 제출하였다. 즉 향회는 일단 사안의 부당성이 나타나면 적법한 절차에 따라 항의하는 형식을 밟아 나갔던 것이다.

이것은 임술민란을 이해하는 데 매우 중요한 단서가 된다. 앞에서 임술민란이 우발적으로 일어났다는 견해도 만만치 않다고 하였는데, 이러한 향회의 선진적인 활동은 임술민란 직전까지도 계속되었다. 즉 민중들은 무조건 무력으로만 사태를 해결하려 하지 않고, 평화적인 방법으로 수령들의 탐학을 견제하려는 노력을 게을리하지 않았다는 점이다. 향회의 근대적인 성격이 갖는 의미는 이렇다.

우선 19세기 민중들은 빈번히 소장訴狀을 제출할 정도로 권리 의식이 상당한 수준까지 향상되었다는 점이다. 이는 합법적인 공간을 최대한 활용하여 적극적으로 항의하는 자세를 보여 주었다는 뜻도 된다. 이것은 나중에 볼 갑오농민전쟁의 폭발지인 고부의 농민들 사이에서도 엿볼 수 있는 실례다. 따라서 향회는 근대적인 의미의 지방 자치 기구라고 보아도 무리가 없을 정도다. 당시 봉건 질서가 와해되어 가는 속에서 민중들은 불안한 조선 사회에, 향회를 통해 새로운 질서를 세우려고 했던 것이다.

그러나 이러한 민중들의 개혁 의지를 수령들이 모두 받아들일 리는 만무였다. 요호를 중심으로 한 농민들은 합법적인 항의의 한계를 느끼고, 드디어 무력으로 새 질서를 세우기 위해 봉기를 계획하게 되는 것이다.

이처럼 임술민란은 일정한 조직도 없이 우발적으로 일어난 것이 아니었다. 물론 70여 회에 걸친 민란 모두가 치밀한 계획에 따라 진행된 것은 아니었지만, 중요한 것은 임술민란이 합법적인 저항을 거친 후에 일어난 불가피한 봉기였다는 점이다.

임술민란의 전체 개요 : 전국으로 퍼진 반봉건 투쟁의 불길

1862년 2월 4일, 경상도 단성에서 시작된 농민 항쟁은 다음해 초까지 경상도·충청도·전라도 등 삼남 지방과 황해도·함경도·경기도 광주와 제주도로 이어졌다. 중요 항쟁 횟수만 따져 봐도 무려 72차에 걸쳐 일어났다(이것은 어디까지나 기록으로 남아 있는 것을 기준으로 파악한 것이다. 추측하건대 이 숫자보다 더 많은 민란이 일어났을 가능성이 높다).

농민 항쟁은 앞에서 지적한 바와 같이, 먼저 합법적인 방법으로 부세의 부당성을 알린 다음 그것이 불가능해질 때 무력 봉기로 의사 표시를 하여 관청을 점령, 해당 관리들에게 삼정 문란에 대해 심문한 뒤 쫓아내고 이서 등을 처단한 다음, 제도적 개혁을 보장받은 뒤에 해산하는 식으로 진행되었다.

각 지역 농민 봉기는 한번 발생하면 2~7일간 계속되는 것이 일반적이었지만 성주·상부·거창·창원 등에서는 두 차례, 그리고 제주도에서는 무려 세 차례에 걸쳐 봉기가 이루어진 곳도 있었다. 또 항쟁이 3~5월의 춘궁기에 집중되어 있는 것으로 보아 그 동기가 그들의 생존 문제와 직결되어 있음을 알 수 있다. 특히 5월에 집중적으로 일어났다. 이달만 해도 전라도 고산과 부안, 경상도 상주, 충청도 공주 등 20여 개 지역에서 농민 항쟁이 발생하였다. 또한 각 지역별 항쟁 지도부를 보면 단성·인동·장흥은 전前 관료, 개령은 반민瞓民이었고, 나머지 지역은 모두 농민이었음을 볼 수 있다. 항쟁에 참여한 숫자는 진주·성주·제주도가 수만 명이었고, 나머지 지역은 대체로 수천 명이었다고 하니 대규모 운동임에 틀림없다.

봉기한 농민들의 요구 조건은 한결같이 지배 계층의 경제적 수탈, 즉 도결이나 통환 같은 환곡의 폐단은 물론이고 삼정 혁파에 있었다. 그러므로 그들이 항쟁을 주도하는 동안에 처벌 대상으로 삼은 대상은 탐학을 일삼는 지방 관리와 특권을 누리는 양반, 관리와 합작하여 토색질하던 토호, 그리고 심지어는 농민들을 대상으로 부당한 거래를 해 온 상인, 고리대금업자 등이었다.

시위대는 어느 지역을 막론하고 주변에서 농민들을 결집시킨 다음 시위를 하면서 중앙으로 나아가 관아를 습격, 파괴하고 그 삼정에 관련된 문부文簿를 불태웠으며, 곡식 창고를 탈취하기도 하였다. 이는 당시 시위대가 요구하는 것이 무엇인지를 반증해 주는 행동 양상이다. 또 이서吏胥나 양반·토호의 집을 때려부수고 그들이 소유하고 있던 곡식이나 재물을 빼앗았으며, 혹은 인신印信과 병부兵符를 탈취하여 감옥을 부수고 죄수를 풀어준 지역도 있었다. 그 가해 상황을 종합해 보면 중간에서 이익을 챙기던 이서들이 수십 명 살해되었고, 부상자는 수백 명이었으며, 가옥이 불타거나 약탈당한 수는 1,000호가 넘고 피해 액수는 100만 냥 이상이었다고 한다.

항쟁의 형태가 홍경래의 반란처럼 정규군과 같은 무장 봉기를 한 것이 아니기 때문에, 중앙 정부에서는 군대를 파견하는 대신 긴급 대책으로 안핵사와 선무사를 급파하여, 민란의 진상을 조사하고 사태를 수습하여 민심을 안정시키려고 노력하였다.

안핵사를 파견한 곳은 진주에 부호군 박규수, 개령에 안동 부사 윤태경, 제주도에 부호군 이건필, 익산에 부호군 이정현, 함흥에 행호군 이삼현 등이고, 나머지는 그 도의 관찰사에게 지시하여 민란의 원인과 진행 과정, 그리고 주동자 색출과 함께 수습책을 마련하도록 하였다.

이와 더불어 중앙 정부는 이삼현을 영남 선무사, 조구하를 호남 선무사로 임명하여 현지로 내려보내어 안핵사와 함께 사후 수습을 하도록 하였다. 이렇게 하여 진상 조사 끝에 주동자에 대해 처벌한 내용을 살펴보면 농민군 가운데 효수 35명, 정배定配 57명, 기타 70여 명이었다. 한편 항쟁이 발생한 지역의 수령에게 그 책임을 물어 파직시키거나 유배 보낸 것은 물론이었다.

그러나 5월 들어 항쟁이 더욱 극성을 부리자, 중앙 정부에서는 박규수의 개혁안이나 여타 관료들의 강력한 건의를 참작하여 민란에 대한 근본 대책을 세우게 되었다. 철종은 특명을 내려 정원용·김흥근 등 고위급 관료들로 구성된 삼정이정청을 설치하고, 그해 5월 25일부터 윤8월 19일까지 4개월 동안 삼정이정절목 41개조를 제정하여 반포, 시행하도록 하였다. 이 개혁안의 골자는 분급과 이자의 수취를 통하여 재정을 조달하는 방식을 지양하고, 부족한 재정을 토지 1결에 2냥씩 부과하여 충당한다는 것이었다. 이것은 군정이나 전정이 부분적으로만 개정된 것에 비하면 상당히 진일보한 내용이었다. 이것을 파환귀결罷還歸結이라고 하였다. 그러나 그 업무가 비변사로 넘어간 뒤인 10월 29일에 이러한 새 정책을 정지시키고 다시 옛 삼정 제도로 되돌아감에 따라, 사회 개혁 추진은 물거품이 되고 말았다. 이후에도 경상도 창원, 황해도 황주, 충청도 청안 등지에서 항쟁이 끊임없이 이어진 것도 이 때문이다. 근본적인 치유 없이 임시 대책으로 마무리된 농민 정책으로 말미암아 사회적 모순이 누적되어, 고종 때에도 매년 산발적인 민란이 발생하였던 것이다.

여기서 70여 개 지역 이상에서 일어난 농민 항쟁 모두를 다룰 수는 없다. 오히려 이 중에서 한 곳을 집중적으로 분석하여 1862년에 전국적으로 일어난 민란의 원인과 진행 과정, 그리고 역사적 의의와 한계점 등을 밝혀내는 것이 더 효율적이라고 생각한다. 그래서 가장 전형적인 형태로 진행되었던 진주 농민 항쟁을 자세히 살펴봄으로써 임술민란의 성격과 의의를 부각시켜 보고자 한다.

진주 농민 항쟁 : 1862년 농민 항쟁의 도화선

진주 농민 항쟁은 합법적인 부세 제도 개혁 요구, 도결과 통환에 대한 무력 봉기, 그리고 해산의 순서로 진행되었다는 점에서 가장 전형적인 임술민란이었다. 진주 일대의 지역적 특색에 대해 『택리지』에서는 다음과 같이 소개하고 있다.

네 고을 풍경이 합쳐져서 영강瀯江이 되고, 진주읍 남쪽을 돌아 낙동강에 들어간다. 진주는 지리산 동쪽에 있는 큰 고을이며, 장수와 정승이 될 만한 인재가 많이 나왔다. 땅이 기름지고 또 강과 산의 경개가 있으므로 사대부는 넉넉한 살림을 자랑하며, 제택第宅과 정자亭子 꾸미기를 좋아하여, 비록 벼슬은 못했으나 한유閑遊하는 공자公子라는 명칭이 있다.

즉 진주는 일찍이 농업이 발전해 왔다는 것을 알 수 있다. 곡식이 풍부하게 생산되는 만큼, 19세기에 들어 탐관과 지주들의 수탈이 극성을 부릴 수 있는 소지가 다분히 있었다는 점을 또한 반증하고 있는 셈이다. 따라서 지방 수령, 지주들과 농민들 사이에 자주 대립 현상이 빚어진 것도 진주가 갖고 있는 지역적 특성과 무관하지는 않을 것이다.

진주 농민들의 평화적인 요구는 이미 1859년부터 본격적으로 시작되었다. 이해 6월에 진주 농민들은 바쁜 일손을 놓고 단체로 한양으로 올라와 비변사에 결렴(토지를 대상으로 세금을 징수하는 것)의 부당성을 개혁해 달라는 내용의 소장을 제출하였다.

이미 1840년대부터 환곡에 의한 부조리는 극에 달하였다. 이때 환곡이 대부분 분실되어 읍의 재정조차 마련할 길이 없었다. 물론 이것은 관리들의 횡령 때문에 일어난 현상이었다. 이에 진주목에서는 1855년부터 분실된 환곡을 채우기 위해 농지에 일정한 세를 부과하여 징수하였는데, 농민들이 비변사에 정식으로 항의하는 바람에 일시적으로 중단되었다. 그러나 1855년부터 1859년까지 약 4년 동안 이미 183,900냥을 수탈당하였다고 농민들은 주장하였다(정부의 기록에는 125,008냥이라고 되어 있다. 어느 것이 맞든지 간에 한양까지 올라가 항의할 정도로 수탈이 매우 심했다는 것은 사실이다).

환곡의 폐단은 여기서 멈추지 않았다. 수령의 입장에서는 수단과 방법을 가리지 않고 분실된 환곡을 보충해야만 했다. 진주도 사정은 마찬가지였다. 1861년 겨울에 홍병원이 부임해 오면서 분실된 환곡을 조사하여 횡령의 장본인인 서리들을 처벌하는 한편, 기존 방식대로 부족분을 채우려고 하였다. 그러나 횡령을 주도한 인물은 전직 수령들이었다. 1862년에 이르러 진주목의 환곡 4만여 석은 한 톨도 남아 있지 않았다고 한다. 그래서 실시한 것이 도결과 통환이다. 이때가 1861년 12월이었다.

도결이란 토지에 세를 부과하는 것을 말하며, 결렴과 유사한 용어다. 통환이란 세금을 통호統戶에 강제로 부과한다는 뜻이다. 이때 부과된 양이 도결의 경우 10여만 냥이고, 통환은 6여만 냥이었다. 도결은 홍병원이 향회의 지도자들을 회유·협박하여 결정되었고, 백낙신은 도결이 결정되자 이를 모방하여 덩달아 통환을 강제로 실행했던 것이다.

뒤에서 보게 되겠지만, 농민들은 새로 부임한 진주 목사 홍병원보다는 백낙신에 대해 깊은 원한을 갖고 있었다. 일반적으로 진주 항쟁의 직접적인 동기를 경상우도 병마절도사 백낙신의 착취에서 찾고 있다. 그는 전라좌도 수군절도사를 거쳐 1861년에 경상우도 병마절도사로 부임하였다. 나중에 조사한 결과, 백낙신은 부임한 지 1년도 안 되는 기간 동안에 무려 쌀 1만5천 석(돈으로 환산하면 거의 5만 냥에 육박한다)을 수탈하는 등 6개 조목에 걸쳐 엄청난 비리를 저질렀다고 한다. 그는 이렇게 횡령을 하고도 분실된 환곡의 양을 채우기 위하여 도결로도 모자라 통환까지 실시, 일시에 분납·상납하라고 다그쳤다. 백낙신은 세도 정치 당시 성행한 탐관의 전형적인 인물이었다(그는 이미 전라좌수사로 있으면서 부정 때문에 처벌당한 일이 있었다).

도결과 통환이 동시에 부과되자 환곡을 비롯하여 각종 조세의 부당 징수, 지주들의 착취에 시달려 이미 파탄지경에 이른 농민들은 극도로 격분하여 항의하기 시작하였다.

그렇다고 농민들이 바로 무력 봉기를 한 것은 아니었다. 그들은 1861년 12월에 도결이 결정되자, 진주목과 경상 감영을 찾아가 이의를 제기하고 철회할 것을 요구하였다. 그러나 이들의 평화적 요구는 묵살되고 말았다. 그런 와중에 백낙신이 조작한 통환이 실행되자, 농민들은 더 이상 평화적인 방법으로는 제도 개혁을 이룰 수 없음을 간파하고 무력 항쟁을 준비하게 되었다. 수십 년간 쌓인 원한이 일시에 폭발하기 직전이었다. 항쟁의 진행 과정에 들어가기 전에 이를 주도한 인물들에 대해 잠시 살펴보기로 하자.

진주에서 서남쪽으로 30리쯤 떨어진 곳에 위치한 유곡동에 유계춘이라는 자가 있었다. 그는 이미 비변사에 소장을 내는 등 평화적인 방법으로, 여러 차례에 걸쳐 조세의 부당성을 항의하는 농민 시위를 주도한 인물이었다. 그는 도결과 통환이 강제로 실시되자 기존의 합법적인 방식에 분명한 한계가 있음을 깨닫고 무력 항의를 계획하게 되었던 것이다. 그의 신분은 원래 양반이었지만, 가문이 몰락하여 한 뙈기의 땅도 갖지 못한 농민으로 살아가고 있었다. 주거지도 불안하여 진주 항쟁이 일어나기 10여 년 전에 진주목으로 거처를 옮겼다. 그는 양반 집에서 태어났지만, 농업에 종사하면서 점차 사회 모순에 눈뜨기 시작하였던 것이다.

이계열은 진주 지역의 사족이자 홍문관 교리를 지낸 적이 있는 이명윤의 6촌이었다. 따라서 신분상으로는 유계춘과 마찬가지로 양반 출신이다. 그러나 그는 글자를 전혀 모르는 문맹이었다고 한다. 그는 초군(樵軍 – 산에 오르면 땔감 나무를 줍고, 논에 나가면 농사일을 하여 생계를 유지하던 빈농들을 말한다)의 일원이었는데, 비교적 나이가 많고 통솔력이 있어 우두머리에 속하는 좌상의 지위에 있었다. 그는 초군을 이끌면서 빈농들의 여론을 수렴하여 유계춘과 모의 때 이를 항쟁에 반영하는 역할을 했을 뿐만 아니라, 좌상으로서 초군을 지도하는 입장에 있었다.

이 밖에 김수만은 장교 출신이었으며, 이귀재는 의령宜寧에 살다가 고향을 떠나 진주까지 흘러들어 온 유망 농민이었다고 한다. 이렇게 유계춘, 이계열, 김수만, 이귀재 등이 주동이 되어 항쟁 계획을 짜 나갔던 것이다. 이들은 본격적인 모의에 들어가기 전에도 비공식적으로 만나 도결과 통환의 부당성에 대해 토론하였을 것이다.

서로 의견 접근을 보면서 박수익의 외방 객실, 사노 검동의 집, 그리고 박숙연의 집 등을 전전하면서 본격적인 항쟁 계획을 세워 나갔다. 우선 기존에 해 왔던 대로 먼저 민의를 수렴할 필요성을 느낀 주동자들은 통문을 돌려 향회를 열기로 결정하였다.

마침내 이들은 1862년 1월 29일에 통문을 돌려, 도결과 통환을 철회시키기 위해 2월 6일에 수곡장시에서 집회를 갖자고 촉구하였다. 1월 30일에는 산기촌에 사는 검동의 집에 모여 수곡 집회 운영에 대한 방안을 강구하였다. 이 자리에는 중앙 관직을 지낸 바 있는 사족 이명윤도 참가하였다. 이렇게 도결과 통환의 부당성에 대해 항의하기 위해 노비에서 양반에 이르기까지, 신분에 구애받지 않고 머리를 맞대고 고민하였던 것이다. 이것이 바로 19세기에 해체되어 가는 신분제의 한 단면이다.

이즈음에 가서리의 정원팔과 청암의 강천녀 등이 유계춘에게 같이 시위에 동참하자고 편지를 보냈지만, 유계춘은 이를 거절하였다. 할 수 없이 가서리 농민들은 읍으로 들어가 집단 등소하였다. 그러나 거절당한 것은 뻔한 결과였다. 이러한 점을 유계춘은 이미 예상하고 있었다. 그는 합법적인 방법으로는 아무것도 해결되지 않는다는 것을 체험을 통해 알고 있었던 것이다. 그는 별도의 계획을 벌써 머릿속에 그려 놓은 상태였다.

2월 2일, 박숙연의 집에서 다시 주동 인물들이 모임을 가졌다. 그런데 유계춘은 이날 새벽에 이명윤과 아무런 상의도 없이 철시를 하자는 주장이 담긴 한글 통문을 읍내에 붙였다. 이는 한문을 잘 모르는 소상인이나 일반 농민들을 위함이었다. 철시는 바로 집단 봉기를 뜻하는 말이었다. 이에 이명윤은 유계춘과 마찰을 일으켰다. 그는 유계춘이 다시 쓴 통문을 보고는 크게 놀라며 그에게 소리쳤다.

"이것이 무슨 짓이오! 이게 무슨 말이란 말이오? 나중에 크게 화를 당하게 될 테니 빨리 불태우시오. 그리고 다시는 이와 같은 해괴한 짓은 아예 하지 마시오!"

그러나 유계춘은 자신의 뜻을 전혀 꺾지 않았다.

"오늘 새벽에 이미 사람을 보내서 읍의 장시에 걸었소이다. 오늘이 바로 읍의 장날입니다. 읍내 사람들은 모두 볼 것이오이다. 또한 죽어도 내가 죽는 것이고 살아도 내가 사는 것인데, 교리 어른과 무슨 상관이 있어서 이처럼 엄하게 꾸짖소이까?"

이명윤은 유계춘과는 달리 가급적이면 합법적이고 평화적인 방법을 통해 도결과 통환의 철폐를 주장하려 하였다. 그러나 유계춘은 자신의 경험에 비추어, 이러한 방법의 한계성을 뼈저리게 느끼고 정면 대응을 하고자 했던 것이다. 온건과 변혁의 차이, 바로 그것이었다. 이명윤이 유계춘과 결별을 선언하는 것은 당연한 일이었다.

"여기는 내가 잠깐이라도 앉아 있을 곳이 못 되는구먼!"

이렇게 화를 내며 이명윤은 자리를 박차고 일어나 나갔다. 그러나 이명윤은 완전히 농민들과 관계를 끊지는 못했다. 이에 대해서는 뒤에서 다시 보기로 하자.

어쨌든 모임의 방향을 결정한 유계춘 등은 통문을 여러 장 베껴 쓴 뒤, 이것을 읍내 곳곳에 추가로 붙이는 작업에 착수하였다. 이때 초군 좌상인 이계열은 초군을 결집시키기 위해 유계춘에게 한글 가사체로 된 회문回文을 작성해 달라고 요청하였다. 초군들은 평소 집단으로 모여 다녔기 때문에 자체 조직을 갖추고 있어서 동원하기가 매우 수월하였다. 게다가 이계열이 좌상의 자리에 있었기 때문에, 글로써 이들의 항쟁 의식을 고취시킨다면 더 많은 초군들이 참여할 것이라고 보았던 것이다. 이렇게 유계춘 등은 보다 많은 농민들이 참여할수록 그 효과가 극대화될 수 있다고 판단한 끝에, 인력 동원과 행동 계획까지도 면밀하게 세워 나갔던 것이다. 이들의 행동은 관청에서는 거의 눈치채지 못할 정도로 은밀하게 진행되었다. 단지 관에서는 처음 붙인 집회 공고 통문만을 알고 있었다.

이러한 때에 2월 4일에 단성에서 민란이 먼저 발생하자, 이에 자신감을 얻은 유계춘 등은 인력 동원에 주력하면서 집회 준비를 빈틈없이 해 나갔다.

2월 6일, 예정대로 수곡장시에서 집회가 열렸다. 집회는 주로 각 고을에서 뽑은 30여 명의 대표자들이 중심이 되고, 나머지 농민들은 이들을 둘러선 채 회의 진행 상황을 유심히 지켜보았다.

참가자들은 한결같이 이대로 도결과 통환이 강제적으로 실행된다면 생존 자체를 위협받는다는 점에 인식을 같이하였다. 그러나 이에 대한 대처 방안에 대해서는 의견이 분분하였다.

"먼저 경상 감영에 직접 호소하는 것이 좋을 것입니다."

그러자 유계춘이 반대하였다.

"아니오. 읍에 들어가 관아 앞에서 직접 시위를 벌이는 것이 좋소."

온건책과 강경책의 대립이었다. 대표자들은 대체로 적법한 절차에 따라 항의하자는 데 찬동하였다. 이는 주로 요호부민들이나 향촌 지배층들의 주장이었다. 이는 계급적 입장이기도 했다.

사람들의 의견을 듣고 있던 유계춘은 더 이상 참지 못하겠다는 얼굴을 하며 단결을 촉구하는 연설을 했다.

"지금 여기 모인 여러분들이 한마음으로 힘을 모은 후에야 읍폐를 고칠 수 있소. 내가 당장 개를 잡아서 맹세하고자 하니 여러분들도 각기 입술에 피를 바르고 맹세하겠소?"

그러나 다른 대표자들은 아무런 반응을 보이지 않았다. 잠시 좌중을 둘러보던 유계춘은 자리에서 일어났다.

"공연히 통문 한 장만 낭비했구려. 이 따위로 해서 어떻게 일을 성취할 수 있겠소!"

짧게 말을 마친 유계춘은 집회장을 빠져나갔다. 뜻을 같이하던 자들도 그의 뒤를 따랐다. 수곡 집회에서는 결국 온건책으로 결정 났다. 이에 의송을 보내기 위해 강화영, 장진기 등을 장두로 뽑아 경상 감영에 파견하였다.

그런데 2월 7일에 유계춘이 병영에 연금되고 말았다. 통문이 붙고 농민들이 자체적으로 집회를 여는 등 움직임이 심상치 않자, 이를 사전에 무마하기 위하여 유계춘을 주동자로 지목하여 잡아들였던 것이다. 그러나 병영에서는 농민들을 자극하지 않기 위해 그를 고문으로 다스리거나 죄인 취급하지는 않았다. 유계춘만 잡고 있으면 농민들의 저항이 일어나지 않으리라는 판단도 했을 것이다. 그러나 유계춘이 잡히고 나서 며칠 뒤에 무력 봉기가 일어났다. 이것은 결코 우연이 아니었다. 그렇다고 유계춘이 체포된 것에 대해 항의하기 위해 나타난 현상도 아니었다. 이 봉기는 이미 유계춘 등이 사전에 계획해 놓은 일정에 따른 것이었다. 또한 2월 4일에 일어난 단성 농민 항쟁의 영향도 매우 컸을 것이다.

수곡 집회의 결정에 불만을 가진 농민들은 주로 초군을 중심으로 한 빈농들이었다. 이들은 수청가라는 곳에서 따로 모임을 갖고 무력 봉기를 하자고 결정하였다. 어쩌면 유계춘, 이계열 등은 수곡 집회의 결정이 온건책으로 결정 날 것을 예상하고, 미리 모임을 따로 가질 것을 계획해 놓았는지도 모른다. 이들은 일반 농민들과는 달리, 나름대로 조직력을 갖고 있던 초군을 움직인다면 무력으로 봉기를 일으키는 것이 그리 어렵지 않다는 판단을 갖고 있었다. 전에 초군 회문을 돌릴 때부터 벌써 무력 봉기는 예정되어 있었다고 봐야 할 것이다.

이렇게 농민 결집이 가능했던 것은 요호부민층이 대거 참여했기 때문이다. 그렇다고 요호들 모두가 참여한 것은 아니었다. 요호들 사이에도 관청과 결탁하여 토색질을 일삼는 부류가 있었다. 즉 요호도 진보적인 부류와 보수적인 부류로 나누어져 있었던 것이다. 항쟁이 심화되면서 농민들은 요호들의 집을 불사르기도 하는데, 이때 대상이 된 부류는 평소 착취를 일삼던 부류들이었다. 고을의 지도층들이 대거 집회에 참석함으로써 인원 동원이 한결 수월하였고, 이것은 계급적 입장을 떠나 농민이나 요호 모두 같은 피해자라는 입장에서 도결과 통환를 철폐시켜야 한다는 데 인식을 같이한 결과였다.

진무청에 연금되어 있던 유계춘은 2월 13일에 제사를 핑계 대고 집으로 돌아올 수 있었다. 그런데 그다음날인 2월 14일에 철시 운동을 시작으로 무력 봉기가 일어났다. 아마 관청에서는 무력 봉기의 가능성을 거의 예상하지 못하고 있었던 것 같다. 여기서 온건파가 항쟁에 있어서 중요한 역할 분담을 하였다는 것을 알 수 있다. 수곡 집회에서 결정 난 대로 2월 7일에 장두들은 병영을 찾아가 소장을 제출하였다. 물론 관에서는 이들의 요구를 받아들이지 않았다. 그러나 이러한 움직임을 보고 관에서는 무력 봉기가 일어나지는 않을 것이라고 예상하였을 것이다. 전처럼 이렇게 항의하다가 제풀에 꺾일 거라고 방심하였던 것이다.

어쨌든 2월 14일부터 유계춘, 이계열 등이 주동이 되어 무력 시위가 진행되었다. 축곡의 서쪽에 위치한 마동·원동의 농민들이 먼저 수곡시장을 습격하여 세력을 확장해 나가고, 백곡 등의 농민들은 삼장·시천 등의 농민들을 규합하였다. 이들은 다시 연합하여 마침내 덕산시장을 점령하였다. 덕산에서는 도결 결정에 동조한 훈장 이윤서의 집을 불살라 버렸다. 이는 도결과 통환에 대해 반대한다는 분명한 의사 표시였다. 병영에서는 도결을 실행할 때 훈장 등 마을 유지들을 동원하였는데, 이윤서 역시 이러한 일에 앞장서서 농민들을 착취했던 것이다.

초군을 중심으로 시위대가 형성되자, 농민들은 거리로 나와 이들을 대환영하면서 식사를 제공하는 등 적극적으로 호응하였다. 오랫동안 쌓인 원한을 풀 수 있다는 기대감에 농민들은 시위대를 적극

지지하였다.

덕산시장에 결집한 시위대는 덕천강을 따라 진주읍을 향해 행진, 18일에는 진주읍 외곽에 도달하였다. 농민들이 시위대를 형성하고 무력 항쟁을 일으킬 조짐을 보이자 경상 감영에서는 사태가 악화되는 것을 막기 위해 2월 17일에 전령을 읍내 각지에 보내, 통환을 금하고 이전처럼 결부에 따른 환곡 분배를 실시할 것이니 농민들은 각 동리로 돌아가라고 당부하였다. 당시 감사는 임기가 만료되어 교체된 상태에서 농민들의 원성을 살 필요가 없다고 판단했던 것이다. 원래 계획에는 역할 분담이 논의되지 않았지만 결과를 놓고 볼 때, 온건파와 강경파의 각자 행동이 결국 양동적인 구실을 하여 주도권을 농민들이 잡게 되었다고 볼 수 있다. 따라서 농민들은 뒤늦은 감사의 조치에 쉽게 응할 리가 없었다. 이럴수록 시위대의 사기는 높아만 갔다.

2월 18일 오전에 흰 수건을 머리에 쓰고 손에 몽둥이를 든 농민 수천 명이 진주읍과 진주성에서 서쪽으로 5리쯤 떨어진 곳에 진을 치고는, '도결과 통환을 혁파하라'는 등의 구호를 외치면서 시위를 벌였다. 이에 진주 목사 홍병원은 시위대의 기세에 눌려 해결 방안을 모색하였다. 자칫 시위대와 무력으로 충돌한다면 사태는 걷잡을 수 없이 진주 전 지역으로 번져 나갈 것이라고 판단하고는, 이명윤을 통해 회유하여 일단 시위대를 해산시켜야겠다고 생각하였다. 또한 이명윤이 농민들과 가깝게 지낸다는 것을 알고, 이 일과 직간접적으로 연관되어 있을 것이라고 예상하였다(이미 이명윤은 배후 조종자라는 소문도 나돌고 있었다). 홍병원은 이명윤에게 급히 편지를 보내 농민들을 설득해서 해산시켜 줄 것을 신신당부하였다.

편지를 받은 이명윤은 서둘러 읍내로 들어갔다. 그는 목사를 만나 그의 요구를 확인하고 시위대로 향하였다. 시위대는 이명윤의 말을 듣고 도결과 통환을 철폐한다는 완문(完文 - 일종의 최종 결재 서류, 또는 각서)을 내줄 것을 강력히 요구하였다. 벌써 수차례 속은 경험이 있는 농민들이기 때문에 관청을 전혀 믿지 않고 있었기에 이런 요구를 한 것이다.

시위대의 요구를 갖고 다시 목사를 만난 이명윤은 그대로 전달하였다. 목사는 할 수 없이 완문을 써서 이명윤에게 건네주었고, 이명윤은 이것을 시위대에게 갖다 주었다. 완문을 본 시위대는 환호성을 지르며 기뻐하였다. 일단 농민들의 승리였다. 이명윤을 칭송하면서 기념비를 세워야 한다는 주장까지 나올 정도였다.

그러나 항쟁은 여기서 끝난 것이 아니었다. 시위대는 중간 관리자들의 착취가 계속되는 한 도결과 통환이 철폐된다 해도 이전과 달라질 것이 별로 없다고 보고, 대열을 수습한 뒤 유계춘이 지었다는 노래를 합창하며 진주읍으로 진격하였다. 그 도중에 시위대는 진주목의 이방이나 호방 등 평소 착취를 일삼던 관리나 토색질을 일삼던 보수적 요호들의 집을 불태워 버렸다. 이뿐 아니라 이서 등 하급 관리는 물론이고 부당한 방법으로 물건을 팔아 이득을 챙겨 온 개성 상인, 수금하러 내려온 고리대금업자 등 농민들에게 해를 끼친 사람들이면 가차없이 그 집을 부수고 재물을 빼앗았다. 그러면서 경상 병영의 통환 철폐도 요구하였다.

이를 관철시키기 위해 시위대는 2월 19일 아침, 진주목 객사 앞에서 환곡 문란에 대한 해명과 병영 통환 철폐를 요구하는 농민 대회를 개최하였다. 이때 이미 시위대의 숫자는 수만 명으로 늘어나 있었다. 당시 진주 전체 인구를 봤을 때 이 숫자는 대단한 것이었다.

눈덩이처럼 사태가 악화되자 병마사 백낙신은 자기의 권세를 믿고 자진하여 농민들 앞에 나섰다. 물론 가급적이면 회유하여 시위대를 해산시키고 뒤에 주동자들을 처벌할 계획을 갖고 나온 것이다.

그러나 탐관 백낙신이 나서자 농민들은 쌓였던 불만을 일시에 터뜨렸다. 사방에서 그를 욕하는 소리가 난무하였다. 그러자 백낙신은 중영中營 소속 서리로서 횡령 등 탐학을 일삼던 김희순을 지목하여 앞으로 끌어내 곤장을 쳐서 죽였다. 그는 백낙신 대신 제물이 된 것이다. 그래도 시위대가 해산할 기미를 보이지 않고 병영 통환을 계속 요구하자 서둘러 완문을 작성하였다. 그러나 시위대의 원망은 이미 백낙신에게 집중되어 있었다.

시위대는 환곡을 포함한 삼정 전체의 문란에 대해 백낙신을 추궁하였다. 그러면서 시위대는 병영 이방 권준범과 그의 아들을 죽였다. 이 사이에 진주 이방 김윤두는 도주하고 말았다. 그 역시 평소 농민들을 착취하는 데 앞장섰던 인물이었다.

시위대는 백낙신을 겹겹이 에워싸고 위압적인 자세로 그의 탐학과 서리들의 부정 행위를 추궁하였다. 그는 일부나마 자기가 저지른 죄를 시인하지 않을 수 없었다. 밤이 되어도 시위대가 풀어주지 않아 백낙신은 길가에서 밤을 꼬박 새워야 했다.

날이 밝아 2월 20일이 되었다. 이날 시위대는 도망간 서리들을 잡기 위해 추적하는 한편, 진주 목사 홍병원이 있는 본부로 향하였다. 그는 농민 대회에 출장할 것을 거부하고 있었을 뿐만 아니라 서리들을 옹호하고 있었기 때문에, 시위대의 불만을 사고 있었다. 시위대는 그의 방 안에까지 뛰어들어가 농민들 앞에 설 것을 강요하였다. 목사는 시위대의 기세에 눌려 할 수 없이 방을 나와 가마를 타고 농민들 앞으로 끌려갔다. 그는 이미 완문을 쓴 뒤기 때문에 백낙신과 함께 삼정 문란과 서리들의 죄에 대해 추궁을 받은 후 다시 가마를 타고 본부로 돌아갔고, 백낙신도 역시 시위대의 손에서 풀려났다. 한편 이날 시위대는 추격 끝에 이방 김윤두를 잡아 죽였다.

목사와 병마사를 풀어준 시위대는 여러 조로 편성되어 각지의 공격 목표를 설정하고, 이후 다시 진주성으로 회군할 것을 결정하고는 오후에 인근 각 지역으로 진출하였다. 이때를 고비로 초기부터 항쟁에 참여하였던 진보적 요호들은 대체로 탈락하고, 순전히 농민들이 항쟁을 주도하게 되었다.

시위대는 주로 서쪽에서 시작하여 북쪽에 결집하였기 때문에 20일 이후에는 주로 남쪽과 동쪽 지역으로 진출하였다. 각지에 진출한 시위대는 농민들을 착취해 온 토호, 양반, 보수적 요호들을 대상으로 그동안 쌓인 원성을 터뜨렸다.

이렇게 진주 지역 일대를 모두 장악한 시위대는 첫째, 지역 최고 책임자의 죄를 추궁하여 완문을 받아내고, 둘째, 착취를 일삼던 중하위직 관리나 토호, 보수적 요호들을 처벌하는 성과를 이루고 2월 23일에 자진 해산하였다.

2월 14일에 본격적으로 시작되어 약 열흘간 진행된 진주 농민 항쟁은 일단 여기서 막을 내렸다. 이 기간 동안만에도 진주읍의 가옥 파괴가 70호, 22개 면의 가옥 파괴가 56호로 모두 126호의 가옥이 파괴되었다고 하니 항쟁이 얼마나 격렬하였는가를 알 수 있다. 그만큼 사회적 모순이 심화되어 있었다는 것을 반증해 주는 셈이다.

항쟁이 종식된 후 중앙 정부는 박규수(연암 박지원의 손자)를 안핵사로 내려보내어 사건의 전말을 밝히고 관련자를 처벌할 것을 명하였다. 박규수를 보내는 자리에서 철종은 가급적 농민들에게는 피해가 가지 않도록 하고, 민란의 원인이 어디에 있는가를 소상히 알아내어 이에 대한 대처 방안을 올리라고 지시하였다.

진주에 내려온 박규수는 진상 조사 끝에 민란의 원인이 지방 관리들의 탐학에 있다고 보고, 삼정 문란을 혁파하고 제도를 개선할 것을 중앙에 보고하였다. 그리고 철종의 지시대로 처벌자를 최소한으로 줄여, 비변사와 노론 일당들의 반대에도 불구하고 처형 대상을 유계춘·이귀재·김수만 등 세 명으로 축소하고, 나머지는 중형과 가벼운 형벌을 내려 사건을 마무리 지었다. 반대파 사람들은 처형 대상을 2급까지 확대하라고 다그치고 있었다. 그런데 이 과정에서 여러 사정이 생겨 박규수는 중앙에 보고를 늦게 하였다. 이에 대해 박규수를 반대하던 관료들이 그를 비난하면서, 관직을 삭탈해야 한다고 주장하였다. 뒤에 박규수가 한양으로 돌아갔을 때 반대파의 모함에 걸려 결국 파직당하고 말았다.

이렇게 본인이나 중앙에서 안핵사의 일에 집중적인 관심을 보인 것은 다름이 아니라, 진주 항쟁을 기점으로 민란이 전국적으로 번질 조짐을 보이고 있었기 때문이다. 박규수가 진주로 내려간 3월에만 해도 함양과 성주, 그리고 전라도 익산에서 민란이 발생하였다. 조정에서는 사태가 점점 악화되고 있는 상황에서 박규수가 사태 수습을 지연시킴으로써 민란이 다른 지역으로 더 확대되고 있다고 보았던 것이다. 실제로 다른 곳에 파견된 안핵사들이 박규수의 사건 처리 결과에 초미의 관심을 갖고 있었다. 그러나 박규수는 비변사나 신임 진주 목사의 비난에도 불구하고 처벌자를 최소화했다.

이렇게 중앙에서는 민란의 반역성만을 부각시킬 뿐이어서 그 근본적인 원인을 치유하는 데에는 한계가 있었다. 물론 나중에 백낙신은 중앙으로 압송되어 유배를 가게 되지만, 본질적인 제도 개혁이 뒤따르지 않았기 때문에 민란은 전국적으로 퍼져 나갔던 것이다. 앞에서 본 바와 같이 민란의 양상이 국가 기강마저 흔들 정도로 확대되자, 조정에서 삼정이정청을 설치하여 민심 수습에 나섰지만, 이것 역시 얼마 못 가 세도가들의 농간에 의해 임시방편적인 수단으로 전락, 사실상 유명무실해지고 말았다.

임술민란의 역사적 의의와 한계성

전국적으로 일어난 임술민란은 중앙 정부가 보수화되고 지방 통치가 약화되었을 때 발생했다는 점에서, 고려 무신 정권 때 일어난 각종 민란과 유사한 면이 많다. 그러나 임술민란은 봉건 체제 자체가 와해되어 가는 시점에 터졌다는 데에서 고려 시대의 민란과 그 성격을 달리한다.

신분제의 붕괴와 함께 새롭게 등장한 요호부민들이나 상공업과 광업·수공업의 발달로 중간 계층이 두터워짐에 따라 농민 계층이 분화되어 갔지만, 이에 따른 부작용도 뒤따르게 되었다. 이러한 사회 변동에 따라 19세기 초반부터 소외된 계층이 생겨 계급 간 대립이 심화된 상태에서, 삼정 문란 등 제도적인 모순이 가중되어 수탈 대상은 사회의 빈민으로 전락하였다.

그러나 이러한 사회 전체의 모순은 궁극적으로 세도 정치의 부패성에 기인한 것이다. 1860년대 전후 조선의 주변 국가인 중국과 일본은 벌써 서구 열강과 각종 조약을 맺고, 근대화 추진을 놓고 진통을 앓고 있었다. 그러나 중앙 정부는 이러한 세계사적 흐름을 진단하고 그에 대처할 만한 정책을 제시할 능력도 뜻도 갖고 있지 못했다. 그렇다고 봉건성을 극복하고 자주 국가를 건설할 정책도 제시하지 못하고 있었다. 아직도 군주 체제에 입각하여 성리학적 이념을 이용, 백성들을 단순히 통치 대상으로만 여기고 있던 지배층이었기 때문에 임술민란이 일어나기까지도 사회 제도 개선에 대해 별다른 정책을 수립하지 못했던 것이다. 따라서 임술민란은 봉건 체제를 유지하면서 부와 권력을 중심으로 이합집산을 거듭하는 지배층에 대해 반기를 든 농민 항쟁이었음을 알 수 있다.

물론 임술민란은 일반적인 주장처럼 삼정 문란과 양반, 토호들의 착취 때문에 일어났다. 그러나 그 이면에는 임술민란이, 한국 역사의 도도한 흐름이 그때 이미 봉건성을 벗어나 근대 자주 국가를 건설해야 한다는 시급한 과제 앞에 서 있었음을 알려 주는 민중적 항쟁이었다는 점을 간과해서는 안 된다.

그렇다고 해서 임술민란이 봉건 체제 자체를 부정하고 왕권에 도전하는 차원에서 일어난 것은 아니었다. 지역별로 조금씩 차이는 있지만, 항쟁에 참여한 농민들은 대체로 부세 제도나 환곡을 중심으로 한 삼정의 폐해를 제거하는 수준에서 만족하고 있다. 그래서 타도의 대상을 탐관이나 양반, 토호, 보수적 요호부민들로 삼았던 것도 이 때문이다. 즉 농민들은 사회 모순이 중앙 정부나 세도 정권에서 비롯되었다는 의식을 객관화시키고 그에 따른 항쟁의 질과 폭을 넓히지 못했다는 점에서, 임술민란이 지니고 있는 시대적·의식적 한계를 엿볼 수 있다. 또한 전국의 민란을 조직으로 이끌어 낼 만한 지도부를 갖지 못했던 것도 임술민란이 갖는 한계라고 볼 수 있다. 그렇기 때문에 중앙 정부에서 삼정 개혁안을 제시했을 때 민란이 소강상태로 들어갔던 것이다.

이렇게 당시 농민들이 봉건 체제에 대해 현상적인 인식 수준에 머물러 있었음에도 불구하고 임술민란은 봉건성에 젖어 있던 지배층에 위기의식을 심어주는 한편, 봉건적 질서로는 더 이상 민중을 다스릴 수 없다는 경각심을 일깨워 주었으며, 나아가 봉건 체제의 와해를 한층 가속화시키는 계기가 되었다. 이러한 임술민란의 의의와 한계점은, 1894년에 일어난 갑오농민전쟁처럼 민중 운동이 본격적인 반봉건·반침략 투쟁으로 발전해 나갈 수 있는 밑거름이 되었던 것이다.

❰ 17 ❱
임오군란(임오 군인 폭동) :
종속적 개화 정책에 반기를 들다

임술민란이 끝난 다음해인 1863년에 조선 25대 왕 철종이 죽고, 흥선대원군이 등장함에 따라 한국 역사는 엄청난 사회 변동의 시대로 접어들게 되었다.

임술민란에서 임오군란에 이르는 시기인, 1863년에서 1882년까지의 역사는 그야말로 격동과 혼란의 시대였다. 또한 조선이 서구 열강과 일본 그리고 청국의 이권 쟁탈장으로 전락해 가던 때이기도 했다. 임오군란은 단순히 밀린 봉급 문제 때문에 생긴 사건이 아니었다. 이 사건에는 임술민란 이후 20년 동안의 조선 말 역사가 지니고 있는 복잡성과 특수성이 반영되어 있다.

또한 이 20년의 역사는 갑신정변이나 갑오농민전쟁을 포함하여 한국 근현대사의 전사前史라고 볼 수 있다. 이것은 무엇을 뜻하는가. 이때 조선은 세계 자본주의에 편입되어 가면서 서구 제국주의와 일본·청국의 침탈에 대응하여 온갖 수모를 겪는 한편, 민중은 이에 대항하여 반봉건·반침략 항쟁을 준비하는 시기였다는 말이다. 그렇다면 어떠한 과정을 거쳐 조선이 열강의 각축장으로 전락해 버렸는가에 우선 초점을 맞춰야 할 것이다. 또한 임오군란이 발생하기 전까지, 그리고 청일 전쟁 전후까지 조선은 일본과 청국의 틈바구니에서 자주 국가 건설이라는 역사적 과제를 실현하기 위해 몸부림을 쳤다고 봤을 때, 그리고 이들 양국 역시 서구 열강과 여러 분야에서 종속적 관계를 맺고 있었다는 점을 감안할 때, 어떻게 해서 청국이나 일본이 조선을 차지할 뜻을 품게 되었는지 그 경위역시 궁금해진다.

그러므로 동아시아가 세계 자본주의에 편입되어 간 역사를 먼저 더듬어 올라가 봐야 할 것이다. 그만큼 임오군란을 이해하기가 간단하지 않다는 뜻이다. 조선의 개항기 전후 역사를 사전 지식으로 갖고 있어야 임오군란 – 갑신정변 – 갑오농민전쟁으로 이어지는 19세기 말의 상황을 객관적으로 인식할 수 있다.

제국주의의 등장과 아시아 침략 : 동아시아의 국제 변동

서구는 지리상의 발견, 산업 혁명, 프랑스 대혁명 등을 겪으면서 근대화의 길로 접어들었다. 특히 19세기에 들어서서 서구 자본주의는 시장 경제의 확대와 원료 공급을 위한 식민지 개척, 그리고 주기적인 공황을 겪으면서 기업 합병과 대기업 등장으로 독점 자본화되었고, 이에 따라 자본 집중화를 위해 금융 자본 역시 독점되었다. 구체적으로 말해서 중소기업은 점차 몰락하고 대기업 등에 의한 독점 자본주의가 발달하게 되었던 것이다. 그런데 독점 자본주의는 국내 시장만으로는 모든 자본을 소화할 수가 없다. 이미 국제 무역이 발달한 서구에서 협소한 국내 경제에만 자본을 투자할 수는 없었다. 또한 계속 새로운 기술과 상품이 쏟아져 나옴으로써 자본은 과잉 상태에 이르게 되었고, 이것을 해외에 투자하여 더 많은 초과 이윤을 추구하게 되었다.

독점 자본주의 단계에 이른 국가들은 해외 상품 시장과 자본 수출 시장을 안전하게 확보하여 독점하기 위해서는, 후진국들을 식민지로 지배할 필요성을 갖게 되었다. 원료와 인력 공급을 위한 식민지는 이미 지리상의 발견 이후부터 개척되었지만, 19세기의 식민지 개척은 거대한 자본을 통한 이윤의 극대화를 노린 것이다. 이렇게 국내 시장을 독점하고 이를 토대로 국외 시장과 개척지를 확보함으로써 무한의 이윤을 추구하여, 자본주의는 최고 발전 단계에 접어들게 된다. 이를 역사에서 제국주의라고 부른다.

제국주의의 선두 주자는 역시 영국이었다. 제일 먼저 산업 혁명을 일으켜 공업의 신속한 발달을 이룩한 영국은 주로 면방직 공업을 수출 시장 개척의 무기로 삼았다. 또한 여기에 프랑스와 독일, 미국이 가세함으로써 세계적 규모의 자본주의 체제가 구축되었다. 19세기 중엽에 이르러서는 제국주의 국가들은 이미 세계 대부분을 분할 점령하여 치열한 이권 쟁탈전을 벌이고 있었다. 이러한 가운데 서구 열강은 아직 미개척지로 남아 있는 동아시아로 눈을 돌려 침탈을 감행하였다.

영국이 아시아에 본격적으로 진출하기 시작한 때는 18세기 중엽, 프랑스와 경쟁에서 이긴 뒤 인도를 완전히 식민지로 삼은 때부터라고 봐야 할 것이다. 그러나 이전에 영국은 남부 아시아를 점령함으로써 중국을 넘볼 수 있는 교두보를 확보해 놓은 상태였다.

영국은 1802년에 실론 섬 일대를 거의 장악하였을 뿐만 아니라, 1819년에 와서는 싱가포르를 식민지로 편입하고 1824년에는 말레이시아 역시 식민지로 삼았다. 이해부터 1826년, 그리고 1852년에서 1853년 등 두 번에 걸쳐 미얀마와 전쟁을 벌여 미얀마를 영국령으로 만들어 버렸다. 인도가 점령된 것은 1858년의 일이었다(프랑스는 1862년에 베트남을, 1863년에 캄보디아를 보호령으로 만들어 영국과 더불어 중국을 넘보고 있었다).

이후 영국은 인도를 거점으로 중국을 넘보게 되었고, 동인도회사를 중심으로 광둥 무역에서도 단연 선두 주자가 되어 동아시아 시장 개척에 주력하였다. 영국은 서구에서 차를 즐기는 풍습이 만연함에 따라 중국 차를 수입하고 모직물을 중국에 수출하였는데, 점차 엄청난 무역 불균형이 생겨 당시 국제 무역의 유일한 결제 수단이었던 은銀의 부족이라는 심각한 문제에 직면하였다. 가령 예를 들면, 1820년대 이후 영국은 매년 70만 파운드어치의 모직물을 수출하였으나 중국은 600만 파운드에 해당하는 차 등을 영국에 수출하였다.

영국은 이를 타개하기 위한 방편으로 인도산 아편을 밀수출하기에 이르렀다. 이미 동인도회사는 아편을 몰래 밀수출하고 있었다. 여기에는 두 가지 정책이 내포되어 있었다. 하나는 아편 수출을 통해 인도 통치에 필요한 재정을 마련하는 것이고, 다른 하나는 무역 적자로 빚어진 은의 부족 문제를 해결하기 위한 것이었다. 그 이면에는 아편이 중국 전역에 퍼지게 되면 그만큼 지배가 수월해질 것이라는 제국주의적 야심이 숨겨져 있었다.

영국의 판단은 적중하였다. 청국인들은 점차 아편의 지배를 받게 되어 아편전쟁이 일어나기 전, 아편 중독자 수가 무려 200만을 넘게 되었다. 이것은 전쟁 직전까지 아편 밀수입 양이 엄청나게 증가했다는 것을 의미한다. 19세기 초에는 연평균 4천 상자였던 것이 1930년대에 이르면 10배 이상으로 증가하여 4~5만 상자 이상이 밀수입되었다.

그 결과, 국가 기강이 문란해지고 아편 중독자가 날로 늘어나 국민 건강이 악화되자 마침내 청국 정부는 아편 금령을 내렸다. 그러나 아편 중독은 하루아침에 끊을 수 있는 병이 아니었다. 이러한 병리 현상 때문에 금령에도 불구하고 아편 수입은 계속 진행되었고, 오히려 아편 중독자의 수만 늘어갈 뿐이었다. 그러나 이에 대해 청국 정부는 아무런 제재를 가하지 못하였다. 여기에는 원인이 있다. 당시 청국 정부 내에서는 아편 수입을 금지해야 한다는 엄금파와 이를 반대하는 이금파가 치열한 당쟁을 벌이고 있었다. 물론 이금파는 아편 수입을 통해 이권을 챙기는 관료 집단들이었다.

이러한 내분을 틈타 영국은 청국에 대해 시장 확대 개방을 요구하기에 이르렀다. 영국 내에서는 산업 혁명의 기수 역할을 한 이들이 신흥 자본가로 등장하면서 산업을 주도하고 있었다. 이러한 신흥 세력을 대표한 휘그당이 중국 시장 개척을 강조함으로써 130여 년간 독점권을 차지하고 있던 동인도회사를 물리치고, 대신 무역 감독관제를 신설함으로써 신흥 세력들이 중국에 대거 진출하였다. 영국이 청국에 대해 시장 개방을 요구한 데에는 이러한 영국 사회의 변동이 전제되어 있다. 이것은 또한 제국주의의 속성이기도 하다.

엄금파의 주장은 여론의 적극적인 지지를 받아 금연 운동으로 번져 나가게 되었다. 특히 엄금파의 핵심 인물인 임칙서는 1839년 3월에 광주에 도착하여, 아편 흡연과 판매를 금지하고 만일에 대비하여 해군력을 강화했다. 이미 1834년 7월에 해군 대령 윌리엄 나피에르는 초대 무역관으로 임명받아, 해군을 이끌고 광둥에 부임한 적이 있었다. 영국은 이때부터 일반 통상과 조약을 통해 시장 개방에 실패할 경우, 무력을 동원하여 강제로 이를 획득하려는 저의를 품고 있었던 것이다.

그러나 임칙서를 비롯한 현지 중국 관헌들은 무역 감독관을 영국 대표로 인정하지 않고 단순히 상인 대표로만 대접하였다. 이는 현지 관헌들이 아편 수입 금지와 시장 개방 반대의 뜻을 분명히 했다는 것을 의미한다. 아편전쟁은 이러한 마찰로 인해 일어났다.

영국이 강제로 중국 시장 개방 압력을 강행했던 이유는 자국 내 자본주의의 위기를 극복하기 위해서였다. 영국은 19세기에 들어 경제 위기에 처한 상태였기 때문에, 인도와 중국에서 이윤을 추구하여 자국의 문제를 해결하려 했던 것이다. 이미 1835년에 영국 상인들은 정부에 무력으로 중국 시장 개방을 촉구하라고 건의했으며, 이에 따라 중국 관계자들은 위원회까지 설치하였다. 그리고 1840년 2월에 영국 정부는 중국을 무력으로 개방할 것을 정식으로 결정하였다. 이 결정에 따라 같은 해 6월에 전권 대사 엘리어트가 이끄는 4,000여 명의 군인과 40여 척의 군함이 마카오에 도착하였고, 이에 대해 청국은 해군과 의용군을 중심으로 대항하였다. 이것이 바로 제1차 아편전쟁(1840~1842)이다.

이 전쟁은 영국의 완전한 승리로 끝났다. 전쟁 이후 양국 간에 불평등 조약인 난징 조약이 체결되었고, 이어서 1843년에는 추가 조약과 협정을 체결하였다. 1844년에는 청국과 미국, 청국과 프랑스 사이에도 조약을 맺게 되었다. 영국은 난징 조약을 통해 홍콩을 조차租借하고, 상하이·광저우 등 5개 항구를 개방시켰다. 이들 서구 열강들은 조약을 통해 치외법권과 무역상의 최혜국 대우 보장 등 침탈에 필요한 법적 지위를 확보하였다. 이로써 수천 년 동안 아시아에서 종주국으로 군림하던 중국은 서구 열강 앞에 서서히 무릎을 꿇기 시작하였다.

사실 아편전쟁은 화이華夷 사상에 기초한 중국 중심의 차별적 세계 질서와 서구 주도적인 세계 질서의 충돌이었으며, 조공을 통해 주변 국가를 지배해 오던 중국의 봉건성이 무너지는 출발점이기도 했다. 따라서 아편전쟁 이후 중국의 세계 인식 방향은 크게 수정되어야 했으며, 나아가 아시아에서 누리던 종주국의 자리에서 점차 멀어지게 되었다.

전쟁에서 졌음에도 불구하고 청국은 양이洋夷들과 맺은 조약이 조공 제도의 일환일 뿐이며, 5개 항구가 개방된 것도 광둥 무역의 연장이라는 인식을 갖고 있었다. 군주 체제를 유지하는 한 수천 년 동안 내려온 중화사상은 쉽사리 무너지지 않았다. 그러나 서구 열강들의 시장 개방 확대 요구는 끊임없이 이어졌다. 즉 청국은 외국 오랑캐와의 무역이 양자강 이북으로 확대되는 것을 막으려 했고, 영국 등은 중국 전체를 세계 자본주의 시장에 편입시키려 하였다. 이러한 마찰과 대립에서 터진 것이 영불 연합군과의 전쟁인 제2차 아편전쟁(애로호 사건이라고도 한다)이다. 이때가 1856년이었다.

이 전쟁 역시 영불 연합군의 승리로 끝나 톈진 조약(1858)과 베이징 조약(1860)이 체결되었다. 두 차례에 걸친 전쟁에서 패배한 청국은 말 그대로 '종이호랑이', 또는 '동방의 노제국老帝國'이라는 별명을 얻게 되었다. 그러나 자세히 살펴보면 청국은 서구 열강의 침략에 맞서 거의 20여 년 동안이나 저항한 셈이다. 청국은 전쟁에서 패한 뒤에야 서구 자본주의의 원료 공급지와 상품 시장이 되어 반半 식민지 상태로 전락하였던 것이다. 이후 중국의 산업은 파탄의 길로 치달았다.

여기까지가 청국이 세계 자본주의에 편입된 경위다. 다음은 일본이 어떻게 해서 문호를 개방하고 동아시아의 강대국으로 부상하였는지 살펴볼 차례인 것 같다.

일본이 미국의 강요로 문호를 개방한 것은 1854년에 맺은 미일 수호 조약 이후다. 그러나 이 조약을 맺기까지에는 일본도 쉽사리 개방을 허용하지는 않았다.

문호 개방을 전후로 한 일본은 도쿠가와德川 막부 시대에 해당된다. 일본은 16세기 전후에 이미 천주교 선교사를 통하여 서구 문물을 부분적으로 받아들인 적이 있으나, 화란(네덜란드) 동인도회사에 허용한 나가사키 무역을 제외하고는 17세기 초부터 강력한 쇄국 정책을 펼치고 있었다. 이미 18세기가 끝나 갈 무렵에 영국과 러시아가 문호 개방을 시도하였으나 실패로 끝났다. 그러나 일본은 미국의 무력 앞에 강제로 문호를 개방해야만 했다. 그렇다면 당시 미국의 국내 사정과 국제주의적 성격은 어떠한 것이었는가.

탄압과 박해를 피해 유럽 대륙에서 아메리카 대륙으로 건너간 유럽 청교도들은 인디언들을 박멸하면서 미국이라는 나라를 세웠다. 미국은 자유와 평등의 이념에 따라 영국에 대항하여, 1776년에 제퍼슨이 기초한 독립 선언문을 발표하면서 인간의 기본권과 인민 주권을 내외에 천명하였다. 그러나 이것은 자국의 독립을 위한 이데올로기였지 흑인이나 인디언, 그리고 약소국가에 허용되는 것은 결코 아니었다. 미국의 국부로 추앙받고 있는 초대 대통령 조지 워싱턴이 노예 노동력에 철저하게 의존하는 농장주였다는 사실은 시사하는 바가 크다.

미국은 북미 대륙 가운데 동북부 지방에 편재한, 13개 주로 구성된 연안 국가로 출발하였다. 영국으로부터 독립을 쟁취하였지만 내적으로 상인과 농장주 등 계급 간의 대립이 심화되고 있었다. 이를 해결하기 위하여 더 많은 영토가 필요해진 미국은 본격적으로 서부 개척에 나서게 되었다. 이른바 서부 개척 시대가 열린 것이다. 이때 미국은 조약 체결, 매입, 무력 등 갖가지 방법을 동원하여 영토를 확장해 나갔다. 그리하여 루이지애나·플로리다·텍사스를 차지하게 되었고, 멕시코와 전쟁을 벌여 뉴멕시코와 캘리포니아를 차지하였다(1848). 이렇게 하여 태평양 연안 확보와 서부 개척이 이루어졌던 것이다. 이때가 19세기 초에서 중엽이었다.

이렇게 미국은 프랑스·영국과 전쟁을 벌이면서 공업화를 촉진하였고, 서부 개척에 따른 대륙 횡단 철도 건설과 함께 유럽 자본주의의 침투를 막기 위한 먼로주의를 선언하기에 이르렀다. 이것은 유럽 열강에 대항하여 아메리카 제국을 건설하기 위한 팽창주의적 정책에서 비롯된 것이지, 방어적인 고립주의에서 비롯된 것은 아니었다.

미국이 아시아에서 본격적인 활동을 시작한 때는 서부 개척이 한창 진행되던 18세기 말이었다. 당시 뉴잉글랜드 상인들은 대서양을 남하하여 아프리카 희망봉을 돌아, 인도양을 거쳐 중국 광둥에 이르렀다. 특히 1848년에 멕시코 전쟁에서 승리한 뒤에는 대륙을 횡단하는 태평양 연안 국가로 급부상하여, 중국 무역에서도 영국 다음가는 위치에 올랐다. 그러나 북부에서 공업이 발전함에 따라 많은 노동력이 필요해져 남부의 흑인 노예에게 주목하게 되었고, 이러한 배경에서 링컨이 노예 해방을 주장함으로써 남북전쟁 (1861~1865)이 발발하였다. 따라서 남북전쟁은 북부의 자본가와 남부의 농장주들 사이에 발생한 경제적 대립 관계에서 비롯된 것이라고 볼 수 있다. 전쟁이 끝난 후 흑인들은 노예에서 풀려나긴 했지만, 그것은 자본가와 노동자라는 근대적 계급 관계로 변질된 것에 불과했다.

이렇게 미국은 자국의 공업화에 주력하여 산업 자본을 축적해 가는 한편, 국외 시장 개척에 몰두하기 시작하였다. 아직 막강한 군사력이 없던 미국이 영국의 뒤를 좇아, 아편전쟁 이후 중국과 망하조약(1844)을 맺은 것도 팽창주의 정책에 따른 것이다. 또한 1850년대에 들어 캘리포니아에서 대규모 금광이 발견됨에 따라 중국과의 무역이 더욱 활기를 띠게 되었고, 태평양 항로도 자연스럽게 개설되었다. 이뿐 아니라 포경 선단들이 미국 서해안을 따라 북상하여 지금의 구소련 연안까지 갔다가, 거기서 다시 남하하여 일본 근해까지 활동 영역을 넓혀 가고 있었다. 즉 미국은 대서양을 통하여 유럽 연안을 드나들고, 태평양을 건너 동아시아까지 진출함으로써 동서로 세계를 횡단하는 항로를 개척하였던 것이다. 게다가 남태평양의 서사모아 제도까지 세력을 팽창시키고 있었다. 이때부터 미국은 일본에 대해 관심을 갖기 시작하였다.

미국은 무엇보다도 4억이 넘는 인구를 가진 중국 시장 개척에 주력하려 하였다. 그런데 태평양을 건너다 보면 항해상 여러 문제에 부딪히게 마련이다. 지금처럼 아직 선박의 기능이 선진적이지 못한 관계로, 자연재해에 대한 대비나 식량과 연료 공급 등이 시급한 문제였다. 그래서 미국은 중간 기착점이 필요하다는 점을 인식하게 되었다. 게다가 포경 선단들이 태평양 연안에서 조업을 할 때 뒷받침해 줄 수 있는 항구를 건설해야 한다는 점이 대두되었다. 미국이 서둘러 일본을 강압적으로 개방시킨 배경은 이러한 것이었다. 물론 그 이면에는 사상적인 측면이 숨겨져 있다.

첫째는 문명 우월론에 따라 아시아에 기독교를 포함하여 진보의 빛을 비추어 주어야 한다는 것이며, 둘째는 멕시코 전쟁 때 내걸었던 명백한 운명Manifest Destiny라는 명분(미국인들은 이것을 신의 명령이라고 하였다)에 따라 태평양 서쪽으로 진출하게 되었다는 것이다. 이 두 가지 모두는 식민지 개척에 필요한 팽창주의적 이데올로기에 불과한 것이다.

그러나 아직 미국은 독점 자본과 군사력을 바탕으로 식민지를 개척할 만한 제국주의 단계에까지 이르지 못하였다. 단지 상대적으로 열세라고 판단한 일본과 조선에 대해서 강압적인 수단으로 문호 개방을 요구하였던 것이다. 특히 미국의 눈에는 일본이 대륙 진출의 거점으로 보였다. 이러한 미국의 동아시아 정책에 따라 일본은 서양의 충격을 받게 되었다.

일본 개방에 앞장섰던 미국의 페리 제독이 4척의 군함을 이끌고 도쿄 만 입구 우라가浦賀에 나타난 것은 1853년 7월의 일이었다. 당시 일본인들은 미국 군함을 흑선黑船이라고 불렀다.

여기서 흥미로운 것은, 당시 일본 막부는 미국이 곧 문호 개방을 촉구하러 올 것이라는 것을 미리 알고 있었다는 점이다. 1844년에 네덜란드 정부는 일본에 서한을 보내어 아편전쟁의 말로를 알리면서, 이와 같이 당하기 전에 미리 문호를 개방하라고 촉구하였다. 또한 1852년에 한 네덜란드 인이 일본 막부에 페리 제독이 찾아오는 목적이 무엇인가에 대해 환기시켜 주면서, 이에 어떻게 대응할 것인가도 일러 주었다고 한다. 이러한 점이 일본이 미국에 대해 무력 대응을 포기하고 외교적 교섭을 통해 문호를 개방하는 데 어느 정도는 영향을 미쳤다고 본다.

페리가 오기 전에도 몇 차례에 걸쳐 미국인들이 일본 연안에 나타난 적은 있다. 일본을 개방하기 위하여 1837년에 상선 모리슨호가 일본 난파 선원을 태우고 에도 만에 들어가려 하였으나, 우라가에 있던 포대에 쫓겨나고 말았다. 1846년에는 비들 제독이 두 척의 미 해군 함정을 이끌고 우라가 연안에 접근하였으나 아무런 소득도 없이 철수하였다. 이렇게 일본 개방에 실패하자, 미국 대통령 필모어는 페리에게 명령하여 원정군을 이끌고 일본을 개방시키라고 하였다.

마침내 페리는 1853년 7월 8일, 우라가에 닻을 내리고 필모어의 서한을 막부에 전달하라고 현지 관헌에게 건네주면서 미일 양국 간에 친선과 통상 관계를 위한 교섭에 응하라고 요구하였다.

미국 군함이 도착했다는 소문이 퍼지자 일본은 일대 혼란에 빠졌다. 무사들은 흥분하여 미국을 당장이라도 무력으로 몰아내자고 주장하였다. 그러나 페리와 마주앉은 관리들은 사태의 심각성을 인식하고 함부로 행동하지 않았다. 일본 측 대표를 맡은 아베 마사히로는 페리의 태도를 통하여 쇄국 정책에 한계가 왔다는 것을 피부로 절감하게 되었다. 일본은 우선 내부 사정 때문에 당장 교섭에 응할 수 없으니 차후로 미루자고 하였다. 이에 페리는 사후 교섭에 동의하고 내년 봄에 다시 오겠다고 하면서 일본을 떠났다. 페리는 아편전쟁 이후 일본 역시 무력 침탈을 두려워하고 있다는 것을 알고 있었기 때문에 개방은 시간문제라고 여겼을 것이다.

페리가 떠난 후 일본 정계는 미국에 문호를 개방하는 문제를 놓고 격론을 벌였다. 쇄국 정책에는 변함이 없어야 한다고 주장하면서도 아편전쟁을 염두에 둔 나머지 무력 충돌만은 피해야 한다는 주장이 팽배하였다. 그러나 아무도 구체적인 대응 방안을 제시하지 못했다. 이러지도 저러지도 못할 상황에 직면한 것이다.

이렇게 일본이 혼란에 빠져 있을 때 다음해인 1854년 1월에 페리는 다시 우라가에 도착하여, 무력 시위를 하며 교섭에 응할 것을 요구하였다. 결국 미국의 군사력을 뒤집을 수 없다고 판단한 일본은 같은 해 3월에 가나가와 조약에 조인하고 말았다. 이리하여 일본은 시모다下田 등 2개 항구를 개방하여 미국 선박에 식량과 연료를 공급하고, 난파선 구조와 화물 보호 등 호의적 대우를 보증하게 되었다. 또한 미국은 최혜국 대우 조항을 삽입하여 유리한 특권을 누릴 수 있는 법적 장치를 마련하였다. 즉 가나가와 조약은 중국이 영국 등과 맺은 조약과 마찬가지로 불평등 조약이었다. 그런데 여기서 양국은 무역 통상에 대해서는 차후에 교섭하기로 했는데, 이는 개방한 시모다 항구 등이 당시 일본의 경제 중심지였던 도쿄나 오사카에서 멀리 떨어진 변방이었기 때문이다.

이후 일본은 영국과 러시아와도 조약을 맺었는데, 역시 불평등한 내용으로 가득했다. 여기다가 오랫동안 무역을 해 온 네덜란드도 새로 조약을 맺자고 요구해 와 이에 응하지 않을 수 없었다. 이렇게 해서 200년 이상 지속돼 온 쇄국 정책은 무너지고, 일본은 강제 개방에 따른 후유증에 시달려야 했다.

결국 청국과 일본 모두 자주적인 개방이 아닌, 무력 앞에 어쩔수 없이 불평등 조약을 맺음으로써 세계 자본주의에 편입되었던 것이다. 그런데 이렇게 서구 열강에 휩싸여 위기에 빠져 있음에도 불구하고 이들 국가들이 조선을 넘보게 된 원인은 어디에 있을까. 바꾸어 말하면 일본의 경우, 개방 이후에 어떠한 정책과 국제 전략을 통해 자기들이 당한 것과 똑같이 조선을 무력을 통해 강제로 개방시킨 것일까. 이 의문을 풀기 위해서는 좀 더 일본 내부를 깊숙이 들여다보아야 할 것이다. 이전에 먼저 조선 국내 상황으로 돌아가보자.

대원군의 집권과 쇄국 정책 : 서구 열강의 무력 침략

조선의 인접국인 청국과 일본이 서구 열강에 예속됨으로써 유일하게 남아 있던 조선 역시 점령 대상으로 부상하게 되었다. 1860년대의 조선은, 안으로는 폭발하는 민중들의 항쟁과 밖으로는 서구 열강의 침략으로 봉건 체제에 최대의 위기를 맞은 시기였다. 이런 와중에서 대원군의 집권 시대가 열렸다.

1863년 12월 초에 조선 25대 왕 철종이 죽었다. 그런데 뒤를 이을 아들은 물론이고 가까운 일가친척도 없었다. 이에 조 대비는 철종의 먼 일가인 이하응(홍선대원군)의 둘째 아들 명복을 익선군으로 봉하여, 원로 대신 정원용의 발의에 따라 왕위에 오르게 하였다. 이가 바로 조선 26대 왕인 고종이다. 안동 김씨들로부터 탄압과 감시를 받으며 처사로 지내던 홍선대원군은 철종이 죽기 전에 궁중최고 어른인 조 대비와 이미 연줄을 맺고, 자기 아들을 왕위에 앉히도록 종용한 바 있었다. 그러나 왕위에 오른 고종은 불과 열두살의 소년이었다. 홍선대원군의 집권 시대는 이렇게 해서 열렸다.

홍선대원군은 1862년의 임술민란과 중국의 아편전쟁, 일본의 문호 개방 등 일련의 국내외 정세를 정확히 파악하여 무너져 가는 봉건 체제를 다시 건설하기 위하여, 중앙 집권 강화 정책과 더불어 쇄국 정책을 동시에 펼쳐 나갔다.

그는 우선 파벌이나 신분·지방색에 관계없이 인재를 두루 등용하면서 안동 김씨 세력을 중앙에서 축출해 나가 무너진 왕권을 다시 세웠고, 비변사와 삼군부 그리고 의정부의 기능을 축소 또는 약화시켜 자신의 권력 기반을 강화하였다. 또한 『대전회통』, 『육전조례』 등의 법전도 간행하여 국가 기강을 바로잡았다.

어느 정도 중앙 정계를 정비하면서 대원군은 농민 항쟁의 주원인이었던 부세 제도를 개선하는가 하면, 지방 관리와 양반들의 탐학과 착취를 통제하기 위하여 대토지 소유자들의 토지 소유를 제한하고, 양반에게도 군포를 부과하는 호포법을 시행하였다. 또한 농민 착취의 상징이었던 서원을 정리하여 47개만 남겨 놓고 1,000여 개의 서원을 철폐하였다. 국가 재정을 위해서는 사창법을 되살려 부세 부담을 공평하게 하려고 노력하였다. 이를 통해 농민들의 세금 부담이 다소 감소한 것은 사실이었지만, 이것은 어디까지나 봉건 체제 강화의 일환이었다. 그러나 일단 세도 정치로 비롯된 온갖 부조리가 점차 사라져 백성들의 지지를 받은 면도 있었다. 이로써 홍선대원군은 세도 정치를 종식시키고 민생 안정을 도모하면서 국가 재정을 확보하여 중앙 집권 체제를 확립해 나갔다.

동아시아의 급격한 국제 변동에 대응하기 위하여 홍선대원군은 강화도·교동도·영종도 등 서해안 일대와 한강 하구에 위치한 주요 거점에 성과 진을 쌓고 포대를 설치하여 해안 경비를 강화하는 한편, 전국의 포수들을 모집한 뒤 정규 군사 훈련을 시켜 군사력을 증강하였다. 또한 일본이 점차 서구 열강과 가까워지고 있음을 알고 일본과 국교를 단절하고, 부산 동래성 일대의 경계를 강화하였다.

이럴 즈음 서구 열강은 동북아시아에서 유일하게 남아 있는, 은둔의 나라인 조선에 관심을 갖고 개방을 요구해 오기 시작하였다. 러시아는 1864년에 남하 정책의 일환으로 조선의 국경 지대에 사절을 파견하여 통상을 요구하였으나, 홍선대원군이 내응자를 처벌하고 두만강 유역에 둔전을 설치하는 등 철저한 쇄국 정책을 펴 실패로 끝났다. 하지만 러시아는 부동항不凍港을 구하기 위한 남하 정책을 결코 포기하지 않았다. 1865년에 러시아 인 수십 명이 청국인을 앞세우고 나타나기도 했으며, 함경 감영에 국서를 가져오겠다는 통보도 하였다. 1866년 2월에 영국은 로나호를, 같은 해 7월에 엠퍼러호를 보내어 교섭에 응할 것을 요구하였으나 실패하였다. 그러나 서구 열강의 무력 침탈을 완전히 비켜 갈 수는 없었다. 그래서 터진 것이 조불 전쟁(병인양요)과 조미 전쟁(신미양요)다.

조불 전쟁은 알려진 바와 같이 프랑스 선교사와 천주교 신자들을 박해했다는 이유로 프랑스 군함이 조선을 침략하여 발발한 것이다. 조불 전쟁이 있기 전에도 천주교 신자들은 엄청난 박해를 당한 적이 있다.

프랑스는 1831년, 조선 교구가 베이징 교구에서 벗어나 외방 선교회가 조선 교구를 담당하자 본격적인 천주교 전파에 나섰다. 그래서 1838년에 앙베르 주교 등이 조선에 파견되어 교세 확장에 주력하였다. 그 결과 1년 사이에 천주교 신자 수가 9천 명 이상으로 증가하게 되었다. 이때 천주교를 놓고 시파와 벽파 사이에 정쟁이 벌어져 벽파의 주도로 프랑스 신부와 천주교 신자들이 처형당하는 사건이 벌어졌다. 이것이 1839년에 있었던 기해사옥(기해박해)이다.

프랑스 정부는 이것을 빌미 삼아 1846년과 1847년에 두 번에 걸쳐 극동함대를 조선에 보냈으나, 폭풍 때문에 상륙은 하지 못하고 프랑스 신부를 죽인 일에 대해 무력으로 대응할 것이라는 서한만 남겨 놓고 돌아갔다.

흥선대원군 집권 이후에도 천주교 신자는 꾸준히 늘어 가고 있었다. 흥선대원군은 처음부터 천주교를 박해하지는 않았다. 그는 단지 천주교 선교사들을 통해 외세가 침입할 우려가 크다는 것을 알고 이에 대한 처리를 놓고 고민을 하고 있었다. 그런 와중에 북방 변방에서 러시아가 자꾸 남하하려는 움직임을 보이자, 흥선대원군과 관료들은 러시아가 곧 쳐들어올지도 모른다는 불안감을 갖게 되었다. 이때 정부 내에서 나폴레옹 3세가 집권하고 있는 프랑스와 협력하여 러시아의 남하를 막자는 의견이 대두되었다. 이에 대해 홍선대원군 정권은 갑론을박을 벌인 끝에, 우선 국내에 들어와 있는 프랑스 신부를 통해 일을 추진하기로 하였다.

이러한 정책 방향을 알게 된 베르누이 주교 등은 기뻐하면서 한양으로 올라갔다. 그런데 이들이 도착한 것은 한 달 뒤였다. 그 사이 홍선대원군은 베이징의 사신이 보내온 서신을 통해, 청국 베이징에서 제2차 아편전쟁 이후 천주교 신자들을 탄압하고 있다는 정황을 알게 되었다. 또한 천주교가 궁 내부까지 들어와 있다는 소문이 나돌아 천주교를 반대하는 관료나 유생들이 연일 이를 비판하는 상소를 올리는 한편, 조 대비마저 천주교를 싫어한다고 노골적으로 표현하였다. 이에 홍선대원군은 프랑스와 협력한다는 방침을 취소하고 천주교에 대한 탄압령을 내렸다. 이는 정권을 위협하는 세력들을 견제하기 위한 일이기도 했다.

1866년에 시작된 천주교 신부와 신자들에 대한 박해는 1871년까지 계속되었다. 이를 병인사옥(병인박해)이라고 부른다. 이 기간 동안에만 해도 프랑스 신부 9명과 8천 명이 넘는 천주교도들이 대대적으로 처형당하였다. 이때 간신히 죽음을 모면하고 조선을 탈출한 리델 신부는 신도들과 함께 청국 톈진으로 탈출하여, 조선 내에서 벌어지고 있는 천주교 탄압 소식을 극동함대에 알렸다. 천주교를 이용하여 식민지 확장에 몰두하고 있던 프랑스는 이를 구실로 대대적인 침공을 감행하였다.

조불 전쟁(병인양요)

프랑스 군은 1866년 8월에 현지답사를 위해 군함 3척을 경기도 남양만에 보냈다. 프랑스 군함은 연안을 측량한 뒤, 이 중 2척은 서울 서강西江에까지 들어와 항로를 측량하고 돌아갔다. 그런데도 강화도 주둔군은 아무런 조치를 취하지 못했다. 중앙 정부는 이에 대한 책임을 물어 강화 중군 이일제를 파면했다.

프랑스 군이 본격적인 침공을 감행해 온 것은 다음달인 9월이었다. 프랑스 군은 청국과 일본에 주둔하고 있던 군사력을 총동원하여, 군함 7척과 군인 2천여 명을 이끌고 사전에 조사한 항로를 따라 강화도를 일시에 점령하였다.

강화도를 점령한 프랑스 군은 조선 정부에 대해 프랑스 신부를 살해한 책임을 물어 배상금 지급과 책임자 처벌을 촉구하면서, 사건과 아무 관련이 없는 통상 조약 체결 등 침략적인 요구를 제시하였다.

프랑스 군은 한 달 가까이 강화도를 점령하고 있었다. 처음에 조선 정부는 프랑스 군의 막강한 군사력에 밀려 대응책에 고심하였지만 흥선대원군은 프랑스 군의 요구를 모두 묵살하고 강경하게 맞서 싸울 것을 결정하였다. 한양 침공에 대비하기 위하여 훈련대장 이경하는 군사 2,000여 명을 이끌고 한양과 한강 연안을 사수하는 한편, 전국 각지에서 모집된 의용군 부대 4,000명은 프랑스 군과 싸우기 위해 한양 근교로 모여들었다. 이럴 즈음 9월 18일에 프랑스 군은 한양 침공을 위해 통진에 상륙하여 공격을 감행하였다.

프랑스 군이 통진에 상륙했다는 정보를 입수한 조선 의용군 부대는 적을 문수산성으로 유인하여 전투를 벌인 끝에 승리를 거두었다. 문수산성 전투에서 패배한 프랑스 군은 9월 말에 강화성의 요충지인 정족산성을 공격 목표로 삼았다. 이에 양헌수가 이끄는 의용군 부대는 10월 1일에 프랑스군을 기습 공격, 격렬한 전투를 벌여 프랑스 군을 물리쳤다. 이렇게 두 전투에서 패배한 프랑스 군은 전의를 상실하고 10월 5일에 모두 퇴각하였다. 조불 전쟁은 조선의 완전한 승리로 끝났다.

그러나 조선의 피해도 적지 않았다. 수많은 강화도 주민들이 프랑스 군에게 살육되었으며, 전투에서 아군의 피해도 적지 않았다. 또한 프랑스 군은 후퇴하면서 화승총 등 군기 물자와 보물들, 당시 환율로 거의 4만 달러에 해당되는 금은괴 180상자와 귀중한 문화재인 사고 도서史庫圖書를 탈취해 갔다.

이 전투가 승리로 끝날 수 있었던 것은 포수 등으로 구성된 의용 군의 활동이 두드러졌기 때문이다. 또한 정부와 민중의 반反침략 의식이 합치되어 군과 민이 협력하여 적을 물리쳤던 것이다. 이 전쟁에서 승리한 조선 정부는 쇄국 정책에 더 큰 자신감을 갖게 되었다. 이로 인해 천주교인들에 대한 탄압도 강화되었던 것이다. 조불 전쟁은 서구 열강이 정규군을 동원하여 최초로 조선을 침입한 사건이었다.

제너럴셔먼호 사건, 남연군 묘 도굴 사건과 조미 전쟁(신미양요)

조불 전쟁이 일어나기 불과 두 달 전 7월에 대동강에 한 낯선 외국 선박이 모습을 드러냈다. 이 선박이 바로 제너럴셔먼호다. 미국 선박이 조선에 들어온 것은 셔먼호가 처음은 아니었다. 철종 대에도 가끔 조선 해안에 나타난 적이 있었고, 셔먼호가 들어오기 5개월 전인 2월에 사불호, 5월에 서프라이즈호가 조선 연안에 나타나 통상을 요구한 적이 있었다. 그러나 이들 선박은 조선의 쇄국 정책에 부딪혀 접촉해 보지도 못하고 물러났다. 서프라이즈호의 경우,

이 선박이 황해도 앞바다에서 난파되었기 때문에 조선 측에서는 선원들을 구조하여 중국에 들어갈 수 있도록 의주까지 호송해 주었다.

그런데도 포대 2문으로 무장한 셔먼호의 선장은 토머스 선교사와 무장 선원 24명을 이끌고 7월 7일(양력 8월 15일)에 평안도 용강현 다미면 주영포에 침입하였다가, 곧바로 대동강 하구를 따라 육지에서 불과 10여 리밖에 떨어지지 않은 황해도 동진 앞바다로 들어왔다.

평양 부근까지 접근한 셔먼호도 역시 통상을 요구하였다. 그런데 홍수로 인해 선체가 강안에 처박히게 되자, 평안 감사였던 박규수는 셔먼호를 조난선으로 예우하여 식량과 식수·땔감 등을 공급해 주면서 조용히 조선을 떠날 것을 요구하였다.

그러나 셔먼호는 배를 고친 뒤에도 계속 대동강을 오르내리면서 통상을 촉구하였다. 그러면서 조선 선박을 약탈하고, 일부는 육지에 상륙하여 민간인들을 해치거나 재물을 터는 등 강도 행위를 서슴지 않고 행했다. 이는 미국인들이 조선을 뒤떨어진 문맹국으로 보고 박규수 등의 호의적인 태도를 무시한 결과였다.

이러한 만행에 격분한 평양 주민들은 평안 감영의 군사들과 함께 셔먼호를 공격하여 선박을 불태워 버리고, 토머스 선교사와 24명의 무장 선원 모두를 살해하였다. 이것이 제너럴 셔먼호 사건이다(이하 셔먼호 사건).

셔먼호의 침입은 미국 정부의 지시에 따른 것은 아니지만, 일반 선박들은 무장을 하고 미국 정부의 공식적인 개입이 없어도 미개방 국가에 함부로 들어가 통상을 요구하는 행위를 예사롭지 않게 자행하였다. 이는 미국 팽창주의 정책의 일환으로 이루어진 것이라는 점을 간과해서는 안 된다.

서면호 사건 이후 미국은 프랑스처럼 바로 무력을 동원하지는 않았다. 미국은 조선 정부에 대해 서면호와 희생된 선원들에 대한 배상금 지불과 책임자 처벌, 통상 조약 체결을 계속 요구해 왔다. 그러나 조선 정부는 쇄국 정책에 따라 이들의 요구를 모두 거절하였다. 그러자 미국은 프랑스와 합작하여 비열한 짓을 저지르게 된다. 그것은 다름 아닌 남연군 묘 도굴 사건이다.

조선이 전혀 통상에 응할 기미가 안 보이자 미국은 유교 국가인 조선이 대대로 조상을 신처럼 받든다는 관습을 역이용하여, 교섭 테이블에 흥선대원군을 끌어내기 위해서 흥선대원군의 아버지인 남연군의 묘를 파헤치기로 결정하였다. 묘를 파헤쳐 남연군의 유골 등을 훔쳐가 이를 담보로 흥선대원군의 쇄국 정책을 무너뜨리겠다는 야만적인 계획이었다. 이것이 결정되기까지 병인사옥을 피해 중국으로 탈출한 프랑스 신부 페롱과 조선인 천주교도들의 의견이 큰 작용을 하였다.

이 일을 주도한 사람은 의외로 독일인인 오페르트였다. 대상인이었던 그는 1866년에 두 번에 걸쳐 조선에 잠입하려다가 실패하자 기회를 노리고 있던 중, 페롱 등의 의견에 따라 남연군 묘를 도굴하기로 결정하였다. 여기서 잠시 오페르트에 대해 살펴보자.

정확히 말해서 그는 독일계 미국인이었다. 당시 중국에는 동방에 대한 호기심을 갖고 찾아온 상인들이 많이 있었는데, 오페르트 역시 마찬가지였다. 이들 대부분은 동방이 서방에 알려지면서 동방에 엄청난 보물이 산재해 있다는 소문을 듣고 달려온 것이다. 이를테면 해적질도 서슴지 않고 행할 수 있는 무리들이었다(서면호 역시 선원들의 행동으로 봐서 이러한 목적을 가지고 들어왔던 것이 틀림없다).

중국에 도착한 이들은 조선에는 가는 곳마다 금과 은이 수두룩하고, 특히 왕족이나 귀족들의 무덤 속에는 보물이 묻혀 있다는 소문을 듣고 있었다. 이런 소문을 그냥 듣고 넘어갈 오페르트가 아니었다. 그는 1866년에 영국 상선 로나호를 타고 한국 서해안에 들어와 소문의 진상을 알아보려고 하였지만 실패하였다. 그리고 같은 해 8월에 다시 영국 선박 엠퍼러호를 타고 한강 입구 근처까지 들어와 측량을 하고 돌아가기도 했다. 물론 이 모든 것이 조선의 보물을 훔치려는 목적으로 이루어진 것이다. 따라서 그가 남연군 묘를 도굴하는 일에 앞장섰던 것은 당연한 일이었다.

그는 자금 담당으로 미국인 젠킨스를 끌어들이고 선장 묄러, 조선인 모리배 2명, 유럽과 필리핀 등의 선원을 모집하여 140여 명의 도굴단을 구성하였다.

이렇게 젠킨스, 독일 상인 오페르트, 프랑스 신부 페롱과 각국 선원으로 구성된 도굴단은 1868년 4월에 차이나호, 그레타호 등 1천 톤급 기선을 이끌고 일본 나가사키로 향했다. 그리고 거기서 머스킷 소총을 구하여 무장하고 도굴용 도구도 구입한 뒤, 같은 달 10일에 충청남도 덕산군 구만포에 상륙하였다. 남연군 묘는 지금의 충남 예산군 덕산면 상기리에 있었다.

현지에 도착한 도굴단은 관청을 습격하여 무기를 탈취하고, 민가에 들어가 도굴에 필요한 도구 등을 약탈하고는 묘를 파헤치기 시작하였다. 그러나 묘가 워낙 견고하여 새벽이 지나도록 도굴을 하지 못했다. 이들은 날이 밝자 곧바로 철수하였다. 오페르트는 돌아가는 길에 인천 앞바다에 있는 영종도에 들러 프랑스 제독 알리망의 명의로 통상 요구문을 작성하여 홍선대원군에게 전달하려 하였지만, 영종 첨사 신효철은 도굴 행위의 만행을 규탄하고 외국 오랑캐와는 뜻이 통하지 않는다고 하면서 요구문을 되돌려 주었다.

국왕의 할아버지요 자신의 아버지인 남연군 묘를 도굴하려 했다는 사실을 뒤늦게 안 홍선대원군은 크게 격분하였다. 유교 이념을 떠나서 아버지의 묘를 파헤친 서양 오랑캐의 만행에 분노를 감출 길이 없었다. 이 일로 인해 홍선대원군은 더욱 조선의 문을 굳게 잠그고 천주교도들을 탄압하였다. 1866년에 시작된 병인사옥이 1871년까지 이어졌던 원인 중 하나가 바로 이 남연군 묘 도굴 사건이다. 이 사건에 연루된 젠킨스는 고발당하였고, 페롱은 프랑스 정부로부터 소환당하였다.

도굴 사건이 실패하자 미국 정부는 무력 이외에는 조선을 개방시킬 수 없다는 결론을 내리고 주청 미국 공사 로에게 전권을 위임하는 한편, 아시아 함대 사령관 로저스에게 해군 함대를 동원하여 조선 개방을 촉구하라고 명하였다.

이 결정은 셔먼호 사건의 사후 처리와 조선 염탐을 위해 조선 연안에서 탐문 항해를 하면서 통상 요구를 하는 동시에, 두 번에 걸쳐 원정 계획을 짰으나 실천에 옮기지 못한 뒤에 이루어진 것이다. 그만큼 미국은 일찍부터 조선을 식민지로 만들 음모를 꾸미고 있었던 것이다.

어쨌든 명을 받은 로저스는 1871년 4월에 콜로라도호 등 군함 5척(대포 85문 적재)과 군인 1,200여 명의 병력을 나가사키에 집결시키고, 약 2주 동안 해상 기동 훈련을 마친 뒤 침략을 감행하였다.

이때 미국은 여느 때처럼 평화적 교섭을 가장하기 위해 리델 신부와 조선인 천주교인 몇 명도 대동하였다.

로저스는 조선이 평화적 협상을 거부할 가능성이 높다고 보고 무력 침공을 원칙으로 세운 뒤 인천 앞바다에 침입하였다. 그는 한양으로 들어가기 위해 수로를 측정하면서 강화 해협에 들어간다고 일방적으로 통고한 뒤, 바로 강화 해협으로 밀고 들어왔다. 한편 조선에서는 미군이 침입하였다는 소식이 번지자 조불 전쟁 때처럼 의용군 부대가 조직되었다. 그리고 전국의 포수들도 다시 강화 해협을 향해 모여들었다.

조선 군대는 미국에 비해 군사력이 열세라고 판단, 기습 작전을 펼치기로 결정하고는 한양을 향해 밀고 들어오는 미군 함대를 손돌목에서 공격하여 격퇴하였다. 불의의 기습을 받은 미군 함대는 후퇴하지 않을 수 없었다.

이에 대해 미국 측은 남의 영토에 불법으로 들어온 상태에서, 평화적으로 측량 활동을 하고 있는 미군 함대에 포격을 가한 것은 야만적인 행위라고 오히려 조선 정부를 비난하였다. 그뿐 아니라 손돌목 포격 사건에 대해 사과하고 손해 배상을 하지 않을 경우, 10일 후에는 육지에 상륙하여 보복하겠다고 협박까지 하였다. 이것은 어디까지나 정해진 수순이었다.

이러한 억지 주장에 대해 조선 정부는 강화 해협은 군사상 요충지인데도 불구하고 허락도 받지 않고 들어온 것은 분명히 불법이요 침략 행위라고 규탄하면서 미군 측의 요구를 묵살하였다.

평화 협상이 결렬되자 미군 함대는 강화도를 점령하기 위해 초지진, 덕진진 등에 대해 상륙 작전을 펼치기 시작했다. 이렇게 해서 본격적인 조미 전쟁이 발발한 것이다.

무차별 함대 포격으로 초지진을 완전히 초토화시킨 뒤 상륙한 미군은 이어서 덕진진을 무혈 점령하고, 마지막으로 광성보를 점령하기 위해 진격해 왔다.

당시 광성보에는 진무 중군 어재연이 이끄는 군사 600여 명이 배치되어 있었다. 미군은 수륙 양면 작전을 펼쳐 포격을 가해 왔지만, 조선 수비군도 반격을 가하여 미 군함 3척을 격파하고 진지로 달려드는 미군들과 육탄전을 벌여 광성보를 사수하였다. 이 전투에서 어재연 등 53명이 전사하였지만, 미군도 큰 타격을 입고 침공 20여 일만에 후퇴하고 말았다. 이 전투에 대해 주청 미국 공사 로가 정부에 제출한 보고서 가운데 다음과 같은 대목이 있어 주목을 끈다.

조선 사람들은 결사적으로 싸울 것을 결심하였다. 그들의 용감성은 일찍이 볼 수 없었던 것으로, 세계 어느 민족도 조선 사람들의 용감성을 따를 수 없을 것이다.

그리고 『은둔의 나라 조선』이라는 책에는 이러한 용감성을 뒷받침해 주는 구체적인 내용이 들어 있다.

(미군들은) 비상한 용기를 가지고 응전해 가며 성벽에 올랐다. 그들은 아군을 돌로 내리쳤다. 무기가 없는 경우, 그들은 침략자들의 눈을 멀게 하려고 손으로 흙을 쥐어 뿌렸다. 그들은 한 치 한 치의 땅을 가지고 싸웠으며, 오로지 죽기를 각오하고 싸웠다.

군사력에서 열세인 당시 조선 군사들이 신식 무기로 무장한 미군을 맞아 얼마나 치열하게 전투를 벌였는지 상상할 수 있는 부분이다.

조미 전쟁을 승리로 장식한 조선 조정은 '서양 오랑캐가 침입할때 싸우지 않으면 화친하는 것이요, 화친을 주장한다는 것은 나라를 팔아먹는 짓이다'라는 내용의 척화비를 전국 각지에 세워 쇄국정책을 강화해 나갔다.

이렇게 서구 열강을 맞아 벌인 전쟁을 모두 승리로 이끌었다는 것은, 당시 조선 군대가 갖춘 조직력이나 군 장비 등 군사력을 따져볼 때 기적에 가까운 일이다. 강대국 청국도 영국이나 프랑스와 싸워 패배한 점을 고려한다면 조선의 승리는 매우 값진 것이다.

이 승리는 우연히 이루어진 것은 아니었다. 그것은 흥선대원군 정권의 강력한 지도력과 반침략 의지에 고무된 민중이 하나로 결집했기에 가능했다. 이렇게 봤을 때 조불 전쟁과 조미 전쟁에서 얻은 승리는 식민지화의 위기에서 나라를 구하고 자주성을 지켰다는 점에서 그 역사적 의의는 매우 값지고 큰 것이다. 단지 안타까운 것은 흥선대원군의 정책이 봉건 체제 유지에 궁극적 목표를 두었기 때문에 세계 역사의 흐름을 간과하여 자주적 개방과 근대화의 호기를 놓친 점이다. 그렇다고 섣불리 개방을 할 수도 없던 것이 국내 상황이었다. 이러한 복잡성은 흥선대원군 정권이 몰락하여 민씨 정권이 들어선 후에 확연히 드러났다.

당시 조선이나 청국·일본 등 아시아 제국諸國이 개방을 하기 전에 취한 공통적인 정책은 쇄국이요, 배외주의였다. 단지 강도의 편차를 보이고 있을 뿐이지, 서양 오랑캐의 침입에 대항하고 국가의 자주성을 지키려 했던 것은 모든 국가가 마찬가지였다. 따라서 흥선대원군의 쇄국 정책에 대한 평가는 양면성을 띨 수밖에 없다. 안으로는 봉건 체제를 강화한 것이고 밖으로는 외세를 물리친 것이다. 당시 여러 선각자들이 자주 개화를 주장하였지만, 서구 열강의 무력 침공이 감행되고 있는 상황에서는 이들의 목소리는 아주 작을 수밖에 없었다. 결국 흥선대원군의 쇄국 정책은 시대적 한계 상황에서 비롯된 것이지, 그 자체가 빚어 낸 과오에 대해서는 크게 탓할 것이 못 된다고 본다.

결국 흥선대원군의 쇄국 정책은 오랫동안 유교에 젖어 있었던 관계로 중화사상에 입각한 유교적 차별 질서로만 세계를 인식하려 했던 당시 조선 조정의 기본 이념에서 비롯된 것이며, 따라서 재편되어 가는 세계 질서를 읽어 내기에는 아직 역부족인 상태에서 무력으로 밀고 들어오는 서구 열강에 대항할 수 있는 유일한 무기였던 셈이다.

조선의 문호 개방과 일본의 침탈 : 민씨 정권의 투항주의적 성격

흥선대원군은 척족 세력을 몰아내기 위하여 몰락한 양반인 여흥 민씨 가문에서 고종의 왕비를 간택하였다. 이가 바로 명성왕후, 곧 민비였다. 그런데 이러한 조치가 대원군 정권이 몰락하게 되는 불씨가 되리라고는 아무도 예상하지 못했다.

민비는 여덟 살에 부모를 모두 여의었으나 어려서부터 영민하여,

집안일을 돌보면서 틈틈이 『춘추』를 읽어 낼 정도였다고 한다. 또한 민비가 영리하기 때문에 홍선대원군이 고종의 비로 삼은 것인지도 모른다.

민비는 고종이 차츰 나이를 먹어 가면서 친정親政을 원하고 있음을 알고, 여론을 환기시켜 시아버지인 홍선대원군을 몰아내고 고종 친정 체제를 확립했다. 그러나 이로 인해 민씨 외척 정권이 들어서게 되었다.

당시 중앙은 민비를 중심으로 한 노론 세력과 홍선대원군의 집정으로 진출한 남인 세력이 당쟁을 벌이고 있었는데, 위정척사론의 선구자 이항로의 제자인 최익현이 홍선대원군이 실시한 서원 철폐, 호포법 시행, 원납전 징수 등을 비판하면서 올린 탄핵 상소를 계기로 민비는 온갖 수단을 동원하여 홍선대원군을 축출하는 데 성공한 것이다. 또한 홍선대원군이 물러나게 된 원인 가운데 하나는, 그가 경복궁 등을 중건하면서 악화惡貨인 당백전 등을 발행하고 백성들에게 과한 세금을 부과하여 엄청난 인플레와 민생의 위기를 야기한 점이다. 민비는 백성들의 원성을 정권을 잡는 데 이용한 것이다.

1873년 11월, 민씨 일파는 홍선대원군이 드나들던 창덕궁의 전용 문을 일방적으로 폐쇄함으로써 홍선대원군은 정권을 내놓게 되었고, 그는 양주 곧은골直谷로 들어가 은거 생활을 하게 되었다.

고종의 친정을 통해 세력을 잡은 민씨 정권은 봉건 체제를 유지하고 양반들의 지지를 얻기 위해 철폐되었던 서원들을 다시 복구하는 한편, 홍선대원군 때부터 진행되어 온 여러 궁전의 재건 사업을 계속 추진하여 민중들의 원성을 자아냈다. 또한 외국 상품 수입을 부분적으로 허용하여 서구 열강 자본이 침투할 수 있는 길을 열어 놓았다.

민씨 정권이 들어서고 세도 정치 때 만연했던 매관매직 행위 등 온갖 부조리가 다시 반복되기 시작하였을 뿐만 아니라, 여러 토목 공사 관계로 국가 재정은 점차 악화되어 군인들에게 봉급을 주기에도 벅찬 형편에 처할 정도였다(이러한 것이 임오군란의 직접적인 원인으로 작용하였다). 결국 흥선대원군 정권 때 진행된 봉건적 개혁 정치가 모두 수포로 돌아가 지방 관리들이 탐학을 일삼는 등 민중들은 다시 도탄에 빠지게 되었다. 이러한 민씨 정권이었기 때문에 자주적인 입장에서 외세와 교섭을 가질 능력 역시 갖추지 못한 것은 당연한 이치였다.

일본이 조선의 개방을 촉구하게 된 배경에는 일본 국내의 정치적 변동이라는 주요 변수가 작용하고 있었다. 이것은 또한 미국과 불평등 조약을 맺은 일본이 어떠한 경위를 통해 조선의 문호를 강제로 개방시켰는지에 대한 이해도 될 것이다.

1854년에 맺은 미일 화친 조약(가나가와 조약) 이후 일본 전국에서는 문호 개방에 반대하는 궐기가 끊임없이 일어났다. 이 궐기는 차츰 천황제, 즉 왕정 복고를 주장하는 양이 운동으로 집약되어 도쿠가와 막부를 타도하자는 혁명 투쟁으로 표면화되기에 이르렀다. 이러한 혼란 끝에 1868년에 결국 700년 가까이 지속되던 막부 체제가 무너지고 천황제가 부활되었다.

겉으로 봤을 때에는 봉건 체제의 강화라고 볼 수 있겠지만 오히려 반대 현상이 나타났다. 혁명을 주도했던 인물들은 쇄국적 양이 운동을 주장하면서 도쿠가와 막부를 타도하는 과정에서 대부분이 양이론의 허구성과 이것이 세계사적 흐름에 맞지 않는다는 비현실

성에 눈뜨게 되었다. 신흥 세력들은 대체로 높은 교육과 전문적인 훈련을 받아 군사적 재능이나 학문적 소양 면에서 인정을 받고 있는 인물들이었다. 즉 이들은 지식과 경험을 토대로 천황제를 부활시킴과 동시에 본격적인 개방 및 개화 정책을 선언하였던 것이다. 이것이 바로 메이지 유신의 출발점이요, 지금까지 일본의 천황제가 유지되게 한 역사적 근원이다.

신정부는 일본에 주재하고 있는 서구 열강들에 기존의 조약을 모두 존중하겠다는 통보를 함으로써 세계 질서에 스스로 참여하겠다는 입장을 표명하였다.

그러나 인접한 아시아 국가인 청국이나 조선에 대한 태도는 완전히 달랐다. 뒤에서 보게 되겠지만, 일본 정부 내에서 조선 정벌론이 대두되었을 때 강경론과 온건론으로 갈라선 때도 있지만, 이것은 단순히 무력 침략의 시기 문제를 놓고 논쟁을 벌인 것이지 조선의 자주성을 인정하기 때문에 그러한 분열이 있었던 것은 아니다.

일본의 입장에서 봤을 때 서구 열강과 맺은 조약으로 인해 세계 신질서에 편입된 것은 사실이지만, 이것을 그대로 아시아 국가에 적용할 수는 없다고 보았다. 오랫동안 이웃에 접한 국가로서 대립과 우호 관계를 반복하며 유지해 왔기 때문에 조선과 일본의 서열 문제가 부각되기 시작하였다. 일본은 그동안 막부 체제에서 조선의 국왕과 동등한 교섭을 해 왔기 때문에 막부보다 한 단계 위인 천황이 등극함으로써 조선의 국왕은 일본의 천황과 대등한 입장이 못 된다고 결정하였다. 이러한 배경에서 메이지 유신을 알리며, 새로운 차원에서 국교를 정상화하자는 뜻에서 보낸 외교 문서가 대마도 종주宗主를 통해 조선(부산의 동래 부사)에 전달되었다(1868). 대마도

주는 도쿠가와 막부 때부터 양국 간의 교섭을 담당해 왔다.

그런데 서한 가운데 조선의 입장에서는 받아들일 수 없는 구절이 들어 있었다.

황상皇上이 등극해서 만기萬機를 친재親裁하고, 널리 인국隣國과의 우호를 두텁게 하고자 이에 정관正官 평화 사절을 보내 구교를 찾고자 한다.

당시 중국만을 상국上國으로 여기고 있던 터에 일본이 황조皇朝·봉칙奉勅 등 천자국天子國의 자격에서만 쓸 수 있는 외교 용어를 쓰자, 격식에도 전혀 맞지 않고 불손하다고 하여 문서 접수를 거부하였다. 물론 이것은 당시 쇄국 정책을 펼치고 있던 흥선대원군 정권이 일본은 서양 오랑캐에게 굴복하여 하수인으로 전락한 것이라고 보고, 국교를 단절한다는 뜻에서 접수를 거부한다는 강력한 의지를 나타낸 것이다. 게다가 대마도주를 정관이라고 부른 것도 조선에서는 받아들일 수 없는 부분이었다.

대마도는 조선에서 쌀과 콩 등을 받고 이에 대한 대가로 구리나 고추를 수출하고 있었다. 그런데 이것은 교역이라기보다는 식량이 모자란 대마도에 대해 조선이 시혜를 베푸는 그러한 관계였다. 또한 대마도에서 조선에 보내오는 문서에는 조선이 대마도주에게 하사한 인印이 찍혀 있었다. 이러한 대마도주를 외교 대표로 파견한 것에 대해 조선 조정으로서는 불쾌한 감정을 가졌던 것이다.

이렇게 문서 형식을 놓고 조선과 일본은 거의 1년 동안이나 신경전을 벌였다. 이때 국내에서는 박규수 등이 문구에 구애를 받지 말고 자주 개국을 하자고 주장하였다. 박규수의 주장은 당시 쇄국 정책하에서는 매우 실현되기 힘든 것이었다. 그러나 박규수는 중국 등을 오가며 세계의 흐름을 읽고 있었다. 조선은 언젠가는 서구나 주변 국가와 신질서 차원에서 조약을 맺고 문호를 개방을 해야 하는, 역사적 전환기에 처해 있다는 것을 잘 알고 있었다. 그래서 박규수는 중국처럼 무력에 의해 불평등한 조약을 맺기 전에 자주 개화에 힘써 밀려오는 서구 세력에 대처해야 한다고 주장한 것이다. 그러나 홍선대원군의 쇄국 정책에 부딪혀 자주 개국은 이루어지지 못했다.

그렇다면 이 당시 일본은 단순히 메이지 유신을 알리면서 국교를 맺자고 한 것일까. 그건 전혀 아니다. 박규수의 우려대로 일본에서는 다시 정한론征韓論이 대두되고 있었다.

임진왜란에서 볼 수 있듯이, 정한론은 조선에 대한 일본의 기본 정책이다. 정한론은 이미 도쿠가와 막부 시대부터 자주 거론되었다. 1855년에 초슈長州 출신으로 메이지 유신의 주동자였던 기토 다카요시(木戸孝允 - 1833~1877)와, 이토 히로부미伊藤博文의 스승이었던 요시다 쇼인吉田松陰이 쓴 옥중 서한에 다음과 같은 구절이 들어 있다.

러시아, 미국과의 강화가 결정된 지금 경거망동으로 이적夷狄에게 신의를 잃어서는 안 된다. 다만 장정章程을 엄격히 하는 데 신경을 써야 할 것이다. 그리하여 신의를 두텁게 하는 사이에 국력을 양성하여 취하기 쉬운 조선, 만주를 분할함으로써 러시아, 미국에 잃은 것을 보상받아야 한다.

이 문구를 스쳐 읽기만 해도 조선이 일본에 점령당하게 된 사상적, 정치적 배경을 엿볼 수 있다. 즉 일본은 이미 서구 열강의 비위를 상하게 하지 않으면서 부국강병을 꾀하여, 조선과 대륙을 점령할 야망을 키우고 있었던 것이다.

이토 히로부미가 메이지 유신의 핵심 인물이었다는 것은 스승 요시다 쇼인의 영향이 컸다는 것을 의미하며, 안중근 의사가 그를 암살의 표적으로 삼은 것도 바로 이러한 일본의 침략성을 저지하기 위함이었다.

그렇지만 이 당시 일본이 바로 조선을 정벌할 수 있는 여건을 갖추고 있었던 것은 아니다. 일본의 군사력이 세계적인 수준으로 발돋움하기 시작한 때는 1894년에 있었던 청일 전쟁 전후다.

일본 역시 서구 열강에 반半 식민지화되어, 종속적인 관계에서 벗어나야 하는 정치적 과제에 직면해 있었다. 그런데 일본은 메이지 유신 이후 서구 열강과 맺은 불평등 조약을 개정해 가면서, 한편으로는 조선을 정벌한다는 기본 정책을 수립해 나갔다. 또한 서구의 발달된 문물을 받아들여 봉건적 잔재를 청산하고 군사력을 증강하여 아시아의 강대국으로 자리잡아 제국주의가 갖추어야 할 조건들을 충족시켜 나갔다.

조선이 일본의 외교 문서 접수를 거부한다고 하자, 일본 정계에서는 긴 논의 끝에 정식 사절을 조선과 청국에 동시에 보내기로 결정하였다. 조선에 온 사절 대표는 사다 시라카야와 모리야마 시게였다. 이때가 1870년 10월이었다. 그러나 교섭은 결렬되고 말았다. 두 사람은 귀국하자마자 조선에 대해 격렬한 어조로 비난하면서 정한론을 주장하였다.

조선은 황국을 모멸하기를, 문자에 불손함이 있다 하여 황국에 치욕을 주었다. (중략) 반드시 이를 쳐야 한다. (중략) 10대대는 강화부로 가서 즉시 왕성을 공격하며, 대장이 이를 통솔한다. 한편 한 소장은 6대대를 이끌고 경상·전라·충청 3도로 진격한다. 또 한 소장은 4대대를 이끌고 강원·경기로 진격하며, 또 다른 한 소장은 10대대를 이끌고 압록강을 거슬러 올라가 함경·평안·황해 3도로 진격한다.

한마디로 말해서 당장이라도 군을 출동시켜 전면적인 전쟁을 벌이자는 주장이다. 또한 이 정한론 속에는 조선을 얕잡아 보고 경멸해 온 일본인들의 시각이 반영되어 있다.

그런데 일본이 청국에도 사절을 보낸 이유는 무엇이었을까. 여기에는 일본의 치밀한 계산이 숨겨져 있다.

당시 청국에 입국한 사절은 야나기하라 마에미츠였다. 그는 청국 측과 교섭 끝에 1871년 6월에 청일 수호 조규를 체결하였다. 이 조약은 청일 양국 간에 맺은 최초의 근대적 조약이요, 완전히 평등한 것이었다. 이로써 일본은 청국과 대등한 위치에 오르게 된 것이며, 자연스럽게 청국에 조공 관계에 있던 조선보다 한 단계 위의 국가로 자리잡게 되었다. 이것이 일본의 속셈이었다.

메이지 유신 이후 봉건적 잔재인 사족(土族 – 사무라이)이 완전히 청산된 것은 아니었다. 일본은 근대화 추진 정책의 일환으로 사족을 몰아내기 위해 그들에게 지급되었던 가록家祿을 정리하려 하였다. 그러나 사족들의 반발로 연기되었고, 이 과정에서 사족들은 반란을 일으킬 움직임까지 보였다. 즉 1872년을 전후하여 일본은 봉건 잔재 청산을 둘러싸고 내란이 일어날 위기 상황에 처해 있었다. 메이지 유신은 아직까지도 진행 중이었다.

이에 메이지 유신의 핵심 인물들은 다시 정한론을 들고 나왔다.

내란을 바라는 마음을 밖으로 돌려 나라를 흥하게 하기 위해서는 조선을 정벌해야 한다.

마치 임진왜란이 일어나기 직전 일본 막부 내부의 모습을 보는 듯한 내용이다.

1873년 5월에 부산에서 일본인들의 밀무역에 대한 단속령을 내렸다. 그런데 여기에 일본을 얕잡아 보는 말이 들어 있다고 하여, 감히 황국을 모독하고 있다는 비난이 일면서 정한론의 바람은 더욱 세차게 불었다.

그러나 조선 정벌은 쉽게 결정지을 수 없는 문제였다. 앞에서 본 바와 같이 서구 열강들이 이미 조선에 대해 깊은 관심을 갖고 있는 상태였기 때문에, 정한론이라는 명분 하나 가지고는 뜻을 이룰 수 없는 형편이었다. 게다가 그때는 아직 흥선대원군 정권이 몰락하기 전이었기 때문에 쉽게 무력 침공을 감행할 수는 없었다. 어떻게 보면 당시 일본의 군사력이 조선을 일방적으로 누를 수 있을 만큼 강대한 상태가 아니었기 때문에 급진적인 정한론은 비현실적이라는 의견이 상당히 영향력을 발휘했을지도 모른다.

따라서 일본 정부 내에서는 아시아에 진출해 있는 서구 열강들의 의견을 수렴해 봐야 한다는 여론이 비등해져, 당시 구미 지역을 돌고 있던 이와쿠라 사절단이 귀국한 후에 조선 정벌 문제를 결정하자고 했다. 또한 조약 체결 후 사후 처리를 위해 청국에 머물고 있던 외무경 소에지마 다네오미副島種臣는 임무를 마치고 나서도 각국의 주청 공사들과 의견을 교환하고 있었다. 여기서 소에지마는 미국이 조선 문호 개방을 위해 의견을 물었을 때 청국이 보낸 답신 가운데, 조선이 비록 속국이기는 하지만 정치·외교적인 간섭은 받지 않는다는 내용이 들어 있음을 확인하였다. 또한 러시아 측에서는 사할린 양도 문제를 거론하면서 러시아의 행동에 대해 간섭을 하지 않는다면 일본이 조선을 친다 해도 묵인하겠다는 뜻을 보였다.

결국 소에지마는 조선을 둘러싸고 있는 강국들이 자신들의 국익을 염두에 두고 일본의 조선 정벌을 묵인할 것이라는 결론을 내리고, 이를 본국 대신들에게 알려 주었다. 정한론이 이제 현실로 구체화되어 다시 조선과 일본 간에 전쟁이 벌어지기 직전이었다.

그러나 외교 업무를 마치고 돌아온 이와쿠라는 세계 정세를 보고하고 일본이 나아갈 방향을 논하면서 급진적인 정한론에 반대하였다. 그는 우선 일본의 국내 정치를 안정시켜야 한다는 논리를 전개하였다. 그러나 정한 논쟁은 한동안 계속되다가 정한론을 유보해야 한다는 의견 쪽으로 기울어 정한론을 둘러싸고 벌인 온건파와 급진파의 권력 다툼에서 온건파의 승리로 일단락되었다. 그렇지만 일본이 조선을 침략한다는 기본 입장에는 아무런 변화가 일어나지 않았다. 이러한 점은 운요호 사건 전후에 보인 일본의 태도에서 구체적으로 엿볼 수 있다.

온건파가 정국을 주도하였지만 급진파의 주장을 완전히 무시할 수는 없었다. 그래서 나온 것이 대만 정벌이다. 일본은 조선 정벌을 강력히 주장하는 급진파와 사족들 간의 마찰을 무마하기 위해

1874년 5월에 대만 정벌을 단행하였다. 일본은 자기들에게 안심하고 있던 청국의 허점을 찌른 셈이다. 청국은 이러한 일본의 태도가 국내 문제로 야기된 것이라고 보고, 곧 조선을 정벌할 것이라는 전망을 내용으로 한 문서를 조선 조정에 급히 보냈다. 이 문서에서 청국은 프랑스 제독 지켈의 의견에 기초하여 다음과 같이 말하고 있다.

일본이 5,000명의 군사를 거느리고 대만 정벌을 수행한 뒤 나가사키에 주둔 중이며, 장차 조선을 정벌하려 한다. 프랑스와 미국도 조선과의 관계가 미해결 상태(조불 전쟁과 조미 전쟁 등을 일컫는 말이다)로 있기 때문에 조선이 서둘러 프랑스·미국과 통상 관계를 체결한다면 일본은 고립되어 감히 군사를 일으키지 못할 것이고, 따라서 한반도의 안보가 보장된다.

비록 프랑스와 미국의 이해관계가 얽혀 있는 내용이지만, 당시 정황으로 봐서는 일면 타당한 점이 있다. 조선의 입장에서는 한반도를 둘러싼 세계 정세를 일단 인정하고 각 열강들과 자주적인 조약을 맺어 점진적으로 문호를 개방하였다면, 일본과 불평등한 조약을 맺는 치욕은 당하지 않았을지도 모른다. 그러나 역사에는 가정이라는 것이 없다. 당시 세력을 잡은 민씨 정권은 이러한 민족 자주적인 정책을 수립할 수 있는 정치적 안목을 갖고 있지 못했다. 그러나 민씨 정권도 사태의 심각성을 인정하고는 홍선대원군 일파로 대일 교섭을 하고 있던 동래 부사, 부산 첨사 등을 파면하였다. 이러한 조치는 홍선대원군의 쇄국 정책이 민씨 정권이 들어선 이후 점차 그 영향력을 잃어 가고 있었다는 것을 말한다.

사실 일본은 흥선대원군 정권이 붕괴된 후에야 조선을 침략할 수 있는 좋은 기회가 왔다고 장담하고 있었다. 당시 부산 왜관倭館 주재관이었던 오쿠는 본국에 보내는 공문을 통해, '흥선대원군이 실각하였으니 일본의 입장이 매우 유리해졌다'는 보고를 하였다. 흥선대원군의 실각 소식에 접한 일본 정부는 조선에 대한 정책을 논의한 끝에, 일단 정부 차원에서 조선의 국내 사정을 탐지할 필요가 있다고 결정하고는 모리야마를 부산으로 보냈다. 모리야마는 여러 정보를 수집하여 조선 내의 동향을 파악한 뒤, 다음과 같은 내용을 골자로 하는 보고서를 본국 정부에 보냈다. 그중에 중요한 부분을 보면 다음과 같다.

일본의 정한론은 청국의 신문을 통해서나 청국을 통해 조선에도 알려져 있으며, 대만 사건 등 대마도에 알려져 있는 것은 모두 조선에도 알려져 있다. 이 때문에 '일본으로부터 대군이 공격해 올 것이다'라는 유언비어가 있어, 일본의 태도를 매우 경계하고 있다.

한편 조선 조정에서는 일본의 대만 정벌이 조선 정벌로 이어질지도 모른다는 우려를 안고 즉각 부산 훈도 현석운을 시켜 막후교섭을 하게 하여, '5개월 이내에 일본 외무경이 사신을 파견하여 한국 예조판서에게 국서를 제출하고 국교를 시작하자'는 등 한일 교섭을 재개한다는 점에 합의하였다. 그러나 구체적인 교섭에 들어가자 양국 간에 마찰이 일어나기 시작하였다.

한일 교섭의 기초를 다지고 돌아갔던 모리야마는 다음해인 1875년 2월, 이사관理事官에 임명된 뒤 외무경의 서신을 가지고 부산에 도착하여 동래 부사의 면담을 요청하였다. 그런데 여기서 한 가지 문제가 발생하였다. 모리야마는 조선에 들어올 때 양복을 입고 있었다. 이에 조선 측은 모리야마의 제복이 옛날과 달리 양복을 입고 있는데, 이것은 예의에 어긋나는 태도라고 하였다. 또한 서한에 들어 있는 문장 등을 놓고 양국은 논란을 벌였다. 교섭은 5개월이나 계속되었지만 결국 결렬되고, 모리야마는 이해 9월 20일에 부산을 떠나 일본으로 돌아가고 말았다.

모리야마는 조선을 떠나기 전, 그러니까 교섭이 한창 진행되고 있던 4월 15일에 '이러한 상태에서는 교섭을 계속해도 해결될 것 같지 않으니 군함을 한두 척 파견하여 시위 운동을 하면 좋겠다'는 내용을 골자로 한 건의문을 본국에 보냈다. 이른바 미국이 자기 국가에 써먹었던 포함 외교砲艦外交를 주장하고 있는 것이다. 이 건의문 말미에서 모리야마는 '큰 충돌을 피한다는 뜻'에서 포함 외교를 주장하는 것이라고 분명히 못 박고 있다. 그러나 이러한 모리야마의 태도는 조선과 평등한 조약을 맺을 뜻이 없다는 기본 입장을 재확인해 준 것에 불과하다.

모리야마의 건의문을 받아 본 일본은 쉽게 결정지을 수 있는 사안이 아니라고 보고 모리야마에게 보내는 답신을 지연시켰다. 그러자 모리야마는 다음달인 5월에 다시 강경한 어조로 즉시 군함을 보내 줄 것을 요청하였다. 이렇게 두 번에 걸쳐 현지에서 포함 외교를 주장해 오자 일본 정부는 마침내 조선에 군함을 보내기로 결정하였다. 이것이 운요호 사건의 발단 배경이다.

5월 25일, 아무런 예고도 없이 운요호와 제이정묘호가 부산에 입항하였다. 일본이 내세운 구실은 조선국 해로를 연구하기 위한 회항이었다. 갑작스런 일본 군함 출현에 부산은 뒤숭숭해지기 시작했다. 교섭을 담당하고 있던 훈도 현석운은 즉각 모리야마에게 달려가 따졌다.

　"외교 사신이 와 있을 때 군함이 오는 것은 당연한 일이오!"

　모리야마는 오히려 고압적인 태도를 보였다. 현석운은 모리야마의 태도에서 일본의 입장을 읽어 낸 뒤 말했다.

　"내가 즉시 군함에 올라 사실을 확인해야겠소!"

　그러자 일본 측은 자신만만하게 이를 허용하였다. 현석운과 그의 일행 18명이 배 위에 오르자 이노우에 함장은 기다렸다는 듯이 연습이라는 핑계를 대면서 발포를 명했다. 이것은 조선을 무력으로 침공할 수 있다는 시위였다. 현석운 등이 즉시 요청하였다.

　"포격 연습을 중지하시오!"

　그의 요구에 따라 함포 사격은 중단되었으나 운요호의 무력시위는 여기서 그치지 않았다. 사전에 일본 정부가 계획한 대로 운요호의 불법 행위는 계속되었던 것이다.

　운요호는 동해안으로 북상하여 영흥만까지 순항하면서 무력시위를 감행하였다. 그러고는 한양과 가까운 강화도로 가기 위하여 다시 남하하여, 남해를 지나 서해로 접어들어 북상하기 시작하였다.

　9월 20일, 마침내 운요호는 강화도 동남쪽에 위치한 난지도에 정박하였다. 완전히 불법 침입이었다. 정박한 뒤에 이노우에 등 일본 해군들은 음료수를 구한다는 명목을 내세워 보트를 타고 강화만 초지진에 상륙하였다. 이에 강화 해협을 지키고 있던 조선 군사들이 일본의 불법 침입을 막기 위하여 포격을 가하였다. 갑작스러운 공격에 당황한 이노우에 일당은 보트를 타고 다시 모선인 운요호로 돌아가 즉각 초지진에 맹렬한 보복 포격을 가하였다. 오후에는 영종도를 점령하여 민가를 불태우고는 전리품으로 포 38문과 화승총 130여 자루 등을 약탈하고 마구잡이로 살상을 일삼은 뒤, 9월 28일에 나가사키로 철수하였다. 영종도가 쉽게 무너진 원인이 조선의 수비병들의 무기가 근대적인 신식 무기로 무장한 일본군들을 물리치는 데 역부족이었다는 점도 있지만, 이보다도 조불 전쟁이나 조미 전쟁 때와는 달리 정부를 중심으로 침략을 막아 내려는 의식이 상대적으로 약화된 데 더 큰 원인이 있었다. 민씨 정권은 이렇게 허약한 기반 위에 세워진 세력이었다.

여기까지가 강화도 사건의 전말이다. 미국 등을 본받아 포함 외교에 나섰던 일본은 일단 강화도 사건에 대한 서구 열강들의 반응을 점검할 필요가 있었다. 함부로 행동하다가는 오히려 일본이 고립되는 위기에 처할지도 모른다는 판단에서였다. 일본 정부는 이노우에의 보고를 받은 후 즉각 서구 열강들과 접촉을 하였다. 그 결과 정세는 일본에 유리하게 돌아가고 있다는 판단을 하였다. 그 내용은 무엇인가.

오히려 서구 열강들은 일본의 포함 외교를 환영하고 있었다. 먼저 그들은 강화도 사건은 조선과 일본이라는 후진국 간의 문제라고 하면서도, 일본이 자기들을 대신하여 조선의 문호를 개방한다면 매우 유익할 것이라는 판단을 내렸다. 따라서 서구 열강들이 일본에 적극적인 지지의 뜻을 표명한 것은 당연한 정세였다. 특히 미국은 일본의 조선 개방 정책을 대대적으로 환영하였다. 강화도 사건이 터지기 전에 주일 미국 공사 빙엄은 메이지 유신의 핵심 인물로서 부전권副全權의 자리에 있던 이노우에井上에게 페리의 『일본 원정소사』를 기증하면서, 이것을 대對조선 정책에 참고하라고 했을 정도였다. 속된 말로 '배운 대로 하라'는 뜻이었다.

이제 조선 주변에 조선을 도울 나라는 하나도 없었다. 모두가 일본을 앞세워 조선이 문호를 개방할 날만 손꼽아 기다리고 있었던 것이다. 또한 조선은 완전히 고립된 상태에서 일본의 조처만을 기다리고 있을 뿐이었다.

만일 이 강화도 사건에서 조선이 일본 함대를 조불, 조미 전쟁 때처럼 격퇴하였다면 일본은 쉽게 조선에 강제 개방을 요구하지는 못했을 것이다. 그러나 당시 민씨 정권은 홍선대원군 정권처럼 민중을 결집할 수 있는 정책이나 지도력이 없었다. 쇄국 정책이 지녔던 응집된 방어 능력조차 민씨 정권은 갖추지 못했던 것이다. 따라서 내부적으로 봉건 수탈 체제를 더욱 악화시켜 오히려 민중의 원성을 사고 있던 민씨 정권은 외세에 대해 자주적인 외교도 펼치지 못해 모든 면에서 국가와 민족을 역사의 암울한 구렁텅이로 몰아가고 있었던 것이다. 그것의 시초가 바로 강화도 조약(조일 수호 조규) 체결이다.

조선을 둘러싸고 있는 각 열강들의 지지를 등에 업고 일본은 아무런 장애 없이 1876년 1월에 군함 8척과 600여 명의 병력을 파견하여 통상을 요구하면서, 부산에 침입하여 무력시위를 저질렀다. 이때는 이미 청국의 실력자 이홍장을 통해 청국의 불간섭 입장을 확인한 후였다.

불법 침입한 일본은 조선에 오히려 강화도 사건 때 입은 피해에 대한 배상도 더불어 요구하였다. 물론 이 배상 청구는 억지에 불과하다. 강화도 사건 당시 조선의 포대는 사정거리에 못 미쳐 운요호에 포탄이 날아가지도 못했다. 게다가 영종도 등에서 전투를 벌일 때에도 막대한 피해를 본 것은 조선 측이지 일본이 아니었다. 기껏해야 경상자 2명 정도 피해를 입었을 뿐이다. 반면에 조선은 군인이 수십 명 죽고 민간인도 학살당하는 등 오히려 일본의 불법 침공에 조선이 배상을 요구해야 할 판국이었다. 강화 해협은 고려 때 항몽의 마지막 보루였고 병자호란 때에도 마찬가지였다. 이후 강화도는 한양을 지키는 관문 역할을 했기 때문에 군사적으로 매우 민감한 경계 지역이었다. 그런 곳에 국교가 단절되어 있는 외국 배가 들어올 때, 이것은 엄연한 불법과 침략 행위에 해당한다. 따라서 조선의 반격은 당연히 국가 수호를 위한 정당방위에 해당된다.

그러나 일본의 이러한 태도는 조선을 강제로 개방시키려는 트집에 불과하였다. 이에 대해 권력 기반이 미약한 민씨 정권은 무력 충돌을 우려하여 일본과 교섭에 나서게 되었다. 이때 민씨 정권은 국내의 권력 기반이 취약한 점을 보완하기 위하여 일본과 쉽게 교섭에 응했는지도 모른다. 이러한 민씨 정권의 매국적 행위는 뒤에도 계속된다.

교섭 전부터 일본의 무력 앞에 무릎을 꿇은 민씨 정권이었기 때문에 평등한 조약을 맺는다는 것은 불가능한 일이었다. 결국 일본은 미국이 자기 국가에 했던 것을 모방하여 조선에 대해 일방적인 이익을 담보해 낼 수 있는 조약을 맺었다. 이때가 1876년 2월 27일이었다(비준은 3월 22일에 끝났다).

조일 수호 조규는 조선으로서는 최초의 근대적 조약이면서 타율적으로 맺어진 불평등 조약이었다. 조약 내용을 요약하면 주요 무역항의 개항, 무관세, 치외법권, 최혜국 대우, 조선 연안의 측량 등으로 당시 세계 정세를 봤을 때에도 식민지로 전락할 수 있는 소지가 다분한 것들이었다. 따라서 이 조약은 조선이 자주 근대화를 이루는 데 큰 걸림돌로 작용하였으며, 조선 역사의 흐름이 왜곡된 방향으로 흘러가는 계기가 되었다.

이 조약 후 조선은 부산·인천·원산 등을 차례로 개항하게 되었으며, 이에 따라 일본 상품들이 본격적으로 조선에 유입되기 시작하였다. 또한 조선 조정은 일본의 권유에 따라 정부조직을 개편, 철폐하면서 근대적인 기구를 신설하는 등 부분적으로 개화 정책을 펴 나갔다. 그러나 이러한 행정 조치는 민씨 정권이 자주적인 입장에서 발달된 서구 문물을 받아들여 봉건 체제를 완전히 청산하고 국가의 근대화를 추진하기 위함이 아니었다. 민씨 정권은 이러한 부분적 개화를 통해 자신들의 권력을 강화하기 위해 일본의 조종대로 따랐던 것이다. 여기에 임오군란이 일어나게 된 원인이 내포되어 있었다. 또한 민씨 정권의 매국적, 투항주의적 성격으로 인해 일본은 손쉽게 조선에 대해 침탈 행위를 할 수 있었다.

임오군란 직전의 민중 수탈과 폭동의 발발

1876년에 강화도 조약 이후 임오군란이 일어나기까지 부산(1876), 원산(1880)의 두 항구가 개방되었다. 인천 항구가 개방된 것은 1883년에 와서였다. 항구의 개방으로 조선은 엄청난 사회적, 경제적 변동을 겪게 되었다.

일본은 조약을 체결하기 무섭게 조선을 대상으로 경제적 침탈을 감행하였다. 이는 일본이 서구 자본주의에 비교하여 아직 후진 자본주의 단계에 있었기 때문에, 그 취약성을 극복하기 위한 대조선 정책이었다.

1876년을 기점으로 조일 간의 무역은 회복할 수 없을 정도로 불균형 무역 관계를 맺게 된다. 1876년에 개항하기 전까지 조일 무역은 조선의 수출액이 약간 우세를 유지하면서 그런대로 균형을 이루고 있었다. 그러나 강화도 조약으로 일본이 조선에 대해 일방적인 권리를 요구함으로써 이 균형 상태는 여지없이 깨지기 시작하였다. 1876년에서 1884년까지 통계만 봐도 일본 상품 수입액이 수출액에 거의 2배에 가까울 정도로, 조선의 대일 무역은 엄청난 불균형 상태에 빠지게 되었다. 이런 상황에 빠진 데에는 민씨 정권의 묵인 아래 보부상들이 중심이 되어, 상인들이 서로 나서서 외국 상품 수입에 경쟁을 벌인 데에서도 그 원인을 찾을 수 있다. 임오군란 후 정권을 잡은 대원군이 보부상들의 저항을 염두에 두고 보부상 검속령을 내린 이유도 여기에 있다.

일본은 주로 서구의 공업 제품(예를 들면, 영국의 면제품)을 싸게 구입하여 그것을 조선에 비싼 값으로 팔고, 그 대신 조선 민중의 귀중한 곡식인 쌀과 콩 등을 수입하였다. 일본이 쌀을 집중적으로 수입한 데에는 이유가 있었다. 일본은 초기 자본주의 단계에 이르러 노동자들과 마찰을 빚고 있었는데, 이들의 식량을 조선에서 싸게 사들인 쌀로 공급하는 등 비용을 최대한 줄이면서 이윤을 극대화하려는 속셈이었던 것이다.

일본이 수출한 품목 가운데 순수한 일본 제품은 11.7%에 불과하고, 나머지 88.3%는 서구 열강의 제품이었다. 일본이 이러한 중간 판매를 통해 얼마나 많은 이익을 챙겼는지 알 수 있는 수치다.

또한 일본은 수입액의 초과액을 금과 은으로 결재해 줄 것을 요구하여 다량의 귀금속이 일본으로 유입되어 갔다. 이것은 일본이 근대적 화폐 제도를 확립하기 위해 취한 조치였다. 또한 상품 가격도 일본이 일방적으로 정해, 아무리 조선에서는 귀한 것이라고 해도 일본이 구입하면 엄청난 손해를 보고 팔아야 했다. 하나 예를 들어 보자. 당시 소 한 마리 값이 15~18엔이었던 반면, 일본이 수출한 사기 꽃병은 무려 40엔이나 되었다. 다시 말해서 일본은 사기 꽃병 하나로 조선 소 2마리를 살 수 있다는 결론이 나온다.

외국 상품의 침투로 조선의 상공업은 점차 침체 분위기로 빠져들어갔다. 심지어는 농촌까지 파고들어 농촌 경제도 크게 위협을 받게 되었다. 예를 들어, 외국 면직물이 계속 수입됨으로써 국내 면직 생산이 크게 감퇴되었다. 이러한 상품 침투로 조선의 자생적 자본주의는 싹이 트기도 전에 짓밟혀 종속적 경제 체제로 흡수될 위기에 빠져 버렸다.

당시 조선 경제는 그때까지도 근대화의 길로 접어들지 못했기 때문에 농촌 생산물에 대한 의존도가 매우 높은 시기였다. 특히 쌀은 민중의 생계와 직결된 필수품이기 때문에 그 피해는 이루 말할 수 없었다. 일본으로 막대한 양의 쌀이 유출되자 국내 쌀값이 폭등하여 매년 쌀 품귀 현상이 벌어졌다. 게다가 봉건 지배층이나 지주들은 수입 상품인 사치품을 사기 위하여 농민들에 대한 수탈을 더욱 강화하였다. 따라서 농민들은 더 이상 국내에서 살 수 없어 국외로 이주하는 현상까지 벌어졌다. 1867년에 연해주에 정착한 이주민이 2,000여 명이었는데, 매년 그 숫자가 늘어 19세기 말에는 6만 명을 넘고 있다.

이렇게 민중들이 기본적인 생존권마저 위협을 받고 있는 동안에도 민씨 정권은 사치품 구입에 열을 올리고, 국고를 자산으로 여겨 마구잡이로 소비하였다. 심지어 민씨 정권은 관직이나 과거 합격증을 만들어 판매하여 그 수입을 사치 비용으로 썼다. 탐관으로 유명했던 민영준은 평안 감사에 재직하고 있는 동안 금송아지를 만들어 고종에게 바칠 정도였다. 특히 민비의 사치는 이루 말할 수 없을 정도였다. 민비는 세자로 책봉된 아들(뒤의 순종)의 안전을 기원한다는 구실로 걸핏하면 무당을 불러 궁궐 내에서 굿판을 벌였고, 전국 팔도의 명산을 돌아다니며 아들의 만수무강을 빌었다. 물론 여기에 들어가는 비용은 모두 민중의 고혈을 짜낸 세금으로 충당하였다.

이러한 조선의 피폐성을 타파하기 위하여 최익현 등의 유학자들이 위정척사 운동을 펼쳤던 것이며, 이 운동의 한계점에도 불구하고 당시 민중의 지지를 크게 받은 것은 반외세 의식이 전국적으로 팽배해 있었기 때문이다.

결국 군인들의 군료를 지급받지 못한 것은 당연한 결과였는지도 모른다. 엄청난 양의 쌀이 일본으로 유출되어 쌀값은 부르는 게 값인 데다가, 그나마 있는 쌀도 중간에서 관리들이 빼돌리니 군인들에게 돌아가는 쌀이 남을 리가 없었다. 임오군란의 직접적인 원인인 군료 문제는 이처럼 당시의 사회적 모순과 깊이 연관되어 있는 것이다. 그렇다면 군인들의 저항은 임오군란이 처음이었을까. 전혀 그렇지 않다.

군인들이 주동이 되어 폭동을 일으킨 것은 임오군란이 처음은 아니었다. 이미 반일 감정이 민중들 사이에 고조되어 있었고, 군인들 역시 민씨 정권하에서 수탈 대상이 되어 이에 대한 저항 차원에서 여러 차례에 걸쳐 폭동을 일으켰다.

조선 후기에 들어 삼정이 문란해짐에 따라 군 조직 자체도 큰 위협을 받게 되었다. 특히 19세기 초반부터 문제의 심각성은 현실로 나타나기 시작하였다. 당시 조선에는 5영이라는 군 조직이 있었으나 실제로 번 내에 근무하는 군인 수는 얼마 되지 않았다. 국가 재정이 심각할 정도로 모자라자 정부는 군포를 내는 대가로 군 입대를 면제시켜 주었던 것이다. 군인을 계속 보유하고 있던 금위영의 경우에도 날이 갈수록 그 숫자가 줄어, 근무에 임하는 자의 수보다 군포를 무는 자의 수가 월등히 많았다. 따라서 문서상에 등록되어 있는 군인의 수는 1만 6,000명 정도였으나 실제로 근무하는 군인 수는 이보다 훨씬 적었다. 이러한 현상은 지방으로 내려갈수록 더 심했다. 승정원이 올린 한 보고서에는 이러한 군 내부의 문제점이 적나라하게 드러나 있다.

지금 각 군현의 군총은 모두 허위 문건이다. 속오군, 아병은 모두 거짓 이름이다. 군총에 등록된 이름은 모두 죽은 사람이며, 군사 훈련 대상자도 거의 젖먹이 어린아이들이다.

이러한 군의 병폐는 시간이 갈수록 악화되어, 민씨 정권이 들어선 다음에는 군 전체가 와해될 지경이었다. 이렇게 봤을 때, 흥선대원군 정권 때에 프랑스와 미국의 막강한 군함을 물리쳤다는 것은 정말 놀라운 일이 아닐 수 없다.

민씨 정권이 들어선 1870년대 중반부터 군인의 수는 급격히 줄어들었다. 있는 군인들조차 국방의 의무를 수행하기 보다는 노역에 시달려야만 했다. 중앙군의 경우 민씨 정권이 벌인 각종 토목 공사에 동원되었고, 지방 군인들은 그 피해가 더 심해 아예 관청에 소속되다시피 하여 강제 노역을 감수해야 했다.

이러한 군 체제를 극복하기 위하여 1881년 4월에 기존의 군 조직을 2영(금위영, 장어영)으로 개편, 축소한 뒤 신식 군대인 별기군을 신설하고, 일본군 소위 호리모토를 훈련 교관으로 임명하였다. 그러나 기존 군 조직에 대한 개혁 조치를 취하지 않고 신식 군대를 별도로 창설함으로써 구식 군인들의 반발을 사게 되었다.

게다가 구식 군인들에 대한 봉급은 제대로 지급된 적이 별로 없었다. 군정을 통해 거두어들인 군포는 많았으나, 이 가운데 대부분을 민씨 정권과 이에 아부하는 지배층들이 중간에서 횡령하기 일쑤였다. 또한 궁내에서 연회가 열리면 따로 경비를 뜯어 가는 등 군영의 재정 형편은 말이 아니었다. 예를 들어, 1881년에 무기 제조를 담당한 군기시에서는 갑옷 10여 벌을 만들 돈도 없어 선혜청에서 돌려쓸 정도였다고 하니 군대의 내부 사정이 어떠하였는지 짐작할 만하다.

임오군란 때 서울의 빈민들이 대거 폭동에 동참하게 되는데, 언뜻 보면 이해가 가지 않을 것이다. 군인들의 폭동에 빈민들이 참여하는 것 자체가 이상하지 않은가. 그러나 여기에는 분명한 역사적 배경이 숨겨져 있다.

16세기 이후 군포법이 시행되면서 영내에 근무하는 군인의 수는 매년 격감하였다. 이에 정부에서는 군사력을 강화하기 위해 군포를 통해 군인을 모집하는 고용 제도를 실시하였다.

이 고용 제도는 주로 한양을 중심으로 10리 안에 사는 주민들에게 시행되었는데, 이때 군인으로 자원한 주민들 대부분이 농토를 잃고 어렵게 생계를 유지하고 있던 빈민들이었다. 그런데 19세기 중엽에는 삼정 문란과 지주들의 착취가 심화됨에 따라 빈민의 수가 급격히 늘어나, 고용 제도에 따라 군대에 들어오는 고용군의 수 역시 엄청나게 늘어났다. 생계가 막연했던 빈민들 대부분이 입대했던 것이다.

그렇다고 이들에게 만족할 만한 군료가 지급된 것은 아니었다. 군료는 쌀로 지급되었는데, 지금으로 치면 소두로 두 말도 채 되지 않는 적은 양이었다. 이에 군인들은 따로 날품팔이를 하거나 고된 부업을 통해 근근이 생계를 이어 갈 수밖에 없었다. 그러나 이 양마저 제대로 지급되지 않아 빈민들의 궁핍함은 이루 말로 헤아릴 수 없을 정도였다.

임오군란 당시 청군들이 이태원과 왕십리를 주공격 대상으로 삼은 것은, 이 두 곳에 훈련도감에 고용된 군인들이 모여 살았기 때문이다. 여기에 모여 살던 군인들이 최초로 군인 폭동을 계획하게 되었다.

1877년 8월, 군료가 제대로 지급되지 않아 생계에 막대한 위협을 느낀 훈련도감 소속 군인들은 양용범·김한문 등을 중심으로 선전문을 작성하여 각 숙소에 붙이고 궐기할 것을 종용, 가두시위를 벌였다. 그러나 이 시위는 곧 진압되어 실패로 돌아가고 말았다. 아직은 군인이나 빈민들을 조직화할 만한 충분한 여건이 성숙되어 있지 않았기 때문이다.

그러나 군인들의 불만은 날이 갈수록 고조되어 갔다. 1881년에 별기군이 창설되어 구식 군인들이 차별 대우를 받자 점차 폭동을 일으킬 조짐이 보이기 시작하였다.

별기군이 신설된 지 한 달 후인 1881년 5월, 복심계라는 비밀 조직을 만든 강화도 군인 100여 명은 한양 군인들과 합세하여 일본 공사관과 별기군 훈련소를 습격하여 일본 세력을 몰아낸다는 거사 계획을 세웠다. 그러나 이 역시 사전에 발각되어 수포로 돌아갔다.

1881년 8월에 들어서는 좀 더 조직적인 봉기 계획이 진행되고 있었다. 이른바 이재선의 모역 사건이 그것이다.

이때에는 참가 범위도 넓어져서 강화도 군인은 물론이고 경상도·충청도의 군인들도 합세하여, 대원군의 서자 이재선을 앞세워 궁궐로 쳐들어간다는 일정을 세운 뒤 거사일은 8월 29일로 잡았다. 이 폭동 계획은 변절자의 밀고로 미수에 그쳤다.

군인과 빈민들의 항쟁은 임오군란이 일어나기 직전까지도 계속되었다. 임오군란이 일어나기 불과 4개월 전인 1882년 2월에 임오군란 못지않은 대규모 봉기가 발생하였다. 이 사건은 좌포청 포졸들의 토색이 발단이 되어 일어났다. 평소 하층민들의 단속을 맡고 있던 포졸들이 동대문 부근에서 토색질을 하다가 이에 격분한 주민들이 합세하여 포졸들을 때려 쫓아내었다.

매를 맞고 도망쳐 온 포졸들은 화를 참지 못해 동료 포졸들과 함께 동대문으로 돌아와 주민은 물론이고 지나가던 훈련도감 소속 군인들을 닥치는 대로 붙잡아 포도대장 집에 가두어 버렸다. 이때 잡힌 군인과 주민들의 수는 합쳐서 31명 정도였는데 이 가운데 4명은 맞아 죽고, 살아남은 나머지는 포도청 옥에 갇히고 말았다. 이러한 소식을 들은 훈련도감 군인들은 탁기항을 중심으로 하여 포도청을 습격하였다. 그들은 주민과 동료 군인들을 구해 내고 시체를 찾아내었다. 그리고 포도청을 부수고 토색을 일삼던 포졸들을 구타하였다.

이 사건은 단순히 포졸들의 토색질 때문에 발생하였지만 그 뒤에는 당시에 증폭되어 가던 민씨 정권에 대한 민중들의 저항이 내재되어 있었다.

이렇게 봤을 때 임오군란이 일어나기 전까지 군인들의 불만은 이미 무장 봉기를 할 정도로 고조되어 있었다는 것을 알 수 있다. 바꿔 말하면, 임오군란은 보편화되어 있던 군인들의 원성이 집약되어 터진 일대 사건이라고 볼 수 있다.

민씨 정권도 일련의 군인 폭동 미수 사건을 겪으면서 이들의 불만을 무마시킬 필요성을 느끼고, 구식 군인들에게 밀린 군료의 일부를 지급하기로 결정하였다. 당시 군인들의 군료는 13개월이나 밀려 있는 상태였다.

1882년 6월 초에 전라도 조미漕米가 서울에 도착하였다. 6월 5일에 도봉소에서는 우선 무위영 소속 훈련도감 군인들에게 한 달분의 군료를 지급하였다. 그런데 이 과정에서 문제가 발생하였다. 밀린 군료의 극히 일부지만 군인들은 그나마 받게 된 것을 다행으로 알고 쌀을 확인하였다. 그 결과, 쌀에는 물에 젖어 썩은 것이 섞여 있을 뿐만 아니라 겨와 모래가 절반이나 되었다. 게다가 양도 반이나 모자랐다. 당시 선혜청 당상으로 있던 민씨 척족의 하나인 민겸호 등이 중간에서 군료를 횡령하고는 농간을 부린 것이다. 군인들은 더 이상 참을 수가 없었다.

포수砲手 김춘영·유복만 등이 주동이 되어 선혜청 고직庫直과 무위영 영관에게 항의하여 시비가 격렬해지자, 다른 군인들도 합세하여 도봉소는 순식간에 수라장이 되었다. 그러나 고직 등은 핑계만 댈 뿐 사실을 인정하려 하지 않았다. 이에 화가 난 군인들은 집단으로 그를 때려눕혔다. 당시 궁중에 있다가 군인들이 폭동을 일으켰다는 보고를 받은 민겸호는 포졸들을 풀어 김춘영·유복만 등 주동자를 잡아들여 포도청에 가둔 뒤, 혹독한 고문을 가하고는 그중 2명을 처형한다고 선포하였다.

이 소식을 전해들은 김춘영의 아버지 김장손과 유복만의 동생 유춘만 등은 6월 9일에 통문을 돌려, 군인들의 결집을 호소하는 등 구명 운동을 펼쳤다. 통문을 본 군인들이 속속 모여들기 시작하였다. 무위영 군인들은 그 혼란 속에서도 지휘 체계를 존중하여 자기들의 직속상관인 이경하를 찾아가 사태를 설명하고, 억울하게 잡혀간 군인들을 풀어줄 것을 호소하였다.

이들이 찾아간 이유는 그가 흥선대원군에게 발탁된 무장이었으므로 당연히 민겸호와 같은 탐관들을 비난하고 무슨 조치를 취해주리라 믿었기 때문이다. 그러나 이경하는 자신은 급여에 관한 권한을 갖고 있지 않다고 변명한 뒤, 서면으로 민겸호에게 건의해 보겠다고 하면서 사태 해결에 대해 별다른 성의를 보이지 않았다. 그런데 이 자리에서 이경하는 넌지시 민겸호에게 직접 가서 따져 보라는 여운을 남겼다.

상관에게서 배신감을 느낀 군인들은 당사자인 민겸호의 집을 찾아가 호소하기로 하고 그의 집으로 몰려갔다. 그러나 민겸호는 집에 없고 경복궁에 있었기 때문에 만나지 못했다. 그의 하수인들이 있었지만 군인들의 요구를 들어줄 리 만무였다. 오히려 모욕적인 대답만 들을 수 있을 뿐이었다. 군인들은 끝까지 합법적인 방법으로 김춘영 등에 대한 구원 운동을 펼쳤지만 모두 허사로 돌아가고 말았다. 군인들은 더 이상 솟아오르는 분노를 억누를 수가 없었다.

마침내 군인들의 폭동은 터지고 말았다. 그들은 먼저 민겸호의 집을 습격하여 때려부쉈다. 민겸호의 집을 공격 대상으로 삼았다는 것은 민씨 정권에 대한 도전과 항쟁을 뜻한다. 실제로 군인들은 폭동을 일으키면서 소리쳐 결의를 다졌다.

"이왕 죽을 바에야 원한을 풀고 나라를 위하여 거사를 하고 죽자!"

이것은 단순히 군료 문제 때문이 아니라 당대의 사회적 모순에 저항하여 폭동을 일으키겠다는 뜻이다. 그들의 다음 행동을 보면 이러한 면이 확연히 드러난다.

민겸호의 집을 쳐부순 난군亂軍들은 무장을 하기 위해 동별영으로 몰려가 무기고를 공격하여 접수한 뒤, 한양의 중심가인 종로로 나가 시위를 벌였다. 그들은 기세를 몰아 포도청으로 진격하여 투옥되어 있던 동료들을 구하고 정치범들이 갇혀 있는 의금부를 급습하여 조미 통상 수호 조약 체결 이후 강경한 어조로 위정척사를 주장하다가 체포된 백낙관을 풀어주었다. 이러한 행동은 난군들이 일본과 미국 등 외세의 침략 행위를 반대한다는 면에서 위정척사론자들과 뜻이 같다는 것을 의미한다.

자유의 몸이 된 백낙관은 몰려온 군인들을 보고 한편으로는 놀라면서 조언을 하였다.

"우선 거사를 성공시키기 위해서는 지도자가 필요하다. 그 지도자로 홍선대원군 나리가 좋을 것이다."

백낙관의 말에 군인들은 찬성하고 홍선대원군이 머물고 있던 운현궁으로 달려가 그의 지시를 받게 되었다. 홍선대원군 역시 민씨 정권에 밀려나 있는 형편이었기 때문에 무장을 한 난군들의 지지를 다시 정권을 잡는 데 이용하기 위해 그들의 요청을 받아들였다. 이때 홍선대원군이 난군의 대표자들에게 어떤 내용의 밀계를 내렸는지는 알려져 있지 않으나, 이후의 행동으로 미루어 보아 그 전해에 있었던 이재선 모역 사건 당시의 거행 계획을 답습하였을 것으로 추측된다.

어쨌든 홍선대원군의 지시에 따라 난군들은 대오를 둘로 나누어 본격적인 행동에 나섰다. 한 부대는 서대문 밖 경기 감영 무기고를 습격하였다. 이 과정에서 일본인 세 명이 난군들의 손에 죽임을 당하였다. 무기고를 털어 완전 무장한 난군들은 이날 저녁에 일본 공사관으로 달려갔다. 이때 홍선대원군의 심복인 허욱이 군복을 입고서 군인들을 지휘했다는 말도 있다.

다른 부대는 강화 유수 민태호 등 척신과 매국적 고위 관료들의 집을 차례로 습격하여 모조리 파괴하였으며, 민씨 정권이 놀이처로 삼고 있던 치성터를 공격하여 부숴 버렸다. 또한 이들은 별기군 병영인 하도감을 포위하였다. 그러자 안에 있던 별기군 소속 군인들이 난군들에 호응하여 가담하였다. 난군들이 몰려오자 교관 호리

모토는 도망을 쳤으나 곧 그들의 손에 잡혀 처단되었다.

6월 9일의 폭동은 일본 공사관 앞에서 절정을 이루었다. 모든 난군들이 결집하여 일본 공사관을 에워쌌다. 그러자 한양의 수많은 빈민들도 이에 호응하여 대열에 합류하였다. 이러한 행동은 일본의 제국주의적 침탈 행위가 바로 조선을 망국으로 만들고 있다는 인식에서 비롯된 것이다.

난군들(이제부터는 빈민들이 포함된 상태다)은 일본의 침략 행위를 규탄하는 구호를 외치면서, 일반 빈민들은 돌을 던지고 군인들은 활과 총을 쏘며 일본 공사관을 공격하였다. 난군들의 공격이 점점 심해지자 신변에 위협을 느낀 하나부사 공사는 스스로 공사관에 불을 지른 뒤, 어둠을 이용하여 마침내 인천으로 탈출하였다. 타오르는 불길을 보며 군중들은 승리의 환호성을 올렸다.

폭동 첫날 밤을 무위영 등에서 세우는 동안에 이태원, 왕십리 등에 사는 빈민들이 계속하여 난군에 합류하였다. 날이 밝자 무위영, 장어영 소속 군인들은 물론이고 별기군 소속 군인들 대부분도 난군에 가담하였다. 한양 시내에서 근무하고 있던 군인들 대부분이 이 폭동에 가담했다고 해도 과언은 아니었다.

한편 군인들이 폭동을 일으켰다는 보고를 받은 국왕 고종은 자기의 시종군을 동별영에 보내어, 요구 사항을 모두 들어줄 테니 즉시 해산하라는 왕명을 전달케 했다. 그러나 난군들이 고종의 권고를 들을 리 만무였다. 그러자 고종은 무위대장 이경하를 급히 불러들여 명령하였다.

"동별영으로 즉시 가서 폭동을 일으킨 주동자들을 잡아들여 심문하고, 나머지는 즉시 해산시키고 돌아오라."

난감한 입장에 처한 이경하는 수행원 몇 명을 데리고 동별영으로 가서 폭동을 중지하고 즉시 해산하라고 명령하였지만, 이미 터져 버린 분노의 불길을 잠재울 수는 없었다. 오히려 난군들은 수행원 가운데 한 명을 처단함으로써 자신들의 군은 결의를 보여 주었다.

이경하의 회유와 협박이 실패로 끝나자 고종은 사태 수습을 위해 폭동의 원인을 제공한 민겸호 등을 파면했다. 그러나 이제 난군들의 목표는 몇 사람 처단하는 것이 아니라 민씨 정권과 일본 등 외세를 타도하는 반봉건적, 반외세적인 것으로 고양되어 있었다. 중첩된 모순에 의해 폭동 규모는 점차 커지고 있었던 것이다.

폭동 이틀째인 6월 10일, 사태는 반봉건·반외세적 성격이 더욱 두드러져 이해에 체결된 조미 통상 조약의 주역이었던 영돈녕 부사 이최응의 집을 습격하여 그를 살해하고 집을 때려부쉈다. 이최응은 흥선대원군의 형으로 흥선대원군 정권 때에는 등극을 하지 못하다가 민씨 정권이 들어서자 중임을 맡아 굴욕적인 개화 정책에 주동 역할을 하였다. 그의 행동이 너무 우유부단하여 사람들은 그를 유유정승唯唯政丞이라고 부를 정도였다. 그는 1880년에 중앙 조직 개편에 따라 총리대신이 되었지만, 유생들의 반발로 영돈녕 부사가 되었다. 난군들이 이최응을 표적으로 삼은 것은 그가 민씨 정권의 핵심 인물이고, 외세를 끌어들이는 데 앞장섰다고 판단했기 때문이다.

조미 조약은 청국 양무파의 영수인 이홍장 등에 의해 이루어진 것이다. 이 조약 이후 조영, 조독 조약이 체결되었는데 이 역시 청국 양무파의 주선으로 이루어진 것이다. 이는 양무파가 서구식 자본주의를 여과 없이 조선에 심으려는 의도에서 비롯된 것이며, 나아가 일본을 견제하기 위해서 이루어졌다. 앞에서 본 바와 같이 일본과 청국에 의해 서구 자본주의가 침투할 수 있는 통로가 마련된 것이다. 이러한 면에서 볼 때, 이최응 살해는 반청 의식의 산물이라고 볼 수 있다. 이미 청국 어선들은 불법으로 어로 작업을 펼치고 있었다. 일본에 비해 상대적으로 조선인들에게 더 많은 피해를 입힌 것은 아니지만 청국에 대해서도 당시 민중들은 반일 의식과 더불어 반청 의식을 갖고 있었다고 봐야 할 것이다. 종합하자면 반개화, 반외세 의식이 민중 속에 깊이 뿌리박혀 있었던 것이다.

이최응을 처단한 후 난군들은 곧바로 창덕궁으로 진격하였다. 이들의 목적은 민씨 정권의 중추인 명성황후를 찾아내어 처단하려는 데에 있었다. 궐내로 난입한 난군들은 피신처를 찾고 있던 민겸호와 경기 감사 김보현을 잡아 살해한 뒤 민씨 정권의 최고 권력자인 명성황후(민비)를 제거하기 위해 궁 안를 샅샅이 뒤졌다. 그러나 명성황후는 이미 여흥부대부인 민씨와 무예별감 홍재희(갑오농민전쟁 때 토벌군을 이끌고 참가한 홍계훈의 본명이다)의 도움을 받아 궁녀 옷으로 갈아입고 탈출한 뒤였다. 민비는 윤태준의 집에 은신하다가 뒤에 광주, 여주를 거쳐 장호원에 있는 민응식의 집으로 피신하여 화를 면하였다.

민비 색출에 실패한 난군들은 궁궐을 빠져나와 여러 부대로 나뉜 뒤, 다시 민씨 정권의 핵심 인물이나 정권에 아부하는 관료들의 집을 급습하여 부숴 버렸다. 이 과정에서 민가의 일족인 민창식도 살해되었다. 또한 난군들은 중인 계층, 특히 역관 부호들의 집도 70여 채 이상 파괴하였는데, 이는 역관들이 외국과 무역을 통해 부를 축적해 왔기 때문이다.

한편 군민이 궁궐에 침입하였다는 보고를 받은 고종은 흥선대원군에게 궁궐로 들어오라고 하여 하교하였다.

"지금부터는 크고 작은 공무는 흥선대원군에게 물어 결정하라."

고종은 흥선대원군에게 사태 수습을 맡긴 것이었다. 이로써 흥선대원군은 군란을 적절히 이용하여 다시 정권을 장악하게 되었다. 또한 흥선대원군의 정권 장악은 국왕의 명령으로 이루어진 것이기 때문에 아무런 문제가 없었다. 이러한 점은 뒤에서 보게 될 흥선대원군 납치 사건을 일으킨 청국의 야만성을 비판할 수 있는 중요한 근거가 된다.

그러나 난군들의 시위는 그치지 않았다. 정의길 등이 이끄는 한 부대는 하나부사 공사를 잡기 위하여 인천까지 추격하였다. 정의길의 부대는 내려가면서 한양 소식을 전하고 이에 호응할 것을 호소하였다. 한양의 부대가 인천까지 와서 선동하자 그곳 군인들은 물론이고 일반 민중들도 궐기에 나섰다. 이렇게 하여 인천의 군인들이 합류한 난군들은 하나부사가 숨어 있는 관청을 습격하였다. 이에 놀란 하나부사는 월미도로 간신히 빠져나왔다가, 마침 부근에 정박 중이던 영국 군함 플라잉 피시호를 타고 본국으로 돌아갈 수 있었다. 이 당시 난군들에 의해 일본인 6명이 살해당하였고, 부상당한 자가 5명에 이르렀다고 한다.

난군들은 민씨 정권 세력을 몰아내고 하나부사를 본국으로 추방함으로써 불과 이틀 만에 소기의 목적을 달성할 수 있었다. 이 군란이 진행되는 동안에 각 지방에서도 여러 소요 사태들이 일어났다. 평소 일본인들과 가깝게 지낸 자들이 이때 많은 피해를 보기도 했다. 이는 개항 이후 조선의 민중들이 갖고 있던 반일 감정에서 비롯된 것이었다.

군인들의 거사 덕분에 정권을 잡은 흥선대원군은 먼저 군인들의 불만을 해소하기 위하여 군제 개혁을 단행, 5영의 복설을 명하고 또한 통리기무아문의 혁파와 삼군부三軍府의 복설도 명하였다. 또한 민씨 정권을 완전히 뿌리뽑기 위하여 명성황후의 상喪을 공포하였다. 만일의 경우, 명성황후가 다시 나타난다고 해도 이미 죽은 사람이기 때문에 세력을 복구할 수 없을 것이라는 점을 노린 것이다. 그러나 예론禮論을 내세운 원로와 일부 관료들이 흥선대원군의 조치에 반발하여 흥선대원군 재집권을 방해하기도 했다. 그러나 흥선대원군은 굴복하지 않고 계속 개혁 정책을 펼쳐 나갔다. 그는 제2단계 개혁으로 민씨 척족을 제거하는 인사를 단행하여, 우선 그의 맏아들인 이재면을 훈련대장 겸 호조판서, 선혜청 당상에 임명하여 병재兵財 양권을 장악하였다. 또한 영의정 홍순목을 유임시키는 동시에 흥선대원군 자신이 신임하는 신웅조를 우의정에 임명하였다.

　이 밖에 흥선대원군은 측근들을 주요 문무 관직에 임명하였는데 신정희를 어영대장으로, 조희순을 금위대장으로, 임상준을 총융사로, 조병호를 도승지로 삼았다. 또한 삼군부의 복설에 따른 인사와 중앙의 각 부서 및 지방관에도 역시 새로운 인물들을 과감히 기용하였다. 흥선대원군이 등용한 인물들은 대체로 남인에 속하는 노정치가들이어서 측근 기용에 한계를 느꼈다. 이에 흥선대원군은 옥에 갇혀 있거나 유배 중인 죄수들을 석방하여 주요 관직에 임용함으로써 정권 강화에 힘썼다. 이러한 과정에서 풀려난 정치범 등의 수가 거의 1천 명에 육박하였다. 이와 같이 흥선대원군은 인사 개편을 단행하여 척족 세력을 제거한 다음에는 제도 개혁 등 주로 민생 복지와 관련된 개혁 정책을 펼쳐 나갔다.

우선 각 지방의 미납세미를 거두어들여 임오군란의 원인 중 하나였던 밀린 군료를 지급하고, 나머지는 빈민들에게 골고루 나누어 주었다. 또한 민폐의 근원이 된 신감채와 해홍채의 징수 금지, 주전 금지, 도가都賈의 민폐 금지 및 무명 잡세의 징수 금지 등을 명하여 민심 수습에 주력하였다. 이렇게 단시일 안에 개혁 정책을 펴던 흥선대원군 정권은 불과 33일 만에 무너지고 만다.

그 원인을 간단히 줄여 보면 첫째, 명성황후의 국장 절차를 강행하는 동안 시간을 낭비하여 일본과 청국의 동향을 파악하지 못함으로써 양국의 출병 의도를 제대로 인식하지 못했고, 둘째, 고종 친정 10년간 흥선대원군을 지지하는 세력이 철저하게 탄압을 받아 흥선대원군 정권이 들어섰을 때 이에 적극 참여할 수 있는 인재가 부족하였다는 점 등이다. 특히 이 중에 군란 처리를 위하여 청일 양국이 재빨리 출병하였을 때, 이에 대한 분석을 하지 못한 흥선대원군의 시대적 한계성이 정권 붕괴의 결정적인 원인이었다. 흥선대원군은 7월 13일에 일본과 청국의 합작에 걸려 납치당하고 말았다. 이렇게 된 경위를 잠시 살펴보기로 하자.

6월 12일에 영국 측량선 플라잉 피시호에 구조되어 귀국 길에 오른 하나부사 일행은 3일 후인 15일에 나가사키에 도착하여, 조선 내에서 군인들이 폭동을 일으켰다는 내용을 외무경 이노우에에게 타전하였다. 이때 하나부사는 8명의 일본인이 희생당했다고 하면서, 부산과 원산에 있는 거주민들을 보호하기 위해서라도 군함을 파견해야 한다고 보고하였다.

하나부사의 보고를 받은 일본 정부는 다음날 긴급 회의를 열었다. 회의에서 일부 관료들이 이 군란을 이용하여 군함을 파견하면 조선을 확실히 종속시킬 수 있다는 의견을 제시하였으나, 이에 반대하는 의견도 만만치 않았다. 회의는 강경, 온건 두 파로 의견이 갈려 대립하였다. 이때 주도권을 잡고 있던 육군경 야마가카가 중재에 나서, 강경론에 찬성하되 출병 시기는 온건파가 주장하는 대로 담판 교섭 결과를 지켜본 다음에 결정하자는 의견을 제시하였다. 결국 파병을 하되 그 시기만이 문제라는 뜻이다. 이에 따라 일본 정부는 일단 조선과 교섭을 해 보기로 하고 총괄 책임을 이노우에 외무경에게 맡겼다. 일본으로서도 혼란한 틈을 타 언제 러시아가 남하할지 모르고, 함부로 군대를 파병하다가는 청국과 마찰이 빚어질 것이라는 판단 아래 이 문제를 신중하게 다루기로 하였던 것이다.

이노우에는 즉시 시모노세키로 달려가 하나부사에게 기밀 훈령과 훈조訓條를 전달한 다음 그에게 전권을 주어 육군을 인솔, 조선 정부와 교섭하라는 명령을 내렸다. 이때 하나부사에게 전달된 기밀 훈령은 모두 9개조로 되어 있는데, 대부분이 조선 정부에 대한 요구 사항이었다. 그 내용을 간략히 추려 보면 문서에 의한 사죄, 위자료 지급, 범인의 체포 처형, 정부 또는 당국자가 교사한 경우에는 강제 배상도 인정할 것, 조선 정부의 책임이 중대할 경우에는 거제도 또는 울릉도를 할양할 것, 일본 공사관의 병력 보호, 함흥·대구·양화진의 개시開市, 일본 공사관 직원·영사관 직원의 대륙 여행 자유 보장 등이다. 한마디로 말해서 일본은 임오군란을 기화로 자기들의 이권을 챙긴다는 계산이었다. 즉 그동안 해결하지 못한, 통상에 관계된 여러 문제를 한꺼번에 해결하려는 의도를 지니고 있던 것이다.

밀명을 받은 하나부사 일행은 1개 중대의 호위 병력을 인솔하여 7월 3일에 한양에 도착하였다. 하나부사는 7월 7일에 고종을 알현하는 자리에서 요구 조항이 적혀 있는 책자를 제출하고, 회답 기한을 3일 내로 한다고 통고하였다. 이 같은 일본 측의 일방적인 통고에 대하여 조선 조정에서 심한 반발이 일어나, 일부에서는 무력으로 일본 세력을 물리치자는 주장도 비등해졌다. 쇄국 정책을 펼쳐 외세에 정면으로 대항한 적도 있는 흥선대원군은 이러한 여론을 등에 업고 일본 측이 제출한 요구 책자를 반송하는 한편, 일본 군대를 견제하기 위하여 인천에 있는 청군에 연락을 취하여 빨리 입경하라고 촉구하였다. 이로써 일본 측과의 교섭은 교착 상태에 빠지게 되었다. 청군은 일본 군대보다 뒤늦게 인천항에 도착해 있었다.

청 측에서 군란 소식을 알게 된 것은 6월 18일로 주일 청국 공사 여서창이 서리 북양 대신 장수성에게 보낸, '서울의 일본 공사관이 조선인의 습격을 받아 하나부사 공사 등은 일본으로 도망해 돌아가고, 일본은 군함을 파견했다'라는 내용의 전보를 통해서였다. 당시 이홍장은 상을 당해 고향에 가 있었기 때문에 장수성이 대신 직예 총독과 북양 대신 직책을 임시로 맡고 있었다.

여서창의 전보를 받은 장수성은 즉각 이 사실을 총리아문에 보고하고, 만일의 사태에 대비하기 위하여 통령 수사제독 정여창에게 명하여 쾌선 2척과 군함 1척의 출동을 준비하도록 하였다. 또한 당시 남하 중이던 도원 마건충에게 급히 연락하여 상하이에 대기하라고 명하였다. 이러한 조치를 취하는 동안 장수성은 여서창이 보내 준 전문 보고를 통해 일본군의 출병 상황과 조선 왕궁의 피습 사실을 확인하게 되었다.

또한 그는 톈진 세관장인 주복에게 연락, 당시 톈진에 체류 중인 영선사 김윤식·문의관 어윤중과 접촉하여 군란 배경에 대한 조선의 실정을 탐문하도록 하였다. 주복이 김윤식에게 물었다.

"군란의 배후 인물이 누구요? 어떻게 하여 일본 공사가 본국으로 쫓겨나게 되었소?"

주복의 물음에 오히려 김윤식이 되물었다.

"나도 지금 우리나라에서 무슨 일이 일어났는지 답답한 마음뿐이외다."

김윤식은 한동안 생각에 잠기다가 말을 이었다.

"어서 빨리 군대를 조선으로 보내 주시오."

"이미 준비를 해 놓았소."

청나라에서는 장호원으로 피신해 있던 민비 등이 뒤에서 청군 출병을 공식적으로 표명한 상태였으므로 조선으로 출병할 준비를 해놓은 상태에서, 정확한 정보 입수를 위해 김윤식 등을 만났던 것이다. 출병은 조미 조약 등을 주선하여 일본과 러시아를 견제하려 했던 청국의 대조선 방침을 전면 수정한다는 의미를 내포하고 있다. 또한 이것을 기회로 국제법을 악용하여 조공 관계가 아닌, 완전한 종속 관계로 조선을 편입시킨다는 음모를 지니고 있었다.

어쨌든 청군이 출동하기에 앞서 마건충과 정여창 등은 일단 톈진으로 돌아가 출병 준비를 완료하고 있던 광둥 수사제독 오장경과 만난 뒤, 7월 4일에 옌타이를 출발하여 7일에는 인천 남양부에 도착하였다. 청 측은 조선에 도착하기 전에는 홍선대원군이 집권했다는 사실을 알지 못했다는 주장도 있지만, 그러나 여러 정보를 통해 정권 변동 상황에 대해 곧 알게 되었을 것이다.

청군이 인천에 들어오자 위에서 본 바와 같이, 홍선대원군이 보내 온 서신을 받아 보게 되었다. 홍선대원군은 정도에 문제가 있지만 원래 친청 반일적인 외교 정책을 폈기 때문에, 일본 군대를 견제하기 위하여 입경을 촉구하는 서신을 보냈던 것이다. 그러나 이것이 홍선대원군이 몰락하는 결정적인 실수가 되리라고는 자신도 예측하지 못했다.

마건충은 홍선대원군의 요구대로 가창대 200명을 인솔하여 수원을 거쳐 10일에 한양으로 들어갔고, 12일에는 모든 청군이 속속 입경하게 되었다.

청 측은 홍선대원군이 완전히 조정을 장악한 것을 알고는 고민에 빠졌다. 청국의 목적은 조선을 속국으로 만들려는 데 있는데, 강경한 입장을 고수하는 홍선대원군이 계속 정권을 잡고 있으면 모든 일이 수포로 돌아갈 공산이 크다고 판단하였던 것이다. 이때부터 청 측은 홍선대원군을 제거해야겠다는 결심을 하고 있었다.

마건충은 일단 조일 간을 중재하기 위해 입경 다음날인 7월 11일에 인천으로 가서 하나부사 공사를 만나 교섭 재개를 종용하였다. 그런데 이 자리에서 난군 진압과 홍선대원군 제거 문제도 같이 거론되었다. 일본 측은 청국 군대가 들어온 상황에서 유리한 입장을 견지할 필요성을 느꼈다. 하나부사 공사는 다음날 마건충을 방문하여 조선 조정에서 전권 대관을 인천에 파견하면 교섭에 다시 응하겠다고 통고하였다. 이러한 일본 측 입장을 전달하기 위하여 마건충은 그날로 상경하여 홍선대원군을 예방하였다. 그러고는 조일 분쟁을 해결하여 정권을 안정시키겠다는 식으로 안심시켜, 홍선대원군으로부터 답례 형식으로 오후에 찾아가겠다는 약속을 받아내었다. 홍선대원군은 마건충의 계략을 전혀 눈치채지 못하고 있었던 것이다.

7월 13일 오후 4시경, 홍선대원군은 관료 몇 명과 호위 기병 수십 명만 데리고 마건충의 막사로 찾아갔다. 마건충은 홍선대원군을 친절하게 안내하여 야영소 안으로 데리고 들어갔다. 그 순간 대기하고 있던 원세개의 군인들이 호위병들에게 달려들어 무장을 해제시켰다. 이러한 사실을 전혀 모르고 있던 대원군은 마건충과 함께 한 시간이 넘도록 필담을 나누었다. 어느 정도 시간이 지나자 마건충은 목소리를 바꿔 강경한 어조로 홍선대원군을 비난하기 시작하였다. 홍선대원군은 마건충의 당돌한 태도에 당황할 수밖에 없었다.

"조선의 국왕은 청국의 황제가 책봉한 것이 아니오?"

마건충이 대원군을 쏘아보며 물었다.

"그렇소."

대원군은 마건충의 눈을 피하지 않고 당당하게 대답하였다.

"그렇다면 황제가 책봉한 이상 모든 정령은 국왕으로부터 나와야 하거늘 6월 9일에 있었던 변을 틈타 당신은 마음대로 대권을 장악하고, 자기와 의견이 다른 사람들을 죽이고 불한당들을 끌어들이지 않았소? 황제가 책봉한 왕을 물리치고 왕을 속였다는 것은 실로 황제를 능멸하는 행동이 아니오? 죄는 용서할 수 없지만 국왕과 부자 관계기 때문에 어찌됐든 관대한 조치를 취하리다. 이제부터는 톈진에 가서 우리 조정에 애원하도록 하시오."

마치 죄인을 앞에 두고 선고를 내리는 듯한 마건충의 말을 듣고서야 홍선대원군은 사태가 어떻게 돌아가고 있다는 것을 알게 되었다. 흥선대원군은 밖으로 나가 호위병들을 찾으려고 자리에서 일어났지만, 막사 안에는 오장경과 정여창 등이 버티고 서 있었다. 이미 때는 늦었다.

흥선대원군은 이날 삼엄한 청군들의 경계 속에서 강제로 가마에 태워져 납치당하였다. 청 측은 밤을 도와 남양만의 마산포로 호송, 청나라 병선 편으로 흥선대원군을 톈진으로 이송했다. 이렇게 하여 흥선대원군 정권은 어이없이 무너지고 말았다.

청국의 입장에서 이제 남은 것은 조선과 일본의 협상과 군란을 일으킨 주동자 처벌 문제 등이었다.

흥선대원군이 납치됨으로써 다시 왕권을 회복한 고종은 7월 14일, 마건충의 건의에 따라 일본과 본격적인 협상을 벌이기로 결정하였다. 고종은 봉조하奉朝賀 이유원을 전권 대신으로, 공조참판 김홍집을 부관으로 임명하여 인천에서 하나부사 공사와 교섭을 재개하라고 명하였다.

회담은 일본 군함 히에이호 선상에서 일본군의 삼엄한 무력적 분위기 속에서 진행되었다. 양측 대표는 7월 15일 이후 17일까지 3차에 걸친 회담 끝에 제물포 조약 6조와 수호 조규 속약 2조에 각기 조인하였다. 이 제물포 조약은 강화도 조약처럼 불평등 조약으로, 일본이 조선을 정치적·경제적 차원에서 한층 더 종속을 심화시킬 수 있는 법적 기반이 되었다. 우선 제물포 조약의 주요 내용을 살펴보자.

1. 지금으로부터 20일을 기하여 조선국은 흉도를 체포하고 수괴를 가려내 중벌로 다스릴 것.

2. 일본국 관리로 피해를 입은 자는 조선국이 융숭한 예로 장사지낼 것.
3. 조선국은 5만 원을 지불하여, 일본국 관리 피해자의 유족 및 부상자에게 지급할 것.
4. 흉도의 폭거로 인하여 일본국이 받은 손해 및 공사를 호위한 육해군의 군비 중에서 50만 원을 조선이 부담하며, 매년 10만 원씩 지불하여 5년에 완납 청산할 것.
5. 일본 공사관에 군사 약간 명을 두어 경비하게 하며, 병영의 설치·수선은 조선국이 책임을 지고, 만약 조선국의 군민이 법률을 지킨 지 1년 후에 일본 공사가 경비가 필요하지 않다고 인정할 때에는 철병을 해도 무방함.
6. 조선국은 대관을 특파하고 국서를 보내어 일본국에 사죄할 것.

어디를 봐도 조선의 입장은 들어가지 않고, 완전히 일방적으로 일본의 이익과 요구만을 반영한 내용으로 가득 차 있다. 1조는 조선의 치안 주권을 무시한 규정이고, 막대한 배상금 요구는 제국주의적 야욕을 드러낸 것이다. 또한 5조에서 군사 약간 명만 주둔시킨다고 해 놓고 실제로는 1개 대대를 파견하여, 이에 따른 경비까지도 조선에 부담시킨 조치는 조선의 주권을 철저하게 무시한 것이다. 이러한 불평등 조약이 쉽게 체결된 것은 전권 대신인 이유원이 민씨 정권의 하수인이었기 때문이다. 그는 흥선대원군과 대립 관계에 있다가 민씨 정권이 들어선 후 발탁되어, 일본과 청국을 오가면서 막후교섭을 담당하는 등 종속적인 개화 정책에 일익을 담당했던 인물이다.

일본과 굴욕적인 외교가 진행되는 동안에 한양에서는 민씨 정권이 다시 세력을 회복해 가고 있었고, 마지막 문제인 군인 진압 작전이 펼쳐지고 있었다. 처음에는 조선 군대가 직접 진압을 하려 했지만, 군사들이 무서워하며 들어가지 않을 뿐만 아니라 이미 난군과 관군 사이에 공감대가 형성되어 있었기 때문에 진압 작전에 차질을 빚게 되었다. 그래서 고종은 청군에 토벌을 간청하였다고 한다. 그러나 이미 청군은 난군 진압에 나설 용의가 있었다. 이유는 간단하다. 청군이 조선 내에서 난당을 토벌하는 작전을 펼침으로써 조선을 종속국으로 편입시킬 수 있는 입지를 강화할 수 있기 때문이었다.

한양에 주둔하고 있는 청군 3,000명은 원세개와 오장경이 나누어 맡고 있었다. 회담이 한창 진행 중이었던 7월 16일 밤부터 대대적인 학살이 벌어지기 시작하였다. 원세개는 난당의 척결을 구실 삼아 군대를 이끌고 왕십리에 출동하여 군란에 참여했던 군민들을 공격하였다. 또한 오장경도 이태원 일대에서 조선 측과 접전을 벌였다. 갑작스런 기습에 말린 군민들은 군 장비에서나 수적인 면에서 모두 열세였다. 그러나 난군들은 열세에도 불구하고 청군과 육박전을 벌이는 등 끝까지 저항하였다. 심지어는 체포당하는 것을 수치로 여겨 스스로 목숨을 끊는 자들도 있었다. 청 측이 자기 조정에 보낸 '마건충 동행삼록'이라는 보고서에 다음과 같은 내용이 들어 있다.

기운과 힘이 다해서 잡히리라는 것을 아는 자는 모두 칼로 자기 배를 찔러 창자가 드러나게 하는데 (중략) 이로써 그들이 죽는 것을 두려워하지 않는다는 것을 가히 알 수 있다.

흥선대원군에게 모든 것을 맡기고 해산해 있다가 청군의 공격에 당한 군민들은 이렇게 장렬한 최후를 맞았던 것이다. 이 전투에서 군민 170여 명을 체포하였고, 그중 11명을 참수하였다고 한다. 그러나 전사자가 얼마인지는 확실히 알 수 없다.

앞에서 본 제물포 조약 1조에 따라 하나부사 공사는 포도청에서 송치한 손순길·공치원·최봉규 등 3명을 효수하였고, 또한 이진학 등 3명은 유배 보냈다. 한양은 일본과 청국의 합작으로 일대 피바다를 이루었던 것이다.

한편 충주 장호원에서 60리 떨어진 국망산 깊은 골짜기에 피신해 있던 민비는 흥선대원군이 납치되고 군인들의 폭동이 완전히 진압되었다는 보고를 받고는 곧바로 한양으로 되돌아왔다. 이렇게 해서 다시 민씨 정권이 중앙을 차지하게 되었다. 따라서 흥선대원군 일파에 대한 숙청이 단행된 것은 당연한 결과였다.

고종은 7월 18일에 교서, 20일에는 실정失政 8항목을 들어 자책하고 유신을 다짐하는 윤언을 내렸다. 이러한 고종의 태도 변화는 친정 체제 이후 민씨 척족들의 횡포에서 벗어나 왕권을 회복하려는 자구책이었다. 그러나 고종의 유신은 봉건성을 탈피하지 못한 내용이었기 때문에 민씨 척족들의 방해로 수포로 돌아가고 말았다.

임오군란이 가져온 여파는 제물포 조약으로 끝나지 않았다. 1876년 전후부터 조선 내에서 일본이 경제적 독점을 누리고 있는 것을 경계하던 청국은, 임오군란을 기화로 아예 조선을 자기들의 속국으로 삼으려는 음모를 구체화시켰다. 이것이 바로 '조청 수륙 무역 장정朝淸水陸貿易章程' 체결이다.

앞에서 청국이 아편전쟁에 패배함으로써 세계 자본주의에 편입되었다고 지적한 바 있다. 청국은 프랑스가 청국의 속국인 베트남을 1874년에 보호국으로 만듦으로써 동아시아에서 누리던 종주 국가로서의 지위를 점차 잃어 가고 있었다. 또한 영국은 미얀마를 침공하여 인도에 귀속시켰고, 영국의 압력으로 티베트에 대한 종주권도 포기해야 할 지경에 이르렀다. 게다가 일본의 통치를 받으면서도 청국에 조공을 하던 유구인琉球人들이 대만에 표류해 왔을 때 이 가운데 54명을 고산족이 살해하자 이를 핑계 삼아 일본이 대만을 침공하였고, 영국의 중재로 배상금 지불을 약속하고서 사건을 마무리했지만, 이후 일본은 청국에 대한 유구인들의 조공을 전면 금지하였다.

다시 말해서 청국의 주변 국가 대부분이 조공 관계에서 벗어나 서구 열강에 귀속되었기 때문에 중화 대국으로서 큰 위협을 받았다. 그런데 조선은 아직 쇄국 정책으로 유일하게 살아남아 청국과 조공 관계를 유지하고 있었다. 게다가 일본과 러시아 세력이 점차 중국으로 몰려오자 양무파 관료들은 조선을 교두보로 삼아야겠다는 판단을 내렸던 것이다. 청국이 미국과 영국, 독일 등과 교섭하여 조선과 조약을 맺게 한 것도 이러한 정책에서 비롯된 것이다. 즉 이 이제이以夷制夷라는 정책이 그대로 반영된 셈이다. 그런데 임오군란으로 일본이 자국의 이익 독점을 강화할 기미를 보이자 이에 반발하여, 군대를 파견하여 병자호란 이후 맺어진 전통적 관계를 개선함으로써 근대적 조약을 통해 조선을 완전한 속국으로 삼아야겠다는 결론에 도달하였다.

　이러한 배경에서 막강한 군대를 몰고 입경한 청 측은 조선 조정을 상대로 공작을 펼쳐, 자국의 입장을 강화하는 장정章程을 체결하였다. 장정이라는 용어는 조약이라는 용어와 어떻게 다른가. 조약은 그래도 상대국을 자주 독립국으로 인정할 때에 쓰는 것이지만 일방적인 통고를 뜻할 때, 즉 상대국의 독립성을 인정하지 않을 때에 장정이라는 말을 쓰게 된다. 게다가 이 장정은 비준서 교환과 같은 공법상의 절차가 아예 무시된 채 체결과 동시에 효력이 발생하였다. 19세기 중엽 이후 한일 병합 전까지 조선이 외국과 맺은 협정 가운데 가장 굴욕적인 것이라고 볼 수 있다.

　이 무역 장정의 내용을 한마디로 하자면 '조선은 청국의 속국이다'라는 말로 요약할 수 있다. 아예 장정 전문全文에서 '이 수륙 무역 장정은 중국이 속방屬邦을 우대하는 뜻에서 상정한 것이고, 각 대등 국가 간의 일체 균점均霑하는 예와는 다르다'라고 하여 불평등 조약임을 못 박고 있다. 이 밖에도 무역 장정에는 북양 대신과 조선 국왕의 대등한 위치 규정, 청국의 일방적인 치외법권 확대, 청국의 어채권과 연안 무역권 인정, 양화진과 한양에서 상점 설치권 인정, 청국 병선의 내왕권 등 청국의 일방적인 요구만 가득 실려 있다.

　이렇게 해서 조선은 이후 '원세개 정권'이라고 불릴 정도로 청국에 종속되어 모든 분야에서 청국의 지시에 따라야만 했으며, 무분별한 개화 정책이 계속 진행됨으로써 국가의 존립 자체에 큰 위기를 맞게 되었던 것이다. 이것은 또한 무능력하고 사대적인 민씨 정권의 횡행이 있었기에 가능한 일이었다.

임오군란, 최초로 일어난 반봉건·반외세 항쟁

임오군란은 민씨 정권이 추진한 성급하고도 무분별한 개화 정책에 반발하여, 정치·경제·사회적으로 심화된 모순을 타파하기 위해 일어난 군민의 항쟁이었다.

그러나 성숙되지 못한 의식과 이들을 뒷받침해 줄 수 있는 진보적 정치 세력이 없었기 때문에 군란은 실패로 끝나고 말았다. 또한 재집권한 흥선대원군은 왕궁 공사를 중지시키는 등 과거에 범했던 오류를 극복하며 봉건적 개혁 정치를 펼치려 하였지만, 이미 제국주의적 성격을 지니고 있던 일본과 청국의 내적 변화를 파악하지 못하고 기존 정책에 의지하여 사태 수습을 하려다가 납치당하는 수모를 겪어, 다시 반동적인 민씨 정권이 들어서게 되었다.

임오군란 이후 청군 3,000명, 일본군 1개 대대가 조선에 주둔함으로써 양국 간에 대립 양상이 두드러졌고, 무엇보다도 조선이 청국의 내정 간섭을 받는 속국으로 전락함으로써 파행 구조가 한층 심화되는 결과를 가져왔다. 따라서 민중들 사이에 반일 의식은 물론이고 반청 의식이 보편화되었고, 이러한 상황 변화는 급진 개화파들에게 위기감을 심어 주어 위로부터의 혁명이 시급하다는 인식을 갖게 하였다. 그래서 일어난 사건이 바로 갑신정변이다.

❰ 18 ❱
갑신정변 :
자주 근대 국가 건설을 위한 청년들의 혁명

갑신정변을 보는 시각

갑신정변에 대한 역사적 평가는 크게 세 가지로 나누어진다. 하나는 갑신정변의 긍정적인 면을 강조하여 최초의 부르주아 혁명, 또는 근대 국민 국가를 추구한 변혁이었다는 평가며, 다른 하나는 전자와 대립된 견해로 일본이 뒤에서 조종한 결과 친일 정권을 수립하기 위하여 일어난 타율적인 쿠데타였다는 시각이다. 그리고 마지막 하나는 갑신정변 이후 자주적인 개화를 담당할 주도 세력이 거의 정계에서 배제됨으로써 자주 국가 건설에 실패하고, 외세의 반복된 침탈 끝에 결국은 일제의 식민지로 전락하였다는 책임론적인 시각이 그것이다.

어느 쪽에도 모두 나름대로 역사적 안목과 증거를 제시하여 논점을 전개하고 있다. 그런데 세 이론이 갈라서는 분수령은 사료史料의 선택 등에 있다. 어느 사료를 사실史實로 받아들이는가에 따라 입장 차이는 분명해진다. 가령 갑신정변을 이해하는 데 가장 중요한 사료인 김옥균의 『갑신일록』은 원본은 발견되지 않고, 사본만 5~6권이 남아 있어 신뢰성이 떨어진다고 주장하는 학자들도 있다. 그러나 여기서는 이러한 논쟁에 초점을 둘 필요는 없다. 우선 사료의 고증은 전문 학자들의 몫이다. 따라서 중요한 것은 어떠한 역사적 흐름 가운데에서 갑신정변이 일어났고, 역사 발전 과정에서 차지하고 있는 몫이 무엇이며, 나아가 그것이 후대에 어떠한 영향을 끼쳤는가에 대한 면밀한 검토라고 생각한다.

우선 시기의 적절성에 대한 시비 문제와 정변의 성패 판단을 떠나서, 여기서는 갑신정변이 한국 역사상 최초의 부르주아 혁명 또는 자주 근대 국가 건설을 위한 혁명이었다는 시각에서 정리하려고 한다. 그런 관점에서 본다면 부르주아 혁명의 가장 두드러진 특징인 사회와 사상의 함수 관계가 우선 해명되어야 사건 자체에 대해 올바른 이해를 가질 수 있다고 본다.

부르주아라는 개념이 사회의 발전 과정 중 근대사의 큰 전환점 구실을 했다고 봤을 때, 1880년 전후에 활동한 개화파들이 어느 정도까지 한국 역사 발전 가운데 부르주아적 개혁 사상을 갖고 있었는가가 일단 궁금해진다.

일본 관학자들이 우리의 역사를 왜곡하여 만들어 놓은 것 중 하나가 타율성론이다. 즉 조선 민족은 스스로 할 수 있는 것이 하나도 없어서 개화마저도 일본이 직접 해 주어야 한다는 논리에 따라, 갑신정변 역시 일본의 사주에 의해 일어난 사건이라고 주장하고 있다. 개화파를 단순히 친일파라고 몰아붙이는 논리의 근거가 이러한 일본 관학자들의 식민주의 사관에서 비롯된 것이라면, 그 내면에는 엄청난 역사 왜곡과 음모가 도사리고 있음을 알아야 할 것이다. 일단 여기서는 일본 관학자들이 만들어 놓은 조선 식민지화 합리론은 모두 배제하기로 한다.

개화파의 형성과 주요 활동 요약 : 한국 역사 속에 내재되어 있던 개화사상

북학론과 개화사상의 함수 관계

조선의 역사는 이미 18세기를 거치면서 봉건적 질서에 큰 위기를 맞게 된다. 임진왜란과 병자호란 등 국난을 겪은 후, 대의명분과 신분 질서를 내세우는 유교적 국가 이념의 한계성이 여실히 드러나면서 이에 대한 비판 세력이 등장하게 된다. 그것이 바로 실학이다.

실학은 멀리는 이율곡이나 조광조의 개혁 사상, 가깝게는 반계 유성원과 성호 이익의 개혁론에 뿌리를 두고 있다. 본격적인 실학의 개념이 형성된 것은 영조와 정조 때다. 특히 정조 때에는 이익 계열인 성호학파와 연암 박지원을 중심으로 한 북학파가 활동하면서 현실 개혁론을 주장하였다. 또한 실학을 집대성했다고 평가받고 있는 정약용의 『목민심서』는 말 그대로 실학의 결정판이라고 볼 수 있다. 그러나 이들의 주장은 당시 정치에 크게 반영되지 못하였고, 노론 세력의 집권으로 등장한 세도 정치의 연속으로 인해 거의 사장되다시피 하였다. 필사본으로 떠돌던 박지원의 저서가 1900년 이후에 와서야 겨우 인쇄본으로 빛을 볼 정도였으니, 당시 실학자들의 사상이 봉건성을 완전히 탈피하지 못했음에도 불구하고 19세기 위정자들에게 얼마나 불온하게 받아들여졌는지 짐작할 만하다.

물론 19세기에 들어와 최한기 등 이른바 후기 실학자들이 대거 등장하지만, 그들의 주장 역시 현실 속에서 관철되지 못한 것은 마찬가지였다. 이 가운데 개화파와 가장 밀접한 관련이 있는 것이 북학파의 사상이다.

북학파는 박지원을 중심으로 지구 자전설을 주장한 홍대용, 『북학의』를 쓴 박제가, 『발해고』의 저자 유득공 그리고 이덕무, 이서구 등으로 구성되어 있었다. 특히 박지원과 박제가의 사상은 당시로서는 가히 급진적인 내용을 담고 있어서 유림儒林들의 심한 반발에 부딪히기 일쑤였다.

박지원은 1780년에 청나라를 다녀온 후 『열하일기』를 저술하였는데, 이 저서는 박지원의 사상을 집대성해 놓은 것이라고 봐도 무방하다. 그는 이 책을 통하여 껍질만 남은 북벌론의 허구성을 지적함과 동시에, 청나라가 명나라를 멸망시킨 오랑캐라고 하는 것은 시대에 뒤떨어진 명분론에 불과한 것이니, 그들의 선진 문물을 받아들여 조선을 개혁해야 한다고 주장하였다. 또한 조선이 발전하지 못하는 이유는 일하지 않고 먹기만 하는 양반들에게 있으니 이들에게도 일을 시켜야 한다는, 가히 혁신적인 견해를 제시하였다. 당시 청나라는 서구의 선교사들을 통해 선진 문물을 수용하고 있었을 뿐만 아니라, 벽돌로 건물을 짓는 등 자체적인 문명 개발에 주력하고 있었다.

또한 그는 농업이나 상공업 등 전 분야의 발달이 있어야만 원활한 상품 유통이 형성되어 백성들의 생활이 윤택해지고, 이에 따라 국가 재정도 풍부해진다고 역설하였다. 이에 대한 구체적인 실천 방안으로 토지 개혁, 각종 수레 창안 등 교통수단 개발을 통한 물자 교류의 원활화, 분야별 기술 개발 등을 주장하였다.

이러한 박지원의 개혁 사상은 당시로서는 매우 급진적인 것이었다. 그의 사상을 가만히 살펴보면 사농공상士農工商의 역할론이 내재되어 있음을 알 수 있는데, 결국 누구나 신분의 고하를 막론하고 노동을 해야 한다는 것이다. 이러한 박지원의 주장은 만민 평등 사상으로 나아갈 수 있는 근대적인 맹아를 내포하고 있다.

누구보다도 북학 사상에 투철했던 인물은 박제가다. 그는 박지원의 가장 가까운 제자로 성장하여 네 번에 걸쳐 중국을 방문, 새로운 문물들을 직접 접하면서 북학 사상을 집대성하였다. 그의 대표적인 저서인 『북학의』에는 모든 방면에 걸쳐 일대 개혁을 해야 한다는 내용이 기조로 깔려 있다. 심지어 그는 중국에 와 있는 선교사를 초대하여 선진 문물에 대한 강의를 하게 하자고 정조에게 건의할 정도였다. 천주교 자체에 대해서는 부정적이지만, 그들이 지닌 선진 문물은 빨리 받아들일수록 좋다는 것이었다.

여기까지 보면 벌써 개화파들이 주장한 내용들이 이미 북학파에 어느 정도 포함되어 있었다는 것을 알게 된다. 즉 북학파의 이용후생利用厚生 사상은 개화파의 현실 개혁 사상의 밑뿌리가 되는 셈이다. 그렇다면 어떤 경로를 통해서 개화파 지식인들에게 북학파의 사상이 흘러들었는지 살펴봐야 할 것이다.

갑신정변의 주동 인물은 김옥균, 박영효, 홍영식, 서광범 등이었다. 그러나 이들이 개화사상을 갖게 되기까지에는 개화사상 1세대들의 공이 매우 컸다. 그들이 바로 박규수, 유홍기(유대치), 오경석,

이동인 등이었다.

여기서 흥미로운 점이 있는데, 박규수가 연암 박지원의 손자라는 점이다. 박규수는 아버지인 박종채를 통하여 자신의 할아버지가 실학의 대가였음을 알게 되었고, 일찍이 박지원의 필사본을 탐독하였다. 여기서 그는 청나라에 대해 새로운 시각을 얻게 되었고, 실제로 1861년과 1872년 두 번에 걸쳐 직접 중국을 방문, 세계의 정치 흐름을 읽어 내어 조선이 얼마나 시대에 뒤떨어져 있는가를 뼈저리게 느꼈던 것이다. 또한 박규수는 정약용 등의 실학사상을 섭렵해 나갔다.

처음 중국으로 다녀온 다음해인 1862년(임술민란의 해)에는 진주민란 사태의 수습을 위한 안핵사에 임명되어 진주로 파견되었다. 그는 민란의 진상 파악과 사후 처리를 하는 과정에서 조선이 갖고 있는 구조적 모순을 직시하게 되었다. 그리고 1866년 2월에는 평안도 관찰사로 전임되어, 그해 7월에 있었던 제너럴셔먼호 사건을 겪으면서 서구 열강의 침탈이 눈앞에 와 있다는 것을 실감하였다(그는 제너럴셔먼호의 침략 행위에 대응하여 선박을 완전히 불태워 버려 격퇴하였다). 이렇게 하여 박규수는 조선의 내적 모순과 국제 정세의 긴박한 움직임을 상호 관련 속에서 인식, 부국강병과 자주 국가 건설의 시급함을 깨닫게 되었던 것이다. 그의 사상은 실학을 바탕으로 개화로 나아가고 있었다.

이러한 박규수와 김옥균 등이 처음 만난 시점에 대해서는 어느 때라고 단정할 수 없지만, 여러 정황을 봐서 1870년 전후였을 것이다. 이때 김옥균의 나이는 20세 전후였다. 그리고 박규수는 우의정 자리에서 물러난 1874년 9월 이후에 본격적으로 제자들을 기르기 시작했을 것이다. 박규수는 흥선대원군에게 개국開國의 중요성을 역설하였지만, 뜻이 통하지 않자 우의정 자리에서 물러났던 것이다.

박규수가 주장한 개방 정책은 자주적인 개국을 뜻하는 것이었다. 1868년에 일본이 메이지 유신을 단행한 후에 국왕을 황제라고 칭하는 한편, 조선에 보내는 서신의 형식에서 조선을 상대적으로 격하시키자 정부에서 일본과 국교를 단절할 기미를 보였다. 이에 박규수는 문자에 얽매이지 말고 자주적인 개국을 해야 한다고 주장하였다. 이미 세계 자본주의의 파도가 아시아에도 밀려오고 있음을 그는 알고 있었던 것이다.

일본은 메이지 유신 이후 불평등 조약의 개정을 위한 외교적 노력을 하면서 완전한 독립을 추진하였고, 안으로는 근대 사회를 추구하기 위해 부국강병을 내세우며 일대 개혁을 단행하였다. 그런데 일본이 세운 정책의 특징은, 근대 사회 건설의 한 방편으로 아시아 침략을 설정해 놓았다는 점이다. 물론 일본의 입장에서 제일 관심이 가는 나라는 조선이었다. 조선은 아시아 대륙으로 들어가는 입구라고 판단, 메이지 유신 초기부터 정한론 논쟁이 벌어졌던 것이다(이에 대해서는 임오군란 편을 참조).

어쨌든 일본의 정세를 파악하고 있던 박규수는 일본이 무력으로 침공, 임진왜란과 같은 전쟁을 겪기 전에 조선이 먼저 자주적인 개국을 하여 부국강병에 주력한다면 일본을 견제할 수 있을 것이라고 주장하였던 것이다. 그러나 쇄국 정책으로 일관하고 있던 흥선대원군은 이를 받아들이지 않았다.

중앙 관직에서 물러난 박규수는 자기와 뜻을 같이할 동지들이 필요하다는 것을 절실히 느끼고는 청년층을 중심으로 본격적으로 개화사상을 가르치게 되었다. 이미 제너럴셔먼호 사건을 통하여 박규수의 이름이 알려져 있는 데다가 청년층 사이에는 그가 신사조의 사상을 갖고 있다는 소문이 장안에 퍼져 있었기 때문에, 그의 사랑방에 드나드는 청년들의 수는 점차 늘어나고 있었다. 이때 재동에 있던 박규수의 집에 모여든 인물들이 뒷날 갑신정변을 일으킬 김옥균, 박영효, 홍영식, 서광범 등이었다(박규수 문하에는 온건 개화파로 분류되는 김윤식 등도 있었다). 이들은 대체로 유학을 숭상하는 명문 집안 출신들이었다.

박규수가 이들에게 제일 먼저 가르친 것은 박지원의 저작물들이었다. 그는 김옥균 등이 유학을 중심으로 학문을 닦고 있다는 것을 간파하고, 우선 중국과 조선의 관계를 보는 시각을 교정해 줄 필요성을 느꼈던 것이다. 박규수는 『열하일기』 등 박지원의 저서를 강의하면서 화이사상의 허구성을 들추어 나갔다. 물론 박규수를 사사하는 것 자체가 이미 신사조에 대해 깊은 관심을 갖고 있다는 증거지만, 과거 제도가 폐지되지 않은 시기였기 때문에 김옥균 등은 아직도 중국의 학문을 중심으로 봉건적 사고방식에서 크게 벗어나지 못하고 있었다. 즉 박규수는 스스로 실학과 개화의 중요성을 깨닫고 있던 김옥균 등에게 체계적인 사상을 제공해 주었던 것이다.

또한 정약용의 사상을 가르쳐 애민 사상을 갖게 하였다. 이러한 조선 고유의 실학사상을 가르침으로써 박규수는 자주적인 개혁 사상이 얼마나 중요한가를 강조하였던 것이다. 이러한 토대 위에서 박규수는 제자들에게 개화사상을 가르쳤으니, 이렇게 하여 개화파의 자주적 성격은 이때 형성되었던 것이다. 개화파는 박규수를 통하여 개화사상에 필요한 기본적인 실학사상을 받아들이게 된 셈이다.

김옥균 등에게 본격적인 개화사상의 영향을 끼친 인물 가운데
한 사람은 유홍기였다. 그는 당시 신분상 중인으로, 역관의 집에서
태어나 의학에 종사하면서도 유학에 조예가 깊었다. 그를 백의정승
이라고 부를 정도로 세상에 나가지 않고서도 조선의 현재와 미래
를 예언하는 처사였다.

그와 가깝게 지내던 인물이 오경석이었다. 오경석은 청국어 역관
으로서 여러 차례에 걸쳐 중국을 드나들었다. 그는 중국 방문을 통
해 새로운 문물과 사상에 자주 접하게 되어 유홍기에게 서적을 구
해다 주는 등 정보통 역할을 하였다. 이렇게 하여 김옥균 등은 실
질적인 개화사상을 형성해 나갈 수 있었다. 그는 공양학파의 거두
인 위원의 저서 『해국도지』를 가져와 김옥균 등에게 주어 탐독케
하였다. 이 책은 아편전쟁을 겪은 중국이 어떻게 자주적으로 개화
를 하고 부국강병을 이룰 것인가에 대해 쓴 위원의 대표 저작이다.

또한 김옥균 등에게 영향을 끼친 사람은 봉원사에 있던 개화승
이동인이었다. 그는 일찍이 스스로 개화의 필요성을 강조해 온 승
려였는데 유홍기의 소개로 알게 되었다. 김옥균 등은 이동인을 통
하여 개화사상의 중요성을 다시 한 번 확인하는 한편, 개신 불교적
사상도 배웠다. 이러한 교분 관계가 이어진 때가 강화도 조약 체결
전인 1874년 전후에서 1876년 초 사이였다.

이렇게 봤을 때 개화파는 박규수를 통하여 북학파 등의 실학을
깨우치고, 유홍기·오경석·이동인 등을 통해 중국 공양학파의 새
학풍을 배워 자주적인 개화사상을 형성해 나갔던 것이다. 개화파
는 여러 선배들을 통하여 세계사의 흐름을 파악하는 과정에서 조
선의 자주 국가 건립을 위해서는 부국강병, 그리고 만민이 평등한

국민 국가를 추구해야 한다는 결론에 이르게 되었던 것이다.

갑신정변의 타율성과 친일성을 강조하는 주장에 꼭 나오는 부문은 개화파 인물들이 일본에 가서 당시 근대화의 아버지라고 추앙받던 후쿠자와 유키치福澤諭吉의 조종을 받았을 뿐만 아니라, 일본을 추종하는 사대적인 사상까지도 배웠다는 내용이다. 물론 김옥균 등이 후쿠자와를 만난 것은 사실이지만, 그것을 친일적인 행각을 위한 것이라고 한다면 조금 무리가 있다(물론 일부 개화파 인물들이 일본에 대해 사대적인 입장을 갖고 있었던 것은 사실이다). 김옥균은 10대에 강릉에서 이미 율곡 이이의 사상을 배우면서 자주적인 사상의 중요성(율곡이나 이황은 중국식 유학에서 벗어나 조선의 유학을 세웠다는 것을 김옥균은 당연히 알게 되었을 것이다)을 알고 있었다. 박규수를 찾아가 실학을 배우고 이러한 기본 틀을 바탕으로 신사상을 배웠기 때문에, 후쿠자와의 사주를 받아 갑신정변을 일으켰다는 주장은 운동에 내재되어 있는 사상성을 간과한 데서 비롯된 왜곡이라고 할 수 있다. 이에 대해서는 뒤에서 다시 살펴보기로 한다.

요약하자면 개화파는 박규수를 통하여 연암 박지원을 중심으로 한 북학파 사상과 정약용의 목민 사상을 계승하였고, 실제로 중국을 방문하여 세계의 동향을 익히고 온 오경석과 그의 동료인 백의정승 유대치 등에 의해 개화사상의 기초가 마련되었으며, 김옥균을 중심으로 한 신진 세력들이 개화사상을 정립하여 이를 실천에 옮기게 된 것이다.

따라서 개화사상의 근본 뿌리가 북학론 등 기존의 실학에 있다는 것이다. 갑신정변이 있기 전에 개화파는 일본과 가까운 관계가 되지만, 사상 자체까지도 일본에 근거를 둔 것은 아니었다. 개화파들이 일본을 가까이한 것은 근대화의 참조로 삼으려 했던 것이며, 나아가 일본을 이용하여 청의 세력을 축출하려는 것이었다. 이 문제는 단순히 결론지을 수 없기 때문에, 갑신정변이 있기까지 나타난 개화파의 활동을 먼저 분석해 본 후에 논의되어야 할 것이다.

개화파와 수구파의 정치적 투쟁

개화파는 처음부터 갑신정변 같은 혁명적인 방법으로 수구파를 타도하고 새 국가를 세울 의도는 아니었다. 단지 가능성으로 남겨 둔 것은 사실이었다. 개화파의 본격적인 활동이 있었던 1880년 전후는 그런대로 정세가 안정되어 있었기 때문에, 혁명적인 분위기로 이끌어 갈 수는 없었다.

개화파가 형성되고 시간이 흐르면서 변혁의 범위와 방법 등을 놓고 의견이 두 갈래로 나뉘었다. 특히 임오군란 이후 개화파는 온건과 급진으로 나누어지게 된다. 먼저 김홍집, 어윤중, 김윤식 등 관료적인 성격을 띤 인물들로 이루어진 온건 개화파가 있다. 이들은 현재의 정권을 점진적으로 개량하여 개혁을 이루어야 한다고 주장하였다. 이와 대조적으로 김옥균, 홍영식, 박영효 등의 급진 개화파는 수구파와 청나라 군대를 몰아내기 위해서는 무력을 동원하여 적극적인 투쟁을 해야 한다고 하였다. 급진 개화파의 혁명론이 본격화된 것은 수구파와 대립이 첨예화되면서지만, 어쩌면 이들의 행적으로 보아 개화파 초기부터 그러한 의견 대립은 있었던 것으로 보인다.

그렇다고 해서 김옥균 등이 제도권 내에서 활동을 안 한 것은 아니었다. 오히려 김옥균 등은 고종의 신임을 얻어 중요 직책을 맡게 되었다. 그들은 일단 제도권 내에서 합법적인 방법으로 투쟁을 벌이기로 하였던 것이다. 우선 그동안 규합해 놓은 개화파 동지들이 관료 기구에 대거 참여하는 것이 그 목적이었다. 그래야만 고종에게 가까이 가서 영향력을 행사할 수 있다는 계산이 섰기 때문이다. 정부 내에서 개화파의 본격적인 활동이 이루어진 것은 1882년에 들어서였다.

개화파는 적극적인 정치 활동을 벌여, 마침내 1882년 7월 25일에 정부 안에 새로운 기구인 기무처를 조직하는 데 성공하게 되었다. 갑신정변이 일어나기 2년 전의 일이었다. 기무처는 정치·경체·군사 등 모든 분야에서 안건으로 떠오르는 중요한 문제들을 집약하고 협의하여 그 대안에 대해 보고서를 작성, 의정부를 거쳐 임금의 승인을 얻도록 하는 것을 주요 업무로 삼았다. 기무처는 정책 협의 기구인 동시에 실질적인 최고 권력 기관이었다.

이때 고종의 어명에 따라 임명된 기무처의 관리들로는 김홍집, 어윤중, 홍영식 등 주로 개화파와 관련이 깊은 인물들이었다. 즉 고종 역시 개화파의 개혁 정치에 동조하여 이들을 통해 수구파 세력을 견제할 의도를 갖고 있었던 것이다. 이렇게 되자 그동안 무소불위의 전권을 휘두르던 민씨 일파의 수구파는 많은 제약을 받게 되었다.

개화파의 세력 확장은 여기서 그치지 않았다. 기무처가 생긴 지석 달이 지난 10월 20일에는 재정과 통치 기구 조절을 위한 기관인 감성청減省廳이 생겼다. 이 감성청의 책임자 격인 구관당상句管堂上에는 온건 개화파에 속하는 어윤중이 임명되었고, 그 하부 조직에 여러 문인들이 임명되었다. 그런데 그 명단 가운데 낯익은 이름이 들어 있었다. 다름 아닌 김옥균의 스승 유홍기(유대치)였다. 그는 중인 출신으로 잡과에도 합격하지 않았지만, 이미 김옥균 등을 통해 고종에게 알려져 있어서 중앙 관리로 발탁된 것이다. 물론 이전에 고종이 교서를 통하여 사회 신분에 관계없이 등용하겠다고 하였지만, 단시일 내에 되는 것은 쉬운 일이 아니었다. 유홍기가 중앙에 진출하게 된 것은 순전히 그의 제자들이 고종에게 적극적으로 추천했기 때문이다.

유홍기는 직급은 낮았지만 그때까지 쌓아 온 모든 지식을 총동원하는 등 제도 개혁에 온 정열을 다했다. 그래서인지 그는 한 달 뒤에 부사용이라는 종9품직을 받아 벼슬길에 들어서게 되었다. 김옥균 등을 가르친 스승까지 동원될 만큼 당시 개화파의 활동은 매우 활발하였다.

감성청은 12월 29일에 가서 국가 기구에 대한 일련의 개혁안을 작성하여 고종에게 제출하였다. 이 개혁안에는 비합리적이고 비생산적인 기구를 모두 통폐합하는 것은 물론이고, 인재를 등용하는 데 있어서 문벌이나 출신 성분에 구애됨이 없어야 한다는 등의 내용이 담겨 있었다. 이는 500년 동안 지속된 조선의 봉건적 통치 기구를 뒤엎는 제안으로, 개화파의 진보적이고 근대적인 사상이 잘 반영되어 있다.

또한 같은 해 12월 4일에 통리내무아문을 통리군국사무아문으로, 통리외무아문을 통리교섭통상사무아문으로 각각 개편을 단행하였다. 인적 구성을 보면 수구파와 개화파가 혼합되어 있는데, 이것은 곧 두 파 사이의 대결이 매우 치열해졌음을 말해 주는 것이다. 그러나 이러한 개화파의 행동을 그냥 보고만 있을 수구파가 아니었다.

감성減省이라는 말에서 느낄 수 있듯이, 감성청은 불필요하다고 판단되는 기구나 제도를 통폐합하거나 폐지시키는 일을 주업무로 하였다. 이에 기득권을 놓치지 않으려는 수구파 중심의 관료들이 감성청의 일에 방해를 놓기 시작하였다. 감성청의 의견이 받아들여지는 경우도 있었지만, 그 방해가 매우 집요하여 대부분은 실시하지 못하고 좌절되었다. 결국 해가 바뀐 1883년 5월 10일에 감성청은 폐지되고 말았다.

감성청이 폐지되었다는 것은 개화파에 대한 수구파의 공격이 본격화된 것임을 뜻한다. 이즈음에 한성 판윤에 있었던 박영효는 광주 유수로, 김옥균도 동남제도 개척사 겸 포경사로 좌천되었다. 결국 박영효는 나중에 파면되었다.

그러나 개화파의 투쟁은 여기서 멈추지 않았다. 관료 조직 내에서는 투쟁의 한계점이 있다는 인식을 하게 된 김옥균 등은 1883년 봄부터 경기도 광주에 특별 군영을 설치하고 군대를 양성하기 시작하였다. 아마 이즈음부터 김옥균 등은 무력에 의한 혁명을 꿈꾸고 있었던 것이 아닌가 짐작된다.

이 군대의 구성원은 임오군란 때 해산당한 군인과 광주 지역을 중심으로 한 지방 청년들로 되어 있었다. 이 가운데에서 뒷날 정변 때 핵심이 된 신중모, 김봉균, 이인종이 이때부터 김옥균 등과 호흡을 같이하게 되었던 것이다. 이 군대는 편성과 훈련 방식을 근대적 방식으로 하여 짧은 시간 안에 다른 군대보다 월등한 전투력을 갖게 되었다.

김옥균 등은 근대 국가 건설에 필요한 인재를 구하기 위하여 우수한 청년들을 선발하여 일본 등으로 유학을 보냈다. 또한 개혁 단행에 필요한 자금 마련을 위해 1882년 7월부터 1883년 2월까지 일본을 방문하는 동안에 후쿠자와 등 일본의 유명 인사들과 접촉을 가졌다. 앞에서 잠시 지적한 바와 같이, 이러한 김옥균의 행동이 갑신정변을 논할 때 가장 핵심이 되는 부분이다. 왜냐하면 후쿠자와는 일본의 근대화를 주도한 인물이기 때문이다. 여기서 그에 관해 알아볼 필요가 있다.

일본이 미국 등 서구 열강에 문호를 개방한 이후 해외여행이 하나의 유행처럼 번져 나갔다. 1860년에 도쿠가와 막부는 약 80명으로 구성된 사절단을 통상 조약 비준을 위해 미국으로 파견하였다. 사절단은 네덜란드 군함인 간린마루를 타고 샌프란시스코에 도착하였는데, 이 군함을 일본인 선장과 선원들이 직접 운행하였다. 즉 일본은 문호 개방을 하고 난 직후부터 서양의 선진 기술을 습득하였다는 뜻이다. 이때 사절 단원 중에 바로 후쿠자와도 끼어 있었다. 그의 나이 25세 때였다(그는 1835년에 나서 1901년에 죽었다).

이렇게 20대부터 서양 문물을 직접 접한 후쿠자와는 일본의 국내 사정을 정확히 인식하면서 자기의 사상을 정립해 나가, 급기야는 '일본 근대화의 아버지'라는 칭호를 받게 되었다.

흔히 그가 속한 파벌을 자유 민권파라고 부르고 있지만, 그의 사상은 계몽주의에 더 가깝다고 볼 수 있다. 그는 서구 열강이 동양을 침탈하고 있음을 목도하고 아시아 국가들이 이에 공동 대처해야 한다는 연대론을 펼쳤다. 특히 1880년 초기까지만 해도 그는 청일 연대론을 주장하였다. 그럼 왜 조선을 여기서 빠뜨린 것일까. 그의 주장에 따르면, 조선은 아직 비문명 국가이기 때문에 연대보다는 우선 개조에 역점을 두어야 한다고 보았다. 즉 그는 세계를 문명과 비문명으로 나누어 구분하고 있다. 물론 청국과 연대해야 한다는 주장은 청국이 문명 국가이기 때문이 아니라 아시아의 강국이라는 이유 때문이다. 결국 후쿠자와의 사상은 약육강식의 논리에 따라 동양의 유일한 문명국인 일본이 나서서 아시아가 서구의 식민지가 되는 것을 막아야 한다는 주장을 중심으로 하고 있다(동양 맹주론).

그래서 조선은 문명의 빛을 받아 개조되어야 한다는 것이다. 그러나 후쿠자와는 조선을 위해 개조론을 펼친 것은 아니다. 그는 서구의 침략에 대비하여 조선을 개조시켜야 하지만, 이를 거절할 경우에는 무력으로 협박해도 상관없다는 데까지 자기 주장을 진전시켜 놓았다. 이는 곧 정한론을 주장하는 일본 정부 내의 관료들과 별로 다를 바 없는 내용이다. 그가 주장한 동양 맹주론은 결국 조선이 서구의 식민지가 되면 일본도 위험해진다는 우려를 전제로 하고 있다. 그래서 후쿠자와는 다음과 같이 말했던 것이다.

우리는 이들 타국을 위해서가 아니라 자국을 위해서, 무武로써 보호하고 문文으로써 유도하여 속히 문명의 영역으로 들어오게 해야 한다.

이러한 후쿠자와를 김옥균이 만났으니 오해를 받는 것도 당연한 이치라고 볼 수 있다. 그러나 김옥균이 후쿠자와 등 일본의 정객들과 만난 것은 일본의 개국 과정, 현 일본의 상황 그리고 조선에 대해 어떠한 시각을 갖고 있는가 등을 알아보아 조선 개혁에 그들을 이용할 목적을 갖고 있었기 때문이다. 이를 확인하기 위해서는 초기 개화파의 자주적인 외교 활동을 살펴보아야 할 것이다.

후쿠자와를 처음 만난 사람은 김옥균이 아니라 개화승 이동인이었다. 그는 북한산 봉원사 출신이었는데, 일찍이 오경석과 유홍기 등과 가깝게 지내면서 개화사상의 선구자 역할을 한 인물이었다. 1876년의 강화도 조약 이후 김옥균을 중심으로 개화파 구성원들은 부국강병의 필요성을 인식하고 일본의 정세와 근대화 실상을 알아보기 위하여 이동인을 밀사로 보내기로 결정하였다. 그런데 이동인은 정식 출국이 아니라 밀항을 통해서 일본으로 건너간 것이다. 특히 김옥균은 자기 토지를 팔아 여비를 장만해 줄 정도로 이동인의 일본 행을 적극 추진하였다. 사실 김옥균이 중심이 되어 이동인을 일본으로 파견했던 것이다. 이때가 1879년 7월 초순 전후였다(당시 국가의 허락 없이 출국을 한다는 것은 자살이나 다름없는 행위였다).

그는 먼저 부산에 있는, 일본 승려들이 지은 절인 본원사(이와 똑같은 절이 일본에도 있다)를 찾아가 협조를 구하여 승려 오쿠무라의 협조로 밀항 입국에 성공하였다. 그는 교토에 있는 본원사에 머물면서 일본 정객들과 접촉하기 시작하였다. 이동인은 이 절에서 8개월 정도 머물다가 도쿄에 있는 천초별원淺草別院으로 거처를 옮긴 뒤, 그곳 승려의 소개로 후쿠자와를 만나게 되었던 것이다. 이것이 개화파와 후쿠자와 사이의 첫 만남이었다.

후쿠자와를 만난 이동인은 그를 통해 일본이 어떠한 경위를 밟아 근대화 정책을 수립하고 외국 문물을 어느 정도 받아들여 부국강병을 추구하고 있는지 알아보았다. 그 결과, 이동인은 일본이 영국을 모델로 삼고 근대화 정책을 추진하고 있다는 결론을 내렸다. 그는 이왕이면 영국을 직접 방문할 기회를 만들면 좋겠다고 판단하여 주일 영국 공사를 찾아가 사토 서기를 사귀게 되었다. 당시 사토 역시 조선에 대해 관심을 갖고 있었기 때문에, 이동인의 방문은 매우 고무적인 일이라고 받아들였다. 그는 이동인을 만나기 2년 전인 1878년 9월에 군함 에게리아호를 타고 제주도로 가 근해에서 조난당한 바바라 타일러호 문제를 해결한 뒤, 부산으로 뱃머리를 돌려 통상을 요구하는 서신을 전하려다 동래 부사의 거절로 뜻을 이루지 못한 적이 있었다.

사토는 이동인에게 한글을 배우겠다고 하였고, 이동인은 영국으로 갈 수 있는 기회를 열어 달라고 요청하여 둘은 금방 친숙한 관계가 되었다. 사토는 본국에 이동인에 대해 보고하면서, 그를 조선의 대리인으로 삼아 수교를 다시 요구하자는 글을 올리기도 하였다.

이렇게 영국이 조선과 교섭을 가지려고 노력한 것은 당시 한반도를 둘러싼 국제 정세와 밀접한 관련이 있다. 1880년대 전후부터 본격적인 남하 정책을 펼치던 러시아는 이리(伊犁 – 중국 북방 경계 지역)를 중심으로 한 국경선 문제로 청국과 마찰을 빚고 있었다. 또한 러시아는 이미 대원군 집권 때부터 두만강 유역에 나타나 부동항 쟁취를 위해 부단히 국경을 넘보고 있었다. 이러한 상황에서 영국은 러시아의 남하 정책을 막아야 한다는 전략 아래 조선과 국교를 맺는다는 방침을 세운 것이다. 또한 이면에는 일본이 조선에서 이권을 독점하려는 것을 막으려는 저의도 내포되어 있다.

그리고 청국의 입장에서 마지막 위신을 세울 수 있는 조선을 러시아 세력권에서 벗어나게 하기 위하여, 미국 등이 조선과 조약을 맺도록 이홍장은 활발한 외교 활동을 벌이고 있었다.

이동인은 이러한 한반도 정세를 정확히 읽어 내고 있었다. 그래서 그는 강화도 조약과 같은 불평등 조약이 아닌, 자주적인 외교를 통하여 대등한 조약을 맺도록 노력하였던 것이다. 이러한 점은 고종의 정식 밀사가 된 후에 본격화되었다.

이동인이 일본에 머물고 있는 동안 조선에서는 1880년 7월 31일에 김홍집 일행을, 1876년에 이어 제2차 수신사로 삼아 일본에 보냈다. 그 목적은 부산의 관세 문제를 조정하는 일과 인천 개항에 대한 조선의 입장 전달 등 조일 간의 현안 문제를 해결하기 위해서였다. 그러나 김홍집 역시 일본의 근대화 양상을 알아보는 데 더 주력하였다. 그런데 김홍집은 뜻하지 않은 조선인을 만나게 되었다. 바로 이동인이었다. 천초별원에 유숙하고 있을 때 이동인과 상면한 것이다. 김홍집은 어떻게 해서 이동인이 일본에까지 흘러 들어왔는지 의아해할 수밖에 없었다. 물론 김홍집이 전에도 이동인을 알고 있었을 가능성도 없지 않다. 그러나 이동인의 밀항은 극비리에 진행된 만큼 일본에서 만나게 되리라고는 상상조차 하지 못한 일이었다. 김홍집은 이동인이 일본어에 능숙하고 세계 정세에 밝음을 알고는 그와 함께 귀국하여 고종을 알현하도록 하였다.

고종을 만난 이동인이 말했다.

"우리나라는 바다에서 대륙으로 가는 길목이면서, 또 한편으로는 대륙에서 바다로 나가는 길목이기도 하옵니다. 그러므로 일본과 서구 열강의 침탈을 막기 위해서는 여러 국가와 자주적인 외교관계를 수립해야 하옵니다."

이동인은 잠시 숨을 몰아 쉰 뒤에 말을 이었다.

"아직까지 무력 충돌이 없는 영국과는 자주적인 조약을 맺어 조선이 근대 국가로 나아갈 수 있는 기반을 다져야 하옵니다."

이것은 이미 그가 일본에 머물고 있는 동안 구상한 내용들이었다. 또한 그는 미국과도 교섭을 갖되 불립교회不立敎會, 즉 기독교 침투를 방지하고 또한 외국산 수입 품목에 대해 10%의 관세를 적용해야 한다는 구상도 마친 상태였다. 1884년에 김윤식 등이 조미 조약을 맺을 때 불립교회를 관철시켰던 것도 이동인의 초고가 있었기 때문에 가능했던 일이다.

이러한 이동인을 고종은 조선 개국의 밀사로 삼아 다시 일본에 파견하였다. 이동인을 밀사로 삼은 데에는 또 다른 이유가 있기는 하다. 김홍집이 2차 수신사로 일본에 갔을 때, 청국은 조선과 미국 등이 조약을 맺게 할 방침으로 '친중親中·결일結日·연미책連美策'을 골자로 한 황준헌의 『조선책략』을 그에게 건네주었다. 그 내용 가운데 중요 부분을 보면 다음과 같다.

조선 땅덩어리는 실로 아시아의 요충을 차지하고 있어 형세가 반드시 다투게 마련이며, 조선이 위태로우면 중동(中東-중국 본토)의 형세도 날로 위급해질 것이다. 따라서 러시아가 강초를 공략하려 할진대 반드시 조선으로부터 시작할 것이다.

그렇다면 오늘날 조선의 책략은 러시아를 막는 일보다 더 급한 것이 없을 것이다. 러시아를 막는 책략은 어떠한가? 중국과 친하고, 일본과 맺고, 미국과 이어짐으로써 자강을 도모할 따름이다.

한마디로 말해서 『조선책략』은 청국의 입장에서, 조선을 향한 러시아의 남하 정책을 막고 일본의 독점을 견제하기 위한 자구책이라고 볼 수 있다. 그러나 당시 조선의 입장에서는 이러한 청국의 입장과는 별도로 미국과 수교를 해야 한다는 인식을 갖고 있었다. 그래서 『조선책략』을 놓고 정부에서는 격렬한 토의를 벌였고, 위정척사론자들은 연일 이를 반대하는 상소를 올렸던 것이다.

그러나 쉽게 결론을 내릴 수 있는 사안이 아니었다. 그래서 고종은 이동인을 밀사로 파견하였다.

그런데 이동인은 미국보다는 영국과 수교를 서둘러야 한다는 입장을 취하고 있었다. 그래서 그는 밀사 임무를 마친 후에도 사토 서기와 계속 접촉하면서 수교 문제를 논의하였다. 당시 조선 정부에서는 영국보다는 미국과 수교를 해야 한다는 여론이 조금씩 나오고 있었기 때문에, 영국의 입장에서는 이동인의 태도를 매우 고무적으로 받아들이고 있었다.

이렇게 이동인이 일본에서 막후교섭을 하고 있는 동안에 국내에서는 조미 전쟁을 상기하면서, 미국과 수교를 반대한다는 여론과 이를 당분간 유보하는 것이 좋겠다는 신중론이 대두되고 있었다. 따라서 아직은 미국과 조약을 맺을 단계가 아니라고 보고, 이동인은 어느 정도 임무를 수행한 뒤 한 달 만에 다시 귀국하였다.

이동인이 귀국할 즈음인 1881년 초에 고종은 새 기관인 통리기무아문을 설치하는 등 행정을 개편하여, 자주적 개화에 힘쓰려 하였다. 이때 신설된 것이 신식 군대인 별기군의 창설이었다. 물론 이러한 조치들은 일본의 정치적 영향을 받은 면도 있다.

어쨌든 이동인은 이러한 개편에 따라 다시 고종의 부름을 받았다. 고종은 그에게 신식 군대 창설에 따른 신무기와 군함 등의 구입 건에 관해 정보를 입수해 오라는 어명을 내렸다. 그는 1881년 3월

9일, 통리아문의 참획관 이원희와 같이 속히 일본으로 출발하라는 고종의 명령을 받고 분주하게 여행 준비를 하다가 그만 암살을 당하고 말았다(일설에는 행방불명이 되었다고 하지만 당시 상황으로 봐서 살해당했을 가능성이 높다).

그렇다면 누가 이동인을 죽였을까. 이에 대해서는 아직까지도 추측만이 있을 뿐 정설이 없다. 그만큼 당시 개화 정책을 둘러싼 정치적 암투가 매우 치열했다는 의미다. 흥선대원군이 자객을 보내 죽였다는 설도 있고, 김홍집이 이동인의 영국 수교에 반대하여 그를 죽였다는 말도 있다. 그러나 가장 신빙성이 가는 추정은 민씨 일가의 사주로 누군가가 계획을 세워 암살하였다는 설이다(구체적으로 이최응이라고 지목하는 설도 있다). 이유는 간단하다. 당시 고종과 일부 개화파는 이동인을 밀사로 임명하여 자주 외교를 수행하는 한편, 무기나 군함을 구입하여 부국강병을 꾀하고 있었다. 다시 말해서 조선의 자주 근대 국가 건설을 막으려는 매국적 세력에 의해 이동인의 자주적 외교는 종말을 고하고 말았던 것이다.

그러나 개화파의 자주 국가 건설 의욕은 여기서 그치지 않았다. 오히려 그의 죽음을 통해 더욱 분발하여, 앞에서 본 바와 같이 지속적인 개혁 정치를 구현하려 노력했던 것이다.

다시 원점으로 돌아가 보자. 이동인은 결국 김옥균과 깊은 상의 끝에 일본 밀행을 결정한 것이다. 따라서 개화파(특히 급진 개화파) 구성원들은 초기부터 자주 국가 건설을 목표로 외교 활동에 발 벗고 나선 것이라고 볼 수 있다. 이렇게 이동인 등이 닦아 놓은 터전 위에서 김옥균은 후쿠자와를 만난 것이고, 그가 일본의 주요 정객들과 연결되어 있다는 것을 알고 있던 김옥균은 그를 정치적 목적에 역이용하려 했던 것이다.

당시 조선을 둘러싸고 청국과 일본 사이의 정치적 경쟁이 치열했다는 것은 앞서 임오군란 편에서도 본 바 있다. 따라서 임오군란 이후 청국이 조선에 대해 내정 간섭을 하며 속국 취급을 하자, 일본은 조선에서의 위치가 상대적으로 격하되었음을 인식하고 개화파에 접근하여 친일 정권을 세워야겠다는 기본 전략을 마련해 놓은 상태였다. 이런 시각에서 갑신정변에 접근하면 일본 사학자들이 주장하는 대로, 갑신정변은 일본의 조종에 따라 일어난 쿠데타라는 주장이 타당하다. 그런데 여기서 한 가지 의문점을 가지지 않을 수 없다. 만일 일본이 적극적으로 개화파를 조종하여 친일 정권을 세울 계획이었다면, 어째서 김옥균에게 줄 차관을 취소하였을까. 또한 김옥균의 차관 교섭 등을 왜 일본 정객들은 방해하였을까. 이러한 점이 갑신정변이 지니고 있는 모호한 점이다. 그러나 의문점을 그냥 놔두고 넘어갈 수는 없다.

개화파 축출 위기와 혁명 전 단계

앞에서 급진 개화파들이 처음부터 정변을 목적으로 개화 정책을 추진한 것은 아니라고 지적한 바 있다. 급진 개화파들은 임오군란 이후 청국이 조선을 속국 취급하는 데 발분하여, 자주 근대 국가 건설 계획에 큰 차질을 빚고 있다는 판단에 따라 혁명을 준비하게 되었다.

본격적인 혁명 준비를 한 것이 1884년 봄 전후였다고 한다면, 임오군란 이후와 1884년 봄 전후까지 급진 개화파는 변혁을 향한 마지막 합법 활동을 벌인 것이라고 볼 수 있다.

청군 주둔, 대원군 납치, 민씨 정권 재수립 등으로 청국은 다른 열강의 별다른 견제를 받지 않고 조선 내정을 간섭할 수 있게 되었다. 조선에 주둔한 오장경과 원세개는 병권을 장악하고, 재정 고문으로 파견된 진수당은 재정권을 장악하였다. 또한 이홍장이 천거하여 파견한 묄렌도르프는 해관을 장악했을 뿐만 아니라 외교권까지도 침해하였다. 이러한 일들이 가능했던 것은 민씨 일가가 자신들의 정권을 안정시키기 위해 친청 정책을 펼쳤기 때문이다. 조청 수륙 무역 장정 체결 이후, 재정 고문 진수당이 조선은 청국의 속국이라는 구절을 넣은 방문을 공공연하게 남대문에 써 붙일 정도로 당시 조선은 청국의 식민지 취급을 받고 있었다.

청국은 '조선 정부에 대해 무릇 외교에 관한 일은 모두 청국에 문의하라'고 명령하였으며, 청장 오장경은 조선 국왕 고종 면전에서 협박까지 할 정도였다. 한양에 주둔한 일반 청군들의 행패도 극심하여 민중들 사이에는 반청 의식이 점차 고조되고 있었다.

『갑신일록』에서도 볼 수 있듯이, 청국은 김옥균을 중심으로 한 개화파의 개화 정책과 개화 운동을 탄압하고 방해하는 데 주력하였다. 이는 청국의 입장에서는 당연한 일이었다. 개화파의 목적이 자주 국가 건설에 있으니, 당연히 자기들 세력을 축출하기 위해 활동을 펼치고 있음을 간파하였던 것이다. 청국은 조선 내정에 깊숙이 간섭하면서 급진 개화파를 정계에서 내몰기 위한 계략을 세우는 등 김옥균 등의 정치적 지위는 매우 위험한 처지에 놓이게 되었

다. 이러한 청국의 대조선 정책을 등에 업고 민씨 일가는 사리사욕
을 채우기에 급급할 뿐이었다. 그러나 김옥균을 중심으로 한 개화
파의 활동은 쉬지 않고 계속 진행되었다.

급진 개화파가 혁명을 선택한 데에는 한반도 국제 정세의 긴박한
움직임과도 밀접한 관련이 있다.

1884년 여름 이후 안남 문제를 둘러싸고 청국과 프랑스 사이에
전쟁이 시작되었고, 이 틈을 타 러시아는 남하 정책 의도를 노골적
으로 드러내기 시작하였다. 이러한 국제 정세 속에서 조선의 존립
자체가 위기를 맞게 되었고, 급진 개화파는 청국이 프랑스와 전쟁
을 벌여 조선에 전선을 만들지 않을 것이라는 판단 아래 본격적인
혁명 준비에 착수한 것이다.

또한 수구파는 급진 개화파를 정계에서 축출하기 위하여 온갖
음모를 꾸미기 시작하였고, 묄렌도르프는 아예 드러내 놓고 김옥균
을 제거할 것을 제의하기도 했다.

지금 조선을 위해서 해독을 없애는 일은 당오전에 있지 않고,
마땅히 급히 김옥균을 제거하는 데 있다. 백 가지로 임금님께
무함하여 그대들에게 해가 되게 하는 자는 곧 김옥균 한 사람
뿐이다. 그대들은 어찌해서 해독이 되는 근본을 생각지 않고 그
말단만을 다스리려 하는가. (중략) 청컨대 그대들은 서로 화합
해서 국가의 제일 폐해가 되는 자를 없애는 것이 상책이 아니겠
는가.

이것은 하나의 예에 불과하다. 묄렌도르프나 민씨 일가를 중심

으로 한 수구파는 이전부터 김옥균의 외교 활동이나 개화파의 국내 개혁 활동을 교묘한 수법으로 탄압해 왔다.

김옥균은 점진적인 개혁에 소요되는 자금에 쓸 외국 차관을 들여오기 위해 동분서주한 적이 있었다. 당시 국가 재정은 민씨 일가의 횡행으로 바닥을 보인 때였고, 더군다나 급진 개화파의 개혁 활동에 그들이 재정을 지원해 줄 리가 만무했다. 1882년 말에 김옥균은 요코하마은행에서 17만 원의 차관을 얻었다. 하지만 일본 정부의 농간으로 17만 원 중에서 제물포 조약에 따른 50만 원 배상금 가운데, 1차 지불액 10만 원에서 우선 5만원을 공제하여 실제로는 12만 원을 차관으로 받게 되었다. 이 자금도 정사 일행의 여비와 일본에 유학하고 있던 개화파 청년들의 학비에 충당하고 나니 남는 것이 없었다. 당시 일본에는 훗날 『서유견문』을 쓴 유길준 등이 유학 중이었다. 민씨 일가가 민중들을 수탈하여 모은 국가 재정을 낭비하고 있을 때, 급진 개화파는 일본의 농락을 감당하면서 차관을 얻어 쓰기도 어려운 형편이었다. 물론 개화파는 상인들에게서 모금 형식으로 자금을 마련한 적도 있지만, 그것만으로 개혁 사업을 추진하기에는 너무나 모자랐다. 또한 김옥균은 다른 국가에 차관을 청할 계획도 세워 보았지만 국제 정세의 복잡성 때문에 뜻을 이루지 못했다.

개화파는 차관의 위험성에 대해서 분명히 알고 있었다. 따라서 차관을 얻으려 했던 것은 일본의 자본을 이용하여 개혁을 완성하려는 적극적인 자세에서 비롯된 임시방편이었다. 개화파가 창간한 최초의 근대 신문인 『한성순보』제2호에 이러한 전술적 태도가 분명히 나와 있다.

외국으로부터 차관을 얻어서 내정을 혁신코자 함은 임시방편으로는 좋은 방법이라 할 수 있으나, 이집트와 같은 경우가 있다는 것을 어찌 심각하게 연구하지 않을 것이랴.

이렇게 뚜렷한 취지를 가지고 김옥균은 거금을 차관하기 위하여 1883년 6월에 다시 일본으로 건너갔다. 이전에 미국의 외교관 푸트가 일본에 유학 중이던 윤치호의 통역 안내로 한양에 들어왔을 때, 윤치호는 일본 외무성 소속의 외무대보 요시다가 "그대는 내 말을 김옥균에게 전해라. 만일 국채 위임장을 얻어 가지고 오면 큰일을 이룰 수 있을 것이니, 이 말을 소홀히 여기지 말라."라고 한 말을 김옥균에게 전해 주었다. 김옥균은 이 전언을 듣고 곧바로 고종에게 사실을 고하여, 수구파의 방해 책동에도 불구하고 위임장을 얻는 데 성공하였던 것이다(전에 김옥균이 일본에 있을 동안에 위임장 문제가 거론되어, 이것이 있으면 차관을 허락하겠다는 일본 외무성의 동의가 있었다).

일본에 도착한 김옥균은 외무경 이노우에에게 위임장을 보여 주면서 약속한 300만 원 차관을 요구하였다. 그러나 김옥균은 어이없이 거절당하고 말았다.

민씨 일가를 중심으로 한 수구파는 김옥균이 외채 모집 활동을 벌이고 있다는 것을 알고는 묄렌도르프에게 사촉하여 일본 공사 다케조에 신이치로竹添進一郎를 설득, 김옥균이 가지고 간 위임장이 위조 문건이라고 본국에 보고하도록 책동하였다.

차관에 실패한 김옥균은 후쿠자와의 주선으로 다시 일본제1은행에서 급한 대로 20만 원을 차관하려 했으나, 이것 역시 일본 여야 정치 세력의 방해로 실패로 끝났다.

그렇다면 왜 일본은 기본적인 정책에도 불구하고 김옥균에게 차관을 허락하지 않았을까. 분명 일본 정부는 개화파를 통하여 조선에 친일 정권을 수립할 강력한 의지를 갖고 있었다. 여기에는 일본 정부의 이중적인 태도가 감추어져 있다.

당시 일본 정부에서는 개화파를 사주하여 친일 정권을 세우자는 논란이 일고 있었다. 청국 군대가 주둔하고 있는 한 일본이 조선에 대해 간섭할 수 있는 입지가 좁아졌기 때문에, 대륙 진출을 위한 정책에 큰 차질을 빚고 있었던 것이다. 1882년 10월에 일본 외무경 이노우에는 대조선 정책 방향을 다음의 세 가지로 나누어 기초한 적이 있다.

1. 관계 열강들과 협력하여 조선의 독립을 승인시킬 것.
1. 조청 종속 문제에 관하여 청국과 직접 교섭할 것.
1. 조선의 개화파에 원조를 주어 자발적으로 독립의 성과를 올리게 할 것.

일본이 일부 차관을 허락한 것은 세 번째 정책에 따른 것이다. 그런데 일본 정부는 급진 개화파가 추진하고 있는 개혁 정책이 조선의 부국강병을 노리는 데 있다는 것을 감지하였다. 이것은 일본 정부의 기본 전략과 완전히 상반되는 것이기 때문에, 일본으로서는 개화파에게 차관을 줄 수도 안 줄 수도 없는 난처한 입장에 처하게 되었다. 게다가 이 당시는 청국이 프랑스와 전쟁을 벌이기 전이기 때문에, 김옥균 등이 과연 세력을 잡을 수 있을 것인가에 대해 의

구심을 갖고 있었다. 이러한 것은 뒤에 개화파가 정변 준비를 하고 있는 것을 알고 다시 협조적인 자세로 돌변한 일본의 태도를 염두에 두면 이해가 될 것이다.

따라서 정한론을 주된 정책으로 삼고 있는 일본 정부로서는 김옥균에게 차관을 해 줄 경우, 오히려 역이용당하는 꼴이 될 것이라고 판단하였던 것이다. 일본은 조선의 자주를 원하는 것이 아니라 최종적으로 식민지로 삼을 목적을 갖고 있었기 때문이다.

이렇게 봤을 때, 급진 개화파와 일본 정부 사이에는 교묘한 신경전이 오랫동안 지속되었음을 알 수 있다. 김옥균 등은 이러한 신경전에서 일본 정부의 이중성을 확인하고 마침내 내부의 힘만으로 혁명을 일으킬 준비를 하게 된 것이다.

급진 개화파가 혁명을 선택한 이유는 무엇보다도 수구파의 정치적 탄압에 있었다. 수구파는 급진 개화파 인물들을 차츰 정계에서 축출하여, 지방 한직으로 보내거나 아예 관직을 박탈하여 버렸다. 앞에서 본 바와 같이 박영효도 한성 판윤에서 광주 유수로 쫓겨 갔고, 김옥균은 동남제도 개척사 겸 포경사로 좌천되었다. 또한 결정적인 타격을 입은 것은 급진 개화파들이 자체 양성한 군대를 수구파가 접수한 일이다. 수구파는 박영효를 파면함과 동시에 그가 훈련시키고 있던 신식 군대 약 1,000여 명을 민씨 일가에 아부하며 권세를 누리고 있던 윤태준, 한규직의 군대에 강제로 편입시켰다. 또한 급진 개화파의 핵심 참모인 신복모를 해방海防 총독의 자리에서 쫓아내었다. 그러나 신복모는 실망하지 않고 부평으로 내려가 정변에 참여할 군인들을 계속 양성하였다.

이렇게 계속되는 상황 속에서 난국을 해결하기 위해 급진 개화파는 계속 노력하였지만, 무력 외에는 방법이 없다는 결론에 도달하게 되었다. 1884년 음력 9월 17일에 김옥균은 비장한 어투로 동지들에게 다음과 같이 말하였다.

"우리는 수년 동안 평화적 수단으로 고생을 이겨 내면서 모든 힘을 다하였으나, 이에 따른 성과는 없을 뿐 아니라 오늘은 이미 죽을 지경에까지 빠지게 되었소. 앉아서 죽음을 기다릴 것이 아니라 먼저 적들을 눌러 버리지 않을 수 없는 형편에 이르렀소. 따라서 우리의 결심에는 오직 한 길이 있을 따름이오!"

또한 청불 전쟁이 발발할 즈음 민중들 사이에 반청 의식이 더욱 고조되어, 조선에 주둔하고 있는 청군의 만행과 청국 상인들의 비행에 반발하는 움직임도 일어나기 시작하였다. 민씨 정권에 대한 원성도 더욱 높아진 것은 당연한 일이었다. 원세개는 이홍장에게 보낸 보고서에서 이러한 긴박한 상황에 대해 깊은 우려의 뜻을 나타내고 있다.

최초에는 오히려 깨우쳐 주면 알더니 중국과 프랑스 간에 전쟁이 이미 개시됨으로써 인심이 점점 갈라지고 거동이 점점 달라져서, 비록 백 가지로 타일러 인도하여도 하나도 듣지 않으니 조석으로 초조하여 침식을 다 폐하게 되었습니다.

1884년 3월, 청국 내부에서 정권을 장악하고 있던 공친왕과 이홍장의 정책에 반기를 든 반대파의 실력 행사로 공친왕이 물러나고 광서 황제의 아버지인 순친왕이 집권하는 정변이 일어난 후, 바로 청불 전쟁이 터졌다. 이렇게 정세가 불리하게 돌아가게 되자 오장경은 조선에 주둔하고 있던 병력 3,000명 가운데 1,500명을 이끌고 본국으로 돌아간 상태였으므로, 원세개는 위기의식을 가지지 않을 수 없었다.

따라서 급진 개화파가 무력 혁명을 결정한 것은 첫째, 수구파의 위협과 탄압, 둘째, 청불 전쟁에서 청국이 연패를 거듭함으로써 조선에 대한 청국의 내정 간섭 약화, 셋째, 러시아의 남하 등 한반도 정세의 위기 고조 등 국내외로 얽힌 모순을 타파하고 자주 근대 국가를 건설하기 위해서였다. 또한 일본이 프랑스와 연합하여 청국과 접전을 벌일지도 모른다는 풍문이 나돌고 있었다. 이렇게 되면 조선은 전쟁터로 전락하게 될 것이 뻔하므로 정변을 서둘러 계획한 것이다. 한 치 앞을 내다볼 수 없는 급박한 위기가 곧 다시 올 수 없는 마지막 기회라고 판단했던 것이다.

폭풍 전야, 혁명을 위하여

9월 17일, 무력 혁명을 결정하고 그 방법에 대해 토론을 벌였다. 이때 나온 의견은 대략 다음과 같다.

1. 민영목·한규직·윤태준 등을 암살한 뒤, 그 죄를 민태호·민영익 부자에게 전가하여 민씨 일가 타도.
2. 일본 공사관 낙성식 때 위 세 사람을 죽이고 똑같이 사후 처리를 함.
3. 민비의 조카인 경기 감사 심상훈을 이용하여 홍영식의 별장

인 백록동 취운정에서 연회를 차리게 한 뒤, 수구파 일당을
처단.
4. 홍영식이 총판으로 있는 우정국 낙성식 때 수구파 요인들
을 제거.
5. 북악산 아래에 새로 지은 김옥균의 별장 신축 낙성연에서
수구파 요인 암살.

이러한 의견을 놓고 토의한 결과, 네 번째 의견인 우정국 낙성식
을 기회로 삼기로 결정하였다. 거사일은 추후 결정하기로 합의하
였다.

이날 이후부터 혁명 결사의 모임은 은밀한 가운데 계속 이어졌
다. 9월 21일, 김옥균은 청나라 군대와 민영익 등이 경계를 강화하
고 있다는 정보를 입수하고 이인종을 시켜 그들의 동태를 살피도록
하는 한편, 다음날인 9월 22일에는 서광범의 집에 모여 군대 동원
문제와 이에 따른 부수 사항에 대해 토의하였다. 전에 박영효가 양
성하던 군대가 윤태준 등의 휘하로 강제 편입된 상태에 있었기 때
문에, 원래 박영효에게 속해 있던 군인들과 연대할 것을 거론한 것
이다.

또한 1883년 1월에 함경 남병사로 임명된 윤웅렬은 이미 북청
에서 5백여 명의 장정을 모집하여 신식 군대로 양성해 놓았는데,
1884년 10월경에 그중 250명이 친군영 후영에 편입되어서 갑신정변
의 무력으로 동원되었다. 여기에 김옥균 등이 일본에 유학시킨 서
재필 등 14명의 사관생도들이 1884년 7월에 귀국해 있었으므로,
이들을 주요 지휘관으로 배치하는 문제에 대해서도 서로 의견을 교

환하였다. 이 밖에도 갑신정변 당시 끝까지 싸운 충의계忠義契라는 비밀 결사는 신복모에게 맡기기로 하였다.

혁명이 성공하기 위해서는 국왕을 개화파로 완전히 끌어들일 필요가 있었다. 김옥균은 고종을 자주 찾아가 독대한 가운데 청불 전쟁의 전망이나 국제 정세에 대해 말하고 청국에 의존하는 것은 곧 나라를 망치는 일이라고 역설하면서, 변혁을 단행하지 않으면 국가 존립마저 장담할 수 없다고 강조하였다.

조정에는 간신들이 가득 차서 청나라 정부와 결탁하여 권세를 농락하는 등 국가에 한심한 일이 한둘에 그치지 않으니……. (중략) 마땅히 힘을 다하여 정치에 힘써 안으로는 제도를 혁신하여 백성들의 힘을 기르고, 밖으로는 독립을 세계에 선언하고 문을 열어 새 지식을 흡수하는 것이 최대의 급선무이옵니다.

김옥균의 말에는 변혁을 이루겠다는 강한 의지가 포함되어 있다. 따라서 김옥균은 앞으로 있을 정변에 고종이 당황하지 않도록 사전 조치를 해 놓은 것이다.

그러면서 김옥균 등은 청군과 민씨 일가의 경계가 강화되고 급진 개화파의 잦은 모임에 의구심을 갖자, 10월 13일과 14일에 연속으로 모여 마침내 거사일을 10월 17일(양력 12월 4일)로 정하고 당일에 있을 행동 방안에 대해 최종적으로 결정하였다.

이러한 결정을 하기 전에 본국으로 돌아갔던 일본 공사 다케조에가 9월 12일에 다시 한양으로 돌아왔다. 그런데 그의 태도는 전날과 완전히 달라져 있었다. 김옥균은 다케조에가 한양으로 돌아온 것을 탐탁잖게 여기고 혹시 거사를 그르칠까 봐 근심하였다.

다케조에는 김옥균에게 앞으로는 모든 일에 협조할 것이라고 하면서 매우 우호적인 자세로 나왔다. 물론 이러한 행동은 다케조에 개인의 결정에 따른 것이 아니라 일본 정부의 대조선 정책의 일환에서 비롯된 것이다.

8월 들어 청국의 푸젠 함대가 격파되는 등 청불 전쟁의 전세가 청국에게 불리하게 돌아가자, 일본에서는 이를 틈타 조선에 친일 정권을 수립하자는 여론이 다시 고개를 들기 시작하였다. 특히 자유 민권파 쪽에서 먼저 주일 프랑스 공사 상크위치와 접촉하는 등 조선의 급진 개화파를 원조할 움직임을 보이자, 일본 정부는 주도권을 잡기 위하여 다케조에를 급히 조선에 보낸 것이다.

그러나 김옥균 등은 이러한 일본의 조삼모사식의 태도를 정확하게 읽어 내고 있었다. 그래서 김옥균 등은 일본 주둔군이 경거망동을 하지 말 것과 다케조에 자신 역시 경망한 행동을 하지 말 것을 경고하였다.

그런데 다케조에는 이러한 당부를 무시하고 새벽에 군사 훈련을 실시하였다. 가뜩이나 긴장되어 있던 한양 거리에 난데없이 총소리가 들리자 온갖 소문이 나돌고 민심이 흉흉해졌다. 이에 고종은 김옥균에게 명하여 사건의 진상을 파악하게 하였다. 김옥균은 즉시 다케조에에게 달려가 항의하고 다시는 이런 일이 없도록 하라고 강력히 요구하였다. 하마터면 급진 개화파의 거사 계획이 사전에 발각될 뻔하였다.

김옥균은 고종에게 조선군과 청군이 계엄 상태에 있어서 일본군들이 오해를 한 모양이라고 보고하여 불리한 입장을 모면하였다. 이렇게 일본 측은 급진 개화파의 거사에 도움을 주기는커녕 오히려 방해 요소가 되었다.

그러나 이러한 일에도 불구하고 김옥균 등은 한반도를 둘러싼 열강들의 각축전, 특히 일본과 청국의 모순 관계를 역이용하기로 결정, 비록 150명밖에 안 되는 일본 군대지만 이들이 만일 거사에 참여하여 주요 거점을 지킨다면 청군도 함부로 공격하지 못할 것이라는 전략을 세워 일본군을 혁명의 도구로 사용하기로 결정하였다.

거사가 있기 10일 전인 10월 7일에 김옥균은 영국과 미국 측 공사를 찾아가 가까운 시일 내에 정변이 있을 것이니 놀라지 말라고 충고하면서, 지지해 줄 것을 요청하였다. 또한 다음날엔 일본 공사를 찾아가 똑같은 말로 일본 측의 협조를 구하였다. 10월 9일에는 외지에 나가 있는 동지들을 속히 한양으로 집결토록 조치하고, 거사에 대한 세부 계획을 점검하였다. 10월 12일에는 앞에서 본 바와 같이 고종을 다시 찾아가 정변의 불가피성에 대해 설명하였다. 10월 13일에는 우정국 낙성식에 초대할 명단을 점검하고, 10월 14일에는 사관생도들까지 모여 당일에 있을 행동 지침을 최종 결정하였다. 만일 10월 17일에 비가 오면 거사일을 다음날로 연기하기로 하였다. 이렇게 한 이유는 거사의 신호로 국왕의 아들이 혼례식을 올린 별궁을 방화하기로 결정하였기 때문에, 비가 올 경우엔 실패할 확률이 높았기 때문이다.

이렇게 주도면밀한 과정을 거쳐 마침내 거사일을 맞게 되었다. 주사위는 던져졌다.

혁명의 횃불을 높이 들다 : 3일간 지속된 혁명 정부

혁명 첫날, 10월 17일(양력 12월 4일) : 정권 장악에 성공하다

이날 오후 7시경, 전동典洞에 있는 우정국 연회장 안으로 각국 공사와 수구파의 대표들인 민영익, 한규직 등이 들어오기 시작하였다. 낙성식에는 모두 18명이 참석하였다.

낙성식이 있기 몇 시간 전인 4시쯤에 김옥균은 마지막 점검을 하기 위해 잠시 우정국에 들렀다. 우정국에는 홍영식 등이 먼저 와 기다리고 있었다. 홍영식은 일본 공사 다케조에는 몸이 아프다고 하여 오지 못하고, 독일 영사도 병이 나서 못 온다고 보고하였다. 그러나 수구파 핵심 인물들은 참석할 것이라고 하였다. 다만 윤태준은 야간 근무이기 때문에 궁 안에 있을 것이라고 말하였다. 김옥균은 어차피 궁 안으로 들어갈 것이니까 그리 걱정이 안 된다고 하면서 다시 집으로 돌아갔다. 고종 곁에서 시중을 들고 있는 내시 변수邊樹가 일부러 고종이 낮잠을 자지 못하도록 하기 위해 쌓인 결재 서류를 계속해서 올렸다. 이것은 거사 후 고종을 개화파 수중에 넣기 위한 사전 조치였다.

연회는 서양식으로 진행되었다. 김옥균은 시간을 벌기 위해 요리사들에게 천천히 음식을 내오라고 은밀히 지시하였다. 그런데 시간이 가도 별궁 쪽에서 아무런 움직임이 일어나지 않았다. 그래도 김옥균 등은 시간을 끌면서 침착하게 기다렸다. 그런데 민영익이 개화파의 거동이 이상하다고 여겨 경계의 눈초리로 쳐다보았다. 김옥균은 그의 시선을 피하면서 연회에 참석한 여러 공사들과 환담을 나누는 척하였다.

얼마나 시간이 지났을까, 누군가가 김옥균에게 다가왔다.

"집에서 사람이 찾아왔습니다."

김옥균은 뭔가 일이 잘못되어 가고 있다는 것을 직감적으로 느낄 수 있었다. 그는 문 밖으로 나갔다. 거기에는 행동 대원인 박재경이 숨을 헐떡이며 서 있었다.

"무슨 일인가?"

김옥균이 나지막한 목소리로 물었다. 그러자 박재경은 허연 입김을 내뿜으며 급히 말했다.

"온갖 수단을 동원해서 별궁에 불을 지르려 했지만 실패하고 말았습니다. 이 일을 어쩌면 좋겠습니까?"

별궁에 불을 지르기로 한 것은 이 궁이 왕의 아들이 혼례를 올린 장소라 매우 중요한 사적이었기 때문에 여기에 불이 나면 수구파 대신들이 모두 모여들 것이고, 그 기회를 이용하여 모두 현장에서 살해하기 위함이었다. 자칫하다간 첫 단추부터 잘못 끼울 판이었다. 그러나 김옥균은 침착하게 박재경에게 다른 지시를 내렸다.

"걱정하지 말게. 이왕 그렇게 되었으니 우정국 가까운 초가에 불을 놓도록 하게. 빨리 움직여야 하네."

김옥균의 지시를 받은 박재경은 다시 어둠 속으로 사라졌다. 김옥균은 한숨을 내쉬고 다시 연회장으로 들어섰다. 그러자 일본 공사관 서기인 시마무라가 김옥균의 표정을 살피며 다가와 물었다.

"뭐가 잘못됐습니까?"

시마무라의 질문에 김옥균은 주위의 눈치를 살피며 사실대로 말해 주었다.

"별궁에 불을 지르는 일이 실패하였소."

그러자 시마무라는 놀라는 표정을 지으며 걱정하였다.

"후속 조치를 해 놓았으니 우리의 계획에는 차질이 없을 것이오."

김옥균의 말에 시마무라는 안도의 한숨을 쉬었다.

그런데 다시 밖에서 김옥균을 찾는다는 전갈이 왔다. 김옥균은 밖으로 나갔다. 이번에는 행동 대원 유혁로가 허겁지겁 김옥균에게 다가왔다.

"두어 곳에 불을 놓아 보았지만 또 실패했습니다. 별궁에 방화를 하려다가 일이 발각되어 지금 사방에 포졸들이 깔려 있습니다. 차라리 이곳을 직접 습격하면 어떨까요?"

유혁로의 말에도 일리가 있었다. 그러나 우정국을 직접 칠 경우 외국 공사나 참석자들이 다칠 우려가 있었다. 김옥균은 유혁로의 의견을 물리쳤다.

"자네 의견도 옳지만 그렇게 되면 외국 공사들이 다칠지도 모른다. 그러니 포졸들의 경계가 허술한 곳을 찾아 다시 시도해 보게."

"알겠습니다."

유혁로는 힘차게 대답을 하고 다시 돌아갔다. 김옥균도 안으로 들어갔다. 그러자 민영익 등은 김옥균이 자꾸 들락거리자 무슨 일인가 하고 경계의 눈초리로 자꾸 돌아보았다. 김옥균은 그래도 모르는 체하고 술잔을 들었다.

다시 차와 과자가 나올 무렵이었다. 이때가 10시쯤이었다. 밖에서 소리가 들렸다.

"불이야! 불이야!"

절박한 외침 소리가 들려왔다. 안에 있던 사람들은 일제히 창가로 몰려갔다. 마침내 방화에 성공한 것이다. 김옥균은 북쪽으로 나 있는 창문을 열어젖혔다. 그러자 벌건 불기둥이 솟아오르는 것이 뚜렷하게 보였다. 연회장 안이 술렁거리기 시작했다.

한규직은 불을 끄러 가야겠다고 하면서 문을 나서려 하였다. 그때였다. 온몸이 피투성이가 된 민영익이 문을 열고 들어와 바닥에 쓰러졌다. 외국 공사들은 그를 보고 당황하였다. 민영익은 불이 나자 심상치 않다고 판단, 몰래 연회장을 빠져나갔다가 밖에서 기다리고 있던 행동 대원들에게 공격을 받은 것이다. 그러나 치명상을 입지는 않았다. 행동 대원들은 불을 보고 달려온 포졸들과 부닥치지 않으려고 우정국 안에 숨어 있다가, 민영익이 나오자 죽이려고 공격했던 것이다. 민영익의 비명 소리에 놀란 요리사 등이 문으로 몰려나가고, 다른 수구파 대신들도 거기에 묻혀 우정국 밖으로 빠져나갔기 때문에 더 이상 손을 쓸 수가 없었다. 모든 일이 수포로 돌아갈 지경이었다.

그러나 김옥균은 침착하게 행동 대원들을 데리고 나가 일정대로 거사를 추진하였다.

"우리가 계획한 대로 움직여라!"

김옥균은 부하들에게 지시하고는 일부 행동 대원들을 경우궁에 재배치한 뒤 서광범, 박영효 등과 함께 고종이 있는 창덕궁으로 향하였다.

김옥균 등은 금호문을 통해 왕궁으로 들어가, 변수의 계획대로 이미 잠자리에 들어 있던 고종을 만나 거짓 보고를 하였다.

"지금 청군들이 반란을 일으켜 민영익이 죽었고, 왕궁도 위태로우니 빨리 피하셔야 하옵니다."

그때 사전에 계획한 대로 생도와 궁녀들이 설치해 놓은 화약이 폭발하여 사방에 굉음이 진동하였다. 이에 놀란 고종과 민비, 대왕대비 등은 김옥균이 하자는 대로 따라 나섰다.

김옥균은 윤경완을 불러 당직 군사 50여 명을 인솔하여 고종 일행을 경우궁으로 모시라고 지시해 놓고, 서광범 등과 함께 뒤따랐다. 이렇게 개화파는 국왕과 왕비 등을 창덕궁에서 이끌어 내어, 방어하기 좋은 경우궁으로 옮겨 자기 수중에 넣음으로써 정치적 실권을 장악하게 되었다.

김옥균은 경우궁 경비를 강화한 뒤 고종에게 말했다.

"청군이 반란을 일으켰으니 일본군의 보호를 받는 것이 상책이옵니다."

김옥균의 설득에 고종은 넘어갔다.

"일본군을 경우궁 주변에 배치하라."

1단계 조치가 끝나자, 김옥균은 군사 지휘권을 가진 수구파 거물 한규직·윤태준·이조연 등을 제거하는 일을 하였다. 김옥균은 이들을 국왕의 이름으로 불러들여 처단하였다. 또한 수구파의 거물인 민태호, 민영목 등도 국왕의 이름으로 불러들여 처단하고, 개화파를 배신했던 환관 유재현도 살해하였다. 이렇게 하여 민비를 뺀 민씨 일가와 수구파의 핵심 인물들을 모두 제거하는 데 성공, 혁명은 순조롭게 진행되었다. 김옥균 등은 이내 밤을 새워 신정부 내각을 짠 뒤 고종의 윤허를 받아 다음날 세상에 공포하였다.

혁명 둘째 날, 10월 18일(양력 12월 5일) : 신정부 수립과 청군의 대응

여러 차례에 걸쳐 내각 변동이 있었으나 최종적으로 영의정에 이재원, 좌의정 홍영식, 전후 영사 겸 좌포장 박영효, 좌우 영사 겸 대리 외무독판 및 우포장 서광범, 좌찬성 겸 우참찬 이재면, 호조참판 김옥균 등으로 결정지어 공포하였다.

물론 이것은 차후에 변동될 수 있는 과도 정부의 성격이 강했지만, 신정부 각료의 구성은 주로 개화파 인물들과 이들을 지지하는 국왕 종친의 연립 내각으로 되어 있었다. 특히 영의정 자리에 고종의 사촌 형인 이재원을 추대함으로써 기존 관료들의 거부감을 일소하여, 정치적 안정을 고려하여 개혁 추진에 차질이 없도록 조치한 것은 혁명 주도 세력으로서는 불가피한 일이었다. 주동 인물인 김옥균이 전면에 나서지 않고 재정을 담당한 것도 이러한 뜻에서 나온 것이다.

그러나 주요 요직은 모두 개화파 인물들이 차지하고 있음을 알 수 있다. 영의정 다음인 좌의정에 홍영식을 추대하여 실질적인 국정 운영을 주도할 수 있게 하였고, 재정은 김옥균, 군사는 박영효와 서재필, 외교는 서광범, 국왕의 비서실장 책임은 박영교가 담당하도록 하였다. 특히 재정과 군사권을 혁명 주도 세력이 차지함으로써, 정변 이후 개혁 사업에 차질이 없도록 만반의 준비를 갖추어 나갔음을 여기서 엿볼 수 있다.

다음 단계로는 새로운 개혁 정부가 수립되었음을 각 외국 공영사에 알리는 일이었다. 신정부는 이날 아침 8시경 미국 공사와 영국 영사, 독일 영사 등에게 각각 군사 30여 명을 보내어 안전하게 궁궐로 데려오도록 하였다. 고종은 이들을 접견하고 새 정부가 들어섰음을 통지하였다. 이렇게 하여 국왕의 이름으로 신정부가 수립되었음을 공식적으로 알리게 된 셈이다.

그러나 모든 일이 순조롭게 진행된 것은 아니었다. 민씨 일가의 영수인 민비는 이날 아침, 신정부 구성 내역을 본 뒤 정변의 주도 세력이 누구인가를 알아차리고 김옥균 등을 제거할 궁리를 하게 되었다.

미국인 알렌의 치료를 받고 있던 민영익을 통해 김옥균 등이 정변을 일으켰다고 판단한 원세개는, 개화파의 지지자로 위장한 심상훈을 경우궁 안으로 들여보내 민비와 연락을 취하는 등 반격에 나설 준비를 서둘렀다. 이에 신정부가 자기 세력을 적으로 하고 있음을 알게 된 민비는 안에서 내응하여 청군의 공격을 유리하게 해 주어야만 했다. 동궁을 고종에게 보냈다.

"아바마마, 경우궁은 너무 좁아 불편하니 창덕궁으로 옮겨야 되겠사옵니다."

고종은 동궁의 뜻을 받아들여 김옥균에게 말했다. 그러나 김옥균은 반대하였다. 고종 등을 경우궁으로 옮겨 놓은 것은, 창덕궁이 너무 넓어 개화파의 소수 병력으로는 방어에 극히 불리한 곳이었기 때문이다. 따라서 민비의 책동에 말려들 수는 없었다.

"며칠만 참으시면 국정 쇄신의 기초 작업이 끝나는 대로 다시 환궁하시도록 하겠사옵니다."

김옥균이 간곡한 청으로 고종을 설득하고는, 경우궁 옆에 있던 이재원의 집인 계동궁桂洞宮으로 왕가의 거처를 옮겼다. 이곳은 경우궁보다 넓은 편이지만 창덕궁보다는 나아 소수 병력으로도 방어가 가능한 곳이었다.

그런데 이번에는 고종이 나서 다케조에게 대왕대비의 뜻을 전하면서 말했다.

"청국 사람이 갑자기 변고를 일으켰다고 하더라도 대궐이나 여기나 조금도 다를 것이 없소."

이때 김옥균은 홍영식 등과 함께 사후 계획을 짜기 위해 다른 장소에 있었기 때문에 이러한 고종의 하교가 있는지도 모르고 있었다. 다케조에는 김옥균에게 의견을 물어 보지도 않고 창덕궁을 돌아본 뒤에 고종에게 말했다.

"창덕궁으로 환궁해도 좋겠사옵니다."

왕가가 환궁한다는 보고를 받은 김옥균이 달려왔지만 이미 때는 늦었다. 김옥균은 다케조에의 경솔한 행동을 책망하였지만 어쩔 도리가 없었다.

김옥균은 이전부터 다케조에에게, 고종이 아무리 하교를 내리더라도 방어에 불리하여 환궁을 할 수 없다고 아뢰어 단호히 거절하라고 부탁한 적이 있었다. 그런데 김옥균이 잠시 자리를 비운 사이에 일본 공사 다케조에가 자기의 일본군 병력이면 청군의 공격도 물리칠 수 있다고 장담하면서 이를 받아들인 것이다. 결국 국왕의 명을 거절할 수 없어 김옥균은 할 수 없이 박영효를 시켜 창덕궁 내부를 정찰케 한 다음, 중앙에 위치하고 있어 그런대로 방비에 유리한 관물헌觀物軒으로 국왕과 왕비의 거처를 옮기게 하였다. 이때가 오후 5시경이었다. 환궁이 이루어짐으로써 혁명 세력은 매우 불리한 위치에 처하게 되었으니, 어쩌면 이것이 갑신정변이 무산된 직접적인 원인이었을지도 모른다.

이왕 환궁이 이루어진 상태기 때문에 김옥균은 창덕궁 경비를 강화하여 만전을 기하는 수밖에 없다고 판단하고, 개화파의 장사들로 오랫동안 뜻을 같이해 온 충의계 사람들과 사관생도 그리고 주로 박영효가 훈련시킨 전영前營 가운데 날랜 군사를 뽑아 왕궁 내부 경비를 맡게 하고, 그 밖으로 일본군을 배치하였다. 또한 각 영 군대들을 돈화문, 홍화문, 선인문 등에 배치하였다.

이를 정리해 보면 내위內衛는 개화당의 장사들(충의계 맹원과 사관 생도 약 50명), 중위中衛는 일본군(약 150명), 외위外衛는 조선군 친군 영 전후 영병(약 750명)으로 하여금 3중으로 방위하도록 한 셈이다. 때는 겨울이었기 때문에 날이 빨리 저물자 김옥균은 모든 궐문을 굳게 잠그라고 명령하였다. 그러나 창덕궁이 워낙 넓기 때문에 이 정도의 병력으로 외부 침입을 감당하기에는 극히 불리한 입지적 조건이었다.

한편 원세개는 임오군란 때처럼 합법적으로 군사를 동원하기 위한 방안을 짜내기 위해 궁리하였다. 그리고 본국에 있는 리홍장에게 수시로 보고하면서 명령을 하달받은 뒤, 창덕궁 내의 움직임을 주시하면서 서서히 공격 준비를 갖추어 나갔다.

청장 오조유 부대는 혁명군의 전력을 탐지하기 위해 이날 저녁 선인문으로 와서 문을 잠그지 못하도록 방해를 놓았다. 이러한 보고를 받은 혁명 세력은 즉시 전투를 벌이자고 하였으나, 김옥균은 아직 군 장비도 정비하지 못한 점 등 그들과 싸울 준비가 완벽하지 못하다고 말하며 우선 경계를 철저히 할 것을 지시하였다. 그런데 다음날 실제로 청군은 이 선인문을 제1차 공격 대상으로 삼았다.

밤이 깊어가자 신정부는 진선문 안방에 승정원을 두고 제반 정사를 처리하면서, 다음 단계로 새 정부의 정강을 짜기 위한 토의에 들어갔다. 이날 회의는 식사도 거른 채 밤을 새워 새벽까지 계속되었는데, 김옥균을 중심으로 이재원·홍영식·서광범·박영효 등 신정부의 주요 각료들이 협의하여 결정하였다. 여기서 결의된 것을 우승지 신기선이 정리한 다음에 홍영식이 국왕에게 보고하였다. 마침내 신정부의 정강이 마련된 것이다.

혁명 셋째 날, 10월 19일(양력 12월 6일) : 실패로 끝난 혁명

이날 아침 9시경, 신정부는 국왕의 전교傳敎 형식으로 정강을 공포하여 서울 시내의 요소에 내다 붙였다. 이러한 조치는 조선 역사상 처음으로, 정부의 정책을 민중 앞에 게시한 것이기도 하다. 후속 조치로, 같은 날 오후에 고종은 개혁 정치를 천명하는 조서詔書를 내려 공포한 정강을 실시하겠다는 선언을 하였다.

신정부의 정강 내용에 대해서는 여러 학설이 있어 다른 사료(예를 들면 서재필의 자서전)에는 80여 개의 조항이 넘는다고 나타나 있으나, 여기서는 김옥균의 『갑신일록甲申日錄』에 적혀 있는 14개 조항만을 거론하기로 한다. 그 내용은 다음과 같다.

1. 흥선대원군을 가까운 시일 내에 돌려보낼 것. 조공하는 허례도 협의하여 폐지할 것.
2. 문벌을 폐지하고 인민 평등의 권리를 인정하여, 사람의 능력으로써 관직을 택하게 하지 관직으로써 고르지 말 것.
3. 전국의 지조법地組法을 개혁하여 람학한 관리들을 근절, 백성의 괴로움을 구제함과 동시에 국가 재정을 넉넉하게 할 것.
4. 내시부內侍府를 폐지하고 그중에서 재능 있는 자가 있으면 등용할 것.
5. 그동안 간사한 짓을 한 람관오리 중에서 심한 자는 처벌할 것.

6. 각 도에서 거둬 올리는 환상제도還上制度를 영구히 폐지할 것.

7. 규장각을 폐지할 것.

8. 순사 제도巡査制度를 시급히 실시하여 도적을 방지할 것.

9. 혜상공국惠商公局을 폐지할 것.

10. 그동안 유배, 금고에 처해진 사람들을 다시 조사하여 면죄 석방할 것.

11. 4영營을 합쳐 1영을 만들고, 그 가운데에서 장정을 선발하여 근위대近衛隊를 시급히 설치할 것.

12. 모든 국가 재정은 호조戶曹에서 일괄 관리하며, 그 밖에 일체의 재무 관청은 폐지할 것.

13. 대신과 참찬 등은 합문閤門 안에 있는 의정소議政所에서 매일 회의를 하여 정사를 결정한 후에 왕의 비준을 받은 다음, 정령政令을 공포해서 정사를 집행할 것.

14. 정부 6조 외에 불필요한 관청을 모두 폐지하고, 대신과 참찬으로 하여금 토의하여 처리하게 할 것.

이러한 혁신 정강 14개조는 신정부의 정치 개혁 의지를 집약적으로 보여 주고 있다. 신정부의 정강이 지니고 있는 성격을 간략히 규명해 보면 이렇다.

첫째, 대원군을 환국시키고 조공 제도를 폐지한다고 밝힌 것은 조선의 자주권을 선포한 것이다. 이는 당시 내정 간섭을 일삼는 청국 세력을 축출하고 자주 국가 건설을 추진하겠다는 의사 표명이기도 하다.

둘째, 봉건적 신분 질서를 폐지하여 민중의 평등권을 실현할 것을 규정하고 있다.

셋째, 부패한 각종 제도를 폐지하고 근대적 상공업을 육성하여, 자본주의에 입각한 근대 국가를 건설하겠다는 뜻을 지니고 있다. 또한 양반 중심의 행정 제도를 개편하여 정치, 사회 분야에 민주적 제도를 도입할 것을 나타내고 있다.

결론적으로 말해서, 이 정강에는 봉건적 국가 질서를 타파하고 자주 근대 국가를 건설하기 위하여 모든 방면에서 부르주아적인 개혁 정치를 실행하겠다는 신정부의 의지를 담고 있는 것이다. 김옥균이 모두 기억을 하지 못해 기록으로 남겨 놓지 못한 것인지는 모르지만, 지주제 등 고질적인 봉건적 병폐에 대해서는 별다른 언급이 없는 것으로 봐서 신정부는 점진적인 개혁을 바라고 있었던 것으로 보인다. 그러나 이것은 당시 세계사 발전 단계로 봤을 때 시대적인 한계라고 봐야 할 것이다.

어쨌든 이렇게 해서 혁명 세력은 자주 국가임을 내외에 천명한 뒤, 내각을 구성하고 정강을 발표함으로써 외형상으로는 근대적인 신정부를 갖추게 된 셈이다. 그러나 혁명의 불길은 서서히 꺼져 가기 시작하였다.

신정부는 정권을 계속 유지하기 위해서는 청군과 싸워 이겨야 한다는 현실을 직시하고 이에 대한 대비책을 강구하였다. 먼저 김옥균은 원세개에게 편지를 보냈다.

전날 청군 부대가 남의 나라 궐문을 닫지 못하게 한 무례하고 불법적인 행동에 대해 강력히 항의하면서, 차후에 이러한 행동을 또 한다면 단호한 조치를 내리겠소!

편지를 보낸 김옥균은 사관생도들을 각 영에 보내어, 녹슨 총칼을 정비하여 신식 정예 군대를 편성하는 사업에 착수하였다. 『갑신일록』에 따르면, 영내에 있는 무기는 거의 녹이 슬어 아무리 급한 일을 당한다 해도 탄환을 쏠 수 없을 정도였다고 하니 당시 조선 군대의 허술함을 단적으로 볼 수 있는 예라 할 것이다.

이럴 즈음 전날까지만 해도 호언장담하며, 일본군들에게 밤을 새워 보초를 서라는 명령을 내리는 등 적극적인 자세를 보이던 다케조에가 갑자기 철군 의사를 밝혀 왔다.

"일본군이 궁내에 주둔하고 있으면 각국, 특히 청군의 감정을 상하게 할 수도 있으니 오늘 모든 군대를 철수시키려 합니다."

다케조에의 말에 김옥균은 매우 심기가 상했다. 그러나 지금은 일본군이 철수할 단계가 아니었다. 그는 다케조에에게 혁명군의 형편을 설명하면서 철군을 말렸다.

"그게 무슨 말씀이오? 조금만 더 시간이 지나면 우리 군만 가지고도 방비가 가능하니 그때까지만 참아 주시오. 지금 각 영에 있는 총칼을 점검해 보니 총은 녹슬어 탄약이 나가지 않고, 칼날은 무디어서 마치 두껍기가 종이와 같소. 그래서 지금 급히 총을 분해해서 소제를 하고 있는데, 이런 마당에 공사의 군대가 철수한다면 일은 실패로 끝나고 말 것이오. 앞으로 3일만 기다린 뒤에 귀국 군사들이 철수한다면 차츰 나아질 것이오. 그 후에는 우리 사관생도들이 군사들을 가르쳐 경비를 하게 되면 아무 탈이 없을 것이오."

잠자코 듣고 있던 다케조에는 김옥균의 말대로 하겠다고 대답하였다. 일단 급한 불은 끈 셈이었다. 김옥균은 내친김에 전에 얻지 못했던 차관 문제를 다시 거론하였다. 그러자 다케조에는 그리 어렵지 않을 것이라고 말하여, 김옥균은 자금 문제도 차츰 해결될 것이라고 믿었다. 그러나 이러한 다케조에의 태도가 얼마나 이율배반적인 것인지는 김옥균도 전혀 눈치채지 못하고 있었다. 다케조에는 사실 청군이 곧 들이닥칠 것이라는 것을 알고 있었을 것이다. 만일 그렇게 된다면 청군 1,500명을 막아 낼 재간이 없었다. 또한 군사 행동에 대해서는 본국으로부터 구체적인 지시를 받은 것도 없었다. 자기 나라도 아닌 타국에서 개죽음을 당한다는 것은 정말 무모한 짓이라고 판단하고 있었을 것이다.

한편 원세개 진영도 공격을 서두르기 위하여 바쁘게 돌아가고 있었다. 우선 원세개는 고종의 허락을 받지 못한 상태에서 형식적이나마 군사 출동을 합법화하기 위하여 우의정을 지낸 적이 있는 심순택을 시켜 민씨 정권을 대표하여 정식으로 군 출동을 요청케 하였다. 청군 측에서 군 출동 결정이 늦어진 것은 원세개와 오조유 사이에 의견이 대립되어 있었기 때문이다. 원세개는 즉시 무력 간섭을 해야 한다는 강경론을 주장하였고, 오조유·진수당 등은 일본군이 조선 국왕을 호위하고 있으니 사태의 추이를 봐서 결정하자고 주장했던 것이다. 결론은 원세개의 주장대로 하기로 하였지만, 이러한 점에서 봤을 때 김옥균이 일본군을 이용한 전략이 맞아떨어졌음을 알 수 있다.

결국 무력으로 신정부를 몰아내겠다고 최종 결정한 청군 측은 심상훈을 다시 입궐시켜 민비에게 청군이 곧 들어가니 빨리 대왕대비, 세자 등을 데리고 궁을 빠져나와 북쪽 청군 진영으로 피신하라고 미리 알려 주었다. 이렇게 사전 준비를 마친 청군은 마침내 창덕궁으로 몰려들었다.

고종이 개혁 정치를 대대적으로 실시하라는 조서를 내린 오후 3시경에 원세개는 800여 명의 군대를 이끌고 선인문 방면으로 진격하였고, 오조유는 500여 명을 동원하여 북문 방면으로 우회하여 비원 일대를 포위하는 등 양동 작전으로 혁명군을 공격해 들어왔다. 나머지 군사 200여 명은 후위를 담당하였다.

원세개 군대의 공격을 받은 전영과 후영의 조선 군사들은 무기 공급을 제대로 받지 못한 상태에서도 끝까지 저항하였지만, 청군의 군사력에 밀려 사방으로 흩어지게 되었다. 이렇게 해서 1차 방어선이 무너져 버렸다. 이 와중에서도 신복모가 이끄는 정예 군사 100여 명은 날이 저물도록 저항하였다. 전투가 벌어지자 이미 준비를 하고 있던 민비는 대왕대비와 세자 등을 데리고 청군 진영으로 도망치고 말았다.

중위를 담당한 일본군과 청군 사이에 접전이 벌어졌지만, 일본군은 제대로 전투도 하지 않고 철수해 버렸다. 일본군은 그 이전부터 철병을 준비하고 있었던 것이다. 결국 창덕궁의 넓은 지역에서 3차 방어선을 구축하고 있던 충의계 50명의 장사와, 사관생도로 편성된 내위만으로 1천 명이 넘는 청군에 대항해야 할 형편에 놓이게 되었다. 그러나 말 그대로 중과부적이기 때문에 도저히 맞설 수 없는 곤경에 처하고 말았다.

그래도 김옥균 등은 끝까지 고종을 보호하기 위하여 관물헌을 빠져나와 후원 연경당으로 피신하였다. 그러나 거기에도 무수한 총탄이 떨어지자 다시 후원 태극정 부근으로 고종을 피신시켰다. 고종은 더 이상 피할 곳이 없다고 하면서 대왕대비가 있는 곳으로 가야겠다고 말하기 시작했다. 고종마저 청군 수하에 빼앗긴다면 그야말로 혁명은 완전히 실패로 끝나고 말 지경이었다. 그렇다고 국왕의 명을 어길 수도 없는 일이었다.

할 수없이 김옥균은 후일을 도모하기로 하고, 모여서 움직이면 전부 희생당할 우려가 있으니 몇 패로 나누어 움직이자고 제의하였다. 그래서 홍영식·박영교 등은 고종을 데리고 빠져나가기로 하고, 김옥균·박영효 등은 인천으로 가 거기서 일본으로 망명하기로 결정하였다. 그러나 홍영식·박영교와 사관생도 7명은 고종을 호위하다가 청군의 손에 살해당했으며, 김옥균·서재필·서광범 등 7명은 간신히 일본 행 선박을 얻어 타고서 일본 망명 길에 오르고 말았다. 그 뒤에 국내에 남아 있던 급진 개화파들은 민비의 수구파에 의하여 철저히 색출되어 수십 명이 피살되었다. 이렇게 해서 흔히 말하는 대로 갑신정변은 '3일 천하'로 끝났던 것이다.

자주 근대 국가 건설로 가는 길은 멀기만 하다

미리 말하자면, 갑신정변은 제도권 내에서는 개혁을 추구할 수 없는 상황에서 일어난 필연적인 사건이었다. 어떻게 보면 김옥균 등은 정변이 실패로 끝날지도 모른다는 예감을 갖고 혁명을 주도했는지도 모른다. 역으로 말해서, 무력 혁명을 감행해야 할 만큼 당시 조선의 내외 정세는 급박한 상황에 돌입해 있었다. 책임론을 주장하는 일부 학자들은 갑신정변 이후 정계에 수구파만이 남아 자주국가 건설에 치명타를 입혔다고 주장하지만, 갑오농민전쟁 같은 대규모 혁명도 실패로 끝난 것을 감안할 때, 갑신정변 이후 벌어진 정국 불안을 급진 개화파들의 무모한 정변에만 돌리는 것은 다소 무리가 있다고 본다. 물론 가장 이상적인 혁명은 지식인과 민중이 결합되었을 때에 이루어지지만, 당시의 의식 수준이나 국내외 정세로 볼 때 이러한 형태의 혁명을 바란다는 것은 더욱더 무리다. 일면 이러한 혁명이 일어나지 못해 자주 근대 국가 건설을 하지 못한 것은 실로 안타까운 일이다.

또한 갑신정변의 한계점을 논할 때 민중의 지지가 없었다는 것을 말하지만, 당시 개화파가 처한 상황에서는 민중의 지지를 받아 낼 수 있는 정치적·사회적 여건이 마련되어 있지 않았다. 당시에 일반에서는 외세를 무조건 반대하는 성향이 크게 지배하고 있었고, 게다가 개화 자체를 매국으로 여기는 배외주의 사상이 팽배해 있었다. 그렇다고 민중 스스로 조직력을 갖고 외세와 싸울 만한 조건이 갖추어져 있는 것도 아니었다. 한반도를 둘러싼 국제 정세는 날로 위기로 치닫는 중에 급진 개화파로서는 민중을 조직해 낼 만한 여력이 없었다. 그들에게 가장 시급한 과제는 중앙 정권을 장악하고 청국 세력을 몰아내는 일이었다. 그러나 이런 점 자체가 갑신정변이 갖고 있는 시대적 한계성임은 부인하지 않는다.

결국 갑신정변은 오직 구국의 일념에서, 급변하는 세계 정세에 능동적으로 대처하기 위해서는 하루바삐 자주 근대 국가를 건설해야 한다는 불타는 청년들의 신념에서 비롯된 혁명이었다고 볼 수 있다. 부분적으로 주동 인물들이 봉건성을 탈피하지 못해 일반 민중의 중요성을 간과한 면이나 외세에 의존한 면은 이 정변의 한계성으로 지적되어야 마땅하지만, 이 정변으로 말미암아 조선의 근대화와 자주화가 얼마나 중요한 것인가를 후대에 인식시켜 주었다는 점만 들어도 그 한계는 상쇄되리라 본다. 즉 역사상 최초의 부르주아 혁명으로서 차후 일어나게 되는 민족주의 운동의 선구 역할을 하였다는 점에서, 갑신정변은 높이 평가받아도 될 것이다.

청군의 불법적인 개입으로 막을 내린 갑신정변 이후, 조선은 더욱 외세의 자주권 침해에 시달리고 제도 개혁은 다시 답보 상태에 빠져 들어갔지만, 이러한 내외 모순의 심화로 인해 오히려 민중의 의식은 한층 높은 수준으로 올라가, 경제 제도 개혁의 차원을 넘어 봉건 체제 타파와 외세 척결이라는 당대의 민족적 요구를 수렴하는 항쟁이 일어나게 되었다. 이러한 배경에서 갑오농민전쟁이 터진 것이다.

갑오농민전쟁 :
민중 항쟁의 총결산

중첩된 내외 모순 : 강화된 봉건적 수탈과 외세의 경제 침탈

임오군란과 갑신정변 모두 실패로 끝남으로써 민씨 정권의 외세 의존성이 강화되어, 조선은 열강의 침탈에 더욱 시달리게 되었다. 당시 조선은 정치적 내정 간섭을 받는 가운데 특히 경제적 침탈에 거의 무방비 상태에 처해 있었다.

앞에서 잠시 살펴보았지만, 일본과 청국은 조선을 둘러싸고 치열한 각축전을 벌였다. 청국의 경우, 임오군란 이후에 맺은 무역 장정을 통해 얻은 여러 특권을 십분 활용하여 일본과 마찬가지로 농촌에까지 경제 침투를 하였다. 그뿐만이 아니라 서구 열강까지 끌어들여 조선은 그야말로 열강의 이권 다툼 각축장으로 전락해 가고 있었다.

아직 농촌 경제의 틀에 크게 의존하고 있던 조선 경제는, 쌀이 헐값으로 일본에 유출됨으로써 국내 쌀값은 갈수록 폭등하였다. 이는 아직 지주 전호제가 철폐되지 않은 상태에서 봉건적 모순을 더 한층 가중시키는 결과를 초래하였다.

지주층은 농민들을 수탈하여 거두어들인 쌀을 일본에 수출하는 대신 사치품과 서양 제품을 받아들여, 조선의 경제 구조는 기초부터 서서히 무너져 갔다.

임술민란에서도 보았듯이 이렇게 농촌에 침투한 화폐 경제는 고리대의 수탈을 강화하는 결과를 낳아, 농민층은 전보다 더 빠른 속도로 분화되어 수많은 빈농과 저임금 노동자와 다를 바 없는 빈민이 생겨났다. 정부에서는 여러 차례에 걸쳐 방곡령을 내려 쌀 수출을 막으려 하였지만, 지방 통치가 미약한 상태에서 방곡령은 아무런 효과를 거둘 수 없었다.

결국 지주와 부농층 및 악질 상인들은 열강의 제국주의적 침탈에 빌붙어 스스로 국가 경제를 파탄으로 몰고 가, 조선의 자생적 자본주의 경제 발달을 뿌리부터 짓밟고 말았다.

여기에다가 어윤중과 김홍집 등 온건 개화파 인물들마저 중앙에서 몰아낸 민씨 정권의 외세 의존성이 한층 강화되어 임오군란과 갑신정변에 따른 배상금을 갚아 나가는 과정에서 국가 재정은 바닥을 보이게 되었고, 이를 충당하기 위하여 새로운 조세 종목을 만들거나 당오전을 남발하였다.

이에 따라 높은 인플레 현상이 일어나 경제 기반마저 흔들리게 되었다. 특히 봉건적 수취 체제는 군현 단위로 세금을 징수하는 총액제였기 때문에, 생산 담당자인 농민에게 그 부담이 집중된 것은 당연한 결과였다. 이에 따라 지방 관리들의 탐학은 날로 심화되었고, 정부의 지방 통제가 극히 약화되어 중간에서 횡령하는 사례가 비일비재하였다.

이렇게 첫째, 민씨 정권의 봉건적 수탈과, 둘째, 지방관들의 탐학, 그리고 셋째, 일본을 비롯한 외세의 제국주의적 경제 침탈 등으로 당시 조선은 반半 식민지로 전락하고 말았다. 이처럼 중첩된 내외 모순을 척결하기 위하여 농민들이 주축이 되어 끊임없이 반란을 일으켰다. 1885년 3월에 고종에게 올린 한 상소문을 보면 당시 빈농과 빈민, 유랑민들로 구성된 반란군의 활동 상황과 규모 등을 짐작할 수 있다.

근일 화적(당시 지배층은 농민 반란군을 이렇게 불렀다)의 폐가 날이 갈수록 심해져 하루도 일어나지 않은 곳이 없으며, 특히 호남 지방이 가장 심합니다. 바람같이 모여 무리를 이루는데 그 수가 대략 만 단위에 이르고 있습니다. (중략) 심지어 포교들도 피해를 입고 고을 원들도 때때로 난을 당하여, 화를 입어도 고을 원들은 이를 방관하고 다스릴 수 없을 지경입니다.

19세기를 민란의 시대라고 부르지만, 특히 갑신정변이 실패로 끝난 1884년 이후에서 갑오농민전쟁이 발발하기 전까지만 봐도 매년 전국에서 농민들이 항쟁을 벌이고 있음을 다음 표를 통해 볼 수 있다.

〈1885년~1893년 지역별 봉기 현황〉

연 도	민란이 발생한 주요 지역 명
1885	황해도 토산, 경기도 여주, 강원도 원주
1886	충청도 음성
1888	함경도 고산·북청·영흥·길주·초원
1889	강원도 정산·인제, 경기도 수원, 전라도 전주·광양
1890	경상도 함창
1891	황해도 평산, 강원도 고성
1892	평안도 성천, 함경도 함흥·덕원·회령, 강원도 황천, 경상도 예천
1893	평안도 함종·중화, 황해도 재령·철도, 경기도 개성·인천, 충청도 황간, 전라도 전주·익산·고부

* 북한 사회과학원 역사연구소 편 『조선 전사(근대1)』 참조

위의 표는 대표적인 민란만을 정리한 것에 불과하다. 이 표를 가만히 들여다보면 갑오농민전쟁에 가까이 갈수록 점차 항쟁의 빈도 수가 높아지고 있음을 발견할 수 있다. 1893년에는 실제로 이 표에 나타난 것보다 더 많은 민란이 발생하였다. 이것은 무엇을 뜻하는가. 갑오농민전쟁은 이미 예고된 사건이었으며, 날로 가중되는 내외 모순을 척결해야 한다는 민중 의식이 한층 고양되어 갔다는 것을 의미한다.

임술민란과 마찬가지로 1893년의 농민 항쟁은 전국적으로 일어났지만, 이것을 조직적으로 통일할 수 있는 역량은 아직 보이지 않고 있다. 철두철미한 조직력과 고취된 반봉건, 반외세 의식의 이상적인 결합은 갑오농민전쟁에 와서야 이루어진 것이다.

갑오농민전쟁의 전 단계 : 고양되어 가는 반봉건·반외세 투쟁 의식

동학의 발생과 교조 신원 운동의 배경

갑오농민전쟁을 이해하기 위해서는 먼저 동학의 발생 배경과 성격 그리고 교조 신원 운동 등을 살펴보아야 할 것이다. 그렇다고 해서 이 전쟁이 동학 세력이 주도한 동학 혁명이었다는 의미는 아니다. 농민군이 동학의 조직력을 이용한 면이 많고, 또한 동학 사상이 농민들에게 끼친 영향이 매우 크다는 점에서 동학과 농민 전쟁 사이의 관계를 규명할 필요가 있다는 뜻이다.

동학을 창시한 최제우는 1860년 4월 5일, 오랜 정신적 방황과 수행을 거쳐 동학(東學 – 천주교, 즉 제국주의 침탈의 선봉 역할을 한 서학의 대립 개념으로 만들어 낸 용어다)이라는 새로운 종교를 만들게 되었다. 삼정 문란 등 봉건적 수탈에 민생이 도탄에 빠져 있을 때 동학을 만든 것이다. 이후 최제우는 당시 조선 사회를 왕조의 기운이 쇠하고 개벽이 필요한 말세라고 규정하고, 1861년부터 본격적인 포교 활동에 나섰다. 그는 주문을 만들고 강령을 지어 대중적인 성격을 강화했다. 누구든지 한울님을 모시면 군자가 되어, 그의 뜻을 알고 실천할 수 있다고 강조하였다. 또한 서학이 내세를 강조하는 것과는 달리, 이 땅에 개벽을 이루어 국가를 위기에서 구하고 도탄에 빠진 민중을 구제해야 한다는 보국안민 사상을 내세워 동학을 현실에 기초한 민족주의적 종교로 만들어 나갔다. 지상 천국의 이상을 추구하는 동학은 급속도로 민중 계층 사이에서 번져 나갔는데, 특히 삼남 지방에서 동학교도의 수가 날로 증가하였다.

그러나 위와 같은 최제우의 사상은 당시 봉건 지배층의 경계를 받아, 결국 불온한 사상이라고 낙인이 찍혀 그는 1864년 1월에 혹세무민죄로 체포되고, 같은 해 3월 10일에 처형당하였다. 이로써 동학은 유교 이념에 위배되는 사악한 이단으로 규정된 셈이다.

동학의 교조 신원 운동은 이렇게 이단으로 규정된 억울함을 풀기 위하여 일어난 것이다. 최제우의 누명을 벗기고 나아가 동학이 사악한 이단이 아님을 밝히는 것이 동학교도들로서는 시급한 선결 과제였다. 그러나 이 운동 과정에서 지도부와 일반 신도들 사이에 마찰이 일어나게 되었으니, 민씨 정권 아래에서 평화적인 방법으로 자신들의 종교를 인정받는 데에는 분명한 한계가 있다는 것을 평신도들은 점차 깨달아 가고 있었다.

그러나 동학교도들의 교조 신원 운동은 애초부터 무력 봉기 형식으로 나타났다는 점에 주목해야 할 것이다. 대표적인 경우가 1870년을 전후하여 네 차례(진천, 진주, 영해, 문경 봉기)에 걸쳐 일어난 '이필제의 반란', 그것이다.

이필제의 반란

기록에 따르면, 이필제가 동학에 입교한 것은 임술민란이 일어난 다음해인 1863년이다. 그는 최제우가 혹세무민죄로 잡혀 처형당하자, 무력 봉기를 통하여 교조 신원 운동을 펼칠 것을 결심하였다. 물론 이 봉기는 반봉건 투쟁의 성격으로 나타났다.

향반鄕班 출신인 그는 충청도 진천에 살면서 임술민란을 통해 드러난 봉건적 모순을 직시하고, 동학의 조직력을 통하여 교조 신원 운동을 펼침과 동시에 반봉건 투쟁을 벌여 나갔다. 그는 입교 직후부터 교도들을 규합해 나갔는데, 최제우 처형 이후 조정에서 동학에 대한 탄압을 강화하여 이필제 같은 강경론자들에게 일제히 체포령을 내리는 바람에, 그는 1869년 말에 진천을 떠나 농민 항쟁이 일어났던 경상도 진주로 피신하였다.

그는 진주민란을 통하여 이곳의 농민들이 상당히 반정부, 반봉건적 기질이 강하다는 것을 사전에 알고 있었다. 그는 이곳에서 주성칠이라고 자기 이름을 바꾸고 다시 동학을 통하여 농민들을 규합해 내었다. 그는 마침내 1870년 7월에 이곳에서 민란을 일으켰으나 밀고로 실패하고 말았다.

그런데 당시의 심문 기록에 따르면, 이필제는 중국으로 들어가 새 왕조를 세우겠다는 정치적 야망을 갖고 정만식·장경로 등과 함께 농민을 규합하여 진주 무기고를 습격, 무기를 탈취한 후에 금병도錦屛島라는 섬을 거점으로 중국 본토로 들어갈 계획을 세웠다고 한다. 이 기록이 사실이라면 이필제는 한국 고대 역사에 대해 상당한 수준의 안목을 갖고 있어서, 백제의 옛 땅을 찾겠다는 신념으로 그러한 계획을 세웠던 것으로 보인다. 그러나 이것은 추측일 뿐, 이필제가 북벌을 주장한 이유에 대해서는 아직 확실한 사료가 보이지 않고 있다.

이필제의 뜻이 정리되어 나타난 민란은 흔히 '이필제의 반란'이라고 불리는, 1871년 3월 10일에 일어난 영해 봉기다.

이날은 바로 최제우가 처형당한 날이다. 동학교도들은 이날을 원일冤日이라고 불렀다. 당시 이필제는 진주 작변 이후 경상북도 영해로 피신하여 잠복 중이었는데, 이해 2월에 최시형(그의 본명은 최경상이다)이 박사헌과 함께 그를 찾아왔다. 그 자리에서 이필제는 최시형에게 단호한 어조로 다음과 같이 말했다.

노형, 나는 한번 선생(최제우)의 수치를 씻고 창생의 재앙을 구하고는 이어서 중국을 차지할 뜻을 갖고 있소. (중략) 3월 10일이 선생께서 돌아가신 날이니 그날에 거사하겠소. 다시 다른 말 없이 이를 따르시오.

　　이 말에 따르면, 이필제의 북벌론을 단순히 황당무계한 말로 돌릴 수는 없을 것 같다. 그는 반봉건 투쟁을 통하여 대륙을 차지하겠다는, 다소 이상적인 야망을 품고 있었던 것이 분명하다. 이러한 이필제의 강경한 말에 최시형도 동감하여 봉기할 것을 결심하였다(일설에는 이필제의 무력 봉기에 최시형은 반대해 왔다고 한다). 그러나 최시형은 이필제의 북벌보다는 교조 신원에 비중을 두고 있었을 것이다.

　　이필제 등은 치밀한 계획을 짜고 동학교도 500여 명을 모아 천제天祭를 지낸 뒤, 게릴라 전법에 따라 야밤에 영해 관부를 습격하여 무기를 탈취하고, 부사인 이정을 문책한 뒤에 처단하였다. 동학군은 성을 완전히 점령한 후 소를 잡아 나누어 먹고, 탈취한 돈을 풀어 헐벗은 농민들에게 골고루 분배해 주었다. 그리고 다음날 성을 빠져나와 영양 일월산으로 퇴각하였다. 이러한 게릴라 전법은 임꺽정의 경우를 빼고, 기존에 일어났던 민란에서는 볼 수 없는 형태였다. 따라서 이는 '어떠한 도적들인지 알 수 없다'라고 말하며 봉건 지배층들은 놀랄 수밖에 없었으며, 이필제의 동학군을 두려워한 영해 주변 고을의 수령들이 생명의 위협을 느낀 나머지 도망칠 정도였다. 이필제의 반란은 성공을 거둔 셈이다. 그러나 이 사건으로 동학을 믿는 신도들에 대한 탄압과 착취가 한층 심화된 것 역시 사실이다.

그는 이러한 여세를 몰아 같은 해 8월 2일에 문경에서 정기현 등과 함께 다시 봉기를 계획하였다. 봉기 거점으로 삼은 지역은 정확하게 말해서 문경 조령초곡鳥嶺草谷으로, 이곳은 지리상으로 볼 때 충청도와 경상도의 경계면서 소백산맥의 준령이었다. 따라서 난을 일으키는 데 적합한 험준한 산중을 거점으로 삼았다는 것을 알 수 있다.

그러나 이필제는 문경읍을 습격하였다가 이에 대해 미리 알고 있던 관군의 역습에 말려 체포당한 뒤, 서울로 압송되어 처형당함으로써 파란만장한 일생을 마치고 말았다. 그가 서울로 압송되었다는 것은, 그만큼 조정에서 이필제를 매우 위험한 인물로 지목하고 있었다는 사실을 반증해 주는 셈이다.

이필제의 반란은 첫째, 교조 신원 운동, 둘째, 반봉건 투쟁, 셋째, 중국 정벌 등을 목표로 해서 일어났다는 점에서 매우 특이하다 하겠다. 또한 임술민란에서 나타난 농민들의 경제적 투쟁과는 그 성격을 달리하고 있다는 점에서, 훗날 일어날 갑오농민전쟁의 맹아가 이 안에 담겨 있음을 엿볼 수 있다. 이필제가 북벌을 주장한 이유에 대해서는 좀 더 깊은 연구가 있어야 할 것이다.

이필제의 게릴라식 항쟁이 모두 실패로 끝난 후, 조정에서는 동학을 가장 위험한 집단으로 규정하고 동학교도들에 대한 탄압을 한층 강화하였다. 뒤에서 보듯이 최시형이 무력에 의한 항쟁에 대해 소극적인 자세를 보였던 것도, 이필제의 반란 실패 후 받은 탄압때문이었을 것이다. 아직 교세가 확장되기도 전에 그 뿌리까지 뽑힌다면 동학은 더 이상 설 자리가 없다고 판단한 것이다. 그러나 일반 신도들의 교조 신원 운동은 집단 행동 방식을 동원하여 계속 이어졌다. 이것은 삼례 집회에서 본격화되었다.

삼례 집회 : 갑오농민전쟁의 전 단계 1

1892년 11월 3일, 수천 명의 신도들이 참가한 삼례 집회가 열렸다. 이 집회의 결의에 따라 충청도 관찰사 조병식과 전라도 관찰사 이경식 앞으로 소장訴狀이 보내졌다.

조병식과 이경식은 평소 동학교도들을 탄압하는 데 앞장섰던 인물들이었다. 그들은 닥치는 대로 신도들을 잡아 가두었고, 때로는 뇌물을 받고 풀어주기도 했다. 당시 동학교도들에 대한 재물 약탈이 상당히 심했는데, 두 사람은 일반 농민들조차 동학교도로 몰아 착취하기 일쑤였다. 그래도 동학이 계속 확장되자, 두 사람은 동학에 금령을 내려 더 심한 탄압을 일삼아 왔던 것이다.

이러한 관리들의 탄압에 맞서 동학의 중간 직책을 맡고 있는 서병학·서인주 등은 최시형에게 교조 신원 운동을 펼칠 것을 강력히 건의하였고, 그는 처음엔 만류하다가 이를 받아들여 삼례 집회를 열도록 한 것이다.

이경식 등에게 보내진 소장의 내용은 크게 두 가지로 분류된다.

첫째, 교조 신원을 통하여 포교 활동을 공인해 달라는 것이다. 동학이 계속 이단으로 몰린다면 동학의 입지는 그만큼 좁아지기 때문이었다. 이른바 종교의 자유를 달라는 요구다. 이와 관련된 주 내용은 다음과 같다.

공맹의 도를 하는 자가 양묵(양자와 묵자)을 가리켜서 이단이라

하고, 양묵의 도를 따르는 자가 공맹을 보고 이단이라 한다. 그러므로 공맹만이 정正이고 양묵이 사邪는 아니다. 대개 이단이라는 것은 그의 도와 내가 숭상하는 도가 같지 않다는 바의 명사名辭일 뿐이다. 따라서 객관적으로 볼 때, 반드시 명칭의 다르고 같음을 가지고 그 마음의 사정邪正을 분별할 수는 없는 것이다.

간단히 말해서 동학은 유학과 동일한 위치를 점하고 있다는 것을 강조하고 있다. 이러한 동학의 정통성 강조는 당시 지배 이념으로 자리잡고 있던 유교에 대한 정면 도전이다. 따라서 동학은 유교를 대신할 수 있는 사상이며 종교라는 뜻을 내포하고 있다.

둘째, 부당한 가렴주구를 즉시 중단하라는 것이다.

동학교도들은 상대적으로 더 심한 착취를 당하고 있었다. 지방 관리들은 조정에서 동학을 이단으로 규정하고 금령을 내리자, 이에 편승하여 동학교도들의 재산을 마음대로 탈취해 갔다. 그래서 다음과 같은 내용을 소장에 실었던 것이다.

우리 도(동학)를 서학여파(천주교와 다를 바 없는 이단이라고 규정한 것을 뜻한다. 그러나 이미 천주교와 기독교는 1880년대 초에 서구 열강의 압력에 의해 조정으로부터 정식으로 공인받았다)로 지목하여 샅샅이 조사하여 잡아 가두고, 재산을 쳐서 빼앗고, 사상자가 연속하여 끊이지 않는다. 지방의 호민豪民 또한 따라 듣고 침학하여, 집을 헐고 가산을 빼앗지 않는 곳이 없다. 도인(동학교도)이라고 이름불은 자 모두가 유랑하여 안정된 가정 생활을 할 수가 없다.

일면 동학교도들에 대한 탄압을 막아 기본 생존권을 쟁취하려는 항의에 그치는 것 같지만, 가렴주구를 일삼지 말라는 청원에는 당시 보편화되어 있던 관리와 지주층의 착취를 중지하라는 반봉건 의식이 담겨 있음을 알 수 있다. 또한 이 두 번째 항의 내용은 점차 하층 교도들의 주요 투쟁 목표가 되어 갑오농민전쟁의 반봉건적 성격에 유입되었다.

이러한 내용의 소장을 받은 이경식 등은 11월 6일, 동학의 금령은 지방 장관의 권한 밖이라고 하면서 스스로 죄를 짓지 말고 해산하라고 회유문을 보냈다. 그러나 삼례에 모인 교도들은 해산할 기미를 보이지 않고 오히려 이경식의 회유문에 더욱 격분하여, "지금 각 읍에서 일어나고 있는 탄압이 물보다 깊고 불보다 맹렬해서 수령에서 서리, 군교와 향간, 토호에 이르기까지 우리의 가산을 탈취하고 자기 집의 소유처럼 생각하며, 살상·구타·능학하는 일을 서슴없이 행하고 있다!"라고 말하면서 가렴주구를 즉시 중지하라고 이경식에게 항의하였다. 이에 대해 이경식은 당황한 나머지 일단 집회를 해산시키기 위한 편법으로 부당한 착취를 중지하라는 명령을 각 읍에 내리는 한편, 교조 신원에 대해서는 상부와 의논하겠다는 결정을 내렸다.

여기서 일반 신도들은 가렴주구 반대라는 반봉건적 투쟁을 내세운 반면, 상층 지도부는 교조 신원에 더 큰 관심이 있었다는 것을 알 수 있다. 결국 동학 내부에는 종교의 자유를 획득하려는 계층과 정치적, 사회적 투쟁을 벌이려는 두 가지 흐름이 이미 이때부터 대립되어 나타났던 것이다. 빈농과 빈민, 천민으로 구성된 일반 신도들의 반봉건적 성격은 삼례 집회를 통하여 구체적으로 드러나고 있었다.

상소 운동과 반외세 벽보 운동 : 갑오농민전쟁의 전 단계 2

삼례 집회가 끝난 후 약속과는 달리 동학교도들에 대한 탄압은 멈추지 않았다. 조정에서는 삼례 집회를 주동한 인물로 서병학 등을 지목하여 전국에 수배령을 내렸다. 그러자 서병학과 서인주 등은 다시 최시형에게 교조 신원 운동을 펼치자고 주장하였다. 최시형은 고민 끝에 한양으로 올라가 국왕에게 직접 상소하기로 결정하였다. 그러나 서병학 등은 무력 봉기를 통하여 교조 신원 운동과 반봉건 투쟁을 병행할 것을 강력히 주장하였다. 이들은 교도들에게 군복을 입혀 군대와 협동하여 정부의 간당을 소탕하고, 조정의 대개혁을 단행할 것을 결심하고 행동으로 옮기려 하였으나, 최시형 등 동학 지도부 내의 보수파에 밀려 뜻을 이루지 못했다. 서병학 등 급진파는 평화적인 방법으로는 아무것도 얻어 낼 수 없다는 것을 삼례 집회를 통해 절실히 느끼고 있었던 것이다.

이렇게 급진파와 일반 신도들을 따돌린 최시형·손병희 등 보수파 40여 명은 1893년 2월, 각기 과거 보는 선비 차림을 하고는 한양으로 올라와 광화문 앞에 3일 동안이나 엎드려 '포교 공인'을 골자로 한 상소를 올렸다. 그러나 조정에서는 정식 절차를 밟지 않았다는 것을 내세워 상소를 거절한다고 통고하였다. 그리고 정학을 높이고 이단을 배척하는 것이 예로부터 전해 내려오는 법이며, 따라서 이단을 내세워 수작을 부리는 자들은 선비로 대우할 수 없고 국법에 따라 처형할 것이라는 국왕의 전교를 내렸다. 당시 조정에서는 유림들만이 이용할 수 있는 상소를 사학 집단인 동학교도들이 올렸으니 변괴라고 여기고 있을 때였으므로, 이러한 전교가 내려온 것은 당연한 결과였다.

여기서 상소의 내용이 단순히 종교의 자유만을 내세우고 있다는 점에 유의해 보자. 최시형 등 보수파는 이필제의 반란 후 겪은 탄압을 교훈 삼아 무력을 동원한 동학 운동을 반대해 왔다. 결국 보수파는 정치적 투쟁 구호를 생략할 수밖에 없었고, 이러한 입장은 일부 급진파 접주들과 일반 신도들의 반발을 사기에 충분했다. 그래서 광화문 앞에서 상소가 벌어질 즈음에 수만 명의 신도들이 속속 한양으로 상경하였던 것이다. 이때부터 급진적 동학교도들의 반외세 투쟁이 벌어지기 시작했다.

이들은 각 외국 공영사관과 외국인 거주 지역, 그리고 교회와 학당 등에 격문을 붙여 하루속히 조선을 떠나라고 협박하였다. 제일 먼저 프랑스 공사관에 붙은 격문 내용을 보도록 하자.

너희들은 우리나라에서 금하는 법을 어겨 가면서 교당을 짓고 선교하고 있다. 만약 행장을 꾸려 속히 돌아가지 않으면 3월 7일에 우리 당이 너희 공사관으로 들어가 박살을 낼 것이다.

이는 한마디로 척양 운동을 펼치겠다고 선언한 것과 다를 바 없다. 일본인 거주 지역에 붙은 격문에도 이와 똑같은 성격이 표출되어 있다.

천도는 지극히 공정하기 때문에 선은 도와주고 악은 징벌한다. 너희는 비록 오랑캐지만 천품 받음이 대략 같음을 아는가,

모르는가? (중략) 망령되이 탐욕의 마음을 가지고 남의 나라에 웅거하여 공격을 장기로 삼고 살육을 근본으로 삼으니, 진실로 무슨 마음이며 끝내는 무엇을 하려는가? (중략) 해를 당하고 안 당하는 것은 너희들이 결정할 일이니 후회하지 말라. 우리는 두 말하지 않겠으니 너희 땅으로 돌아가라.

이러한 동학교도들의 활동에 당시 정부와 외국 공영사들은 혼란에 빠져들었다. 이들을 잡으려 물샐틈없이 수색 작업을 하였지만 극히 일부만 잡혔을 뿐이었다. 이들은 신출귀몰하여 심지어는 외국 선교사의 집에까지 격문을 보낼 정도였다. 당시 도쿄『아사히 신문』은 동학교도들의 활동 상황을 비교적 객관적인 시각에서 정리해 놓았다.

동학당의 과격파는 드디어 외국인 척양 운동에 착수할 것을 결정하고, 그 일착으로서 조선 고래의 관행이었던 격문을 동대문·남대문 및 한양 시내의 선교사 집에 붙이고, 하루가 지난 다음 다시 외국 종교를 공격하고, 또 외국 교도로서 음력 3월 7일까지 조선에서 물러나지 않으면 비상수단을 써서 죄상을 들어 토벌하겠다는 격문을 배포했다.

다른 날 실린 기사에도 이와 유사한 내용이 보인다.

음력 3월 7일은, 동학당이 만일 그날까지 외국인이 퇴거하지 않을 때에는 크게 결심한 바 있다고 성명한 날이다. 외국인 등은 물론 공갈이라고 믿으면서도 한편으로는 그날의 형세를 염려하고 있다.

동학교도들의 격문을 읽은 외국인들이 한결같이 동학교도들의 정체에 대해 두려움을 가질 만큼, 이들의 투쟁 활동은 상당히 조직적인 것이었다. 당시 민비의 미움을 사서 지금의 당진군에 유배되어 있던 온건 개화파인 김윤식의 증언에 따르면, 실제로 외국인들은 변을 당할까 봐 안전한 곳으로 피신하거나 심지어 여차하면 조선을 떠나려고 인천으로 몰려갈 정도였다. 한양의 백성들 중에도 짐을 꾸려 시골로 피신하는 이들이 상당히 많았다고 한다. 또한 이 기사를 통해 확인할 수 있는 것은, 동학 내부에서 보수와 급진의 대결이 표면화되었다는 점이다. 같은 신문에 이러한 분열 현상을 분석하고 있는 대목이 있어 이목을 끈다.

동학당 중의 과격파는 상소의 효과가 없게 된 이래 은밀히 한양에 체류하는 외국인에 대한 토벌 계획을 세웠다. 한편 온건파는 계속 이를 만류하면서 다시 한 번 국왕에게 상소한 뒤에 결정해야 한다고 주장함으로써 당내의 논의가 쉽게 결정되지 못하고, 그 기세가 약간 위축되었다.

그렇다면 이렇게 한양 시내를 공포의 도가니로 빠뜨린 동학교도들의 반외세 투쟁을 주도한 인물은 누구인가? 이에 대해서는 아직까지도 확실한 것이 밝혀져 있지 않다. 다만 벽보 운동을 하다가 잡힌 일부 신도들의 문초 내용을 볼 때, 흔히 북접이라고 부르는 충청도 중심의 동학교도들이 아니라 남접인 전라도의 동학교도들이 중심이 되어 이 운동을 일으켰다는 것이 확인될 뿐이다. 이러한 사실은 뒤에 갑오농민전쟁이 주로 남접에 의해 주도되었다는 점과 밀접한 관련이 있음을 주지해야 할 것이다.

급진파의 벽보 투쟁은 외세에 큰 위협을 주어 외국 군함이 인천에 입항하여 조선 조정에 대해 무력적 압력을 가하였고, 원세개는 종주국의 입장에서 사태를 우려하여 조선 정부에 강경한 태도를 보이라고 촉구할 정도였다. 이렇게 조선 내외에 큰 자극을 준 급진파의 투쟁은 일단 멈추었다. 그러나 이것은 장차 일어날 농민 전쟁을 예고하는 서막에 불과했다. 이에 대해 『아사히신문』은 다음과 같이 보도하였다.

이번은 무사히 끝났지만, 머지않은 앞날에 동학당은 반드시 천지를 뒤흔드는 큰 변란을 일으킬 것이 틀림없다고 조선 정부는 떨고 있다.

보은 집회 : 갑오농민전쟁의 전 단계 3

보은 집회는 한양에서 벌인 벽보 투쟁 운동의 연속선상에서 열렸다. 1893년 3월 10일, 충청도 보은에는 각지에서 모인 동학교도들로 들끓었다. 이들은 척왜양창의(斥倭洋倡義 - 일본과 서양을 물리치기 위하여 의로운 투쟁에 나서자)라는 다섯 글자가 적힌 깃발을 앞세우고, 외세의 침략 행위를 규탄하는 집회를 가졌던 것이다. 이때 선무사로 파견되었던 온건 개화파 어윤중이 "집회 이후 물이 골짜기에 흐르듯이, 불이 벌판을 달리듯이 하루에 수천 명씩 밀려드니 막을 도리가 없다."라고 증언하였듯이, 보은 집회는 이제 단순한 집회 형식을 떠나 반봉건·반침략 투쟁 시위로 번질 기미를 보였다.

포교 공인이라는 종교적 구호는 어느새 사라지고 외세 척결 이라는 정치적 투쟁 구호가 전면에 등장했다는 것은, 이제 일반 동학 교도들은 더 이상 종교적 이상주의에 빠지지 않고 실질적인 현실 변혁을 통하여, 존폐의 위기에 빠진 국가를 구하고 도탄에 빠진 민중을 구제한다는 인식에 도달하였다는 의미를 지니고 있다. 어윤중이 보고한 장계에는 이 집회에 참석한 사람들의 성향에 대해 매우 세밀하게 적혀 있다.

재능은 있어도 뜻을 이루지 못한 자, 욕심을 내고 더러운 짓을 하는 자들이 횡행하는 데 격분하여 백성을 위하여 목숨을 바치려고 각오한 자, 외국 침략자들이 우리의 재부를 빼앗아 가는 것을 통분하게 여겨 망령되게 큰 소리를 외치는 자, 한양과 지방에서 죄를 짓고 피신하고 있던 자, 감영과 고을의 아전들로서 쫓겨난 자, 농사를 지어도 죽 한 그릇 먹을 수 없고 장사를 하여도 한 푼의 이익도 얻을 수 없던 자, 고리대업자의 빚 독촉에 견딜 수 없던 자, 상민이나 천민으로서 그 신분에서 벗어나려고 원하던 자들이 여기에 가담하였으며, 온 나라의 불평불만이 규합되어 하나의 큰 집단이 이루어졌다.

한마디로 말해서 서두에서 밝힌, 내외의 중첩된 모순에 의해 기본적 생존권마저 박탈당한 민중들이 모여들었다는 뜻이다. 여기서 주목할 점은, 이 집회가 비록 동학이 주도한 모임이지만 개중에는 근래에 입교한 자들이나 동학을 통하여 맺힌 원을 풀려는 자들도 대거 참여하였다는 점이다. 즉 국가와 관리들 그리고 지주와 상인들의 착취에 시달림을 받던 소외 계층들이 동학의 변혁 사상에 호응하여 집회에 참석하였다는 것이다. 동학의 신도 수가 급격히 늘어난 이유도 이러한 데에서 찾아볼 수 있다. 이제 동학의 교리가 중요한 것이 아니라, 동학을 매개로 민중의 변혁 의지를 결집시킬 수 있는 단계로 접어들고 있었다는 점 역시 이 보은 집회가 갖는 의미 중 하나다.

보은 집회에 당황한 정부는 급히 군대를 출동시켜 집회를 해산시키라고 명하였다. 선무사로 내려온 어윤중이 효유문을 반포하고 교도들의 뜻을 국왕에게 전하겠다고 하자, 일부 보수파 지도층은 이에 감동하여 눈물까지 흘리며 머리를 조아렸다고 한다. 또한 최시형 등은 4월 2일 밤을 이용하여 잠적해 버리고 말았다.

결국 군대까지 동원한 정부의 강제 해산에 보은 집회는 별다른 성과 없이 끝나고 말았다. 여기서도 보수적인 상층 지도부의 기회주의적인 행동이 여실히 드러났다. 그러나 보은 집회는 민중들 사이에 퍼져 있는 반봉건·반침략 투쟁 의식을 고취시켜, 갑오농민전쟁 당시 인력 동원을 수월케 하는 전초적 구실을 하였다는 점에서 그 의미가 깊다.

그런데 보은 집회가 열리고 있는 동안에 전라도 원평에서는 또 다른 집회가 열리고 있었다(원평과 금구는 남접의 중심지였다). 이른바 원평 집회를 뜻하는 말인데, 이 집회를 주도한 인물이 바로 전봉준이다. 최제우가 죽은 후 동학은 두 갈래로 갈라져 있었다. 하나는 최시형을 중심으로 한 북접이고, 다른 하나는 서장옥이 주도한 남접이 그것이다. 따라서 보은 집회가 표면상 북접 대표인 최시형이 주최하였다면, 원평 집회는 서장옥 계열인 전봉준 등이 개최한 것이다. 그러나 아직까지 전봉준은 주로 배후에서 조종하는 차원의 활동만 하고 있을 때였다.

교주 자리는 최시형이 차지하고 있었지만, 실제로는 최시형의 온건적 사상에 반대하는 남접의 활동이 서서히 두각을 드러내기 시작했다. 원평 집회는 우선 보은 집회 상황을 살펴 가며 진행되었는데, 군대가 출동하여 보은 집회가 막을 내리자 원평 집회 참석자들은 자진 해산하였다. 이 집회는 집회에 대한 정부의 반응을 살펴보고 나아가 집회에 참석한 사람들의 성분을 분석하여 훗날 민중 봉기의 가능성을 점쳐 보려는 의도에서뿐만 아니라, 북접의 온건성에 대립하여 남접을 별도의 세력으로 성장시키려는 뜻에서 개최되었다고 볼 수 있다.

이렇게 삼례 집회 – 상소 운동과 벽보 투쟁 운동 – 보은·원평 집회 등 3단계를 걸치면서 일반 신도들은 종교적 테두리를 벗어나 반봉건·반침략 투쟁 의식을 결집시켰고, 이러한 전 단계를 밟은 후에 치밀한 계획 아래 본격적인 무장 봉기에 나섰던 것이다.

고부민란 : 갑오농민전쟁의 신호탄

보은, 원평 집회가 끝나자 일손이 바쁜 농번기를 맞이하였기 때문에 동학교도들은 별다른 움직임을 보이지 않았다. 그러나 추수기에 접어들자 다시 농민들의 항쟁이 조금씩 고개를 들기 시작하였다. 1893년도에는 민란이 끊임없이 발생하였는데, 주요 민란만 따져도 15회가 넘는다. 이들 대부분이 추수기와 가까운 8월 이후에 집중되어 있어 봉건적 모순의 누적이 얼마나 심했는가를 엿볼 수 있다. 게다가 이해에는 흉년까지 들어 농민들의 생계는 이루 말할 수 없이 힘든 상태에서, 지방 관리들의 탐학과 지주들의 수탈은 조금도 변함없이 계속되었다. 이러한 배경에서 고부민란이 발생한 것이다. 이제 전봉준의 행적을 뒤쫓아 볼 때가 된 것 같다.

전봉준(1855~1895)의 본관은 천안天安이고 자는 명숙, 호는 해몽海夢이다. 키가 작은 편이라 사람들은 그를 녹두라 불렀고, 뒤에 전쟁 때에는 녹두 장군이라는 별명을 붙여 주었다. 전봉준의 생가가 어디인가에 대해서는 여러 설이 있는데, 그중에서 고부군 궁동면 양교리(지금의 정읍군 이평면 장내리)와 고창군 덕정면 당촌리가 가장 유력하다. 중요한 것은 이러한 지역을 중심으로 전봉준이 눈부신 활동을 폈다는 점이다.

매천 황현이 쓴『동비기략』초고를 보면, 전봉준은 집안이 가난하고 안정된 생업이 없이 약을 팔아 생계를 유지하는 한편, 방술方術을 배우기도 하였다. 그는 지사地師를 불러 장지를 고른 적이 있는데, 지사에게 부탁했다.

"만일 크게 잘될 자리가 아니면, 원컨대 아주 망해서 자손이 없을 자리를 잡아 주시오."

지사는 고개를 갸웃거리며 이상하다는 표정을 지었다.

"오랫동안 남의 밑에서 살면서 구차하게 이름을 연장하는 것보다는 차라리 멸족하는 것이 쾌하지 않겠소?"

전봉준의 말이 사실이라면 얼마나 현실에 대해 비통한 심정을 갖고 있었는지 알 수 있는 대목이다.

전봉준은 태인 산의리 동곡 마을로 이사한 후에는 다섯 명의 식솔을 먹여 살리기 위해 가까스로 전답 세 마지기를 얻어 농사를 지었으나, 이것으로는 식구 전체가 먹고살기에 턱없이 부족했다. 그래서 전봉준은 마을 아이들을 모아 훈장 노릇을 하면서 근근이 생계를 유지하였다. 이렇게 전봉준 스스로가 당시 피폐화된 농촌 경제를 직접 체험하면서 당대의 구조적 모순에 점차 눈떠 가기 시작하였던 것이니, 보국안민을 내세우는 동학에 입교한 것은 당연한 귀결이었다.

그의 아버지인 전창혁은 고부 군수 조병갑의 탐학에 대해 소장을 내어 저항하다가 모진 매를 맞고 한 달 만에 죽고 말았다. 이때가 1892년(또는 1893년)이었다고 한다. 전봉준이 부친의 억울한 죽음에 자극을 받아 민란을 주도했다고도 볼 수 있지만, 위에서 본 바와 같이 현실 체험을 통하여 일찍이 무장 봉기에 뜻을 두었을 가능성이 높다.

그는 실제로 무력 봉기의 전 단계인 등소(等訴 – 마을 사람들이 연명으로 관청에 억울한 일을 호소하는 법적 절차)를 주도하기에 이르렀다. 등소 운동은 임술민란에서 언급한 향회 중심으로 이루어졌는데 1893년 11월에는 40여 명이, 12월에는 60여 명이 고부 군수 앞으로 등소를 내었다. 그러나 전형적인 탐관이었던 조병갑이 이러한 농민들의 평화적인 저항에 응할 리가 없었다. 오히려 저항하는 자들을 옥에 가두고 매로 다스리는 등 더 심한 탄압을 일삼았을 뿐이다. 전봉준이 이 등소 운동을 표면에 나서서 주도하였다는 증거는 없다. 단지 1890년(또는 1892년)경에 이미 동학의 접주가 된 그는 마을 사람들의 정신적 지주였기 때문에, 등장(等狀 – 등소할 적에 제출하는 민원서류)을 작성해 주었다는 것이 전봉준 공초를 통해 확인될 뿐이다. 그렇다면 전봉준은 이미 다른 방법을 통하여 반봉건 투쟁을 벌일 것을 내심 결심하고 있었다는 유추가 가능하다.

동학에 관련된 여러 증언을 보면, 전봉준은 인근 지역에서 많은 세력을 거느리고 있는 손화중이나 김개남 등과 수시로 접촉하여 비밀리에 내통하고 있었다. 또한 돌아다닐 때에도 만약의 경우에 대비해 혼자 다니지 않고 여러 사람과 함께 움직였다고 한다. 그는 낮에는 주로 생업에 종사하다가 밤만 되면 사람들의 집을 방문하여 뭔가 은밀한 계획을 논의하였다. 이즈음에 고부 군수 조병갑의 수탈은 극에 달해 있었다.

조병갑은 영의정 조두순의 조카였기 때문에 자기 마음대로 권세를 휘두르고 있었다. 그는 여러 지역의 수령을 지내는 동안에 자기의 욕망을 채우기 위해 온갖 탐학을 자행하였다. 조병갑이 고부 군수로 부임해 온 때는 1892년 4월이었다. 따라서 1893년 연말에 이르러서 이 지역 농민들의 불만은 폭발하기 일보 직전이었다. 그는 이해에 흉년이 들었음에도 불구하고 강제로 세를 징수하고 부농들을 잡아 족쳐 2만 냥의 재물을 탈취하였으며, 태인 현감을 지낸 자기 아버지를 위해 만들 공덕비에 쓸 비용을 강제로 징수하였다. 또한 면세를 약속하고 개간을 허락하고서는 가을에 가서 전세를 징수하고, 현미 12말씩 받아야 할 대동미를 정미 16말씩 돈으로 환산해 받아서 폭리를 취하기도 했다. 조병갑과 같은 탐학은 다른 지역에서도 비슷하게 횡행하였다. 이러한 착취를 견디다 못한 전라도 농민들은 유리걸식하거나 도망가기 일쑤여서 열에 아홉은 고향을 등져 마을이 텅텅 빌 정도였다고, 전라 감사 군사마를 지낸 최영년이 진술한 적이 있다.

조병갑의 탐학은 이루 말할 수 없이 많았는데, 고부민란의 직접적인 원인이 된 것은 만석보萬石洑의 개수 때문이었다. 그는 농민들을 강제로 동원하여 구보舊洑 밑에 새로운 보를 쌓게 하면서 약속하였다.

"이 보를 건설하는 대신에 올 한 해는 수세水稅를 받지 않겠다."

조병갑의 약속에 농민들이 새로운 보를 건설하였으나, 추수기에 수세를 거두어 700여 섬을 착복하였다.

이렇게 심한 탐학을 자행하는 조병갑을 타도하고 반봉건 투쟁을 벌이기 위한 결사 모임이 속행되었다. 급기야 11월에 전봉준 등은 사발통문을 돌리고 봉기할 것을 결의하였다. 주된 내용을 보면 다음과 같다.

1. 고부성을 격파하고 군수 조병갑을 효수할 일.
2. 군기창과 화약고를 접령할 일.
3. 군수에게 아부하여 인민을 갈취한 탐리를 쳐 징치할 일.
4. 전주 감영을 함락하고 한양으로 곧바로 올라갈 일.

여기서 놀라운 것은 전봉준 등이 세운 계획이 기존의 민란과는 판이하게 다르다는 점이다. 즉 전봉준의 계획은 고부항쟁에서 그치는 것이 아니라 그 여세를 몰아 전주성을 점령하고, 이를 거점으로 한양으로 진격한다는 것이 그 요점이라고 봤을 때 이미 전봉준은 농민 전쟁을 주도할 계획을 갖고 있었던 것이나. 이것은 결국 난순한 민란의 형태에서 벗어나 전면적인 무력 항쟁으로 반봉건, 반침략 투쟁을 벌이겠다는 의도다. 따라서 고부민란은 장차 일어날 갑오농민전쟁의 신호탄에 불과했다.

이렇게 치밀한 계획을 짜 놓았는데 갑자기 조병갑이 익산 군수로 전임되었다. 이때가 11월 30일이었다. 따라서 전체 계획을 전면 재검토할 수밖에 없었다. 그런데 전근을 간 지 39일 만에 그는 다시 고부 군수로 재임명되어 부임해 왔다. 그리고 여전히 고부 농민들을 대상으로 수탈 행위를 자행하였다. 전봉준의 입장에서는 민란을 일으킬 수 있는 좋은 목표물이 다시 생겨난 셈이었다.

마침내 이듬해인 1894년(갑오년) 새해가 밝은 지 얼마 지나지 않은, 정월 10일 밤을 기점으로 봉기의 횃불을 들어올렸다. 정월에는 풍속에 따라 걸립패들이 마을을 돌며 액막이 풍물 한마당을 펼쳤다. 그렇게 하면 자연스럽게 마을 주민들은 걸립패를 중심으로 모여들게 마련이어서 봉기를 위한 집결을 따로 할 필요가 없었다. 이런 점에서 첫째, 봉기를 위해 주도면밀한 사전 계획을 세워 놓았고, 둘째, 임술민란에서도 보았듯이 우리 고유 전통의 풍습이 얼마나 대동단결을 하는 데 용이한 매개체가 되었는지를 알 수 있다. 이러한 상호 작용을 통해 고부민란은 투쟁 의식을 더욱 고취시킬 수 있었다.

걸립패 주위로 수많은 사람들이 모여들자, 전봉준은 전면에 나서서 호령하였다.

"아녀자와 노약자 외에 이곳을 탈출하는 자는 처단할 것이오!"

전봉준은 이렇게 경고하여 내부 단결을 촉구한 것이다. 이때 모인 장정 농민 수가 무려 1,000여 명을 넘고 있었기에 조직적인 통솔이 무엇보다도 중요하였다.

전봉준은 봉기군을 두 패로 나누어 고부 관아로 진격하게 하였다. 전봉준이 이끄는 주력 부대는 영원 길을 거쳐 고부 관아로 쳐들어갔다. 농민들은 미리 준비한 죽창을 손에 들고 11일 새벽에 동헌으로 들이닥쳤다. 그런데 조병갑은 어느새 전주로 도망치고 자리에 없었다. 봉기군은 억울하게 갇힌 죄수들을 풀어주고 토지 문서와 노비 문서 등 봉건적 수탈의 법적 기반이었던 제반 문서를 모두 불살라 버렸다. 동시에 무기고를 털어 무기를 탈취하였다. 또한 아전 등 평소 탐학에 앞장섰던 관리들을 처단하고 창고를 열어 빈민들에게 골고루 나누어 주었다. 이와 더불어 봉기군은 탐학의 상징이었던 만석보의 재보를 허물어 버렸다. 3일이 지난 1월 14일에는 봉기군의 수가 벌써 만 명을 넘고 있었다.

한편 전주 감영으로 도망간 조병갑은 전라 감사 김문현에게 군사를 동원하여 봉기군을 처단해 달라고 요구하였다. 김문현은 일단 사태의 추이를 파악하기 위하여 군교 정석진과 부하 몇 명을 현지로 보냈다. 이때 전봉준은 봉기에 참여한 농민들에게 해산할 것을 권유하고 있었다. 이러한 가운데 정석진 일행이 현장에 도착하였으나, 이들을 수상히 여긴 봉기군에게 붙잡혀 부하들은 죽고 정석진은 도망을 쳤다.

그런데 고부민란이 일어나기 전에 다른 지역에서도 민란이 발생하였다. 전주, 익산 등지에서 관리들의 탐학을 규탄하는 봉기가 일어난 것이다. 이러한 배경에서 고부민란이 일어났고, 앞에서 본 결의문의 내용이 번져 나갔는지 고부 봉기군들이 곧 한양으로 진격한다는 소문이 나돌았다. 게다가 고부민란 소식을 접한 인근 지역 농민들도 이에 가세할 움직임을 보이고, 실제로 소규모 봉기가 일어난 곳도 있었다.

이렇게 되자 김문현은 어쩔 수 없이 의정부에 장계를 올렸다. 이때가 2월 15일경이었다. 이에 조정은 긴 논의 끝에 장흥 부사 이용태를 안핵사로 삼고 용안 현감 박원명을 고부 군수로 임명하여 사태를 수습할 것을 명하는 한편, 김문현에게는 가벼운 견책을 내리면서 조병갑을 잡아들여 문책하라고 하달하였다.

그런데 1차 목표를 달성한 봉기군은 1월 22일을 기하여 자진 해산하고 대부분 집으로 돌아간 상태였다. 따라서 안핵사가 내려왔을 때는 이미 고부민란이 끝난 뒤였다. 그러나 전봉준의 주력 부대는 백산을 중심으로 진을 치고 있었기 때문에 정부는 고부민란을 계속 주시하고 있었다.

안핵사로 내려온 이용태는 사태의 책임을 모두 동학교도들에게 돌리면서, 이를 핑계로 농민들을 약탈하고 살상도 서슴지 않고 행했다. 한편 김문현은 전라도 각 진영과 금구 정읍 등 11개 지역에 관문을 보내 군사를 징발하여 방비할 것을 명하였다. 이렇게 정부의 탄압이 다시 조여 오자 농민들은 백산으로 모여 다시 궐기한 후, 고부를 습격하여 무기를 빼앗아 무장을 마쳤다. 그런 뒤에 정부의 반응을 지켜보다가 이용태의 탄압이 그칠 기미를 보이지 않자, 드디어 본격적인 무력 항쟁에 돌입하게 되었다.

1차 갑오농민전쟁의 시작, 3월 봉기

전봉준은 먼저 무장을 마친 농민군 수천 명을 집결시키고 군량미를 모아 봉기에 필요한 사전 준비를 마친 뒤, 선전포고문을 띄웠다. 그리고 이웃 고을 동학 접주들에게 통문을 돌려 모두 분연히 일어설 것을 촉구하는 창의문을 발표하였다. 이렇게 해서 대규모 농민 봉기로 발전하는 단계로 접어들게 되었다. 창의문 가운데 주된 부분을 보면 다음과 같다.

우리가 정의를 내걸고 여기에 이른 것은, 그 본의가 결코 다른 데에 있지 않고 창생을 도탄 속에서 구제하고 국가를 반석 위에 올려놓기 위함이다. 안으로는 탐욕에 물든 관리를 베어 죽이고, 밖으로는 횡포를 부리는 강적들을 축출하기 위한 것이다. 양반과 토호들로 인해 고통을 당하는 민중과 방백과 수령들의 발밑에서 굴욕을 받고 있는 소리小吏들은, 우리와 마찬가지로 깊은 원한을 안고 있는 자들이다. 그러니 조금도 주저하지 말고 지금 곧 일어서라. 만일 기회를 놓친다면 그때는 후회를 해도 아무 소용이 없을 것이다.

창의문의 내용을 요약하자면 보국안민과 폐정 개혁이다. 보국안민은 말 그대로 나라를 구하고 백성을 편안케 한다는 뜻이지만, 현실적으로는 봉건적 질서를 타파하고 새로운 국가를 건설하자는 뜻이 강했다. 이것은 통치 수단으로 외세를 끌어들인 정부와 일본을 비롯한 열강을 타도하자는 양면성을 갖고 있다. 창의문에서 볼 수 있듯이 농민 봉기의 구호는 종교성을 벗어나 정치적, 사회적 이념으로 표출되어 있다. 이러한 점은 1893년에 벌였던 반봉건, 반외세 운동의 결과라고 볼 수 있다. 동학의 접주 등 조직은 이 봉기를 위한 수단에 불과했다. 실제로 농민군에 합세한 동학교도의 수는 상대적으로 일반 농민들보다 훨씬 적었다.

이와 같이 농민 전쟁 초기 단계부터 전쟁의 목표를 종교적·환상적인 것에 두지 않고 당대의 실질적인 요구에 두었기 때문에, 많은 농민을 비롯한 난민들이 이 전쟁에 참여하였다.

전봉준은 무장을 떠나 고부와 태인 등을 차례로 공략하였다. 고부의 무기고를 털고 줄포에 있는 세곡 창고를 털었다. 그리고 고부의 백산에 진을 쳤다. 그러자 정읍·무장의 손화중, 태인의 김개남 등이 농민군을 이끌고 백산으로 와서 합세하였다. 위의 창의문을 발표한 것도 바로 백산에서 각 세력이 연합한 직후였다. 그 명의는 전봉준이 아니라 호남 창의소湖南倡義所였다. 물론 그 밑에는 전봉준, 손화중, 김개남순으로 서명이 되어 있다. 그리고 민폐를 방지하기 위하여 4개 강령을 발표하였다.

1. 사람을 죽이지 말고 가축을 함부로 잡아먹지 말라.
2. 충성과 효도를 다하고, 세상을 구해 백성을 편안하게 하라.
3. 서양인과 일본인을 쫓아내어 성도聖道를 맑게 하라.
4. 군사를 몰아 한양으로 들어가 권귀를 다 멸하라.

네 번째 사항은 고부민란을 사전에 계획할 때에 결의했던 한양 진격과 맞물려 있다. 여기서 농민군의 목적을 확인할 수 있는데 그들은 현 민씨 정권과 외세를 모두 축출한다는, 그야말로 혁명적인 행동 목표를 설정하고 있다.

동시에 전봉준은 이렇게 거대한 목적을 달성하기 위하여 구체적인 단계로 접어들었다. 우선 그는 조직 강화를 위해 모인 농민들

을 여러 부대로 편성하고 마땅한 책임자를 임명하였으니, 총사령
관 격에는 전봉준이 되고, 손화중·김개남은 부대장 격인 총관령
을 맡았다.

봉기군으로서의 면모를 갖춘 농민군은 3월 29일경에 금구, 원평
등지로 쳐들어가 전주성을 함락하기 위한 전초 기지를 마련하였
다. 또한 다른 부대는 부안, 태인 등지로 밀고 들어갔다. 그러자 전
라 감영에서는 포군砲軍을 이 지역으로 급파하였다. 농민군은 작전
상 후퇴하지 않을 수 없었다. 아직 포군과 맞설 채비가 마련되지 않
았기 때문이다.

황토현 전투

포군을 주축으로 한 관군을 이끈 장군은 이곤양, 정창곤, 김경호
등이었다. 이들은 각기 군대를 이끌고 원평과 부안 등을 거쳐 백산
을 향해 진격했다. 이 토벌군 안에는 돈을 주고 동원한 보부상 등
일반인들도 다수 포함되어 있었다. 일설에는 관군보다 보부상 부대
의 수가 더 많았다고 한다.

어쨌든 관군들은 가는 곳마다 노략질을 일삼고 백성들에게 밥을
지어 나르게 하였다. 그러면서도 살상을 서슴지 않고 행하였다. 이
런 관군들의 횡포는 주민들이 뒷날 농민군에 지지를 보내는 역효
과를 초래하게 되었다.

4월 6일경, 백산에 도착한 관군들은 신식 총을 쏘아대며 농민군
의 진지로 돌격하였다. 많은 농민군들은 제대로 싸워 보지도 못하

고 급히 후퇴하고 말았다. 봉기 이래 관군과 가진 첫 접전에서 겉으로 보기에는 농민군이 오합지졸로 보인 것은 사실이었다. 그러나 그것은 하나의 작전이었다.

농민군들은 싸우는 척하면서 두 패로 나뉘어 한 패는 부안읍으로 향하는 들판의 작은 길로 접어들고, 다른 패는 고부읍 쪽 큰길로 후퇴했다. 대장기는 남쪽으로 가고 있었다. 관군은 그 깃발을 보고 계속 추격하며 공격하였다. 농민군의 대오는 한순간에 흩어졌다. 그러나 흩어졌던 농민군은 황토현 중봉에 올라 전열을 가다듬고 있었다.

맹추격을 하던 관군은 일시에 걸음을 멈추고, 항토현에서 5리쯤 떨어진 손소락등孫小落登에 진을 치고 농민군의 동태를 살폈다. 이미 밤은 깊어 간간이 포 소리와 총 소리만이 들릴 뿐이었다. 관군들은 기습에 대비하여 소나무를 잘라서 진영 사방에 불을 놓아 대낮처럼 밝게 하였다. 시간이 지날수록 안개가 자욱이 깔리기 시작했다.

다음날인 4월 7일 새벽, 관군의 동태를 예리하게 주시하고 있던 농민군은 일제히 기습 공격을 감행하였다. 농민군은 남쪽 한 면만을 비워 놓고 세 방향에서 동시에 진격해 들어갔다. 갑작스러운 공격에 관군은 혼비백산하여 사방으로 흩어졌다. 농민군은 돈으로 산 민병들은 다치지 않게 하면서 정규군들만 골라 공격하였다. 이 전투에서 관군을 이끌던 이곤양은 미처 몸을 피하지 못해 그 자리에서 죽고 말았다. 관군은 농민군이 없는 남쪽으로 도망을 쳤으나 별로 살아남은 자들이 없었다. 황토현 전투는 농민군의 완전한 승리로 끝났다.

중앙군과의 숨바꼭질, 장성 전투

3월 봉기 이후 농민군의 수는 점차 늘어나고 있었다. 농민군에 가담하지 않은 농민들도 지역별로 산발적인 봉기를 하고 있었다. 봉기는 점차 전국적으로 번질 조짐을 보였던 것이다. 이러한 전라도의 급박한 사태에 접한 조정은 황토현 전투가 있기 며칠 전에 전라도 병마절도사 홍계훈을 양호초토사로 임명하여, 그에게 정예 부대인 장위영 군사 800여 명을 주축으로 한 경군을 주어 급파하였다 (홍계훈의 본명은 홍재희다. 임오군란 때 내전 별감으로 있던 그는 군인들이 궁궐에 들어와 민비를 찾아 살해하려 하자, 궁녀로 있는 누이동생이라고 속여 민비를 등에 업고 장호원에 숨겨 주었다. 이 공으로 그는 포천 현감으로 승진되었고, 뒤에 이름을 바꾼 것이다. 그는 민비를 구해 준 공로로 어느새 병마절도사 자리에까지 올라 있었던 것이다).

이 부대는 4월 5일에 군산을 거쳐 일단 전주성에 입성하였다. 이 부대에는 청나라 병사도 십여 명 끼어 있었는데, 이들은 최신식 대환포를 다루는 포병들이었다. 그 밖에 기관포 2문까지도 가진 막강 전력을 자랑하는 부대였다. 여기에다가 얼마 후에는 강화도를 지키는 심병沁兵도 이 부대에 합류하게 되었으니 농민군으로서도 함부로 대항할 수 없었다. 그래서 김문현은 이에 힘입어 지방군과 민병대를 동원하여 농민군 진압에 나섰던 것이다.

전력상 열세인 농민군은 다시 남쪽으로 후퇴하였다. 전주성 공략을 뒤로 미루고 중앙군과 대적할 만한 군사력을 키울 필요를 느낀 것이다. 한편으로는 북접의 호응을 기다려 양면 작전으로 중앙군과 접전을 벌일 계산을 했을지도 모른다. 그러나 이때 북접은 오히려 밀사를 보내어 전봉준의 거사를 방해하였다. 전봉준의 기대는 헛된 것이었다. 그러나 농민군의 항쟁은 멈추지 않았다.

농민군은 남진하면서 정읍을 장악하고 고창, 흥덕, 무장 등도 점령하였다. 이곳에서도 농민군은 관청을 습격하여 옥에 갇힌 죄수들을 풀어주고 무기를 몰수하였으며, 탐학한 관리들을 처벌하였다. 전봉준은 전열을 다시 가다듬은 후 홍계훈의 부대에 대해 면밀한 조사를 하였다. 그 결과, 정면 대결은 아직 시기상조라는 것을 알고 부대를 여러 패로 나누어 다른 길로 북상케 할 계획을 수립하였다.

홍계훈 부대가 움직이기 시작한 것은 4월 18일이 지나서였다. 아마 홍계훈은 농민군을 얕보고 천천히 진압해도 늦지 않다고 판단했던 것으로 보인다. 그러나 남진을 해도 농민군과 만날 수 없었다. 농민군은 전봉준의 지시대로 중앙군을 피해 북진하여 장성에 이르게 되었다. 반대로 중앙군은 영광까지 깊숙이 들어가 있는 상태였다. 두 군 사이에 숨바꼭질이 벌어진 것이다. 이때가 4월 22일경이었다.

그러나 언제까지 싸움을 회피할 수는 없었다. 장성에 도착한 농민군은 삼봉三峯에 진을 쳤다. 그런데 홍계훈은 자신이 농민군에 속았다는 것을 뒤늦게 알고 그들이 삼봉에 진을 치고 있다는 정보를 입수, 급히 부대를 그쪽으로 보냈다. 이 부대의 대장은 이학승이었다. 그 수는 그리 많지 않아 300여 명가량이었지만, 정규 훈련을 받은 중앙군이라는 점에서 섣불리 대적할 상대는 아니었다. 또한 이 부대는 신식 총으로 무장한 것은 물론이고 야포와 기관포도 갖추고 있었다. 홍계훈은 이 부대를 일단 보내 놓고 뒤를 따라 북진할 계획이었다.

이학승의 부대는 삼봉과 마주한 위치에 있는 황룡강 건너편에 진을 치고 있었다. 그는 관례대로 농민군을 회유하는 효유문을 보냈다. 그러나 이학승은 그 답이 오기도 전에 농민군을 향하여 포탄을 퍼부었다. 포탄은 월평 장터에 떨어져, 이곳에서 점심을 먹고 있던 농민군 수십 명이 다치거나 죽었다. 갑작스러운 공격에 놀란 장터의 농민군들은 삼봉의 아군과 합세하였다. 전봉준은 즉시 명령을 내렸다.

"학익진을 펼쳐라! 그리고 관군의 수가 얼마나 되는가 알아봐라!"

옆에 있던 농민군이 관군을 살피더니 말했다.

"관군의 수는 수백에 불과합니다. 더구나 지원군이 전혀 없습니다."

'우리가 전략만 잘 세운다면 싸울 만하구나. 그런데 저들이 가진 신식 무기를 어떻게 물리칠까?'

전봉준은 고민 끝에 손재주가 있는 농민군을 시켜 묘한 방어용 무기를 제작하였다.

관군은 강을 건너 삼봉으로 향해 진격해 왔다. 이때 갑자기 위에서 큰 대나무로 만든 장태 수십 개가 굴러 내려왔다. 농민군은 장태 겉에 날카로운 칼을 여러 개 꽂고 바퀴를 달아 밑으로 밀어 내렸던 것이다. 당황한 관군은 총과 활을 쏘며 산을 오르려 하였지만 장태 때문에 허사였다. 그 장태 뒤로 농민군이 3면을 포위한 채 관군을 공격하며 내려왔다. 관군이 쏘는 총알이나 화살은 모두 장태에 꽂힐 뿐이었다. 관군은 할 수 없이 강을 건너 후퇴하지 않을 수 없었다. 농민군은 끝까지 쫓아가 관군들을 대부분 섬멸하였다. 이학승도 북쪽으로 도망가다가 전사하였다.

관군들이 사방으로 흩어지자 더 이상 쫓지 않고 이학승의 목만 베어 월평으로 돌아갔다. 그리고 관군의 대포 2문 등 여러 신식 무기를 전리품으로 얻게 되었다. 신식 무기로 무장한 중앙 관군과 싸워 얻은 첫 승리였다. 이 승리로 농민군의 사기는 하늘 높은 줄 모르고 치솟았다.

관군과의 싸움에서도 자신감을 얻은 농민군은 그 기세를 몰아 애초부터 계획했던 전주성 점령 작전에 돌입하였다. 장성 전투 후에 잠시 쉬고 있는데 홍계훈의 부대가 북진하고 있다는 보고가 들어왔다. 이제야말로 본격적인 전투가 벌어질 상황이었다.

전봉준은 부대를 재정비한 다음 4월 24일에 장성의 갈재를 넘어 바로 정읍으로 향했다. 그리고 4월 27일에는 태인을 거쳐 전주와 근접한 삼천에 이르렀다. 이날은 전주 서문의 장날이었다. 이런 가운데 농민군은 관군을 위해 중앙에서 파견된 선전관 이주호와 초토사를 따라왔던 종사관 일행 5명을 잡아 처단하였다. 처음으로 중앙 관리를 잡아 죽인 일이었다. 그만큼 농민군은 정부에 대해 깊은 적대감을 갖고 있었던 것이다.

전주성 점령, 무혈 입성

장날에 맞춰 도착한 농민군은 4월 27일 새벽 일찍 장꾼으로 변장하여 시장에 은밀히 잠입하였다. 점령 작전 개시는 정오경이었다.

한편 중앙 정부는 장성 전투에서 관군이 비참하게 패배했다는 보고를 받고는 아연실색하였다. 신식 무기로 무장한 중앙군이 무너진다는 것은 처음부터 생각조차 하지 못한 일이었다. 정부는 응원군을 보내야겠다는 절박감에 4월 27일, 이원희를 양호순변사에 임명하여 천여 명의 병사와 함께 전주성으로 급파하였다. 그러나 이미 전주성 전투는 예고되어 있었다.

정오가 되자 용마루 고개 쪽에서 요란한 포 소리와 총 소리가 들려왔다. 이와 동시에 이미 장꾼으로 변장하고 잠입해 있던 농민군들이 일제히 관군을 공격하였다. 안과 밖에서 기습을 하자 관군은 속수무책이었다.

이 당시 전주 감사 김문현은 농민군의 공격에 대비한다고 사전에 성 주위의 민가 수천 호를 불태웠다. 홍계훈의 부대가 아직 도착하지 않았을 뿐만 아니라 전주 감영의 주력 부대마저 이미 황토현 전투에서 섬멸된 상태였기 때문에, 김문현은 불안에 떨고 있었던 것이다. 그리고 중앙에서 파견한 응원군이 전주에 도착할 날은 아직 멀었다. 이러저러한 이유로 전주성은 비어 있는 것과 다를 바 없었다.

기습 공격에 말린 김문현은, 이미 홍계훈이 성 안의 거의 모든 군졸들을 동원하여 나갔기 때문에 억지로 관노 등을 동원하여 막아 보려다가 소용이 없자, 간신히 성을 빠져나와 떨어진 옷과 짚신으로 변장하고서 용진촌으로 도망갔다. 성 안의 주민들도 농민군에 호응하는 마당에 그가 할 수 있는 일은 아무것도 없었다. 이렇게 하여 농민군은 무혈 입성과 다를 바 없이 전주성을 점령할 수 있었다.

전주성에 입성한 전봉준은 선화당을 본부로 삼고 농민군에게 명령했다.

"언제 관군이 올지 모르니 성의 방비를 강화하라!"

계속하여 농민군과 성 안의 백성들에게 말했다.

"우리는 보국안민을 위해 분연히 일어난 것이오. 벼슬아치들도 우리에게 항복하면 살려 줄 것이요, 그렇지 않고 거역한다면 베어 버릴 것이오!"

그리고 부호들의 재산을 몰수하여 빈민들에게 나누어 주는 등 성 안에 새로운 질서를 세워 나갔다.

전주성 점령은 봉기 이래 가장 큰 전과였다. 고부에서 시작된 농민 전쟁은 황토현 전투와 장성 전투 등에서 승승장구하면서, 농민군의 수는 벌써 수만 명을 넘고 있었다. 농민군은 승리의 결과로 얻은 관군의 신식 무기로 재무장하는 한편, 훈련된 기병대도 조직하게 되었다. 또한 여러 전투 경험과 훈련을 통하여 농민의 티를 벗고 점차 정예 군대의 면모를 갖춰 나갔다.

따라서 전주 점령은 우연이 아니었다. 전주를 중심으로 한 외곽 지원 부대를 사전에 마비시킴으로써 전주성 무혈 입성이 가능했던 것이다. 또 한 가지 두드러진 특징은 전봉준의 전략과 전술이 매우 뛰어나다는 점이다. 그는 결코 감정적으로 농민군을 이끌지 않았다. 전봉준은 사전에 정확한 정보를 입수하여 이에 필요한 대처 방안을 고안해 냈다. 처음엔 오합지졸에 불과했던 농민들은 시간이 갈수록 관군 못지않은 군사가 되었고, 전봉준은 특유의 용병술로 농민들을 지도하여 가는 곳마다 승리할 수 있었던 것이다. 전주 입성은 이러한 농민군의 변화된 모습을 엿볼 수 있는 사건이었다.

전주 점령은 각 농민군들에게는 커다란 자신감을 불러일으키는 계기가 되었다. 농민군이 지방 군현 등을 점령한 사례는 역사 이래로 많지만, 봉건 체제의 거점이라 할 수 있는 도시를 차지할 수 있는 경우는 그리 많지 않다. 그러나 농민군은 스스로의 힘으로 전주를 점령하자 중앙 정부와도 싸울 수 있다는 자신감을 가졌다. 이것은 뒷날 한양 점령 작전에 고무적인 역할을 하게 되었다.

또한 전주가 함락되자 전라도의 행정 체제는 거의 마비되었다. 중앙 정부는 전주 함락 소식에 접한 후 통치 체계에 큰 혼란을 갖게 되었고, 청나라나 일본 등 외세도 농민군의 움직임에 긴장을 하고 주시하기 시작하였다.

홍계훈 부대와 접전 그리고 화약和約

홍계훈은 전봉준의 전술에 속아 농민군의 뒤를 밟은 꼴이 되어, 전주성이 점령된 다음날인 4월 28일 아침에야 간신히 전주 남문 밖에 있는 완산 철봉에 도착하였다. 그는 장성으로 오다가 뒤늦게 전주가 기습 공격을 받았다는 보고를 받고 달려온 것이다.

홍계훈으로서는 발등에 불이 떨어진 셈이었다. 너무 농민군에 대해 안이한 생각을 하다가 기습에 말린 것이다. 만일 전주성을 다시 찾지 못한다면 중앙 정부에서 중징계를 내릴 것이 뻔했다.

홍계훈은 우선 경군과 전라도 일대의 지방군을 총동원, 전주성 근처의 주요 산지에 배치하여 사방에서 에워쌌다. 특히 홍계훈이 처음에 자리잡은 완산은 전주성 안이 훤히 들여다보이는 요지로 매우 유리한 거점이었다. 여기서 관군은 지리적 조건을 이용하여 성 안으로 마구 총과 포를 퍼부어댔다. 이에 농민군 수백 명이 장태를 앞세우고 서문과 남문을 나와 관군 진영으로 돌진했다. 그리고 성루에서는 포를 쏘는 등 지원 사격을 하였다. 관군은 성을 벗어난 농민군을 향해 집중적으로 포탄을 터뜨렸다. 그래도 농민군은 계속 전진하며 관군 진영을 무너뜨리려고 했지만 중과부적이었다. 살아남은 농민군들은 간신히 성 안으로 후퇴하였다. 장태는 장성 전투처럼 고지대에서는 효과를 볼 수 있지만, 산을 향해 밀고 올라가기는 힘들었던 것이다. 농민군이 성 안으로 밀려 들어가자 관군들은 뒤를 쫓아와 서문 밖에 있는 애꿎은 민가 900여 호를 불태워 버렸다.

다음날인 29일에 농민군은 전날과는 반대 방향인 북문을 나와 황학대로 쳐들어갔다. 그러나 이때에도 별다른 성과 없이 성 안으로 물러나고 말았다. 이날 전투는 전날에 비해 치열해서 쌍방 간에 많은 사상자를 내는 것으로 그쳤다. 하루를 쉬고 농민군은 5월 1일에 다시 남문으로 나와 접전을 벌였으나, 이때에도 사상자만 내고 성 안으로 후퇴해야만 했다. 이날 전투는 6시간이나 계속되었다고 하니 얼마나 많은 사상자가 생겼는지 상상할 만하다.

5월 3일 오후, 농민군은 재차 관군을 공격하였지만 이 전투에서 용맹을 떨치던 김순명과 어린 용사로 이름을 날리던 이복용 등 귀한 인재들만 잃은 채 싸움을 마무리해야 했다. 이날에는 홍계훈 부대의 요지인 완산을 쳤다. 북문을 통해 나와 우회하여 용머리재를 공격하였다.

이때 농민군은 사기 진작을 위해 옆으로 늘어서서 진격하였다고 한다. 앞만 보고 전진했기 때문에 아군이 쓰러지는 것을 볼 수가 없었다. 옆 사람이 쓰러져도 보지 못했기 때문에 농민군은 계속 밀고 올라갔던 것이다. 그러나 김순명, 이복용 등 맹장들이 잇달아 죽자 농민군들은 무기를 버리고 전주성으로 후퇴하였다. 이 전투에서 이복용의 부대원 200여 명이 거의 전사하는 등 농민군은 막대한 손실을 입었다.

그러나 전주성에서 농민군이 분전하고 있다는 소식이 사방으로 퍼지자 주변 농민들이 대거 봉기에 참여하게 되었다. 한 농민군 부대는 운평을 거쳐 완산 철봉 근처에 진을 쳤으며, 또 한 부대는 임실을 거쳐 완산 동남쪽에서 관군을 지켜보았다. 또한 충청도, 경상도 일대의 여러 고을에서는 산발적인 농민 폭동이 끊이지 않고 일어나 전주성 내의 농민군을 원격 지원하였다.

이런 가운데 몇 차례에 걸쳐 선제 공격에 실패한 농민군은 흐트러진 전열을 가다듬고 관군의 공격에 대비하였다. 아니나다를까, 자신감을 얻은 관군은 계속 성 안을 향해 포를 쏘아대고 사다리를 이용하여 안으로 들어오려고 하였다. 전주성 주변의 농민들이 외곽에서 힘을 모아 관군을 공격하기 전에 전주성을 빨리 되찾아야 한다는 것은, 홍계훈으로서는 필연적인 일이었다. 또한 전주는 조선을 세운 이성계의 본관지며 경기전(이성계의 위패를 모신 곳)이 있는 곳이다. 이토록 왕실과 관련이 깊은 성이 점령되었으니, 홍계훈으로서는 어떤 방법을 써서라도 전주성을 수복해야 했던 것이다.

이런 관계로 관군의 공격은 치열할 수밖에 없었다. 그러나 농민군의 반격도 만만치 않아 반복되는 싸움이 계속되었다. 이런 가운데 성내에 있던 일부 농민군은 전주성이 곧 함락될지도 모른다고 생각하여 도망치는 자들도 있었으며, 일부 간부들은 전봉준을 잡아 자수할 결심까지도 하였다. 이렇게 성내의 농민군 사이에 동요가 일게 된 원인은 사방을 포위한 채 관군이 공격을 계속한 탓도 있지만, 결정적인 이유는 다른 데 있었다.

먼저 외국 군대의 개입을 들 수 있다. 전주가 점령당한 이틀 후인 4월 30일, 중앙 정부는 일부 관료들의 반대를 무릅쓰고 청국의 원세개에게 군대를 출병해 달라고 공식 요청하였다. 이러한 외국 군대 동원은 1893년의 보은 집회 강제 해산 과정에서 고종이 청군을 동원하자고 했을 때부터 이미 예상한 일이었다. 그러나 이것이 장차 민족의 앞날에 얼마나 엄청난 비극을 초래하게 되었는지 당사자들은 모르고 있었을 것이다. 청나라는 군대를 조선에 파병하면서 일본에 통지하였다. 바로 갑신정변 때 맺어진 톈진 조약의 결과였다. 톈진 조약에서는 청나라나 일본이 조선에 군대를 파병할 때에 서로 상대국에 통지하기로 하였던 것이다. 양군의 출동으로 곧 청일 전쟁이 터졌던 것이다.

어쨌든 조선의 공식 요청을 받은 청국은 망설일 필요 없이 조선을 완전히 종속시킬 수 있는 절호의 기회라 여기고 5월 1일에 직예제독 엽지초, 산서태원진총병 섭사성, 북양해군 제독 정여창에게 출병을 명하였다. 이에 따라 1,500여 명의 청군은 5월 5일에서 9일 사이에 충청도 아산에 상륙하기 시작했다. 상륙한 청군 일부는 전주에 와서 농민군의 동태를 탐지하기도 하였다.

그런데 3월 봉기 이후로 기대했던, 최시형 중심의 북접이 전혀 반응을 보이지 않았다. 만일 북접이 수도권과 충청도 등에서 호응을 하였다면 사정은 크게 달라졌을 것이다.

또한 전주성에 있던 농민군은 외부와 연락이 거의 끊어진 상태였다. 더군다나 먹을 식량마저 모자란 형편이었다. 그리고 전봉준은 여러 번에 걸친 전투에서 머리와 다리를 다쳤다. 이런 연유로 농민군의 사기는 점차 떨어져 승패의 갈림길에 놓여 있었다.

그런데 홍계훈의 입장도 초조하기는 마찬가지였다. 관군들도 수차례의 전투에서 많은 사상자를 낸 상태기 때문에 시간이 갈수록 관군들도 몸을 사리게 되었다. 이미 관군 가운데에는 도망친 자가 절반이 넘은 상태였다. 더군다나 청군이 들어오고 일본 군대마저 들어왔다는 소식을 접한 홍계훈은 곧 정계 개편이 있을지도 모른다는 불안감에, 어떤 형태로든 전투를 마무리하고 싶었을 것이다. 또한 전주 인근 지방 농민들이 외곽에서 관군을 조여 들고 있어서, 시간이 지나면 양면에서 밀고 들어와 결국 관군은 쫓겨 가게 될 상태였다. 홍계훈은 자기의 신변 안전을 위해 이미 중앙 정부에 과장되게 보고한 상태기 때문에 이 전투에서 진다면 처벌을 당할 입장에 놓여 있었으니, 이러한 외곽 농민군의 움직임에 민감한 반응을 보이지 않을 수 없었다.

이렇게 양쪽 모두가 나름대로 불리한 상황에 있었기 때문에 전투는 소강 상태에 빠지게 되었다. 이런 가운데 화약和約이 맺어진 것이다. 그런데 화약을 맺게 된 배경에는 또 다른 이유가 있었다.

홍계훈이 이끌고 온 부대는 한양을 지키는 주력 부대의 대부분이었다. 그러다 보니 한양을 지킬 관군이 없어서 통치에 허점이 생겨, 언제 반란이 일어날지도 모르는 상태였다. 그래서 조정의 여러 대신들은 임시방편으로 농민군과 화해할 것을 종용하였던 것이다. 이전에 전봉준이 죽었다느니 전봉준을 잡아오면 상을 주겠다느니 소문을 퍼뜨렸지만, 농민군 내부에서 별다른 반응이 없자 화약을 내걸자는 여론이 비등해졌던 것이다. 이 화약을 직접 하달한 사람은 김학진이었다.

　김학진은 전주로 내려오기 전, 고종을 알현한 자리에서 고집을 부려 편의종사(便宜從事 – 감사나 장수 등이 현지에서 어명과 관계없이 자기 임의대로 일을 처리하는 대리 권한을 말한다. 이것은 주로 전쟁 등 비상시에 쓰이는 제도라고 한다)를 받아내었다. 김학진은 중앙에서 정국이 기득권층에 불리한 방향으로 흐를지도 모른다고 판단하여, 더 이상 농민군과 전투를 벌이는 것은 소모전에 불과하다는 결정을 내렸다. 즉 그는 전주로 내려오기 전부터 농민군과 화약을 맺을 계획을 갖고 있었다. 그래서 고종이 농민군을 물리치라는 말에 편의종사를 받아낼 생각을 했던 것이다.

　김학진의 말은 홍계훈에게는 더없이 반가운 소식이었다. 진퇴양난의 길에서 벗어나게 됐다는 확신이 생긴 것이다. 그는 5월 6일에 간절한 어투로 농민군에게 효유문을 보냈다.

　효유가 이렇게 간절한데도 너희들이 끝내 의혹을 풀지 않는구나. 의심하지 않아도 될 것에 의심을 두고 이를 좇지 않으니 어찌 그리도 어리석단 말인가. 너희들이 살기를 원한다면 속히 성문을 열 것이요, 그리하여 흩어진다면 쫓아가 잡지 않을 것이다. 또한 각 고을에 명을 내려 결코 너희들을 잡지 못하게 할 것이다. 지금 이것은 왕명을 받들어 행하는 것인즉, 내가 어찌 거짓말로 너희들을 속이겠는가.

　그런데 이 이면에는 무서운 노림수가 있었다는 것을 전봉준을 비롯한 지휘자들은 알고 있었다. 양호순변사로 도착한 이원희는 전봉준에게 청군과 일본군이 들어와 있어 3국 간에 어떤 분쟁이 일어날지도 모르니, 농민군을 해산하라고 종용한 적이 있다. 이에 농민군 지도부는 외국 군대의 개입을 확인하게 되었고, 김학진 등이 시간을 끌어 청군이 전주에 도착할 시간을 벌 작정이라는 것도 파악하게 되었다. 김학진의 입장에서는 화약을 맺어도 그만이고 청군이 와서 전주성을 함락해도 그만이었다. 이렇게 외국 군대의 개입으로 정국이 혼란에 빠지게 되자, 전봉준과 지도부는 오랜 토의 끝에 화약 쪽으로 결론을 내렸다. 만일 청군이 온다면 승산이 없다는 것을 너무나 잘 알고 있었다. 관군은 그래도 같은 민족이라 전투 과정에서 조금은 거리낌을 갖고 농민군을 대했지만, 그들은 외국 군대이므로 서슴지 않고 살상을 일삼을 것은 뻔한 사실이었다. 또한 청국에 조선의 지배력을 강화시키는 빌미를 제공하는 결과를 초래할 것을 우려하였다.

따라서 전봉준이 화약을 맺기로 한 결정적인 이유는 민족의 앞날에 대한 근심 때문이었다. 아직 외국 군대와 맞설 군사력이 없는 상태에서 명분에 얽매여 싸움을 계속한다면, 외세에 내정 간섭할 수 있는 기회를 주는 꼴이 되므로 일단 후퇴하여 후일을 도모하자고 전봉준은 판단했다. 이러한 전술적 후퇴는 다른 항쟁에서는 별로 찾아볼 수 없는 경우다.

그러나 전봉준은 봉기의 목적을 간과하지는 않았다. 그는 화약을 맺는 조건으로 27개조를 홍계훈에게 제시하였다. 그 골자를 보면 다음과 같다.

1. 백성들을 탐학하는 탐관오리를 척결할 것. 이와 더불어 중

앙 관직에서 매관매직을 일삼는 관료들을 쫓아낼 것.
2. 삼정의 문란을 바로잡을 것.
3. 협잡을 통하여 농민들을 우롱하는 상인들에게 법적 조치
   를 강구할 것.

여기에서도 새삼 농민군의 봉기 목적이 뚜렷이 나타나 있다. 폐
정 개혁을 통하여 봉건 체제의 모순을 척결하자는 것이 그 골자였
다. 이 요구 조건 27개조는 집강소 설치 후에는 12개조로 축약한
폐정 개혁의 기초가 되었다. 이렇게 해서 전주성 화약은 이루어진
것이다.

홍계훈은 약속대로 성을 나오는 농민군을 체포하지 않고 물침표
를 발급하여 누구도 체포하지 못하도록 조치하였다. 이렇게 해서 1
차 갑오농민전쟁이 막을 내린 셈이다.

반봉건 투쟁의 핵심, 집강소 설치

화약을 맺은 후 농민군은 전주를 떠나 각지로 떠나갔다. 홍계훈
은 이후 총제병영 300여 명만 전주에 남겨 두고 한양 방비를 위해
서둘러 한양으로 올라갔다. 이때 이원희가 이끌고 온 청주의 진남
병영마저 동원되었다. 이어서 김학진은 신임 전라 감사가 되어 전주
선화당을 차지하였다.

전주를 벗어난 농민군들이 흩어진 곳은 각자의 고향인 무안, 고
부, 김제, 태인, 금구 등이었다. 이들은 전주성의 화약이 승리라는

것을 잘 알고 있었다. 단지 전주성에 계속 주둔할 상황이 아니었을 뿐이다. 중앙 정부의 계략에 휘말리지 않고 당당하게 전주성 문을 나섰던 것이다. 그래서 이들은 고향을 향하면서도 승리의 기쁨을 이기지 못해 북을 치고 칼춤을 추면서 돌아갔다. 만약의 사태에 대비하여 개인별로 움직이지 않고 동향 사람들끼리 수십 명씩 모여 움직였다.

전봉준은 직접 고른 정예 기마대 20여 명을 이끌고 태인, 금구, 김제 지역으로 갔다. 손화중은 전라도 여러 지역을 거쳐 남원으로 갔다가 거기서 전봉준과 합류하였다. 한편 중앙에서는 홍계훈의 과장된 보고를 그대로 받아들여, 농민군이 패배했다고 믿고서 일본군의 철수를 종용하고 있었다. 그러나 일본은 이를 받아들이지 않았다. 일본으로서는 청국 세력을 몰아내고 친일 정권을 수립할 수 있는 호기였던 것이다.

전주성에서 나온 농민군에 남겨진 과제는 화약 당시 제시한 폐정 개혁을 실현하는 일이었다. 당시 제시한 요구 조건은 단순히 전주성에서 벗어나기 위함이 아니었다. 이는 봉기의 정당성을 알리고, 실제로 이와 같은 개혁이 일어나지 않는다면 봉기는 무위로 끝난다는 것을 잘 알고 정부에 구체적인 실천을 바라며 제시했던 것이다. 그러나 한편으로는 이러한 개혁안이 정부의 손에 의해 실시될 것이라고 믿는 농민군도 없었다. 따라서 농민군들 사이에서는 스스로 개혁의 주체가 되어야 한다는 여론이 비등해졌다. 이에 따라 자치 기구인 집강소가 설치되었다. 집강소는 역사상 최초의 농민 대표 행정 기관이었다.

집강소 설치 이후에도 농민군은 전라도 대부분 지역을 장악하고 있었다. 고을의 수령을 비롯한 관리들이 이미 도주한 뒤였기 때문에 모든 행정이 마비되어 있었다. 농민군은 향임 등의 협조를 얻어 농민 스스로 행정을 수행하였다. 고조선 이래로 봉기군에 참여한 농민들에 의해 자치 행정이 이루어진 것은 역사상 처음 있는 일이었다. 홍경래의 난 때에도 지방 행정을 이끌어 간 계층은 중간 계급이나 지식층이었다.

아직 점령되지 않은 지역에는 여전히 관청이 있긴 하였지만, 농민군은 그곳에도 집강소를 만들어 폐정 개혁을 실천하기 위한 준비를 하였다. 실질적으로 전라도 일대를 농민군이 점령한 상태라고 해도 과언이 아니었다. 중앙에서 봤을 때 전라도 일대는 무정부 상태였다.

비록 관청이 있는 곳이라 해도 사정은 마찬가지였다. 농민군의 세력에 밀려 관리들은 유명무실한 존재가 되었던 것이다. 이러한 점은 양호순변사 이원희의 조치에서도 뚜렷이 볼 수 있다. 그는 음력 5월 19일에 발표한 효유문에서 농민군에 참여했거나 집강소 활동 등 폐정 개혁에 앞장선 농민들을 박해하지 말라고 하였으며, 또한 백성들은 요구 사항이 있으면 집강을 통하여 관청에 제기하라고 하였다.

물론 집강소 활동 중에는 일부 농민군들이 그동안 쌓인 원한이 깊어 양반들에게 횡포를 부리거나 노략질을 일삼은 경우도 있었다. 그러나 전봉준이 순회를 돌면서 이러한 부정을 제지하여, 점차 집강소는 정상 궤도에 오르게 되었다.

집강 활동을 통해 제일 먼저 쇄신된 것은 역시 고리채나 부채 문제였다. 삼정의 문란으로 빚을 지고 살지 않는 농민은 거의 없었다. 그래서 농민군은 집강소 설치 직후부터 부당하게 지고 있는 모든 부채는 무효로 하고 관련 문서를 불태워 버렸다. 또한 대지주들의 토지는 모두 빼앗아 토지가 없는 농민들에게 골고루 나누어 주었다.

집강소는 5월 중에만도 50여 개가 설치되었다. 그러나 이 과정에서 마찰이 전혀 없었던 것은 아니다. 나주, 남원, 운봉 등의 수령들은 집강소 설치를 반대하면서 완강히 거부하였다. 이에 김개남은 남원으로 가 군수를 죽이고서 전라좌도를 담당하였고, 최경선은 나주에 가서 항거를 진압하였다.

집강소 조직을 보면 다음과 같다. 최고 책임자를 집강이라고 하였으며 하부 조직원으로는 성찰, 동몽, 집사, 서기 등이 있었다. 성찰은 대체로 질서 및 치안 유지를 맡았으며, 동몽은 교육 담당으로 주로 청소년층 계도에 주력하였다. 또 집사는 재정 관련 업무를 수행하였다. 이렇게 봤을 때 집강소는 관청 못지않은 조직력을 갖추었다고 할 수 있다. 또한 집강소는 기존 관청 건물을 최대한 이용하였다.

이렇게 농민군이 행정 체계를 갖추어 실질적으로 전라도 일대를 다스리자, 위기감을 느낀 전라 감사 김학진은 전봉준에게 협상안을 제시하였다.

7월 들어 중앙에는 개화 정권이 들어서서 전주 화약에서 전봉준이 제시한 폐정 개혁의 내용이 갑오개혁으로 수용되었고, 이어 청일 전쟁으로 한바탕 소동이 벌어졌다. 또 9월에 들어서서는 청일 전쟁에서 승리한 일본군이 개화 정권과 연결되어 나라의 일을 좌지우지하고 있었다.

재봉기의 도화선, 청일 전쟁

일본 군국주의자들은 1890년대에 들어와 이미 조선을 강점하고, 나아가서 중국에 대한 침략을 강화할 계획 아래 전쟁 준비를 끝냈다. 그들은 조선에서 농민 전쟁이 일어나 청군이 출병하자, 이를 조선 출병의 구실로 삼아 중국을 반대하는 본격적인 전쟁을 도발하려고 서두르게 되었다.

실제로 농민 전쟁이 터진 후 일본은 정보 요원들을 조선에 긴급히 파견하여 정세를 탐지하게 하는 한편, 비밀리에 군사 동원 준비에 착수하였고, 정부에 출병 조치를 취할 것을 요구하였다. 그러면서 자신들의 목적을 달성하기 위하여 여러 술책을 쓰기 시작하였다.

일본은 농민 전쟁이 확대되고 청군이 조선에 출병하려는 기미가 보이자, 일본 거류민을 보호한다는 구실로 조선에 군대를 보냈다.

일본은 4월 29일에 소집된 내각 회의에서 조선에 대해 무장 간섭을 단행할 것을 결정하였다. 이것은 조선 정부가 청나라에 정식으로 원병을 요청하기 하루 전에 취해진 조치였다. 일제의 조선 출병 조치는 거류민 보호나 청군의 조선 출병에 대한 대응 조치가 아니라, 침략의 발판을 삼자는 데 그 의도가 있었다.

사실 일본이 조선 정부의 철군 요구를 거절한 것은 그들로서는 당연한 태도였다. 일본은 메이지 유신 이후 계속 대륙을 넘보며 청국과 대립 관계를 가져 왔지만, 아직 청국을 물리칠 수 있는 군사력을 갖추지 못했기 때문에 정면 대결을 피해 왔다. 그러나 일본의 군사력은 1890년대에 들어 급격히 증강한 반면, 청국은 점차 쇠락의 길로 접어들고 있었다. 이렇게 우위를 확보한 일본은 임오군란 이후 계속된 열세를 만회하기 위해 청국 세력을 완전히 조선에서 몰아낼 계산이었다.

일본은 청국에 같이 조선의 내정 개혁을 단행하자고 제의하였으나 청국이 이 제의를 거절하였다. 그러자 일본은 단독으로라도 내정 개혁을 이룬 뒤에 철수하겠다고 버티었다. 일본은 내정 개혁 제의를 청국이 거절할 것을 처음부터 알고 있었다. 일본은 교묘한 수법으로 청국을 전쟁에 끌어들이려 했던 것이다.

마침내 일본은 7월 23일에 왕궁을 포위하여 조선군을 무장 해제시킨 뒤에 친청親淸 입장을 보인 민씨 정권을 몰아내고, 모양을 갖추기 위해 이미 노쇠한 홍선대원군을 그 자리에 앉혔다. 일본의 꼭두각시 정권이 생긴 것이다. 이어서 일본은 7월 25일에 아산만, 29일에 성환에 주둔하고 있는 청군을 공격하여 승리를 거둔 뒤 8월 1일에 정식으로 선전포고를 하였다. 이때 미국이나 영국 등은 중립적인 태도를 보이는 듯했지만 뒤에서는 일본을 지지하고 있었다. 이들 국가는 일본을 통하여 자국의 국제적, 경제적 이익을 챙기려는 속셈이었다.

서구 열강의 지지를 등에 업고 일본은 청군과 대대적으로 전쟁을 벌였다. 청군은 9월 15일 평양 전투에서 패배한 후 일본에 밀려 모두 조선에서 물러나고 말았다. 이로써 청일 전쟁은 두 달도 안 되어 일본군의 승리로 끝났던 것이다.

청국 세력을 몰아낸 일본은 본격적으로 조선 정복이라는 야욕을 드러내어 내정 간섭을 하기 시작하였다. 전봉준 등은 일본이 임진왜란 때와 마찬가지로 조선을 삼키려 한다고 보고, 일본에 대항하여 전쟁을 벌일 결심을 하였다.

2차 갑오농민전쟁 : 대對일본 전쟁

농민군은 마침내 재봉기를 결의했다. 그러나 상대는 일본이었다. 이미 근대화 과정에서 신식 무기로 무장한 일본군과의 싸움은 관군 때와는 판이하게 다를 것이라고 농민군 지도부는 인식하였다. 청군을 물리칠 정도의 군사력이라 치밀한 전략과 전술이 필요했다. 그래서 나온 것이 충청도 농민군과의 연합이었다.

9월 중순경에 전봉준은 삼례로 나와 각지 책임자들과 봉기에 대하여 의논을 거듭하였다. 이와 비슷한 시기에 북접의 최시형도 처음으로 무장 봉기를 선언하고 나섰다. 그는 중간 간부들의 설득에 설복되어 이러한 결정을 내린 것이다. 재봉기를 결의한 전봉준은 각 지역에 통문을 돌려 동원령을 내렸다. 그는 4,000여 명의 농민군을 이끌고 논산에 도착하였다. 한편으로는 일본군이 남쪽을 친다는 정보에 따라 손화중과 최경선을 광주로 보냈다.

논산에 집결한 농민군은 북상을 거듭하여 공주에 진을 치고 있는 일본·조선 연합군과 대치하였다. 일본군은 1,000여 명에 불과했지만 막강한 화력을 갖춘 정예 부대였기 때문에 섣불리 공격을 감행할 수 없었다. 양군 사이의 전투 가운데 가장 치열했던 것은 공주 외곽인 우금치에서 벌인 접전이었다. 이곳에서 무려 40~50여 회에 이르는 전투를 벌였지만, 결국 일본군의 우세한 화력에 밀린 농민군은 점점 남쪽으로 퇴각하여 일단 논산에 진을 치게 되었다. 이때가 11월 초였다. 이와 비슷한 시기에 전주에 있던 김개남의 부대도 일본군에 밀려 붕괴되어 농민군의 사기는 땅에 떨어지고 말았다. 당시 농민군에는 몰락 양반·유생 등도 끼어 있었는데, 전쟁이 불리하게 돌아가자 이들은 대열에서 이탈하여 도망치거나 전쟁 초기부터 있었던 민병대인 민보군 등에 가담하여 오히려 농민군을 치는 데 앞장섰다.

이렇게 점차 전세가 불리해져 갔지만 농민군은 끝까지 일본군에 저항하였다. 그래서 논산에서 다시 전투를 벌였지만 패배하여 태인, 원평 지역으로 밀려났다. 이곳에서 농민군은 최후의 항전을 하였다. 그러나 이미 대세는 기울어 농민군의 패배로 전투는 끝나고 말았다. 강원도에서도 수천 명의 농민군이 봉기하여 일본군과 전투를 벌였지만, 결국 패배하여 주동자들은 대부분 붙잡혀 처형당하였다.

전투에서 패한 전봉준은 재기하기 위해 흩어진 농민군을 규합해 나갔다. 그러나 이 과정에서 부하의 배신과 한신현의 밀고로 12월 30일에 체포되어 재판을 받은 뒤, 이듬해인 1895년에 처형당함으로써 갑오농민전쟁은 역사의 뒤편으로 사라져 갔다.

항쟁은 이제부터다 : 면면히 계승된 갑오농민전쟁의 정신

갑오농민전쟁은 홍경래의 반란 - 임술민란 - 1893년까지의 각종 민란 등으로 이어진, 끊임없는 민중들의 항쟁을 결집하여 반봉건·반침략 투쟁을 벌였다는 점에서 그 역사적 의의는 매우 높다. 비록 갑오농민전쟁이 전면적인 봉건 체제 타도를 주장하지는 못했지만 집강소의 활동에서도 보았듯이, 만민 평등이라는 근대적 이념을 실천에 옮겼다는 것은 가히 진보적인 성격이라고 볼 수 있다. 또한 1876년 이후 심화된 외세 침탈에서 국가를 구하고 도탄에 빠진 민중을 구제한다는 기치 아래 무력 봉기함으로써 반봉건·반침략 전쟁을 일으켰다는 점에서, 갑오농민전쟁은 자주 국가 건설을 목표로 삼았다는 것을 쉽게 알 수 있다.

또한 전쟁 이후 잠적한 농민들은 영학당·활빈당으로 활약하거나, 유생들이 일으킨 의병 투쟁에 가담함으로써 갑오농민전쟁이 지닌 반봉건·반침략 정신을 후대에까지 면면히 계승시켜 주었다.

무엇보다도 2차 봉기에서 민족 독립 전쟁의 성격을 띠게 되었다는 점에서 이 전쟁이 갖고 있는 세계사적 의의를 잊어서는 안 된다. 이러한 갑오농민전쟁의 성격은 1910년에 일제에 합방된 후에도 반일 투쟁 속에서 나타났고, 해방 후 독재 정권과 종속적 정치 구조에 대항하는 민중 운동 속에서도 살아남아 오늘에 이르고 있다.

한국사 연표

세기	우리 나라		시대
	연대	**주요 사항**	
B.C.	약 70만 년 전	(구석기 문화)	선사 시대
	8000년경	(신석기 문화)	
	2333년경	단군, 고조선을 건국함(삼국유사)	
	2000년경	청동기 문화의 전래	
	1000년경	고조선의 발전	연맹 왕국
	400년경	철기 문화의 보급	
	200년경	한반도 남부에 마한, 진한, 변한 형성	
	194	위만, 고조선 왕이 됨	
	108	고조선, 한나라에 의해 멸망. 한군현 설치	
A.D.	21	고구려, 대무신왕이 부여 공격	
	32	호동왕자의 활약으로 고구려가 낙랑 정복	
	53	고구려, 동옥저 정복	
	65	신라, 국호를 계림으로 바꿈	
	194	고구려 고국천왕, 진대법 실시	
	244	위나라 관구검, 고구려 수도 환도성 함락	
300	313	고구려 미천왕, 낙랑군 멸망시킴	
	346	백제 근초고왕, 고구려 침입하여 고국원왕 전사시킴	
	356	신라 왕호, 이사금에서 마립간으로 바꿈	삼국 시대
	372	고구려, 불교 전래. 태학 설치	
	384	백제, 불교 전래	
400	400	신라 내물왕 요청으로 고구려 광개토대왕 파병	
	405	신라 내물왕 요청으로 고구려 광개토대왕 파병	
	427	고구려 장수왕, 평양 천도	
	433	신라와 백제, 나제 동맹	
500	503	신라, 국호를 신라로, 왕호를 왕으로 고침	
	512	신라 이사부, 우산국 정벌	
	527	신라, 불교 공인	

		532	금관가야 멸망	
		538	백제, 사비(부여)로 천도	
		552	백제, 일본에 불교를 전파	
		598	수문제, 고구려 1차 침입(실패)	
600		612	을지문덕, 살수대첩. 수양제, 평양성 공격(실패)	삼국 시대
		642	고구려, 연개소문 정권 장악	
		645	고구려, 당나라에 대승(안시성 싸움)	
		660	백제 멸망	
		668	고구려 멸망	
		676	신라, 당나라 물리침	
		685	9주 5소경 설치	
		698	발해 건국	
700		722	신라, 정전 지급	
		751	불국사와 석굴암 확장	통일신라시대
		788	독서삼품과 설치	
800	발해	828	장보고, 청해진 설치	
		883	최치원, 『계원필경』 저술	
		888	신라, 『삼대목』 편찬	
900		900	견훤, 후백제 건국	
		901	궁예, 후고구려 건국	
		918	왕건, 고려 건국	
		926	발해 멸망	
		935	신라 멸망	
		936	후백제 멸망	
		956	노비안검법 실시	
		958	과거제 실시	
		976	전시과 실시	고려 시대
		983	전국에 12목 설치	
		992	국자감 설치	
		993	거란의 1차 침입	
		996	건원중보 주조	
1000		1009	강조의 정변	
		1010	거란의 2차 침입	
		1019	거란의 3차 침입(강감찬의 귀주대첩)	
		1086	속장경 편찬	

1100	1101	천태종 공인	
	1104	별무반 조직	
	1107	윤관, 동북 9성 건설	
	1126	이자겸의 난	
	1135	묘청의 서경 천도 운동	
	1145	김부식, 『삼국사기』 편찬	
	1170	무신 정변	
	1174	정중부 집권	
	1196	최충헌 집권	
	1198	만적의 난	
1200	1219	몽골과 외교 관계 수립	
	1231	몽골의 1차 침입	
	1232	강화 천도	
	1232	김윤후, 처인성에서 몽골 장수 살리타이 사살	
	1234	최초의 금속 활자본인 『상정고금예문』 간행	고려 시대
	1236	3차 대장경 간행	
	1259	몽골과 강화	
	1270	개경으로 환도. 삼별초의 대몽 항쟁	
	1274	고려·몽골 연합군 1차 일본 정벌	
1300	1304	안향의 건의로 국학에 섬학전 설치	
	1314	만권당 설치	
	1351	공민왕 즉위	
	1359	홍건적 침입	
	1362	전민변정도감 설치	
	1363	문익점, 원나라에서 목화 씨 가져옴	
	1376	최영, 홍산에서 왜구 토벌	
	1377	최무선의 건의로 화통도감 설치	
	1377	직지심체요절 인쇄	
	1388	위화도 회군	
	1389	박위, 쓰시마 섬 정벌	
	1391	과전법 실시	
	1392	고려 멸망. 조선 건국	
	1394	한양 천도	
1400	1401	신문고 설치	조선 시대
	1402	호패법 실시	

		1403	주자소 설치	
		1411	조선 8도의 지방 행정 조직 완성 「태조실록」편찬	
		1418	세종 즉위	
		1420	집현전 확장	
		1423	『고려사』편찬	
		1429	정초, 『농사직설』편찬	
		1434	김종서, 6진 개척	
		1441	측우기 발명	
		1446	훈민정음 반포	
		1453	계유정난 발생	
		1466	직전법 실시	
		1485	『경국대전』완성	
		1498	무오사화 발생	
	1500	1504	갑자사화 발생	조선 시대
		1506	중종반정	
		1510	삼포왜란 발생	
		1519	기묘사화 발생	
		1543	주세붕, 백운동 서원 세움	
		1555	을묘왜란	
		1559	임꺽정의 변	
		1577	이이, 『격몽요결』간행	
		1592	임진왜란 발생 이순신, 한산도 대첩. 김시민, 진주성 싸움	
		1593	권율, 행주 대첩	
		1597	정유재란	
	1600	1608	대동법 경기도에 실시	
		1609	일본과 기유 조약 체결	
		1610	허준, 『동의보감』완성	
		1623	인조반정	
		1624	이괄의 난	
		1627	정묘호란	
		1628	벨테브레, 제주도 도착	
		1636	병자호란	
		1645	소현세자, 청에서 천주교 서적과 과학 서적 수입	

		1653	하멜, 제주도 도착. 김육 건의로 시헌력 채택	
		1658	2차 나선 정벌	
		1659	충청도에 대동법 실시	
		1662	제언사 설치	
		1678	상평통보 주조	
		1696	안용복, 독도에서 일본인 축출	
1700		1708	대동법 전국 실시	
		1712	백두산 정계비 건립	
		1724	영조 즉위	
		1725	탕평책 실시	
		1750	균역법 실시	
		1754	『속대전』 편찬	
		1763	조엄, 일본에서 고구마 들여옴	
		1776	정조 즉위. 규장각 설치	조선 시대
		1784	이승훈, 천주교 전도	
		1785	『대전통편』 편찬	
		1786	서학 금지	
		1791	신해통공 발표	
		1796	화성 완성	
1800		1801	신유박해. 공노비 해방	
		1811	홍경래의 난	
		1818	정약용, 『목민심서』 완성	
		1831	천주교 조선 교구 설치	
		1846	김대건, 최초로 신부 서품	
		1860	최제우, 동학 창시	
		1861	김정호, 대동여지도 제작	
		1862	진주 민란	
		1863	흥선대원군 집권	
		1865	경복궁 중건	
		1866	병인박해. 병인양요	
		1871	신미양요	
		1875	운요호 사건	
		1876	강화도 조약	
		1879	지석영, 종두법 실시	
		1880	일본에 2차 수신사 파견	

		1881	일본에 신사유람단 파견 청나라에 영선사 파견	
		1882	임오군란. 구미 열강 중 미국과 최초로 수교	
		1883	원산학사 설립. 태극기 사용	
		1884	우정국 개국. 갑신정변	
		1885	거문도 사건. 광혜원 설립	
		1886	육영공원, 이화학당 설립	
		1889	함경도 관찰사 조병식, 방곡령 선포	
		1894	동학 농민 운동. 갑오개혁	
		1895	삼국 간섭. 을미사변. 유길준, 『서유견문』 저술 단발령 실시 을미 의병	
		1896	아관파천. 『독립신문』 발간. 독립협회 설립	
		1897	고종 환궁. 대한제국 성립	
		1898	만민공동회 개최	
		1899	경인선 개통	조선 시대
1900		1900	만국우편연합 가입	
		1901	제주 민란 발생	
		1903	YMCA 창립	
		1904	러일 전쟁 발발	
		1904	한일 의정서 체결 경부선 개통	
		1905	을사늑약 체결 을사 의병	
		1906	통감부 설치	
		1907	국채 보상 운동 헤이그 특사 파견 고종 퇴위. 군대 해산. 한일 신협약 체결	
		1908	서울 진공 작전 전명운·장인환, 스티븐스 사살 동양척식주식회사 설립	
		1909	일본, 간도를 안봉선과 교환하여 청에 인도 안중근, 이토 히로부미 사살 나철, 대종교 창시	
		1910	국권 피탈	
		1911	신민회, 105인 사건	일제 시대
		1912	토지 조사령 발표	

	1913	안창호, 흥사단 조직	
	1914	대한 광복군, 정부 수립	
	1915	대한광복회 결성	
	1916	박중빈, 원불교 창시	
	1919	2·8 독립 선언 3·1 운동 대한민국 임시 정부 수립	
	1920	홍범도, 봉오동 전투. 김좌진, 청산리 전투 『조선일보』, 『동아일보』 창간	
	1922	방정환, 어린이날 제정	
	1923	조선 물산 장려회 조직	일제 시대
	1926	6·10 만세 운동	
	1927	신간회 조직	
	1929	광주 학생 항일 운동	
	1932	이봉창, 윤봉길 의거	
	1933	한글 맞춤법 통일안 제정	
	1934	진단학회 조직	
	1935	민족혁명당 조직	
	1936	손기정, 베를린 올림픽 대회 마라톤 우승	
	1940	민족 말살 정책 강화 한국 광복군 결성	
	1942	조선어학회 사건	
	1945	8·15 광복 조선 건국 준비 위원회 조직	
	1946	제1차 미소 공동 위원회 개최	
	1948	5·10 총선거. 대한민국 정부 수립 북한 정권 수립	
	1950	6·25 전쟁	
	1953	휴전 협정 조인	
	1960	3·15 부정 선거 4·19 혁명. 장면 내각 성립	대한민국
	1961	5·16 군사 정변	
	1962	제1차 경제 개발 5개년 계획	
	1963	제3 공화국 수립	
	1965	한일 수교	
	1966	불국사 석가탑에서 다라니경 발견	
	1967	제2차 경제 개발 5개년 계획	

	1968	1·21 사태. 국민 교육 헌장 선포 향토 예비군 창설	
	1970	새마을 운동 시작	
	1972	제3차 경제 개발 5개년 계획 7·4 남북 공동 성명 남북 적십자 회담 10월 유신	
	1973	6·23 평화 통일 선언 경주 천마총 발굴	
	1974	육영수 여사 피살 북한 땅굴 발견	
	1977	제4차 경제 개발 5개년 계획	
	1979	10·26 사건. 12·12 사태	
	1980	5·18 광주 민주화 운동	
	1981	제5 공화국 출범	
	1986	제10회 서울 아시안게임 개최	대한민국
	1987	대통령 직선제로 헌법 개정	
	1988	노태우, 제6 공화국 대통령 취임 서울 올림픽 개최	
	1991	남북한 유엔 동시 가입	
	1992	중국과 국교 수립	
	1993	김영삼 대통령 취임	
	1994	북한 김일성 사망	
	1995	유엔안전보장이사회 비상임 이사국에 선출	
	1996	한국, OECD 가입	
	1997	IMF 체제	
	1998	김대중 대통령 취임	
2000	2000	김대중 대통령 방북	
	2002	한일 월드컵 공동 개최	
	2003	노무현 대통령 취임	
	2005	청계천 복원	
	2008	이명박 대통령 취임	
	2012	한미 FTA 발효	
	2013	박근혜 대통령 취임	

참고 논문 ·

〈신라 시대〉

강성원, 신라 시대 반역의 역사적 성격(한국사연구 43집, 1983)

김동수, 신라 헌덕·흥덕왕 대의 개혁 정치(한국사연구 39집, 1982)

김두진, 나말 여초 동이 산문의 성립과 그 사상(동방학지 57집, 1988)

김용국, 나말 여초 고구려 고강 수복 운동(백산학보 3호, 1967)

김영하, 신라는 삼국을 통일했는가(역사비평 1990 가을호)

이명식, 신라 하대 김주원계의 정치적 입장(대구사학 26집, 1984)

이순근, 나말 여초 지방 세력의 구성 형태에 관한 일연구(한국사연구 67집, 1985)

이영택, 장보고 해상 세력에 대한 고찰(한국해양대 논문집 14, 1979)

정청주, 궁예와 호족 세력(전북사학 10집, 1986)

홍승기, 1~3세기 민의 존재 형태에 대한 일고찰(전북사학 36집, 1974)

〈고려 시대〉

강진철, 고려 말기의 사전 개혁과 그 성과(진단학보 66호, 1988)

김남규, 고려 인종 대의 서경 천도 운동과 서경 반란에 대한 일고찰(경대사론 창간호, 1985)

김윤곤, 이자겸의 세력 기반에 대하여(대구사학 10집, 1976)

김철준, 고려 중기의 문화 의식과 사학의 성격(한국사연구 9집, 1973)

안병우, 무인 난, 한국사의 분수령인가(역사비평 1990 겨울호)

이만열, 고려 원주 이씨 가문의 전개 과정(한국학보 21집, 1980)

이정신, 고려 시대 공주 명학소민의 봉기에 대한 일연구(한국사연구 61~62집)

하현강, 고려서 경고(역사학보 35~36집, 1967)

하현강, 고려 혜종 대의 정변(사학연구 20집, 1968)

〈조선 시대〉

권석봉, 대원군 피수 문제에 대한 재검토(중앙대 인문학 연구 3~4집, 1976~1977)

김광식, 간추린 미국의 역사(박영호 외, 한미 관계사, 실천문학사, 1990)

김상오, 이시애의 난에 대하여(전북사학 2~3집, 1978)

김인걸, 조선 후기 촌락 조직의 변모와 1862년 농민 항쟁의 조직 기반(진단학보 67호, 1989)

김정기, 자본주의 열강의 이권 침탈 연구(역사비평 1990 겨울호)

조선 정부의 청 차관 도입(한국사론 3집, 1976)

대원군 납치와 반청 의식의 형성(한국사론 19집, 1988)

김정기, 청의 조선 종주권 문제와 내정 간섭(역사비평 1988 겨울호)

박광성, 임술민란의 연구(인천교대 논문집4, 1969)

박양신, 일본 제국주의의 팽창과 조선 침략의 성격(역사비평 1988 겨울호)

박일근, 중미 양국의 대조선 외교 정책에 대한 소고(부산대 법학연구 21권, 1979)

박천식, 무진회군 공신의 책봉 전말과 그 성격(전북사학 3집, 1978)

박천식, 조선 개국 공신에 대한 일고찰(전북사학 1집, 1977)

박형표, 이조 건국에 대한 시비(건대 학술지 8집, 1967)

손정목, 개항기 일본인의 내륙 침투. 내항 행상과 불법 정착의 과정(한국학보 21집, 1980)

신용하, 김옥균의 개화사상(동방학지 46~48합집, 1985)

안병욱, 19세기 민중 의식의 성장과 민중 운동(역사비평 1집, 1987)

오갑균, 영조조 무신 난에 관한 고찰(역사학교육 21집, 1977)

오수창, 세도 정치를 다시 본다(역사비평 1991 봄호)

오종록, 조선 초기의 변진 방위와 병마첨사, 만호(역사학보 123집, 1989)

유수현, 일본의 메이지 유신 후의 한국 지배론(부산대 법정연구 18집)

이영호, 1862년 진주 농민 항쟁의 연구(한국사론 19집, 1988)

이이화, 전봉준과 동학 농민 전쟁

: 1. 봉기 - 전주성 점령(역사비평 1989 겨울호)

: 2. 투쟁 - 반봉건 변혁 운동과 집강소(역사비평 1990 봄호)

: 3. 전봉준, 반제의 봉화를 높이 들다(역사비평 1990 여름호)

: 4. 농민군의 전면 항쟁과 그 최후(역사비평 1990 가을호)

이창훈, 러시아의 극동 침략 정책과 조선(역사비평 1988 겨울호)

정두희, 단종과 세조에 대한 역사 소설의 검토(역사비평 1992 봄호)

정석종, 홍경래 난의 성격(한국사연구 7집, 1972)

홍경래 난과 내응 세력(교남사학 창간호, 1985)

주진오, 미국 제국주의의 조선 침략과 친미파(역사비평 1988 겨울호)

한영우, 정도전의 인간과 사회 사상(진단학보 50호, 1984)

강만길, 분단 시대의 역사 인식, 창작과비평사

강만길 외 옮김, 한국의 실학사상, 삼성출판사

강만길, 한국 근대사, 창작과비평사

강재언, 신편 한국 근대사 연구, 한울

강재언, 한국의 근대 사상, 한길사

김곡치 외, 중국 사상사(조성을 옮김, 이론과실천)

김석형, 봉건 지배 계급에 반대한 농민들의 투쟁(고려 편), 열사람

김성준, 한국 중세 법제사 연구, 일조각

김옥균, 갑신일록(이민수 외 옮김, 한국의 근대 사상, 삼성출판사)

노태구 엮음, 동학 혁명의 연구, 백산서당

망원한국사 연구실, 1862년 농민 항쟁, 동녘

민병하, 고려 무신 정권 연구, 성균관대 출판부

박시형 외, 봉건 지배 계급에 반대한 농민들의 투쟁(이조 편), 열사람

사회과학원 역사연구소 편, 김옥균, 역사비평사

시바타 미치오, 근대 세계와 민중 운동(이광주 외 옮김, 한벗)

신동아 편집실 편, 한미 수교 100년사(월간 신동아 1982년 1월호 별책 부록, 동아일보사)

신채호, 한국사 연구초, 을유문화사

야마베 겐타로, 한일 합병사(안병무 옮김, 범우사)

유주현 외, 근대의 인물1, 양우당

이광린, 개화당 연구, 일조각

이기백, 고려 귀족 사회의 형성, 일조각

이기백 편, 개화기 자주와 외압의 갈등(한국사 시민 강좌 제7집, 일조각)

이기백 편, 고려의 무신 정권(한국사 시민 강좌 제8집, 일조각)

이기백 편, 농민과 국가 권력(한국사 시민 강좌 제6집, 일조각)

이기백 편, 식민주의 사관 비판(한국사 시민 강좌 제1집, 일조각)

이기백 편, 한국 사상의 분열과 통일(한국사 시민 강좌 제5집, 일조각)

이기백 편, 한국 사상의 이상 사회론(한국사 시민 강좌 제10집, 일조각)

이우성, 한국의 역사상, 창작과비평사

이이화, 한국의 파벌, 여강출판사

이태진 편, 조선 시대 정치사의 재조명, 범조사
정용숙, 고려 시대의 후비, 민음사
조명기 외, 한국 사상의 심층 연구, 우석
차기벽, 민주주의의 이념과 역사, 한길사
최문혁, 제국주의 시대의 열강과 한국, 민음사
풀빛 편집부, 전통 시대의 민중 운동(상·하), 풀빛
하현강, 한국 중세사론, 신구출판사
한국사연구회 편, 청일 전쟁과 한일 관계, 일조각
한국역사연구회, 조선 정치사(상), 청년사
한국역사연구회, 1894년 농민 전쟁 연구2, 역사비평사
한국정치외교사학회 편, 갑신정변 연구, 평민사
황현, 동학란(이민수 옮김, 을유문화사)

통사

국사편찬위원회, 한국사(1~17권), 탐구당
광주 편집부 엮음, 조선 철학사 연구, 광주
사회과학원 역사연구소, 조선 전사(근대1), 푸른숲
이기백, 한국사 신론, 일조각
이이화, 인물 한국사, 한길사
이현희, 인물 한국사, 청아출판사
전백찬 편, 중국 전사 하권(이진복 외 옮김, 학민사)
존 홀, 일본사(박영재 옮김, 역민사)
풀빛전국역사교사모임 엮음, 사료로 보는 우리 역사, 돌베개
한국민중사연구회 편, 한국 민중사2
한국역사연구회 편, 한국사 강의, 한울아카데미
한국역사연구회, 한국 역사, 역사비평사
홍종필, 한국사 개론, 명지대 출판부

사료·사전

고전연구실 편찬, 고려사, 신서원

김부식, 삼국사기(이병헌 옮김, 을유문화사)

이긍익, 연려실기술(민족문화추진회 옮김, 민문고)

이중환, 택리지(이익성 옮김, 을유문화사)

일연, 삼국유사(권상노 옮김, 동서문화사)

정신문화연구원 편, 한국 민족 문화 대백과 사전, 웅진출판